イタリア
1:5,000,000
50km
チェコ
THE CZECH REPUBLIC
スロバキア
THE SLOVAK REPUBLIC
ドイツ連邦共和国
FEDERAL REPUBLIC OF GERMANY
オーストリア
REPUBLIC OF AUSTRIA
ハンガリー
REPUBLIC OF HUNGARY
スイス
クロアチア
REPUBLIC OF CROATIA
ボスニア・ヘルツェゴビナ
REPUBLIC OF BOSNIA-HERZEGOVINA
フランス
FRENCH REPUBLIC
モナコ
PRINCIPALITY OF MONACO
リグリア海
Ligurian Sea
Adriatic Sea
コルス島
Île de Corse
(コルシカ島 Corsica)
ヴァチカン市国
STATE OF THE CITY OF VATICAN
イタリア
REPUBLIC OF ITALY
ティレニア海
Tyrrhenian Sea
ティレニア海盆
Tyrrhenian Basin
ターラント湾
Golfo di Taranto
アルジェリア
DEMOCRATIC AND PEOPLE'S REPUBLIC OF ALGERIA
シチリア海峡
Sicilian Channel
シチリア島
Sicilia
(シシリー島 Sicily)
マルタ海峡
Malta Channel
チュニジア
REPUBLIC OF TUNISIA
マルタ
REPUBLIC OF MALTA
ミュンヘン
München
ウィーン
WIEN
ブダペスト
BUDAPEST
ザグレブ
ZAGREB
リュブリャナ
LJUBLJANA
ローマP.85
Roma
チュニス
TUNIS

ヨーロッパ鉄道網

1:8,500,000

イタリアの旅と滞在

『個人旅行』編集室からのメッセージ

膨大な文化遺産を目の前にして

ピッティ宮を背にして、アルノ川に架かる橋ポンテ・ヴェッキオを渡る。橋の上にはみやげ物屋が軒を並べ賑わっている。直進すればフィレンツェの中心、15世紀に完成した巨大なドゥオモに出る。川に沿って右折すれば、16世紀に建造され18世紀に開設されたウフィッツィ美術館が姿を見せる。

13〜14世紀にはダンテやボッカチオが、15〜16世紀にはレオナルド・ダ・ヴィンチやミケランジェロ、ボッティチェリやラファエロ、あるいはチェーザレ・ボルジアやマキャヴェリが、こうしてポンテ・ヴェッキオを渡り、アルノ川の水を眺め、対岸の丘を見上げた。ここはイタリア・ルネッサンスの発信地だ。

ルネッサンスのあとに続くのはバロック時代。さかのぼれば、抗争のなかで都市国家が乱立し始めた中世があり、さらに栄光の古代ローマが待ち受ける。イタリアの歴史と、熟成させた文化の高みを眺めると目が眩む。17〜18世紀にはイギリスの上流社会で、イタリアの風物や芸術を観るための〝グランド・ツアー〟が習慣化した。イタリア観光旅行の草分けといえるだろう。以来、イタリアが築き上げた文化は世界の旅行者をとらえて放さない。かつての都市国家が、いまもそれぞれ異彩を放っている。

イタリア旅行プランの難しさ

それゆえに、イタリア旅行の日程となると、途方に暮れることになる。フィレンツェ、ヴェネツィア、ミラノ、ナポリ、パレルモ、それにローマ……これらの都市に加え、小さな街が、それこそキラ星のごとくだ。北部・中部だけでもパドヴァ、ヴィチェンツァ、ヴェローナ、マントヴァ、クレモーナ、ベルガモ、ピサ、サン・ジミニャーノ、シエナ、オルヴィエート、ペルージア、アッシジ、ラヴェンナ、ボローニャ……。さらにリヴィエラや南部まで足を延ばすとなると、どれだけ日程があっても足りない。10日ほどの旅ならば、せいぜい2〜3の都市と近郊の小さな街に絞るしかないだろう。それでも相当に忙しい。イタリアには、何度か出かけるほかないのだ。

個人旅行のためのガイドブック・シリーズ

ガイドブックなどは持たない、という魂の旅人たちも素晴らしいが、しかしイタリアではおおいに損をするだろう。ボッティチェリの『ヴィーナスの誕生』はウフィッツィ美術館にあり、ダ・ヴィンチの『最後の晩餐』はミラノのサンタ・マリア・デッレ・グラツィエ教会にあるのだと知っておいたほうがいい。ヴェネツィアでは、良いヴェネツィアン・グラスはどこの店にあるのか。安くておいしい店にしても同じこと。治安情報がなければひどい目にも遭う。

個人旅行とは、技術的には、移動手段や観光、ホテル、レストランなどを組み合わせていくことだ。本書にはそのパーツが選択肢として用意されている。

イタリアでは個人旅行が正しい

イタリアの街はそれぞれに個性的で、観るべきものが多様だから、どの街へ行き、何を観るか、となると十人十色だろう。したがって、イタリア旅行のタイプはツアーではなく個人旅行にするしかない。ミラノやローマのショッピング街で、大騒ぎしながらブランド品を買いあさるツアー客の日本人は、ほとんど街の風物詩といってよい。たしかにイタリアのファッションは見事だが、彼女たちの旅の思い出には、ウフィッツィやブレラ美術館のルネッサンス絵画など、かけらも残りはしないだろう。有名レストランでは、ツアー客用に準備されたまずい料理を囲む。そのまずさはツアー客をバカにしているとしか思えないが、しかしバカにしているのは、客のほうだろう。イタリアの文化をバカにしている。

オッソは骨、ブーコは穴。仔牛のすね肉の煮込み、オッソブーコはミラノの名物料理だ。また、トリッパは胃袋のことで、これを煮込んだ料理はフィレンツェの名物。ローマなら仔牛のソテーに生ハムをのせたサルティンボッカだ。むろんパスタはイタリア全土で茹で具合と味を競っている。それにジェラート（アイスクリーム）とエスプレッソ・コーヒー。文化の華やかな街は食文化も発達している。イタリアで何を食べるか——それも旅行プランの必須要素だ。

旅から戻ったらFAXをください

本書で紹介するホテルやレストラン、ショップなどは、すべて編集室スタッフが取材しました。政府観光局や関係諸機関のアドバイスを参考にしつつ、できるだけ客観的な視点で情報を提供するようつとめています。

ただ、取材スタッフが気づかなかった情報があったり、取材後に情報が変わったりということも予想されます。

『個人旅行』編集室では、本書を持って旅行された皆様からの情報をもとに、内容を刷新していきたいと考えています。

旅行中に気づかれたことやご意見を、ぜひFAXでお寄せください。

〒102 東京都千代田区九段北4-2-11
昭文社　旅行書編集部
個人旅行㉒イタリア係

FAX 03-3262-2754

本書の使い方 …………6

トラベル・インフォメーション 16

イタリア滞在の情報収集　ビザ …………16
時差　気候と服装 …………17
通貨と両替 …………18
郵便／小包／ファックス …………21
電話 …………22
宅配便　電源と電圧　チップ …………24
トイレ　水 …………25
保険 …………26
病気とけが …………28
トラブル対策と旅の安全情報 …………30
イタリア旅行で利用する電話番号 …………33
習慣とマナー …………34
女性旅行者のためのアドバイス …………36
家族旅行者のためのアドバイス
バックパッカーのためのアドバイス …………37
イタリアのホテル …………44
イタリアのレストラン …………48
イタリアのショッピング …………58
モデル・プラン …………62

イタリアへのアクセスと国内交通 65

アクセス　空路 …………66
鉄道 …………70
長距離バス …………72
船 …………73
国内交通　空路 …………74
鉄道 …………76
プルマン／船 …………80
レンタカー …………82

ローマと近郊の街 85

ローマ …………86

ローマへのアクセス …………104
市内の交通ー街を歩く …………112
街の歩き方と観光スポット …………120
テルミニ駅／ヴィットリオ・エマヌエーレ2世広場周辺 …………120
ボルゲーゼ公園／ポポロ広場周辺 …………122
スペイン広場／クイリナーレの丘周辺 …………124
サンタンジェロ城／ナヴォーナ広場周辺 …………127
フォロ・ロマーノ／コロッセオ周辺 …………130
カンポ・デ・フォオーリ／トラステヴェレ周辺 …………135
ヴァチカン市国周辺 …………138
アッピア旧街道周辺 …………142
ホテル …………144
レストラン …………153
ショッピング …………166
エンターテインメント&ナイトライフ …………183

ローマ近郊の街 …………186

オスティア・アンティーカ …………188
カステッリ・ロマーニ …………189
ティヴォリ …………190

フィレンツェとトスカーナ／中部の街 193

フィレンツェ …………196

アクセスと市内の交通 …………202
街の歩き方と観光スポット …………204
博物館／美術館 …………210
ホテル …………216
レストラン …………224
ショッピング …………233
エンターテインメント&ナイトライフ …………241

ピサ …………243
サン・ジミニャーノ …………246
シエナ …………248
オルヴィエート …………250
ペルージア …………251
アッシジ …………254
ラヴェンナ …………256
ボローニャ …………259
フェラーラ …………262
パルマ …………264
中部のその他の街 …………266

CONTENTS

ミラノ、ヴェネツィアと北部の街 269

ミラノ ……272
アクセスと市内の交通 ……278
街の歩き方と観光スポット ……286
博物館／美術館 ……291
ホテル ……294
レストラン ……303
ショッピング ……316
エンターテインメント&ナイトライフ ……341

ベルガモ ……346
クレモーナ ……348
マントヴァ ……350
湖水地方 ……352
マッジョーレ湖 ……354
コモ湖 ……355
ガルダ湖 ……356
トリノ ……357

ヴェネツィア ……360
アクセスと市内の交通 ……366
街の歩き方と観光スポット ……372
ホテル ……379
レストラン ……385
ショッピング ……392
エンターテインメント&ナイトライフ ……397

パドヴァ ……399
ヴィチェンツァ ……401
ヴェローナ ……403
トリエステ ……406
北部のその他の街と主要スポット ……408

イタリアン・リヴィエラ 409

ジェノヴァ ……412
リヴィエラのその他の街 ……419

ナポリと南部の街 421

ナポリ ……425
カプリ島 ……440
南部のその他の街と主要スポット ……443

シチリア 445

パレルモ ……448
タオルミーナ ……458
シラクーザ ……462
シチリアのその他の街と主要スポット ……464

旅の基本イタリア語会話 466　出発の準備と日本の出入国 471　インデックス ……477

地図

イタリア北部 ……10
イタリア中部 ……12
イタリア南部 ……14
ローマ ……88
ポポロ広場／ボルゲーゼ公園 ……90
ヴァチカン市国 ……92
サンタンジェロ城／スペイン広場 ……94
クイリナーレの丘／テルミニ駅 ……96
トラステヴェレ／カピトリーノの丘 ……98
フォロ・ロマーノ／コロッセオ ……100
カラカラ浴場 ……102
ローマ近郊 ……187
トスカーナと中部 ……194
フィレンツェ ……198
フィレンツェ中心部 ……200
ピサ ……243
サン・ジミニャーノ ……246
シエナ ……248
オルヴィエート ……250
ペルージア ……251
アッシジ ……254
ラヴェンナ ……256
ボローニャ ……259
フェラーラ ……262
パルマ ……264
イタリア北部 ……270
ミラノ ……274
ミラノ中心部 ……276
ベルガモ ……346
クレモーナ ……348
マントヴァ ……350
湖水地方 ……352
トリノ ……357
ヴェネツィア周辺 ……361
ヴェネツィア ……362
ヴェネツィア中心部 ……364
パドヴァ ……399
ヴィチェンツァ ……401
ヴェローナ ……403
トリエステ ……406
イタリアン・リヴィエラ ……410
ジェノヴァ ……413
イタリア南部 ……422
ナポリ ……426
ナポリ中心部 ……428
カプリ島 ……441
シチリア ……446
パレルモ ……451
タオルミーナ ……458
シラクーザ ……462

本書の使い方

物件紹介の記述は簡略化して記号を多用してある。とくに観光スポットは★が、ホテルやレストラン、ショップなどは右ページの記号が選択の基準となるだろう。

データの読み方

観光

ボルゲーゼ美術館　地図P.91 D-3
Museo e Galleria Borghese　★★
M A線Flaminioフラミニオ駅から徒歩8分
名門ボルゲーゼ家のコレクションを展示
1615年頃に完成した枢機卿シピオーネ・ボルゲーゼ邸を美術館にした。所蔵品は……
Villa Borghese　☎8548577　開9:00〜14:00（日曜、祝日は〜13:00）　休月曜　料Lit.4000

- 名称❶
- 地図索引（掲載ページと検索区分）
- 正式名称の現地表記　★重要度
- アクセス（交通手段と最寄り駅からの徒歩分数）M地下鉄
- 所在地❷　☎電話番号❸
- 開 開業または開園時間
- 休 休業日❹　料 入場料

ホテル

窓からパンテオンを望む贅沢
アルベルゴ・デル・ソーレ・アル・パンテオン　地図P.99 C-4
Albergo del Sole al Pantheon　★★★★
P.za della Rotonda 63　☎*6780441*　*FAX69940689*
S Lit.33万5000〜　T Lit.47万〜　30室
M A線Barberiniバルベリーニ駅から徒歩15分
15世紀に開業した旅籠が前身。ボーヴォワールやサルトルなど文人や芸術家が好んで訪れた場所としても知られる。パンテオンや目の前の広場を窓から望む部屋が人気。予約は早めに。　ナヴォーナ広場周辺

- 記号→右ページ参照
- 名称❶
- 地図索引（掲載ページと検索区分）
- 正式名称の現地表記　ランク❺
- 所在地❷　☎電話番号／FAX番号❸
- 料金（Sシングル、Tツイン）❻
- 客室数
- アクセス（交通手段と最寄り駅からの徒歩分数）
- エリア

レストラン／ショップ／ナイトスポット

フォルナリーナの家を改装したレストラン
ロモロ　地図P.98 A-2
Romolo
Via Porta Settimana 8　☎*5813873*
営12:00〜15:00 20:00〜0:00　休月曜　L Lit.3万5000〜　D Lit.5万〜
サンタ・マリア・イン・トラステヴェレ広場から徒歩5分
かつてラファエロの恋人が住んでいた場所。スタイリッシュな店内にはイタリア人アーティストの絵が並ぶ。夏は緑溢れる爽やかな中庭で食事したい。手長エビのグリル、ロモロ風ラヴィオリ　トラステヴェレ周辺

- 記号→右ページ参照
- 名称❶
- 地図索引（掲載ページと検索区分）
- 正式名称の現地表記
- 所在地❷　☎電話番号❸
- 営 営業時間　休 休業日❹
- 目安料金（Lランチ、Dディナー）❻
- アクセスまたはロケーション
- おすすめ料理　エリア

それぞれのデータは

❶**名称**　カタカナは現地での発音に近いもので表記してあるが、有名ブランド名などは日本で通用している表記を用いているため、現地での発音と異なる場合がある。
❷**所在地**　道路名などは以下のように略している。Piazza→P.za　Angolo→Ang.
❸**電話番号／FAX番号**　市外局番は省略してある。なお国際電話は国番号39からダイヤル。
❹**休業日**　基本的に定休日を表示し、臨時休業日や年末年始などの休みは省略。無休と表示されているレストランやショップでも主要な祝祭日は休業する場合がある。

ホテル、レストラン、ショップなどの記号

ホテル
- 付帯施設が充実している
- 眺望が良い
- 歴史と伝統がある
- 清潔感がある
- カップルで滞在するのに最適
- バスタブ付の部屋がある
- バスタブがなくシャワーのみ
- キッチン付の部屋がある
- 日本語が通じるスタッフが最低1人いる

ショップ
- 高級品を扱う店
- 流行の人気店
- おみやげに最適な小物がある
- その店のオリジナル商品がある
- 日本へ発送してくれる
- オーダーメイドが可能
- 日本語が通じるスタッフが最低1人いる
- 歴史と伝統がある

レストラン
- 男性はジャケットにネクタイ着用、女性はワンピースやスーツで装いたい
- 予約が必要
- 予約するのが望ましい
- 眺望が良い
- カップルで訪れるのに最適
- 日本語が通じるスタッフが最低1人いる
- 日本語メニューがある
- 英語メニューがある
- テラス席がある

ナイトスポット
- 男性はジャケットにネクタイ着用、女性はワンピースやスーツで装いたい
- 予約が必要
- 予約するのが望ましい
- カップルで訪れるのに最適
- 女性でも入れる
- 静かなムードが楽しめる
- 比較的賑やかな店
- ドリンクだけでなく食事もできる

地図凡例

観光地	教会	空港	温泉
ホテル	銀行	工場	海水浴場
レストラン	学校	展望地	道路番号
ショップ	駐車場	城跡	観光施設
ナイトスポット	ガソリンスタンド	発電所	宿泊施設
エンターテインメント	コンビニ	ダム	その他の施設
観光案内所	郵便局	山頂	公園・緑地
タクシー乗場	病院	滝	地下鉄
バス停	信号機	石碑	路面電車
警察署、派出所	一方通行	墓	
消防署	トイレ	博物館、美術館	
市町村役場（庁舎）	灯台	ゴルフ場	

⑤**ホテルのランク**　イタリア政府による区分に準拠。なおホテルとレストランを同ページで紹介している場合は、見出しにH→ホテル　R→レストラン　H＆R→レストランを併設したホテルの記号を付けて区別してある。

⑥**料金**　リラはLit.と表記。1997年2月現在のレートはLit.100＝約7.8円。
なお表示の料金には原則として税・サービス料は含まれていない。

※掲載データは1997年1月現在のものです。ご利用の際には事前にご確認ください。

イタリアの州と街

三角の石ころを蹴っているロング・ブーツ——地中海のほぼ中央部に突出したイタリア半島の形は、誰にでもおなじみだ。ひざの位置に首都のローマがあり、すねのあたりにナポリやカプリ島、ミラノは上腿部にある。長靴に蹴られている石は、地中海最大の火山島、シチリア。沖合にサルデーニャ島が浮かぶ。経済的には南北格差が大きいとはいえ、国内の各地を訪ねれば、この国の歴史と文化の深さを思い知らされる。

❶ミラノ（➡P.272）
ロンバルディア州の州都。地名の由来はケルト語で"平原の中心地"。商工業が盛んで、ファッションの発信地として世界的に知られる

❷トリノ（➡P.357）
イタリア随一の米作地帯であるピエモンテ州の州都。機械工業の中心都市で、とくに国内の自動車生産量では、8割を占めている

❸ジェノヴァ（➡P.412）
十字軍の遠征の際に共和都市として発展。コロンブスの生地で中央駅前に銅像が立っている

❹ピサ（➡P.243）
近代自然科学の基礎を築いたガリレオの生地。ガリレオはピサの斜塔で"落下の実験"を行なったと伝えられている

❺ローマ（➡P.86）
古代遺跡や中世の建築が残り、ルネッサンスの宮殿、バロックの教会もある。ローマ自体が巨大な歴史・文化史の博物館だ。テヴェレ川右岸の一区を占める"ヴァチカン市国"は世界最小の独立国

❻ナポリ（➡P.425）
カンツォーネの原型であるナポリ民謡の発祥地。地名の起こりは、古代ギリシア語のネアポリス、"新しい都市"から

❼**ヴェネツィア**（➡P.360）
約400の橋が100以上もの小島を結び、150の運河が通じる“水の都”。ガラス工芸でも有名。ビエンナーレが開催される

❽**ヴェローナ**（➡P.403）
ブレンナー峠を越える南北路と、ミラノに通じる東西路がぶつかる交通の要所。シェイクスピアの悲劇『ロミオとジュリエット』の舞台

リウリ・ヴェネツィア
ュリア州

❾**フィレンツェ**（➡P.196）
小麦やワイン、オリーヴの名産地であるトスカーナ州の州都。中世末期に毛織物工業で栄え、ルネッサンスが開花

❿**ラヴェンナ**（➡P.256）
5世紀初頭には西ローマ帝国の首都。のちにビザンチン美術が栄える。質素な聖堂内に、鮮烈なモザイク壁画が映える

アドリア海

■アンコーナ

マルケ州

⓫**パレルモ**（➡P.448）
紀元前８世紀のフェニキア植民都市に始まり、ローマ、イスラム、ノルマンやスペインなど多数の民族による支配を受けた。各時代の建築が市中に点在

⓬**カプリ島**（➡P.440）
ローマ時代からの海浜保養地。亜熱帯性植物と溶岩におおわれ、洞窟も多い。島の名は、ラテン語の“牡山羊”から

⓭**シラクーザ**（➡P.462）
シチリアの西南端に位置。幾何学者アルキメデスの生地。巨大な劇場や神殿の柱など古代ギリシアの遺産が残されている

イタリア北部
1:2,750,000
0
50km
スイス
SWISS CONFEDERATION
Alps
ベルナーアルプス
Berner Alpen
レポンティーネアルプス
Alpi Lepontine
Lago Maggiore
P.354 マッジョーレ湖
P.355 コモ湖
Lago di Como
ノバーラ
NOVARA
バレーゼ
VARESE
コモ
COMO
ソンドリオ
SONDRIO
トレント
TRENTO
オロビエアルプス
Alpi Orobie
ロンバルディア
Lombardia
ベルガモ
BERGAMO
346
ベルガモ
Bergamo
P.356 ガルダ湖
Lago di Garda
ブレシア
BRESCIA
アオスタ
AOSTA
ペンニーネアルプス
Alpi Pennine
アオスタ
Aosta
アオスタ渓谷 P.408
Valle d'Aosta
ベルチェッリ
VERCELLI
ミラノ
Milano
ミラノ
MILANO
274
403
ヴェローナ
Verona
357
トリノ
Torino
トリノ
TORINO
クレモーナ
CREMONA
348
クレモーナ
Cremona
35
マントヴァ
Mantova
マントバ
MANTOVA
パビーア
PAVIA
アスティ
ASTI
アレッサンドリア
ALESSANDRIA
ピアチェンツァ
PIACENZA
264
パルマ
Parma
パルマ
PARMA
エミーリアロマーニャ
Emilia-Romagna
P.266 モデナ
Modena
モデナ
MODENA
クネオ
CUNEO
Appennino Ligure
リグーリア
ジェノバ
GENOVA
ジェノヴァ
Genova
P.419 アルビソラ
Albissola
サボーナ
SAVONA
413
P.420 ポルトフィーノ
Portofino
P.420 チンクエ・テッレ
Cinque Terre
レッジョネルエミーリア
REGGIO NEL L'EMILIA
マッサ・カッラーラ
MASSA CARRARA
ラスペツィア
LA SPEZIA
スペツィア
La Spezia
フランス
FRENCH REPUBLIC
P.419 アルベンガ
Albenga
アラッシオ
ジェノバ湾
Golfo di Genova
P.420 ポルトヴェーネレ
Portovenere
インペリア
IMPERIA
インペリア
Imperia
サン・レモ P.419
San Remo
モナコ
MONACO
PRINCIPALITY OF MONACO
ニース
Nice
カンヌ
Cannes
ピストイア
PISTOIA
ピストイア
Pistoia
ルッカ
LUCCA
ヴィアレッジョ
Viareggio
ルッカ P.266
Lucca
ピサ
Pisa
243
24
リグリア海
Ligurian Sea
リボルノ
Livorno
サン・ジミニャーノ
San Gimignano
ヴォルテッラ
Volterra
リボルノ
LIVORNO
トスカナ群島
Arcipelago Toscano
コルス岬
Cap Corse
バスティア
Bastia
コルス島
（コルシカ島）
Corse
（フランス）
1
2
3
4
A
B
10
12
14

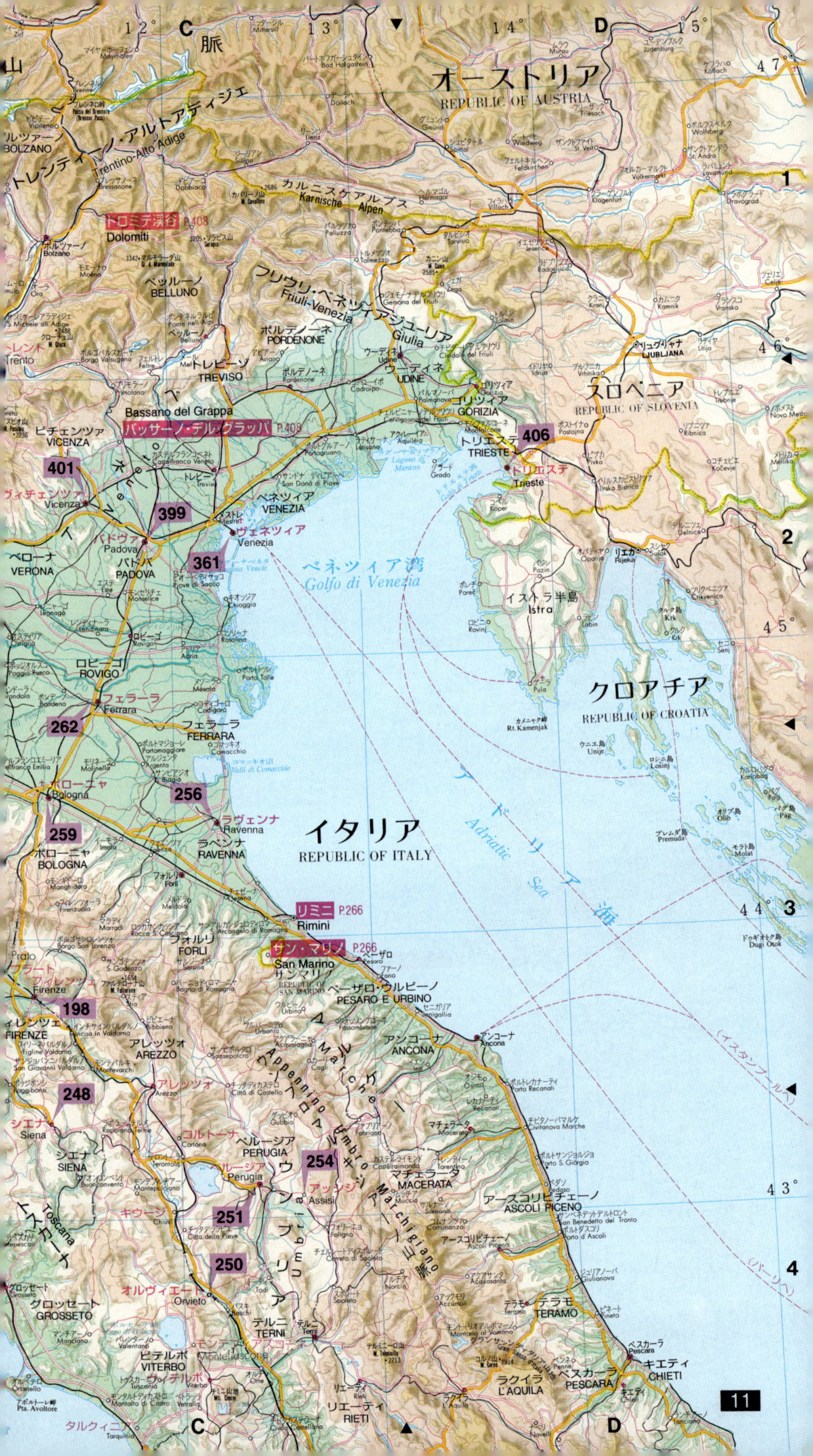

オーストリア
REPUBLIC OF AUSTRIA
トレンティーノ・アルトアディジェ
Trentino-Alto Adige
カルニスケアルプス
Karnische Alpen
ドロミテ渓谷 P.408
Dolomiti
フリウリ・ベネツィアジューリア
Friuli-Venezia Giulia
スロベニア
REPUBLIC OF SLOVENIA
リュブリャナ
LJUBLJANA
バッサーノ・デル・グラッパ P.408
Bassano del Grappa
ベネツィア湾
Golfo di Venezia
イストラ半島
Istra
クロアチア
REPUBLIC OF CROATIA
イタリア
REPUBLIC OF ITALY
アドリア海
Adriatic Sea
リミニ P.266
Rimini
サン・マリノ P.266
San Marino
アペニン山脈
Appennino Umbro-Marchigiano
ウンブリア
Umbria
トスカーナ
Toscana
マルケ
Marche
ボルツァーノ BOLZANO
ベッルーノ BELLUNO
ポルデノーネ PORDENONE
トレビーゾ TREVISO
ウーディネ UDINE
ゴリツィア GORIZIA
トリエステ TRIESTE
ビチェンツァ VICENZA
ベネツィア VENEZIA
パドバ PADOVA
ベローナ VERONA
ロビーゴ ROVIGO
フェラーラ FERRARA
ボローニャ BOLOGNA
ラベンナ RAVENNA
フォルリ FORLI
ペーザロ・ウルビーノ PESARO E URBINO
アンコーナ ANCONA
フィレンツェ FIRENZE
アレッツォ AREZZO
シエナ SIENA
ペルージア PERUGIA
マチェラータ MACERATA
アースコリピチェーノ ASCOLI PICENO
グロッセート GROSSETO
テルニ TERNI
ビテルボ VITERBO
テラモ TERAMO
ラクイラ L'AQUILA
リエーティ RIETI
ペスカーラ PESCARA
キエティ CHIETI
401
399
361
406
262
256
259
198
248
254
251
250

イタリア中部
1:2,750,000
0
50km
ピサ
Pisa
リボルノ
Livorno
LIVORNO
フィレンツェ
Firenze
アレッツォ
AREZZO
サン・ジミニャーノ
S. Gimignano
ヴォルテッラ
Volterra
シエナ
Siena
SIENA
コルトーナ
Cortona
トスカーナ
Toscana
グロッセート
GROSSETO
ビテルボ
VITERBO
オルヴィエート
タルクィニア
Tarquinia
チビタベッキア
Civitavecchia
チェルヴェーテリ
Cerveteri
ゴルゴーナ島
I. di Gorgona
カプライア島
I. di Capraia
ピアノーザ島
I. Pianosa
モンテクリスト島
I. di Montecristo
ジリオ島
I. del Giglio
ジャンヌトリ島
I. di Giannutri
トスカーナ群島
Arcipelago Toscano
ピオンビーノ
Piombino
ポルトフェライオ
Portoferraio
カスティリオーネ・デッラ・ペスカイア
Castiglione della Pescaia
コルス岬
Cap Corse
バスティア
Bastia
カルビ
Calvi
コルス
Corse
(フランス)
コルス島
(コルシカ島)
Corse
アジャクシオ
Ajaccio
ポルト・ベッキオ
Porto-Vecchio
ボニファチオ
Bonifacio
ボニファチオ海峡
Strait of Bonifacio
カプレラ島
I. Caprera
ラ・マッダレーナ
la Maddalena
エメラルド海岸
Costa Smeralda
Palau
ゴルフォ・アランチ
Golfo d. Aranci
オルビア
Olbia
アシナラ湾
Golfo dell' Asinara
ポルトトレス
Porto Torres
サッサリ
Sassari
SASSARI
アルゲロ
Alghero
サルデーニャ
Sardegna
(Sardinia)
サルデーニャ島 P.465
Sardegna
コミーノ岬
Capo Comino
ヌオロ
Nuoro
NUORO
オロセイ湾
Golfo di Orosei
モンテサント岬
C. di M. Santu
オリスターノ
Oristano
サンマルコ岬
C. S. Marco
オリスターノ湾
Golfo di Oristano
バルミニ
Barumini
カリアリ
CAGLIARI
Cagliari
カリアリ湾
Golfo di Cagliari
カルボナーラ岬
C. Carbonara
スパルティベント岬
C. Spartivento
(シェノヴァへ)
(トラパニへ)
(パレルモへ)
(マルセイユへ)
198
243
246
248
25
9°
10°
11°
12
A
B
1
2
3
4

イタリア
REPUBLIC OF ITALY
クロアチア
REPUBLIC OF CROATIA
ダルマチア諸島
Dalmatinski Otoci
アドリア海
Adriatic Sea
ティレニア海
Tyrrhenian Sea
ティレニア海盆
Tyrrhenian Basin
アンコーナ
ANCONA
ペルージア
PERUGIA
マチェラータ
MACERATA
アスコリピチェーノ
ASCOLI PICENO
テルニ
TERNI
テラモ
TERAMO
ペスカーラ
PESCARA
ラクイラ
L'AQUILA
リエーティ
RIETI
キエーティ
CHIETI
ローマ
ROMA
イゼルニア
ISERNIA
カンポバッソ
CAMPOBASSO
フォッジア
FOGGIA
フロジノネ
FROSINONE
ラティーナ
LATINA
ベネベント
BENEVENTO
カゼルタ
CASERTA
ナポリ
NAPOLI
アベリノ
AVELLINO
ポテンツァ
POTENZA
サレルノ
SALERNO
P.443 イスキア島
Isola d'Ischia
P.439 ポンペイ
P.443 ソレント
Sorrento
アマルフィ海岸
Costiera Amalfi
カプリ島
Isola di Capri
ポンツィアーネ諸島
Isole Ponziane
トレミティ諸島
Isole Tremiti
ガルガノ岬
Appennino Abruzzese
Appennino Napoletano
Abruzzi
Molise
Puglia
Campania
Marche
Umbria
254
187
426
441
51
13° 14° 15° 16°
43° 42° 41° 40° 39°
C D
1 2 3 4
10 12 14

イタリア南部

1:2,750,000

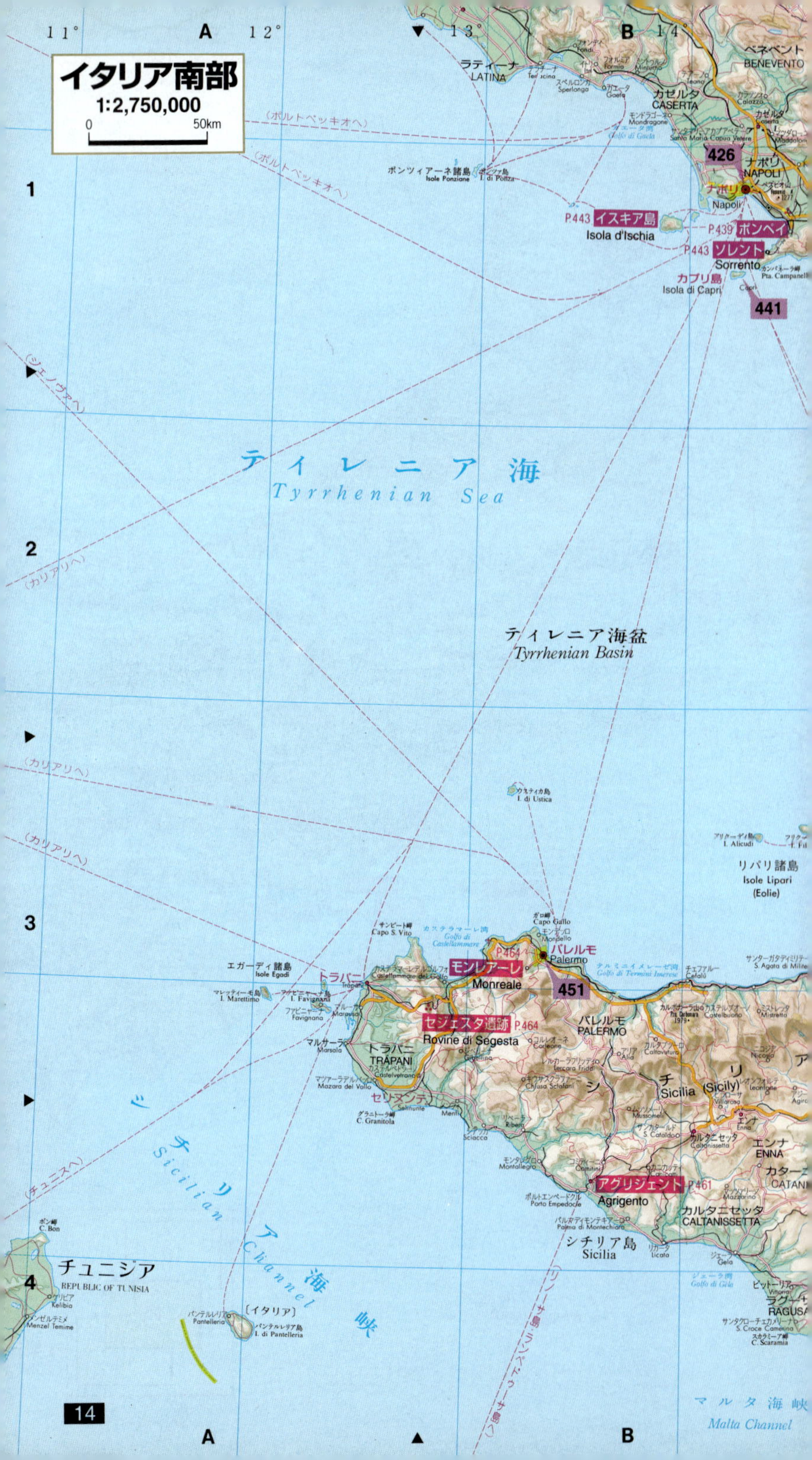

アドリア海
Adriatic Sea
イオニア海
Ionian Sea
ターラント湾
Golfo di Taranto
イタリア
REPUBLIC OF ITALY
バーリ
Bari
BARI
P.443 アルベロベッロ
Alberobello
カステッラーナ・グロッタ
Castellana Grotta
ブリンディジ
BRINDISI
Brindisi
サレンティーナ半島
Penisola Salentina
ターラント
Taranto
TARANTO
レッチェ
LECCE
マテーラ
MATERA
ポテンツァ
POTENZA
バジリカータ
Basilicata
サレルノ
SALERNO
アベリノ
AVELLINO
コセンツァ
COSENZA
ラ・シーラ山地
La Sila
カタンザーロ
CATANZARO
Catanzaro
レッジョディカラブリア
REGGIO DI CALABRIA
レッジョ・ディ・カラブリア
Reggio di Calabria
メッシーナ
MESSINA
Messina
458
タオルミーナ
Taormina
エトナ山
Monte Etna
カターニア
P.464
Catania
シラクーザ
SIRACUSA
462
Siracusa
ガリポリ
Gallipoli
クロトーネ
Crotone
41°
40°
39°
38°
37°
15°
16°
17°
18°
C
D
1
2
3
4
10
12
14

トラベル・インフォメーション

いざイタリアへ。出発前の準備は楽しい旅のスタートライン。ちょっとした生活事情の違いを知っているか否かが、旅先では大きな差になる。現地に着いてからあわてることなく余裕を持って行動できるよう、基本的な事柄について前もって知っておきたい。

イタリア滞在の情報収集

まずは情報を手に入れる。日本でも諸機関がさまざまな旅の情報や観光のための資料を提供している。現地に着いてからは、各街の観光案内所が心強い味方になってくれる。

日本で情報を集める

➔イタリア政府観光局（ENIT）

各都市の観光パンフレット類や地図、ホテル・リスト、語学学校の資料など出発前に役立つ情報が揃っている。スタッフが問い合わせや相談に応じるほか、ファックス・サービス（FAX03-3814-1802）では、目的別の情報が取り出せる。

➔イタリア文化会館／日伊協会

イタリア文化会館はイタリア大使館の文化部門。留学関連の情報が手に入り、併設の図書館も利用できる。民間団体の日伊協会は語学講座や講演会などを主催、日本とイタリアの交流の場を提供する。

現地で情報を集める

地方都市にも必ず観光案内所がある。観光資料が手に入るだけでなく、ホテルや現地ツアーの予約ができたり、なにかと便利な存在。旅行中は何度もお世話になることだろう。たいてい主要駅の構内や、観光地にオフィスがある。観光案内所は原則として地方や街ごとの管轄で、それぞれ独自のサービスを行なっている。主要都市には必ずある大手旅行会社CITのオフィスでは、交通機関の情報が手に入る。

日本

イタリア政府観光局（ENIT日本）
〒107東京都港区南青山2-7-14
☎03-3478-2051
営9:30～17:30（金曜～16:00）
休土・日曜、祝日

イタリア文化会館
〒102東京都千代田区九段南2-1-30
☎03-3264-6011

日伊協会
〒107東京都港区赤坂7-2-17
赤坂中央マンション207
☎03-3402-1632

イタリア

イタリア政府観光局（ENITローマ）
Via Marghera 2 ☎06-49711
ミラノ☎02-809662/6690432
フィレンツェ☎055-290832
ヴェネツィア☎041-5226356
ナポリ☎081-5523328
パレルモ☎091-583847

ローマにあるイタリア政府観光局（ENIT）

パスポートとビザ

イタリア入国には有効期間を３カ月以上残したパスポートが必要だ。新規に作成するときだけでなく、更新にもある程度の日数がかかる。旅行を思い立った時点で早めの用意を。

3カ月以内の観光旅行はビザ免除

観光目的の旅行で、滞在が３カ月以内の場合にはビザは必要ない。ただし、３カ月以上の留学など長期滞在の場合には必要となってくる。滞在の目的によってビザの種類と手続きが違うので、大使館に問い合わせて取得する。

イタリア大使館（ビザ係）
〒108東京都港区三田2-5-4
☎03-3453-5291 営9:30～12:30

大阪神戸イタリア総領事館
〒540大阪市中央区城見2-1-61ツイン21MIDタワー31階
☎06-949-2970

時差

日本からヨーロッパに旅行したときに、悩まされるのが時差ボケ。到着直後は多少体がついていかなくても、なるべく現地時間に合わせて行動したほうが慣れるのは早い。

時差はマイナス8時間

日本とイタリアとの時差は8時間。日本時間のほうが先行しているので、たとえばイタリアが正午のとき、日本では午後8時になる。夏にはサマータイムが採用される。この期間には時差が7時間になるので、注意したい。

サマータイム実施期間
サマータイムが実施されるのは、毎年3月の最終日曜から9月の最終日曜まで。切り替えの日に現地に滞在している場合には、時計の針の調整を忘れずに。

世界の主要都市時差表

東京	0	1	2	3	4	5	6	7	8	9	10	11	12	13	14	15	16	17	18	19	20	21	22	23
ローマ(夏)	17	18	19	20	21	22	23	0	1	2	3	4	5	6	7	8	9	10	11	12	13	14	15	16
ローマ(冬)	16	17	18	19	20	21	22	23	0	1	2	3	4	5	6	7	8	9	10	11	12	13	14	15
ロンドン	15	16	17	18	19	20	21	22	23	0	1	2	3	4	5	6	7	8	9	10	11	12	13	14
ニューヨーク	10	11	12	13	14	15	16	17	18	19	20	21	22	23	0	1	2	3	4	5	6	7	8	9
ロサンゼルス	7	8	9	10	11	12	13	14	15	16	17	18	19	20	21	22	23	0	1	2	3	4	5	6
ホノルル	5	6	7	8	9	10	11	12	13	14	15	16	17	18	19	20	21	22	23	0	1	2	3	4
シドニー	1	2	3	4	5	6	7	8	9	10	11	12	13	14	15	16	17	18	19	20	21	22	23	0
香港	23	0	1	2	3	4	5	6	7	8	9	10	11	12	13	14	15	16	17	18	19	20	21	22
バンコク	22	23	0	1	2	3	4	5	6	7	8	9	10	11	12	13	14	15	16	17	18	19	20	21
モスクワ	18	19	20	21	22	23	0	1	2	3	4	5	6	7	8	9	10	11	12	13	14	15	16	17

□ 日本標準時の前日

気候と服装

地中海性気候で温暖なイタリアは、日本と同じく四季があり過ごしやすい。服装も日本と同じようなもので大丈夫だが、ドレスコードのある場所ではそれなりの気配りが必要だ。

イタリアの四季

国土が南北に長いため、地方によって気候の違いが大きい。南のシチリアでは冬でも気温が10度を下回らないが、北に位置するミラノやヴェネツィアの冬は寒く、霧が出る。年間を通して湿度は低く、夏でもカラリとしている。主要都市の月別平均気温については下記の表を参照。

寒暖の調節をしやすい服装がいい

服装

どの地方を旅行するかにもよるが、基本的には日本と同じで問題ない。ただし日中と夜の気温の差が大きいこと、石造りの建物の中では肌寒く感じられることがあるため、夏でも上着を1枚用意していったほうがいい。高級レストランや劇場に行くときは、ある程度きちんとした服装で。寺院や教会を観光する場合にも、ショートパンツやノースリーブなど、肌を露出する服装は避けたい。

日本で知る世界の天気
新聞には世界主要都市の前日の天気と最高・最低気温が掲載されている。テレビの衛星第一放送では『世界の天気』を毎日数回放映。NTTトラベル・サービス(✆03-5818-5520)では世界主要都市の天気予報のデータを持っており、電話またはファックスで希望都市の予報を教えてくれる。

主要都市の月別平均気温(℃)

	1月	2月	3月	4月	5月	6月	7月	8月	9月	10月	11月	12月
ローマ	7.4	8.0	11.5	14.4	18.4	22.9	25.7	25.5	22.4	17.7	13.4	8.9
ミラノ	1.9	3.8	8.6	13.2	17.3	22.2	24.8	23.9	20.3	13.7	8.5	3.0
フィレンツェ	5.6	5.8	9.9	13.3	17.4	22.1	25.0	24.5	21.2	15.8	11.2	6.0
ヴェネツィア	3.8	4.1	8.2	12.6	17.1	21.2	23.6	23.3	20.4	15.1	10.5	5.0
ナポリ	8.7	8.7	11.4	14.3	18.1	22.3	24.8	24.8	22.3	18.1	14.5	10.3

通貨と両替

日本円より１ケタ数字の多いリラは、慣れるまで大金をやり取りしている気分になってしまう。近年、都市部では自動両替機が普及し、両替窓口の前に長蛇の列を作ることも少なくなった。両替はできるだけ効率よく、スムーズに行ないたい。

換算レート
Lit.100≒7.8円（1997年2月現在）

硬貨に関する注意
Lit.50、100硬貨には現在同じデザインで２種の大きさがある。また、電話専用のジェットーネという硬貨もLit.200として、流通している。

通貨の持ち込みと持ち出し
リラ、外貨ともに持ち込みに制限はないが、申告なしで持ち出せるのはリラと外貨を合計して現金Lit.2000万相当額まで。ただし、トラベラーズ・チェックやクレジットカードは対象にはならない。

Lit.500

Lit.200

Lit.100

Lit.50

通貨の単位と種類

単位はリラLira（複数形はリレLire）で金額はLit.と表示する。硬貨はLit.5～500の７種類。紙幣にはLit1000～10万の６種類がある。Lit.5や10、20の硬貨は、あまり使われない。

Lit.10万

Lit.5000

Lit.5万

Lit.2000

Lit.1万

Lit.1000

トラベラーズ・チェック（T/C）

サインした本人にしか使用できず、紛失や盗難の際には再発行されるため、現金よりも安全だ。購入時にオリジナル・サインをし、実際に使用するときにもう一方のカウンター・サインをする。２つのサインが一致してはじめて使用できる。使用する時にパスポートの提示を求められる場合が多い。一般的には銀行や両替所でいったん現金に両替してから使うが、店によっては現金と同様にそのまま使用できるところもある。購入は、銀行のほかアメリカン・エキスプレスやトーマス・クックなどのT/C発行会社で。現地通貨への換算が楽なので、円建てのT/Cが便利だ。

紛失/盗難の際は…

紛失や盗難に気がついたら、直ちに再発行センターに連絡する。この際、T/Cの番号を告げると再発行がスムーズなので、必ず購入したときにもらう控えを携帯するか、番号を別に控えておく。発行会社によっては盗難証明書が必要なことがある。その場合には警察に届け出て発行してもらう。あとは指示に従って書類に記入し、再発行されるのを待つ。早ければ即日発行されるが、正しい使用法を守っていない場合には時間がかかることもある。

主要T/C発行会社

アメリカン・エキスプレス
〒167杉並区荻窪4-30-16
☎0120-005004

トーマス・クック
〒103中央区日本橋本町3-2-13
アバンテック日本橋ビル
☎03-3231-2821

東京三菱銀行
〒100千代田区丸の内2-7-1
☎03-3240-1111

イタリア商業銀行
〒100千代田区丸の内2-2-1
岸本ビル ☎03-5221-7800
連絡すると、T/Cを購入できる最寄りの場所を教えてくれる。

両替

両替ができるのは銀行、ホテル、空港や駅、あるいは街なかの両替所や旅行会社など。両替はイタリア語でカンビオCAMBIO。銀行でも両替窓口にはこの表示が出ている。レートや手数料は場所によって違うが、一般的に銀行のレートが良い。両替窓口のそばにその日のレート表が掲示してある。外にこの表示が出ていることも多いので、見比べてレートの良い場所で両替するといいだろう。日本国内でリラの両替を扱っているところは数少ないが、イタリア商業銀行やクレディト・イタリアーノなどがある。日本からリラを用意して行きたい場合にはこれらの銀行で手に入れる。イタリア商業銀行ではリラ建てのT/Cも扱っている。

各国語で書かれた両替所のサイン

➔銀行Banca

2重扉になっている銀行の入口

銀行の営業時間は、だいたい8:30〜13:30、14:30〜16:00。土・日曜と祝日は休みだ。銀行の入口は防犯のために、1人ずつしか入れない仕組みになっていたり、金属探知器が取り付けられているところや、荷物をロッカーに預けてからでないと入れないところなどがあり、初めての人はとまどうかもしれない。

➔両替所Ufficio di Cambio

空港や主要駅構内の両替所は夜遅くまで開いていることが多く、到着したばかりの両替には便利だが、レートはあまり良くない。ホテルの両替所はレートが悪いので、なるべく利用しないほうがいい。民間の両替所は都市部なら街中にあり、探すのには困らないが、店によってレートや手数料に差がある。営業時間は普通の商店とほぼ同じだが、観光地では土曜にも開いていたり、昼休みなしで営業するところもある。日曜や祝日に開いていることはあまりない。

➔自動両替機

銀行には自動両替機を備えているところが多い。画面にはその日のレートが出ているので、確認してから両替できる。

▶使い方

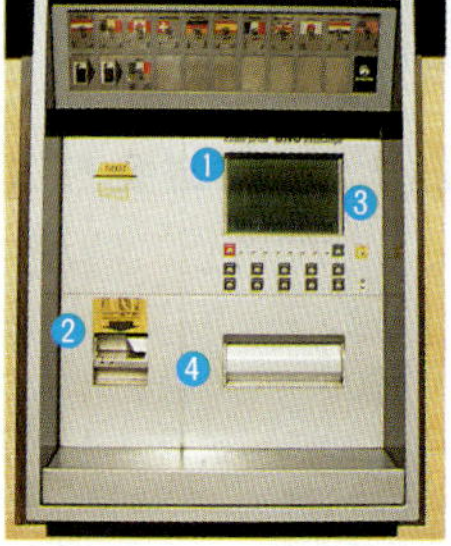

❶画面上でレートと手数料を確認する。
❷紙幣を入れる。日本円は1000、5000、1万円が使用可。
❸紙幣を入れたら、確認のための緑のボタン、もしくはキャンセルの赤いボタンを押す。
❹リラの紙幣と硬貨、レシートを受け取る。機種によっては、ボタンを押さないとレシートが出ないこともある。

▶自動両替機の設置場所　たいてい銀行の入口付近の外壁にある。24時間使用することが可能だ。ガイダンスも各国語から選ぶことができ、日本語を選べるものもある。

両替で役立つイタリア語会話

●両替はどこでできますか。
Dove posso cambiare i soldi?
ドーヴェ・ポッソ・カンビアーレ・イ・ソルディ

●両替をお願いします。
Vorrei cambiare i soldi.
ヴォレイ・カンビアーレ・イ・ソルディ

●小銭でもらえますか。
Mi può dare degli spiccioli, per piacere?
ミ・プオ・ダーレ・デリ・スピッチオリ・ペル・ピアチェーレ

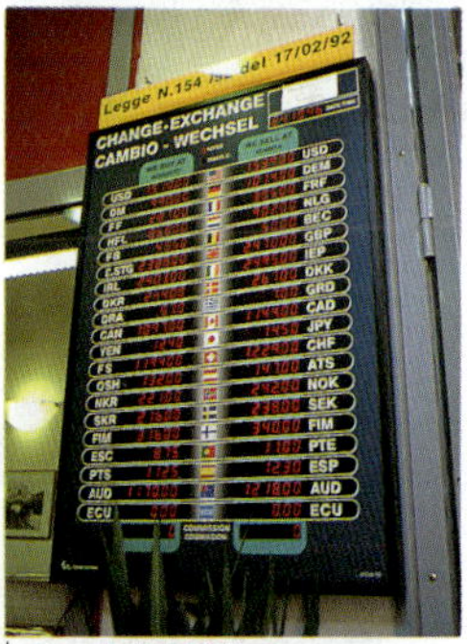

レート表の読み方

縦の列には各国の通貨が表示され、横の列にはBuying Rates、Selling Ratesとして2種類の数字が並んでいる。Buying Ratesの項目がさらにCashとT/Cに分かれていることもある。Buying Ratesは、その両替所が外国の通貨をいくらで買うか、というレート。逆にSelling Ratesはいくらで売るかだ。日本円の現金をリラに両替する場合は、日本円(JPYかYEN と表示されている)のBuying RatesのCashのところを見る。両替所が日本円を高く買ってくれるほうがいいので、このレートの金額が高いほどレートが良いということになる。T/Cの場合は同様にBuying RatesのT/Cの欄を見る。

用意しておきたい国際カード

主要国際カード会社連絡先
アメリカン・エキスプレス
☎0120-020222
マスターカード
☎03-5350-8051
ダイナース・クラブ
☎03-3797-7311
JCB
☎03-3295-1700
VISA
カード発行会社により入会手続きやサービス内容が異なるため、取引銀行もしくは各種の提携クレジット会社に問い合わせる。

サービス・オフィスでキャッシング

クレジットカード

現金やT/Cと組み合わせて利用したいのがクレジットカード。高額の支払いや現金の持ち合わせがないときにはたいへん便利だ。レンタカーを借りるときやホテルの予約の際には身分証明書代わりにもなる。アメリカン・エキスプレスやビザ、マスター、ダイナースなどの国際カードなら主要都市のホテル、レストラン、商店で問題なく通用する。たいてい店のウインドーなどに使用できるカードのステッカーが貼ってあるので、心配なときは確認するとよいだろう。クレジットカードは簡単に作れるが、申し込んでから審査に1カ月ほどかかるので、旅行前には余裕をもって申し込みたい。それぞれのクレジットカードにはさまざまな特典があり、旅行傷害保険のついているものも多いので、あらかじめ調べて上手に利用したい。

入口付近のカードOKのサイン

➔キャッシング

クレジットカードのもう一つの機能がキャッシング。週末や夜遅くに街に着いて両替所が閉まっているときでも現金を引き出すことができる。提携銀行やサービス・オフィスの窓口か提携のATM(現金自動支払機)を利用する。

▶窓口で引き出す場合

書類に必要事項を記入して、クレジットカードを提示する。通常パスポートの提示を求められるので携帯すること。一度に引き出せる金額はATMを使用した場合よりも大きい。

▶ATMから引き出す場合

ATMはおもに空港や、主要駅、銀行の入口付近などに設置されている。画面の指示に従って操作するだけで現金が引き出せる。操作ガイダンスは各国語を選択できる。暗証番号が必要なので、前もって日本で登録しておく。

1. カードを挿入する
2. 画面を見て希望の言葉を選択、ガイダンスに沿って操作をする
3. OKは緑、やり直しは赤のボタンを押す

日本からの送金方法

銀行送金

現地でどうしてもお金が足りなくなって、日本から送金をしてもらうのなら、銀行送金がいちばん簡単で確実な方法だ。ただし現地の銀行に口座をもっている人以外は、送金されたお金を受け取るためにパスポートを持って銀行まで出向かなくてはならない。

送金方法

イタリアに支店を持つ日本の銀行で送金手続きをとるか、外国為替を取り扱う銀行で送金を依頼する。このとき、送金先の銀行名、受取人のパスポート番号、滞在先の住所と電話番号を事前に確認しておく。外国送金の窓口で所定の用紙に必要事項を記入する。

郵便/小包/ファックス

旅先から手紙を出したり、かさばる荷物を小包にして送ったり、郵便局を利用する機会はなにかと多い。急ぎの連絡にはファックスを使えば、国際電話よりも経済的だ。

手紙やはがきを送る

➔切手を買う

ローマの中央郵便局

日本へのエアメール料金は、はがきと20gまでの封書がともにLit.1250。封書は20gを超過するごとにLit.400が加算される。なお、ヴァチカン市国から送る場合にもこの料金は同じ。切手は郵便局か、Tのマークの看板が出ているタバッキTabacchiと呼ばれるタバコ屋で買うことができる。郵便局には切手の自動販売機もある。

➔宛名の書き方

航空便で送る場合には必ずAir MailもしくはPer Via Aerea（ペル・ヴィア・アエレア）と明記すること。書かないと航空便分の切手が貼ってあっても船便にされてしまい、驚くほど時間がかかってしまう。

➔投函する

建物の壁面に設置されている

ポストの色は赤と青の２種類がある。ふたつ並んで設置されていることも多い。赤いポストは、投函口が市内と市外に分かれているので、エアメールは市外のほうに入れる。青いポストはエアメール専用で、投函口はふたつあるが、どちらに入れても同じだ。ホテルのフロントに頼んで投函してもらうこともできる。日本への航空便は通常10日前後で着く。

小包を送る

日本へ小包を送る場合、航空便ならば10日から20日、船便だと２～３カ月かかる。規定の梱包方法で出さないと窓口で受け付けてもらえない。段ボールや厚紙できちんと梱包した後、ひもをかけてピオンボPiomboという丸い小さな金具で結び目を止める。これら梱包用具は文房具店などで入手できるが、最近は郵便局内で、組立式の箱を販売しているので、こちらを利用するほうが簡単。箱の大きさは４種類ある。梱包したら、小包専用の窓口で内容物証明書と税関への申告書（1kg以上の場合）を購入し、必要事項を記入する。

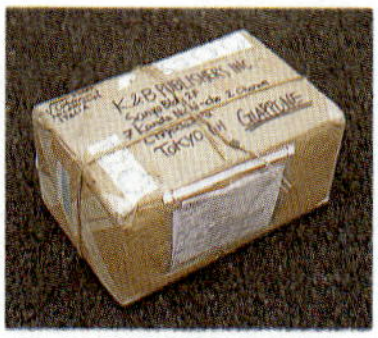
正しい方法で梱包された小包

ファックスを送る

ホテルのフロントでも頼めるが、郵便局から送るほうが手数料がかからず安くすむ。所定の用紙に記入して申し込む。

郵便局の営業時間

営8:30～19:40（土曜は～11:50）
休日曜、祝日
場所によって異なり、空港や主要駅構内の郵便局のなかには終日営業のところもある。

イタリアで手紙を受け取るには

局留め郵便にしてもらえば旅先で手紙を受け取ることが可能だ。郵便物にPalazzo delle Poste, 郵便局のある場所（ローマならRoma）, Fermo Postaと明記し、受け取り手の名前をローマ字ではっきり記入して送ってもらう。受け取るときはパスポートを提示し、手数料を払う。アメリカン・エキスプレスのオフィスでも同様のサービスを行なっているが、こちらは無料だ。

郵便局で役立つイタリア語

手紙…lettera レッテラ
速達…espresso エスプレッソ
はがき…cartolina カルトリーナ
小包…pacco パッコ
切手…francobollo フランコボッロ
船便…per via mare ペル・ヴィア・マーレ

カイ・ポストCai-Post

急ぎの郵便物には通常の航空便よりも速くて確実に着く、カイ・ポストを利用したい。料金は500gまでLit.4万6000。1kgまでがLit.5万4000。それ以上は重さによって料金が変わる。航空便より高いが、日本まで5日程度で到着する。

小包の料金（目安）

●航空便
5Kg…Lit.10万
10Kg…Lit.18万
15Kg…Lit.25万
●船便
5Kg…Lit.4万5000
10Kg…Lit.5万5000
15Kg…Lit.7万5000

電話

旅先からの元気な声が聞ける国際電話は、受けるほうもうれしいもの。公衆電話を使えばホテルからかけるよりずっと割安。イタリアの公衆電話はテレフォンカードを使用するタイプが普及しており、使い方は日本のものとほとんど同じだ。電話局も利用価値が高い。

通話の種類

オペレーターを通して国際電話をかけるときは、次の3種から希望する通話を申し出る。

●番号通話
Station to Station Call
指定した電話番号を呼び出す。

●指名通話
Person to Person Call
特定の相手を指名する。

●料金受信人払い通話
Reverse Charge Call

ヨーロッパのおもな国の国番号

イギリス	44	ドイツ	49
ベルギー	32	フランス	33
スペイン	34	オーストリア	43
スイス	41	デンマーク	45
オランダ	31	スウェーデン	46

公衆電話の数は多い

国際電話の問い合わせ先(日本)

KDD(国際電信電話)
☎0057(24時間)
IDC(国際デジタル通信)
☎0120-03-0061(24時間)
ITJ(日本国際通信)
☎0120-44-0041(24時間)

日本までの電話料金

ダイヤル直通で長距離電話をかける際、時間帯によって料金が異なる。月〜土曜の朝8時から夜の11時までは3分間Lit.8300、それ以外の時間帯と日曜は3分間Lit.7000だ。長く話をしたいときなど、ちょっと時間をずらすだけで料金にかなり差が出ることを覚えておきたい。

日本からイタリアへ国際電話をかけるとき

001または0041または0061
↓
39
↓
市外局番から0を取った番号
↓
相手の番号

国際電話のかけ方

国際電話はほとんどのホテルの部屋からダイヤル直通でかけられる。イタリアではどの公衆電話からでも直接国際電話をかけることができる。コレクトコールには日本のオペレーターに直接つながるものや、料金がクレジットカードで引き落とされるものなどがある。

◆ダイヤル直通電話

ホテルや公衆電話から直接相手の電話番号につながる。公衆電話からかけるときはテレフォンカードが便利。どんどん度数が減るので、残り度数を確認してからかけること。

イタリアから横浜✆045-123-4567に電話する場合

ホテルからの外線番号(たいてい0か9)
国際電話識別番号
日本の国番号
最初の0を取った市外局番
相手の電話番号

※ → 00 → 81 → 45 → 1234567

◆ジャパンダイレクト

日本のKDDのオペレーターに直接つながる。料金はコレクトコールか、クレジットカードでの引き落としだ。

※ → 172-1081 → 日本(KDD)のオペレーター

◆ジャパンストレート

日本のIDCのオペレーターに直接つながる。料金はコレクトコールかクレジットカード払い。

※ → 172-1080 → 日本(IDC)のオペレーター

◆スーパー・ジャパンダイレクト

KDDが行なっている。アクセス番号をダイヤルすると流れる日本語のガイダンスに従って、直接相手に電話がかけられる。料金はクレジットカード払い。

※ → 172-1181 → 日本語のガイダンスに従って、カード番号、暗証番号、相手の電話番号などをダイヤルする。

◆ホームダイヤル

IDC専用カードかクレジットカードで清算する直通通話。

※ → 172-1180 → 日本語のガイダンスに従って、カード番号、暗証番号、相手の電話番号をダイヤル。

◆ダイヤルジャパン

ITJが行なっているコレクトコールの国際電話サービス。事前に契約し、暗証番号を登録して利用する。

※ → 172-2181 → 日本語のガイダンスに従って、カード番号、暗証番号、相手の電話番号などをダイヤル。

公衆電話からかける

テレコム・イタリアのマーク

公衆電話の種類

電話局や公衆電話はテレコム・イタリアが運営している。公衆電話は近年ほとんどがコインとテレフォンカード両用、もしくはテレフォンカード専用の新しい型のものに切り換えられ、旧式の電話を見かけることはめったになくなった。電話は街のいたるところにあるが、故障していることも多い。すべての公衆電話から長距離、国際電話がかけられる。

街角の電話ボックス

▶使用手順

日本の公衆電話と基本的な操作は同じ。

①受話器を取り、発信音を確認する。
②コインかテレフォンカードをそれぞれの投入口に入れる。
③投入金額、またはカードの残り度数を確認する。
④電話番号を押す。
⑤受話器を置くとおつりかカードが戻ってくる。
⑥そのまま続けて別の場所に電話をかけることもできる。

自動販売機で購入できる

▶テレフォンカード

テレフォンカードは電話局、郵便局や駅構内の自動販売機、バールやタバッキなどで買うことができる。Lit.5000、1万、1万5000の3種類がある。使うときは角の印のある部分を切り取り、矢印の方向に差し込む。

使用できるコイン

公衆電話に使用できるコインはLit.500、200、100の3種類。

ジェットーネ

電話専用のコインだが、Lit.200の硬貨として買物などにも使える。以前はこのコインでかける公衆電話が多かったが、電話の切り替えに伴い、ジェットーネも最近ではほとんど見かけなくなった。

テレフォンカード

電話局Telecom Italia

電話局や駅構内などにあるテレコム・イタリアのブースからは、料金は使用後清算で電話することもできる。窓口で日本に電話したい旨を告げ、ブースに入る。電話中には目の前のメーターに料金が表示される。電話が終わったら窓口で清算をする。手数料はとくにかからない。テレフォンカードやコインの残りを気にせず話ができるので、通話が長くなりそうなときにはたいへん便利だ。

駅構内にある電話局

国際宅配便

料金は多少高いが保険が付き、安心を買えるのが国際宅配便。イタリアに支店を持つ日本の大手宅配便会社が利用価値大だ。ホテルまで取りに来てくれる会社もある。

宅配便を利用する

日通やヤマトなど日本の会社には日本人スタッフが常駐しているため言葉の問題もなく安心だ。旅行中に荷物が増えてしまったときには、別送品として送る手続きがとれる。重さと容積、それぞれに基づいた料金の高いほうが請求料金になるので、説明を聞いて梱包は効率的に。日本まで速ければ３～４日で着くが、２週間以上かかる場合もある。

おもな宅配便会社

ローマ
日通Nippon Express Italia.SRL.
Via Nazionale ☎06-4880989

ミラノ
ヤマトUPS Alimondo SRL.
Via Fantoli 15/2 ☎02-5079282

電源と電圧

イタリアの電圧は日本と異なるので、電気製品を持参しても、変圧器がないと使用できない。海外旅行用に変圧器が内蔵された電気製品を持っていくのもいいだろう。

電圧と周波数

イタリアの電圧は220V。周波数は50Hz。電気のプラグは丸いピンが２本出ている形状のものが一般的だ。日本の電気製品を使用するためには、変圧器のほかに差し込みアダプターも必要。海外用電気製品ならアメリカ用120Vとヨーロッパ用220Vの電圧の切り替えができ、それぞれに適したアダプターが付いている。

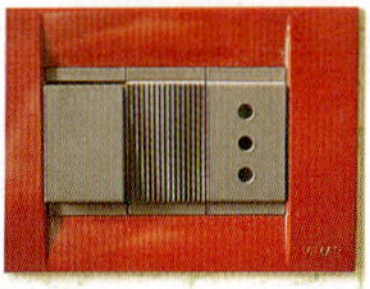
イタリアの一般的なプラグとコンセント

チップ

日本にはないチップの習慣。どこで、どんな風に、いくら渡していいのかわからずとまどうことも多いが、サービスに対する感謝の気持ちであることを念頭に置いて柔軟に。

レストランではチップはテーブルに

チップが必要な場面と渡し方

➔**ホテル**　ポーターへは荷物を運んでもらったときその場で渡す。部屋の掃除をしてくれるルームメイドへはサイドテーブル上にGrazieのメモを添えて置く。ともにLit.1000ぐらい。ルームサービスや洗濯、コンシェルジュにレストランの予約などを頼んだときにもLit.1000ぐらいでいい。

➔**レストラン、バール**　サービス料の含まれないレストランなら総額の１割程度。高級店では通常サービス料が含まれるので、１人あたりLit.1000～3000程度でいい。テーブルで支払いをすませたあと、チップを置いて席を立つ。

➔**タクシー**　夜間料金や荷物１個あたりの追加料金などが加算されるシステムなので、基本的には不要。料金にLit.100単位の端数が出たら、その分をチップにすればいい。

➔**劇場**　席に案内してもらった場合、Lit.1000程度を渡す。

➔**トイレ**　バールやカフェのトイレでは、管理人が入口にいることがある。たいてい横に小皿などを置いて座っているので、その中にLit.300～500ぐらい入れる。

チップのスマートな渡し方

ホテルの枕の下にチップを置くのは、ほとんど日本人。忘れ物だと思ってそのままにしておくスタッフも多いようだ。チップは毎日必ず置くものではなく、なにか特別なサービスをしてもらったときに感謝の気持ちを表すものと解釈したい。そのためにも"グラツィエ"の言葉は必ず添えて。レストランの支払いにカードを使用する際は、端数を切り上げてチップにするといい。もちろん現金でも問題ない。

トイレ

公衆トイレは数が少ないので、レストランなどに入ったときに必ず利用しておくように習慣づけるといい。困ったときには、バールのトイレを借りることもできる。

街なかには少ない公衆トイレ

イタリアのトイレ事情は街ごとに異なるが、概して公衆トイレは少なく、美術館や博物館のトイレはきれいで利用しやすい。教会や遺跡には、まずないと考えたほうがいいだろう。駅のトイレは、時間帯や場所にもよるが、混んでいることが多い。使いやすいのはレストランやバールのトイレ。トイレの表示はGabinetto（ガビネット）かToilette（トイレッテ）と書かれている。女性用はDonnaで男性用がUomoだ。トイレの入口に管理人がいる場合には、チップを渡す。細かいお金がないときは言えばおつりをくれる。チップと交換にトイレットペーパーをくれるところもある。

ホテルのトイレはふつうビデ付

▶トイレの使い方

使用方法は日本とまったく同じ。ただし、とまどうのは水を流すときだ。水を流すためのボタンやレバーの類を発見できないことがよくある。日本人の感覚からはかけ離れた形状をしていることが多いので、まさかと思っても突起物は押したり、回したりしてみる。もしくは足下の床に小さなボタンがないか探してみる。踏んだ途端に勢いよく水が流れる、というのはイタリアでよくある現象。また、アラブ式のトイレも意外に多い。日本の和式トイレに近い形で、しゃがんで使用する。足を置く部分と水の流れるところに高さの差があまりないので、水を流すときは要注意。使用後に自動的に水が流れる仕組みのものもある。

困ったときには
街なかで公衆トイレを探すのは至難の業だが、ローマやミラノのような大都市には利用価値の高いスポットがいくつかある。たとえば、ラ・リナシェンテのようなデパートやスーパー、マクドナルドのようなファストフード店内のトイレなら比較的きれいで、ちょっと利用させてもらうことも可能。駅のトイレほど混むこともない穴場だ。

トイレの形は日本と同じ

水

イタリアの水道水は飲めるが硬水なので日本人の口には合いにくい。古代から水道施設の発達しているローマでは、街のいたるところで見られる泉の水も飲用にしている。

イタリアの水

ローマなどでは泉の水を汲んで使用したり、通りすがりに喉をうるおしていく人も見かけるほどだが、日本人は真似をしないほうが無難。ほかの都市でも、水道水は飲めるが、硬水なので、ミネラルウォーターのほうがいいだろう。

ミネラルウォーター

ミネラルウォーター

ミネラルウォーターには炭酸ガス入りのものと、ガス抜きのナチュラルなものがある。イタリア人にはガス入りが人気だが、日本人は飲みにくいと感じる人が多いようだ。スーパーなどで売っている。

水の呼び方
ミネラルウォーター
…アクア・ミネラーレ
ガス入り…アクア・ガッサータ
ガス抜き…アクア・センツァ・ガス

おいしいといわれるローマの水

保険

旅の前に、トラブルのことや現地で病気やけがになることを考えるのは楽しいことではないが、万が一を考え必ず保険に加入しよう。病気やけがの治療はもとより、持ち物の紛失や盗難に遭った場合、自分の不注意でまわりに損害を与えてしまった場合など、誰にでも「保険に入っていてよかった」と思う瞬間があるかもしれない。

海外旅行傷害保険

海外旅行傷害保険は、旅行中にかかった治療費や入院費、それに関わる通信費などの諸経費がまかなわれる保険のこと。必ず加入する必要がある基本契約と任意に加入できる特約の２本立てで、簡単にいえば、基本契約は旅行中の偶然の事故により起きた傷害を保証し、特約はそれ以外の病気や損害をカバーする。契約時に賠償（保険がおりる）範囲と免責（保険がおりない）範囲をよく確認しておきたい。

保険の種類			内容
基本契約	傷害保険	死亡	海外旅行中の偶然の事故によるけがが原因で、180日以内に死亡した場合。
		後遺障害	海外旅行中の偶然の事故によるけがが原因で、180日以内に身体に後遺障害が生じた場合。
		治療費用	海外旅行中に偶然の事故によるけがをし、医師の治療を受けた場合。
特約	疾病	治療費用	海外旅行中、または行程終了後48時間以内に発病し、かつ医師の治療を開始した場合。
		死亡	海外旅行中に疾病により死亡した場合。または旅行終了後48時間を経過するまでに医師の治療を開始し、旅行終了後30日以内に死亡
	賠償責任		他人の物をこわし、法律上の責任を負った場合。
	携行品損害		海外旅行中に携行品（カメラ、宝石、衣類等）が盗難、火災等偶然の事故によって損害を受けた場合。
	救援者費用		海外旅行中、傷害、疾病等により死亡または7日以上入院した場合、搭乗している航空機や船舶が遭難した場合、生死の確認ができない場合の救援者費用。

保険の組み合わせを考える

保険会社が設定したセット保険は加入は簡単だが、不要なものが含まれることがある。それぞれの項目と保険金額を自由に選んでかける（バラがけ）こともできる。旅行の目的や内容に合わせて必要なものだけを選ぶのもよい。

保険会社を選ぶ

大手の保険会社であれば大差はないが、提携する緊急医療サービスを行なう会社の違いにより、医師の派遣、病院への移送などのサービスの内容が異なることがある。渡航先の国でのサービスが充実している会社を選びたい。

クレジットカード保険

クレジットカードには、海外旅行傷害保険が付いているタイプのものがある。クレジットカードの会社や種類により内容は異なるが、どのぐらいの範囲をカバーするのかを確認して無駄な保険をかけないようにしよう。しかし、足りないものだけをと、バラバラにかけると保険金がおりないこともあるので注意したい。

保険でカバーできる範囲

保険の有効期間は、旅行出発日の自宅を出てから旅行終了日の自宅に戻るまで。空港へ向かう途中、旅を終えて自宅に帰る際の盗難、事故にも適用される。また、病気などで旅先で診療を受けた場合、初診日から数えて180日までの費用が支払われ、現地で病気にかかり帰国後に治療を受ける場合も、保険期間中、旅行期間中または行程終了後48時間以内の発病で、医師の治療の開始が証明されれば、保険はおりることになっている。ただし海外で病気になったとしても、妊娠、出産に関するトラブルや歯科治療は保険がおりない。携行品については、現金、航空券、有価証券などは保険の対象にならない。また、めがねをなくしたら保険が使えるが、コンタクトレンズには保険がおりない。さらに3000円以下の被害については保険が支払われないことになっている。契約書には保険が支払われるものと、そうでないものが細かく記載されいるので確認しておきたい。

保険は成田や関西国際空港でもかけられるが、その場合は自宅と空港を往復する際の事故には保険が適用されない分だけ少し損になる

保険金額と保険料

いくらの保険をかけるかによって保険料も決まってくるわけだが、基本的なセットの場合（傷害、疾病、賠償責任、携行品、救援者の各費用を組んだもの）の保険金額と保険料は以下の表を参考にしていただきたい。

契約タイプ		基本タイプ・セット例		
支払われる保険金額	傷害　死亡後遺症	5000万円	3000万円	2000万円
	治療費用	800万円	700万円	400万円
	疾病　治療費用	800万円	700万円	400万円
	死亡	3000万円	3000万円	2000万円
	賠償責任（免責金額0円）	5000万円	5000万円	5000万円
	携行品（免責金額3000円）	60万円	40万円	40万円
	救援者費用	600万円	600万円	400万円
支払う保険料　保険期間	2日（2泊3日）まで	5210円	4370円	2890円
	3日（3泊4日）まで	6340円	5190円	3430円
	5日（5泊6日）まで	8780円	7100円	4690円
	7日（7泊8日）まで	1万1170円	8870円	5860円
	10日（10泊11日）まで	1万1880円	9470円	6250円
	14日（14泊15日）まで	1万3690円	1万870円	7180円
	17日（17泊18日）まで	1万5260円	1万2110円	7990円
	21日（21泊22日）まで	1万7090円	1万3520円	8920円
	24日（24泊25日）まで	1万8300円	1万4630円	9660円
	27日（27泊28日）まで	2万120円	1万6030円	1万580円
	1カ月まで	2万1320円	1万6920円	1万1170円

加入の手続き

保険会社や旅行代理店などで加入できる。空港でも入ることはできるが、できれば出発前に加入しておく。そうすれば出発当日、家から空港までの間になにかがあっても保険でカバーされる。手続きは簡単。生年月日や渡航先、渡航期間を記入するだけだ。印鑑は不要。

病気になったら、事故に遭ったら

緊急事態が発生した場合には、保険証に記載されたそれぞれの保険会社の支店か緊急連絡先に電話をする。イタリアの場合、各社とも日本語で24時間対応できるようになっているので、心強い。

保険金請求の手続き

➔現地で請求する

長期滞在の場合は、加入した保険会社の支社か代理店へ必要書類を持参すれば、保険金を請求できる。

➔日本で請求する

帰国後30日以内に必要書類を保険会社に送付する。

アクシデント発生
↓
加入している保険会社へ連絡
↓
必要な書類を揃える（盗難証明書や診断書など）
↓
イタリアでの請求 ／ 帰国後の請求　費用を立て替えた場合は領収書を必ずとっておくこと

保険会社のサービス

イタリアの場合、おもな保険会社は、日本語救急サービスを設けている。これは緊急事態が発生した際、年中無休で24時間、日本語で対応してくれるというもの。フリーダイヤルやコレクトコールで、連絡すると、現地のアシスタント会社と連動して各種の手配を行なってくれる。日本語で状況を説明できるので安心だ。

アクシデント発生
↓
救急サービスセンターへ連絡
↓
●アクシデントの内容の把握
●保険契約内容の確認
●緊急対策の検討・手配
↓
アシスタント会社へ連絡
↓
●救急病院の紹介・手配
●専門医のいる病院へ転院の手配
●移送の手配
●付き添い医師、看護婦の手配
●病院・輸送機関への立替え払い、支払保証
↓
治療・事故処理

保険は旅の安心を買うもの

天変地異は保険の対象外

台風や洪水などの天災で損害、テロや戦争での被害については保険は効かない。

出発後の保険加入

海外旅行傷害保険は、旅行目的地では加入できないが、日本の家族が、海外にいる旅行者にかけることはできる。

延長

契約期間の延長は原則としてできないが、飛行機の遅延などで帰国が遅れた場合には、72時間を限度として契約期間が自動的に延長される。また、ハイジャックなどの予期し得ない非常時には、特例として延長が認められる。

病気とけが

医療技術、設備とも信頼できるもので、病気やけがをしても十分な治療が受けられる。ただし医療費や言葉の問題は想像以上に大きい。海外旅行保険に加入していると、医療サービスが無料で受けられ安心だ。風邪薬などは使い慣れたものを日本から持参するといい。

救急車を呼ぶ

イタリア全国☎113

ローマ赤十字☎5100

救急車（Ambulanzaアンブランツァ）は有料。移動距離などから換算し請求される。市内の移動なら、通常Lit.20万くらいまで。

病気のときのイタリア語

●**気分が悪い。**
Mi sento male.
ミ・セント・マーレ

●**医者を呼んでください。**
Mi può chiamare un medico, per favore.
ミ・プオ・キアマーレ・ウン・メディコ・ペル・ファヴォーレ

●**風邪をひきました**
Ho preso il raffreddore.
オ・プレーゾ・イル・ラッフレドーレ

●**お腹（頭）が痛い**
Ho mal di stomaco(testa).
オ・マル・ディ・ストマコ(テスタ)

●**風邪薬がほしいのですが。**
Vorrei qualche medicina per il raffreddore.
ヴォレイ・クアルケ・メディチーナ・ペル・イル・ラッフレドーレ

●**処方箋** Ricetta リチェッタ

●**診断書** Certificato medico チェルティフィカート・メディコ

●**救急病院** Pronto soccorso プロント・ソッコルソ

●**抗生物質** Antibiotico アンティビオティコ

ホテルでも医者を呼んでもらえる

旅行者がかかりやすい病気

日本より湿度が低く過ごしやすいが、太陽が照りつける暑い夏や、石造りの街に寒気がしみこむ冬などは、気候の変化で体調を崩す旅行者も少なくない。とくに、身体の疲れに乗じてかかりやすい次のような病気に注意したい。

◆**風邪**　北部、中部の街をはじめ、ローマなどでも冬は底冷えがする。ヴェネツィアやミラノで霧が出た日は、気温がかなり下がる。出かけるときは温かくし、夜は早めに休むといい。また、春や秋は昼気温が高くても、夜寒くなることが多い。長時間外出するなら、上着持参で出かけたい。

服装は調節のできるものを

◆**過労**　観光地が全土に点在し、各街の見どころも多いので、移動や名所巡りを続けると疲れがたまる。身体の不調を感じたら無理をせず、静かなホテルで休むといい。

◆**胃腸疾患**　オリーヴオイル、バターなど油が多い料理でお腹をこわす人が多い。パスタ類の油が合わないときは、リゾット類を注文すると胃にやさしい。アンティパストでは野菜いっぱいのスープ、ミネストローネなどがいい。

◆**日射病**　夏は日差しが強い。とくに南部の遺跡は休憩しながらまわりたい。コンタクトをしている人は日差しで眼を痛めるので、サングラスが必要だ。ミネラルウォーターの小ボトルを携帯し、水分補給もまめに。

病気やけがをしたら

◆**ホテルで**

急に体調が悪くなったり、持病が悪化したら、フロントに連絡。大型ホテルで契約ドクターがいる場合は、往診を依頼してくれる。緊急を要するときは救急車が呼べる。

➔**保険に加入している場合**

保険会社と現地のアシスタント・サービス会社の連携で、迅速な24時間医療サービスが無料で受けられる。日本語による応対も可能だ。安心を買う意味でも、海外旅行保険には必ず加入しておきたい。緊急サービス先の電話番号と加入番号は、万が一の事故や急病に備えてつねに携行する。緊急を要して先に病院に行った場合も、できるだけ早く保険会社に連絡し、以後の医療サービスや手続きについて相談する。医療サービスについては→P.29。

➔**保険に加入していない場合**

ホテルのフロントに相談し、医師を紹介してもらう。また緊急の場合は、救急病院へ電話を入れてもらう。ただし医療費、通訳サービスなどの費用は、すべて自己負担となる。

病院Ospedale

設備の充実した公立、私立の総合病院が各街にある。旅行者が直接病院を訪ね、診察を受けるのは可能だが、言葉の問題、2、3時間の診察待ちがあたり前という状況を考えるとすすめられない。加入保険会社の緊急日本語サービスに連絡をとり、提携病院を紹介してもらうのがいい。保険会社と提携しているアシスタント・サービス会社が、迅速に旅行者が行きやすい病院を選び、担当医を確保してくれる。症状が重い場合は、救急車かタクシー手配を申し出ることも可能だ。病院では通常すみやかに診察が受けられる。医療費の支払いはキャッシュレス・サービスが一般的だ。その場での支払いが必要な場合は、保険請求のため医師の診断書と病院の領収書をもらう。病院紹介以後のアシスタント・サービスは通常、英語で行なわれる。必要があれば、随時保険会社にコレクト・コールをかけ、日本語で病状を説明し、以後の医療サービスについてリクエストが出せる。保険に加入していない場合は、病院に出向きすべての手順を自分で行なう。医療費も全額負担することになる。

薬局Farmaciaと薬Medicina

薬局のサイン

緑の十字マークが薬局の目印。医薬分業が徹底し、軽い症状なら薬剤師が適切な薬を選び、アドバイスや相談に応じる。大きな駅のほとんどに24時間営業の薬局があるほか、街の各地区の薬局が当番制で休日・夜間営業を行なっている。

処方箋なしで買える薬は、風邪薬、解熱剤、鎮痛剤、胃腸薬、便秘薬、喉の薬、虫さされの薬など。軽い風邪、痛み止めにはアスピリンAspilinaがよく服用される。どの薬も日本のものより1回の服用量が多いので、2/3〜1/2くらいをまず試してみるといい。風邪をひきやすい人、薬に弱い人、持病がある人は、日本から常備薬を持っていきたい。

街なかにある薬局

交通事故に遭ったら

警察☎113に連絡し、ケガ人がいる場合は救急車を呼ぶ。レンタカー会社、保険会社にも連絡が必要だ。事故の相手がイタリア人なら、通常すぐに自分の権利を主張し始める。ここで相手の態度に押し切られて、頭をさげたり、"Mi Scusi(ミ・スクージ)(すみません)"などと言わないように。事故責任を問う際、不利になる。また、相手がなんらかの用紙にサインを求めてきても、ぜったいに応じない。事故の事後処理は、一切保険会社に任せる。保険処理を不利に運ばないためには、事故現場の状況をその場でメモしておく。発生状況、天候、車の破損状態、相手の名前・住所・車ナンバー、相手の自動車保険の会社名・番号、事故処理をした警官の名前など。目撃者がいたら、その人の連絡先も聞いておく。

保険には入っておきたい

処方箋と抗生物質

抗生物質は、医師の処方箋がないと購入できない。まず病院で医師の診察を受け、処方箋をもらう。それを持って薬局に行き、定められた量の薬を購入する。あとで保険請求を行なう場合は、医師に診断書を作成してもらい、薬局で薬の領収書をもらっておく。

喉からひく風邪にはハチミツを

ヴェネツィアではシロッコ(北アフリカからの風)が吹くと、喉を痛め風邪にかかりやすい。フィレンツェやローマで夜冷え込んだときも、こういう症状がでる。こんなとき地元の人が利用するのがハチミツ。そのままなめたり、温かいミルクにたっぷり溶かして飲む。ハチミツを利用した喉の薬もあり、名前は"Aproposアプロポス"。喉に吹きかけるスプレー型、シロップなど各種タイプがある。咳が出るとき携帯するなら、スプレー型が便利だ。薬局で処方箋なしで買える。ハチミツはイタリア語でMiele(ミエレ)という。スーパーや食料品店で購入できる。

夏の旅には虫さされの薬を準備

運河の街ヴェネツィア、街の中心部に川が流れるローマ、フィレンツェなどは夏に蚊が多い。テラス席で気持ちよく食事をしていると、足にブーンとくる。栄養満点タイプの太った蚊が多いので痒さも相当なもの。使い慣れた痒み止め薬を持って行くと、とても役立つ。

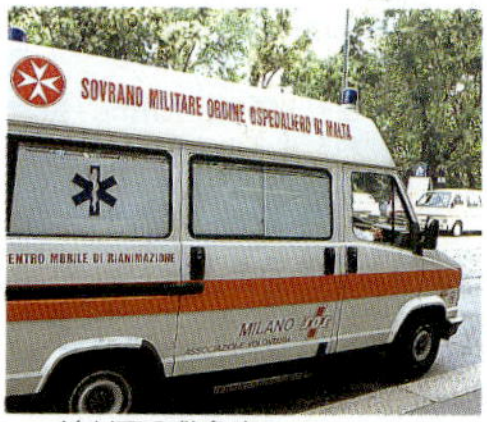

イタリアの救急車

トラブル対策と旅の安全情報

よく噂されるように、外国人旅行者を狙うスリ、置引き、ひったくり、サギなどの被害はあとを絶たない。ローマなどの大都市には、日本人観光客をターゲットにしたスリ集団もいる。どういう犯罪の手口があるかを知り、細心の注意を払いながら旅を続けたい。

イタリアの治安

大都市の治安は、ヴェネツィアを除いて良いとは言えない。一般に南に行くほど悪くなる。ミラノ、ジェノヴァでの旅行者目当ての犯罪はスリ、置引きが大半をしめる。ローマではそれに加えひったくり、サギが激増し、ナポリ、パレルモでは強盗の被害もかなりある。観光都市フィレンツェにもスリ、置引きの被害はある。大都市以外では旅行者目当ての犯罪は少なくなるが、観光地やリゾート地に都市部から出向くプロのスリもいる。どこの街でもとくに注意が必要なのは、大きな駅の構内とその周辺、有名な観光名所周辺、団体観光客が宿泊する大型ホテル周辺、バスや地下鉄の車内など。自動車の窓ガラスを割っての窃盗は、大都市のどこにも多い。1980年のボローニャ駅爆弾テロ、1994年のフィレンツェのウフィッツィ美術館近くでの爆弾テロなど、旅行者が巻き添えになる可能性が高いテロも起きている。パレルモでは、拳銃や爆弾を使ったマフィアに絡む凶悪犯罪が頻発している。旅行者が巻き込まれるのはまれだが、そういう街であるという認識は持っておきたい。

盗難と紛失

盗難の被害に合った場合、残念だが盗られたものはまず戻ってこない。すみやかに事後対策をとることが必要だ。まず最寄りの警察に出向き、盗まれたものについて『盗難・紛失届出証明書』を発行してもらう。

✹パスポートがない

日本大使館か総領事館で再発給の手続きをとる。写真2枚(4.5×3.5cm)、警察で発行された『盗難・紛失届出証明書』、一般旅券再発給申請書2通(手続き窓口にある)、紛失届1通(旅券番号等のデータ)が必要。身分を証明するものがあれば、それも持参する。再発給は通常1～2週間後。日本へ直接帰国するための渡航書は2～3日で発行される。

✹トラベラーズ・チェックがない

発行会社に連絡し、再発行の手続きをとる。購入の際に受け取った利用者控え、使用分の番号の控え、身分を証明するものが必要。通常、2～3日で未使用分が再発行される。

✹クレジットカードがない

すぐにカード会社に連絡し、カードの使用停止と再発行の手続きをとる。クレジットカードの番号と有効期限が必要。再発行は会社にもよるが、早いところでは即日か翌日。不正使用などのトラブルを防ぐためにも、連絡は迅速に。

✹航空券がない

発券航空会社に連絡する。通常、新たに航空券を買い直すことを求められる。この場合、払い戻し申請は帰国後に行なう。格安航空券の払い戻しには応じない会社もある。

美しいリゾート地でも安全ではない

緊急時の連絡先

警察・救急車☎113
消防署☎115
自動車事故(救急車不要の場合)
☎116
日本大使館(ローマ)
☎06-487991
日本総領事館(ミラノ)
☎02-29002316

トラブル時のイタリア語

● Aiuto! アイウート 助けて!
● Ladro! ラードロ 泥棒だ!
● Chiamate la polizia! キアマーテ・ラ・ポリッツィア 警察を呼んでください!
● Ho perso il mio passaporto. オ・ペルソ・イル・ミオ・パッサポルト パスポートをなくしました。
● Mi può fare un certificato di furto. ミ・プオ・ファーレ・ウン・チェルティフィカート・ディ・フールト 盗難証明書を作成していただけますか。

万一に備えて

◆パスポート
旅券番号、発行年月日、発行地を控えるか、コピーをとっておく。
◆トラベラーズ・チェック
チェックの番号と額面を控えておき、使用分の番号がわかるよう印をつける。利用者控えとチェックは、別のところに分けて持つ。
◆クレジットカード
カード番号と有効期限を控え、緊急時の現地連絡先を把握しておく。
◆航空券
チケット番号、便名、利用日、発行会社、料金などを控えるか、コピーをとっておく。

携行品を盗られたとき

カメラや時計など携行品だけの盗難も、警察に出向き『盗難・紛失届出証明書』を発行してもらう。海外旅行者保険の請求の際、この証明書がないと手続きできない。

トラブルの実例（日本人の被害例）

✹ミラノの地下鉄車内で。ドアの近くに立っていたら、3人の男に周りを囲まれた。ひとりが大声で話しているのに気をとられている間にバッグを開けられ、財布を抜かれた。

▶**対策**　地下鉄やバスなどの乗物で、必要以上に身体を近づけてくる人がいたらスリの可能性が高い。場所を移動するか、バッグを手で押さえて防衛の姿勢を見せる。

✹ローマのナツィオナーレ通りで。ジプシーの子供たちが施しを求める紙をもって近づいてきた。断ろうと思った瞬間両手を押さえられ、内ポケットの財布を盗まれた。

▶**対策**　最近はこぎれいな格好のジプシーが増え、服装からの判断が難しくなっている。通常ジプシーは4、5人の集団で行動する。つねに周囲に目を配りながら歩き、集団の視線を感じたら歩く方向を変える。近づいてくるようなら、大声で威嚇する。囲まれてしまった場合、子供だと思って容赦せず、強く手を払いのけるなどして身を守る。

✹フィレンツェのノミの市で。露店に並ぶ品物を見ていたら、うしろに人の気配を感じた。振り返って見ると、背中のリュックの口が開けられ、中のカメラがなくなっていた。

▶**対策**　人が集まる場所にはスリが多い。持ち物にはつねに気を配る。欧米の旅行者は、人混みの中ではリュックを背中ではなく身体の前で抱きかかえるように持っている。

✹ミラノの中央駅で。切符売場で窓口の係員に行き先を告げている際、足元に置いた旅行カバンをとられた。

▶**対策**　足元に荷物を置くときは、足の間に入るものは挟んで立つ。大きなものは壁と自分の身体で挟むように置く。

✹ローマのナヴォーナ広場近くで。後方から走ってきたオートバイに乗った男に、肩にかけていたバッグをとられた。

▶**対策**　ショルダーバッグは本体が車道側でなく建物側にくるようたすき掛けにし、留め金部分を身体に向ける。オートバイでかなり引っ張られたら、残念だがあきらめて手を離す。ずっと手を離さなかった日本人女性がそのまま引きずられ、死亡した事件がローマで起こっている。

✹ローマで、一人旅の女性が、テルミニ駅構内で親切そうな男に「安くていいホテルを知っている」と声を掛けられ、連れて行かれた先でナイフで脅されレイプされた。

▶**対策**　一人旅の女性に気軽に声を掛けてくる男は、ほとんど下心を持っている。車に乗るとか、相手の部屋に行くのはたいへん危険。裁判になった場合、その行為が合意の上との判断材料になる。また、駅構内で男性にこの手の言葉を掛けるのは悪質なホテルの客引きであることが多い。

✹ブリンディシで、ギリシアへの船を待っていたら、「ギリシアで大規模な銀行のストが始まった。明日着いても両替できない。私は観光局の者だが（ウソ）、両替をしてあげよう」と男が近づいてきた。心配になり少し両替して行くと銀行は営業しており、ひどい両替率だったことがわかった。

▶**対策**　観光客が両替できなくて困るようなストは、ヨーロッパではない。大都市でなくても、旅行者がたくさん通過する街にはさまざまな手口のサギがあるので注意。

男性が狙われる暴力バーの手口

わずかの飲食で数万円の料金をふっかける暴力バーは、とくにローマに多い。手口としては、紳士的な男性が道を聞くふりをして近づき、親しげな会話のあと、良いバーを知っているが割カンでちょっと飲まないかと誘う。行ってみると店の入口には屈強そうな男が立ち、ビールとつまみを出されただけで法外な料金を要求される。払えないと言うと、男たちに囲まれ所持金をすべてとられる。いかにも親しげに英語や日本語で話しかけられ、知っている店で飲もうと誘われたらまず警戒すること。

背中にジェラートをかける手口

歩いていると、背中になにかついていますよと声をかけられる。拭いてあげましょうと洋服に触れ、その瞬間ポケットから財布を抜く。とくに、ローマとナポリに多い。後方からふいに声をかけられたら、すぐ相手から身体を離す。

警察のパトカー

カラビニエリ（憲兵警察）のパトカー

少額の紙幣をねだるサギ

駅構内や周辺で、「切符を買いたいのだがLit.1000足りない。すまないが用立ててもらえないか」と英語かイタリア語でねだる手口がある。額としては少ないが、サギにはかわりない。

防犯と安全対策

スリや置引きは、こちらが気を抜く瞬間を狙っている。つねに周囲に気を配り、スキを見せない姿勢が大切だ。

路上で

◆街の地図を大きく広げ、キョロキョロしない。

◆歩道を歩くときは、車道近くを歩かない。

◆路地など人けのない場所は通らないようにする。

◆英語や日本語で親しげに話しかけてくる人は、無視するか、2mくらいの距離を保ちながら応対する。とくに観光客をよそおい、道を聞いてくる人には気をつける。

バスや地下鉄で

◆バッグは膝の上に置き手を添える。立っているときは、身体の前側で持つ。留め金は身体側にくるように。

◆降車口やドアの近くはスリ、ひったくりに狙われやすい。それ以外の場所に乗り、車内の様子がわかる方向を向く。

◆周囲に不審な行動をとる人がいたら、すぐ場所を替わる。

ホテルで

◆ロビーでの置引きも多いので荷物からは目を離さない。

◆貴重品はセイフティ・ボックスに入れる。

◆室内にいるときも鍵をかけ、外出時や就寝時には必ず窓やバルコニーの鍵もかける。とくに低層階の部屋で注意。

◆エレベーターに不審な人が乗ってきたら、目的の階で降りずロビーまで行く。少し様子を見て、乗り直す。

◆ドアに〝Please clean room″の札はかけない。留守であることがわかる。必要なときはレセプションに依頼する。

レストランで

◆大きめの荷物がある場合、クロークがあれば預ける。ただし、貴重品や財布などは身に着けておく。

◆バッグは、椅子の背もたれがしっかりしている場合、椅子と身体の間に挟んで置く。うしろから抜き取られる可能性があるときは、膝の上に置く。隣の席に置いたり、椅子の背にかけるのは避ける。大きな荷物を足元に置くときは、テーブルの下など自分の身体より内側に置く。

◆セルフサービス形式のレストラン、ファストフードの店では、とくに置引きが多い。先に荷物で席を確保して料理を取りに行くなどは、ぜったいしないこと。

◆テラス席で支払いをすませたあと、財布を戻したバッグを隣の席などになにげなく置かない。立ち上がったとき、バッグから目を離す一瞬を狙う置引き犯もいる。

その他

◆両替時には、明細に書かれた金額が手渡されているかどうかその場で確認する。なかには故意に少なく渡す人もいる。足りないときは、すぐにその場で毅然と申し出る。

◆空港や駅からタクシーを利用する場合は、必ずタクシー乗場から乗る。構内で声をかけるのは、白タクがほとんど。

◆夜行列車でクシェットを利用せず、一般席で夜を過ごす場合は十分に気をつける。寝入ったところを狙っての窃盗、コンパートメントに入り催眠スプレーをかけ昏睡状態の間に貴重品を抜き取るなど、さまざまな事件が起きている。

高価な貴金属は身に着けない

大都市には、すれ違いざま瞬時に首のネックレスを抜き取る盗みのプロがいる。イタリアでは高価なアクセサリーを身に着けて歩かないのが常識だ。目立つ貴金属を身に着ける場合は、目的地まで車を利用する。また、ナイフで乱暴にアクセサリーを切り取られることもある。

なにかあれば、すぐ警察官に相談を

路上に捨てられている薬物注射器

薬物中毒者による犯罪

大都市をはじめ、薬物中毒者は年々増加している。大きな駅周辺では、薬物注射器が落ちていることは珍しくない。駅などではたいてい集団でいるので、そちらには近づかないこと。もし、目に薬物症状が見られる人に金を出すようすごまれたら、むやみに抵抗せず少額の紙幣を与える。こういうときのため、少額紙幣だけを入れた財布を用意しておくのも方法だ。

イタリア旅行で利用する電話番号

日本で

イタリア大使館 ……… ☎03-3453-5291
イタリア総領事館 ……… ☎06-949-2970
イタリア政府観光局（ENIT） ……… ☎03-3478-2051
イタリア文化会館 ……… ☎03-3264-6011
日伊協会 ……… ☎03-3402-1632
イタリア商業銀行 ……… ☎03-5221-7800
日本ユースホステル協会 ……… ☎03-3288-1417
ヨーロッパ・ヴィジョン・ジャパン ……… ☎03-3435-8141
ワールドワイド・ホテル・クーポン・システム（JHC） ……… ☎0120-489-010
成田国際空港フライト・インフォメーション ……… ☎0476-34-5000
関西国際空港フライト・インフォメーション ……… ☎0724-55-2500
アリタリア航空 ……… ☎03-3580-2181（東京）☎06-341-3951（大阪）
アエロフロート航空 ……… ☎03-3434-9671
日本航空（国際線予約） ……… ☎0120-255-931
全日空（国際線予約） ……… ☎0120-029-333
トーマス・クック ……… ☎03-3231-2821
シティバンク ……… ☎0120-223-773
アメリカン・エキスプレス ……… ☎0120-020-222
ダイナースクラブ ……… ☎03-3797-7311
DCカード（VISA、MasterCard） ……… ☎03-3464-6611
日本信販（VISA、MasterCard） ……… ☎03-3811-3111
JCB ……… ☎03-3294-8111

イタリアで

日本大使館（ローマ） ……… ☎06-487991
日本総領事館（ミラノ） ……… ☎02-29002316
日本文化会館（ローマ） ……… ☎06-3224794
イタリア政府観光局…ローマ（ENIT）☎06-49711/ミラノ☎02-809662/フィレンツェ☎055-290832/ヴェネツィア☎041-5226356/ナポリ☎081-5523328/パレルモ☎091-583847
ローマ地方観光局 ……… ☎06-48899255
時報 ……… ☎161
救急・消防・警察などの緊急時 ……… ☎113
消防署（直通） ……… ☎115
憲兵警察（直通） ……… ☎112
ハイウェイ・ロードサービス（ACI） ……… ☎116
アリタリア航空 ……… ☎06-65621（ローマ）☎02-62811（ミラノ）
アエロフロート航空 ……… ☎06-486619（ローマ）
日本航空 ……… ☎06-65955681（ローマ）☎02-8690251（ミラノ）
全日空 ……… ☎1678-73671
国鉄インフォメーション（ローマ） ……… ☎06-4775
アメリカン・エキスプレス ……… ☎1678-719-81
JCBカード（ローマ） ……… ☎06-481-5556（日本語対応）
ダイナースクラブ（ローマ） ……… ☎1678-64064（紛失）☎06-357533（顧客サービス）
VISAカード ……… ☎1678-72125
KDDジャパン・ダイレクト ……… ☎172-1081（日本語対応）
IDCジャパン・ストレート ……… ☎172-1080（日本語対応）

習慣とマナー

訪れる国の習慣を知っていると、旅はいっそう楽しいものになる。イタリア人との交流でいちばん大切なのは挨拶。観光の中心となる教会や美術館ではとくにマナーに注意したい。

話し好きで親切なイタリア人

自己紹介の仕方

列車などで同席すると、気軽に話しかけてくるイタリア人は多い。旅行中にイタリア人の友人をつくるのもいいだろう。ホーム・パーティなどに招かれたときの自己紹介は次のようにする。まず手を差出し握手をし、相手の目を見ながら自分の名前を名乗る。ビジネス以外なら、ファースト・ネームだけでいい。名字を聞くのは野暮なこととされる。さらに、「ピアチェーレPiacere(はじめまして)」という初対面の挨拶を名乗る前かあとに付け加える。会話中は常に相手の目を見る。目をそらして話すのは、あなたとは話したくないという気持ちの表れと受け取られる。

ジロジロ見られたら

イタリア人は一般的に好奇心が強い。それは率直に視線に表れる。北部ではそうでもないが、ナポリより南に行くと、とても視線を感じる。列車の中など、視線を動かさずこちらを見続ける人までいる。悪意はほとんどなく、見かけない人に対しての好奇心を隠せないだけなのだが、居心地のいいものではない。あまり続くようなら、相手の目を見てこちらから挨拶の言葉をかけると、通常びっくりしてやめる。ただし、女性の一人旅などで下心がありそうな男性の視線なら、挨拶はとんでもない誤解を招く。無視し続けるか、不愉快な表情を示し座席を変わるといい。

挨拶がコミュニケーションの基本

イタリア人は話し好きな国民だ。挨拶や感謝の言葉もとても大切にする。これを身につけておくと、食事や買物時の店員の応対が気持ちのいいものになり、列車で同席した人ともなごやかな雰囲気になる。最も基本的な言葉は「Buon giorno(こんにちは)」。夕方前から夜遅くまでは「Buona sera(こんばんは)」、就寝前は「Buona Notte(おやすみなさい)」となる。ホテル、レストラン、バール、列車の客室、商店などに入るときは必ず挨拶の言葉をかける。するとすぐに、相手からも同じ言葉が返ってくる。店や列車の客室を立ち去るときは「Arrivederci(さようなら)」と言う。また、「Buon giorno」は〝よい一日を〟、「Buona sera」は〝よい夜を〟という意味も含むので、これを付け加えるのもいい。気さくなバールやブティックでは、親しみを込めて「Ciao(やあ)」と声をかけられることがある。この場合は「Ciao」と返す。返事を「Buon giorno」にすると、いささか冷たい感じだ。感謝の言葉は「Grazie(ありがとう)」。これには、「Prego(どういたしまして)」と返す。買物をして店の人に「Grazie」と言われたら、同じく「Grazie」と返すか、「Grazie a lei(あなたにもありがとう)」を使う。人にぶつかったりしたときは、「Mi Scusi(すみません)」と謝る。返す言葉は「Niente(なんてことないです)」。人になにかを頼むときは、「per favore(お願いします)」を最後に付ける。挨拶の言葉は一方通行しない。言葉のキャッチボールが基本だ。

教会入口に表示された注意書き

教会、美術館での注意

ルネッサンス期の華麗な大聖堂、巨匠たちの作品が壁を埋める美術館など、教会と美術館巡りはイタリア旅行の大きな魅力のひとつだ。マナーを守って、素晴らしい美術品をじっくり鑑賞したい。教会は神への信仰の場であるので、入場にはタンクトップや短パンなど肌を露出した格好はひかえる。女性はスカーフを持っていると、肩を覆えるので便利だ。中では静かにし、写真撮影禁止の表示があるときは指示に従う。ミサの間は邪魔にならないよう側廊の見学にとどめるか、時間を改める。結婚式があるときも同様だ。美術館では、作品の前に長時間立ち止まらない。長く眺めたいときは、後方から見入る。大声で話すのもよくない。通常、写真撮影は禁止されている。許可されていてもフラッシュはなし。美術品にはぜったい触らない。手を近づけると警報ブザーが鳴るシステムの美術館もある。美術館での禁止事項は貴重な美術品を保護する配慮。必ず守ること。

支払いとお釣り

お釣りは日本と逆に少額のコイン、紙幣から戻される。Lit. 3万7500の買物にLit. 5万紙幣を払った場合は、最初にLit.500コイン、次にLit.1000札を2枚、最後にLit. 1万札が戻される。少額の支払いに高額紙幣を使うときは、お釣りがいくらか頭で計算しておく。駅の切符窓口など、たいへん少数だが故意におつりを少なく渡す係員がいる。高額のおつりは必ずその場で確かめる。足りなかったら、毅然と「Manca（マンカ）（足りません）」という。通常、不足分をすぐ手渡される。また、端数を支払う方法はかえって混乱を招く。たとえば、Lit. 4万3000の買物にLit.10万紙幣とLit.1000札を3枚渡すと、おつりはLit. 6万ちょうど。だが、合計額まで足していく方法に慣れたイタリア人のなかには、これをすぐに理解できない人もいる。悪意からではないが、間違った額のおつりが戻ることがある。紙幣は高額のものだけでなく各種持ち、少額のおつりが戻ってくる支払いをすると金銭上のトラブルが防げるだろう。タクシーを利用する際は、Lit.1000前後のお釣りをそのままチップとするといい。料金がLit.1万8500なら、Lit. 2万を渡し、「Tenga il（テンガ・イル・）resto（レスト）（お釣りは取っておいてください）」と言う。

人が集まる場では、とくにマナーを守って

ショーペロ（ストライキ）

イタリアにはストが多い。鉄道、飛行機、船などの交通機関をはじめ、たまに歌劇場のオーケストラまでストをする。交通機関の全面ストはTVや新聞で事前に告知される。窓口などにSciopero（ショーペロ）と書かれた紙が貼ってあったら、ストライキ中ということ。ただ、切符売場の窓口はストに入っていても、列車はほぼ正常通りに動いていることがある。ストがどの程度の規模なのかは、乗場まで行って確かめたい。窓口が閉まり交通機関が動いている場合、近くの雑誌スタンドで切符販売を代行することがある。ストに入り交通機能がマヒしたときは、焦ったり怒ったりしても状況は変わらない。終わるまで待つ。イタリア人のなかにも大声で不満を口にする人がいるが、大半は黙って待っている。

交通機関の遅れ

旅行中の移動には、交通機関の遅れの問題も加わる。国鉄はよく遅れるといわれるが、実際はあまり遅れない。遅れたときもイライラしないで。走行中、列車が急停車し一向に動かないとき、窓から顔を出して状況を確かめようとするイタリア人が多い。こういう場合その人が知りたいのは、どういう原因で止まっているかであって、いつ動きだすかではない。ほとんどの人がいつかは動くだろうという気でいる。車内ではこの時間を楽しもうと、会話に新しい話題が登場する。人気のポップス曲を歌いだす若者もいる。こういう時間を楽しめれば、イタリアの旅はもっと面白くなる。どんな状況であっても流れる時間を楽しむ。これがイタリア流だ。

公共の場でのマナー

出入口のドアは、すぐ後方から人が来ているなら押さえたまま待つ。後の人が押さえたら、手を離す。逆に前の人が待っていてくれたら、「Grazie」と言い代わってドアを押さえる。出入口や乗車口で、何人かがほぼ同時に前に進もうとしているときは、一般に女性を先に通す。列車などの乗物では、重い荷物を女性が持っていた場合、乗降時の上げ下ろしを近くにいる男性が手伝うことが多い。とくに年配の女性などに若者がさりげなく手を貸している。重い荷物を持って困っている婦人がいたら、臆せず手を貸してあげるといい。身体が不自由な人へのサポートも、速やかにさりげなく行なわれる。こちらも必要がある場に居合わせたら、手を貸そう。ヨーロッパで最初にTVのたばこCMを廃止した国だけあって、喫煙にはけっこううるさい。室内で近くに人がいる場所なら、「ポッソ・フマーレ Posso fumare（たばこを吸ってもいいですか）」と一言断ってから。

交通機関の遅れもよくあること

ストのときは、別の交通手段の検討も

女性旅行者のためのアドバイス

ちょっとした油断や不注意のために、楽しいイタリアの思い出を台無しにしないようにしたい。アドバイスとして、とくに女性のグループや女性の一人旅の場合に少し余計に気を配っておきたいポイントを、ここでいくつかまとめておこう。

持っていくと便利なもの

日本同様、国土が細長いイタリアでは南北の気候の差が大きい。季節と訪問地に応じて適切な服装計画を立てたい。スカーフは真夏の冷房対策や、ちょっとフォーマルな雰囲気を出したい時に重宝する。化粧品や生理用品、常備薬は使い慣れたものがいちばん。現地で買っても品質的には問題ないが、気になったときにいつでも使える携帯サイズのものは日本のほうが充実している。

女性の一人旅にも安心な宗教団体の宿泊施設

女子のみ宿泊可能なペンショナートPensionatoと呼ばれるドミトリータイプの宿泊施設がローなどにある。キリスト教団体の経営で、防犯のために門限があるが落ち着ける。

✹女性を狙ったスリ、ひったくりに注意

トラブルの項の念押しになるが、スリやひったくりは弱者から狙う。ただでさえ狙われやすい日本人旅行者のなかでも非力な女性、老人は格好の標的。両替した直後の空港内、乗物のドアが閉まる瞬間、高級ブティックに出入りする瞬間など、一瞬の不意をつかれやすい。日本では定番となったミニ・リュックは中身を盗られても気づかないことが多いので、海外での街歩きには不向き。ショルダーバッグを自分の体の前に来るように手を添えて持ち、つねにガードしているという姿勢を見せることが大切だ。レストランやカフェで着席したあとの、バッグの置引きにも注意したい。

✹レイプなどの犯罪に遭わないために

よくいわれていることだが、イタリア男性は一般に女性に親切だ。が、ときには親切の度を超えて女と見れば声をかけてくる見境のないタイプに出会う。〝パパガッロ（オウム）〟と現地でも蔑称されているこのタイプは、自分に好意があるわけでなく、イタリア女性に相手にされないからだと思っておいたほうがいい。また彼らは、日本人の微妙な表情が読めないことが多いので、しつこい場合はオーバーに怒るふりぐらいしなければいけない。常套句である「いい店に案内する」「ホテルまで送っていく」「家に招待する」などの誘いにはけっして乗らないこと。

夜間の移動はタクシーを利用

本書ではカップルや女性同士でも安心して楽しめる店に絞ってナイトスポットを紹介しているが、もちろん女性1人では行動しない、人通りの多いメインストリートから外れないということが前提だ。目的地の途中で治安の悪い場所や暗い脇道を通る場合、たとえ短い距離でもタクシーを利用したほうがいい。夜遅くなったら、迷わずタクシーを利用すること。タクシー乗場まで行って待つよりも、チップを払って店のクロークで呼んでもらうほうが望ましい。

パッキングのアドバイス

税関でスーツケースを開けられて困ることがないように工夫をしたい。たとえば下着などはひとつの袋に入れて下着とわかるように表に書いておくと、係官も不用意に開けるようなことはなくなる。ちょっとしたコツで不愉快な思いをしなくてもすむ。

誘惑には毅然とした態度で

エステもできる温泉〝テルメ〟

イタリアの温泉〝テルメ〟は、もともとは湯治や療養を目的にしたものだが、最近は女性にも人気がある。良質なミネラルやイオンを含んだ泥を利用したファンゴ（泥）パックでボディやフェイシャルのトリートメント。また、鉱泉水を高い水圧のジェット噴流にして全身のツボを刺激し、痩身効果をもたらすハイドロ・マッサージなど、伝統に培われ、最新設備の整った極上のセラピーが体験できる。トスカーナの高級リゾート地モンテカティーニや、古代ローマから保養地の歴史を持つイスキア島、ヴェネツィア郊外のアバノやモンテグロットなどのテルメがおすすめだ。

女性旅行者にもおすすめのテルメ

ドラッグを使った犯罪

目を離しているスキを狙って、女性の飲物の中に睡眠薬などの薬物を入れるという事件が、起こっている。ディスコなどではいったん席を離れたら飲物に口をつけないなどの対策が必要だ。

家族旅行者(子供連れ)のためのアドバイス

第一に気をつけたいのは、大人のペースでスケジュールを組まないこと。日本と時差の大きいイタリアでは子供の体力に合わせ、ゆったりとした旅を計画したい。

子連れ旅行のプランニング

博物館や公園など親子で楽しめる施設が充実している反面、ミシュランの2ツ星以上のレストランなど、小さな子供はお断りの場所も多い。ホテルのベビーシッター・サービスなどを上手に利用しながら、子供を楽しませる時間と大人が楽しむ時間をきちんと区別したプランを立てたい。また、子供にはとくに事前の健康診断を受けさせ、飲み慣れた常備薬を用意することを忘れずに。

滞在時の留意点

イタリアは比較的子連れ旅行者に寛容だ。子供好きな国民性のためか、子供を通じてコミュニケーションがはずむなど、旅先でいい思いをすることが多い。ただし、最低限のマナーを守ることが前提だ。日本人がよく指摘されるのは、親が子供をしからないということ。美術館や車内など、静かにすべきところで子供が騒いだら、当然、親が注意して黙らせるというのが常識だ。また、レストランでは予約の際に何歳の子供がいるということ、連れていってもいいかということを前もってことわることが望ましい。

機内サービスの活用
ベビーベッドや離乳食は予約しておけば手配してくれる。ほかに粉ミルク、紙おむつ、おもちゃなどサービス内容は航空会社によってさまざま。リクエストがあれば、航空券の予約の際か、遅くとも24時間前までにしておくとよい。また、時間がギリギリだと子供のために良い席が取れないので、チェックインは早めに。

持っていくと便利なもの
階段や石畳の多い観光地ではベビーカーを押すのもひと苦労。前もって用意するなら背負うタイプのキャリアをすすめる。

バックパッカーのためのアドバイス

ユースホステル、宗教団体の施設や学生用宿舎など、若者向けの経済的な宿泊施設は充実している。門限など若干のルールを守れば、格安で快適な滞在ができる。

格安ホテルを探す

ユースホステルはイタリア語でオステッロ・デッラ・ジョヴェントゥOstello della Gioventù。イタリア全土で50施設以上あり、最近では洗濯機やトイレ、シャワーなど施設が充実してきている。会員証を持っていれば国鉄やレンタカーなどの割引も受けられるなど特典も多いが、たいてい駅から遠いのが難点。ロカンダLocandaやペンショーネPensioneと呼ばれるものも格安の宿だが、最近は自らそのような呼称を使うことは少なくなっている。たとえば、大都市の鉄道駅の周辺には必ずといっていいほど、ずらりとホテルHotelやアルベルゴAlbergoと列記されている袖看板を見かける。1フロアごとに違う格安ホテルが入っている雑居ビルで、この類の建物を探すのもひとつの方法だ。

各種割引を利用する

ユーレイル・パスは有効期間内ヨーロッパ17カ国で鉄道が乗り放題となる周遊旅行者の必需品。イタリア国内だけならイタリア・レイルカード、イタリア・フレキシー・レイルカードがさらに安い。また、国際学生証を持っていればそのつど学割切符が購入できる。学生旅行社CTSで扱っている。国際学生証は博物館や美術館でも利用可能だ。

イタリア・ユースホステル協会(ローマ)
Associazione Italiana Alberghi per la Gioventù
Via Cavour 44 ☎06-4871152
営8:00～15:00 休土・日曜、祝日

日本ユースホステル協会
東京都千代田区三崎町2-20-7
水道橋西口会館5階
☎03-3288-1417

国際学生証(➜P.471)

ユーレイル・パスおよびイタリア・レイルカード(イタリアのアクセスと交通➜P.65～)

格安ホテルの名前が並んだ看板

イタリアの歴史

エトルリア時代から現代まで、果てしなく続く栄枯盛衰の歴史

だれがローマを造ったか？

ローマはじつはローマ人が造った都市ではない。伝説ではロムルスとレムスが紀元前753年にローマを築いたことになっているが、これは後世の作り話で、その頃のローマにはわらぶき屋根の小屋が集まった程度の村落があるに過ぎなかった。

ローマを造ったのはエトルリア人だ。彼らは紀元前700年頃、古代オリエント文明の威光をまとってイタリア半島に上陸し(どこから来たのかは解明されていないが、おそらく中近東あたりからといわれている)、紀元前575年にローマに都市を建設した。

ギリシア人の進出

同じ頃、ギリシア人もイタリア南部とシチリア島に植民地を築き、制海権と鉱山の所有権をめぐってエトルリア人と激しく争っていた。当時、鉄は金よりも貴重で高価だったから、鉄鉱山の確保は刻下の急務だった。

もっとも、自分たちの残したボタ山が2500年後の戦争で再利用されようとは(第一次大戦時に再精製され砲弾が造られた)、彼らには知る由もなかった。

エトルリアの勢力圏は紀元前6世紀に最大となり、イタリア北部と中部にそれぞれ12都市連合を築き上げた。

しかし、エトルリアの黄金時代も、紀元前509年を境にかげりが見え始める。

この年、ローマを治めていたエトルリア人国王の息子がローマ人の貴婦人を強姦し、自殺に追いやってしまった。もともと国王の専制政治に不満を持っていたローマの民衆はこの事件を契機に一致団結し、国王を追放した。

こうしてローマは共和国になった。

ローマ帝国への道

紀元前474年、クマイの戦いでギリシア軍がエトルリア艦隊を打ち破ると、次第にエトルリアは衰退していった。

逆に勢力を増大させていったのがローマだった。ローマ人はスパルタの子孫といわれる好戦的なサビニ人と手を組んで、次々と隣国を支配していった。彼らにとって戦争とは、富を増やし(戦利品を奪う)、名をあげる絶好の機会にほかならなかった。

ローマは戦いに負けてもけっして不利な条約を結ぼうとせず、逆に相手に要求を突き付けて戦勝国の度肝を抜いた。また、彼らは相手の武器が自分たちの武器より優秀だと知ると、あらゆる手段を用いてそれを奪いにかかった。この恐るべき“幼児性”は隣国にとっては恐怖そのものだった。

こうしてローマ共和国の支配は、紀元前275年までにほぼイタリア全土におよび、紀元前264～146年に起きた3度のポエニ戦争で宿敵カルタゴを滅ぼすと、地中海最大の国家となった。

独裁者の登場

だが、ローマの共和政は独裁者ルキウス・スラの登場と、ポンペイウス、クラッスス、ユリウス・カエサル(ジュリアス・シーザー)の3将軍による三頭政治の始まりで名ばかりのものとなる。

そして、紀元前58～51年にカエサルがガリア(ライン川の西側、現在のフランス)を征服すると、共和国最大の危機が訪れた。カエサルが事実上、共和国の単独支配者となったことで、それまで国政を司ってきた元老院がただのお飾りになってしまいかねなかった。

ローマ帝国の成立

紀元前44年、追い詰められた元老たちは、カエサルの暗殺を決議した。暗殺を決行したメンバーには、こともあろうにカエサルの養子ブルータスもいた。

カエサルが暗殺されると、その甥であるオクタヴィアヌスとアントニウスのあいだで権力争いが起き、これに勝利したオクタヴィアヌスは、紀元前27年に初代皇帝アウグストゥスを名乗った。

以後200年にわたる安定した帝国支配の世が続き、ローマは繁栄を極めた。

帝国の分裂

トラヤヌス帝期の117年に帝国の版図は最大となり、ヨーロッパの大半と北アフリカ、小アジアの一部が領土となった。

だが、巨大になりすぎたことが帝国の寿命を縮めることになった。

次第に各地の総督や司令官が離反し、ついに395年に帝国は東西に分裂。西ローマ帝国はゲルマン民族大移動に巻き込まれ476年に滅亡した。

一方、コンスタンチノープルに首都を置いた東ローマ(ビザンチン)帝国は、いったんは東西帝国の再統一に成功したものの、ゲルマン系ロンバルド人の侵入に遭い、多くの領土を失った。以後、イタリアには小国家が林立し、ローマは教皇やキリスト教指導者によって支配されるようになった。

教皇は800年にフランク王国カール大帝をローマ皇帝に任命し、さらなる権力の拡大を図ったが、962年にドイツ王オットー1世が初代神聖ローマ帝国皇帝の座に就いてからは、教皇と皇帝の争いが絶え間なく続くようになった。

11世紀になると、北イタリアのミラノ、ヴェネツィア、フィレンツェなどの各都市が自治都市に発展し、南部にはノルマン人が侵入して両シチリア王国を築いた。

シニョーレの台頭

14世紀には、皇帝派ギベリンと教皇派ゲルフの争いが激しくなり、これにミラノのヴィスコンティ家、ヴェローナのスカラ家などのシニョーレ(領主)間の争いが絡み合い、各地で混乱が続いた。

14〜15世紀にフィレンツェを中心にルネッサンスが花開いたのち、16世紀にはイタリア支配をめぐって、フランス王家とスペインのハプスブルク家が対立した。

その後もスペイン継承戦争やオーストリア継承戦争に巻き込まれ、目まぐるしく支配者が入れ替わった。

ようやくイタリア統一の動きが起きるのは、ナポレオンの支配が終わり、1815年にウィーン会議による国家の返還が決定されたのちのことだ。

波乱の統一から現代へ

イタリア統一運動(リソルジメント)の中心的存在となったのが、サルデーニャ王国のカミロ・カヴール首相だった。カヴールはナポレオン3世の後ろ楯を得てオーストリア軍を撃破、ロンバルディアの併合を果たした。一方、南イタリアではガリバルディ率いる〝赤シャツ隊〟が両シチリア王国を奪還、これらの土地もサルデーニャ王国に吸収され、1861年にイタリア王国が建国された。

第一次大戦ではかろうじて戦勝国となったイタリアだったが、国内に不満が噴出し、ムッソリーニによるファシスト党の台頭を招いてしまう。ムッソリーニはドイツの総統ヒットラーと同盟を結び、第二次大戦に参戦し大敗を喫した。結果、ムッソリーニは処刑され、1946年の国民投票でイタリアは共和国となった。

現代のイタリアは、政治汚職やテロ問題などさまざまな難題を抱えているが、ファッションやサッカー、フェラーリに代表される夢多き国でもある。

イタリアの自然と地理

火山に湖にオリーヴの丘。全長1300㎞の半島を彩るさまざまな風景

太陽とオリーヴの国

アルプスから地中海に突き出た一足の長靴。南北に長く延びるイタリアの国土は、よくそんな風にたとえられる。

陰鬱な雲がたれこめる北ヨーロッパの国々に比べ、まぶしい太陽が照りつけ、オリーヴやレモンが実るこの国は、古くから旅行者たちの憧れの地だった。

面積は約30km²で日本より狭い。国土の８割近くが山岳地帯と丘陵地帯で、東はアドリア海、西はリグーリア海とティレニア海、南は地中海とイオニア海に囲まれている。

半島南端の海には地中海最大の島シチリア島が浮かび、フランス領コルシカ島の南には牧畜の盛んなサルデーニャ島がある。

また、この国は世界有数の火山国でもあり、ナポリ近郊にはヴェスヴィオ山、シチリア島にはエトナ山がある。

北部――アルプスとポー川流域

雄大なアルプス山脈が連なる北イタリアには、コモ湖、ガルダ湖、マッジョーレ湖などの美しい氷河湖が点々とし、夏のヴァカンスやアルペンスキーを楽しむ観光客で賑わっている。

湖水地方の東西にはドロミテ渓谷、アオスタ渓谷があり、氷河の浸食でできた谷間を針葉樹の森が覆っている。

アルプスの南を流れるポー川は、緑の田園と牧草地が広がる国内最長の川。川の上流にあるピエモンテ州とロンバルディア州では農業や牧畜のほか工業も盛んで、アルプスの水力発電がミラノやトリノの産業を支えている。

一方、下流のデルタ地帯では中世より商業が発達し、魅惑の水上都市ヴェネツィアを育んだ。また、フランスと国境を接するリグーリア州の沿岸部は、国内随一のリゾートだ。

中部――アペニン山脈と西部高地

イタリア中央部を背骨のように貫くのはアペニン山脈だ。その西側と東側ではずいぶんと表情も異なる。

ティレニア海に注ぐアルノ川の上流、フィレンツェの街の周辺にはなだらかな丘陵地帯が広がり、糸杉の並木や青く波打つ小麦畑がトスカーナ地方独特の風景をつくっている。

アルノ川の北にあるルッカでは特産のインゲン豆が広く栽培され、奇観のアプアーネ山脈は、ミケランジェロの作品にも使用された良質の大理石を産出する。

テヴェレ川沿いに建設されたローマ市内には世界一小さな国ヴァチカン市国があり、郊外には古代遺跡が点々とするローマ平原が広がっている。ローマ南部のポンティーノ湿原は近年、干拓工事が進み、ローマを悩ませていたシロッコ（サハラ砂漠から吹く南風）もあまり気にならなくなった。

一方、アドリア海に面した地方では、多くの都市が高地に築かれ、海抜750mのティターノ山には人口わずか２万ほどのサン・マリノ共和国がある。

南部――プーリア平野とナポリ湾

北イタリアに比べ、経済的な立ち遅れが目立つ南部。最近は工業も発達してきたが、果物や野菜の栽培が生活の中心であることに変わりはない。

世界三大美港のひとつ、ナポリ湾を囲む地方にはオリーヴ畑やブドウ畑、タバコ畑が連なり、ソレント半島やカプリ島には美しい自然が残されている。

長靴のかかと部分に広がるプーリア平野は石灰質で乾燥している。そのためアペニン山脈の地下水路から送られてくる水でオリーヴを栽培し、世界の生産高の約1割を生産している。

イタリアの宗教

バビロニアの秘儀を伝えた古代人とカトリック教徒の受難

エトルリアの占い師

古代ローマ社会には、歴代の皇帝たちをとりこにした魔訶不思議な宗教儀式があった。それは羊や牛の肝臓を観察して未来を占うというもので、エトルリア人の神官によって司られていた。

肝臓は神々のいる天界を再現したミニチュアであり、それを調べることによって神のメッセージが読み取れる。彼らはそう考えていた。

つまり肝臓が傷んでいればなにか悪いことが起き、健康なら安心してよいというわけだ。

これをバカバカしいと一笑に付すわけにはいかない。なぜなら、当時、世界で起こるあらゆる事件や現象はあらかじめ神が定めたもので、人間はそれに従うしか生きる道はないと考えられていたのだ。それならば、神のどんな小さなメッセージも見逃すわけにはいかないではないか。

しかし、313年にキリスト教を公認する勅令が出されてからは占いも下火となり、その後、儀式の詳細を書き記した書物はキリスト教徒たちによってことごとく廃棄されてしまった。

キリスト教徒の試練

現在、イタリア国民の95%はカトリック信者だが、キリスト教の歴史もまた苦難に満ちたものだった。

そもそも、娯楽のために捕虜と奴隷を闘技場で戦わせていたローマ人と、博愛思想のキリスト教徒が相容れるわけがなかった。イエスの弟子たちが迫害され、処刑されたのもあながち不思議なことではない。皇帝にしてみれば、敵を愛せよという教義は、危険思想にほかならないのだから。

かといって暴君ネロによる卑劣な迫害が正当化されるわけではないのだが。

キリスト教徒は人食い人種!?

64年にローマで起きた火災は街の大半を焼き尽くす大惨事となった。ところが、火を放ったのがネロだという噂が立ち始め、ネロはこれを打ち消すためキリスト教徒に罪をなすりつけた。

捕らえられた信者は全身に松ヤニを塗られ、たいまつのように燃やされた。さらに、キリスト教徒は人食い人種だというデマが流れ、そんな奴らはライオンにでも喰われてしまえと罵られた（ときには本当にエサにされた！）。

そんなキリスト教徒たちの“救いの神”となったのがコンスタンティヌス帝だった。彼こそ313年にキリスト教を公認した皇帝だ。

すでにこの頃には広く帝国領内に信者が進出し、その勢いを感じた皇帝は、彼らの神を信じるなら国内を揺るがす内戦に勝てると確信した。結果はまさに皇帝の勝利に終わり、以来キリスト教は国教として保護されることになる。

罪作りな免罪符

しかし、このことはキリスト教徒が積極的に戦争へ参加するきっかけにもなってしまった。すなわち、私たちが常日頃から違和感を抱く“博愛主義者が戦争をする”という悪しき前例を作り出してしまったのだ。

もっとも、キリスト教史上最大の誤りといえば、“免罪符”の発行に尽きるだろう。これは簡単にいうなら、ローマ教皇庁印の御札を買えば、あなたの罪を軽くしてあげますよというものだった。いまでもインチキ宗教がよく使う手だが、タチが悪い。これに強い憤りを感じたルターの起こした行動が宗教改革につながったことは、説明の必要もないだろう。

イタリアの年中行事

中世から現代に受け継がれる、カトリック国ならではの魅惑の祝祭

薄れ行く宗教的意義

イタリアの新年の祝いはシャンパンの乾杯で始まる。大晦日から集まった家族や友人たちが互いに「ブォナンノ(新年おめでとう)」とあいさつを交わし、それぞれの地方の正月料理に舌つづみをうつ。レンティッキエ(レンズ豆)が供されるのは、昔から富をもたらす食材と考えられているからだ。

1月6日はエピファニア(公顕節)。星のお告げでキリストの生誕を知った東方の三博士が馬小屋を訪ねたとされる日だ。この日、子供たちはベファーナという魔女がくれる贈り物を楽しみにしているが、悪い子には真っ黒な炭が渡される。

1月17日は聖アントニウスの日。養豚の守護聖人を記念して市が立ち、ナポリではカルロ3世広場で豚の内臓料理がふるまわれる。

2〜3月はカルネヴァーレ(謝肉祭)。元来は復活祭までの40日間の断食に備えて宴を開くという宗教的な意味があったが、最近はただ飲んで食べて踊るだけ。世界的に有名なヴェネツィアの仮装祭りやヴィアレッジョ(ピサの北方にある街)の人形行列のほか、ヴェローナにはジャガイモと小麦粉で練ったニョッキをまつる変わった風習がある。

ところで、イタリアでは年に2度誕生祝いができるという話をご存じだろうか。カトリック教国であるこの国には365日それぞれの日に守護聖人がいるので、たとえばヴァレンティーナという名前の女性は聖ヴァレンタイン・デーにも誕生日と同じように祝ってもらえるのだ。この聖人の祝日をオノマスティコという。

主よ、パンより菓子を！

3月19日は職人の守護聖人、聖ヨセフのオノマスティコ。この日は各地に特産市が立ち、ローマでは甘いフリッテッラ(揚げ菓子)が供される。

復活祭前の1週間はセッティマーナ・サンタといい、キリストが最後の晩餐を行なった木曜日と十字架に架けられた金曜日に盛大な祭りが催される。よく知られているのはガラティーナ(イタリア南部の街)とシチリア島トラパニの祭りで、キリストにまつわる宗教劇が演じられる。

春分の日を過ぎ、最初の満月が巡ってくると次の日曜日は復活祭。イタリアではパスクアといい、教会で清めてもらった卵を食す習慣がある。ミラノでは菓子屋の店頭に卵型のチョコレート菓子が並ぶが、この卵の中にはおもちゃが入っているので、子供たちは大喜び。

フィレンツェのドゥオモ前の広場で行なわれる"火の車"は、牛車を爆竹で破壊するという壮絶な祭り。なお、復活祭の翌日は休日となる。

4月25日はパルチザンがファシズムに勝利した解放記念日。各地で戦争の犠牲となった人たちの慰霊祭が催される。

5月1〜4日はサルデーニャ島で聖エフィージオ祭が催される。中世に猛威をふるったペストの終息を祝って始まったとされ、州都カリアリには豪華な民族衣装をまとった島民たちが集まってくる。

5月15日はイタリア中部の街グッビオのロウソク祭に注目。ロウソクをかたどった高さ4mもの山車をかついだ若者たちが、守護聖人ウバルドのまつられたインジーノ山頂の教会まで競争をする。

熱狂するイタリア人

水の都ヴェネツィアでは、復活祭の40日後にセンサの祭り（キリスト昇天祭）が催され、海上を手漕ぎボートが埋め尽くす。また、リド島のサン・ニコロ教会前の海では、共和国時代の御座船ブチントーロに乗った市長が水中に指輪を投げ入れる“海との結婚”の儀式を行なう。

当日、サン・マルコ広場に居合わせた人は幸運だ。なぜなら、広場の時計塔から現れる東方の三博士のからくり人形は、センサの日とエピファニアの1月6日にしか見ることができないからだ。

馬好きの人におすすめなのが5月の最後から2番目の日曜日にサルデーニャ島サッサリで開かれる馬術大会。民族衣装を着た人々が集まり、昼は競馬と馬術競技、夜は歌と踊りで賑やかに過ごす。

6月24日はフィレンツェ市民待望の聖ヨハネ祭。ドゥオモやヴェッキオ宮が美しくライトアップされ、アルノ川の河畔は恋人たちで賑わう。面白いのは、16世紀の球技を再現した古式サッカー。手も使っていいというルールのため負傷者が続出。選手はたいへんだが、観衆はじつに楽しそう。

7月2日はシエナ市民が熱狂する番。この日、あの有名なパリオ（競馬）が開催されるからだ。馬はカンポ広場を埋め尽くす観衆のそばを猛スピードで駆け抜け、たった3分で勝敗が決まる。しかし、この3分間がじつにドラマチックだ。シエナのパリオは8月16日にも開催されるので、どちらかを見物したい。

8月5日は聖母マリアがサンタ・マリア・マッジョーレ教会を建てるべき場所を示すため雪を降らせたという“雪の聖母の日”。ローマの同教会では信者の頭上にバラの花を撒いて祝福する。

サンタのいないクリスマス

イタリアには日曜日に中1日おいて祝日があると、間の土曜日または月曜日に“橋”をかけて3連休にしてしまうポンテ（橋）制度がある。しかも小・中学生は6月16日から9月末まで夏休みというのだから、なんともうらやましいかぎり。

そんななか、8月の第1日曜日にはキリスト教徒とトルコ人のユニークな闘いを見ることができる。

場所はアブルッツォ州キエーティの街。キリスト教徒は教会前にやぐらを組んで、木刀片手に突撃してくるトルコ人にスイカをぶつけたり、パスタの茹で汁をかけて応戦する。

8月14日はサッサリのローソク祭が見もの。金銀に塗られた巨大なローソクが街なかを練り歩き、ペストを駆逐した聖母マリアに感謝が捧げられる。

9月は祝祭のオンパレード。まず、第1日曜日にはヴェネツィアでレガータ・ストーリカが開催され、イタリア中部のアレッツォでは中世のサラセン騎馬試合が再現される。7日にはフィレンツェで提灯祭り、8日にはロレートで聖母マリア生誕祭が催され、偶数年の第2金・土・日曜にはバッサーノ・デル・グラッパ近郊のマロスティカで人間を駒に仕立てたチェス大会が開かれる。

19日は有名なサン・ジェローナの奇跡祭。ナポリの大聖堂の祭壇に置かれた器が守護聖人の血で満たされる伝説の日だ。

12月はいよいよクリスマス。イタリアではナターレといい、パネットーネというパンケーキを食べながら乾杯する。ただし、異国の聖者であるサンタクロース（オランダ人新教徒がアメリカではやらせ、のちに世界中に広まった）は登場せず、ツリーよりもプレゼピオと呼ばれるキリスト生誕を描いた模型が飾られる。

イタリアのホテル

中世の宮殿やヴィラを改装した超豪華ホテルから、家族経営のペンショーネや安宿ロカンダまで、宿泊施設の種類と軒数はヨーロッパでも有数。予算や目的に応じて自在に選べる。観光局が規定した１ツ星から５ツ星Lまでの５つのランクがホテル選びの目安となる。

ホテルの種類とランク

ランクの星の数は、ホテル入口にあるプレートに示されている。星の数が多いほど設備、サービスが良く、料金も高いが、２ツ星クラスのなかにも雰囲気の良いホテルがある。

プチ・ホテル

客室数が30室前後のこぢんまりしたホテル。家庭的なムードで、サービスにも心くばりが感じられる。貴族の邸宅や教会を改装したホテルが多いのも魅力。中世の趣が漂う内装や素晴らしい調度品に囲まれて、ゆっくりくつろげる。基本的に団体を受け入れないのでホテル内も静かだ。ランクは４ツ星～２ツ星くらい。人気が高いので早めに予約を。

格式ある豪華ホテル

５ツ星Lのホテル。歴史のある宮殿やヴィラを改装したところがほとんどで、内装、設備、雰囲気、サービス体制ともに最高級を誇る。ヨーロッパの王族や貴族、第一級の音楽家や作家が常宿としているホテルも多い。湖水地方やトスカーナのヴィラ・ホテルは、広い庭園やプールを備え、ヴァカンスやハネムーンにおすすめだ。

最高のヴァカンスを過ごしたい

中・高級ホテル

ランクは４ツ星と３ツ星くらい。４ツ星は豪華ホテルに次ぐ設備・サービス体制を持つ高級ホテル。客室を100室以上持つ大型タイプもある。３ツ星では、一般的な中級ホテルであるアルベルゴAlbergo（イタリア語で〝ホテル〟という意味）が主流だ。規模や個性はホテルによってさまざま。立地条件や料金を基準に選びたい。北部の主要都市にはビジネスマン向けのシティホテルがある。設備面は申し分ないが、空港や見本市会場に近いため観光には不向き。ただ、中心部のホテルが満室状態でも、空室のあることがある。

ペンショーネ、ロカンダ

２ツ星から１ツ星の宿泊施設。ペンショーネは家族経営の経済的な宿。設備は質素だが、アットホームな雰囲気で落ち着ける。シャワーやトイレは共同で利用するのがほとんど。もっとエコノミーな安宿はロカンダと呼ばれる。

レジデンス・ホテル

１週間以上の長期滞在に便利。その街に暮らす気分も味わえる。部屋にはキッチンや調理用具、テレビ、電話など生活に必要なものが揃っている。一度利用して顧客名簿に名前が載ると、２、３日の短期滞在も受け付けるところが多い。

個人宅のような趣きのプチ・ホテル

そのほかの宿泊施設

ドミトリー形式の経済的な宿泊施設として、ユースホステルとカソリック系の団体が運営する女性のための宿泊施設がある。ユースホステルは主要都市をはじめ小さな街にもあるが、中心部からかなり離れているのが難点。カソリック系の宿泊施設は、YWCAをはじめローマに数件ある。

ホテルが混む時期

4～10月の観光シーズンがとくに混む。国際見本市が開催されるミラノ、フィレンツェ、ボローニャなどでは、会期中は市内のホテルが満室となる。また、カーニバル（2月）の時期のヴェネツィアや、音楽祭（7、8月）開催中のヴェローナは最もホテルの確保が難しい。各街での見本市の開催期間、祭りや催し物の日程などの詳しい情報は、東京のイタリア政府観光局（→P.16）で得られる。

ホテルの料金表

観光案内所で手に入るホテル・リストには、最高料金MAX.と最低料金MIN.が明示されている。MAX.は4～10月のハイ・シーズンの料金設定、MIN.はそれ以外のロー・シーズンのものだ。ただ、見本市、音楽祭、お祭りなどのイベントがある場合は、冬季でもハイ・シーズンの料金が適用されたり、追加料金が必要になる。宿泊料金表は室内に明示することが義務づけられており、正当な料金かどうか判断できるようになっている。料金表は、通常ドアの内側やベッド・サイドに掲げられている。

ホテルの予約

4～10月の観光シーズン中やイベント開催中は、ホテルの予約をしてから出発したい。居心地のいい人気のプチ・ホテルを確保する場合は、2カ月前くらいには予約が必要だ。

代理店を通じて予約する場合

4ツ星以上のほとんどのホテルが、日本の代理店を通じて予約できる。3ツ星では一部に限られ、2ツ星以下は個人で直接予約するしかない。代理店で予約する場合は、出発前に代理店に宿泊料金を支払い、クーポン（宿泊券）を渡されることが多い。現地ではこれを提示してチェックインする。ホテルでの支払いとなる場合は、デポジットとしてクレジットカードの番号と有効期限が必要となる。

電話/FAXで予約する

個人での予約もそれほど難しくない。3ツ星クラス以上のホテルなら、通常、英語がわかるスタッフがいる。いちばん早いのは電話だが、宿泊日・料金など数字のやりとりが多いので、FAXで文書にしたほうがトラブルは防げる。まず、宿泊人数、部屋のタイプ、到着日/出発日（宿泊日数）、自分の名前、住所、電話・FAX番号、支払いに使用するクレジットカードの種類・番号・有効期限を書いて、ホテルへFAXする。料金が確認したい場合は、その旨も付け加える。通常、次の日にはホテルから返信のFAXが届くので、内容を確認して、再びその条件で予約したい旨のFAXを送る。その後、ホテルから予約確認のFAXが届き予約が成立する（予約希望書に先方のサインが入っているだけの場合もある）。宿泊当日は、必ずこの確認書を持参すること。オーバーブッキングなどのトラブル時に役に立つ。

ホテル予約のFAX文例

Prenotazione	予約
Spett.	（ホテル名を記入）
Vorrei prenotare una camera per　persona (persone), per favore.	下記の条件で予約を希望します（宿泊人数を明記）
Camera	部屋のタイプ*
Arrivo　/L'ora dell'arrivo	到着日／到着時刻**
Partenza　/Notte (notti)	出発日／宿泊日数
Messaggio	メッセージ（希望事項がある場合記入する）
Nome	氏名
Indirizzo	住所
TEL　/FAX	電話・FAX番号
Carta di credito　/Numero　/Valido fino	クレジットカードの種類／番号／有効期限
Firma	サイン

イタリアに着いてから予約する

空港のホテル案内所や市街の観光案内所で、希望の部屋のタイプ、料金、エリアを告げて紹介してもらう。一般に大きな街の観光案内所では、紹介のみで予約は行なっていないところが多い。ホテル予約専門の団体もあるが、ホテル・リストを見て自分で電話をかけるか、出向くほうが早い。

日本にあるホテル予約
ヨーロッパ・ヴィジョン・ジャパン
☎03-3435-8141
ワールドワイド・ホテル・クーポン・システム ☎0120-489-010

人気のホテルは早目の予約を

***部屋のタイプ**
シングル　Camera Singola
ダブル　Camera Matrimoniale
ツイン　Camera Doppia
シャワー・トイレ付
Con Doccia/WC
バスタブ・トイレ付
Con Vasca da Bagno/WC

****日付の書き方**
日/月/西暦の書式で記入する。1997年9月15日は、15/09/1997となる。

手紙でのホテル予約
郵便事情があまり良くないので手紙での予約はすすめない。もし行なう場合は、出発の最低1カ月前には予約希望の手紙を発送する必要がある。

ホテル利用とアドバイス

ホテルで過ごす時間も旅の大切な１ページだ。設備やサービスは、ホテルの種類やランクによって違いがある。スマートに利用して、自分の家のように居心地よく過ごしたい。

チェックインからチェックアウトまで

チェックイン

通常午後２時以降だが、空室なら午前中にできるところもある。早く到着してすぐに部屋を使えない場合は、荷物を預かってくれる。フロントで予約している旨を告げると、パスポートを求められるのでそれを預け、宿泊カードに名前などを記入する。予約時にクレジットカードの照会をしていない場合は、カード提示を求められることがある。朝食やチェックアウトの時間も、このとき確認するといい。到着が午後６時を過ぎる場合はその旨電話を入れておく。

客室の利用法

高級ホテルは、ベルボーイが荷物を持って案内してくれる。部屋が予約条件と違っていたら、すぐにフロントと交渉する。部屋に備え付けのホテル案内には、施設やサービスが記されている。部屋にいるときも鍵はかけておく。

自分の部屋のようにくつろぎたい

ロビー／サロンの利用

３ツ星以上のホテルにはフロント近くにロビーやサロンがある。とくに高級ホテルのインテリアは素晴らしく、雰囲気も抜群だ。待ち合わせのほか、くつろぐのにもいい。

レストラン／バーの利用

高級ホテルにはレストランやバーがある。５ツ星Ｌランクのレストランは最高級の店がほとんどで、味、ムードともに最高。滞在客でなくても利用は可能だ。３ツ星や２ツ星では、飲み物が頼めるバール・スペースがあることが多い。

ルーム・サービス

４ツ星以上のほとんどのホテルにある。室内に飲み物や食事のメニューがあり、それを見て電話で注文する。朝食を部屋でとりたい場合は、前日までにその旨を伝えておく。３ツ星以下ではルーム・サービスがあるホテルは少ない。

ランドリー・サービス

４ツ星以上のほとんど、ビジネスマンが多い３ツ星にある。ホテルのランドリー・バッグが部屋にあるので、それに入れて依頼する。通常、翌日には仕上がるが、衣服によってはもっとかかるので、いつ仕上がるか確認しておく。肌着などは手洗いするのもいい。乾燥しているので乾きも早い。

チェックアウト

12時頃が多い。フロントでチェックアウトの旨を伝えると清算してくれる。ミニバーを使った場合は伝票を提出する。料金に間違いがないかチェックし、カードかキャッシュで支払う。チェックアウト後も、荷物は預かってくれる。

問題があるときはフロントに相談

チェックイン時のパスポート提示

イタリアのホテルでは、チェックインのとき必ずパスポートをフロントに預ける。これは、ホテルが地元の警察署に宿泊者リストを提出しなければならないためで、ホテル側が必要事項を記入すると返してくれる。早く返してもらいたい場合は、チェックイン時にその旨を伝えると10～20分後には記入を終え戻してくれる。

ホテルの朝食

2ツ星以上では料金に含まれていることが多いが、別料金の場合もあるので予約やチェックイン時に確認すること。1ツ星のペンショーネやロカンダは、朝食サービスがないところもある。一般的な朝食の内容は、カフェラッテか紅茶、数種類のパン、バター、ジャム類など。4ツ星以上ではバイキング形式が主流で、チーズやハム、果物などが加わる。卵料理などの別メニューは料金がかかる。

ホテルの門限

4ツ星以上はフロントが24時間動いているので、何時でも出入りが可能。３ツ星では午前２時頃に入口を閉めるところが多いが、スタッフは24時間常駐しているので遅く帰ってもホテルには入れる。ただ、事前に遅くなる旨を伝えておく。2ツ星以下は、大きな街ではスタッフが24時間常駐して出入りが自由な場合と、最初から玄関の鍵を渡してくれる場合がある。小さな街の家族経営のペンショーネでは、夜12時くらいには玄関を閉める。遅くなるときは、玄関の合鍵が借りられる場合が多い。

客室の設備

ルーム・キー

４ツ星以上の大型ホテルでは自分で鍵を管理するカード・キーが増えているが、格式のある豪華ホテルは一般的な鍵を用いているところが多い。また、３ツ星以上はほとんどオートロックなので、部屋を出るときは必ず鍵を携帯する。２ツ星以下は２回まわすタイプの鍵が多く、コツがいる。カード・キーでない場合は、外出時フロントに鍵を預ける。

電話/FAX

２ツ星以上ではほとんどの部屋に電話があり、外に直接電話できる場合が多い。まず最初に０をダイヤルし、先方の電話番号を続ける。FAXはフロントに頼むと送ってくれる。

冷蔵庫/ミニバー

飲み物やスナック類が置かれたミニ冷蔵庫で、大きな街では３ツ星以上のほとんどの部屋にある。利用数は伝票に記入しチェックアウト時に清算する。ミニバーがない場合は、ミネラルウォーターのボトルを買っておくといい。

バスルーム

シャワーまたはバスタブ、洗面所、トイレ、ビデがある。３ツ星以上ではタオル、石けんなどが置かれ、５ツ星Ｌだとバスローブもある。ペンショーネでは共同で使用する。

ホテルのスタッフと役割

レセプショニスト

フロントでチェックイン、チェックアウト、外出時の鍵の預かり、セーフティ・ボックスの管理、メッセージの受け渡しなどを行なう。高級ホテルでは鍵専門の係や、両替やチェックアウト時の清算を扱うキャッシャーが設けられる。

コンシェルジュ

４ツ星以上のほとんどの高級ホテルにある。ロビーに専用デスクを持ち、劇場チケットの手配、レストランの予約、観光情報の案内などゲストのあらゆるリクエストに応じる。

ベルボーイ(ベルマン)

到着・出発時のゲストの荷物の運搬や、部屋への案内や設備の説明をする。タクシー、リムジンの手配もしてくれる。

ドアマン

高級ホテルの玄関に立ち、ゲストを笑顔で迎える。ベルボーイのところまで荷物を運んだり、車の誘導なども行なう。

ルームメイド

ベッドメーキングや部屋の清掃、タオルなど備品の補充を行なう。足りないものは申し出るとすぐ持ってきてくれる。

ルームサービス係

部屋での食事サービスの係。電話でゲストの注文を受け、客室に届ける。食事後は連絡すると片付けに来てくれる。

ランドリー係

ゲストから依頼されクリーニングを手配する。プレスだけを頼める場合も多い。ルームメイドが兼任することもある。

オペレーター

電話交換手。直通ダイヤルでかかりにくいときは、オペレーターがつないでくれる。中級ホテルではフロントが兼任。

高級ホテルにはアメニティも充実

バスルームでの注意

蛇口の水と湯の表記は、色の場合とアルファベットの場合がある。色は青が水で、赤が湯。アルファベットはF(Freddo)が水で、C(Caldo)が湯。また、バスタブやシャワーの近くにあるヒモは緊急用のもの。入浴中に気分が悪くなったとき、救けを呼ぶために使うものだ。日本の換気扇のヒモにそっくりなので、間違えてひっぱらないようにしよう。

トイレとビデ

トイレの横にはビデがある。用を足したあとに洗浄するもので、湯をためて使う。近くにはビデ専用のタオルが置かれている。

笑顔で迎えてくれるドアマン

ホテルでのマナー

客室以外の共有スペースに、パジャマやラフな部屋着などで出るのはマナー違反。スリッパも良くない。小物を洗濯した場合は、バスルームに干す。古い建物では音が響くため、深夜の入浴は避けたい。テレビの音量や話し声も控えめに。

チップ

ベルボーイなど高級ホテルの各サービス係へのチップはLit.1000～2000くらいが目安。サービスのあとに、"Grazie(ありがとう)"と言ってさりげなく手渡す。枕の下やベッドサイドにチップを置くのはとくに日本人。地方によっても異なるが、中級クラスのホテルでは、置いてもとっていかない場合がある。また、ペンショーネやロカンダでは、手を煩わしたとき以外はチップは必要ない。

イタリアのレストラン

地方ごとに自慢の郷土料理があり、名産のワインやチーズがある。季節の特別メニューや舌がとろけるようなデザートも豊富。おしゃれをして評判のレストランの味を堪能したり、地元客で賑わう店で茹でたてパスタを気楽に頬張ったり、スタイルもお好みのまま。

食事処の種類——どこで何を食べるか

高級店から庶民的な店までレストランのタイプは多彩。ピザは専門店ピッツェリアが種類が多くおすすめだ。立ち飲みの喫茶店バールもイタリア人のように使いこなしたい。

何を食べるかもイタリアの楽しみ

イタリア人の一日の食事

朝食は家ではカフェラッテとビスケット、通勤途中になじみのバールで食べるならカプチーノとブリオッシュが一般的。大都市以外では、昼食は家に帰って家族といっしょに食べる。昼1時頃、広場でわいわい話しているのは昼食前のおしゃべり。2時くらいになると街は静まり、窓からおいしそうな匂いが漂ってくる。メニューはパスタ類、肉か魚のメイン料理、野菜の付け合わせが普通。都市部では、パニーノやサラダだけの簡単なランチをバールでとる人が多い。夕食は8時頃から。スープと簡単な料理、あるいはピザで軽くすませる。昼食を軽くしたときは、夕食にパスタ類とメイン料理を食べる。昼食、夕食ともチーズ、果物、カフェで食事をしめくくる。食事の間にちょっとお腹がすいたり、なにか飲みたいときはバールに行く。勤務中でもバールに行くのは大目に見られる。また、都市部ではダイエットをしている女性が多く、食事はパスタ少しと果物だけという人も珍しくない。

リストランテ

一般に中級以上のレストランを指し、カメリエーレという給仕人が付く。料金もそれなりに高い。超高級店ではその街の最高の味、雰囲気、サービスが楽しめる。注文はフルコースに近いものにするのがマナー。時間をかけて食事をする場所なので、料理の運ばれ方もゆっくり。会話やワインを楽しみながらのんびり待つのがイタリア流だ。

トラットリア、オステリア

リストランテより気軽な雰囲気の食堂をトラットリア、さらに大衆的な店をオステリアと呼ぶ。地元の人で賑わっていたら間違いなくおいしい店。注文をフルコースにする必要はないが、パスタだけの注文は避けたい。なかには高級店で、トラットリアやオステリアと名乗る店もある。わかりにくい場合、店構えやメニュー表の料金が判断基準になる。

カジュアルなトラットリア

ピッツェリア

ピザの専門店。テーブル席がある店では、通常釜で焼いた丸型ピザが食べられ、パスタ類やメイン料理もある。注文はピザと飲み物だけで問題ない。また、パスタと付け合わせだけの注文でも嫌な顔はされない。温めたピザを切り売りしてくれるテイクアウト専門の店もある。

バール

イタリア人の生活の一部となっている喫茶店。軽食、アルコール類もある。カウンターで立ち飲みして長居しないのが普通で、テーブル席だと料金が高くなる。バールより高級な店はカフェと呼ばれる。ゆっくりするならこちらで。

軽い食事にもいいバール

ターヴォラ・カルダ

お惣菜屋さん。温めてくれたものをテイクアウトしたり、テーブルがある場合はそこで食べられる。

ビッレリア

ビヤホール。生ビールを飲みながら、生ハムなどのつまみや食事がとれる。気さくな雰囲気が魅力。

ジェラテリア

アイスクリーム専門店。ずらりと並ぶアイスのなかから、好きなものを注文。組み合わせも可能。

レストラン・アドバイス

イタリア料理を食べるのに特別な作法はない。ただ、その場の雰囲気をこわさないような配慮は大切。料理やワインの注文には、カメリエーレのアドバイスがたいへん役立つ。

営業時間と休業日

通常、昼は12:00〜15:00、夜は17:30〜23:30くらい。休業日は店によるが、日曜か月曜に休むところが多い。また、昼は開けない曜日があったり、8月に長期休業する店もある。お目当ての店は事前に営業日を確認して出かけたい。

予約

街で評判の店や高級店は予約を入れてから行ったほうがいい。ふつう前日までに電話すると席が確保できる。予約を受け付けない人気店は、開店時間に行くとほぼ座れる。

注文の仕方

フルコースは、アンティパスト（前菜）、プリモ（第1の皿、パスタやスープ）、セコンド（第2の皿、肉か魚のメイン料理）、コントルノ（野菜の付け合わせ）の順でとる。食事のあとはチーズ、果物、デザートのどれかをとり、最後にカフェでしめる。食事中はワインかミネラルウォーターを飲む。食前酒はレストランではなく、近くのバールで飲んでから行く人が多い。食後酒にはグラッパやアマーロなどがあり、カフェのあとに頼む。コースでとらない場合は、アンティパストを省くか、アンティパストからセコンドへとぶ。アンティパストとプリモだけですますこともできるが、この場合はあとでデザート類をとったほうがスマート。また味が定かでないレストランでは、まずプリモまでを注文し、満足いく味ならあとでセコンドを注文するイタリア人も多い。注文はカメリエーレ（給仕人）がとりにくる。プロ意識が高く、料理の材料や味、どんなワインが合うかなど細かいアドバイスをしてくれる。高級店のカメリエーレは通常、英語を話す。言葉が通じにくくても一生懸命説明をするカメリエーレがいる店は、味も素晴らしいところが多い。注文は料理を先に決め、あとで飲み物を決める。ワインの銘柄がわからない場合は、ハウス・ワインでも十分おいしい。

支払いとチップ

テーブルで行なう。カメリエーレに“Il conto, per favore（イル・コント・ペル・ファヴォーレ）（会計をお願いします）”と告げると、勘定書を乗せた皿がテーブルに置かれる。計算が間違っていないか確かめ、現金かクレジットカードを皿に置く。通常、勘定にはコペルト（席料）とサービス料が加算される。現金の場合はおつりが、カードの場合は合計金額とその上が空欄になった伝票が戻ってくる。おつりは小銭は残したままで、サービス料込みのときは1人Lit.1000〜2000のチップを追加する。サービス料が含まれないときは料金の10%くらいのチップを置く。カードの場合、上の空欄にはチップの額を書き込む。端数を埋めるくらいの額がスマートで、たとえば料金がLit.9万4000ならLit.6000をチップとし合計金額にLit.10万と記入する。味、サービスに不満だった場合はチップは必要ない。

食事を楽しむためにマナーは大切

食事中のマナー

とくに気をつけたいのは、食事中に音をたてないこと。スープやパスタ類を食べるときのほか、食器の音にも注意したい。また、食事中には煙草は吸わない。食後、煙草を吸うとき、隣のテーブルがまだ食事中なら一言ことわってから。

高級リストランテでの配慮

男性はジャケットにネクタイを着用、女性はスーツやワンピースなどで出かけたい。靴もきちんと磨いて行く。大人の社交場でもあるので、小さな子供は連れて行かないほうがいい。食事はゆっくり楽しみ、声高の会話はひかえたい。

バールの営業時間と利用法

朝早くから夜まで休みをとらずに営業する店がほとんど。閉店は、20:00頃の店と、深夜まで開いている店がある。利用する際は、まずレジで注文したいものを告げる。支払いをすませるとレシートをくれるので、それをカウンターに置き、バリスタ（バールの店員）に注文品を告げる。朝のブリオッシュは皿へのサービスはなく、自分でケースからとって食べる。パニーノなど軽食を頼む場合は、先にカウンターでなにがあるかチェックし、レジで告げる。常連が多いバールなどではカウンターで注文し、店を出るときなにを飲んだかレジで告げる後払い制をとるところもある。テーブル席につく場合は、店の人が注文をとりにきてくれる。

イタリア料理のメニュー

南北に長いこの国には、異なった風土に育まれた個性豊かな郷土料理が数多く存在する。新鮮な山海の幸をふんだんに使い、素材をいかした味付けは、日本人の口にもよく合う。

北部の料理

種類の多いキノコ類、バターやチーズなどの酪農製品も豊富。冬の寒さが厳しいこの地域では煮込み料理も多い。

アルプスの麓で採れる山の幸を中心とした料理が特徴。香り高い高級キノコ、白トリュフは北部の特産だ。ポー川流域では、米作りや酪農が盛んで、リゾットなど米料理も多い。トウモロコシの粉から作ったポレンタも代表料理だ。北部の料理にバターをよく使うのはミラノ近郊の街、ローディがバター発祥の地だから。ヴェネツィア、ジェノヴァまで来ると新鮮な魚介類が豊富で、カニやエビ、イカスミの料理も登場する。

▼ミラノ風カツレツ
薄くたたいた仔牛肉に衣を付け、たっぷりのオリーヴオイルで焼く

▲オッソブーコ
仔牛の骨付きスネ肉をトマトと白ワインで煮込んだ。ポレンタ添え

▲白身魚のマリネ
アドリア海の新鮮な魚が素材。干しブドウ、松の実、ポレンタ添え

▲イカスミのリゾット
セピアと呼ばれるイカを使った料理は、港町ヴェネツィアの名物

▲ミラノ風リゾット
サフラン、バターで味付けをした鮮やかな色の香り高いリゾット

▲海の幸のアンティパスト
アドリア海で捕れた新鮮な魚介類を盛り合わせた前菜料理

▲冷製オマールエビとポルチーニ茸
伊勢エビに似たオマールエビにポルチーニ茸のフライを添えた一品

▲ロールキャベツ・ミラノ風
煮込み料理はミラノ周辺でよく作られる。味付けはバターで

▲ジェノヴァ風ペースト
ジェノヴァ名物のバジリコと松の実、チーズで作った緑のペースト

▲ジェノヴァ名物フォッカチャ
ピザの原型。ハムやチーズを挟んで食べてもおいしい

▲パヴィア風リゾット
北イタリア産のインゲン豆を入れて赤ワインで煮込んだリゾット

ローマと中部の料理

ティレニア海に面し、アペニン山脈を擁すこの地方は、山海の幸が豊富。キャンティ・ワインの産地としても有名。

ローマの名物料理といえば、ジャガイモと小麦粉で作るニョッキ、アバッキオという仔羊のロースト、スパゲティではカルボナーラが有名だ。イタリア料理を広めたメディチ家の本拠地だったフィレンツェ周辺では、牛肉と豆が特産品。レアに近い状態に焼くフィレンツェ風ビフテキやインゲン豆のスープは、この地方ならではの味覚だ。

◀サルティンボッカ
薄切り仔牛肉にセージと生ハムを重ね、白ワインで味付け、バターソテーしたローマ料理

▶脳みそとアーティチョークのフライ
脳みそや尻尾、腸などの部分を使った料理が多いのもローマの特徴

◀ペンネ・アッラ・カルボナーラ
チーズと卵、生クリームで和えた、ローマを代表するパスタ

◀フィレンツェ風トリッパ
牛の胃をトマトといっしょに柔らかく煮込んだ名物料理

▶牛肉のカルパッチョ・パルメザンチーズ添え
仔牛の生のヒレ肉にパルマの名産、パルメザンチーズを添えて

▶フィレンツェ風ビーフステーキ
骨付き仔牛を炭火で焼く。味付けは塩、コショウ、オリーヴオイルで

南部の料理

南部の中心ナポリはスパゲッティやピザ発祥の地。トマトをはじめ、野菜や果物の収穫も多く、魚介類も豊富だ。

パスタやピザは、太陽の光を十分に浴びたトマトをベースにしたソースが特徴。珍味カラスミのスパゲティも南部ならではの味だ。ナポリ港に水揚げされる、アサリ、エビ、タコ、イワシといったシーフードを使った料理も絶品。シチリア島にもカジキマグロほか、オリーヴやアーモンド、野菜、果物など特産品が数多い。

◀スパゲティ・アッレ・ヴォンゴレ
アサリはナポリが本場。塩味もおいしいが、トマト味も捨てがたい

▶リコッタチーズのパスタ
レモン味のさっぱりとしたリコッタチーズで作ったソースが決め手

◀トマトとナスのシラクーザ風パスタ
南部で主流のトマトソースで和えたパスタ。スパイスが効いている

◀生ガキとハマグリの盛り合わせ
新鮮な海の幸は生のまま素材の味を贅沢に楽しみたい

▶サルデーニャ風リゾット
トマトで味付けした南部らしい米料理。ソーセージが入っている

▶モッツァレラチーズとトマトの前菜
カンパーニア州特産の低脂肪チーズとトマトのさっぱりとした一品

ピザ

ナポリで生まれたピザだが、いまではイタリア中、どの街でもおいしいピッツェリアを見つけることができる。

イタリア人はピザの皮の薄さにこだわる。具は、トマトソースとモッツァレラチーズをベースにあくまでもシンプルに。薄くのばして高温で焼き上げた、パリッと香ばしい生地のおいしさを楽しみたい。

▶スカモルツァ・チーズにアンチョビをのせたピザ。オレンジ色の具はズッキーニの花だ

▲スカモルツァ・チーズの上にのせた塩漬けの干し牛肉と、ほろ苦い味のルッコラがよく合う

▶生ハム、卵、キノコなど、さまざまな具をたっぷりとのせた、有名なピザ・カプリチョーザ

▲オリーヴ、生ハム、目玉焼きとズッキーニの花が彩りよく並べられた、具だくさんのピザ

食材&パスタ

種類豊富な野菜やキノコ類

野菜ではトマトやナス、ズッキーニなどがポピュラー。ズッキーニは花もフライにしてよく食べられる。香り付けにはニンニクやバジリコを。日本ではなじみの薄いアーティチョークやタンポポの葉に似たルッコラもよく食卓に登場する。400種以上あるというキノコも忘れてはならない。独特の香りで、珍重されている白トリュフや卵の形をしたオーヴォリ。なんにでも合うポルチーニは、そのままソテーしたりパスタのソースに使ったりと大活躍だ。

イタリア料理に使われるさまざまな食材

食料品店の店先に並ぶパスタ

イタリア料理の人気者、パスタ

パスタはデュラム・セモリナ種の小麦粉を水で練って作られる。よく使われるパスタの種類は地方によって異なるが、北部では生パスタ、南部は乾燥パスタが主流だ。スパゲティをやや細くしたスパゲッティーニ、ネジのようなフジッリ、蝶の形のファルファッレ、詰め物入りのラヴィオリ、平たいフェットチーネに加え、ホウレン草入りの緑やビーツの赤など色も形もさまざま。肉厚のパスタは濃厚な味付け、細いものはあっさり味のソースが合う。

デザート／ドルチェ

どんなにお腹いっぱいになっても必ずデザートまでたいらげるのがイタリア流。自家製のケーキを置く店もある。

ボリュームたっぷりのケーキは、見た目よりも味で勝負。タルトや焼き菓子の種類も多い。日本でも人気が高いティラミスやパンナコッタは軽い口当たり。冷たいドルチェならジェラートがおすすめだ。

▶カフェや菓子店のウインドーにはおいしそうなケーキが並ぶ

▲チョコレート・ムース
ふわふわのムースが口のなかでとろける瞬間がたまらない

▲レモンのタルト
さわやかなレモンクリームとタルトのサクサク感を楽しみたい

▲トルタ・カプレーゼ
チョコレートケーキにたっぷりと生クリームが添えられている

▲クロカンテ
スポンジの上にのせたアーモンドをカラメルで固めた焼き菓子

▲レモン・ケーキのシャーベット添え
さっぱりとしたレモンのデザート。甘いものが苦手な人におすすめ

▲カントゥッチとヴィンサント
ワインのヴィンサントにビスケットのカントゥッチを浸して食べる

▲パンナコッタ
生クリームに砂糖を加えて煮詰め、ゼラチンで固めた人気のデザート

▲カプチーノ
カップから溢れんばかりのミルクの泡。マイルドな味のコーヒー

▲エスプレッソ
イタリアでコーヒーといえばこれ。砂糖をたっぷりと入れて飲む

▲カスタードと松の実のケーキ
素朴なケーキだが松の実の歯ざわりとカスタードの甘さが絶妙だ

▲フルーツ・ケーキ
イタリアの新鮮なフルーツを彩りよく並べた美しいケーキ

▲森のフルーツのタルト
ラズベリー、ブルーベリー、イチゴが詰まった甘酸っぱいタルト

メニューの読み方

メニューは前菜(アンティパストAntipasto)、第1の皿(プリモ・ピアットPrimo Piatto)、第2の皿(セコンド・ピアットSecondo Piatto)、付け合わせ(コントルノContorno)の順に料理名が記載されている。フルコースの場合には、それぞれの中から1品ずつ注文すればいい。

おもなメニュー

bistecca ビステッカ ……………ステーキ
blanchette ブランチェッテ ………シチュー
bruschetta ブルスケッタ ガーリック・トースト
budino ブディーノ ……………………プリン
Cotoletta コトレッタ………………カツレツ
dolce ドルチェ……………ケーキ、デザート
formaggio フォルマッジオ …………チーズ
frittata フリッタータ………………オムレツ
frutta フルッタ ……………………フルーツ
gelato ジェラート …………アイスクリーム
granita グラニータ …………シャーベット
insalata インサラータ ………………サラダ
zuppa ズッパ……………………………スープ
pane パーネ ……………………………パン
pasticcio パスティッチオ ………………パイ
piatti del giorno ピアッティ・デル・ジョルノ
…………………………本日のおすすめ料理
pizza ピッツァ …………………………ピザ
riso リーゾ……………………………ライス
risotto リゾット……………………リゾット
sorbetto ソルベット …………シャーベット
uovo sodo ウォーヴォ・ソード ………ゆで卵
uova strapazzati ウォーヴァ・ストラッパツァーティ
…………………………スクランブル・エッグ

パスタの種類 Paste

cannelloni カッネローニ …………カネロニ
conchiglie コンキリエ ……貝の形のパスタ
fettuccine フェットチーネ …平打ちパスタ
gnocchi ニョッキ ………ボール形のパスタ
lasagna ラザーニャ ……………ラザニア
maccheroni マケローニ …………マカロニ
ravioli ラヴィオリ ………詰め物入りパスタ
spaghetti スパゲッティ…………スパゲティ

飲み物のメニュー

acqua gassata アクア・ガッサータ …ガス入りの水
acqua senza gas アクア・センツァ・ガス・ガスなしの水
amaro アマーロ …………苦くて甘い食後酒
birra ビッラ ……………………………ビール
caffè カフェ …………………………コーヒー
cappuccino カプチーノ…………カプチーノ
cioccolata チョコラータ ……………ココア
grappa グラッパ ……強くて透明な蒸留酒
latte ラッテ …………………………ミルク
spremuta スプレムータ ………生ジュース
succo スッコ …………………………ジュース
tè テ ……………………………………紅茶
vino bianco ヴィーノ・ビアンコ …白ワイン
vino rosso ヴィーノ・ロッソ………赤ワイン

おもな食材

魚 Pesce

acciughe アチューゲ ……………アンチョビ
anguilla アングィーラ ……………ウナギ
aragosta アラゴースタ …………イセエビ
aringa アリンガ…………………………ニシン
calamari カラマーリ …………………イカ
capasanta カパサンタ …………ホタテ貝
caviale カヴィアーレ……………キャビア
conchiglie コンキリエ ……………………貝類
cozze コッツェ ……………………ムール貝
dentice デンティチェ ……………………赤鯛
gamberetti ガンベレッティ …………小エビ
gamberi ガンベリ ………車エビ、ザリガニ
granchio グランキオ……………………カニ
merluzzo メルルッツォ……………干しダラ
muscoli ムスコリ …………………ムール貝
orata オラータ …………………………黒鯛
ostriche オストリケ ………………………カキ
polpo ポルポ ……………………………タコ
sarda サルダ …………………………イワシ
scampi スカンピ …………………手長エビ
seppia セッピア…………………………スミイカ
sogliola ソリオーラ ………………舌ビラメ
spigola スピゴラ ……………………スズキ
tonnetto トンネット ……………………カツオ
tonno トンノ …………………………マグロ
vongole ヴォンゴレ ……………………アサリ

肉 Carne

abbacchio アバッキオ ……………ラム肉
agnello アニェーロ ……………仔羊
anitra アニトゥラ ……………アヒル
bue ブーエ ……………牛肉
cervo チェルヴォ ……………鹿肉
cotoletta コトレッタ…………骨付ロース肉
coniglio コニーリオ ……………ウサギ肉
fagiano ファジアーノ ……………キジ
fegatino フェガティーノ ……(鶏の)レバー
fegato フェーガト …………(動物の)レバー
filetto フィレット ……………フィレ肉
lingua リングア ……………舌
lombatina ロムバティーナ ………牛フィレ
maiale マイアーレ……………豚肉
manzo マンツォ……………牛肉
montone モントーネ ……………羊肉
pancetta パンチェッタ ……………ベーコン
pollo ポッロ ……………鶏肉
prosciutto プロシュート ……………ハム
tacchino タッキーノ ……………七面鳥
uovo/uova ウォーヴォ(ヴァ) ……………卵
vitello ヴィテーロ ……………仔牛

野菜 Verdure

aglio アーリオ ……………ニンニク
asparagi アスパラージ ………アスパラガス
basilico バジリコ ……………バジリコ
carciofi カルチョーフィ アーティチョーク
carota カロータ……………ニンジン
cavolo カーヴォロ ……………キャベツ
cetriolo チェトリオーロ …………キュウリ
cipolla チポッラ……………タマネギ
fagioli ファジョーリ ……………インゲン豆
fave ファーヴェ ……………ソラ豆
finocchio フィノッキオ…………ウイキョウ
funghi フンギ……………キノコ類
granturco グラントゥルコ …トウモロコシ
melanzane メランザーネ ……………ナス
oliva オリーヴァ……………オリーヴ
patate パターテ……………ジャガイモ
peperone ペペローネ ……………ピーマン
pomodoro ポモドーロ ……………トマト
porro ポーロ ……………ニラ、ネギ
radicchio ラディッキオ……………チコリ
rucola ルッコラ ……………ルッコラ
spinaci スピナーチ……………ホウレン草
tartufo タルトゥーフォ……………トリュフ
zucca ズッカ ……………カボチャ
zucchini/zucchine ズッキーニ…ズッキーニ

果物 Frutta

arancia アランチャ ……………オレンジ
limone リモーネ……………レモン
mela メーラ ……………リンゴ

調味料

aceto アチェット ……………酢
burro ブッロ ……………バター
maionese マヨネーゼ …………マヨネーズ
mostarda モスタールダ ………マスタード
Parmigiano reggiano パルミジャーノ・レッジャーノ ……………パルメザンチーズ
pepe ペペ ……………コショウ
peperoncino ペペロンチーノ ………唐辛子
sale サーレ……………塩
salsa サルサ ……………ソース
zucchero ズッケロ……………砂糖

調理法

affumicato アフミカート ……………燻製の
al forno アル・フォルノ…かまどで調理した
alla griglia アッラ・グリーリア…グリルした
allo spiedo アッロ・スピエード串刺しにした
al sangue アル・サングェ ……………レアの
arrosto アロスト …蒸し焼きの(ロースト)
bollito ボリット ……………ゆでた
cotto コット……………煮た、焼いた
crudo クルード ……………生の
farcito ファルチート …………詰め物をした
fritto フリット ……………揚げた
gratinato グラティナート…………グラタン
lesso レッソ ……………茹でた
misto ミスト ……………混ぜた
stracotto ストラコット……………煮込んだ
umido ウーミド ……………蒸した、煮た

チーズの種類

イタリアはフランスと並ぶ世界有数のチーズ王国。国内で生産されるチーズはかるく100種類を超え、各地方ごとに独特の香りや風味を持つ銘柄がある。

ヨーロッパ・チーズの源流

チーズは5000年以上の歴史を持つ発酵食品。西アジアに発祥し、トルコ、ギリシア経由でイタリア半島に伝わったチーズの製法は、ローマ帝国によりヨーロッパ各地に広められた。

現在、イタリア国内で生産されているチーズは加熱殺菌処理を行なわないナチュラルチーズが主流で、超硬質、硬質、半硬質、軟質、フレッシュチーズに分類される。

パルマの店先に並ぶチーズ

超硬質チーズ

イタリアンチーズの王様と呼ばれる**パルミジャーノ・レッジャーノ**は、エミリア・ロマーニャ州のポー川右岸一帯で生産され、一般にはパルメザンチーズとして親しまれている。熟成には2年以上を要し、表面は褐色、中は淡い黄色。粉にしてパスタ料理やリゾットに使用されることが多いが、そのまま食べても十分おいしい。

同じくポー川流域で生産される**グラナ・パダーノ**は見た目はパルミジャーノにそっくりだが、熟成を重ねたパルミジャーノの深い味わいには一歩劣る。

羊乳を原料とする**ペコリーノ**は、エトルリア人がもたらしたとされるイタリア最古のチーズ。ラツィオ州やサルデーニャ島で作られる**ペコリーノ・ロマーノ**はピリリと効いた酸味と強めの塩味が身上。トスカーナ州、ウンブリア州などで生産される**ペコリーノ・トスカーノ**は塩分控えめでマイルドな味。

これらのチーズはイタリア政府が品質保証するF.D.O.C.（原産地統制呼称）に指定され、ほかの国や地域では同じ名称を使えない。イタリアにはこのF.D.O.C.チーズが20種類ある。

硬質・半硬質チーズ

カンパーニア州原産の**プロヴォローネ**は、球形、洋ナシ形、メロン形などさまざまな形に成形される硬質チーズで、甘口の食卓用と辛口の料理用がある。

半硬質の**ゴルゴンゾーラ**はピエモンテ、ロンバルディア州原産。フランスのロックフォール、イギリスのスティルトンと並ぶ世界3大ブルーチーズのひとつで、甘口のものを**ドルチェ**、辛口のものを**ピッカンテ**という。持ち味は青カビ特有のピリッとした風味。

軟質チーズ

1000年近い歴史を持つ**タレッジョ**はロンバルディア州ベルガモの原産。表面を水や酒で洗いながら熟成させるため、クリーミーでコクのある仕上がり。

ピエモンテ州のアオスタ渓谷特産の**フォンティーナ**は独特の香りが魅力で、フォンデュやテーブル用に供される。

フレッシュチーズ

ピザに欠かせない**モッツァレラ**は本来、水牛の乳から作られていたが、現在は牛乳も使用される。100%水牛乳のものは**モッツァレラ・ディ・ブッファラ**と呼ばれ珍重される。原産はカンパーニア州。このほか、ジェラートやティラミスの材料にもなる**マスカルポーネ**や、ラヴィオリの詰め物やデザートなどに使用される**リコッタ**が有名だ。

各地方に独特の形と味のチーズがある

イタリアのお酒

イタリアは生産量、輸出量ともに世界一を誇るワイン大国。食前食後には、さまざまな草根木皮や果実のエキスを溶かし込んだリキュールやグラッパがおいしい。

イタリア・ワインの種類

古くは〝ワインの地(エノトリーア・テルス)〟と呼ばれていたイタリアでは、島を含む国土のほぼ全域でブドウが栽培されている。しかも、地域による気候・風土の差が大きいため、品種も味もバラエティに富んでいる。

最高品質のD.O.C.G.(保証付原産地統制呼称)ワインが14品、良質のD.O.C.(原産地統制呼称)ワインが約250品。そのほかヴィーニ・ダ・ターヴォラと呼ばれるテーブルワインが2000品以上。クラッシコと表示されたワインは歴史あるブドウ園で醸造された銘品。ヴィン・サントと表示されたものは、ワラで干したブドウを使用した甘口ワインだ。

人気の銘柄

ピエモンテ州ではネッビオーロ種を原料にした赤ワインが主流。イタリアンワインの王様**バローロ**やヴァチカンでも愛飲されている**バルバレスコ**が代表銘柄だ。白ワインなら**ガーヴィ**、アスティ産の**スプマンテ**(発泡性ワイン)も人気が高い。醸造の名門ガヤ家のワインも一度は口にしてみたい。

ヴェネト州は国内最大のワイン生産量を誇り、白の**ソアーヴェ**、赤の**ヴァルボリチェッラ**で知られる。

トスカーナ州は黒ブドウの**サンジョヴェーゼ**を主体にしたキャンティの産地。赤の**ブルネッロ・ディ・モンタルチーノ**や**ヴィーノ・ノービレ・ディ・モンテプルチアーノ**も人気の銘柄だ。

おいしい酒は食事の良きパートナー

イタリア中部で生産されるキャンティ

色鮮やかなリキュールで乾杯

華麗なる晩餐への前奏曲として、あるいは日々の食事のフィナーレとして欠かせないのが、食前酒と食後酒。

中世以降、盛んに造られた**スピリッツ**(蒸留酒)は、そのほとんどが薬用酒として用いられた。**リキュール**はそのスピリッツの効果をさらに高めるために考案され、天然のハーブや木の根や皮のエキスを溶かし込んで造られる。

食前酒として知られる**カンパリ**は、オレンジ、キャラウェイ、カルダモンなど40種類以上の草根木皮が配合されたビター・リキュール。定番のカンパリ・ソーダはもちろん、柑橘ジュースで割ってもおいしく飲める。

南アルプス、ボルミオ産の**ブラウリオ**は16種類の天然ハーブを原料に2年間熟成され、消化促進の薬効がある。

パドヴァ産の**アペロール**は、ワイン・スピリッツにダイオウ、キナなどを漬け込んだリキュール。アルコール度数が押さえめで飲みやすい。

北イタリア名産のグラッパ酒

イタリアで人気があるのが、リキュールの一種の**グラッパ酒**。ブドウの搾りカスなどを再発酵させて作る酒で、アルコール度数が高く、クセも強い。とくに醸造所の多いピエモンテ州、トレンティーノ・アルト・アディジェ州などは、おいしいグラッパ酒が目白押し。なかでも**バッサーノ・デル・グラッパ**産のものは有名で人気がある。

イタリアのショッピング

買物はイタリア旅行の大きな楽しみ。一流ブランドの本店に並ぶ最新モード、伝統の職人技がいきる皮革製品、しゃれた形や色彩の家庭雑貨や小物など、とびきり魅力的な商品が街に溢れている。価格も日本より割安。買物のマナーを守って、自慢の一品を見つけたい。

どこでなにを買うか――ショップの種類

高級ブランド品をはじめ品質の良い商品は専門店に集まっている。デパートは大きな街に数軒あるだけで、おもに中級品を扱う。チープで面白いものを見つけるなら市場もいい。

イタリアには職人の店も多い

イタリア各地の名産品

地方の伝統工芸品にも素敵な商品がある。ヴェネツィアのガラス製品、布製品、仮面、フィレンツェの皮革製品、ナポリの浮き彫り細工カメオ、湖水地方のコモの絹製品、北部のヴィチェンツァやヴァレンツァの金細工、ウンブリア州の小さな街々やバッサーノ・デル・グラッパの陶磁器、ヴァッレ・ダオスタ州の木工細工、クレモーナのヴァイオリンをはじめとする弦楽器など、熟練した職人によって作られた逸品が目白押しだ。食品では、各地方特産のワインや食後酒グラッパ、珍しい形や種類の乾燥パスタなどが味のみやげになる。

イタリアで何を買うか

とくに衣類、靴やカバンなどの皮革製品、貴金属、陶磁器のデザイン性の高さ、品質の確かさは世界でも最高レベル。楽しいデザインのインテリア小物や文房具も多い。

ショップの種類

専門店

老舗ブランドや人気デザイナーのブティック、職人の店など各種の専門店がある。大都市では通りにより店の個性や高級度が異なるのが一般的。ほとんどの高級店で免税手続きが行なえる。

美しいディスプレーも見もの

デパート

大きな街にあるラ・リナシェンテ、コインが代表的なデパート。中級の衣料品のほかインテリア小物、文房具、雑貨などを扱う。大型店舗になると、高級化粧品を揃えたフロアもある。全国展開のスタンダ、ウピムはスーパーに近い雰囲気で、中級以下の衣料品、食料品、日用品などを扱う。

スーパーマーケット

住宅街に多い。イタリア食材が安価で揃い、市民の生活に触れられる。GS（ジーエッセ）、エッセルンガ、生協Coop（コープ）などが大手。

その他

食料品、安価な衣料品、アンティークなどの露店市が各地で開かれる。またミラノではアウトレット店が増えている。

免税の手続き

払い戻しには空港税関のスタンプが必要

タックス・フリー加盟店でLit.30万＋税（IVA）以上の買物をした場合、購入金額の11～14%（商品により異なる）の払い戻しが受けられる。支払う際に"Tax-free,per favore"（タックス・フリー・ペル・ファヴォーレ）と店員に依頼、免税申告書を作成してもらう。このとき、パスポートが必要。イタリア出国時に、空港の税関で申告書、購入品、パスポートを提示し、スタンプを押してもらう（ほかのEU諸国へ向かう場合は、日本帰国前の最終EU国でスタンプを受ける）。現金の払い戻しは、免税店近くの現金払い戻しカウンターCash Refundへ。時間がない場合は、申告書の非現金払い戻しの必要事項を記入、商品購入時に店でもらった専用封筒に入れ、ポストに投函する（税関でスタンプを受けて60日以内に事務局必着）。払い戻し金は後日、指定の口座に振り込まれる。

ショッピング・アドバイス

イタリアでの買物は店員とのやりとりで進む。とくに専門店の店員はプロ意識が高く、アドバイスも的確だ。コミュニケーションをうまくとり、ベストの商品を購入したい。

営業時間・休業日

一般的に専門店は、月曜から土曜の10:00〜13:00と15:00〜19:00に店を開け、昼は約2時間の休みをとる。定休日は日曜・祝日。街によっては、月曜の午前中や土曜の午後も休みとなる。近年、昼休みをとらずノンストップ営業する店も増え、ミラノやローマの高級ブランド店、CDや本の大型店に多い。また、ヴァカンス・シーズンの8月は2週間から1カ月の長期休業となるが、やはり休みをとらない店が増えている。デパートやスーパーの営業時間は9:30〜20:00くらい。通常昼休みはとらない。

店先に営業時間が出ている場合も

買物のマナー

イタリアでは目的もなく専門店に入り、たまたま気に入ったものを購入するという買物の仕方はない。まず、ショーウインドーをじっくり見て、その店の商品の特徴と料金の相場をチェック、買いたい物を明確にする。店に入るときは“Buongiorno(ブォンジョルノ)(こんにちは)など必ず挨拶の言葉をかける。店員にはなにが買いたいかをはっきり伝える。色や形のリクエストもだしたい。高級店の店員はたいてい英語を話すし、ジェスチャーで意志を伝えるだけでもいい。大切なのは自分に似合うものを見つけたいという姿勢だ。通常、商品をいくつかセレクトしてくれるので、試着したい旨を申し出る。気に入ったら買いたい旨を告げる。気に入らなければ試着しても買う必要はない。商品を渡してもらうときには、店員のサービスに対して“Grazie(グラーツィエ)(ありがとう)”と感謝の言葉をかける。店を出るときも“Arrivederci(アリヴェデルチ)(さようなら)”など挨拶の言葉が必要だ。また、陳列されている商品を勝手にさわるのはマナー違反。事前に意志表示が必要だ。

サイズ表

※メーカーによってサイズ表示が異なることがあります。

婦人服	日本	5	7	9	11	13	15	—	—
	イタリア	36	38	40	42	44	46	—	—
紳士服	日本	S		M		L		LL	
	イタリア	44、46		48、50		52、54		56、58	
靴	日本	22.5	23	23.5	24	24.5	25	25.5	26
	イタリア	35	36	37	38	39	40	41	42
指輪	日本	7	8	9	10	11	12	13	14
	イタリア	47	48	49	50	51	52	53	54

買物時に役立つイタリア語

Posso provare questo?
ポッソ・プロヴァーレ・クエスト?
これを試着できますか。

È un po' grande(piccolo).
エ・ウン・ポ・グランデ(ピッコロ)
少し大きい(小さい)です。

Quanto costa?
クアント・コスタ?
いくらですか。

Prendo questo.
プレンド・クエスト
これにします。

Potete farmi un po' di sconto?
ポテーテ・ファルミ・ウン・ポ・ディ・スコント?
少しまけていただけませんか。

商品の値引き

高級品の専門店、デパート、スーパーでは、通常、定価より安く買うことはできない。値引きの交渉の余地があるのは、庶民的な店で複数の買物をする場合と、市場での大きめの買物。ただし、あくまでスマートに。

イタリアのバーゲン

サルディSaldiといい、夏冬2回行なわれる。夏季は7月上旬から8月上旬、冬季は1月上旬から2月下旬まで。そのシーズンの売れ残り品が、通常30〜50%安くなる。ただし、一部の高級ブランド店では行なわれない。

試着するときは断ってから

日本のものとはサイズ表示が違う

イタリアのスポーツ

世界のトッププレイヤーが集まるセリエAと赤い跳ね馬フェラーリが疾走するサーキット。超絶技巧と超高速のバトルが今日もどこかで繰り広げられている。

恐怖のスポーツ天国

古代の地中海世界ではスポーツは戦争の代償行為にほかならなかった。そもそもギリシアのオリンピックは兵士たちの戦闘技術や意欲を萎えさせないために行なわれたものだし、スタジアムという言葉も兵隊の規模を表す軍事用語からきている。

しかし、ギリシア人がスタジアムを緑の芝で飾ったのに対し、ローマ人はコロシアムを砂地(アリーナ)に変えた。これは単なる美的感覚の相違ではない。

F-1ファン必見のトリノの自動車博物館

ギリシア人は兵士の技量を観賞するのが目的で、ローマ人は奴隷たちの殺し合いを観賞するのが目的だった。砂地ならいくら血が飛び散っても、すぐに吸い取ってくれるというわけだ。

世界の頂点に立つサッカー大国

コロシアムの熱狂はサッカー(イタリアではカルチョと呼ぶ)にも受け継がれ、中世のフィレンツェでは格闘技ばりの古式サッカーが催された。

現在、イタリアにはセリエAという世界最強のサッカー・リーグが存在し、各都市を本拠地とする18チームがしのぎを削っている。まさにこれは各コムーネ(都市国家)間の模擬戦争だ。

サッカーのチケットはサッカー・ショップで手に入る

サッカー・チケットの入手方法

サッカーの試合は9〜5月のシーズン中、日曜日ごとに開催される。当日券は各スタジアムで13:00頃から発売されるが、前売券の売場はチームにより異なる。ちなみにミラノの人気チームACミランの場合、カリプロ銀行の窓口か、サン・バビラ広場そばのミラン・ポイントで手に入る。料金はLit.2万〜6万ぐらい。

フェラーリのF-1伝説

イタリアでサッカーとともに人気のあるのがF-1選手権である。なかでも地元フェラーリ・チームの人気は絶大で、毎年モンツァとサン・マリノのイモラで開催されるグランプリには、大勢のファンが押し寄せる。

最近のチーム成績はパッとしないが、フェラーリに関してはそれもあまり問題にはならない。なぜならフェラーリにはすでに輝かしい伝説があり、ファンにとってもドライバーにとっても、勝ち負けを超越した特別な存在であるからだ。だからミハエル・シューマッハは優勝が遠のくことを覚悟のうえで、あえてフェラーリのシートを選んだし、アイルトン・セナもフェラーリでレース人生を終えることを夢みていた。

そのセナが亡くなったイモラ・サーキットはボローニャの南西約30kmにある。事故現場のタンブレロ・コーナーはすでに改修されてしまったが、あたりが記念公園になっているので、近くに寄って見ることができる。

一方、イタリアGPの開催されるモンツァ・サーキットはミラノの北東の元王立公園内にある。どちらも当日券が用意されているので、わりとあっさり入ることができる。ただし、ホテルの確保は困難を極めるので早めの予約を。

イタリアでオペラを観る

本場の歌劇場でのオペラ鑑賞は、イタリアを旅する魅力のひとつだ。上演のレベルはもとより、聴衆の対応も堂に入ったもの。オペラの醍醐味を存分に楽しめる。

ほぼ一年中観られるオペラ

イタリアのおもな街には、必ずといっていいほど歌劇場がある。どの劇場でオペラを観るかは旅のスケジュールや演目にもよるだろうが、とりあえず有名な劇場に足を運ぶのもいい。**ミラノのスカラ座、ローマの国立歌劇場、ナポリのサン・カルロ劇場、フィレンツェのコムナーレ劇場、トリノのレージョ劇場**などが代表的だ。こういう劇場は内部装飾も素晴らしく、指揮者や歌手陣のレベルも最高水準といえる。

オペラ・シーズンは劇場によって異なるが、だいたい10月から6月まで。この時期が終わると、野外オペラのシーズンが始まり、ヴェローナ、タオルミーナなどの野外劇場で、星空のもと、大がかりなオペラが催される。

ミラノのスカラ座で華やかな雰囲気を堪能したい

演目はいかにもイタリア・オペラという作品がおすすめだ。音や声の美しさに重点が置かれ、イタリア語がわからなくても楽しめる。ヴェルディの**『トラヴィアータ(椿姫)』『ナブッコ』『リゴレット』、プッチーニの『トゥーランドット』、ロッシーニの『セビリアの理髪師』**などがその代表格だ。

一度は鑑賞したいイタリアのオペラ

演目は観光局の催物パンフレットでチェックするか、あるいは劇場で直接確かめると確実だ。劇場のチケット売場はBiglietteria(ビリエッテリア)といい、観たい演目のチケットが残っている場合はここで購入できる。ただ、シーズン開幕時や話題の演目は地元の人でもチケットの入手が難しい。こういう場合、可能性があるのが高級ホテルのコンシェルジュ。滞在客のためにかなり良い席をキープしていることがあり、運が良いとチケットを入手できる(手数料必要)。

座席によって客の個性もさまざま

イタリアの歴史がある歌劇場は、馬蹄形が一般的だ。一番高い席はPlatea(プラテア)と呼ばれる1階席とその一段上のPalco(パルコ)というボックス席。そこから上は天井に近くなるほど安い席になり、最上階が天井桟敷Galleria(ガッレリア)となる。座席によって客層は微妙に違い、たとえばプラテアは着飾った紳士、淑女の社交場といった雰囲気。天井桟敷には、音楽学校の学生やオペラ好きの常連たちが普通の服装で陣取っている。一流の歌手といえども、コンディションによってまずい演奏になることもある。そういうとき、容赦ないブーイングをとばすのがこの天井桟敷の面々だ。

オペラは通常、夜の9時頃開演し、終演は深夜0時を過ぎることが多い。できれば開場の時間に入場するくらいの余裕を持って出かけたい。歌劇場の贅を尽くした室内装飾をゆっくり観ることもできるし、ロビーでワインを一杯味わってからオペラをというのもいい。服装は座席にもよるが、男性は少なくとも上着にネクタイ着用、女性はスーツやワンピースなどで行くのがマナー。また、オペラの初日のプラテアへの入場は正装がほぼ習慣化している。

モデル・プラン

長い歴史、独自の文化を持つ街が多いので、余裕のあるプラン作りが大切。ヴェネツィア、フィレンツェは、美術館の鑑賞時間を含めると最低2日は見ておきたい。ローマなら3日がぎりぎりの日程だ。時間に余裕がない場合は、街をしぼったほうが充実した旅になる。

旅の予算を決める

おもな費用は航空運賃、宿泊費、食費、国内交通費、美術館や観光名所の入場料などの観光経費だ。航空運賃はベスト・シーズンの夏と冬では10万円くらいの差が出る。宿泊費も8月のミラノなどを除けば、一般に4〜10月が高い料金設定となる。費用の面ではクリスマスやお正月シーズンを除いた11〜2月がお得だ。だが、イタリアが最も魅力的に輝くのは初夏から秋。10万円ちょっとの差額はこれをみるか、みないかの差ともいえる。

日程と予算から旅のプランを作る

旅行期間と予算を決め、行きたい街を選びながらプランを組んでいく。イタリアで最も見どころがある街はローマ、フィレンツェ、ヴェネツィア。次にミラノ、ナポリがくる。旅のタイプは、おもな街に2、3日ずつ滞在しながらまわる周遊型、おもな街を拠点に小都市を巡る集中型、〝ルネッサンス美術を見る〞〝古代遺跡をまわる〞など興味ある分野を中心とするテーマ型、湖畔や島でのんびり過ごすリゾート型が考えられる。この4つを組み合わせ、好みの旅を作り上げる。おもな街をまわったあと湖水地方に滞在する周遊＋リゾート型、ローマ、ポンペイの遺跡巡りのあとカプリ島に滞在するテーマ＋リゾート型など、自在な旅が可能だ。

イタリア旅行のモデル・コース

4つのモデル・プランを紹介する。予算は、日本ーイタリアの航空運賃(直行便の春・秋の往復格安料金)、宿泊費(中級ホテル利用)、食費(昼にバール、夜に中級レストラン利用の場合)、国内交通費、観光雑費の合計の目安だ。貧乏旅行では3分の2くらいの予算に抑えることができる。高級ホテルや高級レストランを利用すると2倍以上の費用がかかる。

旅の予算

日本ーイタリアの格安航空券

一般にクリスマスやお正月シーズンを除く冬季が最も安く、直行便で往復10万円くらいから。夏季は高くなり、往復20万円くらい。春と秋はその中間と考えればよい。チケットは帰国日が変更できない35日FIXタイプがほとんど。

宿泊代

大都市では中級ホテルが1泊1〜2万円、高級ホテルが2万5000円から。ペンショーネは5000円から。小さな街ではこの3分の2くらいの料金となる。リゾート地の高級ホテルは、大都市と同じくらい。

食事代

トラットリアでは1人3000円くらいから。ピッツェリアでピザと飲み物だけなら1500円前後、高級レストランでは1万円を軽く超える。安くすませるならバールで。飲み物とパニーノなら500円ほど。夜レストランでフルコースを食べるなら、昼はバールで簡単にすませるなど食事処を使い分けるとよい。

国内交通費

長距離を何回か移動するなら、国鉄のフリーパスを出発前に購入しておくと便利。滞在中のおもな交通費が、各街の地下鉄やバス代となるので、予算が組みやすい。

モデル・コース 1 おもな街を駆け足でまわる11日間 ―― 予算約38万円

❶夕方ミラノ着　ミラノ泊
❷ミラノ観光→夕方ヴェネツィアへ（鉄道）ヴェネツィア泊
❸ヴェネツィア観光　ヴェネツィア泊
❹昼フィレンツェへ（鉄道）～観光　フィレンツェ泊
❺フィレンツェ観光　フィレンツェ泊
❻昼ローマへ（鉄道）　❼❽ローマ観光　ローマ泊
❾ローマから日帰りでナポリ観光（鉄道）　ローマ泊
❿ローマから空路日本へ（機内泊）　⓫日本着

▶ 各街の滞在日数を1日延ばすと、近くの小都市に日帰りで行ける。ミラノからはベルガモやクレモーナへ、ヴェネツィアからはパドヴァ、ヴィチェンツァへ、フィレンツェからはサン・ジミニャーノやルッカへ、列車やプルマンでそれぞれ1時間前後。ローマからはティヴォリなどに日帰りが可能だ。ヴェローナやオルヴィエートの街に1泊滞在するのもいい。

モデル・コース 2 北部のおもな街と湖水地方を巡る10日間 ―― 予算約35万円

❶夕方ミラノ着→ヴェネツィアへ（鉄道）　ヴェネツィア泊
❷❸❹ヴェネツィアと近郊の街観光　ヴェネツィア泊
❺朝ヴェローナへ（鉄道）～観光　ヴェローナ泊
❻朝ガルダ湖のシルミオーネへ（プルマン）　シルミオーネ泊
❼湖畔巡り→夕方ヴェローナ経由でミラノへ（鉄道）ミラノ泊
❽ミラノ観光とショッピング　ミラノ泊
❾ミラノから空路日本へ（機内泊）　❿日本着

▶ ヴェネツィアからまわる近郊の街はパドヴァ、ヴィチェンツァなど。ヴェローナ泊を1日延ばすと、マントヴァに日帰りできる。コモ湖やマッジョーレ湖など湖をもうひとつ訪れるなら、最低プラス２日くらい必要。湖畔でゆっくりしたい場合はヴェネツィアを２泊とし、近郊の街巡りをカットする。

モデル・コース 3 ローマ、フィレンツェと中部の街14日間 ―― 予算約45万円

❶夕方ローマ着　❷❸ローマ観光　ローマ泊
❹朝フォリーニョ経由でアッシジへ（鉄道）～観光 アッシジ泊
❺昼ペルージャへ（プルマン）～観光　ペルージャ泊
❻朝キウージ経由でシエナへ（鉄道）～観光　シエナ泊
❼昼フィレンツェへ（鉄道かプルマン）～観光　フィレンツェ泊
❽❾フィレンツェと近郊の街観光　フィレンツェ泊
❿朝ボローニャへ（鉄道）～観光　ボローニャ泊
⓫ボローニャからラヴェンナへ日帰り観光　ボローニャ泊
⓬朝ミラノへ（鉄道）～観光とショッピング　ミラノ泊
⓭ミラノから空路日本へ（機内泊）　⓮日本着

▶ フィレンツェの近郊の街はサン・ジミニャーノ、ルッカ、フィエーゾレなど。日程に余裕があれば、ボローニャの次にフェラーラ経由でヴェネツィアに向かい、2泊ほどするといい。ヴェネツィアからはヴェローナ経由でミラノに入る。また、フィレンツェからリグーリア海側に出るルートもある。まずピサを観光、東リヴィエラのリゾート地で２日ほどのんびり過ごし、ジェノヴァで１泊しミラノに入る。

モデル・コース 4 ローマと南部の古代遺跡を訪ねる12日間 ―― 予算約40万円

❶夕方ローマ着　❷❸ローマ観光　ローマ泊
❹朝ナポリへ（鉄道）～観光　ナポリ泊
❺朝ポンペイへ（鉄道）～観光　ポンペイ泊
❻朝ソレントへ～カプリ島日帰り観光　ソレント泊
❼朝ナポリへ（鉄道）→パレルモへ（空路）～観光　パレルモ泊
❽パレルモ観光～モンレアーレ日帰り観光　パレルモ泊
❾朝アグリジェントへ（鉄道）～観光　アグリジェント泊
❿朝パレルモへ（鉄道）→ローマへ（空路）　ローマ泊
⓫ローマから空路日本へ（機内泊）　⓬日本着

▶ ポンペイ近郊にはエルコラーノ遺跡もある。ポンペイかナポリ滞在を1日延ばせば日帰りで行ける。シチリア島のほかの遺跡の街をまわるなら、シラクーザ、タオルミーナを加える。この場合プラス3～4日必要。シチリア島に足を延ばさないなら、ソレントからアマルフィ、サレルノへと海岸線の旅を楽しむのもいい。近くにパエストゥム遺跡もある。のんびりするなら、カプリ島かイスキア島で２泊する。

テーマ型の旅のパターン例

ルネッサンスの街をまわる：ローマ→フィレンツェ→フェラーラ→ヴェネツィア→ヴェローナ→マントヴァ→ミラノ

ビザンチン美術を見る：ミラノ→ヴェネツィア→ラヴェンナ→ボローニャ→（空路）パレルモ→（空路）ローマ

北部の音楽にゆかりの地を訪ねる：ミラノ→クレモーナ→マントヴァ→ヴェローナ→ヴェネツィア→ミラノ

リゾート型の旅のプラン

海辺、湖畔、山間のリゾートでヴァカンスを過ごすなら、当然のことだが街をひとつにしぼる。10日間前後の日程なら、1週間くらいをその街で過ごし、あとの3、4日を観光地の名所巡りとショッピングにあてるとよい。

ツアーの利用

どうしてもパック・ツアーでないと安心できないという人のために、その種類を紹介する。観光地をガイドの解説付きで効率的にまわるには、現地の観光ツアーを利用するといい。

ツアー会社の連絡先

アッピアン・ライン
Appian Line
P.za dell'Esquilino 6, Roma
☎06-4884151

カッラーニ・ツアーズ
Carrani Tours
Via V.E.Orland 95, Roma
☎06-4880510

グリーン・ライン・ツアーズ
Green Line Tours
Via Farini 5A/7
☎06-4827017

ニュー・シアミック・エクスプレス
New Siamic Express
Via Trieste 42,Padova
☎049-660944

ジェスティオーネ・ナヴィガツィオーネ・ラーギ
Gestione Navigazione Laghi
Via L.Ariosto 21,Milano
☎02-4812086

イタリアへの終日フリー・パッケージ・ツアー

イタリアへの往復航空券、滞在日数分のホテル、朝食がセットされている。日程は8日間前後のものが多く、ローマを中心とするものがほとんどだ。ローマ8日間、ローマとフィレンツェ8日間、ローマとヴェネツィア8日間といった具合。最少催行人員は2名からの場合が多い。料金は団体料金を適用しているため、かなり安い。12～2月では、直行便を利用し、4～3ツ星クラスの2人部屋に6泊して1人13万円前後。宿泊都市は限定されているが、食事や観光がすべて自由、都市間の移動も個人で行なうので、個人旅行のエッセンスが盛り込める。

見どころの多いローマ

旅行者同士の触れ合いも楽しい現地の観光ツアー

各街の旅行代理店が、近郊観光地へのさまざまなミニ観光ツアーを企画している。観光バスで目的地までアクセスするので、交通の便が良くない観光名所を見るのに便利だ。きつい日程のなか、どうしても行きたい街があるときにも活用できる。地域で見ると、最も充実しているのはローマ発のツアー。日本語ガイドが案内する日本人向けのものも多い。英語コースに乗って、ほかの国の旅人といっしょに1日を過ごすのも、また面白い。ツアーの一部を紹介しよう。

➔ティヴォリ散策(Appian Line社)
ローマの東約30kmのティヴォリへ。エステ家の別荘、ハドリアヌス帝の別荘を散策。ローマ発半日観光。Lit.6万4000。

➔南部の3つの街を巡る(Carrani Tours社)
ナポリ、ポンペイ、ソレントをまわる。ナポリのあと近郊の村のカメオ作り工房へ。ポンペイの遺跡を見学後昼食。ソレントへ。ローマ発1日観光。昼食付。Lit.14万

➔聖地アッシジへの旅(Green Line Tours社)
ウンブリア州の街アッシジへ。サン・フランチェスコ大聖堂、街のおもな教会を見学後、地方料理レストランで昼食。午後自由行動。ローマ発1日観光。昼食付。Lit.15万。

➔イル・ブルキェッロ・ツアー(New Siamic Express社)
ヴェネツィアとパドヴァを結ぶブレンタ川の遊覧船ツアー。10時間かけて、川沿いに点在するヴィラの眺めを楽しむ。パドヴァ、ヴェネツィアともに発着が可能。運航は4～10月のみ。Lit.9万8000、オプション・ランチLit.4万。

➔マッジョーレ湖巡り(Gestione Navigazione Laghi社)
マードレ島、ペスカトーリ島、ベッラ島を遊覧。各島1時間30分の自由時間あり。ストレーザ発1日観光。Lit.1万3000。

陽気な港町ナポリ

丘の上の街アッシジ

イタリアへのアクセスと国内交通

イタリアまでは約13時間のフライト。日本からの直行便はローマのフィウミチーノ空港か、ミラノのマルペンサ空港に着く。イタリア国内の移動は鉄道が便利だ。主要都市間を結ぶ幹線は便数も多い。近郊の小さな街へ行くときは長距離バス、南の島へはフェリー。できればレンタカーで、小さな街を訪ねてはのんびり走りたい。

イタリアへのアクセス

ヨーロッパ大陸に突き出した長靴・イタリアへのアクセスは、空路のほかにもヨーロッパ各都市からの鉄道、長距離バスなどの陸路、地中海側からの航路などもありさまざまだ。日本からイタリアまで、直行便なら約13時間。近年、運航便数も増えている。

空路 —— by Air

日本からの直行便が到着するのは、ローマのフィウミチーノ空港とミラノのマルペンサ空港だ。そのほかの主要な国際空港には、ナポリのカポディキーノ空港やパレルモのプンタ・ライジ空港、トスカーナのピサ空港などがあり、乗り継ぎ便でアクセスできる。

直行便のある航空会社

●**アリタリア航空Alitalia**
東京　〒100東京都千代田区霞ヶ関3-2-6東京クラブビル
予約☎03-3580-2181
ローマ　Via Bissolati 20
☎06-65621
ミラノ　Corso Como 15
☎02-62811

●**日本航空Japan Airlines**
日本☎0120-25-5931
ローマ☎06-65955681
ミラノ☎02-8690251

●**全日空All Nippon Airways**
日本☎0120-029-333
ローマ☎1678-73671

●**アエロフロート航空**
日本☎03-3434-9671
ローマ☎06-486619

日本からの直行便

ローマへ　成田空港からアリタリア航空が週5便、日本航空が週7便、アエロフロート航空が週1便。関西空港からはアリタリア航空が週3便、全日空が週2便運行している。

ミラノへ　成田空港からアリタリア航空が週5便、日本航空が週4便。関西空港からはアリタリア航空が週3便飛んでいる。所要時間は発着地によって異なり、12〜15時間。

そのほかの便と所要時間

バンコク、香港、ソウルなどで乗り継ぐアジア系の航空会社を利用した場合、所要時間は約20〜28時間。また、ヨーロッパ系の航空会社なら、ヨーロッパもしくはモスクワの空港で乗り継いで所要約17〜20時間かかる。

ヨーロッパ主要都市からイタリアに入る

ヨーロッパを何カ国かまわる際、他都市から空路でイタリアに入る機会も多い。ローマまでの所要時間は、ロンドンから2時間20分、パリから2時間、アテネから2時間、フランクフルトから1時間55分、ウィーンから1時間30分だ。

主要都市からローマへの飛行時間

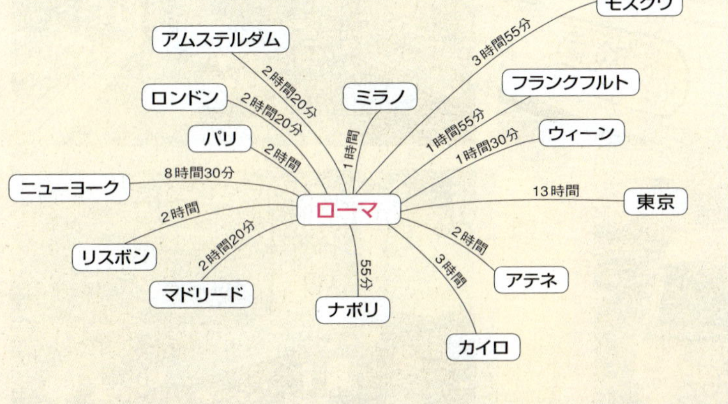

到着して税関を出るまで

飛行機を降りたら、そこはもうイタリア。税関を出るまでの手続きは、流れについて行けばすぐ終わってしまう簡単なものだが、旅のスタートでつまずかないよう、慎重に。

飛行機を降りる

飛行機を降りて、到着フロアに着いたら、そのままArriviのサインに従って進み、入国審査のカウンターへと向かう。フィウミチーノもマルペンサも複雑なつくりの空港ではないので、ここで迷う心配はまずない。

入国審査

入国審査のカウンターは、EUとそれ以外の国に分かれているので、確認して並ぶ。順番がきたら入国審査官にパスポートを提示する。旅行目的や宿泊先などを質問されることは滅多になく、たいていは簡単にすむ。入国カード等の書類記入もとくに必要ない。

荷物を受け取る

入国審査カウンターを出ると、手荷物受け取りのターンテーブルがある。ターンテーブルの上方に到着便名が表示されているので、自分が乗ってきた航空機の便名を確認し、荷物が出てくるのを待つ。受け取りはクレーム・タグと照合してから。

税関審査

荷物を受け取ったら税関審査だ。とくに申告するものがなければそのまま出口へ。申告するものがあるときは、荷物とパスポートを提示して審査を受ける。Lit.2000万相当以上の外貨を持って入国する場合には、申告が必要。審査後、通貨輸入申告書に記入して、控えをもらう。控えは出国時に必要になるので、なくさないように。税関審査の結果、課税されることになったものの高額すぎて支払えなかったり、支払いたくないときには、税関に預ける手続きもとれる。ただし、この場合には原則として入国と同じ空港から出国することになる。

飛行機を降りバスで到着ロビーへ

イタリア入国の際の免税範囲

イタリア国内に無税で持ち込めるものは、以下の通り。

- **たばこ**(17歳以上)　紙巻たばこ400本、葉巻100本、細巻きの葉巻200本、またはきざみたばこ500gまで。
- **酒類**(17歳以上)　ワイン2リットルと22度以上のアルコール飲料1リットル(22度以下のものは2リットル)。
- **香水**　香水50g、オーデコロンは250mlまで。
- **コーヒー**(15歳以上)コーヒー500gまたはコーヒーエキス200g。茶100gまたは紅茶エキス40g以内。
- **その他**　EU以外の国で購入したLit.32万1500以下の品。

通貨の持ち込み、持ち出し

外貨の持ち込みは基本的に無制限だが、出国時にLit.2000万相当以上の現地通貨、外貨を所持していると、イタリア国内での収入と見なされてしまうので、入国時に必ず申告すること。

時間と季節によっては入国審査までかなり並ぶ

自分の荷物かどうかを確かめてから受け取る

空港でできること、しておきたいこと

必要な手続きをすませたら、一刻も早く市内に向かいたいところ。だが、次の行動をスムーズに行なうためにも、空港でやっておいたほうがいいことがいくつかある。

両替

空港内の両替所は、レートや手数料があまり良くないので、一度に高額の両替をするのは避けたいが、夜遅くに到着した場合などには、市内までの交通費と翌日までに必要な分は両替しておきたい。鉄道や地下鉄のチケットを買う際に必要になるので、少額紙幣も混ぜてもらったほうがいい。入国審査カウンターを通り抜けるとたいてい両替所があるので、荷物が出てくるのを待つ間に、現地通貨への両替をすませておくと便利。税関を出たところにも両替所はある。

情報収集/ホテルの予約

空港内のインフォメーションでは市内の地図やホテル・リストをはじめ、いろいろな情報が手に入る。鉄道やバスのチケットの手配ができるカウンターもある。また、ホテルの予約も頼めるので、予約なしでイタリアに着いた場合でも安心だ。専用のホテル予約カウンターが設けられている場合もある。料金や場所などの希望を言えば、探してくれる。

役に立つインフォメーション

レンタカーの手配

空港内にはハーツやエイビスなどの主要なレンタカー会社のカウンターが設けられている。車で国内をまわる計画なら、ここで手配しておくのがスムーズだ。予約があり、空港で車を受け取る場合には、カウンターでその旨告げる。

帰りの便のリコンファーム

航空券は、通常72時間前までに予約の再確認(リコンファーム)が必要だ。旅行中はなにかと忙しく、うっかり忘れることもある。到着したときに航空会社のカウンターで帰国便のリコンファームをすませておけば安心だ。出発ロビーにある利用航空会社のカウンターに行って、航空券を見せ、リコンファームしたい旨を告げるだけなので簡単。ただし、出発の2週間以上前だと早すぎて予約を取り消されることがあるので、後日にしたほうが無難だ。電話でのリコンファームは、名前、出発日、便名をはっきりと告げる。滞在先の電話番号を聞かれることもあり、フライトに変更があった場合には、連絡してくれる。

出発ロビーには航空会社のカウンターが並ぶ

自動両替機もあり便利

レンタカー会社のカウンター

リコンファーム時に必要なおもな航空会社の連絡先

● アリタリア航空
ローマ ☎06-65621
ミラノ ☎02-62811
● エール・フランス
ローマ ☎06-4718
ミラノ ☎02-773821
● スカンジナビア航空
ローマ ☎06-65010771
ミラノ ☎02-72000193
● ルフトハンザ航空
ローマ ☎06-46607,1
ミラノ ☎02-583725
● イベリア航空 ☎1678-31055
● スイス・エアー
ローマ ☎06-8470555
ミラノ ☎02-667027
● KLM
ローマ ☎06-6529286
ミラノ ☎02-216969
● 大韓航空 ☎1678-74488
● シンガポール航空
ローマ ☎06-4818943
ミラノ ☎02-795651～3
● タイ航空
ローマ ☎06-47813304,5
ミラノ ☎02-8900351～5

トラブル対策

到着後はホッとした気分になりがちだが、油断は禁物。空港内は人の出入りが多く、盗難などトラブルが発生しやすい場所だ。万が一のトラブルにも落ち着いて対処したい。

トラブルの多い空港内。気を引き締めて

預けた荷物が出てこない

理由としては、航空会社のミスでほかの空港に送られてしまった、出発か到着どちらかの空港で盗難にあった、などが考えられる。荷物が出て来ない場合には、利用航空会社のカウンターに届け出る。クレーム・タグを用意し、荷物の形状などを説明、今後の連絡先や荷物の届け先を伝える。

盗難にあったら

空港内は置引きや盗難のもっとも多い場所だ。ほんのわずかな時間であっても荷物から目を離さないようにしたい。荷物がないのに気付いたときは、すぐ、最寄りの航空会社か空港のスタッフに空港警察の場所をたずね、届け出る。

具合が悪くなったら

空港内には、必ず医者や医療スタッフが常駐している。具合が悪くなったら、すぐに航空会社か空港のスタッフに場所をたずねるか、医療スタッフを呼んでもらう。

両替所が閉まっている

両替所は基本的に飛行機の発着時間に合わせて営業しているが、到着が遅れたり、ストなどで閉まっている場合には、自動両替機を利用するか、ATMでキャッシングする。

飛行機が遅れたら

ホテルを予約している場合には、到着が遅いと予約を取り消されてしまうことがあるので、なるべく早く連絡を入れる。大幅に遅れて、予約がキャンセルになった場合には、航空会社に代わりのホテルの手配をしてもらえるか交渉してみるといい。鉄道や地下鉄が終了した深夜に到着したら、市内まではタクシーか深夜バスを利用する。

出国時の手続きとアドバイス

搭乗までの手続き

チェックイン

搭乗手続きは、利用航空会社のカウンターで行なう。カウンターにパスポートと航空券、機内持ち込み以外の荷物を提出し、搭乗券を発券してもらう。少なくとも出発の1時間前までには手続きをすませたい。ピークシーズンの出国審査カウンターは長蛇の列になり、思ったより時間がかかる。免税手続きを行なう場合には、とくに早めに手続きすることを心がけたい。

出国審査

出国審査のカウンターにパスポートと搭乗券を提出し、パスポートにスタンプを押してもらう。質問されることなどはあまりなく、すぐに終わる。

税関審査

入国時に申告をしている場合には、申告書の控えとパスポートを提示して、荷物の検査を受ける。

免税手続き

EU以外の国籍を持つ人が、一店舗内で総額Lit.30万＋IVA税以上を購入した場合、IVA税の払い戻しが受けられる。出国時に、購入時に発行してもらった書類と購入した商品を税関に提示し、書類にスタンプをもらう。その後免税払い戻しカウンターで書類を提出、現金の払い戻しを受ける。銀行振込みや小切手の郵送を希望するときは書類を郵送する。専用ポストもある。手続きは商品購入後2カ月以内に。イタリアを発って別のEU加盟国に行く場合、最終訪問地のEU国都市で手続きする。

免税払い戻しカウンターと専用ポスト

鉄道 ——— by Train

ヨーロッパを数カ国まわるなら、列車でイタリアに入るのが便利だ。鉄道はヨーロッパの各街を網の目のようにカバーし、特急国際列車ECが数多く走る。各種の周遊パスを使えば、料金は飛行機よりかなり安い。国境近くの車窓からの風景や街並の変化も楽しめる。

鉄道でイタリアに入る

イタリア北部と国境を接するフランス、スイス、オーストリア、スロヴェニアから列車で入国できる。フランスを起点とする場合は、パリからアルプスを越えてトリノとミラノへ入るルートと、南フランスのカンヌやニースを経由しジェノヴァに入るルートがある。スイスを起点とする場合は、チューリッヒかブリーグ方面から湖水地方を車窓に見ながらミラノに入る。オーストリアを起点とすると、ウィーンからはヴェネツィアが、インスブルックからはドロミテ渓谷への拠点ボルツァーノが玄関口となる。スロヴェニアからは、ハンガリーのブダペスト始発の列車がヴェネツィアまで結ぶ。また、ドイツやベルギーの主要都市からもミラノへの直通列車があり、イギリス、オランダ、スペインなどからは乗り継ぎでアクセスできる。移動が長距離になる場合は、夜行列車を利用すると時間が節約できる。パリやドイツの主要都市から、ミラノやローマへの寝台列車が毎日出ている。

駅構内は乗降客で賑わう

ヨーロッパ主要都市からイタリアへのアクセス

◆パリ（リヨン駅）－5時間→トリノ（ポルタ・スーザ駅）－1時間30分→ミラノ中央駅

◆マルセイユー2時間30分→ニースー3時間→ジェノヴァ（プリンチペ駅）－1時間40分→ミラノ中央駅

◆チューリッヒ－3時間30分→コモ（コモ湖）－40分→ミラノ中央駅－3時間→フィレンツェ－2時間→ローマ

◆ジュネーブ－2時間→ブリーグ－1時間15分→ストレーザ（マッジョーレ湖）－1時間→ミラノ中央駅－1時間40分→ヴェローナ－1時間30分→ヴェネツィア（サンタ・ルチア駅）

◆バーゼル－1時間→ルツェルン－4時間20分→ミラノ中央駅－2時間→ボローニャ－1時間→フィレンツェ－2時間→ローマ

◆ウィーン南駅－6時間30分→ウーディネ－1時間30分→ヴェネツィア（サンタ・ルチア駅）－5時間→ローマ

◆ドルトムント－4時間40分→シュトゥットガルト－2時間30分→ミュンヘン－2時間→インスブルック－2時間→ボルツァーノ－1時間40分→ヴェローナ－1時間40分→ミラノ中央駅

◆ブリュッセル－2時間45分→ルクセンブルク－4時間→バーゼル－5時間20分→ミラノ中央駅

◆ブダペスト－8時間→リュブリャナ－2時間45分→トリエステ中央駅－2時間10分→ヴェネツィア（サンタ・ルチア駅）

ヨーロッパの各都市から鉄道でイタリアへ

イタリアに乗り入れる国際列車

国際特急EC（ユーロシティ）がヨーロッパ諸国とイタリアの主要都市を結ぶ。1996年秋には、イタリア国鉄が誇る振り子式特急に“チザルピーノCisalpino”が登場。ミラノとジュネーヴを4時間弱で走る。

ヨーロッパの鉄道周遊券

ユーレイル・パス
イギリスを除く、ヨーロッパ17カ国の国鉄全線の1等に乗り放題の周遊券。一部の列車を除き、特急・急行料金も含まれる。15日間から3カ月までの5種類がある。出発前に日本の旅行代理店で購入する。

ユーレイル・ユースパス
26歳未満の人が購入可。ユーレイル・パスと同じ国の国鉄全線の2等に乗り放題の周遊券。15日間から3カ月までの5種類がある。

ユーレイル・フレキシーパス
2カ月の有効期間のうち一定日数のみ利用できる周遊券。同じ街に数日間ずつ滞在する旅に便利。適用路線はユーレイル・パスと同じ。10日間と15日間の2種類がある。

ユーロパス
イタリア、スイス、フランス、ドイツ、スペインの5カ国の国鉄全線に有効。フレキシーパスと同じく2カ月の有効期間のうち、一定日数のみ利用できる。種類は5日間から1日きざみで15日間まで。

ローマ・テルミニ駅のホーム

入国審査／税関検査

EU諸国間の国境を通過する場合の入国審査は、走行中の車内か国境駅に停車中に行なわれる。どちらもパスポートを提示するだけの簡単なもの。夜行列車で国境を通過する場合、寝台車では係員があらかじめパスポートと乗車切符を預かり、眠っている間に検査を代行してくれる。税関検査は、EU加盟国内では基本的に行なわれない。

フィレンツェの駅構内

駅でできること

鉄道で入国した場合、最初の大きな駅はミラノ中央駅、ヴェネツィア・サンタ・ルチア駅など。年中無休の両替所、バール、売店などが揃い日曜や深夜の到着にも頼りになる。

両替をする

入国してまず必要なのは両替。ミラノ中央駅の両替所は年中無休で7:00〜23:00の営業。24時間の自動両替機も近くにある。国際列車が到着するほかの大きな駅では、両替所の営業時間は8:00〜21:00くらい。日曜、祝日も開いている。

インフォメーションの利用

鉄道駅のインフォメーション

大きな駅には鉄道案内所と観光案内所がある。鉄道案内所では、列車の運行案内、切符の払い戻し、鉄道周遊券開始時の押印などを行なう。観光案内所では市内地図や各種パンフレットの無料配布、観光案内、ホテルの紹介や予約を行なう。鉄道案内所は無休、観光案内所は日曜、祝日に休むところもある。

鉄道・駅のトラブル

ミラノ中央駅やローマ・テルミニ駅など大きな駅には、常時旅行者を狙う置引き、スリがいる。駅構内では荷物から目を離さないことが大切。とくに切符を買うときに注意したい。小型のバッグを足元に置くときは、両足に挟んで立つのがイタリアでの常識。ショルダーバッグはたすき掛けにし、止め金部分を内側にする。「安くていいホテルを知っている」と声をかけてくるのは悪質な客引き。無視するに限る。なかにはレイプ目的の男性もいるので、一人旅の女性はとくに注意。「タクシー？」と近づくのは白タクの運転手なので、こちらも無視。また、大きな駅周辺はジプシーが多い。駅を出ても周囲に気を配りながら歩きたい。

覚えておくと便利な駅のサイン

クレモーナの鉄道警察

鉄道で出国する

行き先と車両の確認

ヨーロッパの国際列車は車両によって行き先が違うことがある。乗り込む前、車両に掲示された行き先を確認する。

出国審査

駅での出国審査はない。国境を通過する際、列車内でパスポート検査がある。

免税手続き

最後に出国するEU国で行なう。イタリアからほかのEU加盟国に向かう場合、免税手続きの必要はない。EUの最終国からの出国が空路でない場合は、国境の税関か車内で税関係員に申し出て、スタンプを押してもらう。

長距離バス ―― by Bus

ユーロラインズ社の長距離バスが、イタリアの主要都市とヨーロッパ各国を結んでいる。鉄道ほどなじみがないが、料金が格安のため移動費がかなりおさえられる。長期の旅には30日と60日の割引パスが便利だ。バスの中での各国からの旅人との触れ合いも面白い。

ユーロラインズ

ヨーロッパを網羅する長距離バス。イタリアへは、ヨーロッパ11カ国のほかモロッコ、トルコからの路線がある。おもな出発地はパリ、ロンドン、バルセロナ、アムステルダムなど。ほかにポーランドやチェコなど東欧諸国のおもな街からも直行便が出ている。チケットは座席数のみの発行となるので、利用には予約が必要だ。空席があれば当日予約も可能だが、通常4、5日前には満席になる。夏のヴァカンス・シーズンやクリスマス前には10日前の予約が望ましい。予約を取り消す場合、出発の48時間前までは料金の20%、48〜6時間前までは50%の手数料が必要。6時間を切ると払い戻しができなくなる。予約は各街のユーロラインズ・オフィスや、旅行代理店で取り扱っている。利用の際には、出発時刻の30分前には乗場に到着していること。あまり遅くなると予約が取り消されることもある。また、ヨーロッパの主要都市をカバーした30日と60日の2種類のフリーパス、ユーロラインズ・パスは長期旅行に活躍する。料金は30日間がLit.49万5000、60日間がLit.61万9000。座席が確保できれば、エリア内は何度でも乗り降り自由だ。

ヨーロッパ主要都市からイタリアへの運行時間と便数

◆パリ—13時間→ミラノ—9時間15分→ローマ（週2便/夏季週4便）

◆ロンドン—20時間15分→トリノ—2時間15分→ミラノ—5時間15分→フィレンツェ—4時間→ローマ（週2便/夏季週4便）

◆バルセロナ-13時間30分→ジェノヴァ-3時間30分→フィレンツェ—4時間45分→ローマ（週3便/夏季週6便）

◆アムステルダム—18時間30分→ミラノ—5時間15分→フィレンツェ—4時間→ローマ（週2便/夏季週4便）

ユーロラインズ・オフィス

パリ Eurolines France
Gare Routiere-Coachstation
28 Av.du General de Gaulle,
93541 Bagnolet,Cedex
☎01-49725151

ロンドン Eurolines UK
52 Grosvenor Gardens Victoria
☎01582-404511

イタリア国内

メイン・オフィス
フィレンツェ Eurolines Italia
Via G.S.Mercadante 2/b,
50144 Firenze
☎055-357110

ミラノ Autostradaleviaggi
P.za Castello 1,Milano
☎02-72001304

ローマ Ag.Elios-Circonv
574 Lato Stazione Tiburtina
☎06-44233928

上記の各窓口で、路線や料金を記した詳しいパンフレットが手に入る。

主要都市間の料金

パリ-ミラノ Lit.13万7000
ロンドン-ミラノ Lit.19万
バルセロナ-ローマ Lit.18万
アムステルダム-ローマ Lit.23万

3歳以下は無料、4〜12歳は半額、13〜25歳と60歳以上は10%割引。ほかに往復割引もある。

車でイタリアに入る

国境を越えイタリア北部へ

フランス、スイス、オーストリアから、イタリアの高速道路Autostradaへアクセスできる。南フランスからはニース近くのA-8が、サン・レモ、ジェノヴァを走るA-10に通じる。アルプス側からはシャモニ近くまで延びるA-40が、ヴァッレ・ダオスタ州を横断しトリノに入るA-5にアクセス。スイスからはルガノ湖を走るN-2が、コモ湖、ミラノに延びるA-9に通じる。オーストリアからはブレンナー峠に向かうA-13が、ボルツァーノ、ヴェローナへ通じるA-22とを結ぶ。また、ウィーンからクラーゲンフルトに延びるA-2を過ぎると、ウーディネに向かうA-23だ。国境は係員にパスポートを提示し通過する。通常、入国する国の速度規制や交通法規を示した標識があるので、それをチェックしてから走り始めたい。

船 —— by Sea

ギリシアからイタリアに入る場合、空路とともにパトラとブリンディシ間のフェリーがよく利用される。ユーレイル・パスで乗船できるため、とくにバックパッカーに人気がある航路だ。所要時間は季節によって約15～20時間。地中海の青い海を延々と進む船の旅だ。

ギリシアからブリンディシへ

ペロポネソス半島の北西に位置するパトラからイタリア半島のかかとの街ブリンディシへは、おもにAdriatica社とHellenic Mediterranean Lines（H.M.L.）社の船が運航している。どちらもユーレイル・パスを持っていると乗船料がタダになるが、この場合利用できるのはデッキクラスのみ。船内のシートやキャビンの利用には追加料金が必要となる。また、６月10日～９月30日にはデッキ利用にも別料金が必要（US$15相当）。ほかに港湾税も支払う。夏季には毎日２便以上運航されるが、たいへん込み合う。７、８月の利用は前日までに予約したほうがいい（予約料金US＄3相当）。

出国審査と乗船まで

パトラ、ブリンディシとも大通りに旅行代理店が並び、船のチケットを販売している。ユーレイル・パスを使うなら、Adriatica社かH.M.L.社の窓口へ。パスを提示、希望席種に応じた追加料金を支払いチケットをもらう。乗船手続きは出航時刻の２時間前までに行なう。乗船会社の窓口へ行き、チケットを提示、港湾税を支払う。そのあと警察でパスポートを示し出国審査を終えると、あとは乗船を待つのみだ。

パトラ－ブリンディシは人気のルート

ギリシアからのほかの船便

パトラからは、南イタリアのバーリ、中部のアンコーナ、北部のヴェネツィアとトリエステへも船便がある。ほぼ通年の運航で、アンコーナやヴェネツィアへの船は途中、イグメニツァとコルフ島にも寄港する。

おもな船舶会社

出航地以外にもオフィスがある。

Adriatica社
メイン・オフィス
ヴェネツィア ☎041-781611
ブリンディシ ☎0831-523825

Hellenic Mediterranean Lines社
メイン・オフィス
ピレウス（ギリシア） ☎01-4225341
ブリンディシ ☎0831-528531

パトラ-ブリンディシ間の運航時間

直行便とイグメニツァ、コルフ島を経由する便がある。Adriatica社の運航時間は、直行便ではパトラ発19:00、ブリンディシに翌日9:00着（１時間時差がある）。経由便ではパトラ発22:00、イグメニツァ発翌7:00、コルフ島発9:00、ブリンディシ着17:00。直行便は6～9月の運航、ほかの月は経由便のみ。ブリンディシからパトラへの便も同様のスケジュール。H.M.L.社の船もほぼ同じだ。6～9月は両社とも毎日運航、10～5月は2社で1日1便の交互の運航となる。

アンコーナ、ヴェネツィアへの船

パトラ－アンコーナ間、パトラ－ヴェネツィア間の船は、下記の船舶会社が共同運航させている。

Strintzis Lines（ギリシア）
26,Akti Possidons,185-31 Piraeus ☎01-4225000

Minoan Lines（ギリシア）
2 Vassileos Konstantinou Ave. 116-35 Athinai ☎01-7512356

その他の国からの船でのアクセス

船旅フリークのためのルート

フランスのコルシカ島、チュニジア、トルコ、クロアチア、アルバニアからもイタリアへ船が出ている。コルシカ島のポルト・ヴェッキオからはナポリへ、Linee Lauro社（☎081-5513352、Napoli）の船が運航（6～9月）。チュニジアのチュニスからはナポリへ（6～9月）と、シチリア島のトラパニ（7～9月）へ同じくLinee Lauro社の船便がある。トルコからは、イズミールとヴェネツィア間（5～12月）、アンタルヤ、マルマリスとヴェネツィア間（6～9月）、チェシュメとブリンディシ間（6～9月）にTurkish Maritime Lines社（☎2499 222、Istanbul）の船便がある。クロアチアのスプリトとアンコーナ間（通年）、アルバニアのズーレスからアンコーナ、バーリ、トリエステ間（すべて通年）は、上記Adriatica社の船が運航している。

国内の交通

鉄道、飛行機、プルマンと呼ばれる中・長距離バス、船がおもな交通手段となる。いちばん利用されているのは国鉄で、運行本数が多く、料金も安い。飛行機は、鉄道や船では時間がかかる南部や島への移動に便利だ。目的地に直行するプルマンも利用価値が高い。

空路 —— by Air

主要都市のほとんどに空港があり、1～2時間のフライトでイタリア各地に飛べる。とくにシチリア島やサルデーニャ島へは、空路をとると時間が節約できる。料金は国鉄より高め。空港への移動や搭乗手続きの時間を考えると、北部と中部間は鉄道のほうが効率的だ。

アリタリアが国内路線網をカバー

日本での問い合わせ先

●アリタリア航空
東京支店
☎03-3580-2181(予約直通)
名古屋支店
☎052-953-0561
大阪支店
☎06-341-3951/2

イタリアでの問い合わせ先

●アリタリア航空
ローマ
☎06-65641(国内線予約専用)
ミラノ
☎02-26851(国内線予約専用)
ヴェネツィア
☎041-2581111
ジェノヴァ
☎010-54931
ボローニャ
☎051-6300111
ナポリ
☎081-5425111
パレルモ
☎091-6019111
●エア・シチリア航空
ローマ
☎06-65011046
●メリディアナ航空
ローマ
☎06-478041/47804222

日本で国内線チケットを購入し、イタリアへ入国後すぐに乗り継ぎがない場合は、電話などでのリコンファームを忘れないように。

国内航空

日本ーイタリア間の直行便を運航する最大手のアリタリアAlitalia(AZ)のほか、エア・シチリアAir Sicilia(BM)、メリディアナMeridiana(IG)がある。アリタリアは島々を含めた国内の各都市をカバー、エア・シチリアはおもに本土の都市とシチリア島を、メリディアナはサルデーニャ島とを結ぶ。

チケットの買い方と予約

日本、イタリアどちらでも予約を入れられ、チケットを購入することができる。日本ーイタリア間のアリタリア航空の往復チケットを購入すると、街によってはイタリア国内の往復チケットが無料になることがある。イタリアへの航空便予約時に確認しておきたい。

日本から予約する

アリタリア日本支店で、エア・シチリア、メリディアナを含む国内便の電話予約、チケットの発行を行なっている。ただし、アリタリア以外の航空会社で日本を出発する場合は、利用航空会社を通じてイタリア国内のチケットを手配するのが一般的。国際線予約時に希望フライトを申し出る。

イタリアで予約する

各航空会社の予約窓口に電話予約し、指定日時までにチケットを購入するか、直接出向いて予約、チケットを購入する。大きな街には、格安チケットが買えるCTSなどの旅行代理店がある(学生割引運賃の適用には国際学生証が必要)。

空港でも予約できる

割引チケット

日本でチケットを購入する場合、2歳未満の幼児が座席を使用しないときは90%の割引、2～12歳未満の子供は50%の割引がある。イタリアで手配すると、さらに12～22歳未満の若者に30%の割引が加わる。購入の際は、パスポートなど年齢が明示されている証明書の提示が必要だ。

主要ルートの所要時間・便数

	所要時間	1日の便数
ミラノ－ローマ	1時間5分	36便
ミラノ－ヴェネツィア	45分	3便
ミラノ－ナポリ	1時間15分	10便
ミラノ－バーリ	1時間25分	3便
ミラノ－パレルモ	1時間35分	5便
ミラノ－カターニア	1時間40分	7便
ローマ－ヴェネツィア	1時間5分	8便
ローマ－トリエステ	1時間10分	4便

	所要時間	1日の便数
ローマ－ジェノヴァ	1時間	6便
ローマ－パレルモ	1時間5分	9便
ローマ－カターニア	1時間10分	8便
ローマ－カリアリ	1時間	8便
ヴェネツィア－ナポリ	1時間10分	3便
ヴェネツィア－パレルモ	2時間40分（ナポリ経由）	2便
ジェノヴァ－ナポリ	1時間40分	3便
ボローニャ－ナポリ	1時間30分	3便

鉄道 —— by Train

イタリアの旅で最もポピュラーな移動手段は列車だ。主要都市間にはECやICなどの特急列車が頻繁に往復。運行時間も噂されるほどには遅れない。車両は定員６人の客室コンパートメントが主流でなかなか快適だ。話し好きのイタリア人に囲まれての旅もまた楽しい。

イタリア国鉄のマーク

イタリアの鉄道

国鉄はFerrovie dello StatoといいFSの略称で親しまれる。イタリア半島のほか大きな島もカバーし、営業路線は約１万6200km。国鉄が通らないところは私鉄が活躍する。

主要鉄道路線図

列車の種類

ユーロシティEC、インターシティIC、ETR型振り子式特急、エスプレッソEspresso、ディレットDiretto、ロカーレLocaleに大きく分かれる。ECはヨーロッパの主要都市を走る国際特急、ICは国内の都市を結ぶ特急だ。この2つは乗車券のほか、特急料金Supplemento Rapido（スープレメント・ラピド）が必要。イタリア国鉄が誇るETR型はカーブでも高速走行が可能。主要路線を最短時間で走るペンドリーノPendolinoに加え、スイスとミラノを結ぶチザルピーノCisalpinoが1996年冬ダイヤから運行している。どちらも全席指定。乗車券のほか特別特急料金が必要だ。エスプレッソは急行、ディレットは準急、ロカーレは各駅停車。急行以下は乗車券のみで利用できる。

特急列車のペンドリーノ

急行列車のエスプレッソ

各駅列車のロカーレ

時刻表

トーマス・クック社の『European Timetable』に主要路線のタイム・テーブルがあり、旅程を組むのに役立つ。もっと詳しい時刻表は駅の売店などで手に入る。『Nuovo Orario-Grippaudo』は、バス便や湖水地方の船便も含めた北イタリアの交通網を詳しく紹介。中部、南イタリアの鉄道路線も載っている。900ページからなる『In Treno Tutt'Italia』は国鉄、私鉄、バス便などイタリアの陸上交通を網羅。小さな街を巡るのにたいへん役立つ。駅構内の各所にも、出発Partenza（黄色）と到着Arrivi（白）の時刻表が掲げられているので、事前にチェックしておくといい。

『In Treno Tutt'Italia』はLit.7500

時刻表の読み方

左欄に駅名と走行距離、上段に列車番号、列車の種類（ECやICなど）、客車の種類（1等、2等）、運休日などが記されている。食堂車やワゴンサービスの有無は上段に示される場合と、出発・到着時刻の欄に示される場合がある。

時刻表のおもな記号

- P　ペンドリーノ
- CIS　チザルピーノ
- EC　ユーロシティ
- IC　インターシティ
- EXP　急行
- D　準急
- L　各駅停車
- p.　出発時刻
- a.　到着時刻
- Ⓡ　予約必要

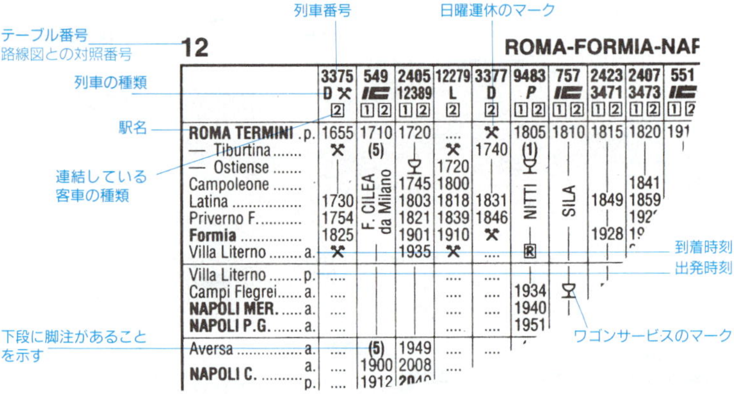

鉄道の切符売場の窓口

チケットの買い方と座席の予約

駅の切符窓口、旅行代理店などで購入する。大都市の切符売場はいつも混むので、1時間前に駅に着くか、乗車の前日に買っておくといい。窓口は大きな駅では国内Nazionaleと国外Internazionaleに分かれる。係員には行き先、人数、往復andata e ritornoか片道andataか、1等primaか2等secondaかを告げる。ECかICの場合は、特急料金supplemento rapidoも必要だ。旅行代理店では、CTS（学生旅行社）が学生割引切符（国際学生証が必要）を扱い、トランスアルピーノ社が国際線の割引切符を扱っている。また、最近は大きな駅に自動券売機が置かれているが、操作が複雑で使いづらい。窓口に列ができていても、通常並んだほうが早い。

座席の予約

振り子式特急、時刻表にRと記された特急は座席予約が必要。また、ヴァカンス期間、クリスマス期間の特急は満席も珍しくない。予約をしておくと安心だ。予約は、駅の予約窓口Prenotazioneで出発の2カ月前から3時間前まで可能。ただし、窓口の営業時間外は通常受け付けないので、早めに手続きしたい。係員には、乗車日、行き先、人数、希望列車の種類・出発時刻、客車の等級を告げる。言葉が不安な場合は、必要事項をメモ書きして示すと間違いが防げる。

座席の種類

客車には1等と2等がある。1等はビジネスマンや大人の客が多く落ち着いた雰囲気。2等は若者や家族連れが多く賑やかだ。車両には、6人掛けの客室コンパートメントと座席が並ぶオープン・タイプがある。空席なら、どちらに座るのも自由だ。喫煙、禁煙席もマークですぐにわかる。

1等コンパートメント

2等コンパートメント

2等オープン席

割引チケット

イタリア・ツーリストチケット

有効期間中、イタリアの国鉄に乗り放題の周遊券。ECとICの特急料金も不要になる。振り子式特急、寝台車、座席指定には追加料金が必要だ。1等、2等があり、期間は8、15、21、30日間の4種類。日本の旅行代理店で購入できる。

イタリア・フレキシーレイルカード

有効期間のうち一定日数のみ利用できる周遊券。適用路線は上記と同じ。4、8、12日間がある。

キロメートル切符

Biglietto Chilometrico

イタリア国鉄を総計3000kmまで乗車できる割引パス。5人までの同時使用ができ、20回まで途中下車が可能。有効期間は2カ月。特急料金と座席指定は別料金。イタリアかEU諸国で購入できる。

カルタ・ヴェルデ Carta Verde

26歳未満の人が使える割引カード。駅の窓口か国鉄切符を扱う代理店で、パスポートを提示して購入する。Lit.4万、1年間有効。切符購入時に提示すると20%引きになる。

往復割引

250km以下の距離は、往復で買うと15%割引になる。有効期間は距離により違う。

チケットの読み方

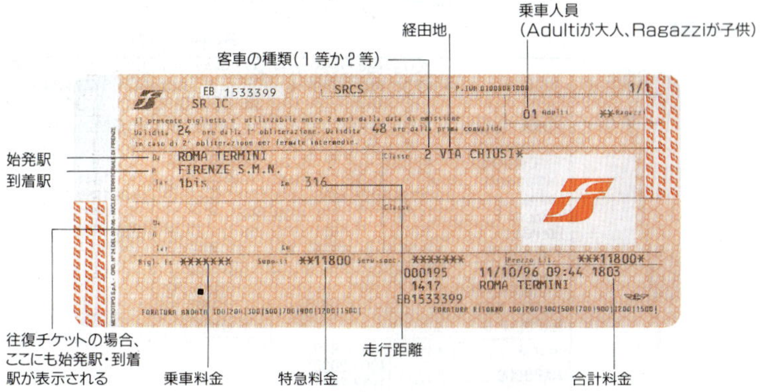

列車の乗り方とアドバイス

列車に乗り込む

乗車前には切符への刻印が必要だ。改札近くにある黄色の刻印機に、切符の角を入れると乗車日時が刻印される。通常、切符を提示する改札口はなく、ホームには自由に出られる。列車が遅れているときなどは発車ホームがよく変更になるので、電光掲示板で確認してからホームに向かう。座席を予約していない場合は、切符に示された等級で空席を見つけて座る。コンパートメントの入口、座席の上部や脇に予約を示す紙が入っている場合は指定済みの席なので座れない。コンパートメントに入るときは、〝Buon Giorno（こんにちは）〟など挨拶の言葉をかける。空席かどうか判断に迷ったら、〝È libero？（空席ですか）〟と確かめよう。予約をしている場合は、切符に示された客車で指定の座席を見つける。誰かが座っていたら、〝Ho gia prenotato questo posto（この席を予約しています）〟と切符を示し替わってもらう。

切符の刻印機

ホームの表示で発車時刻などがわかる

列車内でのマナー

喫煙のコンパートメントでも、客室内でたばこを吸うことはあまりない。喫煙側の通路で吸う人がほとんど。オープン・タイプの喫煙席でも、近くに乳幼児がいる場合はたばこは控える。一般に、2等コンパートメントでは同席者がおしゃべりを楽しむ。会話の輪に加わる義務はないが、出入りするときの挨拶は最低限のマナー。会話に入るよう促されたら、言葉がわからなくてもその場を楽しむゆとりがほしい。別れ際には〝Buon viaggio（よい旅行を）〟と声をかけられることが多い。同じ言葉を返すか〝Grazie（ありがとう）〟と応えたい。1等コンパートメントは一般的に静か。ただし出入り時の挨拶は必要だ。

列車を降りる

自動のドアと操作が必要なドアがある。手で開けるタイプは、通常ノブの近くに開け方が図で示されている。ドアの脇に緑と赤のボタンがある場合は、緑のボタンを押す。

列車内でのトラブル対策

荷物を狙う列車泥棒もいるので、同乗者がいないときは居眠りは避ける。女性の一人旅で客車がガラガラの場合は、女性や年配の夫婦連れがいる客室に入るほうが安心だ。車内ですすめられた飲み物や食物に薬物が入っており、昏睡している間に懐中物を奪われる被害も起こっている。

出発・到着の時刻とホームを示す

改札口で切符を提示する必要はない

列車の設備

ほとんどの特急と準急の一部にワゴンサービスがあり、飲み物や軽食が買える。食堂車は昼食時や夕食時に走行する特急の一部にある。利用には予約が必要。食事時間前に係員が予約をとりにくるので、希望する場合は申し出る。また、準急以上の列車にはトイレがある。

寝台車の利用

普通寝台Vettura Lettoと簡易寝台クシェットCuccettaがある。どちらも予約が必要。各寝台車両には係員がつき、国境通過時のパスポート審査、検札を代行してくれる。

列車の乗車口

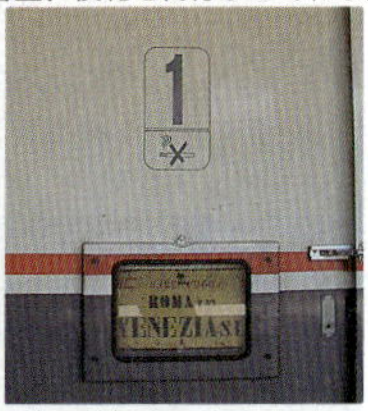
1等の禁煙席のサイン

列車内のドア

ボタンで開閉する

ショーペロ（ストライキ）

国鉄のストはほぼ慣習化している。全面的なストは事前にTVニュースや新聞で通知されるが、実際には間引き運転となることが多い。移動は無理ではないが、通常の2〜3倍の運行時間となるのがほとんど。ひかえたほうがいい。

プルマン（中・長距離バス）—— Pullman

主要都市と周辺の街を結ぶ中距離バス、大都市間を走る長距離バスをプルマンと呼ぶ。鉄道が通らない小さな街や列車本数が少ない地方を網羅。鉄道に次ぐ第２の旅の足となる。

長距離バス会社のLazzi社

プルマンの利用法

通常、予約は必要ない。鉄道ほど混まないので、出発の１時間前くらいに行くと目的の便に乗車できる。バス・ターミナルがある場合は、窓口でチケットを購入する。停留所だけの場合は、車内で運転手がチケットを販売することが多い。終点まで行かないときは、あらかじめ運転手に目的地をはっきり告げ、着いたら教えてくれるよう頼んでおく。料金は国鉄よりやや安い。また、国鉄の準急で１時間以内の距離なら、普通プルマンのほうが所要時間は短い。

プルマンが活躍するおもな地方

湖水地方の湖畔の街、トスカーナ州やウンブリア州の城塞都市、鉄道が全島をカバーしていないシチリア島やサルデーニャ島、鉄道が通らないソレント半島のソレントからサレルノまではプルマンが便利。景色も素晴らしい。

プルマンは青い車体が目印

主要連絡先

ミラノ
Autostradale社✆02-801161
ヴェローナ
A.P.T.Verona✆045-8004125
フィレンツェ
Lazzi社✆055-215155
Sita社✆055-214721
ローマ
CO.TRA.L✆06-5915551
ナポリ
Sita社✆081-5522176
パレルモ
Sais社✆091-474882
Segesta社✆091-300556

船 —— by Sea

イタリアには多くの島がある。シチリア島とサルデーニャ島以外は、船がおもな交通手段。１時間くらいの船旅でも、海の美しさを楽しめる。時間に余裕があるなら長い船旅もいい。

船旅で美しい海を楽しむのもいい

船の種類と利用法

各種フェリー、水中翼船、ホバークラフトのほか、観光地には遊覧船が運航している。ヴァカンス・シーズンに人気のランチ＆ディナー・クルーズ、長距離の航路以外は、基本的に予約は必要ない。プルマンと同じく１時間前くらいに行けば、目的の船に乗れる。短い距離なら、チケットの種類は同じ。長距離では１等、２等などに分かれる。

おもなルート

島が多い南イタリアの拠点はナポリ。近くのカプリ島、イスキア島をはじめ、ストロンボリ島、リパリ諸島、シチリア島などへ船が出ている。サルデーニャ島へは中部のチヴィタヴェッキアやリヴォルノ、北部のジェノヴァから船便がある。エルバ島には、中部のピオンビーノから渡る。

カプリ島行きの船の乗場

主要連絡先

ナポリ
Caremar社✆081-5513882
Snav社✆081-7612348
Alilauro社✆081-7611004
各社ともナポリーカプリ島間、ナポリーイスキア島間の船便を運航。
リヴォルノ
Toremar社✆0586-224511
ピオンビーノから出るエルバ島への船便ほかを運航。

プルマン利用が便利なルート

ミラノーチェルトーザ・ディ・パヴィア	50分
ヴェローナーシルミオーネ（ガルダ湖）	30分
パドヴァーバッサーノ・デル・グラッパ	1時間
フィレンツェールッカ	1時間
シエナーサン・ジミニャーノ	50分
ペルージャーアッシジ	20分

おもな島々への船便

ナポリーカプリ島	フェリー1時間20分、水中翼船40分
ナポリーイスキア島	水中翼船45分
ソレントーカプリ島	水中翼船20分
ピオンビーノーポルトフェッライオ（エルバ島）	フェリー1時間、水中翼船30〜40分
チヴィタヴェッキアーオルビア（サルデーニャ島）	フェリー8時間

主要道路／カーフェリー航路図

レンタカー ―― by Rent a car

交通が未発達の山間部や島にも魅力的な街が多い。こういう地方をまわるには、レンタカーが活躍する。好きな場所で車を降り風景を眺めたり、郊外の名物レストランに出かけたり自在な旅が楽しめる。ただイタリア人の交通マナーはよくない。運転には注意が必要だ。

駅構内のレンタカー会社窓口

おもなレンタカー会社の連絡先

ハーツHertz
日本✆0120-489882
イタリア
ローマ✆06-3216831
ミラノ✆02-66985151
エイヴィスAvis
日本✆0120-311911
イタリア
ローマ✆06-4814373
ミラノ✆02-6690280

信号

交差点の手前にあることが多い。見逃さないように注意。色は緑ー黄ー赤ー黄ー緑の順で変わる。黄色が赤に変わりそうな場合でも、通常そのまま進行する。急停車をすると、即座に後の車から抗議のクラクションが響く。また、信号を守る歩行者は少ない。飛び出しにも注意を怠らないこと。

青信号、AVANTIは進めの合図

レンタカーを借りる

空港、主要都市の鉄道駅、市内各所にあるレンタカー会社のカウンターで借りる。飛込みでも車があれば借りられるが、電話予約をしておくほうが確実だ。手続きには、国際免許証、クレジットカード、パスポートの提示が必要。年齢制限は通常、21歳以上だ。乗り捨てはイタリア国内だけではなく、ヨーロッパ各国でも可能。ただし料金がかなり高くなる。日本に支店があるレンタカー会社なら、出発前に予約しておくことをすすめる。料金の割引があり、希望車種が確保できる。

街なかにも窓口がある

イタリアの交通事情

一般道、高速道路とも整備状態がよく、高速道路の料金も安い。車は右側通行、左ハンドル。ハンドル位置の違いには比較的すぐに慣れる。気をつけたいのは、角を曲がるとき左車線に入らないこと。疲れているときなど、うっかりして反対車線に入りがちだ。信号のない交差点では、優先標識がない場合、前方右側から来る車が優先。ロータリーは左まわりで走行し、進入する場合は自分の左側の車が優先となる。平均速度は日本より早い。高速道路の制限速度は車種により110～130km/hだが、180～200km/hで走る車も珍しくない。ドライバーの交通マナーは、一般的に悪い。運転はうまいが自分流を押し通す人が多く、南部に行くにつれその傾向が強い。とくにナポリ、パレルモがひどく、気が抜けない。なお、シートベルトは前・後部座席とも着用が義務づけられている。

都市部ではとくに運転に注意

市内中心部での注意

大都市の中心部Centro(チェントロ)は、一方通行Senso Unico(センソ・ウニコ)や進入禁止Senso Vietato(センソ・ヴィエタート)が多く走りづらい。なかでもローマ、ナポリ、ミラノは夕方のラッシュがすさまじい。巻き込まれると目的地に着けないまま、ぐるぐるまわることになる。中心部に入るときは午後6～8時は避けるほうが無難。巻き込まれたら無理に抜けようとせず流れに従う。

路上駐車は圧倒的に多い

ガソリン・スタンド

有人のところが多いが、大都市では無人の給油所も増えてきている。満タンにする場合は、〝Il pieno,per favore.（イル・ピエノ・ペル・ファヴォーレ）（満タンにしてください）〟という。料金は係員に手渡すところと、レジで支払うところがある。無人スタンドでは、給油機に料金を入れ（Lit.1万かLit.5000紙幣）、自分でホースから給油する。レンタカーのガソリンは自己負担。借りるときは満タンになっているので、返す際も満タンにしておく。満タンでないと、割高の加算料金をとられる。

高速道路のガソリンスタンド

パーキング

路上駐車はどこの街でも多いが、近年取り締まりが厳しくなり罰金を課せられることもある。駐車場か、パーキングメーターのあるところに止めたい。係員がいる駐車場では、誘導に従い車を止め、料金も係員に支払う。無人駐車場では、駐車時にカードを取り、出るときカードを機械に入れ清算する。車を離れる際は、中に貴重品を残さない。窓を割られて中のものを盗られることがよくある。係員がいても安心はできない。ホテルを予約する際は、駐車場付きかどうか確認して決めるとよい。

都市部で急増中のパーキング・メーター

自動車旅行に頼りになるアウトグリル

ドライブインはアウトグリルAuto-grillという。ガソリン・スタンド、食料品や日用品の売店、バール、セルフ・レストランなどがあり、休憩にいい。看板にベッドのマークがある場合は、ホテルが完備されている。夜遅くなり、疲れているときは無理をしないでゆっくり休みたい。

✹ドライブ中のトラブル対策

最も危険が伴うのは追越し。追越禁止区間では絶対にやめよう。追越路線では、先行車を抜いたらすぐもとの路線に戻る。後続車も高速で迫ってくるので、瞬時の気のゆるみが事故につながる。高速道路でまわりの車が急にスピードを落とし出したら、スピード違反の取り締まり場所が近いことを示す。追越しなどせず、流れに従う。また、大都市の中心部は交通渋滞が慢性的なので、慣れるまでは市外を移動するとラクだ。一般に、中心部の交通量は午後3時前後が穏やか。ホテルにチェックインするときなどは、この時間を目ざしたい。アウトグリル周辺で物売りが売っている時計やアクセサリーは偽物。興味を見せず、最初から取り合わない。

高速道路での事故は大渋滞を巻き起こす

交通標識

高速道路

主要道路

その他の一般道路

一方通行

速度制限区間終了

覚えておくと便利な言葉

Autostradaアウトストラーダ　高速道路（有料）
Superstradaスーペルストラーダ　高速道路（無料）
Strada Statale（SS）ストラーダ・スタターレ　国道
Carta Stradaleカルタ・ストラダーレ　道路地図
Parcheggio（P）パルケッジョ　駐車場
Patente di guidaパテンテ・ディ・グイーダ　運転免許証
Multaムルタ　罰金
Benzinaベンズィーナ　ガソリン
Verde（Senza Piombo）ヴェルデ（センツァ・ピオンボ）　無鉛
Superスーパー　有鉛
Distributore di benzina　ディストリブトーレ・ディ・ベンズィーナ　ガソリン・スタンド

自動車旅行中のチップ

アウトグリルやガソリン・スタンドのトイレに掃除の人がいれば、Lit.500くらい。ガソリン・スタンドで窓やライトを拭いてもらったときは、Lit.1000くらいを渡す。

故障・事故時の連絡先

交通事故は警察☎113に連絡する。故障はA.C.I（イタリア自動車クラブ）☎116に連絡。ともに24時間体制。高速道路には2kmごとに非常時連絡ボタンが設置されている。

イタリアの建築

イタリアの建築には、さまざまな様式が混在する。それがどの時代のどんな様式なのか、見分けるのは難しいが、見分ける方式がないわけではない。

パラノイアになる前の建築学入門

イタリアの歴史的建造物は、ロマネスク様式、ゴシック様式、ルネッサンス様式、バロック様式など、じつにさまざまな様式名で呼ばれる。しかも同じ時代の様式でも、地方ごとに名前が違ったりするのでややこしい。

そこで、イタリア建築史の流れを大きく5つに分けてみる。すなわち、①ギリシア建築の影響が色濃い古代建築、②東方からの影響を受けたビザンチン様式、③北方の影響を受けたロマネスク様式とゴシック様式、④古代ローマへの憧憬と先端の幾何学的手法が結び付いたルネッサンス様式、⑤建築に演劇性を盛り込んだバロック様式、だ。

たとえば①に属する古代劇場は、客席が半円形のものと扇形のものがある。この見分け方はじつに単純で、前者がローマ人が造ったか、あるいは改装したもの、後者がギリシア人が造ったものと考えてまず間違いない。

天井の窓から光が射し込む

③のロマネスク様式とゴシック様式の違いは、窓や玄関のアーチを見れば一目瞭然だ。すなわち、アーチが半円形のものがロマネスク、尖塔型のものがゴシックだ。だが、これらも内部空間の創造という観点から見ると、たったひとつの流れのなかに集約される。

ボッロミーニによるバロック様式の教会

ゴシック様式のドゥオモ

もっと光を……

それは、いかにして室内に広々とした空間を作り出し、多くの光を採り入れるかという技術革新の歴史だった。

古代ローマ人は円形への憧れと光への衝動を抱いていた。円は生命力の象徴であり、宇宙そのものでもある。だから神の宿るパンテオンも闘技場も円形に形作られた。

光への欲求はトラヤヌス帝の市場や共同浴場の大窓に見ることができる。ガラス窓の原形はすでに紀元前3世紀に存在し、雲母や魚の浮き袋などが使われていたが、紀元前1世紀にはガラス窓が実用化された。

ところが、蛮族の侵入によってローマ時代が終わりを告げると、高度に発達した建築技法は失われ、原始的状況へ逆もどりしてしまう。代わって登場したビザンチン様式は、神々しいモザイクの光を室内に散乱させ、ゴシック様式は、バラ窓や垂直に伸びるステンドグラスから存分に光を採り入れた。

ルネッサンス時代になると、遠近法の効果により部屋に奥行感が生じ、明かり採りの窓や多連窓が増えて、室内に光が溢れた。バロック時代は、だまし絵による幻覚的な空間が演出され、寝室や階段室にまで光が導かれた。

光と建築。こんなところからもイタリア文化の偉大さが見えてくる。

ローマと近郊の街

スペイン広場の階段に腰掛け、トレヴィの泉でローマと再会を誓う。フォロ・ロマーノで古代ローマに思いを馳せ、下町トラステヴェレでローマっ子の笑顔に出会う。ヴェネト通りやコンドッティ通りではショッピング。ローマでの楽しみは尽きることがない。また、カステッリ・ロマーニやティヴォリなど近郊の街も魅力的だ。

ROMA ローマ

ローマは、永遠の都ともいい、バロックの劇場ともいう。だが、5年前のローマと現在のローマは同じように見えてやはり違う。古都ローマは一方で、いまも進化を続ける都市なのだ。ゲーテもスタンダールも見そびれた現代のローマを歩く。

市外局番は06

観光案内所
Via Parigi 5 ✆48899255

ローマの治安
とくに危険なのはテルミニ駅周辺。おもな観光地には、ジプシーや詐欺師が出没する。引ったくりも多い。

法王庁の秘密文書
ヴァチカンには一般人がけっして近づけない場所がある。それは世界で最も重要な記録文庫といわれるヴァチカン秘密記録庫だ。ここにはカトリックの歴史を揺るがせた事件や宗教裁判に関する文書などが保管されている。発表されれば世界中がパニックに陥るという〝ファティマ第3の予言〟が封印されているともいわれる。第1の予言は第一次大戦の終焉、第2の予言は第二次世界大戦の勃発とソ連の驚異の増大を的中させたというが、真相は定かでない。だが1981年にはロンドン・ヒースロー空港でこの予言の公開を要求するハイジャック事件まで起きているのだから、なんとも人騒がせなものだ。

ローマ探訪の心得

ローマは人口270万を超えるラツィオ州の州都であり、イタリア共和国の首都だ。街はテヴェレ川の上流約30kmの両岸に築かれ、古代ローマの城壁が旧市街を囲んでいる。ローマ探訪はこの直径約5kmの城壁内が中心となり、北の壁から南の壁まで歩いても、半日とかからない。

だが、ローマは地区によって異なる顔を持つ。ナヴォーナ広場周辺にはのんびりと開放的なムードが漂い、フォロ・ロマーノ、コロッセオ周辺には古代のロマンが漂っている。こんな街は、けっしてかけ足ではまわりたくない。かつて教皇グレゴリオ14世は、ローマに長期間滞在した旅人には、「また、お会いしましょう」と声をかけ、数週間しかいなかった者には、「さようなら」としか言わなかった。ローマを理解するにはそれだけ時間がかかるのだ。

テヴェレ川の賜物

街はテヴェレ川を境にがらりと雰囲気が変わる。西側の右岸にはカトリックの総本山ヴァチカン市国があり、その南には下町情緒豊かなトラステヴェレと呼ばれる地区がある。ヴァチカンはれっきとした独立国であり、ローマ教皇の居城でもある。ローマっ子はヨハネ・パウロ2世を〝パーパ〟と慕い、パーパもまた休日ごとに自室のバルコニーに姿を現しては、集まった市民に祝福を送る。日頃、宗教の最高権威に接する機会の少ない日本人からすれば、ヴァチカンの敷居の低さは意外なほどだ。

一方、東側の左岸にはパラティーノの丘やカンピドリオの丘など、ローマの建国神話に登場する7つの丘が広がっている。ナヴォーナ広場やスペイン広場、フォロ・ロマーノやコロッセオなど、おもな観光名所もこちら側にある。

カトリックの総本山ヴァチカン市国

広大な遺跡が続くフォロ・ロマーノ

ローマ随一の観光スポット、スペイン広場

ローマの建国神話

伝説によると、ローマは紀元前753年４月21日に双子の兄弟ロムルスとレムスによって建国された。現在この日はローマの祝日になっており、各地で祝賀行事が催される。

兄弟はトロイア戦争の英雄の末裔だったが、純潔であるべき巫女から生まれたため、すぐにテヴェレ川に流された。運よく岸辺に乗り上げた兄弟は、そこで牝狼に拾われ育てられた。その後、成長したロムルスは弟を殺し、狼と出会ったパラティーノの丘に街を建設したという。

ローマの街なかでよく見かける２人の赤子に乳を与える狼の絵や彫刻には、こういったいわれがある。だが、歴史はつねに勝者によって書き換えられるもの。ローマ建国の歴史もまた、後世の為政者によって捏造された。

本来の建国者であるエトルリア人の遺跡はほとんどが破壊されてしまったが、エトルリアの文化はローマ人に受け継がれ、形を変えて存在し続けているともいえる。実際、ローマ人の功績だと考えられていた道路や水道も、発掘調査が進むにつれ、エトルリアに起源があることがわかってきた。すぐれた文明の創造主だった彼らの痕跡に目を向けるのも、ローマの旅の面白さだ。

ローマを歩く

ローマの散策は足で歩きまわるのが基本。バスは路線を覚えるまでがたいへんだし、地下鉄はパリの街ほど便利ではない。地下を掘ればすぐに遺跡にぶつかってしまうローマには、たった２つの路線しか走っていないのだ。もっとも、『ローマの休日』よろしくヴェスパにまたがって旅をするのも悪くない。ただし、ローマっ子は運転が乱暴なことでも有名だから、くれぐれも事故にはご注意。これは歩行者にもいえることで、洪水のような車の流れのなかをスイスイと渡れるのは生粋のローマっ子だけ。逆に、車が途切れるのをいつまでも待っているのはよそ者と見て間違いない。

ローマっ子に道をたずねると、たいがい両極端な反応が返ってくる。すなわち、ひと言もなく無表情に指だけをさすか、身振り手振りを交え猛然とまくし立てるかだ。昔からローマっ子は言葉より身振りで意思を伝えるといわれるほどで、どちらもローマ人気質をよく表している。

4世紀のローマが一目瞭然

古代ローマの遺跡すべてをたった1日で見てしまう方法がある。だが、それにはローマを離れ、近郊のエウルへ向かう必要がある。この街のローマ文明博物館には、建築家のポール・ビゴが製作した、4世紀のローマの街の復元模型が展示されているのだ。これを見れば、遺跡の場所や７つの丘の位置関係がたちどころに分かり、ローマ観光の予習や復習にも役に立つ。

エトルリアの遺産

エトルリア人が残した財産は建築や美術品だけではない。東方からブドウを持ち込んでワインを製造し、ヤギのミルクからペコリーノ・チーズを作り出したのも彼らだった。また、政治の世界に、神秘的な肝臓占いを持ち込んだのも彼らの功績だ。肝臓占いは古代バビロニアに起源をもち、動物、おもに羊の肝臓を見て未来を占った。肝臓は宇宙のミニチュアであり、神々のいる天界を表していると考えられていたのだ。結局、この占いはローマの歴代皇帝たちに受け継がれ、重要な政策決定の際にはエトルリア人の神官を呼んで占わせるのが習慣となった。

ローマっ子の生活を見るなら市場へ

天井から射し込む光が美しいパンテオン

ローマ
ROMA
1:40,000
0
500m
ホテル
レストラン
ショップ
ナイトスポット
クァルティエレ・デッラ・ヴィットリア
Quartiere della Vittoria
フラミニオ
Flaminio
フォロ・イタリコ
Foro Italico
ジェンティーレ・ダ・ファブリアーノ広場
P.za Gentile da Fabriano
フラミニオ競技場
Stadio Flaminio
Via Flaminia
マリオの丘
M. Mario
テヴェレ川
Fiume Tevere
90
バルドゥイナ駅
Staz. Balduina
バルドゥイナ広場
P.za d. Balduina
カヴァリエリ・ヒルトン P.148
Cavalieri Hilton
バインシッツァ広場
P.za Bainsizza
イタリア放送教会本部
R. A. I. Sede
トリオンファーレ
Trionfale
ブラスキ要塞
Forte Braschi
クロディオ広場
P.le Clodio
ジュゼッペ・マッツィーニ通り
V.le Giuseppe Mazzini
V.le Angelico
G.マッツィーニ広場
P.za G. Mazzini
海軍省
Ministero Difesa Marina
ジョヴェナーレ広場
P.za Giovenale
ミリツィエ通り
V.le delle Milizie
ピネタ・サッケッティ通り
Via della Pineta Sacchetti
レパント駅
Staz. Lepanto
ローマ・ヴィテルボ駅
Staz. Roma Viterbo
オッタヴィアーノ駅
Staz. Ottaviano
ファルネーゼ P.146
Farnese
92
エロイ広場
P.le degli Eroi
94
ヴァチカン美術館
Musei Vaticani
チプロ通り
Via Cipro
ヴァティカン市国
CITTÀ DEL VATICANO
サン・ピエトロ寺院
Basilica di San Pietro
サンタンジェロ城
Castel Sant'Angelo
チヴィタヴェッキア
Via Anastasio II
バルド・デリ・ウバルディ通り
Via Baldo degli Ubaldi
ナヴォーナ広場
Piazza Navona
パンテオン
Pantheon
アウレリオ
Aurelio
サン・ピエトロ駅
Staz. S. Pietro
Via Gregorio VII
98
ヴィラ・カルペーニャ広場
P.le Villa Carpegna
ピウス11世広場
P.za Pio XI
レオ13世通り
Via Leone XIII
ジャニコロの丘
M. Gianicolo
ホリディ・イン・セント・ピーターズ P.151
Holiday Inn St. Peter's
アウレリア・アンティカ通り
Via Aurelia Antica
ティベリーナ島
Isola Tiberina
サンタ・マリア・イン・トラステヴェレ教会
Chiesa di Santa Maria in Trastevere
アウレリオ城跡
Forte Aurelio
ヴィラ・ドーリア・パンフィリ
Villa Doria Pamphili
ヴィラ・パンフィリ P.151
Villa Pamphili
ヴィラ・シアッラ
Villa Sciallo
トラステヴェレ通り
V.le di Trastevere
グイディ広場
P.za Guidi
ヴィテッリア通り
Via Vitellia
チェレシ広場
P.za Ceresi
クアットロ・ヴェンティ広場
P.le Quattro Venti
ジャニコレンセ環状通り
Circonvallazione Gianicolense
ジャニコレンセ
Gianicolense
P.156 ケッキーノ・ダル1887
Checchino dal 1887
コッリ・ポルトゥエンシ通り
V.le dei Colli Portuensi
ローマ・オスティア
Staz. Roma O
トラステヴェレ駅
Staz. Trastevere
インドゥストリア橋
P.te dell'Industria
ラディオ広場
P.za della Radio
グリエルモ・マルコーニ通り
V.le Guglielmo Marconi
保税倉庫
Magazzini Genera
ブラヴェッタ要塞
Forte Bravetta
カサレット通り
Via Casaretto
サン・カミッロ病院
Ospedale S. Camillo
L.スパッランツァーニ病院
Ospedale L. Spallanzani
オデリシ・ダ・グッビオ通り
Via Oderisi da Gubbio
C.フォルラニーニ病院
Ospedale Sanat. C. Forlanini
ポルトゥエンセ
Portuense
エンリコ・フェルミ広場
P.za Enrico Fermi
アントニオ・メウッチ広場
P.za Antonio Meucci
アウグスト・リギ広場
P.za Augusto Righi
G.マルコーニ橋
P.te G. Marconi
E.モレッリ広場
P.le E. Morelli
フィウミチーノ空港
P.143 サン・パオロ・フオーリ・レ・ムーラ教会
Basilica di San Paolo fuori le Mura
EUR
A
B
1
2
3
4
N

ヴィラ・グローリ
Villa Glori
パリオーリ
Parioli
パリオーリ通り
V.le dei Parioli
ヴィラ・アーダ
Villa Ada
サラーリア通り
Via Salaria
トリエステ
Trieste
アンニバリアーノ広場
P.za Annibaliano
ヴェルバノ広場
P.za Verbano
サン・ロベルト・ベッラミノ教会
S. Roberto Bellarmino
ドン・ジョヴァンニ・ミンツォーニ広場
P.le Don Giovanni Minzoni
R.ランチャーニ広場
Largo R. Lanciani
ピンチアーノ
Pinciano
国立近代美術館
Galleria Nazionale d'Arte Moderna e Contemporanea
ノメンターナ通り
Via Nomentana
ノメンターノ
Nomentano
ヴィラ・トルロニア
Villa Torlonia
レジーナ・マルゲリータ通り
V.le Regina Margherita
ボルゲーゼ公園
Villa Borghese
ボローニャ駅
Staz. Bologna
サラリオ
Salario
ガレノ広場
P.za Galeno
ティブルティーナ駅
Staz. Tiburtina
プロヴィンチェ広場
P.le d. Provincie
ポリクリニコ駅
Staz. Policlinico
ウンベルト1世総合病院
Policlinico Umberto I
カストロ・プレトリオ駅
Staz. Castro Pretorio
国立図書館
Biblioteca Nazionale
ティブルティーナ通り
Via Tiburtina
バルベリーニ駅
Staz. Barberini
ローマ国立博物館
Museo Nazionale Romano
ローマ大学
Città Universitaria
バルベリーニ宮
Palazzo Barberini
レプッブリカ駅
Staz. Repubblica
共和国広場
Piazza della Repubblica
空軍省
Ministero Difesa Aeronautica
カンポ・ヴェラノ墓地
Cimitero di Campo Vareno
トレヴィの泉
Fontana di Trevi
クィリナーレ宮
Palazzo del Quirinale
ティブルティーノ
Tiburtino
テルミニ駅
Staz. Termini
シクトゥス5世広場
P.le Sisto V
ティブルティーナ環状通り
Circonvallazione Tiburtina
ポルタ・サン・ロレンツォ広場
P.za Porta S. Lorenzo
カヴール駅
Staz. Cavour
ヴィットリオ駅
Staz. Vittorio
ヴィットリオ・エマヌエーレ2世記念堂
Monumento a Vittorio Emanuele II
コロッセオ駅
Staz. Colosseo
フォロ・ロマーノ
Foro Romano
コロッセオ
Colosseo
プレネスティーナ通り
Via Prenestina
マッジョーレ門
P.ta Maggiore
サン・レオーネ教会
S. Leone
マンツォーニ駅
Staz. Manzoni
市電
Tram
真実の口広場
Piazza Bocca della Verità
サンタ・クローチェ・イン・ジェルサレンメ広場
P.za S. Croce in Gersalemme
チルコ・マッシモ
Circo Massimo
サン・ジョヴァンニ・イン・ラテラーノ教会
Basilica di San Giovanni in Laterano
コンドッティエリ広場
P.za di Condottieri
サン・ジョヴァンニ駅
Staz. S. Giovanni
ヴィア・フィオレッリ広場
P.za di Via Fiorelli
カシリーナ通り
Via Casilina
チルコ・マッシモ駅
Staz. Circo Massimo
レ・ディ・ローマ駅
Staz. Re di Roma
ラグーザ広場
P.za Ragusa
カラカラ浴場
Terme di Caracalla
トゥスコラーナ駅
Staz. Tuscolana
ピラミデ駅
Staz. Piramide
ポンテ・ルンゴ駅
Staz. Ponte Lungo
アントニアーノ孤児院
Orfanotrofio Antoniano
ローマ・オスティエンセ駅
Staz. Roma Ostiense
フリオ・カミッロ駅
Staz. Fulio Camillo
アッピア新街道
Via Appia Nuova
ピウス11世神学校
Istituto Pio XI
ラティーナ通り
Via Latina
トゥスコラーナ通り
Via Tuscolana
トゥスコラノ
Tuscolano
コッリ・アルバーニ駅
Staz. Colli Albani
電信公社
Azienda Telefonica dello Stato
ドミネ・クォ・ヴァディス教会 P.143
Domine Quo Vadis
アルコ・ディ・トラヴェルティーノ駅
Staz. Arco di Travertino
ガルバテッラ駅
Staz. Garbatella
国立公文書館
Arch. Notarie di Stato
アッピア旧街道
Via Appia Antica
アッピオ・ラティーノ
Appio Latino
C.コロンボ通り Via Cristoforo Colombo
周辺図 P.187
オスティエンセ
Ostiense
ナヴィガトリ広場
P.za dei Navigatori
サン・カッリストのカタコンベ P.143
Catacombe di San Callisto
サン・セバスティアーノ聖堂
96
100
102
1
2
3
4
C
D

ローマ中心部① ポポロ広場／ボルゲーゼ公園

Hホテル Rレストラン Sショップ Nナイトスポット i観光案内所 タクシー乗り場

トリオンファーレ
Trionfale
F.モロシーニ広場
P.za F. Morosini
エロイ広場
P.le degli Eroi
Via Andrea Doria
Via Mocenigo
Via V. Pisani
カンディア
Via Luigi Rizzo
Via Sebastiano Ziani
ルイジ・リッツォ通り
セバスティアーノ・ツィアーニ通り
Via Giorgio Scalia
ジョルジョ・スカリア通り
サンタ・マリア・デッレ・グラツィエ広場
P.za S. Maria delle Grazie
サンタ・マリア・デッレ・グラツィエ教会
S. Maria delle Grazie
ベルガミーニ広場
P.le A. Bergamini
アッミラリ通り
チプロ通り
Via Cipro
Via d. Meloria
Via M. Bragadin
ヴァティカーノ通り
V.le degli Ammiragli
Via Anastasio II
アナスタシウス2世通り
Via Angelo Emo
アンジェロ・エモ通り
ヴァチカン市国
CITTÀ DEL VATICANO
V.le Vaticano
ヴァチカン庭園
Giardini del Vaticano
ヴァティカーノ通り
ヴァチカン市国政庁
Governatorato
エチオピア委員会
Collegio Etiopico
ヘリポート
Eliporto
ヴァチカン・ラジオ局
Radio Vaticana
P.139 サン・ピエトロ寺
Basilica di San Pie
教皇庁神学校
Pontificio Seminario Romano Mionore
ヴァチカン駅
Staz. Ferroviaria
V.le Vaticano
ニコラウス5世通り
Via Nicolò V
Via Aurelia
アウレリア通り
Via Aurelia
アウレリア通り
アウレリオ
Aurelio
O.ジョルジ広場
Largo O. Giorgi
C.A.ガラミーニ広場
Largo C. A. Galamini
V.le Gregorio VII
グレゴリウス7世通り
V.le Gregorio VII
1
2
3
4
A
B
92
94
98

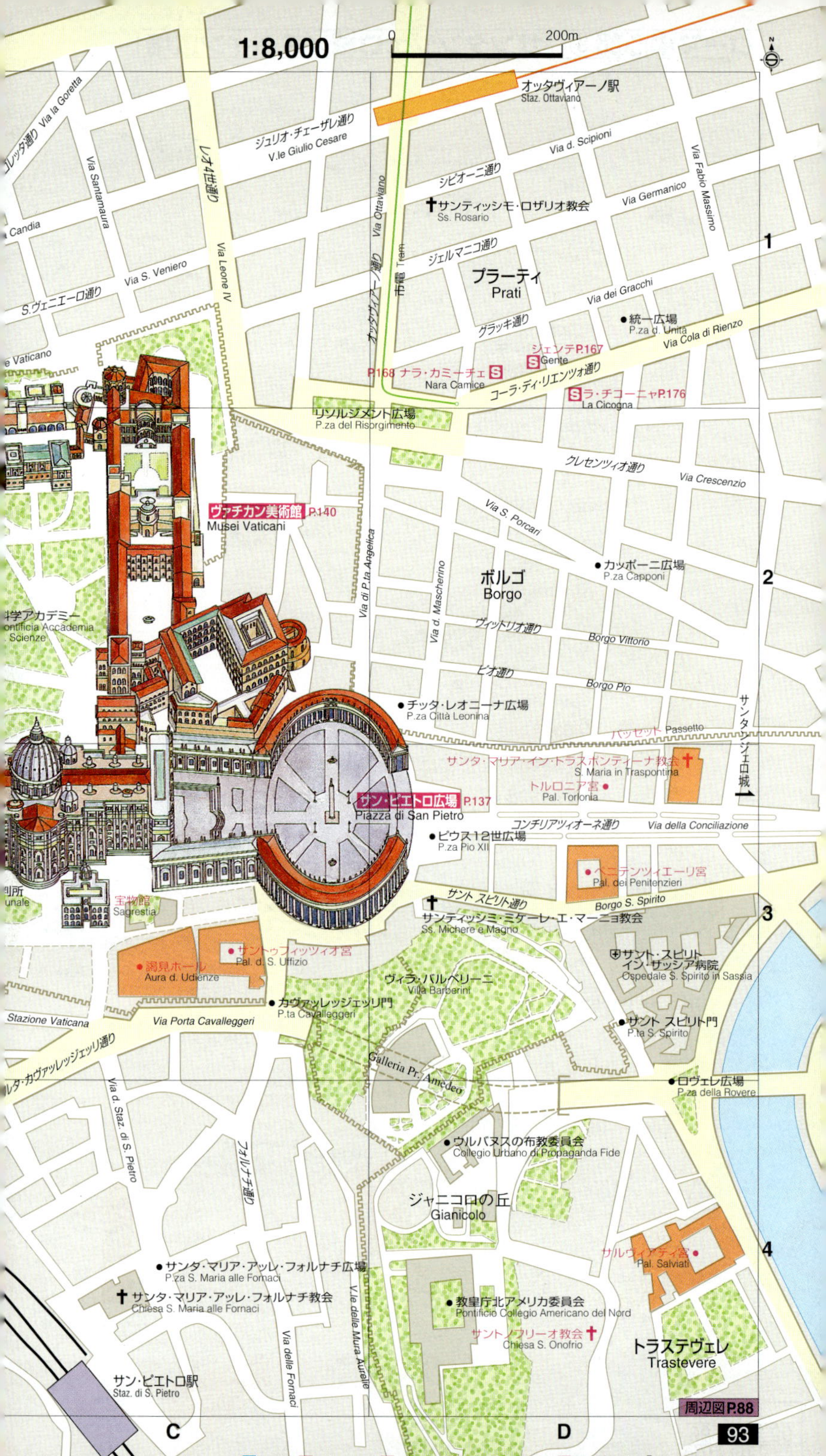

周辺図P.88

Hホテル Rレストラン Sショップ Nナイトスポット i観光案内所 🚖タクシー乗り場

ローマ中心部③　サンタンジェロ城／スペイン広場

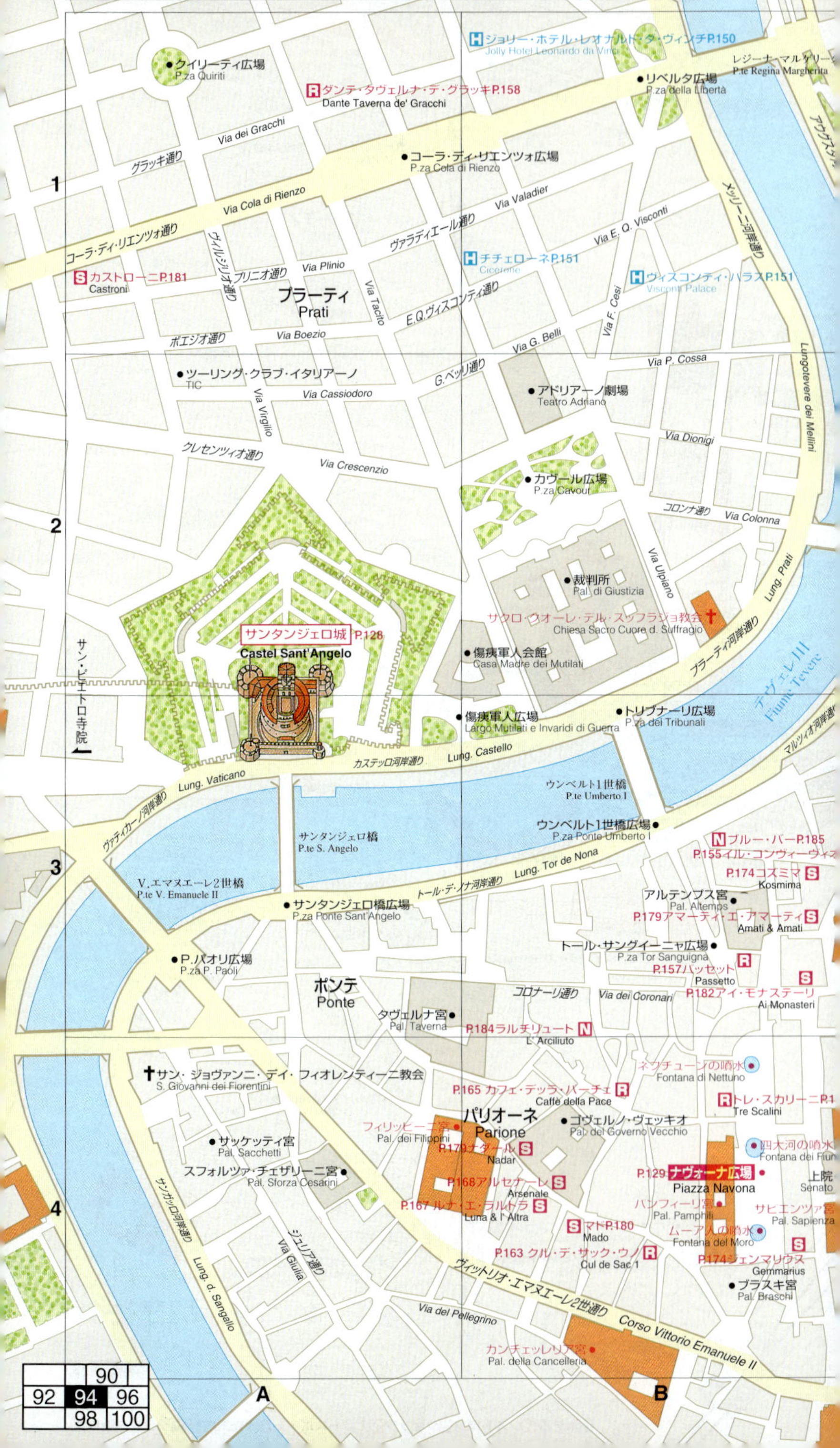

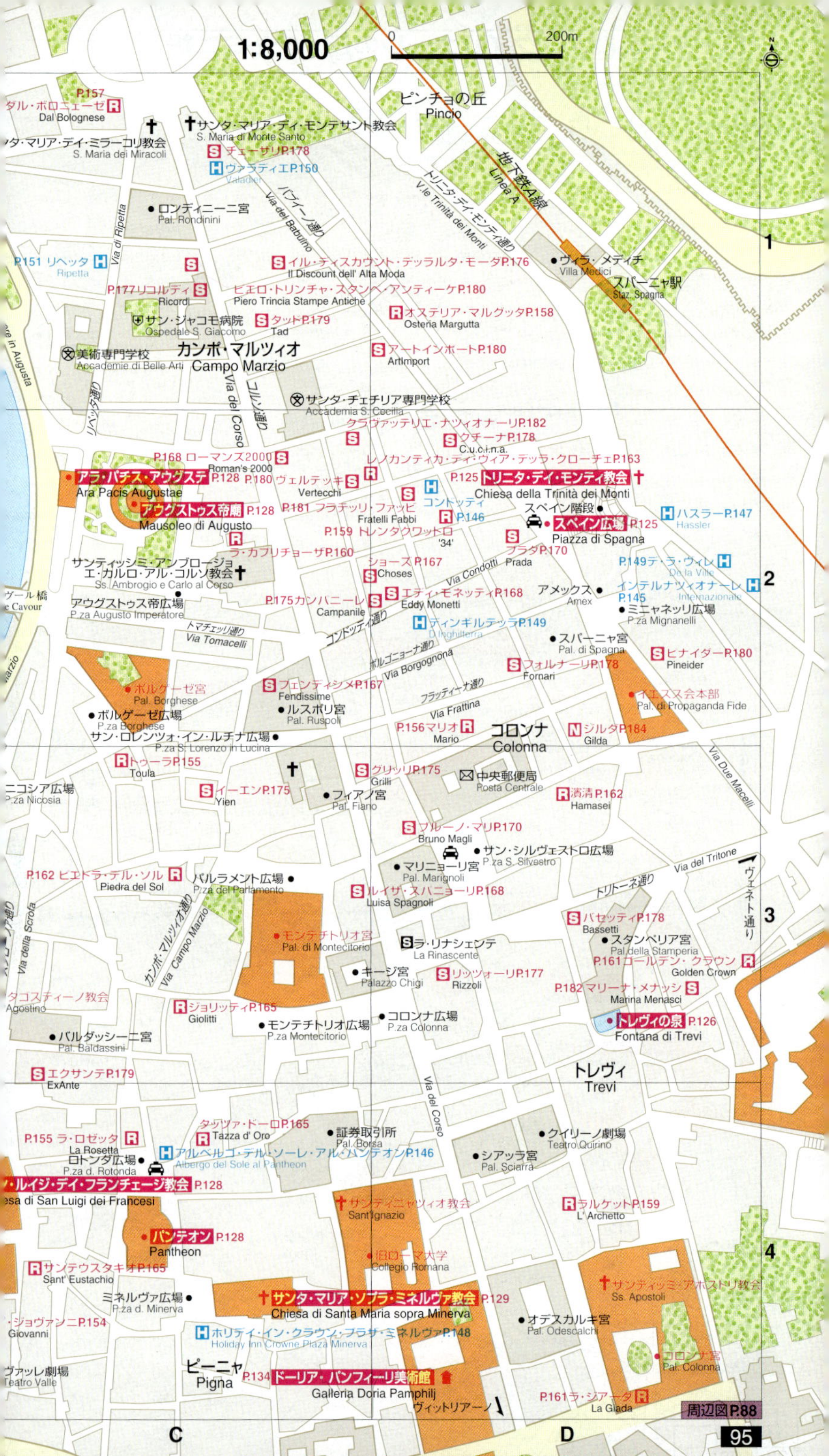

Hホテル Rレストラン Sショップ Nナイトスポット i観光案内所 タクシー乗り場

ローマ中心部④　クイリナーレの丘／テルミニ駅

1:8,000
0
200m
Corso d'Italia
Via Ancona
ノメンターナ通り
Via Nomentana
公共事業省
Ministero dei Lavori Pubblici
ポルタ・ピア広場
P.le di Porta Pia
運輸省
Ministero dei Trasporti
メイフェアP.151
Mayfair
ピアヴェ通り
ヴィラ・パオリーナ
Villa Paolina
ピア門
P.ta Pia
Via Piave
ポリクリーニコ通り
Via Villa Patrizi
サッルスティアーノ
Sallustiano
V.le del Policlinico
クローチェ・ロッサ広場
P.za d. Croce Rossa
サッルスティオ広場
P.za Sallustio
サンタンドレアP.152
Sant' Andrea
ダ・ヴィンチェンツォP.157
Da Vincenzo
Via Flavia
フラヴィア通り
Via XX Settembre
カストロ・プレトリオ
Castro Pretorio
パレストロ通り
モンテベッロ通り
Via Montebello
カストロ・プレトリオ通り
Quintino Sella
9月20日通り
Via Palestro
トリマーニ・イル・ワイン・バーP.163
Trimani il Wine Bar
トリ・マーニP.181
Trimani
大蔵省
Ministero del Tesoro e del Bilancio
Via Gaeta
カストロ・プレトリオ駅
Staz. Castro Pretorio
Via Cernaia
ゴイト通り
ガエタ通り
フィナンツェ広場
P.za Finanze
Via Goito
V.le Castro Pretorio
チェルナイア通り
ヴォルトゥルノ通り
ドムス・メアP.152
Domus Mea
地下鉄B線
Linea B
ーマ地方観光局
ローマ国立博物館P.121
Museo Nazionale Romano
独立広場
P.za Indipendenza
Via Volturno
Via Vicenza
ヴァレーゼP.152
Varese
サンタ・マリア・デリ・アンジェリ教会P.121
Basilica di Santa Maria degli Angeli
イタリア自動車クラブ
A.C.I.
ヴィチェンツァ通り
ディオクレティアヌス帝の浴場跡P.121
Terme di Diocleziano
イタリア政府観光局
ENIT
共和国広場P.120
Piazza della Repubblica
E.デ・ニコラ通り
V.le E. De Nicola
V.le Margherita
五百人広場
P.za dei Cinquecento
テルミニ駅
Staz. Termini
マルゲーラ通り
フィオレンツァP.152
Fiorenza
ヴィラ・ペレッティ広場
Largo Villa Peretti
P.162コリア・ハウス
Korea House
マングローヴィアP.157
Mangrovia
国立ローマ博物館
Museo Nazionale Romano (Ex Coll. Massimo)
テルミニ駅P.120
Stazione Centrale di Termini
マルサラ通り
Via d. Viminale
テルミニ駅
Staz. Termini
ローマ地方観光局
EPT
Via Marsala
ニッツァP.152
Nizza
メディテラネオP.151
Mediterraneo
イリデP.152
Iride
ディーナP.152
Dina
セレーナP.152
Serena
トリノ通り
市電
Tram
アルタヴィラP.152
Altavilla
ツーリングP.152
Touring
デッレ・ローゼP.152
Delle Rose
アベッラP.152
Abella
フィオリーニP.152
Fiorini
カヴール通り
Via Cavour
ジョヴァンニ・ジョリッティ通り
P.152 ミッレローゼ
Millerose
P.177ラツィオ・ポイント
Lazio Point
アクロポリP.152
Acropoli
エスクイリーノ
Esquilino
スウィート・ホームP.152
Sweet Home
エスクイリーノ広場
P.za d. Esquilino
カリフォルニアP.152
California
オネッラP.152
Onella
Via Principe Amedeo
旧水族館
Ex Acquario
Via Giovanni Giolitti
サンタ・マリア・マッジョーレ教会P.121
Basilica di Santa Maria Maggiore
周辺図P.89
1
2
3
4
C
D
ホテル レストラン ショップ ナイトスポット 観光案内所 タクシー乗り場

ローマ中心部⑤　トラステヴェレ／カピトリーノの丘

92	94	96
	98	100
		102

Hホテル Rレストラン Sショップ Nナイトスポット i観光案内所 タクシー乗り場

ローマ中心部⑥　フォロ・ロマーノ／コロッセオ

ホテル レストラン ショップ ナイトスポット 観光案内所 タクシー乗り場

ローマ中心部⑦　カラカラ浴場

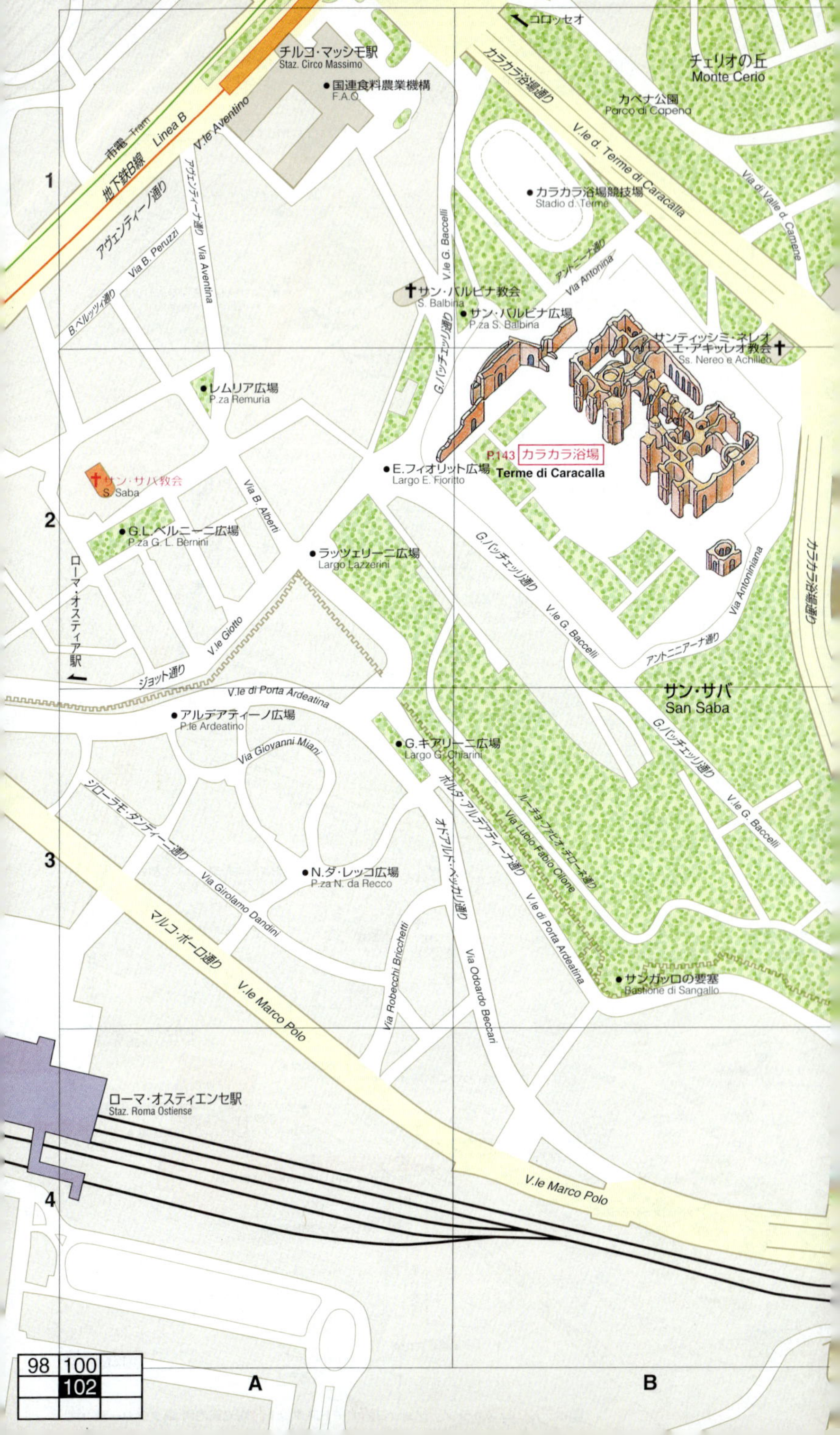

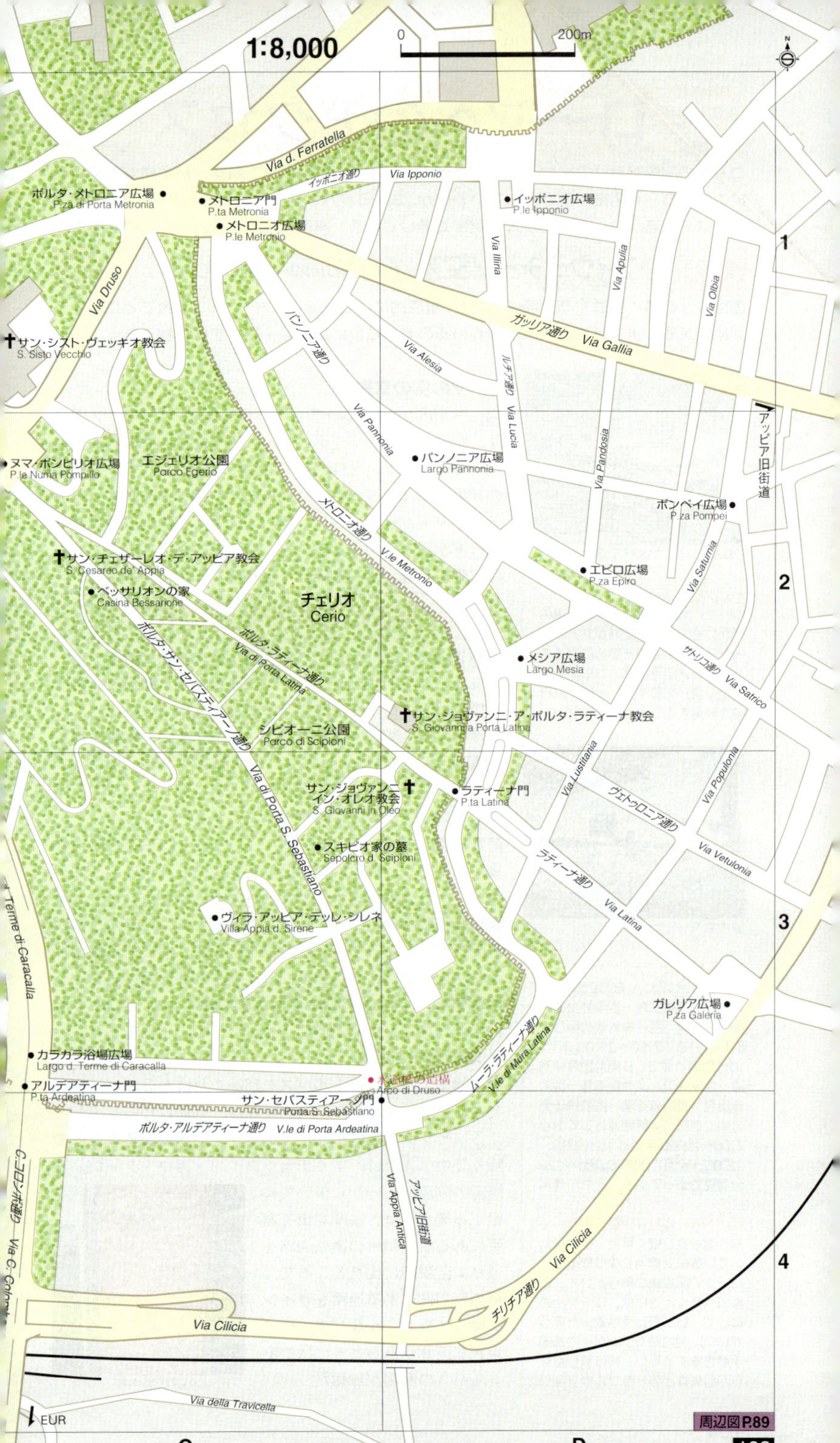

周辺図P.89

Hホテル Rレストラン Sショップ Nナイトスポット i観光案内所 タクシー乗り場

ローマへのアクセス

ローマの国際空港はフィウミチーノ空港だ。日本からアリタリア航空、日本航空、全日空、アエロフロートの直行便が飛んでいるほか、ヨーロッパ各都市からの便も多い。空港から市内へは、鉄道がローマのテルミニ駅まで通じている。直通列車なら約30分で市内に着く。

フィウミチーノ空港 *Fiumicino Aeroporto*

国際線が数多く発着する国際空港だが、規模的にはそれほど大きくない。要所ごとにイタリア語と英語による行き先表示が出ているので、これに従えば、迷わずに移動できる。

こぢんまりとした国際空港

ローマの空の玄関口

ローマ市内から約40kmのところにあるフィウミチーノ空港は、別名レオナルド・ダ・ヴィンチ空港とも呼ばれる。日本からは、ミラノを経由して約14時間で到着する。国際線の発着が多く、ヨーロッパからは、フランクフルト、ロンドン、マドリード、パリのほか、ほとんどの主要都市から直行便が飛んでいる。ローマ以外のイタリア各都市へすぐに移動する場合は、国内線に乗り継ぐことになる。

チャンピーノ空港

ローマにはフィウミチーノ空港のほかにもうひとつ空港がある。市内から約15kmのところにあるチャンピーノ空港には、おもにチャーター便が発着する。一般の旅行者が利用することはあまりない。

到着して税関を出るまで

飛行機を降りる　バスで到着ロビーへ移動。到着のサインに従って進むと入国審査カウンターがある。国際線への乗り換えは、エントランスを入ってすぐ左手の階段を上って2階へ。国内線への乗り継ぎは、そのまま入国審査を通る。

入国審査　カウンターはEUとそれ以外の国籍に分かれるので、確かめて並ぶ。審査はパスポートを見せるだけで、すぐに済む。スタンプも押さないことが多い。

国内線ターミナル

荷物を受け取る　入国審査カウンターを出て右手が手荷物受け取り所。その反対側の壁に空港案内図とローマ市内へのアクセス方法が表示されているので、現在位置と、これからの移動手段について確認しておくとスムーズだ。荷物を受け取ったら、手荷物受け取り所のすぐ前にある税関へ。荷物が出てこなかった場合には、遺失物係に届け出る。

税関審査　申告するものがあれば、係員に申し出る。とくに必要がなければ、右側の出口からそのまま出る。

シャトルバス

シャトルバスは、A、Bの2線ある。A線は国際線到着→国際線出発→国内線出発→国内線到着の順に巡回している。7:00〜22:00まで、10分間隔で運行。B線は国際線到着→空港オフィスや駐車場→国内線出発→国内線到着→国際線出発の順で巡回。24時間運行しており、7:00〜22:00までは15分間隔、22:00〜翌朝7:00までの夜間は20分間隔で走っている。ともに無料。

▶国内線へ乗り継ぐ

国内線までは、シャトルバスを利用すれば5分ほど、歩いても行ける。シャトルバスの乗場は、到着ロビーを出たところにピンクの案内板が出ている。国内線の出発ロビーで降りて中へ入れば、すぐチェックイン・カウンターだ。国際線の到着ロビーから歩いて移動する場合には、税関を出て左手にある鉄道駅への連絡通路を通り、空港駅に出たところで、駅の反対側にある通路をサインに従って進む。かなり歩くので、大きな荷物があるときにはシャトルバスの利用が無難だ。

シャトルバスの案内板

国内線乗り継ぎの際の注意

飛行機を乗り継ぐ場合、荷物はたいてい最終到着地で受け取るが、ローマで国際線に乗り継いで、他都市へ行くときには、ローマ止めにして、いったん受け取ったほうがいい。国内線カウンターで搭乗手続きをする際に、預け直したほうが紛失などのトラブルが少ない。

フィウミチーノ空港に乗り入れる航空会社

AE	AF	AH	AI	AP
AR	AT	AY	AZ	BA
BG	BM	BQ	BU	CA
CO	CP	CU	CX	CY
DL	EI	EK	EN	ES
ET	FU	GA	GF	GH
GN	HM	IB	IG	IR
IY	JL	JU	KE	KL
KM	KQ	KU	LG	LH
LO	LX	LY	LZ	MA
ME	MH	MK	MS	NG
NH	OA	OK	OS	OU
PK	PS	QF	RB	RG
RJ	RK	RO	SK	SN
SQ	SR	SU	SV	TE
TG	TK	TP	TU	TW
UL	U4	US	VA	2G
3D				

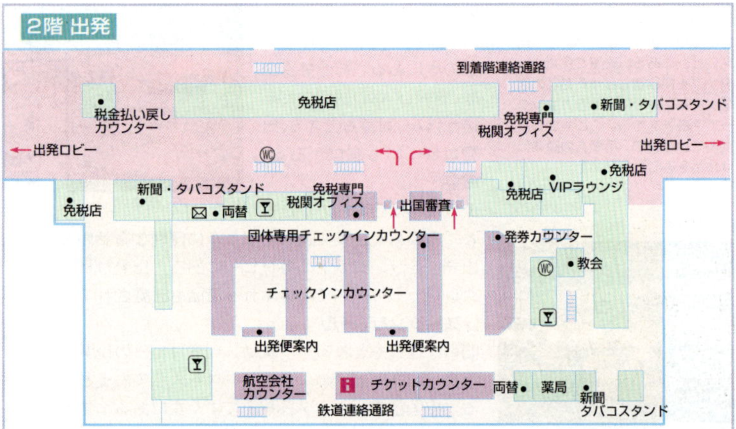

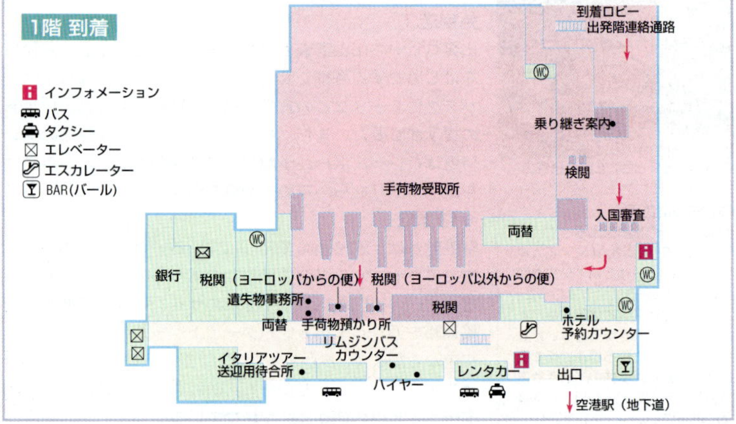

空港の施設

インフォメーション/ホテル予約カウンター

インフォメーションは到着ロビーの税関を出てすぐのところ、ホテル予約カウンターは入国審査カウンターを通り抜けたところにある。インフォメーションは出発ロビーの航空会社カウンターの並びにもある。

両替所

到着ロビーでは、入国審査カウンターを出るとすぐ右手にある。荷物が出てくるのを待つ間に両替をしておくと便利だ。自動両替機も設置されているので、両替所が混んでいる場合にはこちらを利用するといい。レートも悪くない。到着ロビーでは、税関を出て左手にも両替所と自動両替機がある。出発ロビー、トランジット・ロビーにもある。

レンタカー受付

到着ロビーの税関を出てすぐのところにハーツ、エイビス、ユーロダラー、マッジョーレなど主要レンタカー各社の窓口が並んでいる。運転手付レンタカー・サービスもある。

郵便局

到着ロビーの税関を出て左手の奥にある。郵便業務全般、電報、FAXの送信などを扱うほか、両替もできる。出発ロビーにも窓口がある。

空港内にある郵便局

電話

公衆電話は空港内のいたるところにある。長く通話するときに便利な電話局も到着、出発、トランジットの各ロビーにある。出発ロビーには、クレジットカードでかけられる電話も設置されている。

レストラン/バール

簡単な軽食をとれるバールは、到着ロビーの税関を出て右手奥、出発ロビーのエントランスを入って右奥と左奥にある。出国審査カウンターを出てすぐ左にあるエスカレーターで3階に上がると、セルフサービスのレストランがあり、ここでは座って食事ができる。

免税店

出発ロビーの出国審査カウンターを通ると、左右に免税店をはじめとする各種ショップが並ぶ。イタリアならではのパスタやチーズなどの食品も扱う。買物の際には、搭乗券の提示が必要だ。また、ピーク・シーズンの免税店のレジ付近はたいへん混み、予想以上に時間がかかる。おみやげを買うつもりなら、早めの到着を心がけたい。

➔空港駅

空港駅とは、連絡通路で結ばれている。ローマ市内まで鉄道でアクセスする場合には、この駅からの出発となる。到着ロビーの税関を出て左手を駅のサインに従って進む。連絡通路を通り、エスカレーターで上がったところが駅だ。空港から駅まで、歩いて5分ほど。空港駅には、チケット・オフィス、バールなどがある。改札の反対側には、国内線ターミナルへの連絡通路が延びている。

空港内の主要連絡先

フィウミチーノ空港
☎65951(24時間)
アリタリア航空
☎65631(7:00〜23:00)
警察(カラビニエリ、国境警察)
☎65010007/65953595(24時間)
税関☎65954882(24時間)
救急医療☎65953133,4(24時間)
医療センター
☎65011438(24時間)
薬局☎65010840(7:00〜0:00)
鉄道案内☎4775(24時間)
タクシー・サービス
☎65954310(24時間)
フライト・インフォメーション
フィウミチーノ空港
☎65953640/65955237(24時間)
アリタリア航空☎65643(24時間)
バゲージ・インフォメーション
☎65954252(24時間)

免税払い戻しカウンター

IVA税の払い戻しを現金で受け取ることができるカウンターは、出発ロビーにある。税関で書類にスタンプを押してもらったあと、出国ゲートC14の横にあるカウンターで手続きをする。ここもつねに混んでいるので、手続きの時間には余裕をみておきたい。

出発前にくつろげるレストラン

内容、品揃えともに充実の免税店

白タクにご用心

到着ロビーの税関を出るとすぐに「タクシー?」と声をかけてくる人々がいるが、彼らはたいてい白タクの客引き。「鉄道はもう終わった」とか「今日はストで休み」などと言われてもついて行ってはいけない。タクシーに乗る場合は必ず正規の乗場から。本物の運転手は空港内で客引きなどしないことを覚えておきたい。

空港から市内へ

フィウミチーノ空港と国鉄の空港駅を連絡通路が結んでいる。空港とテルミニ駅間をノン・ストップの直通列車が走るなど、ローマ市内までのアクセスはスムーズだ。

フィウミチーノ空港駅

テルミニ駅ー空港直通列車　FS-Alitalia Airport Train

空港とテルミニ駅を約30分で結ぶノン・ストップ列車。空港駅からの出発は朝7:50から1時間に平均1本間隔で運行。最終は22:05だ。料金Lit.1万3000。チケットは予約オフィス窓口か、自動販売機で買える。テルミニ駅22番ホームに到着する。

1番または2番ホームから出発

国鉄普通列車　FS Train

ローマ市内のトラステヴェレTrastevere駅、オスティエンセOstiense駅、トゥスコラーナTuscolana駅、ティブルティーナTiburtina駅などを通る普通列車は、6:15〜0:15まで、約20分間隔で運行している（朝6時台と夜の23時台には運行本数が減る）。チケットは予約オフィスの窓口か、自動販売機で買える。料金はLit.7000。所要時間はトラステヴェレまでが23分、オスティエンセまで26分、トゥスコラーナまで33分、ティブルティーナまで41分だ。オスティエンセで地下鉄B線のピラミデPiramide駅に、ティブルティーナでB線ティブルティーナ駅、トゥスコラーナでA線ポンテ・ルンゴPonte Lungo駅に接続する。オスティエンセーピラミデ、トゥスコラーナーポンテ・ルンゴ間は、駅同士が離れているため、乗り換えには少し歩く。

夜間バス　Night Bus

鉄道が終了してから朝までの間は、空港とティブルティーナ駅を結ぶバスが運行されている。所要時間は約45分。チケットは車内で販売され、料金Lit.7000。空港発は1:15、2:15、3:30、5:00の4本。

タクシー　Taxi

到着ロビーの正面出口を出たところに乗場がある。付近には白タクも多いので、必ずTAXIの表示のある乗場から乗ること。空港からテルミニ駅までは所要時間約45分。料金はLit.7万前後だ。空港から市内まで行く場合、Lit.1万ほどの特別料金がメーター料金に加算される。

タクシー乗場

ローマからフィウミチーノ空港へ

◆テルミニ駅発
テルミニ駅ー空港直通列車
始発は7:00、最終は21:15。この間、平均して1時間に1本の間隔で運行している。チケットはアリタリアのオフィスか、自動販売機、たばこ屋などで購入できる。乗車前に必ず刻印機で日付等を刻印しておく。テルミニ駅の20〜22番ホームから出発するが、よく変更されるので、事前に確認すること。

◆ティブルティーナ駅発
空港行き普通列車
始発は5:00、6:00から22:20までは20分間隔で運行、最終は23:00。

◆ティブルティーナ駅発
空港行き夜間バス
0:30、1:15、2:30、3:45の4本のみ運行している。

空港駅の改札

国鉄駅からバスに乗り継ぐ

空港から普通列車で国鉄駅まで行き、そこからバスに乗り継いで市内へ出る方法もある。トラステヴェレからは27番のバスでテルミニ駅まで行ける。ただし、乗車するときは、駅前にあるバス・ターミナルからではなく、Circonv Gianicocolense通りの停留所から。オスティエンセからなら95番のバスがヴェネツィア広場、ヴェネト通りへ行く。ティブルティーナからは9番がテルミニ駅、492番がテルミニ駅、バルベリーニ広場、ヴェネツィア広場などを通る。

テルミニ駅 *Stazione Centrale di Termini*

ローマ到着の際の陸の玄関口となるのがテルミニ駅だ。国内外からの列車が頻繁に発着し、いつも旅行者で賑わっている。1階と地下には、旅行者に必要な施設が集まっている。

世界中からの旅人が行き交う

おもな施設の営業時間

観光案内所営8:15〜19:15
電話局営8:00〜21:45
アリタリア航空オフィス
営6:00〜21:00
薬局営7:30〜22:00
両替所営7:00〜22:30
商店（電気店、書店、おもちゃ屋、みやげ物屋など）は、店によって異なるが、だいたい営8:00〜22:00

駅でのトラブル対策

旅行者をカモにする詐欺師も出没する。自称観光局のスタッフにホテルやレートの良い両替屋を紹介するといわれてもけっしてついて行かないこと。調子のいい話を持ちかけてくる人は、すべて怪しいと思ったほうがいい。スリ、置き引き、ジプシーなども多い。また、夜はたいへん危険なので、できるだけ近寄らないように。

チケット予約と自動販売機

そのほかの施設

24時間利用できるATM、バール、セルフサービス・レストラン、新聞・雑誌スタンド、レンタカー会社の窓口、投函口が都市別に分けられたポスト、などがある。

充実した設備を誇るターミナル駅

国際、国内線が発着する近代的な駅で、電話局や観光案内所など主要な施設が集まるほか、地下鉄駅もあり、正面の広場はバス・ターミナルになっている。ローマ滞在中は、列車に乗らなくても、この駅を何度も利用することになる。

到着して駅を出るまで

すべての列車は駅の正面玄関方向に向かって到着する。ホームは、線路に向かって左端が1番ホームで、右に行くにつれて番号が上がり、右端が22番ホーム。少し離れた右奥に24〜27番ホームがある。列車から降りたら、ホームの番号を見て、だいたいの位置を確認しておく。進行方向に向かって歩けば改札がある。改札はそのまま黙って通り抜ければいい。改札付近に駅員がいるが、チケットの提示などはとくに必要ない。観光案内所は改札の手前にある。必要なインフォメーションはここで手に入れておけばスムーズ。改札を出たあとにある案内所は鉄道案内所で、地図やホテルの情報は扱っていないので注意を。改札を出て右手にいくとマルサラ通りに出る。左側はジョヴァンニ・ジョリッティ通りに通じる出口だ。直進し、正面玄関から出たところに広がるのは五百人広場で、バス・ターミナルとタクシー乗場がある。

日本語のパンフレットも手に入る

➔駅構内の施設

チケット予約カウンター　正面玄関から入るとすぐにあり、いつも混んでいる。カウンターの向かいにチケットの自動販売機が並んでいるが、使いこなすのは結構難しい。

電話局　テレコム・イタリアが運営する電話局は長距離電話をかけるときに便利だ。テレフォンカードの販売機もある。電話局内だけでなく、駅構内には公衆電話が多い。

アリタリア航空オフィス　22番ホームの横にある。アリタリア航空に乗る場合にはここでもチェックインできる。ただし手荷物のみ、フライトまでに75分以上時間がある場合に限られる。空港行き直通列車のチケットも手に入るが、支払いにはリラの現金しか使えない。この空港行き列車は、20〜22番ホームから出発するが、よく変更されるので、必ず窓口に確認したい。

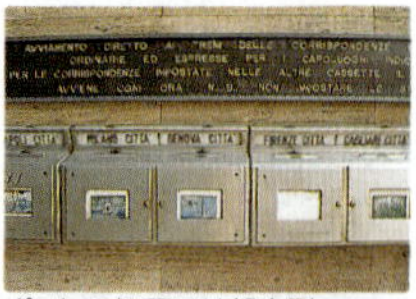

ポストの投函口は都市別

フィウミチーノ空港行き直通列車

地階の施設

終日営業のドラッグストアも登場

テルミニ駅の地下には、床屋に美容院、シャワー、バール、マニキュア・コーナーまで揃う。1階の中央の階段を下りると、左手にこれらの施設がある。入口のところにいる女性に利用内容を告げ、お金を払って中に入る。毎日6:40〜20:20まで営業している。これらの施設に加え、1996年夏には、年中無休24時間営業のドラッグストアがオープンし、話題になった。焼き立てのパンを売るベーカリーや、本屋、45分で写真の現像ができるカメラ店、スーパーなどが出店している。早朝や夜遅くに開いている店が少ないローマでは、旅行者にとっても心強い味方だ。ただし、夜中の駅はけっして安全な場所ではない。便利だとはいえ、常識的な時間帯の利用が望ましい。

駅地下のドラッグストア

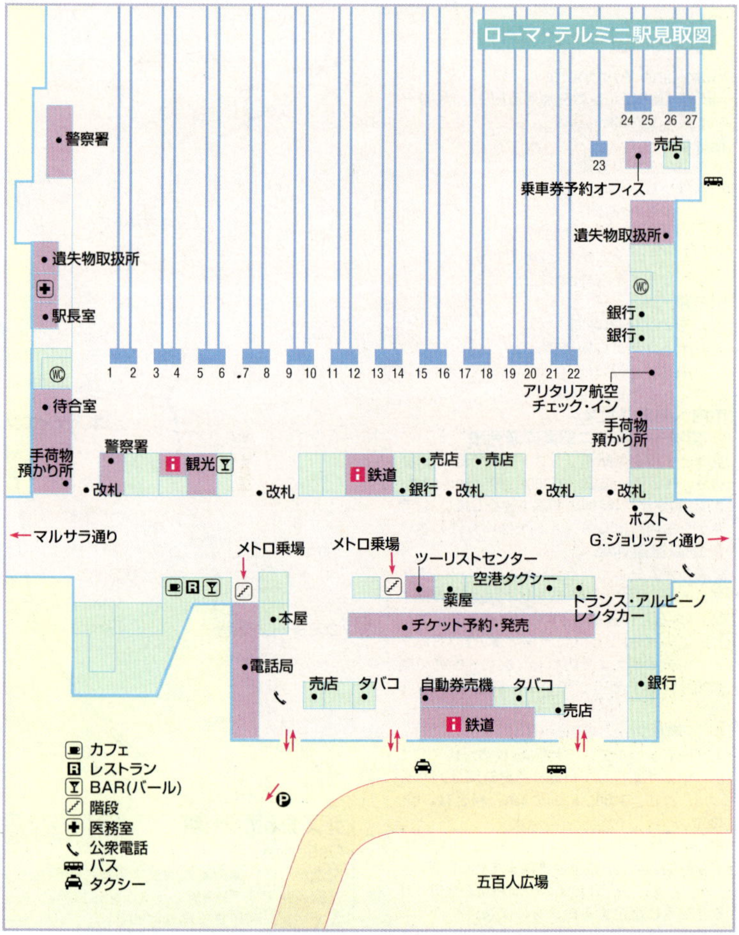

ローマ到着

空港・鉄道駅から市内各所へのアクセス

日本からの飛行機が到着するのはフィウミチーノ空港。空港から市内中心部まで行くには、直通列車をはじめ、普通列車で国鉄駅を経由するなど、さまざまな手段がある。国内外からの鉄道は、テルミニ駅に到着する。テルミニ駅からは、バス、地下鉄、タクシーで市内各所へアクセスできる。

フィウミチーノ空港
Fiumicino Aeroporto

国際線、国内線が多数発着する国際空港。ローマ市内まで約40km。

国際線

- 東京から約14時間
- 大阪から約14時間30分
- パリから約2時間
- ロンドンから約2時間30分
- アムステルダムから約2時間30分
- マドリードから約2時間30分

国内線

- ミラノから約1時間
- ジェノヴァから約1時間
- ナポリから約45分
- パレルモから約1時間

市内へのアクセス

▶ 空港ーテルミニ駅間直通列車

空港とテルミニ駅をノンストップで結ぶ。所要30分。料金は片道Lit.1万3000。朝7:50〜22:05まで、30分から1時間の間隔で運行している。空港から市内へ出る方法としてはいちばん速い。

▶ 国鉄普通列車

空港とオスティエンセ、トゥスコラーナ、ティブルティーナなど国鉄駅を結ぶ。各駅から地下鉄、バスなどに連絡。所要時間はオスティエンセまで約26分、トゥスコラーナまで約33分、ティブルティーナまで約41分。6:15〜0:15の間、約20分間隔で運行している。料金は片道Lit.7000。

▶ 夜間バス

空港ーティブルティーナ駅間。鉄道が終了してから朝まで運行している。所要時間は約45分。1:15、2:15、3:30、5:00の4本。料金は、Lit.7000。

▶ タクシー

所要時間約45分。料金は市内まで約Lit.7万。メーター料金にLit.1万1500の特別料金が加算される。空港に出没する白タクに注意。

オスティエンセ駅
Ostiense

空港からの普通列車が到着する。この駅から連絡通路で地下鉄B線ピラミデ駅に接続。市内までバスを利用する場合は95番。

ティブルティーナ駅
Tiburtina

空港からの普通列車が到着する。地下鉄B線ティブルティーナ駅に連絡。市内までバスを利用するなら、9番か492番。

トゥスコラーナ駅
Tuscolana

空港からの普通列車が到着する。地下鉄A線ポンテ・ルンゴ駅に連絡。

市内交通の起点となるテルミニ駅

テルミニ駅
Stazione Centrale di Termini

国内外からの列車が頻繁に発着するターミナル駅。地下鉄テルミニ駅とも連絡。駅前の五百人広場は、市内各所へアクセスする路線バスのターミナルとなっている。

国際線

ウィーンから約13時間
チューリッヒから約10時間
ミュンヘンから約13時間
バーゼルから約10時間30分

国内線

ミラノから約5時間
ヴェネツィアから約5時間
ボローニャから約3時間
フィレンツェから約2時間
ナポリから約2時間
パレルモから約11時間

市内各所へのアクセス

▶地下鉄テルミニ駅

地下鉄のA線とB線がここで交差する。A線Ottaviano方面にはレプッブリカ、バルベリーニ、スパーニャ、フラミニオの各駅がある。所要時間は2〜15分ほど。B線のLurentina方面へはコロッセオ、チルコ・マッシモ駅など。所要5〜10分。料金は1回券がLit.1500、1日券がLit.6000、1週間券がLit.2万4000。

▶バス・ターミナル

このターミナルを始発とするのは3、14、27、36、36/、38、38/、64、65、105、170、310、317、319、516、517、613、714、715、910の各路線。チケットは地下鉄と共通。

▶タクシー乗場

ローマのタクシーは原則として、乗場からしか乗車できないシステム。基本料金Lit.4500。

チャンピーノ空港
Ciampino Aeroporto

ローマのもうひとつの空港。規模は小さい。国際線はマドリード、バルセロナ、モナコ、コペンハーゲン、ロンドンなど。国内線はミラノやナポリからあるが、いずれも便数は少ない。チャーター便の発着が主。バスが空港と地下鉄A線アナニーナ駅間を結ぶ。1時間に1本の割合で運行。所要約15分。

市内の交通——街を歩く

ローマ市内には、地下鉄、バス、トラムやタクシーから観光用の馬車まで、さまざまな交通手段がある。観光スポットやショッピング・エリアが広い範囲に点在しているローマでは、各種交通機関をいかにうまく使いこなすか、が充実した滞在のための鍵となる。

地下鉄——Metropolitana

2路線しかないローマの地下鉄は、旅行者にも把握しやすく、滞在中、もっとも利用する交通手段となることだろう。バス、トラムと共通の便利なフリー・チケットも活用したい。

地下鉄のマーク

主要スポットと最寄りの地下鉄駅

A線
テルミニ駅—Termini
共和国広場—Repubblica
バルベリーニ広場/ヴェネト通り—Barberini
スペイン広場/コンドッティ通り—Spagna
ポポロ広場/ボルゲーゼ公園—Flaminio
ヴァチカン市国—Ottaviano

B線
コロッセオ/フォロ・ロマーノ—Colosseo
チルコ・マッシモ/カラカラ浴場—Circo Massimo

ローマの地下鉄

地下鉄のマークは赤地に白でMと書かれており、入口付近にこのサインが出ている。AとBの2路線があり、テルミニ駅で交差している。A線はOttavianoオッタヴィアーノ駅からAnagninaアナニーナ駅、B線はRebibbiaレビッビア駅からLaurentinaラウレンティーナ駅を結ぶ。朝の5:30より運行を開始し、23:30発が最終。時間帯にもよるが、運行本数はたいへん多い。地下鉄駅構内に表示されている簡単なサインを覚えれば、初めての人でも簡単に利用できる。主要な見どころやショッピング・エリアはたいてい網羅しているので、旅行者にとっても便利な存在だ。

テルミニ駅構内の地下鉄への入口

地下鉄に乗る

1 路線のチェック

目的駅がA、Bどちらの路線なのかと、向かう方面を確認する。テルミニなど鉄道駅と連絡している大きな駅では路線や進行方向によってホームがまるで違う場所にあることも多いので、最初に確かめておきたい。A線を意味するLINEA A（リネア・アー）とB線LINEA B（リネア・ビ）の表示に従って進むと乗場に着く。

A線の全方面行き乗場へのサイン。A線の表示はオレンジ

B線の全方面行き乗場へのサイン。B線の表示は青

このサインのある場所は進入禁止

2 チケットを買う

ローマ市が運営している地下鉄、路線バス、トラムのチケットはすべて共通だ。チケットの種類と料金、自動販売機の使用方法についてはP.114を参照。地下鉄は、改札口付近に自動販売機か販売窓口、もしくはその両方がある。

チケットについての注意
チケットは刻印をしてから75分間有効だが、いったん改札を出てしまったら時間内であっても再び地下鉄に乗ることはできない。ただし、別路線への乗り換えや、バス、トラムの利用は自由だ。

3 改札を通る

チケットを購入したら、改札口を通る。改札口には刻印機とバーが付いている。刻印機にチケットを挿入すると、ジジッという音と手応えがあり、日付と時刻が印されるので、バーを押して通り抜ける。うまく刻印されていないとバーが開かないので、もう一度やり直す。一日券、一週間券を使用する場合には最初の1回だけ刻印をし、それ以降は駅員にチケットを提示し、改札口の横にある通路を通る。

改札口を抜けるとすぐホームだ

チケットの自動刻印機

改札を通る際の注意

チケットに日付と時間がきちんと刻印されていないと、見つかったときに無賃乗車と見なされ、罰金が科せられるので気をつけること。

4 ホームへ向かう

改札を抜けたらホームへ。ホームまで遠く、階段やエスカレーターを使う駅もあるが、たいていは改札のすぐ前。ホームに表示されている路線図で目的駅を確認し上りと下りの電車を間違えないように。自分がいまいる駅とこれから向かう駅、終点駅との関係を把握しておくといい。

地下鉄テルミニ駅ホームの路線表示(A線)。左はAnagnina方面、右はOttaviano方面。この表示を確認してから乗車する

5 電車に乗る

電車が停車したら、乗り込む。自動ドアの車両がほとんどだ。車内にも路線図が表示されている。

地下鉄の車両。あまりきれいではない

6 電車を降りる

目的駅に到着したら、駅名を確認し、電車から降りる。出口を意味するUSCITAのサインに従って進むと改札口に着くので、そのまま出る。チケットを渡す必要はない。

駅名を確認してから降りる

電車を乗り換えるときは、その路線の表示に従って進む。USCITAのサインに従って進むと出口がある

改札は入口と出口が別になっている

✸地下鉄でのトラブル対策

比較的治安が良いといわれるローマの地下鉄だが、それでも安全ではない。朝夕のラッシュ時は、混んだ電車に無理をして乗り込むよりは、次の電車を待つ余裕がほしい。身動きのとれない混んだ電車には、スリも出没する。もしそれでも乗る必要がある場合には身の回り品に十分な注意を。駅構内には薄暗い場所も多く、ジプシーや怪しげな人物も集まる。電車を待つときは、ひと気のある明るいところを選ぶ、あまり遅い時間帯には乗らない、などを心がけたい。

降車するときのマナー

混んでいる電車内では、降りるときに、人が前にいたら、無言でぐいぐい押したりせずPermesso(ペルメッソ＝失礼)のひと言を忘れずに。もちろん、自分が降りないとき、同様に声をかけられたら、立ちふさがらず、場所をあける。

チケットの種類と買い方

ローマ市内の地下鉄、バス、トラム、国鉄２等車は共通のチケットで利用できる。１日や１週間のフリー・チケットもあるので、滞在期間に合わせて活用したい。

チケットの種類

B.I.T.　一回券で、使用時に刻印機で日付と時刻を刻印する。75分間有効。地下鉄、バス、トラム間で乗り換え、乗り継ぎができるが、地下鉄は一度改札を出たら、再び乗ることはできない。市内の国鉄も利用できるが、この場合も1回のみで、地下鉄は利用できない。バス、トラムは可能。Lit.1500。

B.I.G.　１日券で、B.I.T.と同様、使用開始時に日付と時刻を刻印する。その日の夜0時まで有効だ。Lit.6000。

C.I.S.　１週間券。使い方はB.I.G.と同じ。有効期間は使用開始から7日目の夜0時まで。Lit.2万4000。

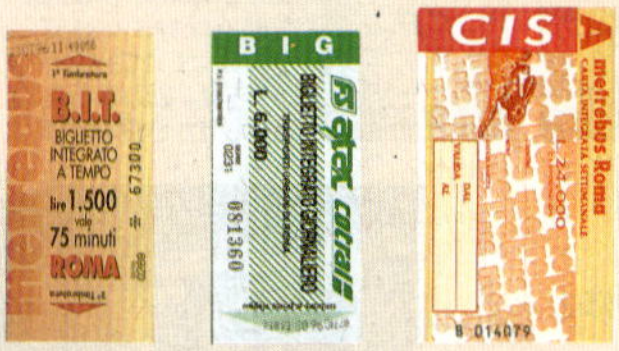

B.I.T.　B.I.G.　C.I.S.

チケットの買い方

チケットは乗場付近にあるATACのサインが出ている自動販売機やタバッキ、新聞、雑誌のスタンド、バス・ターミナルにある窓口などで購入できる。

自動販売機の使い方

❶各国語のなかから希望の外国語を選ぶ
❷選んだ言葉でガイダンスが表示される
❸チケットの種類を選ぶ
❹コインの挿入口。使用できるコインはLit.50、100、200、500
❺紙幣の挿入口。Lit.1000、１万が使用できる

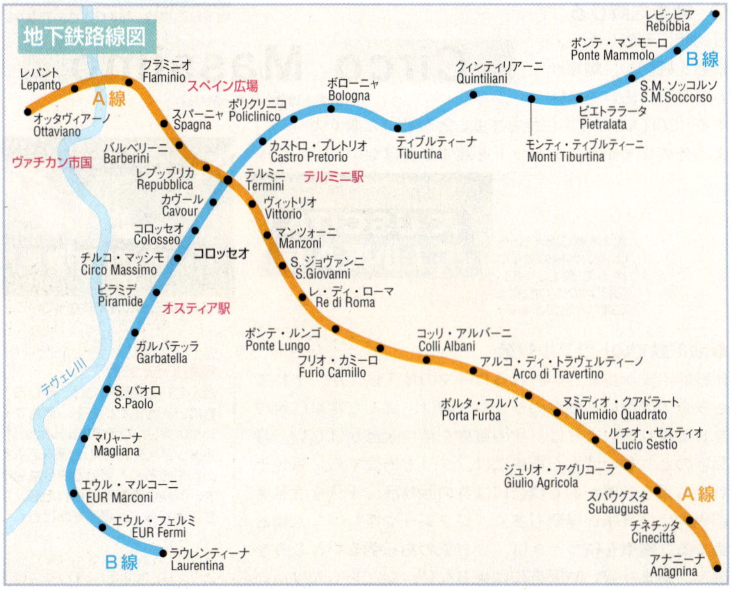

バス —— Autobus

路線バスは市内ほぼ全域を網羅し、地下鉄が通っていない場所もカバーしている。観光スポットの近くを通る路線など、観光客がよく利用するバスにはスリも多いので注意したい。

ローマのバス

路線バスの始発は朝5:30、最終は夜の0:00頃。この間、路線にもよるが、10分程度の間隔で運行している。おもなバス・ターミナルはテルミニ駅前の五百人広場、中央郵便局の前のサン・シルヴェストロ広場、ヴェネツィア広場などにあるが、停留所のある場所なら、どこからでも乗れる。路線はかなり複雑なため、うまく乗りこなそうと思ったら、まず、路線マップを手に入れること。テルミニ駅構内や付近の新聞・雑誌スタンドで購入できる。チケットは地下鉄、トラムと共通のもの。バス・ターミナルには窓口もある。

テルミニ駅前のバス・ターミナル

地下鉄終了後も運行しているバス

Notturnoという表示があるバスは夜間にも運行する。0:30頃から始発が動き出す5:30前まで、30分～2時間ほどの間隔で走っている。

おもな路線と経由地

20N/21N—コロッセオ、サンタ・マリア・マッジョーレ教会、テルミニ駅など

25N—サン・シルヴェストロ広場、トリトーネ通り、ヴェネト通りなど

60N—ヴェネト通り、バルベリーニ広場、コルソ通り、ヴェネツィア広場など

78N—ヴェネツィア広場、ナツィオナーレ通り、テルミニ駅など

バスに乗る

1 路線図を読む

Fermataフェルマータと呼ばれる停留所の看板には、そこを通る路線の番号とそれぞれの路線の停留所名、進行方向が記されている。現地点の停留所名は、赤い線で囲んであるので、そこを起点に行き先と乗る路線を確認する。

2 バスに乗り込む

バスが来たら、路線番号を確認して乗り込む。バスは手を挙げるなどの意志表示をしないと止まらずにそのまま走り去ってしまうので注意したい。ドアは、前、真ん中、後ろと３カ所あり、乗車専用は前と後ろ。パスを持っている人は前ドアから入り、運転手に提示する。チケットの人は後ろドアから乗車し、刻印機で日付と時刻を刻印する。これを怠ると、見つかったときに高額の罰金を払うことになる。検札も意外に多い。真ん中のドアは降車専用だ。

バス前面の左上に路線番号が表示されている

前と後ろのENTRATAと書かれているのが乗車口。真ん中のUSCITAは降車口

3 バスから降りる

車内アナウンスなどはなく、土地勘がないと目的の場所で降りるのが難しい。最初に目的地の名前を書いたメモを運転手に見せておくのがいいだろう。降りるべき場所で教えてくれる。あらかじめ降りる場所がわかっている場合には、目的地の少し手前でブザーを押す。降車は真ん中のドアから。ほかのドアの前で待っていても開かない。

見どころ43カ所をまわる路線バス

路線バスで、観光スポットをまわるツアーがある。毎日15:30(冬季は14:30)、五百人広場にあるATACのオフィス前から出発する。予約は必要なく、出発の30分前に集合する。利用するのは110番のバスで、ほかのオレンジのバスと異なり、車体の色は青だ。所要3時間半。料金はLit.1万5000。

タクシー —— Taxi

確実に目的地に着くための交通手段としては、タクシーが便利だ。規定の乗場から正規のタクシーを利用すれば、トラブルも少ない。問題があるときは、登録番号を控えておく。

タクシー乗場のサイン

ローマのタクシー

屋根にTAXIのサインが出ており、車体の色は黄色と白の2種類がある。正規のタクシーは、ナンバー・プレートの横か、後部座席の左側ドアに市の登録番号が表示されている。原則として乗場から乗るか、電話で呼ぶシステム。路上で空車のタクシーに手を挙げて合図しても、止まることはめったにない。乗車拒否ではなく、流しのタクシーを拾う習慣がないためなので、タクシー乗場を探したほうがいい。おもな乗場は、テルミニ駅前の五百人広場、スペイン広場、バルベリーニ広場、ヴェネツィア広場、ポポロ広場、サン・シルヴェストロ広場、パンテオン、ラルゴ・アルジェンティーナ、ヴァチカン市国方面ならサン・ピエトロ広場そば、リソルジメント広場などにあるので、覚えておきたい。夜遅くは、外出先で帰りのタクシーを呼んでもらうようにするといい。

正規のタクシーには黄色と白の2種類がある

タクシーを呼ぶ

タクシー乗場が見つからないときには、電話で呼んでしまうほうが早い。現地点の住所(通り名と番地など)を連絡し、オペレーターが告げるコード番号が書かれた車を待つ。この場合の料金は呼んだ時点から計算される。ローマ市内には無線タクシーの会社がいくつかあるが、内容はみな同じだ。

Radio Taxi(無線タクシー)
☎ 4157、6645、4994、88177、3570

タクシー料金

乗車したときにメーターが基本料金になっているかを必ず確認する。基本料金はLit.4500。22:00～翌朝7:00には夜間料金Lit.5000、日曜と祝日にはLit.2000が加算される。大きな荷物があるときは1個につきLit.2000、また空港へ行く場合などにも特別料金が加算される。運転手席の後ろには、どんなとき特別料金が加算されるかを記した料金表がかけてあるので参考にするといい。

メーターが基本料金かを確認する

馬車 Carrozza

観光馬車で市内をまわる

コロッセオやスペイン広場、真実の口の前、サン・ピエトロ広場など、おもな観光スポットのそばには、必ず観光馬車が客を待っている。たいていは5人乗りで、40分～1時間ほどかけて市内の見どころをまわる。料金は交渉次第だが、相場はLit.20万前後とかなり高い。トラブルを防ぐためには、乗る前に時間とルート、料金をきちんと決めておく。何人かで乗る場合は、料金が1人あたりのものか、全員分なのかも確認しておいたほうがいい。交渉が成立すれば、のんびりと馬車に揺られてのローマ観光も風情があって悪くない。

観光スポットで必ず目にする馬車

トラム――Tram

おもに市街の周辺部を走るトラムは、地元の人々の交通手段として愛用されている。観光やショッピングの足には向かないが、車窓からの風景とのどかな雰囲気を味わうのも悪くない。

地下鉄、バスと組み合わせての利用が便利

中心部を通らないため、利用の機会はあまりないかもしれないが、コロッセオやのみの市が開かれるポルタ・ポルテーゼなどを通る路線もある。地下鉄やバスと組み合わせれば、目的地によっては効率的にアクセスできる。停留所にはバスと同様、フェルマータが立つ。トラムの車体には路線番号と行き先名が表示されている。乗り方やチケット、路線図の見方などはバスとまったく同じ。路線マップにも、バスと一緒にトラムの路線が記載されている。

どこかのんびりした雰囲気

乗車はいちばん後ろのドアから

行き先と路線番号が表示されている

レンタカー／スクーター／レンタサイクル――Autonoleggi, Rental

街中に観光スポットが点在するローマには、スクーターやレンタサイクルを貸し出す店が多い。手軽に利用できるのが魅力だが、事故には十分気をつけたい。

レンタカー

もともとの道が入り組んでいるうえに、路上駐車で道幅が狭くなっていたり、渋滞が多かったりとローマ市街での車の運転はすすめられないが、ローマを拠点に、近郊の街へ足を延ばすときには、レンタカーが便利。レンタカー会社のオフィスはフィウミチーノ空港やテルミニ駅のほか、市内数カ所にある。

テルミニ駅のレンタカー窓口

レンタカー会社の連絡先
Avis ☎47011219
Eurodollar ☎167018668
Europcar ☎4882854
Hertz ☎167822099
Maggiore ☎167867067
故障の際にはACI(イタリア自動車クラブ)に連絡する。☎514971

スクーター

小回りのきくスクーターは確かに便利だが、渋滞や路上駐車の隙間をぬって石畳を走るには、かなりテクニックが必要なことも覚えておきたい。49cc以上のスクーターを運転する場合は、国際免許証が必要。観光シーズンには、おもな観光スポットや広場に店が出ている。常設の店もある。料金はだいたい4時間Lit.3万、1日ならLit.5万ぐらいだ。

レンタサイクル

スクーターよりもっと手軽に利用できるのが自転車。スクーターの隣で自転車も貸し出しているところが多い。マウンテンバイクと、普通の形の2種類から選べることもある。料金は1時間Lit.5000、1日Lit.1万5000くらいが相場だ。マウンテンバイクなら、1時間Lit.7000、1日Lit.2万ほど。

自転車の横に料金が表示してある

ローマの観光名所ベスト15

街そのものが、大きな見どころともいえるローマ。古代の遺跡、数々の歴史の舞台となった教会や城館、芸術家たちの相克を語る美術館、どこを歩いていても出会う、過去の偉業たちが現代の街並にしっくりと溶け込んでいる。

❶スペイン広場→P.125
映画『ローマの休日』でも有名な、ローマでいちばん華やかな広場

❷サンタンジェロ城→P.128
重厚な城の前に架けられた優美な橋も見もの

❹システィーナ礼拝堂
修復後、鮮やかな色が蘇った天井画と『最後の審判』はミケランジェロの最高傑作→P.141

❸サン・ピエトロ寺院
ヴァチカン市国にあるカトリックの総本山。壮麗な内部装飾とクーポラからの眺めは必見→P.139

❼ナヴォーナ広場→P.129
ベルニーニ作の『四大河の噴水』など3つの噴水を中心とする広場。冬季には市も立つ

⓫フォロ・ロマーノ→P.133
古代ローマの栄光を物語る、規模の大きな遺跡群。南側にはパラティーノの丘が広がる

❺サンタ・マリア・イン・トラステヴェレ教会→P.137
入口上部のモザイクが見事

⑧ボルゲーゼ公園➡P.123
緑溢れる美しい公園内に、ヴィラ・ジュリア博物館や近代美術館など見どころが豊富

⑨トレヴィの泉
コインを投げる観光客の姿がつねに絶えない。建物の壁面に造られた、バロック様式の傑作➡P.126

⑩ヴィットリオ・エマヌエーレ2世記念堂➡P.131
遠くからでもひと際目立つ、堂々たる白亜の建造物

⑫テルミニ駅
世界中からの旅行者がこの駅を往来する。ムッソリーニの命により着工、1950年完成➡P.120

⑮コロッセオ➡P.132
古代ローマの巨大な円形競技場。内部や２階部分にも入場できる

⑬サン・ジョヴァンニ・イン・ラテラーノ教会➡P.121
ボッロミーニ設計の荘厳な教会。モザイク壁画は必見

⑥真実の口広場
この広場の一隅に建つ教会の柱廊に『真実の口』がある➡P.134

⑭カラカラ浴場➡P.143
往時の規模を彷彿とさせる、古代ローマの浴場跡。最盛期には各種風呂のほか、図書室や運動場もあった

テルミニ駅/ヴィットリオ・エマヌエーレ2世広場周辺

Termini, Piazza Vittorio Emanuele II

テルミニ駅前の五百人広場は市内観光の一大拠点。市バス、メトロ、トラム、タクシー乗場が集中し、世界中からの観光客で賑わっている。駅の周辺にはローマ国立博物館や教会が建ち、ヴィットリオ・エマヌエーレ2世広場には日曜を除く毎日、青空市が立つ。

詳細図→P.96/97

アクセス

Ⓜ A/B線 Terminiテルミニ駅
A線 Repubblicaレプッブリカ駅
A線 San Giovanniサン・ジョヴァンニ駅
バス 3 16 27 36 36/ 37 38 38/ 64 65 70 75 105 136 137 170 310 317 319 613 714 715 910
トラム 14 516 517

ローマの旅の情報収集

観光案内所はテルミニ駅構内と共和国広場の北のパリージ通りにある。日本語のパンフレットも多数用意されている。なお、駅の地下にはローマでは珍しい24時間営業のスーパーがある。食料品からみやげ物まで扱っていて重宝するが、深夜一人での買物は控えたい。

憧れの古都ローマの玄関口

終着駅という名の**テルミニ駅**は、どこか甘く切ない恋物語を予感させる。デ・シーカ監督の映画『終着駅』もこの駅を舞台にしたラブロマンスだった。だが、現実のテルミニ駅周辺に出没するのは恋泥棒ではない。彼らのおめあては旅行者の財布と荷物。怪しげな人物に出くわさぬうちに、駅前の**五百人広場**へと急ごう。隣接する**共和国広場**では、水の女神**ナイアディの噴水**から空高く水柱が立ち昇っている。

世界中からの旅行者で賑わうテルミニ駅

右手にある**サンタ・マリア・デリ・アンジェリ教会**は、古代遺跡にミケランジェロが手を加えた造形美の極致。

ディオクレティアヌス帝の浴場跡とローマ国立博物館 を見学したら、広場を囲む19世紀の柱廊を散策。薄暗い回廊の奥に店舗が並び、一種独特の雰囲気だ。

トリノ通りを南へ下ると右手に**オペラ座**、さらに下ると**サンタ・マリア・マッジョーレ教会**の立派な後陣が見えてくる。教会と駅の間は格安のホテル街だが治安は良くない。ここから青空市の立つ **V.エマヌエーレ2世広場** まで歩いて5分。おいしそうな食材が山と積まれ、思わずノドが鳴る。

テルミニ駅

地図P.97 D-3

Stazione Centrale di Termini ★★

共和国広場から徒歩3分

鉄道とバスが発着する"ローマの玄関"

国内外からの列車が頻繁に発着している。ガラスと大理石を用いた明るく近代的な建物だ。法王ピウス9世が1860年ごろに考案したローマ中央駅が前身で、のちに独裁者ムッソリーニが改築を命じ、1950年に現在の形になった。ヴィットリオ・デ・シーカ監督の名画『終着駅』(1953年)の舞台となったことでも有名。コンコースには各種商店のほかに両替所、観光案内所、郵便局、銀行、レンタカー会社などがある。駅前の五百人広場は路線バスのターミナル。

共和国広場

地図P.97 C-3

Piazza della Repubblica ★★

Ⓜ A線 *Repubblica*レプッブリカ駅から徒歩1分

4人の妖精が水を噴き上げる広場

もとはディオクレティアヌス帝の造った大浴場跡の円形広場だったが、それをもとに、イタリアが統一された1861年に造られた。柱廊のある半円形のアーケードに囲まれており、中央には4人の妖精が優雅にたたずむナイアディの噴水がある。20世紀初頭に彫刻家ルテッリが造ったもので、夜にはライトアップされ、美しさが増す。アーケードにはバールや商店があり、夏にはステージで音楽会が催される。観光バスや長距離バスの発着所もある。別名エセドラ広場。

サンタ・マリア・マッジョーレ教会　地図P.97 C-4

Basilica di Santa Maria Maggiore ★★

M A／B線*Termini*テルミニ駅から徒歩5分

聖母マリアに捧げられた最初の教会

ローマ4大大聖堂のひとつ。356年の夏、法王リベリウスの夢にマリアが現われ、明朝、雪が降るところに教会を建てよと告げた。この言葉に従い5世紀に創建されたが、改築を重ねたため、時代ごとの様式美が各所に見られる。身廊にある円柱の上部は5世紀のローマ・モザイクで飾られ、ローマで最も高い鐘楼はロマネスク様式、ファサードはバロック様式だ。開7:00〜20:00

正面のみならず背面の造りも堂々たるもの

オペラ座　地図P.96 B-3

Teatro dell'Opera ★★

M A線*Repubblica*レプッブリカ駅から徒歩4分

イタリアを代表するオペラ劇場

1880年に完成した。当初はテアトロ・コンスタンツィと呼ばれていた。1890年にマスカーニの『カヴァッレリア・ルスティカーナ』、1900年にプッチーニの『トスカ』が初演されるなど、オペラの歴史を飾る名演がいくつも舞台に上った。

P.za Beniamino Gigli 1 ☎4817003

サン・ジョヴァンニ・イン・ラテラーノ教会　地図P.101 D-4

Basilica di San Giovanni in Laterano ★★

M A線*San Giovanni*サン・ジョヴァンニ駅から徒歩3分

歴代の法王の住まいだった大聖堂

ローマ4大大聖堂のひとつ。コンスタンティヌス帝がキリスト教を公認(313年)した直後に建てられ、1309年まで歴代の教皇の住まいだった。入口に向かい左手にコンスタンティヌス帝像がたたずみ、ファサード上方には使徒を従えたキリスト像が立つ。内部はフレスコ画やモザイクで飾られ、厳かな雰囲気だ。正面には、キリストが裁かれたとき上ったとされる聖なる階段(スカラ・サンタ)のある礼拝堂が建つ。開7:00〜19:00

壮麗な教会内部も必見

サンタ・マリア・デリ・アンジェリ教会　地図P.97 C-3

Basilica di Santa Maria degli Angeli ★★

M A線*Repubblica*レプッブリカ駅から徒歩1分

大浴場を改築した広壮な広間を持つ教会

16世紀半ばに、法王ピウス4世の命により、ディオクレティアヌス帝浴場の跡に建てられた。ミケランジェロが設計を担当し、浴場の大ホールを見事に教会へと改築している。主祭壇裏の法王ピウス4世廟もミケランジェロの作。サン・ピエトロ寺院から運ばれたドメニキーノの『聖セバスティアヌスの殉教』などの絵画も見ものだ。

開7:30〜12:30 16:00〜18:30

ディオクレティアヌス帝の浴場跡　地図P.97 C-3

Terme di Diocleziano ★★

A線*Repubblica*レプッブリカ駅から徒歩1分

一度に3000人が利用できた巨大浴場

首都を小アジアのニコメディアに移され、不満のうっ積していたローマ市民を懐柔するため、ディオクレティアヌス帝が4世紀初頭に完成させた巨大浴場。図書館や庭園、展覧会場などの文化施設も完備していた。跡地の一部には国立博物館やサンタ・マリア・デリ・アンジェリ教会がある。

博物館●美術館

ローマ国立博物館　地図P.97 C-2

Museo Nazionale Romano ★★

M A線*Repubblica*レプッブリカ駅から徒歩1分

ギリシア・ローマの古代美術の殿堂

ディオクレティアヌス帝の浴場跡に建つ別名テルメ(浴場)博物館。古代ギリシア・ローマの美術品を多数展示するが、近年、五百人広場のマッシモ宮におもな所蔵品が移転された。現在、3つの建物で展示される。開9:00〜14:00(日曜、祝日は〜13:00) 休月曜 料Lit.1万2000 P.za dei Chinquecento 68/P.za della Repubblica/Via E. de Nicola 79 ☎48903500

ボルゲーゼ公園／ポポロ広場周辺

Villa Borghese, Piazza del Popolo

緑溢れるボルゲーゼ公園はローマっ子の憩いの場。園内には美術館や動物園があり、人工湖ではボート遊びも楽しめる。ピンチョの丘の展望台は夕暮れにかすむ市街地が一望できる人気スポット。眼下のポポロ広場には古代エジプトのオベリスクがそびえている。

詳細図→P.90/91

アクセス

Ⓜ A線 Flaminioフラミニオ駅
バス 90 90/ 95 119 225 490 495 926
トラム 19 30/

メディチ家の演奏会

美しい庭園の広がるメディチ家の館には、1803年以来フランスのアカデミーが置かれている。毎年、音楽、絵画、彫刻、建築の4部門でコンクールが開かれ、優勝者にはこの館で英才教育を受ける権利が与えられる。これまでにベルリオーズやビゼー、ドビュッシーらがこの栄誉に浴している。館の見学はガイド付で水曜のみ。夏は音楽とバレエ祭が開催される。問い合わせは☎67611。

気分は名門貴族

ボルゲーゼ公園内を散策する観光馬車の乗場はボルゲーゼ美術館通りにある。広い公園を短時間で、しかも優雅な気分でまわれるので人気が高い。料金は交渉次第なのであらかじめ確認しておく。

カフェで謎解く教会の秘密

ポポロ広場はローマの北の玄関口、**ポポロ門**に続く楕円形の広場。南に延びる３本の通りはそれぞれ**スペイン広場**、**ヴェネツィア広場**、**マダーマ宮**方面へ向かい、真ん中の**コルソ通り**の両脇には**双子教会**が並んでいる。じつはこの教会、形はそっくりだが大きさが違う。同じように見えるのは、左側に楕円の屋根、右側に正円の屋根を配すという凝った仕掛けが施されているせいだ。イタリアでは遠近法が発明されて以来、こういった知的遊戯がもてはやされた。

教会の左右にある２軒のカフェ、カノーヴァとロザーティはどちらも19世紀から続く老舗。広場を眺めながら上質のエスプレッソを味わいたい。

緑が美しいボルゲーゼ公園

ポポロ門に接する**サンタ・マリア・デル・ポポロ教会**は、15〜16世紀の巨匠たちによる芸術作品の宝庫。門を出て右折すると**ボルゲーゼ公園**の入口がある。

貴族たちの愛した丘

公園は周囲が約６km。園内には広い並木道と細い散歩道が交錯し、カシの木やカラカサマツが心地よい木陰をつくり出している。

午前中は**湖の庭園**や**シエナ広場**をゆっくりと散策し、午後は**ボルゲーゼ美術館**や**ヴィラ・ジュリア・エトルリア博物館**、**国立近代美術館**を見学。ときおりすれ違う馬車や騎馬警官が、華やかなりし頃の貴族生活を垣間見せてくれる。

日が暮れてきたら**メディチ家の館**が建つ**ピンチョの丘**を目ざす。丘の上のテラスからは街の西側が一望でき、夕陽が沈む頃にはため息が出るほどの美しさとなる。

ポポロ広場から見た双子教会

サンタ・マリア・デル・ポポロ教会の内部

ポポロ門を通り抜けると円形のポポロ広場が広がる

ポポロ門とポポロ広場 地図P.90 A-4

Porta del Popolo e Piazza del Popolo ★★

M A線Flaminioフラミニオ駅から徒歩1分

ローマ旧市街の北の玄関口

古代ローマ5街道のひとつフラミニア街道を南下すると、ローマの玄関口ポポロ門に至る。15世紀に創建され、1655年に、スウェーデンのクリスティーナ王妃のローマ訪問を記念し、ベルニーニが内部に装飾を施した。門をくぐるとポポロ広場。その中央には、皇帝アウグストゥスが紀元前1世紀にエジプトから持ち帰った高さ24mのオベリスクがそびえ、広場の南側には2つのよく似た教会、通称、**双子教会**が並んでいる。

サンタ・マリア・デル・ポポロ教会 地図P.90 A-4

Chiesa di Santa Maria del Popolo ★

M A線Flaminioフラミニオ駅から徒歩1分

巨匠らによるキリスト教美術の宝庫

ポポロ門の東側に隣接している。皇帝ネロの亡霊からローマ市民を守るため、1099年、法王パスカリス2世により創建された。内部は巨匠らの手により壮麗に飾られ、ラファエロが銀行家アゴスティーノ・キージのために設計した**キージ礼拝堂**やカラヴァッジョの『聖パウロの改宗』、ベルニーニの『予言者アバクク』などが見ものだ。

開 7:00〜12:30 16:00〜19:30

ボルゲーゼ公園 地図P.91 C-4

Villa Borghese ★★

M A線Flaminioフラミニオ駅/Barberiniバルベリーニ駅から徒歩1分

緑豊かなローマ市民の憩いの場

枢機卿に任じられたシエナ出身のシピオーネ・ボルゲーゼが17世紀に造った豪壮な庭園。総面積6kmという広大な敷地には森や池が散在し、いつも多くのローマ市民が散歩を楽しんでいる。**ボルゲーゼ美術館、国立近代美術館、ヴィラ・ジュリア・エトルリア博物館**などの文化施設もある。

博物館●美術館

ヴィラ・ジュリア・エトルリア博物館 地図P.90 B-2

Museo Nazionale Etrusco di Villa Giulia ★★

M A線Flaminioフラミニオ駅から徒歩7分

豊かなエトルリア文明の遺産に会える

イタリア美術の源流と考えられる先住民族エトルリア人の手になる美術品が多数展示されている。夫婦の愛情が見事に表現された『夫婦の陶棺』などが有名だ。建物は16世紀に建てられた法王ユリウス3世の別荘。

P.le di Villa Giulia 9 ☎3201951 開9:00〜19:00(日曜は〜13:00) 休月曜 料Lit.8000

ボルゲーゼ公園の緑の中にたたずむ美術館

ボルゲーゼ美術館 地図P.91 D-3

Museo e Galleria Borghese ★★

M A線Flaminioフラミニオ駅から徒歩8分

名門ボルゲーゼ家のコレクションを展示

1615年頃に完成した枢機卿シピオーネ・ボルゲーゼ邸を美術館にした。所蔵品は彼の収集品が中心で、著名な作品が多い。彫刻ではアントニオ・カノーヴァの『パオリーナ・ボルゲーゼの横臥像』、絵画ではティツィアーノの『聖愛と俗愛』などが有名。

Villa Borghese ☎8548577 開9:00〜14:00(日曜、祝日は〜13:00) 休月曜 料Lit.4000

国立近代美術館 地図P.91 C-3

Galleria Nazionale d'Arte Moderna ★★

M A線Flaminioフラミニオ駅から徒歩8分

イタリアを代表するモダンアートの殿堂

19世紀以降の近代の美術作品が展示されている。建物の右翼で19世紀の作品、左翼で20世紀の作品が鑑賞できる。おもな作家はゴッホ、ドガ、モランディ、キリコなど。

Viale delle Belle Arti 131 ☎322981 開9:00〜19:00(日曜、祝日は〜13:00) 休月曜 料Lit.8000

スペイン広場／クイリナーレの丘周辺

Piazza di Spagna, Monte Quirinale

スペイン広場、トレヴィの泉という最高の舞台装置を備えたこのエリアは、まるで街自体が劇場空間のよう。高級ブティックが並ぶコンドッティ通りに、スノッブな雰囲気のヴェネト通り。クイリナーレの丘に登れば夕陽に染まるサン・ピエトロ寺院が見える。

詳細図→P.94/95 96/97

アクセス

M A線 Spagnaスパーニャ駅
A線 Barberiniバルベリーニ駅
A線 Repubblicaレプッブリカ駅
バス 52 53 56 58 58/ 60 61 62 71 81 85 95 119 160

スペイン広場で名優気取り

トリニタ・デイ・モンティ教会を背景に広がる**スペイン階段**。映画『ローマの休日』でオードリー・ヘプバーンがジェラート片手に腰かけるシーンはあまりにも有名だ。

スペイン広場はただの通行人でさえ役者気分にさせてしまう。夏はジェラート、冬は焼き栗をほおばりながら周りの風景に溶け込む。これがスペイン広場流の過ごし方。階段の左手にある**バビントンズ・ティールーム**は、19世紀の英国式作法で飲む紅茶が味わい深い。広場に浮かぶ**舟の噴水**の水も意外においしいと評判。旅の思い出にお試しあれ。

広場から垂直に延びる**コンドッティ通り**周辺はブランド・ショッピングのメッカ。プラダにグッチ、ブルガリにフェラガモと、ブランド好きは目まいがしそう。ひとしきり歩いたら、ゲーテやワーグナーが愛した**カフェ・グレコ**で古き良きローマを満喫する。

コルソ通りに出ると、買物狂騒劇はひとまず終了。左に折れて**トレヴィの泉**へ向かう。

キージ宮の前まで来たら左折、バセッティ（布屋）の角を右折し100mほど歩く。

ヴェネト通りから望む街並

魅惑の通りで"甘い生活"を体験

後ろ向きにコインを投げ入れるとローマに戻ってこられる。トレヴィの泉の伝説はいまも世界中の人々を魅了し続けている。フェリーニの映画『甘い生活』に、主人公が夜中に泉で水浴びをする姿が水の妖精を思わせるシーンがあるが、ライトアップされた泉の美しさはまさに幻想的だ。

その『甘い生活』の舞台となった**ヴェネト通り**はここから歩いて10分ほど。その前に、**クイリナーレの丘**に登ってはるか**サン・ピエトロ寺院**の眺めを楽しむのも悪くない。

ヴェネト通りの入口にあたる**バルベリーニ広場**にはベルニーニの傑作**トリトーネの噴水**がある。片隅にある**蜂の噴水**は渇いたノドをうるおすのに好都合。近くの**バルベリーニ宮**と**骸骨寺**を見学したら魅惑の坂道を登って行く。右手には**ホテル・エクセルシオール**、左手には**カフェ・ド・パリ**。夜は華やかさが一段と増し、優雅な気分に浸れる。

ブランド店が並ぶコンドッティ通り

バルベリーニ広場一隅の蜂の噴水

ローマでいちばん華やかな広場だ

スペイン広場 地図P.95 D-2

Piazza di Spagna ★★★

Ⓜ A線*Spagna*スパーニャ駅から徒歩1分

若者や観光客で賑わうローマの代表的名所

オードリー・ヘップバーンが一躍スターになった映画『ローマの休日』でもおなじみの場所。近くにスペイン大使館があったことから、この名が付いた。広場の中央には、ピエトロ・ベルニーニの手になる**バルカッチャ(舟)の噴水**がある。広場から東北へは137段の**トリニタ・デイ・モンティ階段**、通称スペイン階段が延び、**トリニタ・デイ・モンティ教会**へと導く。階段途上の右手にはイギリスの詩人キーツが生涯を終えた家屋があり、現在は**キーツ・シェリー博物館**となっている。広場には花屋の屋台や観光馬車などが集まり、周辺には商店やカフェが軒を連ねている。観光客の姿もつねに絶えず、一年中賑やかだ。

トリニタ・デイ・モンティ教会 地図P.95 D-2

Chiesa della Trinità dei Monti ★★

Ⓜ A線*Spagna*スパーニャ駅から徒歩4分

スペイン階段の上に美しい姿を見せる教会

トリニタとは三位一体の意味。フランス王ルイ12世の命により1502年に着工し、1585年に完成した。担当した建築家はドメニコ・フォンターナ。その後、正面に2つの鐘楼が加えられ、1789年には、教会前の小広場にオベリスクが建てられた。オベリスク建立は法王ピウス6世の発案によるもので、巡礼者に道順を示すためのものだ。ここに立ち、東南へ延びるシスティーナ通りを見ると、遠くに次の巡礼地であるサンタ・マリア・マッジョーレ教会が見えたという。内部は、日曜と祝日に見学できる。

バルベリーニ広場 地図P.96 A-3

Piazza Barberini ★★★

Ⓜ A線*Barberini*バルベリーニ駅から徒歩1分

幹線が何本も交わる交通の要衝

ヴィットリオ・ヴェネト通り、システィーナ通り、トリトーネ通り、クアットロ・フォンターネ通りが交わる広場。ローマ旧市街の交通の要衝で、旧市街を観光すると、たいてい何度か行き来することになる。広場の周囲にはホテル、映画館、航空会社、旅行代理店、銀行などが並ぶ。中央に立つ**トリトーネの噴水**はベルニーニの作。1643年に完成した。4頭のイルカに支えられた半人半魚の海神トリトーネの彫像が力強い。

広場中央にあるトリトーネの噴水

蜂の噴水 地図P.96 A-2

Fontana delle Api ★

Ⓜ A線*Barberini*バルベリーニ駅から徒歩1分

天才ベルニーニのもうひとつの噴水

ヴェネト通りをボルゲーゼ公園へ上り始めると、骸骨寺の手前の角に、貝と蜂を組み合わせた面白い形の噴水が見える。トリトーネの噴水と同じく、1644年に、ベルニーニが造ったもので、貝は命と豊饒の象徴、蜂は名門バルベリーニ家の紋章だ。当時は、馬の水飲み場として利用されていた。

サンタ・マリア・デッラ・コンチェツィオーネ教会 地図P.96 A-2

Chiesa di Santa Maria della Concezione ★

Ⓜ A線*Barberini*バルベリーニ駅から徒歩2分

しゃれこうべが供養された納骨堂が有名

枢機卿アントニオ・バルベリーニが1626年に創立したカプチン派の教会。納骨堂が、400年前のカプチン派の僧侶約4000人の遺骨で飾られていることで有名だ。壁だけでなく、天井やそこからぶら下がるランプまで遺骨で装飾されている。入場は無料だが、いくらかの寄付が必要だ。通称、骸骨寺。

地下納骨堂開6:30〜12:00　16:00〜19:30

建物の壁面を利用して造られている噴水

トレヴィの泉 地図P.95 D-3

Fontana di Trevi ★★★

M A線*Barberini*バルベリーニ駅から徒歩7分

ローマで最も規模の大きい噴水

肩ごしにコインを投げ入れると、ローマにまた来ることができるという伝説で知られている。クレメンティウス12世が建設を提唱し1762年に完成した。設計はデザインコンペによって選ばれた詩人でもある建築家のニコラ・サルヴィ。中央にたたずむのは、2人のトリトーネが引く2頭の海馬と、それを駆って走る海神ネプチューンの彫像。上方には、アグリッパ将軍(紀元前19年にローマに水道を引いた功労者)らに水源を示す伝説の乙女の姿が見られる。

サンタ・マリア・デッラ・ヴィットリア教会 地図P.96 B-2

Chiesa di Santa Maria della Vittoria ★

M A線*Repubblica*レプッブリカ駅から徒歩3分

バロック芸術の傑作を所蔵する教会

もとは聖パウロに捧げられた教会だった。17世紀初頭の30年戦争の際、聖母マリアの奇跡により、カトリックの軍隊がプロテスタントを敗ったことを記念し、〝勝利の聖母マリア教会〟と名前を変えた。見ものは、左翼廊にあるコルナーロ礼拝堂に飾られている『聖テレサの法悦』。ベルニーニの代表作で、バロック芸術の一大傑作といわれる彫像だ。聖テレサの表情はきわめて深淵。

『聖テレサの法悦』のほか、絵画類も見応えがある

クイリナーレの丘 地図P.96 A-3

Monte Quirinale ★

M A線*Barberini*バルベリーニ駅から徒歩5分

ローマの7つの丘の中で最も高い

かつては緑に覆われた貴族たちの別荘地だったが、16世紀にグレゴリオ13世が、夏の離宮としてクイリナーレ宮を設けた。南西にクイリナーレ広場があり、西方に、サン・ピエトロ寺院の美しい姿が見える。広場の中央には、アウグストゥス帝廟から移されたオベリスクが建っている。

クイリナーレ宮 地図P.96 A-3

Palazzo del Quirinale ★

M A線*Barberini*バルベリーニ駅から徒歩5分

ローマ市街を見晴らす大統領公邸

16世紀半ばにグレゴリオ13世が建て、その後、歴代法王の夏の離宮として使われた。1861年にイタリアが統一され君主制が敷かれると、1870年に王宮となり、第二次世界大戦後は大統領の公邸となった。夕方になると、クイリナーレ広場に面した正面玄関の前で、衛兵交替の儀式が行なわれる。毎月最終日曜の9:00〜13:00には、宮殿内部が一般に公開される。無料。

博物館●美術館

バルベリーニ宮(国立絵画館) 地図P.96 A-3

Palazzo Barberini(Galleria Nazionale d'Arte Antica) ★★★

M A線*Barberini*バルベリーニ駅から徒歩3分

壮麗な宮殿にラファエロらの名画の数々

法王ウルバヌス8世の住居として1633年に完成した宮殿。1949年に国立絵画館となり、ラファエロが自身の恋人を描いたといわれる『フォルナリーナ』など、13〜16世紀を中心とした名画が多数展示されている。

Via Quattro Fontane 13 ☎4814591 開9:00〜14:00(日曜、祝日は〜13:00) 休月曜 料Lit.8000

静かで穏やかな雰囲気の館内に名作が並ぶ

サンタンジェロ城／ナヴォーナ広場周辺

Castel Sant'Angelo, Piazza Navona

古都ローマにおいて最もローマらしさを感じるのがこのエリア。ナヴォーナ広場でのんびり噴水を眺めるもよし、パンテオンの前庭で遠い古代に思いを馳せるもよし。テヴェレ川沿いを散策すれば、天使の見守るサンタンジェロ城が見えてくる。

詳細図→P.94/95

アクセス

M A Spagnaスパーニャ駅
バス 41 46 46/ 62 64 70 81 87 90 90/ 119 186 280 492 808 982

ローマの休日は広場で過ごす

ドミティアヌス帝の円形競技場跡に置かれた**ベルニーニ**の噴水。その周りに集う似顔絵書きや大道芸人たち。ローマっ子が大好きな**ナヴォーナ広場**には、いつも明るい声が満ちている。この広場をぶらぶらするだけで、たちまちローマの虜になる。噴水がライトアップされる夜はなおさらのこと。ただでさえ美しいバロック彫刻が幻想的な光に包まれ、夢見心地の気分になる。

骨董品の店が並ぶコロナーリ通り

広場を離れ東に向かう。正面の**マダーマ宮**はバロック様式のファサードが見事。左手の**サン・ルイージ・デイ・フランチェージ教会**にはカラヴァッジョの名画が保存されている。

50mほど進むと**パンテオン**の建つ**ロトンダ広場**。神殿内には、ミケランジェロが〝天使のなせる業〟と讃えた荘厳な光が射し込み、美男の画家ラファエロが永遠の眠りについている。

サンタンジェロ橋には天使の像が並ぶ

広場の周辺にはテラス付の飲食店が多いので休憩に最適。カフェなら広場の東の**タッツァ・ドーロ**がおすすめ。マダーマ宮前の**サンテウスタキオ**もクリーミーなエスプレッソが評判だ。

広場から200mほど北の**カンポ・マルツィオ通り**にはおしゃれなブティックや雑貨店が並んでいる。**サン・ロレンツォ・イン・ルチーナ広場**のカフェ、**チャンピーニ**はジェラートが絶品の店。広場の先を西へ折れると、古本市の立つ**ボルゲーゼ広場**、さらに北へ進むと**アウグストゥス帝廟**がある。ここからは**テヴェレ川**のほとりを**サンタンジェロ城**を目ざしてそぞろ歩く。映画『ローマの休日』で船上パーティが開かれた川面を見やりながら。

コロナーリ通りの骨董屋街

ナヴォーナ広場の北からサンタンジェロ橋方面に延びるコロナーリ通りは、かつてサン・ピエトロ寺院へ向かう巡礼者たちの通り道だった。コロナーリとはロザリオのことで、信者たちはこの通りに並ぶ店でロザリオを買うのが常だった。いまでは家具や食器、工芸品などを扱うアンティーク・ショップがずらりと並ぶ。5月にアンティーク祭りを開催。

年末年始の〝魔女の市〟

ナヴォーナ広場には、12月初めから1月6日の公顕節までクリスマス用品やおもちゃを売るベファーナ市が立つ。ベファーナとは子供たちにプレゼントを届ける魔女の名前。サンタの登場しないこの国では、魔女がその代役を果たす。屋台にまっ黒な砂糖菓子が並ぶのは、魔女が悪い子に炭を渡すという伝説によるもの。

カフェでボーッとするのもいい。ナヴォーナ広場

サンタンジェロ城　地図P.94 A-2

Castel Sant'Angelo ★★

サン・ピエトロ広場から徒歩10分

非常時には法王の避難所となった城

もとはハドリアヌス帝廟だったが、ペストの流行時に大天使ミカエルがその屋上に現われ、ペスト禍の終わりを告げた。そのため、6世紀に屋上に天使像が据えられ、現在の名（天使城）が付いた。以降、城塞、法王の住居、牢獄と役目を変え、いまは武器などを展示する国立博物館になっている。

☎6875036 開9:00〜15:00 休無休 料Lit.8000

現在、城の上にはブロンズの天使像が置かれている

アウグストゥス帝廟　地図P.95 C-2

Mausoleo di Augusto ★★

M A線Spagnaスパーニャ駅から徒歩10分

古代ローマ帝国初代皇帝の墓廟

紀元前30年頃、古代ローマ帝国の初代皇帝アウグストゥスが自分用に建てた廟で、直径89mの円形をしている。かつては、アウグストゥス帝の黄金像やオベリスクが立つ立派なものだったが、それらもいまはなく、草木に覆われた遺跡となっている。

アラ・パチス・アウグステ　地図P.95 C-2

Ara Pacis Augustae ★

M A線Spagnaスパーニャ駅から徒歩10分

偉大な皇帝を讃える平和祭壇

アウグストゥス帝がガリアとスペインを制覇した記念に元老院が作った祭壇。平和を祈る想いが込められている。1938年に、コルソ通りに面するフィアーノ宮から移されたもので、祭壇には、アウグストゥス帝とその家族の像が浮き彫りにされている。

開9:00〜19:00（日曜、祝日は〜13:30）
休月曜 料Lit.3750

パンテオンの前に開けるのはロトンダ広場

パンテオン　地図P.95 C-4

Pantheon ★★★

ナヴォーナ広場から徒歩5分

ミケランジェロも賛美した壮麗な建築

ラテン語でパンテオンとはすべての神を意味し、すべての神をまつる神殿のことをいう。古代ローマの将軍アグリッパが紀元前27〜25年にかけて造った神殿を、120年頃に、ハドリアヌス帝がほぼ現在の姿に建て変えた。円筒に半球体を乗せたような形をしており、ミケランジェロはその美しさを“天使の業”と讃えた。床面の直径も高さも約43mというゆったりとした空間は威厳に満ち、訪れる者を圧倒する。ドームの頂上には直径9mの丸窓があり、そこから差し込む陽の光が床のモザイクを照らし出す。内部には、ロレンツェット作の『石の聖母』やメロッツォ・ダ・フォルリ作の『受胎告知』など多数の絵画のほか、ラファエロの墓やイタリア王国統一後の初代国王ヴィットリオ・エマヌエーレ2世の墓など見るべきものが多い。開9:00〜18:00（日曜、祝日は〜13:00 冬季は〜16:30） 料無料

サン・ルイジ・デイ・フランチェージ教会　地図P.95 C-4

Chiesa di San Luigi dei Francesi ★

ナヴォーナ広場から徒歩5分

カラヴァッジョの傑作を鑑賞する

フランス王ルイ9世に捧げられた教会で、ナヴォーナ広場の東、マダーマ宮の1本通りを挟んだ北側にたたずんでいる。バロック絵画の先駆者、カラヴァッジョが聖マタイの生涯を描いた3部作があることで知られている。明暗法を用いて、劇的な効果を生み出しているこれらの作品が飾られているのは、左の側廊の最も奥の礼拝堂だ。向かって右側の『聖マタイの殉教』には、カラヴァッジョの自画像が描かれている。教会のファサードを飾るカール大帝やクロチルド女王らの像も見もの。

ナヴォーナ広場

地図P.94 B-4

Piazza Navona ★★★

コロンナ広場から徒歩10分

四大河の噴水など3つある噴水が見もの

紀元1世紀末、ドミティアヌス帝が造らせた競技場を広場としたもの。当時は、戦車競技などが行なわれていたようだ。南北に細長い楕円形をしていて、長径260m短径50m。16世紀に法王シクトゥス5世が広場として整備し、17世紀の法王イノケンティウス10世の時代に3つの噴水が作られた。中央に**四大河の噴水**、北に**ネプチューンの噴水**、南に**ムーア人の噴水**がある。四大河の噴水は、高さ17mのオベリスクを、ナイル、ガンジス、ドナウ、ラプラタの4つの大河を擬人化した彫像が取り囲んでいる。これらの彫像は、バロック期の建築家ベルニーニとその弟子たちが作った、リアルな表情と華やかな雰囲気を持つ傑作だ。ネプチューンの噴水はアントニオ・デッラ・ビッタとグレゴリオ・ザッパラの共作。ムーア人の噴水はベルニーニによるものだ。

力強く迫力あるベルニーニの傑作、四大河の噴水

ナヴォーナ広場の名物ともいえる似顔絵描き

ローマで最もくつろげる広場

広場は車の乗り入れが禁止されているので、ゆったりとくつろげる雰囲気だ。**サンタニェーゼ・イン・アゴーネ教会**などまわりの建物や3つの噴水の間を鳩が飛び交い、路上には、ジェラート売りの屋台や似顔絵描きが仕事に精を出している。観光客も訪れるが、ナヴォーナ広場はローマ市民の憩いの場だ。日曜や夏の宵には大勢の人で賑わい、散歩をしたり、広場に面したレストランやバールのテラス席でのんびり食事を楽しむ姿が見られる。毎年12月上旬から翌1月6日の主顕節にかけては、おもちゃなどを売るベファーナの市が開かれる。

サンタ・マリア・ソプラ・ミネルヴァ教会

地図P.95 C-4

Chiesa di Santa Maria Sopra Minerva ★

ナヴォーナ広場から徒歩8分

傑作が多数見られる美術館のような教会

智恵の女神ミネルヴァの神殿跡に建つゴシック様式の教会。美術品の傑作が多く飾られ、ミケランジェロのキリスト像やフィリッピーノ・リッピの『聖母被昇天』はとくに有名だ。シエナの守護聖人カテリーナの遺体が納められていることでも知られる。

開 7:00〜12:00　16:00〜19:00

S.P.Q.R.

街で見かける謎の文字

ローマを歩いていると、しばしば目にするのがS.P.Q.R.の文字。マンホールのふたからゴミ箱、掲示板、バス、建物の入口、公園の噴水、どこにでもこの文字だ。これはラテン語の"Sena(セナ)tus Populus que Romanus(トゥス・ポプルス・クエ・ロマヌス)"のそれぞれの頭文字をとったもので、元老院とローマの人民という意味。古代ローマの共和政時代に掲げられていた標語が、現在にいたるまでローマ市の紋章として使用されている。ローマの歴史はこんな形でも残っているのだ。

街角の水道やバスにもS.P.Q.R.

フォロ・ロマーノ／コロッセオ周辺

Foro Romano, Colosseo

このエリアは古代遺跡の密集地帯。フォロ・ロマーノからパラティーノの丘にいたる散策にはたっぷりと時間をかけたい。コロッセオは外から眺めるだけでなく、内部見学も可能。ヴェネツィア宮とカンピドリオ広場周辺の建物には美術館や博物館が入っている。

詳細図→P.98/99 100/101

アクセス

M B線 Cavourカヴール駅
B線 Colosseoコロッセオ駅
B線 Circo Massimoチルコ・マッシモ駅
バス 15 23 44 46 57 90 90/ 94 95 160 181 710 713 716 718 719

ヴェネツィア広場にはウエディングドレスがお似合い

映画『ローマの休日』に、オードリー・ヘプバーンとグレゴリー・ペックがスクーターに乗って市内見物を楽しむ場面がある。２人が駆け足でまわった**コロッセオ、ヴェネツィア広場、カンピドリオの丘**。そして、あの有名な真実の口でのやりとり。このエリアの旅は、アン王女と新聞記者ジョーの過ごした１日を再現する旅ともいえそうだ。

まずは、口さがないローマっ子に〝巨大なウエディングケーキ〟と揶揄される**ヴィットリオ・エマヌエーレ２世記念堂**からスタート。ヴェネツィア広場から見るたたずまいは堂々としており、緑の芝生と白い建物のコントラストが鮮やかだ。広場に面した**ヴェネツィア宮**は、ムッソリーニが２階のバルコニーから演説をぶった歴史的な館。

記念堂を右にまわり込むと、カンピドリオの丘に通じる階段がある。手前の急な階段は**サンタ・マリア・ダラコエリ教会**への参道。この階段にひざまずくと、宝くじに当たる御利益があるというのだが、果たして……。

見どころの多いフォロ・ロマーノ

ミケランジェロが設計した**カンピドリオ広場**は、幾何学模様の敷石が見もの。広場の建物を見学したら、右奥の通路を進む。目の前に**フォロ・ロマーノ**の素晴らしい展望が開ける。

古代遺跡のロマンに酔いしれる

ヴェネツィア広場から左手に進むと、**トラヤヌスの記念柱**がそびえる**フォロ・トライアーノ**、その東側には**トラヤヌスの市場**がある。**フォーリ・インペリアーリ通り**を進めば、右手にフォロ・ロマーノの遺跡群、正面に雄大なコロッセオが見えてくる。その昔、月光浴を楽しんだ人々は、幽玄の月明りに浮かぶ古代遺跡に言葉を失ったかもしれないが、ライトアップされた遺跡もなかなかロマンチック。この通りは、ぜひ夜にも訪れたい。

コンスタンチヌス帝の凱旋門をくぐり抜けたら、次はいよいよ真実の口。観光馬車に乗る手もあるが、映画『ベン・ハー』に登場した戦車競技場**チルコ・マッシモ**をぶらぶら歩きながら行くのも風情があってよい。

観光客の姿が絶えない真実の口

安いメトロか、優雅な馬車か

コロッセオから真実の口まではかなりの距離がある。途中のサン・グレゴリオ通りにはこれといった見どころもないので、メトロか観光馬車を利用したい。地下鉄B線のコロッセオ駅からチルコ・マッシモ駅まで、所要時間約３分、料金Lit.1500。観光馬車の料金は交渉次第だ。

大理石の白さが遠くからでも目をひく

ヴィットリオ・エマヌエーレ２世記念堂　地図P.99 D-1

Monument a Vittorio Emanuele II ★★

ヴェネツィア広場からすぐ

イタリア統一を記念する白亜の殿堂

ヴェネツィア広場に面し威風堂々と建つネオ・クラシック様式の建造物。通称ヴィットリアーノ。その形からタイプライターともあだ名された。イタリア王国の初代国王ヴィットリオ・エマヌエーレ２世の偉業を記念して1885年に着工、1911年に完成した。設計はジュゼッペ・サッコーニ。中央にはエマヌエーレ２世の騎馬像がそびえ、その下部に第一次世界大戦時の無名戦士の墓がある。館内には、**イタリア統一記念博物館**があり見学できる。開10:00～13:00 休月曜

ヴェネツィア広場　地図P.99 D-1

Piazza Venezia ★★

M B線Colosseoコロッセオ駅から徒歩8分

ローマ旧市街の中心にある広場

ポポロ広場に突きあたるコルソ通りやコロッセオに通ずるフォーリ・インペリアーリ通りなど主要な道路がこの広場で交差する。広場に面して南にヴィットリオ・エマヌエーレ２世記念堂、西にはヴェネツィア宮が建つ。広場の交差点で見事な手さばきを見せる交通整理の警官も名物のひとつだ。

ヴェネツィア宮　地図P.99 D-1

Palazzo di Venezia ★★

ヴェネツィア広場からすぐ

ローマで最初のルネッサンス様式の建造物

枢機卿ピエトロ・バルボが1455年に着工したルネッサンス様式の豪壮な住まい。1564年にヴェネツィア共和国大使館となったためこの名が付いた。独裁者ムッソリーニが２階のバルコニーから演説をしたことでも有名。現在は、ルネッサンス期美術工芸品の博物館となっており、ムッソリーニの執務室、地図の間も見学できる。開9:00～13:30（日曜は～12:30）休月曜 料Lit.8000

ジェズ教会　地図P.99 C-1

Chiesa di Gesù ★

ヴェネツィア広場から徒歩2分

イエズス会を代表する豪華絢爛たる教会

16世紀後半に完成したイエズス会の教会。バロック様式の豪奢な内装の建物で、バチッチャ作のフレスコ画などマニエリスム後期からバロック期にかけての傑作がいくつも掲げられている。イエズス会の創始者、聖イグナティウスの遺体と、16世紀に来日したイエズス会の聖フランシスコ・ザビエルの右手が安置されていることでも有名だ。長崎で殉教した26聖人を描いた図もある。

カンピドリオ広場　地図P.99 D-2

Piazza del Campidoglio ★★

ヴェネツィア広場から徒歩5分

ミケランジェロが設計した美しい広場

かつて、この広場があるカンピドリオの丘にはジュピターの神殿があり、古代ローマの中心地だった。ルネッサンス期になると敷石にモザイクで幾何学模様が描かれ、美しく気品のある空間となった。広場へと誘う階段を上ると、左手にカピトリーノ博物館、右手にコンセルヴァトーリ博物館、正面にローマ市庁舎が見える。市庁舎の裏からはフォロ・ロマーノが一望できる。

敷石のデザインもミケランジェロによるもの

サンタ・マリア・ダラコエリ教会　地図P.99 D-1

Chiesa di Santa Maria d'Aracoeli ★★

ヴェネツィア広場から徒歩3分

キリスト生誕伝説にまつわる由緒ある教会

カンピドリオの丘の最も高い場所に位置している。ダラコエリ広場から122段の階段を上ると、レンガ造りの簡素で美しいファサードに着く。この地でキリスト生誕のお告げを受けたアウグストゥス帝が建造したという。内部に、ピントゥリッキオ作のフレスコ画など見ものが多い。開7:00～12:00 16:00（冬季15:00）～19:00 休日曜の午後

サン・ピエトロ・イン・ヴィンコリ教会　地図P.100 B-1

Chiesa di San Pietro in Vincoli ★

Ⓜ B線*Cavour*カヴール駅から徒歩2分

ミケランジェロの代表作モーゼ像がある

『鎖につながれた聖ピエトロ』という教会名のとおり、殉教した聖ペトロがつながれていた鎖が、祭壇上にまつられている。ミケランジェロのモーゼ像は法王ユリウス2世の霊廟のために作られたものだが、霊廟造築の計画は取りやめとなり、この傑作だけがこの教会に残った。

開7:00～12:30 15:30～19:00

パラティーノの丘　地図P.100 A-3

Monte Palatino ★★

Ⓜ B線*Colosseo*コロッセオ駅から徒歩5分

古代ローマ帝国の皇帝たちが住んでいた

ローマ建国の伝説にまつわる地。双子の兄弟ロムルスとレムスがこの丘で雌狼に育てられ、紀元前753年にロムルスがここに集落をつくったのがローマの始まりだという。古代ローマ帝政時代には、初代のアウグストゥス帝をはじめ歴代の王が宮殿を造った。それらの跡がいまも残っている。

コンスタンティヌス帝の凱旋門　地図P.100 A-3

Arco di Costantino ★★

Ⓜ B線*Colosseo*コロッセオ駅から徒歩2分

高さ21m幅25.7mのローマ最大の凱旋門

コロッセオの西、サン・グレゴリオ通りの基点に建っている。313年にキリスト教を初めて公認したコンスタンティヌス帝は、その前年、政敵だったマクセンティウス帝と戦い勝利を収めた。それを記念して315年に元老院や市民によって建てられたもので、数々の浮き彫り彫刻により飾られている。これら彫刻は、トラヤヌス、マルクス・アウレリウスなどの皇帝の記念建造物からはぎ取って、移したものだ。

コロッセオに近い場所に立つ

中に入り、上階へ上がることもできる

コロッセオ　地図P.100 B-3

Colosseo ★★★

Ⓜ B線*Colosseo*コロッセオ駅から徒歩1分

人と猛獣の死闘が繰り広げられた闘技場

5万人を収容した古代ローマの巨大な円形闘技場（長径188m短径156m高さ57m、アレーナ部分は長径86m短径54m）。ヴェスパシアヌス帝が着工し、8年後の紀元80年、息子のティトゥス帝の手により完成した。ローマ市民に娯楽を提供するために造られた闘技場で、人と猛獣の死闘や命を賭した剣闘技などが繰り広げられ、ローマ市民を熱狂させた。4階建てになっており、1階は皇帝やヴェスタの巫女などの座る貴賓席、2階はローマ市民、その上は立見席だったという。1階はドーリア式、2階はイオニア式、3階はコリント式といった具合に、各階の外壁は異なった様式のアーチで飾られている。4階にはアーチがなく、壁はコリント式の柱で装飾されている。競技が行なわれたスペースはいまは露出しており、猛獣の檻などが置かれていた地下の倉庫がよく見える。往時は、この上に板が敷かれ、さらにその上に、血を吸いとるようにアレーナと呼ばれる砂がまかれて競技が行なわれた。この砂がアレーナ（競技場）の語源。404年になると、ホノリウス帝により競技が中止され、以降、闘技場として使用されることはなくなった。

開9:00～19:00（日・水曜は～13:00 冬季は～15:00）料Lit.8000（上階のみ有料）

かつてはここで激しい闘技が行なわれた

往時のおもかげをしのばせる広大な遺跡

等身大のヴェスタの巫女の像が並ぶ

フォロ・ロマーノ

地図P.100 A-2

Foro Romano ★★★

M B線*Colosseo*コロッセオ駅から徒歩2分

古代ローマの政治、経済、宗教の中心地

古代ローマのほぼ全時代を通じ、政治、経済、宗教の中心地だった公共広場（フォーラム）。市が立ち、巫子が祈りを捧げ、会議が開かれ、皇帝が凱旋行進を行なった。数々の建造物が建ち並んでいたが、283年の大火や５世紀のゲルマン人の侵入などにより、やがて荒廃してしまう。それから18世紀までは家畜が草をはむ草地で、ルネッサンス期には埋もれた建造物の大理石が掘り出され建材として使用された。1803年にやっと発掘が始まり現在の姿になった。入口はフォーリ・インペリアーリ通りがカヴール通りと交わるあたり。入るとすぐ右に、低い列柱だけが残る**バジリカ・エミリアBasilica Emilia**がある。名門エミリア家が、紀元前179年に建てた商取引のための建物だ。バジリカ・エミリアの奥にあるレンガ造りの建物は**元老院 Curia**。共和制時代にカエサルらが活躍した政治の最高機関だ。

聖なる道に沿ってフォロ・ロマーノ見学

元老院の前に、ローマを建国したといわれる**ロムルスの墓**Tomba di Romoloがあり、その西に**セウェルス帝の凱旋門** Arco di Settimio Severoが建つ。その南には演壇**ロストラ**Rostraと農業の神**サトゥルヌスの神殿**Tempio di Saturnoがあり、ロストラの前からは、聖なる道**ヴィア・サクラ**Via Sacraが東へと延びている。この道を東へ行くと、右手にカエサルが建て民事裁判所を設けた**バジリカ・ジュリア**Basilica Giuliaと３本のコリント式円柱が立つ戦士カストールとポルクスをまつった**カストール神殿**Tempio di Castoriが見えてくる。さらに進むと、ローマの守神だったかまどの火の神**ヴェスタの神殿** Tempio di Vestaがあり、その前方左手に**マクセンティウス帝のバジリカ**Basilica di Massenzio（廃墟と化しているが往時は100×76mの大会堂だった）。その前を通り過ぎると**ティトゥス帝の凱旋門**Arco di Titoがあり、道はパラティーノの丘へと続く。

開 9:00～18:00（日曜、祝日は～13:00 冬季は～15:00） 料 Lit. 1 万2000

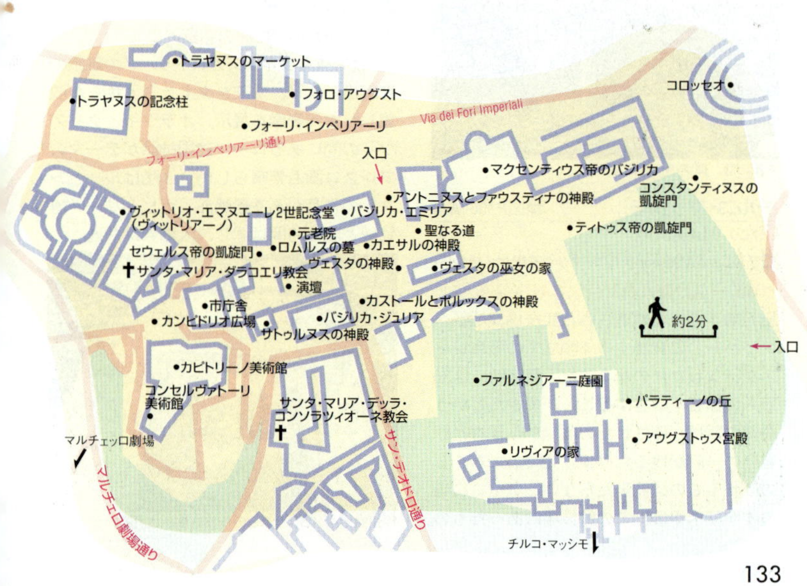

真実の口広場　地図P.99 D-3
Piazza Bocca della Verità ★★

M B線*Circo Massimo*チルコ・マッシモ駅から徒歩8分

嘘つきは手が抜けなくなる石の口

テヴェレ川に架かるパラティーノ橋の東に広がる。広場の西側には**フォルトゥーナ・ヴィリーレ神殿、ヴェスタ神殿**が建ち、向き合う形で**サンタ・マリア・イン・コスメディン教会**がある。この教会正面の柱廊の左奥に、映画『ローマの休日』で有名な真実の口がある。大理石に彫られた海神トリトーネの顔で、古代にはマンホールのふたとして使われていたものともいわれる。

サンタ・マリア・イン・コスメディン教会　地図P.99 D-3
Chiesa di Santa Maria in Cosmedin ★

M B線*Circo Massimo*チルコ・マッシモ駅から徒歩8分

美しい"装飾"が施された教会

古代ローマの神殿跡に6世紀に建てられた教会。真実の口(上記)のあることで有名だ。幾度も改修されてきたが、12世紀の改修時に建てられたロマネスク様式の鐘楼は7層の両開きの窓を持ち、ローマで最も美しい鐘楼といわれている。礼拝堂の聖母子のモザイクや主祭壇の天蓋も美しい。コスメディンには〝装飾〟という意味がある。

開 9:00〜13:00 15:00〜18:00

内部には、真実の口がある

チルコ・マッシモ　地図P.100 A-4
Circo Massimo ★

M B線*Circo Massimo*チルコ・マッシモ駅から徒歩1分

戦車レースが催された巨大な競技場跡

紀元前7世紀に建造された競技場。映画『ベン・ハー』に登場する4頭立ての戦車レースが行なわれたのがここだ。最盛期には30万人の観客を収容することができたという。最後の競技が催されたのは549年。現在は観客席の一部が残るだけで、往時の栄華をしのばせるものは見当たらない。ポポロ広場のオベリスクは、この競技場にあったもの。

博物館●美術館

ドーリア・パンフィーリ美術館　地図P.95 D-4
Galleria Doria Pamphilj ★★

ヴェネツィア広場から徒歩5分

コレッジョらの傑作が並ぶ回廊式美術館

ロココ様式の美しいドーリア宮内にあり、名門パンフィーリ家とドーリア家のコレクションを展示している。16〜18世紀の絵画や彫刻を中心に、カラヴァッジョやラファエロ、ティントレットらの作品がある。

P.za del Collegio Romano 1/A ☎6797323
開 10:00〜13:00 休 水・木曜 料 Lit.1万

カピトリーノ美術館　地図P.99 D-1
Museo Capitolino ★★★

ヴェネツィア広場から徒歩5分

カンピドリオ広場に建つ古代彫刻の宝庫

建物はミケランジェロの設計。法王クレメンテ12世のコレクション中心に展示。『カピトリーノのヴィーナス』『瀕死のガリア人』など紀元前3〜2世紀頃のヘレニズム彫刻を古代ローマ時代に模刻した傑作が多い。

P.za del Campidoglio ☎67103069 開 9:00〜19:00(日曜、祝日は〜13:00) 休 月曜 料 Lit.1万(コンセルヴァトーリ博物館と共通入場券、最終日曜は無料)

コンセルヴァトーリ美術館　地図P.99 D-2
Museo del Palazzo dei Conservatori ★★

ヴェネツィア広場から徒歩5分

古代彫像から18世紀の名画まで

『とげを抜く少年像』『カピトリーノの雌狼の青銅像』など、法王シクトゥス4世らが収集した古代彫像を展示。オラツィとクリアツィの間にあるローマ建国神話がテーマのフレスコ画も素晴らしい。3階はルーベンスらの作品がある絵画館。カピトリーノ博物館と開館時間は同じ、入場券は共通。

絵画館ではベラスケスらの作品も展示されている

カンポ・デ・フィオーリ/トラステヴェレ周辺

Campo de' Fiori, Trastevere

"テヴェレ川の向こう"という意味のトラステヴェレ周辺は、下町情緒たっぷりのエリア。朝市には色とりどりの野菜や果物が並び、石畳の路地裏には昔懐かしい食堂や工房が点在している。ポルタ・ポルテーゼののみの市はおもちゃ箱をひっくり返したような賑わいだ。

ローマの下町でとびっきりの笑顔と人情に出あう

旬の野菜に獲れたての魚、かぐわしいチーズに燻製肉。ローマっ子の食生活が垣間見られる**カンポ・デ・フィオーリ**(花の広場の意)の市は旅行者にとっても楽しい場所だ。噴水の前に並ぶ花屋の彩りは目の保養にもなる。

広場の中央に建つ**ブルーノの像**を見たら、1ブロック南の**ファルネーゼ宮**へ向かう。ミケランジェロが仕上げを施したルネッサンス建築の傑作だ。近くの**スパーダ宮**には遠近法のトリックを用いた面白い部屋がある。宮殿の裏手に延びる**ジューリア通り**は骨董屋やギャラリーが並ぶ古い石畳の道。ぶらぶらと散歩するだけでも十分楽しめる。

これより**シスト橋**を渡れば**トラステヴェレ**だが、少しまわり道をして、アウグストゥス帝の建てた**マルチェッロ劇場**を見学。途中の河岸一帯はかつてのユダヤ人**ゲットー**で、現在は劇場の西側に**シナゴーグ**が建っている。

散策にいいテヴェレ川沿いの道

ティベリーナ島に架かる橋を渡れば、いよいよトラステヴェレ。**ピシヌーラ広場**から右に折れて**ルンガレッタ通り**を行くと、左右にかわいらしい雑貨店や飲食店がある。500mほど進むと**サンタ・マリア・イン・トラステヴェレ教会**。夜はライトアップされるので雰囲気も抜群だ。お腹が空いたら、切り売りのピザを買って**ジャニコロの丘**の上(見晴らし最高!)で食べるもよし、街なかで本格的なローマ料理に舌つづみを打つもよし。日曜日の朝なら**ポルタ・ポルテーゼ**ののみの市が楽しい。

詳細図→P.98/99

アクセス

バス 15 23 44 56 60 65 75 170 181 280 710 717 718 719 774 780

トラム 13

フォルナリーナの家

ラファエロの恋人だったマルゲリータ、通称フォルナリーナ(パン屋の娘の意)はトラステヴェレの住人だった。フィレンツェのピッティ宮に収められている『ベールの女』は彼女がモデルだったとされ、ラファエロの肖像画のなかでもひと際美しく輝いている。しかし、いまをときめく宮廷画家と一介のパン屋の娘の恋を世間が認めるはずもなく、フォルナリーナは堕落した女と蔑まれ、ラファエロの死の床にも立ち会わせてもらえなかった。フォルナリーナの働いていたパン屋は現在もレストランとして人気を集めている。場所はヴィラ・ファルネジーナの南、サンタ・ドロテア通り20番地。店の名をロモロという。

日曜日は大賑わいのポルタ・ポルテーゼの市

テヴェレ川に浮かぶティベリーナ島

花と生鮮食料品を中心とした市が立つ広場

カンポ・デ・フィオーリ

地図P.98 B-1

Campo de' Fiori ★★

ナヴォーナ広場から徒歩5分

ローマの庶民の暮しがのぞける広場

名前は〝花の広場〞という意味。その名のとおり、朝から午後1時くらいまで、花と食料品の市場が立ち、大勢の客で賑わう。また、広場のまわりには食料品店と貴金属の問屋が建ち並び、できたての生パスタを求めて行列ができる。広場の中央に建つのはジョルダーノ・ブルーノの銅像。反宗教的な活動をし異端の罪に問われ、1600年にこの広場で火刑に処せられた修道士だ。

ファルネーゼ宮

地図P.98 B-1

Palazzo Farnese ★

ナヴォーナ広場から徒歩6分

ファサードの一部をミケランジェロが設計

アレッサンドロ・ファルネーゼ枢機卿(のちの法王パウロ3世)がアントニオ・ダ・サンガッロ・イル・ジョーヴァネに命じ建築させた。コロッセオやカラカラ浴場などから石材を調達し、完成にほぼ50年かかった。建物正面の一部などの装飾をミケランジェロが担当。1874年以降はフランス大使館となり、見学は同大使館の許可が必要だ。

開 日曜の11:00〜12:00

スパーダ宮

地図P.98 B-1

Palazzo Spada ★★

ナヴォーナ広場から徒歩7分

バロック様式の優雅なファサードが美しい

16世紀半ばに創建され、1632年にベルナルディーノ・スパーダ枢機卿のものとなった。ボッロミーニが考案した、遠近法により実際よりも長く感じる通路(1653年完成)が有名だ。内部にスパーダ美術館があり、絵画中心のコレクションが展示されている。

P.za Capodiferro 13 ☎6861158

開 9:00〜19:00(日曜は〜13:00)

休 月曜 料 Lit.4000

ヴィラ・ファルネジーナ

地図P.98 A-1

Villa Farnesina ★★

サンタ・マリア・イン・トラステヴェレ教会から徒歩7分

テヴェレ河畔に建つ豪奢な別荘

芸術家や音楽家のパトロンとして知られるアゴスティーノ・キージが16世紀初頭に夏の別荘として完成させ、1580年にファルネーゼ家の所有となった。ルネッサンス様式の美しい建物で、設計はバルダッサッレ・ペルッツイやラファエロらが行なった。内部はルネッサンス期の数多くの絵画やフレスコ画で飾られている。なかでもラファエロの傑作『ガラテア』やソドマの『アレッサンドロの結婚』、美しい天井画『プシケの伝説』は必見だ。

開 9:00〜13:00 休 日曜、祝日 料 無料

館内の美しい装飾や芸術品が見もの

コルシーニ宮

地図P.98 A-2

Palazzo Corsini ★★

サンタ・マリア・イン・トラステヴェレ教会から徒歩7分

イタリア絵画が展示される宮殿

ヴィラ・ファルネジーナの1本通りを挟んだ西側にある。15世紀に完成し、その後、コルシーニ枢機卿が再建した。現在は、美術館があり、17〜18世紀のイタリア絵画を中心とした所蔵品が展示される。カラヴァッジョの『洗礼者ヨハネ』やルーベンスの『聖セバスティアーノ』が有名。開 9:00〜14:00(日曜〜13:00) 休 月曜 Lit.6000

質の高いコレクションはコルシーニ家によるもの

コロッセオ建造の際の参考にされたともいう

マルチェッロ劇場　地図P.99 C-2

Teatro di Marcello ★

ヴェネツィア広場から徒歩8分

観客2万人を収容した古代ローマの劇場

アウグストゥス帝が、若死にした甥のマルチェッロのために造らせた大劇場。舞台は幅が90m、奥行きが20mもあった。コロッセオより90年ほど早い紀元前13〜11年に完成。盛時は、正面は1階がドーリア式、2階がイオニア式、3階がコリント式の柱で飾られた華麗なアーチで構成されていた。

ティベリーナ島　地図P.99 C-2

Isola Tiberina ★

真実の口広場から徒歩7分

テヴェレ川に浮かぶ風光明媚な中の島

商船の港として、古くから栄えた島。紀元前3世紀初頭に、医学の女神エスクラピウスの神殿が建てられた。現在は大きな市立病院と聖バルトロメオ教会がある。チェスティオ橋のかかる右岸にはトラステヴェレ地区が広がり、ファブリチオ橋のかかる左岸の先にはマルチェッロ劇場がある。

ファサードに描かれたモザイクが美しい

サンタ・マリア・イン・トラステヴェレ教会　地図P.98 A-3

Chiesa di Santa Maria in Trastevere ★★

ティベリーナ島から徒歩10分

キリスト教公認後最初に建てられた教会

聖母マリアに捧げるため、4世紀に法王ユリウス1世が建てたとされる。12世紀に法王インノケンティウス2世が再建した。壮麗な教会で、とくにファサードにモザイクで描かれた聖母マリアと聖女、堂内の天井を彩るドメニキーノ作の絵画『聖母の昇天』の美しさが際立つ。開 7:00〜19:00

サンタ・チェチリア・イン・トラステヴェレ教会　地図P.99 C-3

Chiesa di Santa Cecilia in Trastevere ★

ティベリーナ島から徒歩5分

聖チェチリアをまつる教会

音楽の守護聖人でもある聖チェチリアは迫害により3世紀に殉教した。その後、行方不明になっていた遺体が、9世紀にサン・カッリストのカタコンベで発見され、この教会に埋葬された。主祭壇の下に、ステファノ・マデルノ作の聖チェチリア像がある。
開 10:00〜12:00　16:00〜18:00

イタリアの新聞／雑誌

訪れた街の新聞を買うのも面白い

地方の独自性が強いイタリアには、いわゆる全国紙はない。各都市に有力な地方紙があり、街角や駅の売店でそれらを買って読むのが一般的だ。おもな新聞を挙げると、ミラノとローマの“La Repubblica（ラ・レプッブリカ）”、ミラノの“Corriere della Sera（コッリエーレ・デッラ・セーラ）”、トリノの“La Stampa（ラ・スタンパ）”、フィレンツェの“La Nazione（ラ・ナツィオーネ）”、ヴェネツィアの“Il Gazzettino（イル・ガゼッティーノ）”、ナポリの“Il Mattino（イル・マティーノ）”など。イタリア語がわからないと敬遠しがちだが、映画館・劇場情報などを掲載しているものが多く旅行者にも利用度が高い。スポーツ紙では、“La Gazzetta dello Sport（ラ・ガゼッタ・デッロ・スポルト）”がよく読まれており、サッカーの記事が多くを占める。経済紙では、“Il Sole 24 Ore（イル・ソーレ オーレ）”が最も信頼を得ている。

雑誌では全国的なものが中心となる。総合週刊誌では“Panorama（パノラマ）”と“L'Espresso（レスプレッソ）”が有力で、政治好きの国民らしく巻頭から4分の1くらいが政治の話題だ。女性誌では“Donna Moderna（ドンナ・モデルナ）”や“Grazia（グラーツィア）”、料理専門誌では“Sale & Pepe（サーレ・エ・ペペ）”“La Cucina Italiana（ラ・クチーナ・イタリアーナ）”などが楽しい。最近は付録付き雑誌が多く、CDやビデオ、香水や口紅などを付ける雑誌まである。

ヴァチカン市国周辺

Città del Vaticano

ヴァチカンは世界一小さな国家であり、世界一有名なカトリック教会でもある。日曜や祝日には教皇宮殿のバルコニーにパーパ(法王のこと)が現れ、サン・ピエトロ広場に集まった群衆に祝福を施す。ヴァチカン美術館には偉大な巨匠たちの遺産が残されている。

詳細図→P.92/93

アクセス

Ⓜ A Ottavianoオッタヴィアーノ駅
バス 19 23 32 34 49 51 64 81 492 907 990 991

感動のヴァチカンめぐり

テヴェレ川のほとりから**コンチリアツィオーネ通り**を西に進むと、**サン・ピエトロ寺院**のクーポラが間近に迫ってくる。広場に停車した観光バスからは、さまざまな国の人の群れがはき出され、あちらこちらで記念撮影が始まる。

ベルニーニの柱廊に囲まれた**サン・ピエトロ広場**はとにかく広い。歴史的な行事の際には、30万の人々を飲み込んでしまうほどだ。

壮大なサン・ピエトロ広場

広場の中央に建つ巨大なオベリスクにも心奪われるが、サン・ピエトロ寺院の内部はさらに感動的。あまりのスケールの大きさに、思わず息を飲む。荘厳な雰囲気を味わったら、クーポラの展望テラスに登り、地上120mからの街のパノラマを堪能したい。

寺院から**ヴァチカン美術館**へは建物を伝って行くことができないので、いったん外に出る。右手に美術館行きのバス乗場があり、これを利用すれば、一般客は立ち入れないヴァチカン庭園を見ながら行ける。歩く場合は、広場を出て左手の壁伝いに1kmほど行くと入口がある。

帰りは**コーラ・ディ・リエンツォ通り**での買物とグルメ探訪が楽しい。ヴァチカンの修道女がショー・ウインドーの高級下着に見とれていたりするのもこの通りの面白さだ。

コーラ・ディ・リエンツォ通り

サン・ピエトロ広場

地図P.93 D-3

Piazza di San Pietro ★★★

バス 64番終点

300年の歴史を持つ聖なる広場

カトリック教の総本山サン・ピエトロ寺院の前に広がる壮大な広場。南北に長い楕円形をしていて長径は240m、30万人を収容できる。元来、この地にはカリギュラ帝の造った競技場があり、ネロ帝が聖ペテロを処刑した場所でもある。設計者はベルニーニで、法王アレッサンドロ7世の号令のもと、1656年から1667年にかけて造築した。中央には、37年にカリギュラ帝がエジプトから持ち帰ったオベリスクがそびえている。

円柱回廊の上には140人の聖人像

オベリスクの両わきには、噴水が1基ずつ建ち、両噴水のさらに外側をドーリア式の円柱が4重に並ぶ円柱回廊が囲んでいる。この回廊の上には、一体の高さが3m強の140体の聖人の彫像が並び、広場を見下ろしている。オベリスクと各噴水の中間点には目印の大理石が埋め込まれており、この上に立つと、円柱回廊の4重の柱が1本に重なって見えるという、凝った仕掛けがなされている。毎週日曜の正午には、ヴァチカン宮殿の窓に、またキリスト教の祝祭日には、サン・ピエトロ寺院のバルコニーに法王が現れ、信者に祝福を与える。

サン・ピエトロ寺院
地図P.93 C-3

Basilica di San Pietro ★★★

バス 64番終点

カトリックの華麗なる総本山

キリスト教を公認したコンスタンティヌス帝が324年に着工した。ネロ帝の時代に殉教した聖ペテロ（サン・ピエトロ）をまつるため、彼の墓があるとされていたこの地に寺院を建造したのだ。完成は349年。その後1506年に法王ユリウス２世が建築家ブラマンテに再建を命じ、1546年にはミケランジェロが跡を継いで設計した。だが、ミケランジェロは完成を見ずに他界、マデルノらの手により完成した。バロックの旗手ベルニーニによる華麗な装飾も各所に施され、ルネッサンスからバロックまでの様式美が随所に見られる。ミケランジェロがデザインしたクーポラはヴァチカンのシンボルだ。

クーポラに上れば、ローマ市内を一望にできる

規模の大きさ、内部装飾の豪華さは比類がない

『ピエタ像』や『聖ペテロ像』に会える

中に入ると、右手にはミケランジェロの傑作『ピエタ像』がある。キリストの亡骸を抱く聖母マリアの表情が美しい。左奥に少し進むと、ピウス５世ら法王の墓が安置されている。さらに進むと、中央身廊に、その右足にふれると幸福が授かるという『聖ペテロ像』があり、内陣の中央には、ベルニーニ作の大きな天蓋に囲まれた主祭壇がある。主祭壇に向かって左側には、豪華な聖具類などを展示する**宝物館**の入口が、後陣奥には、ベルニーニ作の『聖ペテロの司教座』がある。ミケランジェロが設計したクーポラの頂上へは、寺院に向かって右側の側面から上ることができる。ここから望む市街の眺めも、また素晴しい。

開 7:00〜19:00（冬季は〜17:00）**クーポラ** 8:00〜18:00（冬季は〜17:00）**宝物館** 9:00〜18:30（冬季は〜17:30） 料 クーポラへのエレベーターLit.6000 宝物館Lit.3000

博物館●美術館

ヴァチカン美術館

地図P.93 C-2

Musei Vaticani ★★★

Ⓜ A Ottavianoオッタヴィアーノ駅から徒歩5分

歴代の法王が愛した傑作が並ぶ美の殿堂

サン・ピエトロ寺院の北側に隣接していて、歴代の法王が収集、あるいは、巨匠らに制作させた美術品が鑑賞できる。入館口はヴァチカーノ大通りにあり、サン・ピエトロ広場からは入館口行き専用バスも運行している（9:30〜12:00、30分おき。Lit.2000）。入館口付近には、ヴァチカンの切手を買える郵便局と両替所があり、エレベーターやらせん階段で階上に上ると、入場券売場がある。美術館内部は**エジプト美術館**や**ラファエロの間**、**システィーナ礼拝堂**など27のスペースに分かれ、それらを結ぶ通路は全長11kmにも達する。すべてを丹念に見てまわると1週間はかかるという。入館したところに、AからDまでの見学モデルコースが図示されている。所要時間はAコースが1時間30分、B、C、Dコースがそれぞれ3時間、3時間30分、5時間となっている。コース別にパンフレットが用意され、日本語で解説するカセットテープと再生機も貸し出されている（有料）ので、利用するのもいい。

広い館内に見応えのある芸術作品が展示される

システィーナ礼拝堂は見逃さないように

入館し左手に進むと、古代エジプトの遺物が並ぶエジプト博物館、古代ギリシア・ローマの彫刻が厳かに並ぶ**ピオ・クレメンティーノ博物館**や**キアラモンティ博物館**がある。これらを観覧し上階に上ると、古代エトルリアの美術品を展示する**エトルリア博物館**。ここから、廊下を南の方角へ進むと、ラファエロの間や**ニコラウス5世の礼拝堂**に行き着く。この一角から1階に降りると、名画『最後の審判』のあるシスティーナ礼拝堂に出る。ミケランジェロの傑作を堪能したら、廊下を北に向かい入口へ戻る。入口付近にある別館の**絵画館（ピナコテカ）**にも傑作が多い。

Viale Vaticano ☎69883333

開 8:45〜13:45（4〜6、9・10月の月〜金曜は〜16:00）

休 日曜（最終日曜を除く）、祝日

料 Lit.1万5000（最終日曜は無料）

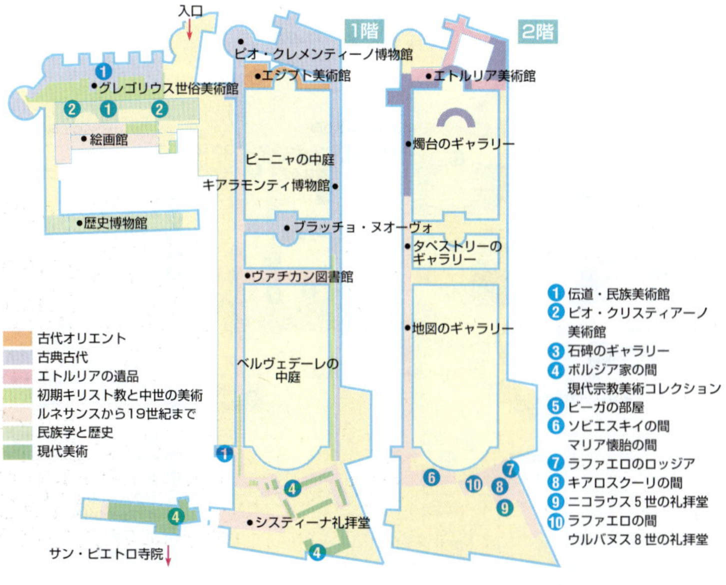

ラオコーン像

ギリシア、ローマの彫刻が並ぶ

『最後の審判』(部分)

エジプト博物館

グレゴリウス16世により19世紀に設けられたギャラリー。エジプトのイシス神殿にあった王族の像やミイラ、神像、石碑などが鑑賞できる。古代ローマ時代にエジプトから運ばれたもののようだ。

ピオ・クレメンティーノ博物館

ピウス6世が18世紀に設立したもので、古代ギリシアの彫刻とその古代ローマ時代の模刻がおもな展示品だ。美しさと力強さでミケランジェロをおおいに啓発した紀元前1世紀のラオコーン像や、ギリシア古典主義の代表作、ベルヴェデーレのアポロ(紀元前330〜320年)が素晴らしい。

ラファエロ『アテネの学堂』

キアラモンティ博物館

法王ピウス7世が収集した古代彫刻や壺などが通路の両側にずらりと並べられている。ヘレニズム時代のナイルの像が見もの。

エトルリア博物館

古代ローマが興る以前、中部イタリアを中心に栄えていたエトルリア文明の美術品や工芸品を展示している。テラコッタ製のペガサスの棟飾りや黄金細工、ブロンズ像、石棺など貴重な文化遺産が多い。

ラファエロの間

16世紀、法王ユリウス2世はラファエロに、自室の天井や壁に絵を描くよう依頼した。4つの部屋が、そのままギャラリーになっている。署名の間の『アテネの学堂』や『パルナッソス』、エリオドロスの間の『聖ペテロの解放』や『エリオドロスの追放』などがとくに有名だ。

システィーナ礼拝堂

ユリウス2世の依頼によりミケランジェロが描いたフレスコ画が素晴らしい。1508年から4年の月日をかけて完成した天井画には、旧約聖書の創世記からとった『アダムの創造』などの場面や巫女や予言者の姿などが描かれている。また、祭壇画はミケランジェロの最高傑作『最後の審判』だ。天井画も『最後の審判』も1990年代初めに修復が終わり、鮮やかな色が蘇った。

ダ・ヴィンチ『聖ヒエロニムス』

絵画館(ピナコテカ)

展示品は、11〜19世紀にかけてのイタリア絵画が中心。とくにルネッサンス絵画は傑作が多い。著名な作品はレオナルド・ダ・ヴィンチの未完の傑作『聖ヒエロニムス』やラファエロの『キリストの変容』など。

ミケランジェロの傑作、システィーナ礼拝堂の天井画

アッピア旧街道周辺

Via Appia Antica

アッピア旧街道はローマ南部のサン・セバスティアーノ門からカンパーニア平原へ延びる古代の軍用道路。沿道にはカタコンベと呼ばれる地下墓地が点在し、廃墟と化した遺跡が草原にたたずんでいる。カラカラ浴場はローマで最も豪華で美しいテルメ（浴場）だった。

アクセス

Ⓜ B線 Circo Massimo チルコ・マッシモ駅 B線 S.Paoloサン・パオロ駅 バス 118 160 218 613 660 671 714 715

"すべての道はローマに通ず"

アッピア旧街道は紀元前312年にナポリの北カプアまで建設され、その後イタリア半島のかかとにあたるブリンディシまで延長された。この港町はギリシアやオリエント世界と航路で結ばれており、まさにすべての道はローマに通じていた。なお、街道沿いに墓地が多いのは、城壁内に墓を造ることが禁止されていたため。

全長約600kmの街道を行く

カラカラ浴場は地下鉄B線**チルコ・マッシモ駅**から徒歩15分。ラツィオの青く澄みわたる空を背景に、巨大な遺跡がそびえ立っている。これは風呂というより、手の込んだ舞台装置。図書館や体育館まで備わった空間は、現代人の思い描く風呂のイメージをはるかに超越している。

石畳の道が続くアッピア旧街道

遺跡から**ポルタ・サン・セバスティアーノ通り**を南へ15分ほど歩くと**サン・セバスティアーノ門**に着く。城壁の内部には博物館があり、城壁の上を歩くこともできる。門の手前のアーチはカラカラ浴場に水を送った水道橋の遺構。門を出れば**アッピア旧街道**だ。

街道沿いにはイトスギやカラカサマツが生え、ローマからの距離を印した里程標が点在する。**ドミネ・クォ・ヴァディス教会**まで徒歩10分、**サン・カッリストのカタコンベ**まで20分。店が少ないので飲み物など持参したい。

カラカラ帝が建てた壮大な浴場施設

カラカラ浴場　地図P.102 B-2

Terme di Caracalla ★★★

M B Circo Massimoチルコ・マッシモ駅から徒歩15分

世界最古の"レクリエーション・センター"

カラカラ帝時代の217年に完成した大浴場。高・中・低温の3種類の浴室のほか、サウナ室やアスレチック施設、ギリシア語とラテン語の図書館まで完備されていた。現在は、浴場を囲んでいた高さ30mの石垣と床のモザイク、水道施設の跡が残るのみだが、一度に1600人の市民が入浴できたというスケールの大きさは実感できる。

開 9:00〜19:00(日・月曜、祝日は〜14:00 冬季は〜16:00) 料 Lit.8000

サン・パオロ・フォーリ・レ・ムーラ教会　地図P.88 B-4

Basilica di San Paolo fuori le Mura ★★

M B S.Paoloサン・パオロ駅から徒歩2分

司教座4大聖堂のひとつ

コンスタンティヌス帝時代、聖パウロの墓の上に建てられた。1823年の火災でほぼ全焼してしまったが、初期の設計図をもとに完全に復元された。一面大理石に覆われた堂内はとてつもなく広い。11世紀のブロンズ扉やアルノルフォ・ディ・カンビオ作の祭壇飾り、ヴァッサレット作の復活祭の燭台に注目。13世紀の回廊付中庭も美しい。

開 7:00〜18:30(冬季は〜17:30)

ドミネ・クォ・ヴァディス教会　地図P.142

Domine Quo Vadis ★

サン・セバスティアーノ門から徒歩10分

聖ペテロが体験したキリストの奇跡

17世紀に造られた教会(創建は9世紀)。皇帝ネロの迫害を逃れた使徒ペテロがキリストの幻に出会った場所に建つ。ドミネ・クォ・ヴァディスとは「主よ、どこへ行かれるのですか？」という意味。ペテロのこの問いに、イエスは「私はもう一度ローマへ行き、十字架にかかるつもりだ」と答えた。ペテロは主の言わんとするところを察し、ローマへとって返し、殉教を遂げたという。

特徴のある円筒形の建造物

チェチリア・メテッラの墓　地図P.142

Tomba di Cecilia Metella ★

バス 660番降りてすぐ

アッピア街道の名物的モニュメント

紀元前50年頃、ローマの執政官メテルス・クレティクスの娘メテッラ(夫は三頭政治で有名なクラッススの子息)が葬られた。9世紀には要塞として利用され、頂上に狭間が設けられた。墓は正方形の土台に高さ11mの円筒形の建物を組み合わせる形で造られている。墓の上部にはいまでも美しい大理石の浮彫り装飾が残されている。開 9:00〜18:00(冬季は〜16:00 日・月曜は〜13:00)

サン・カッリストのカタコンベ　地図P.142

Catacombe di San Callisto ★

バス 218番降りてから徒歩3分

ローマ最大規模の地下墓地

2世紀に造られた初期キリスト教徒の共同墓地。3世紀にローマ歴代教皇の墓所に指定されて以来、数あるカタコンベのなかでも重要な位置を占めることになった。規模も大きく、通路は全長10km以上ある。見学はガイド付案内で、歴代教皇の墓や3世紀のフレスコ画が残る"秘蹟の埋葬室"、聖チェチリアの墓などを見ることができる。

開 8:30〜12:00 14:30〜17:30(冬季は〜17:00) 休 水曜、2月 料 Lit.8000

サン・セバスティアーノ教会とカタコンベ　地図P.142

Basilica di S. Sebastiano e Catacombe di S. Sebastiano ★★

バス 660番降りてすぐ

礼拝堂に印されたイエスの足跡

その昔、使徒ペテロとパウロが葬られ、4世紀に聖セバスティアヌスが葬られた墓所に建つ聖堂で、17世紀に再建。礼拝堂にはイエスが残したとされる足跡がある。地下のカタコンベは初期キリスト教殉教者が葬られた共同墓地。カタコンベの名の由来となった穴(ラテン語でCatacumbale)もある。

開 8:30〜12:00 14:30〜17:30(冬季は〜17:00) 休 木曜、11月 料 Lit.8000

ホテル HOTELS

格式を重んじる老舗ホテルが多い半面、その長い歳月が建物の傷み具合に出ている古めかしいだけのホテルも目立つ。近年開業したところは別として、すべての客室が新しいホテルは少ないので、部屋によってあたりはずれがあることを覚悟したほうがいい。

テルミニ駅周辺にはホテルが多い

予約方法

確実に泊まりたい希望のホテルがある場合は、日本にある予約オフィスを通じて申し込みをするといい。ただし、1週間を切った直前の予約に関しては、Faxや電話を使って自分で行なってみることをおすすめする。5ツ星クラスの高級ホテルでなければ、料金の割引交渉が可能な場合があるからだ。それがオフシーズンで、対象のホテルが3ツ星クラスのプチ・ホテルなら、可能性はかなり高い。

オーバーブッキング

予約が取れているにも関わらず、オーバーブッキング(予約過多)で泊まれないという事件が起こるのも、イタリアらしい困ったところ。そんなトラブルを防ぐためにも、自分で予約をした場合は、Faxで送られてきた確認書(相手のサイン入りの手紙)を証拠として現地のホテルに持参するのが無難だ。また、ホテルの到着が夕方以降になる場合は、あらかじめ電話でその旨をホテル側に伝えておく。

エリアで分類されるホテルのカテゴリー

ローマのホテルは、**テルミニ駅周辺、スペイン広場とヴェネト通り界隈、ヴァチカン界隈、郊外**の4つのエリアに分かれている。なかでも、ホテル軒数の多いテルミニ駅周辺には、バックパッカーが目ざす経済的な小規模ホテルをはじめ、ツアーで利用される中・大型ホテルが集中している。鉄道を利用している旅行者には、その便利な立地条件が注目されるが、駅周辺は昼間でも治安が悪いので、一人歩きにはくれぐれも注意したい。

世界の富豪やハリウッドスターが滞在するような高級ホテルが集まるのは、ローマきっての一等地、スペイン広場とヴェネト通り界隈だ。長年培ってきた歴史あるホテルの貫禄に加えて、訪れるゲストの華やかないでたちも館内の豪華さを際立たせている。

大型ホテルは設備が整う

スペイン広場からテヴェレ川を渡った先にあるヴァチカン界隈は、テルミニ駅周辺と並んでツアーで利用されるのホテルが目立つエリア。ホテル自体に豪華さは望めないが、治安も立地条件もほどほどに良く、ホテルの評判も上々。しかし、同じツアー利用のホテルでも、ローマ市の郊外にあるホテルは自由行動には不向きな立地条件。近代的な設備や新しさを自慢するホテルでも、あまりすすめられない。

季節やイベントで変動する室料

本書で紹介しているホテルの室料は、一年を通じて公示されている宿泊料金だ。しかしながら、実際の料金は観光客が少ないオフシーズンや空室状況、イベントの開催などによって変動する。それだけに、実際に予約を入れてみたら、思ったよりも安かった、高かったということもしばしば。宿泊予約の際は、必ず事前に料金を確認してみること。ホテルによっては、8月や2月などのオフシーズンや週末の宿泊料金を通常よりも割り引いているところもある。また5泊以上連泊する場合には料金割引の可能性があるので、たずねてみるとよい。

プチ・ホテルは家庭的な温かさが魅力

プチ・ホテル

✽施設充実　眺望が良い
歴史と伝統あり　清潔感あり
♥カップルでぜひ　バス付部屋あり

スペイン広場に近いホテルは、ほかの場所にあるホテルに比べて料金は高め。しかし、買物など一人歩きに便利な立地と治安の良さを考えれば、その料金も納得できる範囲だ。

個人の邸宅のような構えと造り

ロード・バイロン
Lord Byron
地図P.90 B-2
★★★★★L

Via G.de Notaris 5 ☎3220404 FAX3220405
S Lit.31万5000～ T Lit.38万～ 37室
M A線 Flaminioフラミニオ駅から徒歩10分

初めてのローマ滞在には不向きな立地で、ホテルらしからぬ造りが通好み。ただし、最低料金の部屋は5ツ星ホテルとしては役不足。デラックスルームでなければ豪華なホテル滞在は楽しめないだろう。地元の社用族に人気のレストランもある。　ボルゲーゼ公園周辺

恵まれた立地にある穴場の存在

バロッコ
Barocco
地図P.96 A-2
★★★★

P.za Barberini 9 ☎4872001 FAX485994
S Lit.28万～ T Lit.38万～ 28室
M A線 Barberiniバルベリーニ駅から徒歩1分

航空会社のオフィスが付近に集まるバルベリーニ広場に面する。スペイン広場へも歩いて5分。好立地と比較的新しい内装の客室が自慢。予約時はトリトーネの噴水を窓から望む広場側の部屋をおさえたい。お得な週末割引料金も見逃せない。　クイリナーレの丘周辺

著名人にも愛された16世紀の館

インテルナツィオナーレ
Internazionale
地図P.95 D-2
★★★

Via Sistina 79 ☎6793047 FAX6784764
S Lit.21万～ T Lit.29万5000～ 42室
M A線 Spagnaスパーニャ駅から徒歩1分

16世紀の建物をいかした造りと時代物の家具がホテルの歴史を感じさせる。オーソン・ウェルズ、トーマス・マンなど著名人の滞在がホテルの誇り。スペイン階段まで数歩の距離で、立地条件の良さを考えれば、料金は手ごろだ。早めの予約を。　スペイン広場周辺

アメリカ大使館関係者が頻繁に利用する

ラ・レジデンツァ
La Residenza
地図P.96 A-2
★★★★

Via Emilia 22-24 ☎4880789 FAX485721
S Lit.13万～ T Lit.27万～ 27室
M A線 Barberiniバルベリーニ駅から徒歩5分

居心地の良さで、長期滞在のマスコミ関係者に知られる存在。常連が多いため直前の予約は難しいが、当たってみる価値はある。部屋の造りは味気ないが、備品は十分に整い快適そのもの。冬や真夏のシーズンに約20%オフになる週末割引もお得。　クイリナーレの丘

窓からパンテオンを望む贅沢

アルベルゴ・デル・ソーレ・アル・パンテオン

地図P.95 C-4

Albergo del Sole al Pantheon ★★★★

P.za della Rotonda 63 ☎6780441 FAX69940689

S Lit.33万5000〜 T Lit.47万〜 30室

M A線 Barberiniバルベリーニ駅から徒歩15分

15世紀に開業した旅籠が前身。ボーヴォワールやサルトルなど文人や芸術家が好んで訪れた場所としても知られる。パンテオンや目の前の広場を窓から望む部屋が人気。予約は早めに。　ナヴォーナ広場周辺

高級ブティックに囲まれた立地が魅力

コンドッティ

地図P.95 D-2

Condotti ★★★

Via Mario de' Fiori 37 ☎6794661 FAX6790457

S Lit.17万〜 T Lit.23万〜 17室

M A線 Spagnaスパーニャ駅から徒歩3分

グッチやフェラガモなど有名店が軒を連ねる通りからわずかな距離。買物に絶好の立地のうえ、良心的な料金がリピーターに支持されている。愛想の良い若いスタッフにも好感が持てる。　スペイン広場周辺

客室の新しさが気持ちよい好ホテル

ボッロメオ

地図P.100 B-1

Borromeo ★★★

Via Cavour 117 ☎485856 FAX4882541

S Lit.18万5000〜 T Lit.22万〜 28室

M B線 Cavourカヴール駅から徒歩3分

テルミニ駅からそう遠くはない場所。改装後の新しさがまだ残る客室は、カードキーや各室調整可能なエアコンを完備し近代的だ。コロッセオなど観光の拠点として便利なホテルといえる。　ヴェネツィア広場周辺

家族経営の温かい雰囲気が印象的

ヴァッレ

地図P.100 B-1

Valle ★★★

Via Cavour 134 ☎4815736 FAX4885837

S Lit.23万〜 T Lit.31万〜 35室

M B線 Cavourカヴール駅から徒歩3分

小さな間口の玄関、バーや朝食堂としても活用されるロビーのサロンがペンション風。バスタブ付の浴室は少ないが、清潔感溢れる客室は快適だ。到着時にクッキーのサービスもある。　ヴェネツィア広場周辺

自宅の気分でくつろげる瀟洒な屋敷

ファルネーゼ

地図P.88 B-2

Farnese ★★★★

Via Alessandro Farnese 30 ☎3212553 FAX3215129

S Lit.28万〜 T Lit.38万〜 23室

M A線 Lepantoレパント駅から徒歩1分

個人の屋敷をいかした、家庭的な雰囲気がゲストに評判だ。掃除の行き届いたフローリングの客室には備品も充実。チーズやハムなど、盛りだくさんのメニューが揃う朝食も自慢のひとつ。　ヴァチカン市国周辺

最高級ホテル

✽施設充実　眺望が良い
歴史と伝統あり　清潔感あり
♥カップルでぜひ　バス付部屋あり

豪華な造りと一流のもてなしでゲストを満足させる選り抜きのホテルは、スペイン広場やヴェネト通り周辺に多い。地元では有名人にお目にかかれるスポットとしても注目される。

ハリウッドスター御用達の一軒
エデン
Eden
地図P.96 A-2　★★★★★L
Via Ludovisi 49 ☎478121 FAX4821584
S Lit.45万〜 T Lit.66万〜 112室
M A線 Barberiniバルベリーニ駅から徒歩6分
ボルゲーゼ公園のわきに建つ。'94年に改装されたばかりの館内の新しさと豪華さが際立つホテル。客室は、備品をふんだんに揃えた上品で贅沢な造り。有名俳優から政治家まで、訪れるゲストの華やかさと話題に事欠かない存在でもある。　スペイン広場周辺

世界の億万長者から王室まで利用
エクセルシオール
Excelsior
地図P.96 A-1　★★★★★L
Via V.Veneto 125 ☎47081 FAX4826205
S Lit.38万〜 T Lit.59万〜 321室
M A線 Barberiniバルベリーニ駅から徒歩5分
フェリーニの映画『甘い生活』の舞台になったホテル。有名人の宿泊は開業当時から変わらず、なにかと注目を集める。ベッドの足下に長椅子を置くインペリアル様式の内装と大理石の浴室が豪華な印象。朝食付の週末割引プランがおすすめ。　クイリナーレの丘周辺

スペイン階段の上にある歴史的ホテル
ハスラー
Hassler
地図P.95 D-2　★★★★★L
P.za Trinità dei Monti 6 ☎699340 FAX6789991
S Lit.45万〜 T Lit.65万〜 100室
M A線 Spagnaスパーニャ駅から徒歩1分
国賓をはじめ著名人の定宿。街並を望むスペイン階段側の上層階の部屋が自慢だ。最上階にあるレストランからの眺めも素晴らしく、食事だけに訪れる旅行者も多い。冬はロビーにあるサロンで楽しめるアフタヌーンティーがゲストに評判。　スペイン広場周辺

高級住宅街にある知る人ぞ知る宿
アルドロヴァンディ・パラス
Aldrovandi Palace
地図P.91 C-2　★★★★★L
Via Ulisse Aldrovandi 15 ☎3223993 FAX3221435
S Lit.35万〜 T Lit.45万〜 140室
M A線 Ottavianoオッタヴィアーノ駅から車で10分
大使館が集まる閑静な場所に建つ。比較的新しいホテルなので、まだまだ穴場の存在。パステルカラーの花柄のベッドカバーやカーテンを使った英国調の内装が客室を飾る。プール付の庭も自慢で、地元のグルメに評判のレストランもある。　ボルゲーゼ公園周辺

かつて上流階級の社交場だった

ル・グランド

Le Grand

地図P.96 B-2

★★★★★L

Via V.E.Orlando 3 ☎*47091 FAX4747307*

S Lit.38万～ T Lit.42万～ 170室

M A線 Repubblicaレプッブリカ駅から3分

1894年開業。当時まだ珍しい電気の照明や浴室を全客室に付けた近代ホテルとして注目を浴びた。現在も館内に漂う歴史的なホテルの重厚感が国賓や政治家、ビジネスマンに支持されている。　テルミニ駅周辺

王室・貴族が過ごした王家の館

ベルニーニ・ブリストル

Bernini Bristol

地図P.96 A-2

★★★★★L

P.za Barberini 23 ☎*4883051 FAX4824266*

S Lit.33万～ T Lit.45万～ 126室

M A線 Barberiniバルベリーニ駅から1分

バルベリーニ王家所有のホテル時代に、英国皇太子や億万長者が滞在した格式の高さを誇る。当時から残る18世紀のタペストリーが見もの。上品な内装の客室と大理石の浴室も豪華な印象。　クイリナーレの丘周辺

アメリカ人に評判の良いモダンな内装

マジェスティック

Majestic

地図P.96 A-2

★★★★★L

Via V.Veneto 50 ☎*486841 FAX4885657*

S Lit.40万～ T Lit.56万～ 95室

M A線 Barberiniバルベリーニ駅から2分

白い家具と鏡を使った個性的な内装はイタリアの有名建築家が手がけた。スタンダードの客室は狭いが、新装され心地よい。バスローブから入浴剤まで揃う充実した備品も気がきいている。　クイリナーレの丘周辺

大きなベッドと広々とした客室が魅力

ホリデイ・イン・クラウン・プラザ・ミネルヴァ

Holiday Inn Crowne Plaza Minerva

地図P.95 C-4

★★★★★L

P.za della Minerva 69 ☎*69941888 FAX6794165*

S Lit.43万～ T Lit.60万～ 134室

M A線 Barberiniバルベリーニ駅から15分

アメリカのホテルチェーンらしい客室の広さとベッドの大きさが自慢。改装後の新しさが随所に残る館内も快適そのもの。夏の昼と夜に営業する屋上のテラスレストランからの眺めも抜群だ。　ナヴォーナ広場周辺

リゾート気分に浸れるプール付

カヴァリエリ・ヒルトン

Cavalieri Hilton

地図P.88 A-1

★★★★★L

Via Cadlolo 101 ☎*35091 FAX35092241*

S Lit.38万～ T Lit.49万5000～ 376室

M A線 Ottavianoオッタヴィアーノ駅から車で10分

市内の街並を見下ろす高台にある。スタンダードでも42㎡ある客室の広さ、大きなソファを置いてもゆったりくつろげる空間がゲストに評判。銀行や売店など館内の施設も充実している。　ヴァチカン市国周辺

中・高級ホテル

✽施設充実　▢眺望が良い
歴史と伝統あり　❀清潔感あり
♥カップルでぜひ　バス付部屋あり

宿の個性やこだわりを主張する一方、気位の高さを感じさせないのがこのクラス。リピーターにおすすめのホテルから、ツアーで指定される定番のホテルまでをここで紹介する。

1995年末に開業したばかりの穴場　❀♥

グランド・ホテル・パラス
地図P.96 A-2

Grand Hotel Palace　★★★★

Via V.Veneto 70 ☎478719 FAX47871800

S Lit.42万～ T Lit.58万～ 95室

M A線 Barberiniバルベリーニ駅から徒歩5分

趣味の良い内装の客室と快適な浴室が評判。恵まれた立地も大きな魅力だ。　クイリナーレの丘周辺

高級ブランド店に囲まれた環境　✽❀♥

ディンギルテッラ
地図P.95 D-2

D'Inghilterra　★★★★

Via Bocca di Leone 14 ☎69981 FAX69922243

S Lit.33万～ T Lit.44万～ 100室

M A線 Spagnaスパーニャ駅から徒歩5分

ヘミングウェイなど多くの文人が滞在。エレガントな客室の内装がリピーターに人気。落ち着いた雰囲気が魅力のバーやレストランも揃う。　スペイン広場周辺

旅行者に人気を集める一等地に建つ　✽❀♥

デ・ラ・ヴィレ
地図P.95 D-2

De La Ville　★★★★

Via Sistina 69 ☎67331 FAX6784213

S Lit.41万5000～ T Lit.53万2000～ 192室

M A線 Spagnaスパーニャ駅から徒歩2分

有名人も姿を見せる、4ツ星としては華のある存在。客室は料金次第で眺めも広さも異なるが、いずれも快適。浴室はすべてバスタブ付。　スペイン広場周辺

椰子の大木に囲まれたプールが印象的　✽▢❀♥

パルコ・デイ・プリンチピ
地図P.91 D-2

Parco dei Principi　★★★★

Via G.Frescobaldi 5 ☎854421 FAX8845104

S Lit.33万～ T Lit.45万～ 180室

M A線 Spagnaスパーニャ駅から徒歩15分

隣接するボルゲーゼ公園の緑に負けない庭とリゾート気分に浸れるプールが自慢。その眺めをバルコニーから望む客室は改装したばかり。　ボルゲーゼ公園周辺

かつて王妃の館だった歴史が誇り　✽❀♥

レジーナ・バリオーニ
地図P.96 A-2

Regina Baglioni　★★★★

Via V.Veneto 72 ☎476851 FAX485483

S Lit.33万～ T Lit.46万～ 130室

M A線 Barberiniバルベリーニ駅から徒歩4分

近隣の高級ホテルと競う快適な客室。観光や買物に至極便利な立地が注目される。手ごろな料金で食事が楽しめるレストランも揃う。　クイリナーレの丘周辺

女主人のセンスの良さが随所に漂う

メチェナーテ・パラス
地図P.101 C-1

Mecenate Palace ★★★★

Via Carlo Alberto 3 ☎44702024 FAX4461354

S Lit.35万〜 T Lit.47万〜 62室

M AB線 Terminiテルミニ駅から徒歩5分

客室に紅茶やコーヒー用のポットを設置。眺めの良い屋上に夏だけ朝食堂をオープンさせるなど、新しいホテルならではの斬新な試みが話題。　テルミニ駅周辺

派手さを極めた館内の造りが脚光を浴びる

ヴァラディエ
地図P.95 C-1

Valadier ★★★★

Via della Fontanella 15 ☎3611998 FAX3201558

S Lit.29万〜 T Lit.39万〜 42室

M A線 Flaminioフラミニオ駅から徒歩3分

黒と金の装飾が随所を飾る個性派ホテル。レストランやワインバーなど施設が充実。　スペイン広場周辺

フランスのホテルチェーンとしての人気

ソフィテル・ローマ
地図P.96 A-1

Sofitel Roma ★★★★

Via Lombardia 47 ☎478021 FAX4821019

S Lit.33万〜 T Lit.45万〜 124室

M A線 Barberiniバルベリーニ駅から徒歩5分

24時間のルームサービス、整った室内の備品など、水準の高いサービスが根強い人気。　スペイン広場周辺

ビジネスマン御用達の会議場ホテル

ジョリー・ホテル・ヴィットリオ・ヴェネト
地図P.96 B-1

Jolly Hotel Vittorio Veneto ★★★★

Corso Italia 1 ☎8495 FAX8841104

S Lit.30万5000〜 T Lit.34万〜 203室

M A線 Spagnaスパーニャ駅から徒歩10分

イタリアでは有名なホテルチェーンの1軒。機能性を追求した造りは全客室共通。　クイリナーレの丘周辺

地元で評判の買物エリアにある

ジョリー・ホテル・レオナルド・ダ・ヴィンチ
地図P.94 B-1

Jolly Hotel Leonardo da Vinci ★★★★

Via Dei Gracchi 324 ☎32499 FAX3610138

S Lit.26万〜 T Lit.30万〜 256室

M A線 Lepantoレパント駅から徒歩2分

カードキー、日本の番組を含む衛星放送テレビを導入。掃除の行き届いた客室に定評。　ヴァチカン市国周辺

ヴェルディやプッチーニが定宿にした

クイリナーレ
地図P.96 B-3

Quirinale ★★★★

Via Nazionale 7 ☎4707 FAX4820099

S Lit.28万〜 T Lit.37万5000〜 186室

M A線 Repubblicaレプッブリカ駅から徒歩2分

国立オペラ座との専用通路を持つため、作曲家やオペラ歌手が滞在。木の床の客室も歴史的ホテルの趣を漂わす。静かな中庭も魅力のひとつ。　テルミニ駅周辺

レジデンス・ホテル

✽施設充実　眺望が良い
歴史と伝統あり　清潔感あり
♥カップルでぜひ　バス付部屋あり

長期滞在の際に利用したいのがコンドミニアム風のホテル。客室に併設された台所で調理をできるのが大きな魅力。料金は基本的に1週間単位だが、数日単位のところもある。

スペイン広場近くの人気のスポット

リペッタ
Ripetta
地図P.95 C-1

Via di Ripetta 231 ☎3231144 FAX3203959
1週間 Lit.125万〜 70室
M A線 Flaminioフラミニオ駅から徒歩5分

2カ月前に予約が必要なほど人気がある。改装を終えたばかりの部屋がおすすめ。　スペイン広場周辺

朝食が付いているレジデンス・ホテル

メイフェア
Mayfair
地図P.97 C-1

Via Sicilia 183 ☎42820481 FAX42815753
1週間 Lit.185万〜 41室
M A線 Barberiniバルベリーニ駅から徒歩15分

修道院だった建物をそのまま生かしたユニークな造り。モダンな客室は清潔で快適。　クイリナーレの丘周辺

3泊からの滞在が可能な旅行者向き

パラッツォ・アル・ヴェラブロ
Palazzo al Velabro
地図P.99 D-3

Via del Velabro 16 ☎6792758 FAX6793790
1泊Lit.19万〜 35室
M B線 Circo Massimoチルコ・マッシモ駅から6分

看板のない土色の外観からは宿泊施設と想像できない。館内は快適な造りだ。　ヴェネツィア広場周辺

大型ホテル

ローマには200室を超えるホテルは少ないが、中心部から少し足を延ばすと大型の近代的ホテルが揃っており、バスで移動する団体旅行客などによく利用されている。部屋は快適で施設も十分に整い、スペースもゆったりとってある。観光や買物にはアクセスが不便な印象もあるが、タクシーを利用すれば中心地までは意外なほど近い。

チチェローネ Cicerone ★★★★	地図P.94 B-1　ヴァチカン市国周辺 *Via Cicerone 55/C, 00193* ☎3576 FAX68801383 237室 S29万〜 T40万〜
ホリデイ・イン・セント・ピーターズ Holiday Inn St. Peter's ★★★★	地図P.88 A-3　ヴァチカン地区郊外 *Viale Aurelia Antica 415, 00165* ☎6642 FAX6637190 321室 S29万〜 T41万〜
メディテラネオ Mediterraneo ★★★★	地図P.97 C-4　テルミニ駅周辺 *Via Cavour 15, 00184* ☎4884051 FAX4744105 272室 S35万2000〜 T47万〜
パラティーノ Palatino ★★★★	地図P.100 B-1　ヴェネツィア広場周辺 *Via Cavour 213, 00184* ☎4814927 FAX4740726 202室 S20万〜 T30万〜
ヴィラ・パンフィリ Villa Pamphili ★★★★	地図P.88 A-3　ローマ郊外 *Via della Nocetta 105, 00164* ☎5862 FAX66157747 257室 S28万5000〜 T38万〜
ヴィスコンティ・パラス Visconti Palace ★★★★	地図P.94 B-1　ヴァチカン市国周辺 *Via Federico Cesi 37, 00193* ☎3684 FAX3200511 247室 S30万〜 T40万〜

バックパッカーのための経済的ホテル

宿泊費をおさえてローマ滞在を楽しみたい旅行者には、ペンション風の小規模なホテルがおすすめ。部屋数もバスタブ付の浴室も限られているが、観光都市ローマで安くあげるためには、多少の妥協は覚悟したい。立地条件の良い経済的なホテルはテルミニ駅周辺に集まっているので、そのエリア内で集中的に探してみるのが効率の良い方法といえる。

アルタヴィラ Altavilla ★★	地図P.97 C-4 テルミニ駅周辺 M AB Terminiテルミニ駅から徒歩3分 *Via Principe Amedeo 9, 1/4階* ✆4741186 22室 S 11万〜 T 15万〜
アベッラ Abella ★★	地図P.97 C-4 テルミニ駅周辺 M AB Terminiテルミニ駅から徒歩3分 *Via Principe Amedeo 9, 4階* ✆4885064 10室 S 10万〜 T 13万〜
ツーリング Touring ★★★	地図P.97 C-4 テルミニ駅周辺 M AB Terminiテルミニ駅から徒歩3分 *Via Principe Amedeo 34* ✆4885351 41室 S 8万〜 T 12万〜
スウィート・ホーム Sweet Home ★★	地図P.97 C-4 テルミニ駅周辺 M AB Terminiテルミニ駅から徒歩3分 *Via Principe Amedeo 47, 1階* ✆4880954 15室 S 7万〜 T 8万〜
カリフォルニア California ★★	地図P.97 C-4 テルミニ駅周辺 M AB Terminiテルミニ駅から徒歩3分 *Via Principe Amedeo 47, 5階* ✆4822002 30室 S 9万5000〜 T 14万〜
オネッラ Onella ★★★	地図P.97 C-4 テルミニ駅周辺 M AB Terminiテルミニ駅から徒歩3分 *Via Principe Amedeo 47* ✆4885257 11室 S 9万〜 T 16万〜
ディーナ Dina ★★	地図P.97 C-4 テルミニ駅周辺 M AB Terminiテルミニ駅から徒歩3分 *Via Principe Amedeo 62* ✆4818885 50室 S 5万〜 T 8万〜
セレーナ Serena ★★	地図P.97 C-4 テルミニ駅周辺 M AB Terminiテルミニ駅から徒歩3分 *Via Principe Amedeo 62, 2/3階* ✆4818214 16室 S 4万5000〜 T 7万〜
デッレ・ローゼ Delle Rose ★	地図P.97 C-4 テルミニ駅周辺 M AB Terminiテルミニ駅から徒歩3分 *Via Principe Amedeo 62, 4階* ✆4819339 9室 S 3万5000〜 T 6万〜
フィオリーニ Fiorini ★★	地図P.97 C-4 テルミニ駅周辺 M AB Terminiテルミニ駅から徒歩3分 *Via Principe Amedeo 62, 5階* ✆4885065 15室 S 5万〜 T 6万〜
アクロポリ Acropoli ★★	地図P.97 C-4 テルミニ駅周辺 M AB Terminiテルミニ駅から徒歩3分 *Via Principe Amedeo 67* ✆4745518 45室 S 5万〜 T 6万〜
ニッツァ Nizza ★★★	地図P.97 C-4 テルミニ駅周辺 M AB Terminiテルミニ駅から徒歩3分 *Via Massimo d'Azeglio 16* ✆4881061 58室 S 8万〜 T 10万〜
イリデ Iride ★★	地図P.97 C-4 テルミニ駅周辺 M AB Terminiテルミニ駅から徒歩3分 *Via Massimo d'Azeglio 24* ✆4885270 19室 S 8万〜 T 10万〜
ミッレローゼ Millerose ★	地図P.97 C-4 テルミニ駅周辺 M AB Terminiテルミニ駅から徒歩3分 *Via D. Manin 58. 6階* ✆4880817 10室 S 5万〜 T 8万5000〜
モントレアル Montreal ★★	地図P.101 C-1 テルミニ駅周辺 M AB Terminiテルミニ駅から徒歩3分 *Via C.Alberto 4* ✆4457797 20室 S 8万5000〜 T 10万〜
ドムス・メア Domus Mea ★★	地図P.97 C-2 テルミニ駅周辺 M AB Terminiテルミニ駅から徒歩5分 *Via Caltafimi 31* ✆4881174 24室 S 4万5000〜 T 9万〜
フィオレンツァ Fiorenza ★	地図P.97 D-3 テルミニ駅周辺 M AB Terminiテルミニ駅から徒歩3分 *Via dei Mille 64* ✆490519 10室 S 4万〜 T 6万〜
サンタンドレア Sant'Andrea ★	地図P.97 C-1 共和国広場周辺 M A Repubblicaレプッブリカ駅から徒歩5分 *Via XX Settembre 89* ✆485509 10室 S 9万〜 T 11万〜
ヴァレーゼ Varese ★★	地図P.97 D-3 テルミニ駅周辺 M AB Terminiテルミニ駅から徒歩3分 *Via Varese 26* ✆4957640 44室 S 6万〜 T 8万〜
マキシム Maxim ★★	地図P.96 B-3 共和国広場周辺 M A Repubblicaレプッブリカ駅から徒歩3分 *Via Nazionale 13* ✆486837 30室 S 5万〜 T 7万〜

レストラン RESTAURANTS

気軽なピッツェリアからエレガントな最高級レストラン、伝統的な家庭料理の店から本格的な各国料理店まで、あらゆるランクと種類のレストランが味を競い合っている。ランチは手軽にバールですませ、夜は豪華に高級レストランで、ということもローマなら簡単だ。

立地条件もレストラン選びのポイント

評判のレストランはローマ市内のあらゆるエリアに点在する。**ナヴォーナ広場**や**カンポ・デ・フィオーリ**など広場の周辺にある店は広いテラス席が気持ちいい。この周辺の路地には、ラ・ロゼッタやトゥーラのような最高級店から地元の人々で混雑するトラットリア、おいしい料理が自慢のワイン・バーまで、いろいろな種類の食事処が混在する。このあたりを歩けば、間違いなくおいしい食事にありつけるだろう。並木道が爽やかな**ヴェネト通り**では、おしゃれなカフェでひと休みしたい。映画『甘い生活』そのままの華やかな雰囲気が楽しめ、食事もできる。下町**トラステヴェレ**には、魚介類が自慢のレストランが多く、夜になると、食事に来る人々で大賑わいだ。最高級店アルベルト・チャルラも魚介類が専門のレストラン。ピッツェリアやビッレリアなどのカジュアルな店も多い。路地や広場はそれぞれの店が出したテーブルや椅子でいっぱいになる。**テルミニ駅**のすぐ近くには手軽に食べられる中国料理店やターヴォラ・カルダが多い。また、駅の東側を大通りから1本入ると地元で人気のレストランや家庭的な料理が安く食べられるトラットリアが並んでいる。地元の人で賑わっている店はおいしい証拠。

気軽に楽しむピッツェリア

カフェではテラス席に座りたい

ユダヤ料理

古代ローマ時代に奴隷として連れて来られて以来、ローマに住み着いたユダヤ人。彼らが、その後何世紀にもわたって発展させ、ローマ料理とも影響し合って、出来たのがローマ風ユダヤ料理。その一部が現在では、ローマ料理の典型的なメニューとなっている。タラやズッキーニの花のフライ、アーティチョークを丸ごと揚げた“ユダヤ風アーティチョーク”やタリオリーニ入りコンソメ、干ダラの煮込み、リコッタ・チーズのケーキなどがそうだ。

ローマのワイン

どんなレベルのものを揃えているかで、レストランの評価が変わるほど重要な料理のパートナーがワイン。州外の**バローロ**や**モンタルチーノ**、**キャンティ**、気軽に味わうなら、近郊の**フラスカーティ**や**カステッリ・ロマーニ**がある。

最高の料理を眺望とともに楽しむレストラン

レストラン・ガイドなどで高い評価を受ける最高級店は味の確かさとともに、ローマを一望にできる眺望の良さを自慢にするところが多い。ホテル・ハスラー内のルーフ・レストランもそのひとつ。スペイン階段を上ったところにあり、極上の料理とともに最高の眺めを楽しめる。ヴェネト通りにあるホテル・エデンのラ・テラッツァも同じく、テラスからの眺めが素晴らしい。夜景もいいが、晴れた日のランチも最高。必ず予約を。

眺望の良さも料理をおいしくする要素のひとつ

最高級レストラン

服装注意　要予約
望予約　カップルでぜひ
J日本語メニュー　M英語メニュー

味、雰囲気ともに超一流のレストラン。イタリア国内のみならず海外のレストラン・ガイドでも高い評価を受けているところばかりだ。食事を楽しむために、ある程度おしゃれな服装と常識あるマナーは必要。予約は必ず入れておきたい。手軽に楽しめるランチもいい。

トラステヴェレで鮮魚を味わう

アルベルト・チャルラ

地図P.98 B-3

Alberto Ciarla

P.za S.Cosimato 40 ☎5818668

営20:30〜深夜1:00 休日曜、8月の2週間、1月の10日間

D Lit.7万5000〜　サンタ・マリア・イン・トラステヴェレ教会から徒歩5分

アダルトなムードが漂う魚介料理専門店。黒と赤を基調に、ミラーや水槽、海の絵などが配された店内は深海のよう。70年の伝統のなかでつねに素材の鮮度を重視し、生魚料理にも力を入れている。テラス席もある。生魚料理Lit.3万2000〜　トラステヴェレ周辺

庭のテラス席がロマンチック

ジョルジス

地図P.96 B-1

George's

Via Marche 7 ☎42084575

営12:30〜15:00 19:30〜深夜2:00 休日曜、8月の3週間

L Lit.9万〜 D Lit.9万〜 M A線Barberiniバルベリーニ駅から徒歩10分

歴史的建物を利用した優雅なレストラン。クラシックだが軽い地中海料理やインターナショナルな料理を美しい盛り付けで供する。夏ならテラス席もいい。ジョルジス風仔牛のステーキLit.4万　ヴェネト通り周辺

隠れ家みたいなローマ料理のレストラン

パパ・ジョヴァンニ

地図P.95 C-4

Papa Giovanni

Via dei Sediari 4 ☎6865308

営13:00〜15:00 21:00〜0:00 休日曜、祝日、8月

L Lit.7万5000〜 D Lit.7万5000〜　ナヴォーナ広場から徒歩3分

ローマ料理に海外のフレーバーも加えた、伝統的でありながら独創的な料理が自慢。女性用メニューには料金の代わりにカロリーが記され、メニューも男性用とは少し変えてあるのがユニーク。予約は必ず6名以内で。小鴨の詰め物Lit.3万8000　ナヴォーナ広場周辺

政治家御用達のエレガントなレストラン

レ・レストラン

地図P.96 B-2

Le Restaurant

Hル・グランド

Via V.E.Orlando 3 ☎47091

営12:30〜15:00 19:30〜23:00 休無休

L Lit.10万〜 D Lit.10万〜 M A線Repubblicaレプブリカ駅から徒歩3分

軽さと味わい深さの両方を追求したメニューは、ローマ料理から天ぷらまでと幅広い。毎日替わるデザートも自慢。小さなサロンに分かれていて、周りを気にせず食事が楽しめる。牛ヒレ肉のハーブとグリーン・ペッパー風味Lit.4万8000　テルミニ駅周辺

地元の人に愛される温かい雰囲気の店

ダ・ヴィンチェンツォ
地図P.97 C-1

Da Vincenzo

Via Castelfidardo 4-6 ☎484596

営12:00〜15:00 19:00〜23:00 休日曜

L Lit.6万〜 D Lit.6万〜 テルミニ駅から徒歩8分

家族で経営して23年、魚料理を得意とする。木目調の清潔感溢れる店内は3年前に改装したばかりできれい。豪華なアンティパストのショーケースが食欲をそそる。魚のラビオリLit.1万3000他　テルミニ駅周辺

ポポロ広場で味わうボローニャ料理

ダル・ボロニェーゼ
地図P.95 C-1

Dal Bolognese

P.za del Popolo 1/2 ☎3611426

営13:00〜15:00 20:15〜23:00 休月曜、8月の15日間 L Lit.6万5000〜 D Lit.6万5000〜 M A線Flaminioフラミニオ駅から徒歩3分

パスタやデザートも自家製で、朝から家族全員でトルテッリーニを作る、親しみやすい雰囲気の店。ワインリストも充実している。テラス席がおすすめだ。茹で肉のグラン・カレッロLit.2万6000　ポポロ広場周辺

ティベリーナ島で唯一のレストラン

ソーラ・レッラ
地図P.99 C-2

Sora Lella

Via Ponte Quattro Capi 16 ☎6861601

営13:00〜14:30 20:00〜23:00 休日曜、8月

L Lit.6万〜 D Lit.6万〜 マルチェロ劇場から徒歩5分

メニューの中心はローマ料理。暖色でコーディネートされ、こぢんまりとした店内は落ち着ける。暗めの照明がムードを盛り上げている。チェーチ豆とアサリのパスタLit.1万4000他　トラステヴェレ周辺

日本人好みの味付けのローマ料理店

マングローヴィア
地図P.97 D-3

Mangrovia

Via Milazzo 6a-6b ☎4452754

営12:00〜15:00 18:30〜23:00 休無休

L Lit.6万〜 D Lit.6万〜 テルミニ駅から徒歩2分

1階と地下に部屋があり、合わせて400席ある大規模な店。女性客にバラをプレゼントという粋なサービスもある。コースメニュー（前菜、パスタ、メイン皿、野菜、デザート）Lit.6万5000他　テルミニ駅周辺

気持ちのいいテラス席で食事したい

パッセット
地図P.94 B-3

Passetto

Via Zanardelli 14 ☎68803696

営11:30〜15:30 19:00〜0:00 休無休

L Lit.5万5000〜 D Lit.5万5000〜 ナヴォーナ広場から徒歩1分

地元の人々も御用達の大規模な店。145年の歴史を持ち、一族11人で経営している。魚介料理はスズキの紙包み焼などがおすすめ。世界各地のワインも揃う。骨付ラム肉のグリル焼Lit.2万8000　ナヴォーナ広場周辺

フォルナリーナの家を改装したレストラン

ロモロ

地図P.98 A-2

Romolo

Via Porta Settimiana 8 ☎5813873 営12:00～15:00 20:00～0:00 休月曜 L Lit.3万5000～ D Lit.5万～ サンタ・マリア・イン・トラステヴェレ広場から徒歩5分

かつてラファエロの恋人が住んでいた場所。スタイリッシュな店内にはイタリア人アーティストの絵が並ぶ。夏は緑溢れる爽やかな中庭で食事したい。手長エビのグリル、ロモロ風ラヴィオリ　トラステヴェレ周辺

イタリアものを中心にワインの品揃えが豊富

ダンテ・タヴェルナ・デ・グラッキ

地図P.94 A-1

Dante Taverna de'Gracchi

Via dei Gracchi 266-268 ☎3213126 営12:00～15:00 19:30～23:00 休月曜のランチ、日曜 L Lit.4万5000～ D Lit.4万5000～ M A線Lepantoレパントから徒歩4分

グリル・メニューを得意とする上品で落ち着きのある店。座席がゆったりと配置されていて、くつろいで食事ができる。ウエイティング・バーあり。ヒラメのグリルLit.2万6000他　ヴァチカン市国周辺

広場の噴水を眺めるテラス席が人気

ガレアッシ

地図P.98 B-3

Galeassi

P.za S. Maria in Trastevere 3-3a ☎5803775 営12:15～15:00 19:20～23:30 休月曜、12/22～2/6 L Lit.4万5000～ D Lit.4万5000～ サンタ・マリア・イン・トラステヴェレ広場から徒歩1分

1900年オープンの老舗。花柄のテーブルクロスやろうそくがしゃれた雰囲気を演出している。たいていの店が休む夏場も営業している。仔牛のテールのトマトソース煮Lit.1万8000他　トラステヴェレ周辺

かつて画家たちがたむろした店

オステリア・マルグッタ

地図P.95 D-1

Osteria Margutta

Via Margutta 82 ☎3231025 営11:00～15:30 19:30～23:00 休日曜 L Lit.4万5000～ D Lit.4万5000～ M A線Spagnaスパーニャ駅から徒歩4分

木の床、絵画で埋まった壁――ひっそりとした隠れ家のような店内にクラシック音楽が流れている。15:30～19:30はサラ・ダ・テ(喫茶)になる。牛肉のステーキ・マルグッタ風Lit.2万2000他　スペイン広場周辺

シーフード料理中心のローマ料理店

ダ・チェンチア

地図P.98 B-3

Da Cencia

Via della Lungaretta 67 ☎5812670 営12:00～15:30 19:00～23:30 休日曜、月曜のランチ L Lit.3万～ D Lit.5万5000～ サンタ・マリア・イン・トラステヴェレ広場から徒歩5分

在伊16年の日本人シェフが腕をふるう。メインディッシュが2皿付いたシェフおすすめのおまかせコースがある。日のあたるテラス席が人気。海と山の幸のフェットゥチーネLit.1万6000他　トラステヴェレ周辺

カジュアル・レストラン

望予約　眺望が良い
カップルでぜひ　J日本語メニュー
M英語メニュー　テラス席あり

パスタだけでも気軽に注文できる店や、地元客で賑わう大衆的な店。料理は高級レストラン並だが規模が小さかったり、まだ新しいため料金は手ごろなレストランなどを紹介する。

元気な女性2人のレストランは"幸せの島"

リゾラ・フェリーチェ

地図P.98 A-2

L'Isola Felice

Vicolo del Leopardo 39a ☎5814738

営19:00～0:00 休日曜、8月の1週間 D Lit.2万7000～
サンタ・マリア・イン・トラステヴェレ教会から徒歩3分

白い壁に青のテーブルクロスが地中海風。作り置きは一切なく、パスタ、デザートからリキュールまで手作り。ズッパ・ディ・ファッロLit.1万　トラステヴェレ

庶民の広場を眺めながらローマ料理を

ラ・カルボナーラ

地図P.98 B-1

La Carbonara

Campo De' Fiori 23 ☎6864783

営12:00～15:30 19:00～21:30 休火曜、8月の20日間 L Lit.4万5000～ D Lit.4万5000～ カンポ・デ・フィオーリ西側

下町らしい広場に面した気楽なレストラン。脳みそのフリットなど、伝統的なローマ料理を供し続けている。ペンネのカルボナーラLit.1万3000　ナヴォーナ広場

ピザ50種類、スパゲッティ100種類が揃う

ラルケット

地図P.95 D-4

L'Archetto

Via dell'archetto 26 ☎6789064

営12:00～15:00 19:00～深夜1:00 休月曜
L Lit.2万5000～ D Lit.2万5000～ トレヴィの泉から徒歩3分

ボリューム満点で1皿で満腹になる。4種のチーズのピザLit.1万2000他　クイリナーレの丘周辺

バラエティに富んだメニューに目移り

トレンタクワットロ

地図P.95 D-2

'34'

Via Mario de' Fiori 34 ☎6795091 FAX6786980

営12:30～15:00 19:30～23:00 休月曜、8月の3週間
L Lit.4万～ D Lit.4万～ M A線Spagnaスパーニャ駅から徒歩3分

メニューの幅広さと数には驚かされる。140席と広くて昼から賑わっているが、家庭的な雰囲気のせいか落ち着ける。自家製デザートもいろいろ。　スペイン広場

おいしくて安い気軽なトラットリア

ダ・オリンピオ

地図P.96 A-3

Da Olimpio

Via degli Avignonesi 37-38 ☎4885225

営12:00～15:00 18:30～23:00 休火曜、8月の3週間 L Lit.2万5000～ D Lit.2万5000～ M A線Barberiniバルベリーニ駅から徒歩3分

家庭的なローマ料理の店。ピンクの壁とテーブルクロスが温かい雰囲気。サルティンボッカLit.1万3000、セットメニューLit.2万5000他　クイリナーレの丘周辺

ピッツェリア

望予約　眺望が良い
カップルでぜひ　J日本語メニュー
M英語メニュー　テラス席あり

安くて気軽に食べられるのが人気。かまどに火を入れる夜にだけピザを食べられる店も多い。トラステヴェレ周辺に多いが、ここでは各エリアから、おいしいと評判の店を紹介。

昼から本格的なピザが食べられる　望 J M

ジョイア・ミア
地図P.96 A-3

Gioia Mia

Via degli Avignonesi 34 ☎4882784
営12:00〜14:00 19:00〜23:00 休日曜、8月 L Lit.9000〜 D Lit.9000〜 M A線Barberiniバルベリーニ駅から徒歩3分

薪のかまどで焼くピザは香ばしく、台はほどよい薄さ。アメリカ風な味わいのスーペル・テレヴィジョーネもおいしい。ジョイア風ピザLit.1万 ヴェネト通り周辺

"ピザ・カプリチョーザ" はこの店が元祖　J M テラス

ラ・カプリチョーザ
地図P.95 C-2

La Capricciosa

Largo dei Lombardi 8 ☎6878480
営12:00〜15:00 18:30〜0:00 休火曜 L Lit.2万5000〜 D Lit.2万5000〜 M A線Spagnaスパーニャ駅から徒歩4分

日本人にも大人気の有名店。夜にはバンド演奏もある。ピザ・カプリチョーザLit.9000他　スペイン広場周辺

わいわい楽しく食べる下町のピッツェリア　M テラス

イーヴォ・ア・トラステヴェレ
地図P.98 B-3

Ivo a Trastevere

Via S.Francesco a Ripa 158 ☎5817082
営18:00〜深夜1:00 休火曜、8月の数日間 D Lit.8000〜
サンタ・マリア・イン・トラステヴェレ教会から徒歩2分

レンガ造りのかまどに薪をくべて焼くピザと、菓子職人だったオーナー手作りのトルテが自慢。トラステヴェレ風ピザLit.1万2500　トラステヴェレ周辺

ローマのファストフード

ハンバーガー人気はローマでも

イタリアのファストフードといえば、切り売りピザやターヴォラ・カルダが定番。ざら紙で包んだピザに歩きながらかぶりついたり、パスタ類や惣菜を座って気軽に食べたりと、ちょっと小腹がすいたときにはぴったりの軽食だ。だが、このところ街角で見かけることが多くなったのはハンバーガー・ショップ。バルベリーニ広場にあるブルギーBurghyは広くて落ち着ける。マクドナルドなら、内装が豪華なスペイン広場店や、テラス席がおしゃれな共和国広場店に入ってみるのがいい。

ぜひ試したいのはサラダ・バー

野菜やパスタをオリーヴオイル和えやマリネにしたものが7〜8種類も並ぶ。マクドナルドは3種類を、ブルギーは何種類でも皿いっぱいに盛ってくれる。ヘルシーなおすすめメニューだ。

中国料理レストラン

要予約　望予約　眺望が良い　カップルでぜひ　J日本語メニュー　M英語メニュー

ローマでよく見かける中国料理店。テルミニ駅周辺にとくに多い。高級店から大衆店までさまざまだが、概して安い。お得なセットメニューを用意している店も多い。

落ち着いた雰囲気で味わう北京料理

マンダリン

地図P.96 A-1

京華飯店 Mandarin

Via Emilia 85 4825577 営12:30〜15:00 19:30〜23:00 休月曜、8/15 L Lit.3万5000〜 D Lit.4万〜 M A線Barberiniバルベリーニ駅から徒歩8分

良質の素材を使ったスープや肉料理がおすすめ。日本人客も多いが、夜8時以降になるとほとんどが地元客。エビ・チリソースLit.2万6000　ヴェネト通り周辺

北京料理中心、エレガントなムードの店

ロン・フォン

地図P.96 B-3

龍鳳楼 Lon Fon

Via Firenze 44-46 4825261 営11:30〜15:00 18:00〜23:00 休水曜、8月中に10〜15日間 L Lit.1万5000〜 D Lit.3万〜 M A線Repubblicaレプッブリカ駅から徒歩5分

近くのビジネスマンや観光客でいつも賑わう、高級感溢れる店。ペキンダックは要予約。牛肉の唐揚げチリソースかけLit.8000他　共和国広場周辺

中国人ツーリストもよく利用する

ジャスミン

地図P.96 B-1

茉莉酒家 Jasmine

Via Sicilia 45-47 42884983 営12:00〜15:30 19:00〜23:30 休火曜、8/15 L Lit.1万7000〜 D Lit.1万7000〜 M A線Barberiniバルベリーニ駅から徒歩8分

スタッフはもの静かで、ゆったり食事が楽しめる。スープやエビ、豆腐料理が自慢。　ヴェネト通り周辺

家族連れにおすすめのカジュアルな雰囲気

ラ・ジアーダ

地図P.95 D-4

新翡翠酒家 La Giada

Via Novembre 137/8 6798334 営12:00〜15:00 19:00〜23:00 休無休 L Lit.1万〜 D Lit.1万5000〜 ヴェネツィア広場から徒歩4分

四川・広東を中心とした中国料理が、手ごろな料金で楽しめる。全部で100席あり、広々としている。エビの唐揚げLit.7000他　ヴェネツィア広場周辺

広東料理を得意とする地元客に人気の店

ゴールデン・クラウン

地図P.95 D-3

金冠楼 Golden Crown

Via In Arcione 85 6789831 営12:00〜15:00 19:00〜23:15 休8月の2週間 L Lit.1万5000〜 D Lit.2万5000〜 トレヴィの泉から徒歩3分

中国風に揃えたインテリアが上品。地下に広いフロアがあり全部で135席。テイクアウトもできる。チンジャオロースLit.1万500他　クイリナーレの丘周辺

日本料理／各国料理レストラン

要予約　望予約
カップルでぜひ　日本語が通じる
J日本語メニュー　M英語メニュー

各国から観光客が集まる都市なので、ローマには国際色豊かなレストランが多い。味、雰囲気ともに本格的だ。日本料理はイタリア人にも人気があり、手ごろな定食の種類も豊富。

地元でも人気、味に定評のある割烹料理店

濱清
地図P.95 D-3

Hamasei

Via della Mercede 35-36 6792134
営12:00〜15:00 19:00〜23:00 休月曜 L Lit.1万8000〜 D Lit.4万5000〜 M A線Spagnaスパーニャ駅から徒歩5分

モダンなインテリアで日本間も用意されている。寿司から焼鳥まで豊富なメニュー。本店が東京・浅草にある。焼肉定食Lit.3万5000他　スペイン広場周辺

家庭的な店で懐かしい日本の味を楽しむ

六甲
地図P.96 A-3

Rokko

Via Rasella 138 4881214
営12:00〜15:00 19:00〜23:00 休日曜
L Lit.1万5000〜 D Lit.3万〜 M A線Spagnaスパーニャ駅から徒歩4分

刺身定食(Lit.4万)をはじめとする各種定食類が豊富。天ぷらうどん、ざるそばといった麺類メニューも好評。すきやきLit.3万5000他　クイリナーレの丘周辺

一歩入ればそこは陽気でカラフルなメキシコ

ピエドラ・デル・ソル
地図P.95 C-3

Piedra del Sol

Vicolo Rosini 6 6873651
営12:30〜14:00 19:30〜深夜2:00 休8月の2週間
L Lit.2万〜 D Lit.2万〜 パンテオンから徒歩5分

さまざまな種類のメキシコ料理が揃う。火〜木曜にはラテン音楽の生演奏あり。　ナヴォーナ広場周辺

本格的な韓国料理と日本食のメニュー

コリア・ハウス
地図P.97 D-3

Korea House

Via Magenta 55 491471
営12:00〜15:00 18:30〜23:00 休日曜
L Lit.3万〜 D Lit.3万〜 テルミニ駅から徒歩5分

プルコギ、ビビンバに加え、すきやきや天ぷらといった日本食もある。ボリュームたっぷりの定食がおすすめ。焼肉(牛)定食Lit.3万2000他　テルミニ駅周辺

エスニックな雰囲気の高級インド料理店

マハラジャ
地図P.100 A-1

Maharajah

Via dei Serpenti 124 4747144
営12:30〜15:00 19:00〜0:30 休日曜
L Lit.4万〜 D Lit.4万〜 M B線Cavourカヴール駅から徒歩8分

ベジタリアン・メニューも選べる。豪華なインテリアの高級店。ドレスアップして出かけたい。チキンのマリネ漬けLit.15万他　フォロ・ロマーノ周辺

エノテカ／ワイン・バー

望予約	眺望が良い
♥カップルでぜひ	J 日本語メニュー
M 英語メニュー	テラス席あり

地元の雰囲気とワインが存分に楽しめる。おつまみだけでなく本格的な食事がとれ、料理が自慢の店も多い。人気店はランチ時にも大混雑。並んだり、相席のことも少なくない。

軽く食事するならメニューの豊富なこの店

クル・デ・サック・ウノ

地図P.94 B-4

Cul de Sac 1

P.za Pasquino 73 ☎68801094

営12:30〜15:00 18:30〜0:30 休月曜のランチ、8/15、7月(不定)

料Lit.1万〜 ナヴォーナ広場から徒歩1分

細長い店内の壁にワインがぎっしり。ワインリストは、1700ラベルの在庫から毎日選んで作成する。予約不可。自家製パテ各種Lit.8500　ナヴォーナ広場周辺

食事の前に軽く一杯やっていくのがスマート

レノテカンティカ・ディ・ヴィア・デッラ・クローチェ

地図P.95 D-2

L'EnotecAntica di Via della Croce

Via della Croce 76/b ☎6790896

営11:00〜0:00 休夏季の日曜

料Lit.1万4000〜 M A線Spagnaスパーニャ駅から徒歩3分

いつも地元の若者で大盛況。カウンターの女性に注文して最後に精算する。奥には軽食がとれるテーブル席もある。ワインLit.4000〜8000　スペイン広場周辺

老舗ワイン・ショップが経営するワイン・バー ♥M

トリマーニ・イル・ワイン・バー

地図P.97 C-2

Trimani il Wine Bar

Via Cernaia, 37-b ☎4469630

営11:30〜15:00 17:30〜0:30 休日曜

料Lit.1万2000〜 テルミニ駅から徒歩8分

世界中のワインが良心的な料金で揃っている。ワインに合う料理のメニューも豊富。　テルミニ駅周辺

ローマのメルカート

街に暮らす気分を味わう

市内のあちこちで開かれているメルカート(市場)では、ローマの庶民の生活を垣間見ることができる。野菜や果物、肉魚、日用雑貨が並ぶ大小さまざまな市で、買物に興じたい。

ポルタ・ポルテーゼは日曜の楽しみ

食料品中心の市なら、**カンポ・デ・フィオーリのメルカート**、古書に興味があるなら、アウグストゥス帝廟から近い**ボルゲーゼ広場のメルカート**がおすすめ。どちらも日曜を除く毎日昼過ぎまでやっている。日曜には、トラステヴェレの**ポルタ・ポルテーゼ**で開かれる大規模なのみの市がある。Lit.4000の古着に日用雑貨、用途不明のがらくた、ちょっとした骨董から椅子や戸棚まで、雑多な露店がびっしり並ぶ様子は壮観。ただし、とにかく混雑するのでスリには注意したい。

カフェ／バール

☎望予約　⬚眺望が良い
♥カップルでぜひ　J日本語メニュー
M英語メニュー　テラス席あり

広場の周りには必ず名物カフェやバールがある。テラス席に座ってのんびりと街を眺めてみたい。歴史ある老舗カフェが多いのもローマの特徴。おしゃれなカフェならヴェネト通りを歩けば見つかる。ローマっ子が大好きなジェラートもぜひ試してみたいおいしさだ。

テラス席に座りたい映画『甘い生活』のカフェ　♥M

カフェ・ド・パリ

地図P.96 A-1

Café de Paris

Via Vittorio Veneto 90 ☎4885284

営8:00～深夜1:20（火・日曜は～0:50 金・土曜は～深夜1:50） 休11～5月の水曜 料Lit.1万6000～ M A線Barberiniバルベリーニ駅から徒歩7分

フェリーニの映画で一躍世界に名を知られ、'60年代から最もファッショナブルなスポットとなった。いまでは欧米のツーリストが訪れる名所。レストラン・メニューも充実。カフェ・ド・パリ・パフェLit.9000（カウンター）、Lit.1万6000（テラス席）　ヴェネト通り周辺

ゲーテやスタンダールも通った老舗カフェ　♥M

カフェ・グレコ

地図P.173

Caffè Greco

Via Condotti 86 ☎6791700

営8:00～21:00 休日曜 料Lit.1万2000～

スペイン広場から徒歩2分

1760年の創業以来、数々の作家や芸術家たちの溜まり場となった名所的カフェ。店の造りやインテリアは創業当時のままで、クラシックな雰囲気だ。ケーキ類（Lit.1万～）など食べ物もおいしい。　スペイン広場周辺

サンドイッチやランチがおいしいカフェ　♥M

グラン・カフェ・ドネイ

地図P.96 A-1

Gran Caffè Doney

Via Vittorio Veneto 145 ☎4821790

営8:00～0:00（金・土曜は～深夜1:00） 休月曜

料Lit.1万8000～ M A線Barberiniバルベリーニ駅から徒歩8分

カフェ・ド・パリの向かいにある老舗。テラス席もよいが、天井が高くて広々したエレガントな店内も落ち着ける。得意とする菓子類やクラブサンドはもちろん、平日のランチ・ビュッフェ（12:00～15:00）と日曜のブランチLit.4万5000もおすすめ。　ヴェネト通り周辺

英国風のアンティーク調インテリアが素敵　JM

バビントンズ

地図P.173

Babington's

P.za di Spagna 23 ☎6786027

営9:00～23:00 休火曜 料Lit.1万8000～

スペイン広場から徒歩1分

内装は1893年オープン当時のまま。銀のポットで優雅なティー・タイムが楽しめる。食事メニューも豊富なので、軽めのランチをとるのにもよい。スペイン階段の隣にあり、観光客にも人気がある。アップルパイのクリーム添えLit.1万2000他　スペイン広場周辺

薪で炒った豆のコーヒーは格別の味

サンテウスタキオ

地図P.95 C-4

Sant' Eustachio

P.za S.Eustachio 82 ✆6861309

営8:30〜深夜1:00(土曜8:00〜深夜1:30) 休月曜、8月中旬の2週間 料Lit.1400〜 パンテオンから徒歩1分

小さく地味な店構えだが、コーヒーへのこだわりは相当なもの。カウンター奥には小部屋があって、毎週土曜の朝に薪の火でコーヒー豆を焙煎する。グラン・カフェ・スペシャルがおいしいと評判。ナヴォーナ広場周辺

ジェラートの"タルトゥーフォ"が名物

トレ・スカリーニ

地図P.94 B-4

Tre Scalini

P.za Navona 28-32 ✆68801996

営8:00〜深夜1:00 休水曜

料Lit.1万3000〜 ナヴォーナ広場の西側に面している

砕いたチョコをまぶした、球状のなめらかなチョコレートのジェラート"タルトゥーフォ"(カウンターLit.5000、テーブルLit.1万1000)で有名なバール。広場の噴水を眺めながら味わいたい。　ナヴォーナ広場周辺

テラスでの読書が似合う趣のあるカフェ

カフェ・デッラ・パーチェ

地図P.94 B-4

Caffè della Pace

Via della Pace 3-5/7 ✆6861216

営9:00〜深夜2:00 休月曜の9:00〜16:00

料Lit.8000〜 ナヴォーナ広場から徒歩2分

壁にからまるツタ、どっしりした木のカウンターやアンティークなレジスターが歴史を感じさせる。小さな広場に出したテラス席に座るのがおしゃれ。客にはスノッブなヤング・アダルトが多い。ナヴォーナ広場周辺

よい香りでいっぱいのコーヒー専門店

タッツァ・ドーロ

地図P.95 C-4

Tazza d'Oro

Via degli Orfani 84 ✆6789792

営7:00〜20:20 休日曜

料Lit.1000〜 パンテオンから徒歩1分

店の半分は豆の販売スペース。コーヒーを立ち飲みする客がいっぱいだが、店の主人は「うちはバールではない。立ち飲みは試飲だ」と強調する。グラニータ(濃いコーヒーと生クリーム)Lit.1500　ナヴォーナ広場周辺

巨大なジェラートのパフェに挑戦する

ジョリッティ

地図P.95 C-3

Giolitti

Via Uffici del Vicario 40 ✆6991243

営7:00〜深夜2:00 休冬季の月曜

料Lit.2500〜 パンテオンから徒歩3分

50種以上あるジェラートでは、季節の果物のほか"バーチ・ペルジーノ"に人気がある。コーンがLit.2500〜4000。バール、老舗の菓子店、昼時のターヴォラ・カルダとしての利用度も高い。　ナヴォーナ広場周辺

ショッピング SHOPPING

イタリア中の一流品が集まり、老舗から流行店まで、なんでも揃うローマ。計画的に買物をしないと破産してしまいそうだ。美しいウインドーが軒を連ね、眺めて歩くだけでも楽しい。ショッピング・エリアはいくつかあり、それぞれに特徴的。目的を絞って歩きたい。

スペイン広場周辺はローマ随一のショッピング・エリア

スペイン広場からコルソ通りへ垂直に延びる**コンドッティ通り**はブランド・ショッピングのメッカ。平行して走る**ボルゴニョーナ通り**や**フラッティーナ通り**を含めた周辺には高級ブランド店をはじめ、さまざまなショップが軒を連ね、ローマで最も華やかな場所となっている。**コルソ通り**には若者向きのカジュアルな店が並ぶ。本屋やCD店、スポーツ・ショップなども多い。洗練された高級店が集まるのは**ヴィットリオ・ヴェネト通り**。バルベリーニ広場とボルゲーゼ公園を結ぶ、ゆるやかな坂道だ。並木道をぶらぶら歩きながらのウインドー・ショッピングもいい。共和国広場からヴェネツィア広場へと延びる**ナツィオナーレ通り**やバルベリーニ広場とコルソ通りを結ぶ**トリトーネ通り**には、靴やファッション、雑貨などを扱う店が並ぶが、どの店も比較的手ごろな価格帯。庶民の買物通りといった雰囲気だ。

骨董品店の多いコロナーリ通り

お気に入りの一軒を見つけるなら地元で人気のエリアへ

ナヴォーナ広場を中心として、コルソ通りとテヴェレ川に挟まれた一帯の路地には、小さいが個性的なブティックやしゃれた雑貨店が多く、散策が楽しい。最近注目されている小さなショッピング・ストリート、**カンポ・マルツィオ通り**もこのあたり。ただし、道に迷わないようご注意を。ヴァチカン市国の近く、**コーラ・ディ・リエンツォ通り**は、地元の人々の買物の場だったが、近年、一流店や人気ブティックなどが出店、賑やかになってきた。コンドッティ通り周辺と比べて、同じ店でもすいていたり、品揃えが良かったりと、穴場的なエリアだ。高級食料品店も多い。

ポルタ・ポルテーゼののみの市

ブランド店が並ぶコンドッティ通り

営業時間と休業日

一般的な営業時間は朝10時頃から夜は7時頃までで、昼休みを2時間ほどとる。夏と冬では、日没の時間に合わせて、昼休みと閉店の時間を30分ほどずらすことが多い。近年、とくにコンドッティ通り周辺では、昼休みをとらず、ノンストップ営業するところが増えてきているようだ。日曜、祝日と8月に2週間ほどの休みをとることが多いが、最近この原則も一部の店で崩れつつある。

骨董品店が並ぶ通り

アンティークの店が多いのは、**バブイーノ通り**や、平行する**マルグッタ通り**、ナヴォーナ広場近くの**コロナーリ通り**など。家具や調度類、絵などの高級品を扱う店がおもだが、ギャラリー感覚で見学するのも面白い。スペイン広場から延びるバブイーノ通りには高級ブランド店も多く、骨董店のウインドーと不思議な調和を見せている。

日曜にも買物ができる場所

日曜に営業する店も増えてきたが、それでもまだ少ない。日曜に買物をする必要がある場合に、確実に開いているのは、中心部にあるデパートの**ラ・リナシェンテ**や、**ウピム**、**スタンダ**などだ。テルミニ駅地下のドラッグストアもやっている。そのほかには、**ポルタ・ポルテーゼののみの市**が朝の7時頃から行なわれる。スペイン広場とコンドッティ通りの周辺を歩けば、どこかしら開いている店があるはずだ。

ショップ SHOPS

高級店	!! 流行の人気店
みやげ小物あり	★ オリジナルあり
日本へ発送可	歴史と伝統あり

スペイン広場を中心に、老舗から流行の発信地まで、個性を競い合うさまざまなショップが軒を連ねる。イタリアならではのセンスが感じられるしゃれたディスプレーも見ものだ。

ファッション・ブティック

お気に入りブランドを探すなら、複数のブランドを扱うセレクト・ショップへ。品揃えも充実している。小さくても質の良いオリジナル商品を扱うブティックからも目が離せない。

1994年オープン、売り切れが出るほどの人気 !! ★

フェンディシメ

地図P.95 C-2

Fendissime

Via Fontanella Borghese 56A ☎6876604

営10:30(月曜15:30)～19:30 休日曜

M A線Spagnaスパーニャ駅から徒歩10分

フェンディのディフュージョン・ブランド。フェンディの伝統を生かしながらも、若々しいカジュアル中心の品揃えが新鮮。ジャケットLit.21万、パンツLit.8万5000など、手ごろな価格帯も魅力。 スペイン広場周辺

シックでおしゃれなニットを探すならここ ★

ショーズ

地図P.95 D-2

Choses

Via Belsiana 32 ☎6797250

営9:30～14:00 15:00(月曜15:30)～19:30 休月曜の午前、日曜、8月の10日間 M A線Spagnaスパーニャ駅から徒歩5分

こぢんまりとした店内にカシミヤやウール、シルクなど上質の素材のニットが整然と並んでいる。日本人の体形にぴったりの小さいサイズのパンツも種類豊富。カシミヤのセーターLit.35万など。 スペイン広場周辺

モノトーンを中心としたシックな品揃え ★

ジェンテ

地図P.93 D-1

Gente

Via Cola di Rienzo 277-279 ☎3211516

営9:30(月曜15:30)～19:30 休日曜

M A線Ottavianoオッタヴィアーノ駅から徒歩5分

J.P.ゴルチェ、ロメオ・ジリ、プラダなど流行のブランドを扱うセレクト・ショップ。女性らしいデザインのオリジナル・ブランド、ジェンテ・ジェンテも人気。ワンピースLit.65万。 ヴァチカン市国周辺

ちょっと前衛的な大人のブランドならここで !!

ルナ・エ・ラルトラ

地図P.94 B-4

Luna & L'Altra

Via del Governo Vecchio 105 ☎68804995

営10:00～13:30(5～9月は～14:00) 15:30～19:30(5～9月は～20:00) 休月曜の午前、日曜、8月の1週間 ナヴォーナ広場から徒歩3分

ウインドーディスプレーがしゃれている。オーナーの感性に合うデザイナーの服だけを仕入れている。イタリア随一の品揃えを誇るドリス・ヴァン・ノッテンではミニドレスがLit.69万6000。 ナヴォーナ広場周辺

刺繍やレースで飾った白のブラウスが豊富に並ぶ !!

ナラ・カミーチェ 地図P.93 D-1

Nara Camice

Via Cola di Rienzo 299 ✆39721269

営9:30（月曜10:00）～20:00 休日曜

M A線Ottavianoオッタヴィアーノ駅から徒歩5分

日本でもおなじみのブラウス専門店。メンズのシャツやネクタイもある。 ヴァチカン市国周辺

落ち着きのある上品なレディスウエア ★

ルイザ・スパニョーリ 地図P.95 C-3

Luisa Spagnoli

Via del Corso 385 ✆6793983

営9:30（月曜15:30）～19:30 日曜11:00～19:00 休無休

M A線Spagnaスパーニャ駅から徒歩5分

良質の素材で仕立てたスーツやワンピースが中心。ニットのワンピースLit.26万。 スペイン広場周辺

素材が面白いユニークなドレスが人気 ★

アルセナーレ 地図P.94 B-4

Arsenale

Via del Governo Vecchio 64 ✆6861380

営10:00（月曜15:30）～19:30 休日曜、8月

ナヴォーナ広場から徒歩2分

広々とした店内の壁には、カジュアルなスーツやワンピースがずらり。商品はすべてオーナーがデザイン。ニット・ワンピースLit.45万。 ナヴォーナ広場周辺

ローマの若者に人気のカラフルな服が並ぶ !! ★

ローマンズ2000 地図P.95 C-2

Roman's 2000

Via del Corso 91 ✆6791038

営10:00～20:00 休無休

M A線Spagnaスパーニャ駅から徒歩7分

ストリート系カジュアル・ファッションが溢れる新しい店。革ジャケットLit.39万3000。 スペイン広場周辺

質の良い紳士服がオーダーできる ★

エディ・モネッティ 地図P.95 D-2

Eddy Monetti

Via Condotti 63 ✆6783794

営9:00（月曜15:00）～20:00 休日曜

M A線Spagnaスパーニャ駅から徒歩5分

重厚感のある店で、ゆっくりと生地選び、採寸、試着ができる。スーツLit.135万～。 スペイン広場周辺

女性なら一度は着てみたい、夢のあるドレス

アリチア・ローザス 地図P.173

Alicia Rosas

Via Borgognona 9/10 ✆6787421

営10:00～13:00 16:00～19:30 休月曜の午前、日曜

M A線Spagnaスパーニャ駅から徒歩5分

ウエディングドレスを中心としたフォーマルウエアの店。アトリエを持ち、商品はみな手作り。手ごろな値段でさまざまなデザインが揃う。 スペイン広場周辺

人気ブランド・ブティック

人気ブランド・ブティックはコンドッティ通り周辺に集中している。ファッションの本場ならではの洗練された華やかさは圧巻。買物に夢中になってもマナーには気をつけたい。

カジュアルなアイスバーグ・ジーンズも扱う
アイスバーグ 地図P.173
Iceberg
Via Condotti 6/6A ☎6793587
営10:00(月曜15:30)～19:30 休日曜
M A線Spagnaスパーニャ駅から徒歩3分

しっかりした作りのメンズ、レディス靴
A.テストーニ 地図P.173
A.Testoni
Via Condotti 80 ☎6788944
営10:00(月曜15:00)～19:00 休日曜
M A線Spagnaスパーニャ駅から徒歩3分

オーソドックスな色と形の上質バッグ
ヴァレクストラ 地図P.173
Valextra
Via del Babuino 94 ☎6792323
営10:00～14:00 15:00～19:00 休月曜の午前、日曜
M A線Spagnaスパーニャ駅から徒歩3分

イタリアン・ブランドの大御所
ヴァレンティノ 地図P.173
Valentino
Via Condotti 13 ☎6783656
営10:00(月曜15:00)～19:00 休日曜
M A線Spagnaスパーニャ駅から徒歩4分

シックで華やかなスーツやニット
エスカーダ 地図P.173
Escada
P.za di Spagna 7 ☎6786995
営10:00(月曜15:30)～19:30 休日曜
M A線Spagnaスパーニャ駅から徒歩2分

おなじみのスカーフのほかに化粧品も
エトロ 地図P.173
Etro
Via del Babuino 102 ☎6788257
営10:00(月曜15:00)～19:00 休日曜
M A線Spagnaスパーニャ駅から徒歩4分

エトロ

ギャラリーのように美しいショップ
エルメス 地図P.172
Hermès
Via Condotti 67 ☎6791882
営10:00～13:30 14:30～19:00 休日曜
M A線Spagnaスパーニャ駅から徒歩4分

広い店内にはオリジナルのバス用品も揃う
エンポリオ・アルマーニ 地図P.172
Emporio Armani
Via del Babuino 140 ☎3221581
営10:00(月曜15:00)～19:30 休日曜
M A線Spagnaスパーニャ駅から徒歩4分

人気のスカーフや時計、小物類も多い
カルティエ 地図P.173
Cartier
Via Condotti 83 ☎6782580
営10:00～13:30 14:30～18:50 休月曜の午前、日曜
M A線Spagnaスパーニャ駅から徒歩3分

広い店内。人気のバンブーも品揃え豊富
グッチ 地図P.173
Gucci
Via Condotti 8 ☎6789340
営10:00(月曜15:00)～19:30 休日曜
M A線Spagnaスパーニャ駅から徒歩3分

人気の靴のほかにスカーフやウエアも充実
サルヴァトーレ・フェラガモ 地図P.173
Salvatore Ferragamo
Via Condotti 73/74 ☎6791565
営10:00(月曜15:00)～19:00 休日曜
M A線Spagnaスパーニャ駅から徒歩4分

光る素材やアニマル・プリントが素敵
ジェニー 地図P.173
Genny
P.za di Spagna 27 ☎679674
営10:00(月曜15:30)～19:30 休日曜
M A線Spagnaスパーニャ駅から徒歩2分

サルヴァトーレ・フェラガモ

ジョルジオ・アルマーニ

原色とゴールドのゴージャスな迫力

ジャンニ・ヴェルサーチ 地図P.172

Gianni Versace

Via Bocca di Leone 26 ☎6780521
営10:00(月曜15:30)〜19:30 休日曜
M A線Spagnaスパーニャ駅から徒歩5分

未来的でスタイリッシュなインテリアも必見

ジャンフランコ・フェレ 地図P.172

Gianfranco Ferre

Via Borgognona 42B ☎6790050
営9:30〜13:30 14:30〜19:30 休日曜
M A線Spagnaスパーニャ駅から徒歩5分

イタリアの伊達男はこうして作られる

ジョルジオ・アルマーニ 地図P.173

Giorgio Armani

Via Condotti 77 ☎6991460
営10:00(月曜15:00)〜19:00 休日曜
M A線Spagnaスパーニャ駅から徒歩4分

アクセサリーや傘など小物類もおすすめ

セリーヌ 地図P.172

Celine

Via Condotti 20A ☎6787594
営10:00(月曜15:00)〜19:00 休日曜
M A線Spagnaスパーニャ駅から徒歩4分

作りの良い靴のほかに皮革小物も充実

タニノ・クリスチー 地図P.172

Tanino Crisci

Via Borgognona 4H/4I ☎6795461
営10:00〜13:30 15:00〜19:30 月曜15:30〜19:30
休日曜 M A線Spagnaスパーニャ駅から徒歩5分

シンプルで機能的なバッグ類が豊富

トラサルディ 地図P.172

Trussardi

Via Condotti 49/50 ☎6990457
営10:00(月曜15:00)〜19:00 土曜10:00〜19:30
休日曜 M A線Spagnaスパーニャ駅から徒歩5分

2階の奥にはウエディングドレスも

ドルチェ&ガッバーナ 地図P.173

Dolce & Gabbana

Via Borgognona 7D ☎6782990
営10:00(月曜15:00)〜19:30 休日曜
M A線Spagnaスパーニャ駅から徒歩4分

洗練されたデザインのバッグやウエア

ナザレノ・ガブリエリ 地図P.172

Nazareno Gabrielli

Via Condotti 36/37 ☎6790862
営10:00〜14:00 15:00〜19:00 休月曜、日曜
M A線Spagnaスパーニャ駅から徒歩5分

カジュアルなバッグから豪華な毛皮まで

フェンディ 地図P.172

Fendi

Via Borgognona 36B/38A/38B/40 ☎6797641〜4
営10:00(月曜14:00)〜19:30 休日曜(12月は無休)
M A線Spagnaスパーニャ駅から徒歩5分

フェンディ

バッグや靴のほかにパーティウエアも素敵

プラダ 地図P.173

Prada

Via Condotti 92/95 ☎6790897
営10:00〜13:30 14:30〜19:00(夏季15:00〜19:30)
休月曜の午前、日曜 M A線Spagnaスパーニャ駅から徒歩3分

しっかりした作りのはきやすい靴

ブルーノ・マリ 地図P.95 D-3

Bruno Magli

Via del Gambero 1 ☎6793802
営10:00〜19:30 休日曜
M A線Spagnaスパーニャ駅から徒歩8分

クラシック&モダン。洗練された靴とバッグ

ベルトラミ 地図P.173

Beltrami

Via Condotti 84/85 ☎6791330
営10:00(月曜15:30)〜19:30 休日曜
M A線Spagnaスパーニャ駅から徒歩4分

ドルチェ&ガッバーナ

ミッソーニ

スーツケースや旅行カバンも美しい

ボッテガ・ヴェネタ 地図P.173

Bottega Veneta

Via S. Sebastianello 18A ✆6782535
営10:00(月曜15:00)～19:00 休日曜
M A線Spagnaスパーニャ駅から徒歩2分

1996年にオープンしたばかりのローマ店

ポメラート 地図P.172

Pomellato

Via del Babuino 63 ✆3241623
営10:00(月曜15:00)～19:00 休日曜
M A線Spagnaスパーニャ駅から徒歩4分

良質の皮革素材から生まれる美しい光沢

ポリーニ 地図P.173

Pollini

Via Frattina 23 ✆6789028
営10:00(月曜15:30)～19:30 休日曜
M A線Spagnaスパーニャ駅から徒歩5分

靴やバッグ、小物類もおすすめ

マックス・エ・コ 地図P.172

Max & Co.

Via Condotti 46/46A ✆6787946
営10:00～19:30 休日曜
M A線Spagnaスパーニャ駅から徒歩5分

シンプルで着こなしやすいウエアが充実

マックス・マーラ 地図P.173

Max Mara

Via Condotti 17/18/18A/19/19A ✆69922104
営10:00(月曜15:30)～19:30 休日曜
M A線Spagnaスパーニャ駅から徒歩4分

丈夫で使いやすいカラフルなバッグ

マンダリーナ・ダック 地図P.173

Mandarina Duck

Via Propaganda 1 ✆69940320
営10:00～19:30
M A線Spagnaスパーニャ駅から徒歩4分

美しい色調のメンズ、レディス・ニット

ミッソーニ 地図P.173

Missoni

P.za di Spagna 78 ✆6792555
営10:00(月曜15:00)～19:30 休日曜
M A線Spagnaスパーニャ駅から徒歩2分

1996年に新装オープン。品

ミラ・ショーン

Mila Schön

Via Condotti 51/52 ✆6790326
営10:00(月曜15:00)～19:00 休日曜
M A線Spagnaスパーニャ駅から徒歩4分

遊び心溢れるキュートなショップ

モスキーノ 地図P.173

Moschino

Via Borgognona 32A ✆6781144
営10:00(月曜15:30)～20:00 休日曜
M A線Spagnaスパーニャ駅から徒歩5分

女らしいカシミヤ・ニットやドレス類

ラウラ・ビアジョッティ 地図P.172

Laura Biagiotti

Via Borgognana 43/44 ✆6791205
営10:00～13:30 15:30～19:30 休月曜の午前中、日曜 M A線Spagnaスパーニャ駅から徒歩7分

ウインドーのディスプレーも素敵

ルイ・ヴィトン 地図P.173

Louis Vuitton

Via Condotti 15 ✆69940000
営10:00(月曜15:00 日曜10:30)～19:30
M A線Spagnaスパーニャ駅から徒歩3分

大人のための上質なカジュアルウエア

レ・コパン 地図P.173

Les Copains

P.za di Spagna 32A/33/34 ✆6788415
営10:00(月曜15:00)～20:00 日曜11:30～19:30
M A線Spagnaスパーニャ駅から徒歩3分

ミラ・ショーン

モスキーノ

ローマ

…えも充実 地図P.172

…周辺ショッピング・マップ

…ティ通りにかけては、ローマで最も華や…ア。歴史あるブランド店や最新モードを発…いウインドーが、人々の目を楽しませる。…フェのエスプレッソでひと休みしたい。

いつでも人の絶えないコンドッティ通り

ジョルジオ・アルマーニ

Via del Babuino / Via del Corso / Via Vittoria / Lgo dei Lombardi / Via della Croce / Via Bocca di Leone / Via d. Carrozze / Via Belsiana / Via Condotti / Via Borgognona / コルソ通り / Via Frattina

1	ポメラート	P.171
2	エンポリオ・アルマーニ	P.169
3	ヴァレクストラ	P.169
4	エトロ	P.169
5	エスカーダ	P.169
6	ボッテガ・ヴェネタ	P.171
7	バビントンズ	P.164
8	ジャンニ・ヴェルサーチ	P.169
9	マックス・エ・コ	P.171
10	トラサルディ	P.170
11	ミラ・ショーン	P.171
12	エルメス	P.169
13	サルヴァトーレ・フェラガモ	P.169
14	ジョルジオ・アルマーニ	P.169
15	ラ・ペルラ	P.182
16	A.テストーニ	P.169
17	カルティエ	P.169
18	ベルトラミ	P.170
19	カフェ・グレコ	P.164
20	プラダ	P.170
21	ミッソーニ	P.171
22	アイスバーグ	P.169
23	グッチ	P.169
24	ブルガリ	P.174
25	ヴァレンティノ	P.169
26	ルイ・ヴィトン	P.171
27	マックス・マーラ	P.171
28	セリーヌ	P.169
29	フェデリコ・ブチェラッティ	P.174
30	ナザレノ・ガブリエリ	P.170
31	タニノ・クリスチー	P.169
32	ドルチェ&ガッバーナ	P.170
33	アリチア・ローザス	P.168
34	セルモネータ・グローヴス	P.182
35	ジェニー	P.169
36	レ・コパン	P.171
37	モスキーノ	P.171
38	フェンディ	P.170
39	ジャンフランコ・フェレ	P.169
40	ラウラ・ビアジョッティ	P.171
41	チャーニ	P.179
42	チェーザレ・パチョッティ	P.175
43	ポリーニ	P.171
44	マンダリーナ・ダック	P.171

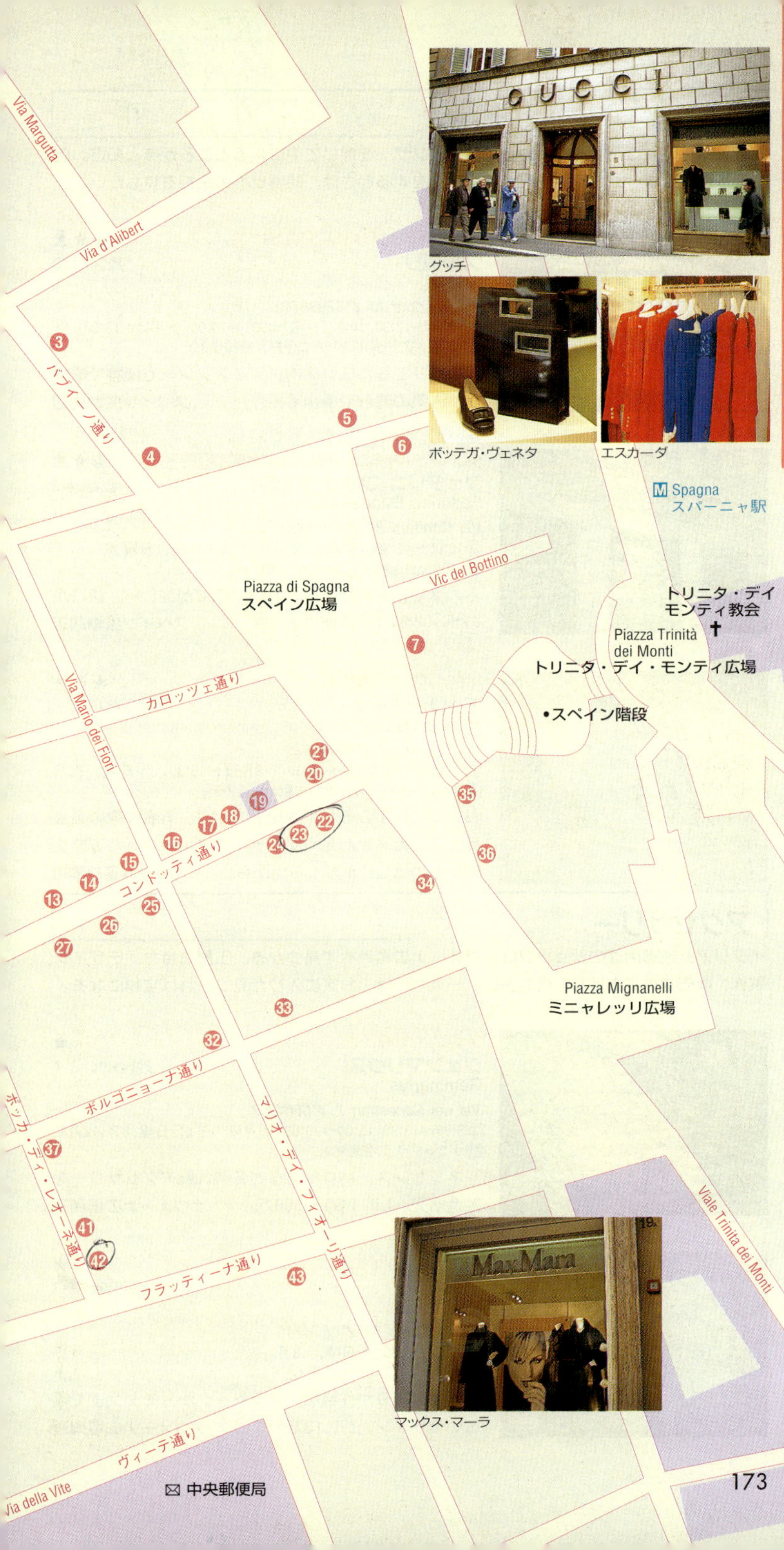

グッチ

ボッテガ・ヴェネタ

エスカーダ

マックス・マーラ

宝飾

高級宝飾店の入口には鍵が掛かっており、ブザーを押して中に入るところがほとんど。店内では座ってゆっくり商品を選べる。買物をするときは、時間と心の余裕を持ちたい。

イタリアを代表する宝飾店の本店 ♛★

ブルガリ

地図P.173

Bvlgari

Via Condotti 10 ☎6793876

営10:00〜13:30 14:30(月曜15:00)〜19:00(土曜は〜18:00) 休日曜 M A線Spagnaスパーニャ駅から徒歩3分

ゆったりとした広い店内。ディスプレーも優雅で華やか。人気の時計や香水も揃う。 スペイン広場周辺

ダヌンツィオもひいきにした老舗宝石店 ♛★

フェデリコ・ブチェラッティ

地図P.172

Federico Buccellati

Via Condotti 31 ☎6790329

営10:00〜13:30 15:00〜19:00 休月曜の午前、日曜

M A線Spagnaスパーニャ駅から徒歩4分

木の葉や花をかたどった繊細な細工が美しい。銀器類の並ぶ2階は美術館のようだ。 スペイン広場周辺

イタリアらしいカメオをヴェネト通りで ★

モンナ・リーザ

地図P.96 A-2

Monna Lisa

Via Liguria 50 ☎4874389

営10:00(月曜15:30)〜19:30(7・8月は〜15:30) 休日曜、祝日

M A線Barberiniバルベリーニ駅から徒歩5分

おみやげに手ごろな小さなものから、有名作家の高級品まで、カメオが見やすくディスプレーされた専門店。安いものはLit.4万くらいから。 ヴェネト通り周辺

アクセサリー

イタリア女性御用達のショップはナヴォーナ広場近くで見つかる。工房を持ち、デザイン、製作、販売すべてを行なう店も多い。一点ものは、お気に入りが見つかれば宝物になる。

手の込んだ細工が美しいジュエリー ★

ジェンマリウス

地図P.94 B-4

Gemmarius

Via dei Canestrari 7 ☎6861057

営9:30〜13:30 15:00〜20:00 休月曜の午前、日曜、8月の2週間

ナヴォーナ広場南東端

ルネッサンス、バロックなど各時代風アクセサリーを製造販売。Lit.14万〜300万。 ナヴォーナ広場周辺

エレガントな伝統美とユニークなモダンさ ★

コズミマ

地図P.94 B-3

Kosmima

Via dell'Orso 73 ☎6874740

営9:30〜19:30 休日曜、 8月

ナヴォーナ広場から徒歩3分

店内は大部分が作業場。クラシックからモダンまで幅広いデザイン。Lit.13万〜。 ナヴォーナ広場周辺

靴／バッグ

有名ブランドにこだわらなくても、質、デザインともにすぐれた皮革製品を扱う店は多い。品揃えの豊富さが自慢の店から、厳選された品だけを置く小さな店など、個性もさまざまだ。

ブラウン系のオーソドックスなデザインの靴が豊富

グリッリ

地図P.95 C-3

Grilli

Via del Corso 166 ☎6793650
営9:30〜13:00 16:00〜20:00 休月曜の朝
M A線Spagnaスパーニャ駅から徒歩7分

レディス、メンズともに良質の革を使ったしっかりした作りの靴が手ごろな価格で揃う。皮革小物も扱っている。パンプスLit.15万8000。　スペイン広場周辺

機能的にデザインされたバッグと靴の店 !!

イーエン

地図P.95 C-3

Yien

Via Campo Marzio 33 ☎6871346
営10:00〜14:00 15:00〜19:30 休日曜
コロンナ広場から徒歩5分

厳選した商品だけを並べた小さな店。大きなガラス窓の中のディスプレーがおしゃれ。サングラスなど小物もある。革のリュックLit.31万。　ナヴォーナ広場周辺

ヴォーグ誌を飾る新鋭デザイナーのショップ !!

チェーザレ・パチョッティ

地図P.173

Cesare Paciotti

Via Bocca di Leone 92 ☎6796245
営10:00〜13:00 16:00〜19:30 休月曜の午前、日曜
M A線Spagnaスパーニャ駅から徒歩5分

斬新な広告展開でも話題を呼ぶブランド。レトロ調のピンヒールからブーツ、スニーカーなど多彩なデザインの靴が並ぶ。メンズも充実。　スペイン広場周辺

幅広い品揃えが魅力のバッグ専門店

キャリー・オン

地図P.96 A-1

Carry On

Via Vittorio Veneto 165-171 ☎48904194
営9:00〜20:00 日曜10:30〜19:30 休祝日
M A線Barberiniバルベリーニ駅から徒歩8分

マンダリーナ・ダック、ヴェルサーチなど人気ブランドのバッグが揃い、在庫も豊富。ジェニーのパーティ・バッグLit.18万。財布などもある。　ヴェネト通り

イタリアNo.1の売り上げを誇る人気の靴店 !!

カンパニーレ

地図P.95 D-2

Campanile

Via Condotti 58 ☎6783041
営9:30〜19:30 休日曜
M A線Spagnaスパーニャ駅から徒歩5分

1階が靴、2階がバッグのコーナー。ほかにジャケットやネクタイも揃えている。靴は茶系のカジュアルなものが主流。パンプスLit.15万〜。　スペイン広場周辺

子供服／子供用品

カラフルなイタリアン・カラーは子供服にぴったり。大人顔負けの洗練された子供服の店や、一流店のジュニア・ブランドも多い。ベビー用品やかわいいおもちゃも手に入る。

ローマに9店舗、イタリア最大の子供服の店

ラ・チコーニャ 地図P.93 D-1

La Cicogna

Via Cola de Rienzo 268 ☎6896557

営9:30〜19:30 休日曜

M A線Ottavianoオッタヴィアーノ駅から徒歩5分

カジュアルな遊び着から上品な外出着まで揃う。2階はベビー用品がある。 ヴァチカン市国周辺

イタリア有名ブランドの子供服がいっぱい ★✈

ラファエル・ジュニア 地図P.96 A-1

Raphael Junior

Via Vittorio Veneto 96-98 ☎4885692

営9:30〜19:30 休日曜

M A線Barberiniバルベリーニ駅から徒歩7分

0〜16歳用まで。店員の応対がていねいな、静かで上品な店。直しは約1日で可能。 ヴェネト通り周辺

アウトレット

目立たない店構えのところが多い。日本では手が出ない一流ブランドでも驚くほど安く、開店前から行列ができる人気店もある。店によっては入口のロッカーに荷物を預けられる。

有名ブランドのスーツ、コート、バッグが5割引

イル・ディスカウント・デッラルタ・モーダ 地図P.95 C-1

Il Discount dell'Alta Moda

Via Gesù e Maria 16/A ☎3613796

営9:30〜13:00 15:30〜19:30（夏季16:00〜20:00） 休月曜の午前、日曜、8/15 M A線Spagnaスパーニャ駅から徒歩4分

レディスがメインでメンズも少し扱う。2軒隣に若者向きの新店舗がある。カード不可。 スペイン広場周辺

レディス、メンズの品揃えの豊富さに驚き

ディスカウント・システム 地図P.96 B-4

Discount System

Via del Viminale 35 ☎4823917

営9:30〜13:00 15:30〜19:30（夏季は〜20:00） 休月曜の午前、日曜、祝日、8月の1週間 M A線Repubblicaレプッブリカ駅から徒歩5分

下着と子供用以外はすべて揃う。割引率は値札に明記。アルマーニやヴェルサーチは人気が高く売り切れも多い。荷物は必ずロッカーに預ける。 テルミニ駅周辺

おみやげにぴったりの小物もたくさん ✈

イル・ディスカウント・デッレ・フィルメ 地図P.96 A-3

Il Discount delle Firme

Via dei Serviti 27 ☎4827790

営9.30〜13:00 15:30〜19:30（夏季の土曜は〜20:00） 休月曜の午前、日曜、祝日、8月の2週間 M A線Barberiniバルベリーニ駅から徒歩4分

イタリアとフランスのブランド中心。香水もある。一部を除きほとんどが定価の半額。 ヴェネト通り周辺

本／CD

品揃えの豊富な大型店を中心に紹介する。美しい写真集やオペラのCDはおみやげに最適。CD店は試聴コーナーのあるところも多い。お気に入りのアーティストを探したい。

クラシックな雰囲気が漂う老舗の大手本屋

リッツォーリ
地図P.95 D-3

Rizzoli

Largo Chigi 15 ☎6796641

営9:00～19:25 日曜10:30～13:25 16:00～19:55 休無休

コロンナ広場から徒歩1分

1階奥のガイドブックのコーナーと、地下にある写真満載の料理の本がおすすめ。　クイリナーレの丘周辺

日曜も営業しているバス停前の大型総合書店

フェルトリネッリ
地図P.99 C-1

Feltrinelli

Largo di Torre Argentina 5/A-6 ☎68803248

営9:00～20:00（日曜10:00～13:30 16:00～19:30） 休無休

ヴェネツィア広場から徒歩5分

広くて明るい、ゆったりした造りの店内には、ビデオやTシャツまで揃っている。　ナヴォーナ広場周辺

クラシックCDではローマ随一の品揃えを誇る

リコルディ
地図P.95 C-1

Ricordi

Via del Corso 506 ☎3612370

営10:00～19:30 日曜10:00～13:00 15:00～20:00 休無休

M A線Flaminioフラミニオ駅から徒歩5分

クラシックやオペラのCDを買いに遠方から来る人も多い有名店。CDはもとより、楽譜、音楽関係の書籍や雑誌、英語のビデオなどもある。　ポポロ広場周辺

サッカー用品

日本でも人気のイタリアのプロ・サッカー・リーグ"セリエA"。人気チームにはサポーター・グッズを扱う専門店がある。手ごろな小物も多く、試合のチケットも入手できる。

赤と黄が鮮やかな"A.S ROMA"グッズ

ローマ・ポイント
地図P.101 C-1

Roma Point

Via Paolina 8 ☎4821664

営9:00～13:00 15:30～19:30 休日曜

テルミニ駅から徒歩8分

奥行きのある店だが小物は入口近くに揃っている。観光客でも入りやすい雰囲気。　テルミニ駅周辺

"SS. LAZIO"のチームカラー、青と白で統一

ラツィオ・ポイント
地図P.97 C-4

Lazio Point

Via Farini 34/36 ☎4826688

営9:00～13:00 15:30～19:30 休日曜

テルミニ駅から徒歩5分

壁に沿った棚にびっしりと商品が並ぶ。地元の若者がよく立ち寄る人気店。帽子Lit.2万～。　テルミニ駅周辺

テーブルウエア

テーブルに映えるカラフルな色使いのテーブルウエアや、機能的でありながらデザイン性にもすぐれたキッチン用品は、イタリアならでは。たいていの店で日本への発送も行なう。

モダンなデザインの機能的なキッチン用品の店 🎁

クチーナ 地図P.95 D-2

C.u.c.i.n.a.

Via del Babuino 118a ✆6791275

営9:00(月曜15:30)～19:30 日曜12:00～19:00 休無休

M A線Spagnaスパーニャ駅から徒歩3分

ワイン貯蔵庫を改装した店内には、世界中から集めたキッチン用品がずらりと並ぶ。 スペイン広場周辺

世界中に顧客を持つテーブルウエアの老舗 ♛★

フォルナーリ 地図P.95 D-2

Fornari

Via Frattina 133 ✆6780105

営10:00(月曜15:30)～19:30 休日曜

M A線Spagnaスパーニャ駅から徒歩5分

銀のカトラリーを中心に陶磁器やキッチン用品が揃う。商品はすべてオリジナル。 スペイン広場周辺

じっくり選べる老舗の陶磁器専門店

リネアカーサ・アルジェンティーナ 地図P.99 C-1

Lineacasa Argentina

Corso Vittorio Emanuele II 81-83 ✆68803892

営9:30(日・月曜15:30)～20:00 休8月の1週間

ヴェネツィア広場から徒歩4分

人気ブランドの陶磁器のほか、華やかなクリスタル製品も多数ある。イタリアらしいカラフルな手作り陶器のデ・シモーネも楽しい。 ナヴォーナ広場

布／リネン類

イタリアの上流家庭に欠かせない、上質なリネン類やファブリックを扱う専門店が多い。繊細な刺繍が施されたテーブルクロスは手に入れたいもののひとつ。値段も手ごろだ。

貴族の邸宅を飾る華麗なファブリック ♛🎁★

チェーザリ 地図P.95 C-1

Cesari

Via del Babuino 16 ✆3611441

営9:00～13:00 15:30～19:30 土曜10:00～19:30 休月曜の午前、日曜、8月に2週間 M A線Flaminioフラミニオ駅から徒歩3分

上質なテーブルクロスやシーツ、リネン類を扱う。優しい色のタオルはおみやげに。 ボルゲーゼ公園周辺

斬新なデザインのファブリック類が揃う 🎁★

バセッティ 地図P.95 D-3

Bassetti

Via del Tritone 206/A ✆6788481

営9:30～19:30 休日曜、8月中に2週間

コロンナ広場から徒歩3分

イタリアらしい大胆な色使いのベッドカバーが素敵。ミラノで1850年創業の老舗。 クイリナーレの丘周辺

家具／インテリア／雑貨

クラシックなデザインの高級家具を扱う店や、アート感覚溢れるインテリア・ショップ。大通りや広場から少し入った路地には、小さいがセンスの良い雑貨の店が見つかる。

カラフルなムラーノ・グラスが足を止めさせる

ナダール

Nadar

地図P.94 B-4

Via del Governo Vecchio 32 ☎6879847
営10:00（月曜14:00）〜20:00 休8/15
ナヴォーナ広場から徒歩3分

イタリアらしいきれいな色彩のインテリア雑貨や小物類が気になる店。持ち帰りに手ごろなミッレフィーオーリの小皿はLit.4万5000〜。　ナヴォーナ広場周辺

ユニークでしゃれた家具とインテリア小物

エクサンテ

ExAnte

地図P.95 C-3

Largo Toniolo 4 ☎68801107
営10:00〜13:00 16:00〜20:00 休月曜の午前、日曜、7月の土曜、8月 ナヴォーナ広場から徒歩2分

イタリアのシュールな絵やフランス製のしっくいの花入れなどひと味違うものばかり。リモージュ焼にオーナーが手描きした灰皿Lit.17万。　ナヴォーナ広場周辺

要チェックのオリジナル・ファッション小物

アマーティ・エ・アマーティ

Amati & Amati

地図P.94 B-3

Via dei Pianellari 21 ☎6864319 営9:30〜13:00 15:30〜19:30 休冬季月曜の午前、夏季土曜の午後、日曜、8月の3週間
ナヴォーナ広場から徒歩3分

アンティーク・ボタンで作ったアクセサリー、手縫いの靴といった、ここにしかない商品がいろいろ。インテリア用品も楽しい。　ナヴォーナ広場周辺

世界中から集めたさまざまなテイストの雑貨が並ぶ

タッド

Tad

地図P.95 C-1

Via S. Giacomo 5 ☎36001679
営10:00（月曜15:00）〜19:00 休日曜
M A線Spagnaスパーニャ駅から徒歩5分

大型家具からテーブルウエアまで、広い店内を商品が埋め尽くしている。エスニック、カントリー、アンティークと、品揃えはさまざま。　スペイン広場周辺

ギャラリー感覚で楽しめる照明具専門店

チャーニ

Ciani

地図P.173

Via Bocca de Leone 88 ☎6797358
営9:30〜13:00 15:30〜19:30 休日曜、月曜の朝
M A線Spagnaスパーニャ駅から徒歩5分

デコラティブなシャンデリアをはじめ、あらゆる照明具が揃っていて、見るだけでも楽しい。高級品が中心。キャンドル・スタンドLit.32万。　スペイン広場周辺

ステーショナリー

実用的なステーショナリーだが、ちょっとした色使いやデザインが日本製とはひと味違う。上質でイタリアのエスプリが感じられる文具類は長く使える愛用品になってくれる。

名入りステーショナリーが注文できる

ピナイダー

地図P.95 D-2

Pineider

Via Due Macelli 68 ☎6795884

営10:00～14:00 15:00～19:00 休日曜、月曜の朝

M A線Spagnaスパーニャ駅から徒歩5分

品質とデザインにこだわった高級文房具を扱う老舗。表革のダイアリーLit.14万8000。　スペイン広場周辺

イタリアならではのカラフルな小物が勢揃い

ヴェルテッキ

地図P.95 C-2

Vertecchi

Via della Croce 38,70 ☎6790155

営9:30～19:30 休日曜

M A線Spagnaスパーニャ駅から徒歩5分

イタリア製のシステム手帳やペンはもちろん、画材からステッカーまで幅広い品揃え。　スペイン広場周辺

ギャラリー／アンティーク

アンティークの店が多いのはバブイーノ通りやコロナーリ通りの周辺。扱っているのは高級なものがほとんどだが、凝った作りの美しい家具や調度類は見るだけでも楽しい。

ピラネージらのエッチング版画が並ぶ

ピエロ・トリンチャ・スタンペ・アンティーケ

地図P.95 C-1

Piero Trincia Stampe Antiche

Via del Corso 509(cortile) ☎3612322

営9:00～19:30 休日曜

M A線Flaminioフラミニオ駅から徒歩3分

アンティーク版画専門のギャラリー。オーナーのトリンチャ氏は修復も手がける。　ボルゲーゼ公園周辺

銀器を中心に高級アンティーク品が並ぶ

アートインポート

地図P.95 D-1

ArtImport

Via del Babuino 150 ☎36002189

営10:00～13:30 15:30～19:30 休日曜、月曜の朝

M A線Spagnaスパーニャ駅から徒歩5分

18世紀から20世紀初頭にかけて英国で使われていた商品が中心。明るく入りやすい店。手ごろな商品も見つかる。銀のトレイLit.39万5000。　スペイン広場周辺

100年前にタイム・スリップするアンティーク洋品の店

マド

地図P.94 B-4

Mado

Via del Governo Vecchio 89a ☎なし

営11:00～13:00 16:00～20:00 休月曜の午前、日曜、8月の3週間　ナヴォーナ広場から徒歩2分

20世紀初頭の貴重なドレスから、'60～'70年代のアクセサリーまで。カード不可。　ナヴォーナ広場周辺

食料品

リゾットの素にパスタ、乾燥させたポルチーニ茸やワインなど、イタリアの家庭の食卓に上る食料品の数々。日本では見かけない、珍しいイタリアの味を持って帰りたい。

ローマで最も古いワインの専門店

トリマーニ
地図P.97 C-2

Trimani

Via Goito 20 ✆4469661

営8:30～13:30 15:30～20:00 日曜10:00～13:30 16:00～19:30

休8月中の1週間 テルミニ駅から徒歩5分

世界のワイン、イタリアの酒、パスタなどが天井まで届く棚いっぱいに詰まっている。　テルミニ駅周辺

パスタから日本酒まで。食料品ならなんでも

カストローニ
地図P.94 A-1

Castroni

Via Cola di Rienzo 196 ✆6874383

営8:00～20:00 休日曜

M A線Ottavianoオッタヴィアーノ駅から徒歩5分

良質のオリーヴオイルやバルサミコ酢、オリジナルのスパイス類はおみやげに最適。　ヴァチカン市国周辺

地元のレストランが仕入れにくる活気のある店

フラテッリ・ファッビ
地図P.95 D-2

Fratelli Fabbi

Via della Croce 27-28 ✆6790612

営8:30～13:30 16:45～19:45 休日曜、木曜の朝、8/8～15

M A線Spagnaスパーニャ駅から徒歩5分

小さな店内にあらゆる食料品が所狭しと並んでいる。とくにパルマ地方のハム(Lit.4万8000／1kg)が人気。みやげに缶詰を買う観光客も多い。　スペイン広場周辺

デパートとスーパー

ちょっと地味な総合小売店

専門店で買う習慣が根強いイタリアの御多分にもれず、どちらも影は薄い。ローマにあるデパートは、衣料品と化粧品が中心のラ・リナシェンテや、衣料品と雑貨が多いコイン。スーパーに近いスタンダとウピムも数カ所にある。

イタリアのデパート、ラ・リナシェンテ

ラ・リナシェンテやコインに行くなら

ラ・リナシェンテで便利な場所にあるのが、コルソ通りとトリトーネ通りの角の店。フィウメ広場店は、地下に家庭用品、6階に軽食もとれる静かなカフェと美容室もある。フィウメ広場からも近いコインのマントヴァ通り店は、元ビール工場を利用したシックな造り。手ごろな価格で品質の良いレディスとメンズ衣料、家庭雑貨がゆったりディスプレーされている。いずれも比較的小規模だが、最近ではラウレンティーナ駅近くのグラナイや、チネチッタ撮影所付近のチネチッタ・ドゥエといった、大規模なショッピングセンターも誕生してきている。

その他

商品に絶対の自信と誇りを持つローマの専門店。時代を超えて一貫して同じ物を作り続ける老舗や、最高級の品質にこだわる頑固な店など、個性溢れる店が揃っている。

修道院で作られたジャムをおみやげにする ★

アイ・モナステーリ

地図P.94 B-3

Ai Monasteri

P.za delle Cinque Lune 76 ☎68802783

営 9:00〜13:00 16:30〜19:30(7・9月17:00〜20:00)

休 木曜の午後、日曜、8月 ナヴォーナ広場から徒歩1分

イタリア各地の修道院で作られた製品がずらりと並ぶ。自然化粧品から菓子やリキュールまで、すべて無添加、無着色だ。化粧水Lit.8000他。　ナヴォーナ広場周辺

自社工場で作るオリジナル手袋の店 ★

セルモネータ・グローヴス

地図P.173

Sermoneta Gloves

P.za di Spagna 61 ☎6791960

営 9:30(月・日曜13:00)〜19:30 休 無休

M A線Spagnaスパーニャ駅から徒歩1分

ピンク、赤、黄など美しい発色の革を使った手袋がおすすめ。手を見せるだけで、ちょうどいいサイズを出してくれる。手袋Lit.2万7000〜。　スペイン広場周辺

"真珠"の名を持つランジェリー・ブランド !! ★

ラ・ペルラ

地図P.173

La Perla

Via Condotti 79 ☎69941934

営 10:00(月曜15:30)〜19:30 休 日曜

M A線Spagnaスパーニャ駅から徒歩3分

シルクやレースを使用したランジェリーはうっとりするほど美しく、セクシーなデザインでも上品。水着やパーティウエアなども扱う。　スペイン広場周辺

一流ブランドのネクタイを揃えた専門店

クラヴァッテリエ・ナツィオナーリ

地図P.95 C-2

Cravatterie Nazionali

Via Vittoria 62 ☎69922143

営 9:30(月曜15:00)〜19:30 休 日曜

M A線Spagnaスパーニャ駅から徒歩7分

小さな店内は、鮮やかなネクタイのディスプレーがそのままインテリアになっている。おしゃれにこだわる人は必見。ネクタイLit.5万〜。　スペイン広場周辺

等身大のピノキオ人形が目印のおもちゃ専門店

マリーナ・メナッシ

地図P.95 D-3

Marina Menasci

Via del Lavatore 87 ☎6781981

営 9:30〜19:30 休 無休

トレヴィの泉から徒歩2分

安全な原料、塗料だけ使用したイタリアン・メイドのおもちゃ。手作りの人形からは温かさが伝わってくる。ポーセレン・ドールLit.8万。　クイリナーレの丘周辺

エンターテインメント&ナイトライフ
ENTERTAINMENT & NIGHT LIFE

意外と静かに感じられるローマの夜だが、雰囲気の良いバーや若者たちで賑わうディスコなど、夜を過ごすためのスポットは十分。質の高いオペラ公演やサッカーの試合など、エンターテインメントの情報は、現地の情報誌で探したい。旅行者でも手軽に楽しめる。

情報収集に便利な"トローヴァ・ローマ"

おしゃれな夜を過ごすならヴェネト通りへ

いわゆるナイトスポットは数も種類も多くはなく、看板もあまり目立たない。昼間の喧噪に比べると、夜は寂しいほどだ。バーなどはホテル内やレストランに併設されたところが安全で、落ち着いて飲める。カジュアルな雰囲気が好きなら、街なかに多いパブがいい。昼間はバールで夜の時間はパブになる店も結構ある。スノッブな大人っぽい雰囲気の店に行きたいなら、**ヴェネト通り**の周辺に夜遅くまで営業しているカフェやバー、クラブが点在している。ただし、このあたりの店に行くときは服装もそれなりに。**ナヴォーナ広場**の周辺には、もう少しくだけた雰囲気の店が多い。**トラステヴェレ**にはショーやカンツォーネを楽しみながら食事ができるシアター・レストランが何軒かある。ツアーでの利用が多く観光客向きだが、内容は本格的。予約は必ず入れたい。

ヴェネト通りのバー

映画館もナイトスポットのひとつ

ディスコが多いのは、中心部から少し離れた市街の周辺部。店が開くのは夜の11時過ぎ、人が増えて盛り上がるのは1時をまわった頃からだ。週末だけオープンする店や、会員制のところも多いので、事前に確認を。映画は、夕食をすませてから観るのが一般的で、最終回は夜10時頃から始まる。**バルベリーニ広場**や**コルソ通り**をはじめ、映画館は多い。いずれにしても、ローマは東京のように一晩中明かりがついているような街ではなく、目的地の周辺の道が真っ暗ということがよくある。帰りが遅くなる場合には店の人にタクシーを呼んでもらうほうが無難だろう。

エンターテインメントの情報収集

ローマのエンターテインメント情報については、"La Repubblica(ラ・レプッブリカ)"紙の木曜日版の付録"Trova Roma(トローヴァ・ローマ)"にくわしく載っている。その週の映画、演劇、オペラやコンサート、展覧会などイベントのかなり詳細な情報が手に入る。"Il Messaggero(イル・メッサージェロ)"紙にも簡単な情報が毎日掲載されている。そのほかには、観光局でも情報が入手できる。現地で発行されている日本人向けの情報誌なども置いてあり利用価値が高い。

若者で盛り上がるローマのディスコ

ローマの劇場

オペラ座Teatro dell'Opera(P.za Beniamino Gigli 1 ☎481601)が有名だが、ほかにもさまざまな劇場がある。劇場とそこでかかる公演については、"トローヴァ・ローマ"や"イル・メッサージェロ"で調べられる。チケットには前売りと当日券があり、劇場の窓口のほか、プレイガイドなどでも買える。

サッカーを観戦する

ファンならぜひ本場で観戦したいサッカー。ローマでは、**スタディオ・オリンピコ**Stadio Olimpicoで試合が行なわれる。チケットは比較的入手しやすく、当日競技場でも手に入る。前もって手に入れるなら、市内にあるサッカー・ショップの**ローマ・ポイント**や**ラツィオ・ポイント**(→P.177)でも扱っている。

スタディオ・オリンピコ
Viale dei Gladiatori
☎3964661

ナイトスポット

NIGHT SPOTS

服装注意 / 要予約 / カップルでぜひ / 女性も入れる / 静かなムード / 食事もできる

いわゆるナイトスポットと呼ばれる種類の店は少なく、夜は意外なほど早い。それでもローマの夜を堪能したい旅行者のために、安全で比較的交通の便の良いところを紹介する。

クラブ／ディスコ／シアター・レストラン

ディスコは街の中心から外れた不便な場所に多く、オープンの時間も遅いので、夜道に十分注意して出かけたい。帰りは店の人にタクシーを呼んでもらったほうがいいだろう。

大人のためのムード溢れる高級クラブ

クラブ84

地図P.96 A-1

Club 84

Via Emilia 84 ☎*4827538*

営21:30～深夜3:30 休月曜

料Lit.3万～ M A線Barberiniバルベリーニ駅から徒歩10分

ドレスアップした大人のカップルが、ろうそくの明かりで静かに語り合う姿が似合う。 ヴェネト通り周辺

オープン前には人だかりができる人気店

ジルダ

地図P.95 D-2

Gilda

Via Mario de' Fiori 97 ☎*6784838*

営22:00～深夜3:00 休月曜

料Lit.4万～ M A線Spangaスパーニャ駅から徒歩7分

ディスコとピアノバー、2つのレストランもある広い店内はカジュアルな雰囲気だ。 スペイン広場周辺

地元の若者で盛り上がるディスコ

デコ

地図P.90 A-4

Deco

Via C.Beccaria 22 ☎*3611240*

営22:00～翌5:00 休日・月曜

料Lit.2万～ M A線Flaminioフラミニオ駅から徒歩7分

飾り気のないフロアだが、かなり広く、若者の熱気に溢れている。イベントも多い。 ポポロ広場周辺

素晴らしいギター演奏と歌が楽しめる

ラルチリュート

地図P.94 B-3

L'Arciliuto

P.za di Montevecchio 5 ☎*6879419*

営22:00～深夜1:30 休日曜

料Lit.3万5000～ ナヴォーナ広場から徒歩5分

オーナーはギタリストで詩人でもある。火～土曜にはジャズライヴなどが催される。 ナヴォーナ広場周辺

イタリア民謡とディナーを楽しむ

ファンタジーエ・ディ・トラステヴェレ

地図P.98 A-2

Fantasie di Trastevere

Via S.Dorotea 6 ☎*5881671*

営20:00～23:30 休1/1、12/25 料Lit.7万5000～

サンタ・マリア・イン・トラステヴェレ教会から徒歩3分

由緒あるティベリーノ劇場で、カンツォーネなど民俗音楽のショーが堪能できる。 トラステヴェレ周辺

バー／パブ

街なかには暴力バーも多いので、安心してお酒が飲めるホテルのバーがおすすめ。宿泊客以外でも気軽に利用できる。イギリス風パブの数は多く、土地っ子で盛り上がっている。

しっとりとお酒を楽しむ大人のために

ハリーズ・バー

地図P.96 A-1

Harry's Bar

Via V. Veneto 150 ☎484643

営22:00〜深夜2:00 休日曜

料Lit.1万5000〜 M A線Barberiniバルベリーニ駅から徒歩10分

重い木の扉、よく磨かれた木の家具が重厚な雰囲気。オリジナルのカクテル、ティツィアーノやプッチーニがおすすめ。昼はレストラン。　ヴェネト通り周辺

カジュアルな服装でも大丈夫なホテルのバー

ジ・エンバシー

地図P.96 A-2

The Embassy　Hアンバシャトーリ・パレス

Via V. Veneto 62 ☎47493

営9:00〜深夜1:00 休無休

料Lit.1万5000〜 M A線Barberiniバルベリーニ駅から徒歩8分

ひとりで静かに飲むのもよい、贅沢な雰囲気のバー。隣のホールでは、しばしばピアノ演奏があり、クラシック音楽が流れてくる。　ヴェネト通り周辺

ライヴを楽しみたい人々が集まる

ブルー・バー

地図P.94 B-3

Blu Bar

Via dei Soldati 25 ☎6872868

営23:00〜深夜3:30 休日曜

料Lit.2万〜 ナヴォーナ広場から徒歩5分

ジャズやポップスなどのライヴが毎日ある。けっして騒がしくはなく、落ち着いて音楽が楽しめるバー。ディスコやレストランもある。　ナヴォーナ広場周辺

気軽に入れる、明るく広々としたパブ

ジョン・ブル・パブ

地図P.99 C-1

John Bull Pub

Corso V. Emanuele II 107/a ☎6871537

営09:00〜深夜2:00 休無休

料Lit.1万1000〜 ナヴォーナ広場から徒歩2分

1996年9月にオープンの新しいパブ。ローストビーフやジャケット・ポテトなどの英国料理やケーキ類もあり、16：00〜20：00はお茶も飲める。ナヴォーナ広場周辺

地元客で賑わうカジュアルなパブ

フィドラーズ・エルボー

地図P.101 C-1

Fiddler's Elbow

Via dell'Olmata 43 ☎4872110

営16:30〜0:45 休無休

料Lit.5000〜 サンタ・マリア・マッジョーレ教会から徒歩7分

木製のベンチ、ブリキの看板などが雑多に飾られたアンティーク調のインテリアが素敵。毎週火曜にはライヴ・ステージで盛り上がる。　テルミニ駅周辺

ローマ近郊の街

ローマっ子が休日に遊ぶエリアは、旅行者にとっても魅力ある場所だ。貴族の豪奢な別荘にも、おいしいワインの産地にも、美しい森と湖にも行ってみたい。バスや電車に飛び乗って気軽に行けるのもうれしい。ローマから日帰りの観光ツアーを利用するのも方法だ。

詳細図➡P.187

アクセス

リド・ディ・オスティア
地下鉄B線マリアーナ駅でオスティア・リド線に乗り換え、リド・チェントロ駅下車。

チェルヴェーテリ
テルミニ駅よりピサ行きの列車を利用。所要約35分。または地下鉄A線レパント駅近くのバス・ターミナルからCO.TRA.L.のバスを利用。

タルクィニア
テルミニ駅よりピサ行きの列車を利用。所要約70分。または地下鉄A線レパント駅近くのバス・ターミナルからCO.TRA.L.のバスを利用。

ヴィテルボ
ローマ・ノルド線サクサ・ルーブラ駅近くのバス・ターミナルからCO.TRA.L.のバスを利用。

日帰り圏内の魅惑のスポット

ローマの南西約25kmにある**オスティア・アンティーカ**は約1500年前に滅んだ古代ローマの港町。居酒屋の跡地で見つかった大理石のカウンターは、賑やかだった頃の街の雰囲気を雄弁に語りかけてくる。オスティア・アンティーカから、さらに南西に5kmほど行くと、白砂の海水浴場**リド・ディ・オスティア**がある。この街のレストランでは新鮮な魚介がたっぷりと味わえる。

オスティア・アンティーカで遺跡を見学

ローマからアッピア街道を30kmほど下ると、火山性の土地が育んだ豊かな森と美しい湖に遭遇する。**カステッリ・ロマーニ**と呼ばれるこの地方では、花祭りやワイン祭り、イチゴ祭りが催される。

湖を望むカステッリ・ロマーニ

ローマの東約30kmの谷間には、皇帝や貴族たちの別荘地**ティヴォリ**がある。エステ家の別荘やハドリアヌス帝の別荘など、贅を尽くした造りに思わずため息がもれる。

ローマの北西約30kmと70kmには、古代エトルリア文明の痕跡を残した**チェルヴェーテリ**と**タルクィニア**の街がある。それぞれの街の博物館には、死者の街ネクロポリスで発掘された副葬品や装身具などが展示され、失われた文明の断片を垣間見せてくれる。

ティヴォリでは、かつての皇帝たちの別荘が見もの

ローマの北約70kmにある**ヴィテルボ**は、中世のたたずまいをほぼ完全な姿でとどめた城壁の街。近郊の**モンテフィアスコーネ**は白ワイン〝エスト・エスト・エスト〟の伝説で有名な村だ。1111年、ローマを旅行中のドイツ人僧侶が従者を先にやり、おいしいワインのある宿の扉にEst(ある)と書いておくよう命じた。僧侶は、この街でEst！Est！！Est！！！と書かれた宿を見つけて驚喜し、ひたすらワインを飲み続けたという。

ローマ近郊

1:430,000

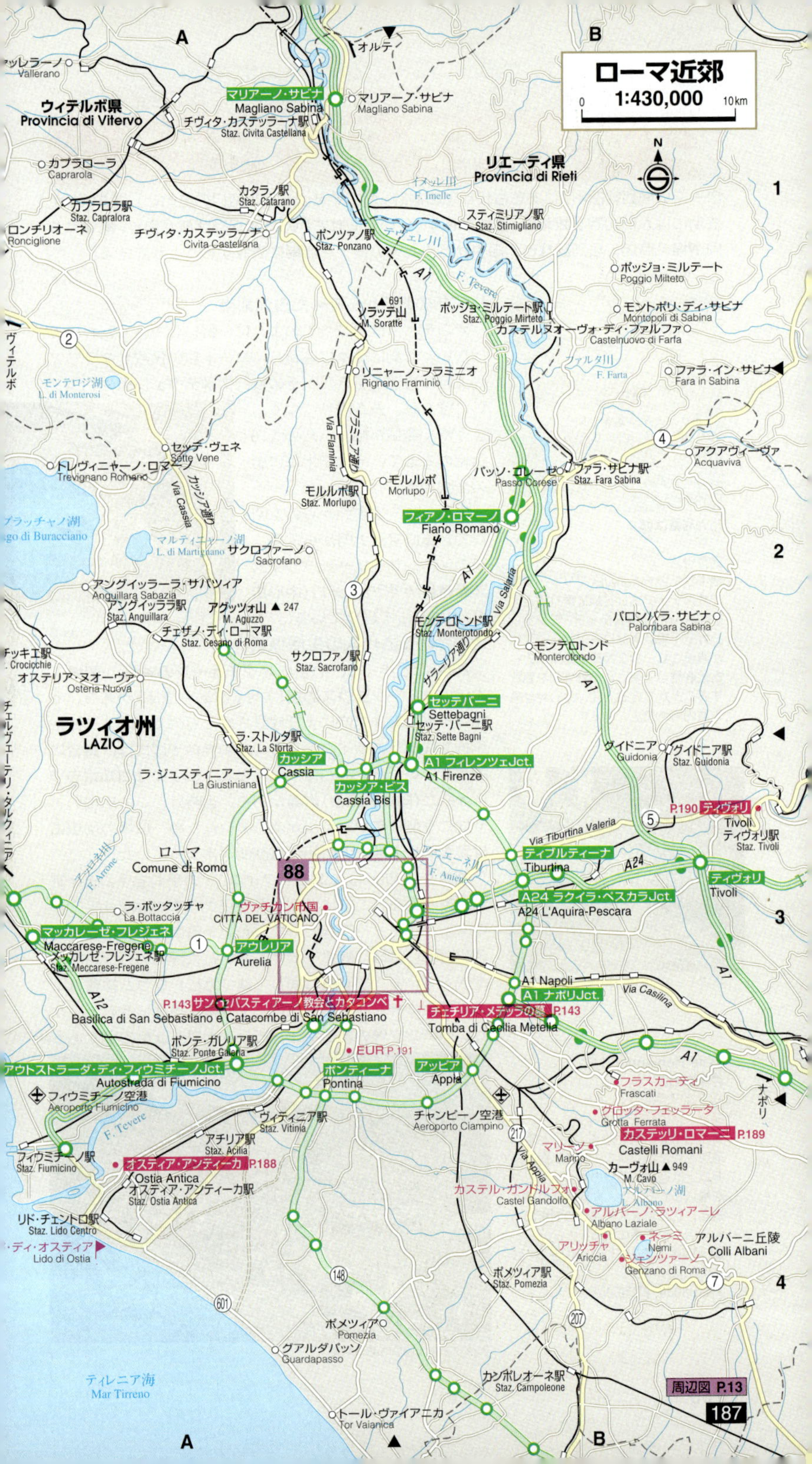

Ostia Antica オスティア・アンティーカ

ローマの南西約25kmにある古代都市の遺跡。かつてテヴェレ川河口の港町として栄え、全盛期には人口10万を数えた。遺跡は長年、砂に埋もれていたため保存状態が良く、劇場や共同浴場、商店、居酒屋など、賑やかだった頃の様子を容易に想像することができる。

市外局番は06

アクセス

地下鉄B線Maglianaマリャーナ駅でオスティア・リド線に乗り換え、Ostia Anticaオスティア・アンティーカ駅下車。夏はローマから遊覧船が運航され、約2時間の船旅ののち、古代劇場で上演される野外劇を観覧することができる。問い合わせは観光案内所まで。

ネプチューンの浴場のモザイク

観光案内所

Viale Romagnoli 717
✆5650022

遺跡めぐりのアドバイス

東西約1km、南北約500mにおよぶ遺跡をくまなく見てまわるには3時間以上は必要。遺跡のガイドブックを購入しておくと、効率的に見学できる。デクマヌス大通りの劇場にある売店などで手に入る。

遺跡 開 9:00～18:00(冬季は～16:30)
料Lit.8000 ✆5650022

1500年の眠りから覚めた古代都市

オスティアはポンペイのように一瞬にして滅んだわけではない。悲劇は徐々に進行し、ゴート族の侵攻とマラリアの流行で命運が尽きた。その後、街は**テヴェレ川**の氾濫で砂に埋もれ、長き眠りにつく。ようやく発掘が始まったのは19世紀のことで、今世紀半ばに街の全貌があらわになった。

共同住宅

まず、ローマ方面からの玄関口である**ロマーナ門**から入場。街のメインストリート、**デクマヌス大通り** が街の **フォロ(中心広場)**に向かって延びている。

遺跡が語る古代人の生活様式

200mほど歩くと、右手に**ネプチューンの浴場** と **劇場**、左手に**ホルテンシウスの倉**(1世紀の穀物倉庫)がある。浴場はハドリアヌス帝により建設されたもので、ネプチューン神を描いたモザイクが見もの。劇場のそばには、舞台に置かれていた仮面の石像が据えられ、裏手には**コルポラツィオーニ(同業者組合)広場**がある。当時は、この広場のすぐ向こう側にテヴェレ川が流れていたため、広場の周辺には貿易商や造船業者の組合事務所が集まっていた。

劇場から300mほど進むとフォロ、その手前右手に**ディアナの家**がある。ここは典型的な庶民クラスの共同住宅で、中庭とバルコニーが備わっていた。1階のテルモポリウム(喫茶食堂)には、軽食や飲物を置いた大理石のカウンターが残っている。フォロに面して建つ**カピトリウム神殿**はこの街最大の神殿。広場を抜け、テヴェレ方面に進むと、かわいいニンフ像のある**キューピッドとプシュケの家**がある。

デクマヌス大通りにある劇場

Castelli Romani カステッリ・ロマーニ

ローマの南東約30kmに広がるアルバーノ丘陵は、太古の火山活動が生み出した風光明媚な土地。カシの木の森と青い湖、見渡す限りのブドウ畑とオリーヴ林、歴代教皇と貴族たちの別荘。その美しい風景のなかにカステッリ・ロマーニと呼ばれる小都市群がある。

アウトドア派を魅了する、森と湖の丘陵地帯

カステッリ・ロマーニは、古くからローマ人の避暑地としてもてはやされ、中世には政情不安定なローマを嫌った貴族たちがこぞって城(カステッロ)を築いた。最近はローマから日帰りできる行楽地として人気を集め、秋には芳醇なワインの香りに誘われて、たくさんの観光客が訪れる。

小都市は標高949mの**カーヴォ山**を中心に、半径約6kmの範囲に広がっている。ローマから**アッピア旧街道**を南下すると、まず**カステル・ガンドルフォ**に行きあたる。この街にはローマ教皇の夏の別荘が建ち、すぐそばの展望台からは満々と水をたたえた**アルバーノ湖**が見渡せる。

湖の北側には、白ワインの産地として名高い**マリーノ**があり、毎年10月第1日曜にブドウ祭りが催される。この日は、**マッテオッティ広場**のムーア人の噴水に注目。なんと噴水から噴き出しているのは水ならぬワインだ。

アルバーノ・ラツィアーレの教会

一方、カステル・ガンドルフォから〝地上のトンネル〞と呼ばれる並木道(木の枝が空を覆い、トンネルのようだ)を抜けると、美しい**サンタ・マリア・デッラ・ロトンダ教会**の建つ**アルバーノ・ラツィアーレ**にたどり着く。

再びアッピア旧街道を進むと、約2kmで**アリッチャ**、5kmで**ジェンツァーノ**に到着。アリッチャはキージ家に招かれたベルニーニが才能を発揮した街。ジェンツァーノは春の聖体節直後の日曜に行なわれるインフィオラータ(花びらの絨毯)の行列が見ものだ。

ここから**ネーミ湖**までは約2kmの道のり。古代人が〝月の女神ディアナの鏡〞と愛でた湖は、いまも変わらぬ美しさで訪れる者を魅了する。

湖の北側にまわり込むと**ネーミ**の街。湖岸にはイチゴ畑が広がり、6月第2日曜にイチゴ祭りが催される。続いて**ラーギ街道**を左に折れ、カーヴォ山へ。山頂からは遠くローマまでもが一望できる。趣のある**ロッカ・ディ・パーパ**の街を過ぎると、11世紀の修道院が建つ**グロッタ・フェッラータ**。**トゥスコラーナ街道**に出ると、白ワインで有名な**フラスカーティ**がある。ここでは**アルドブランディーニの別荘**が必見だ。

カステル・ガンドルフォから望むアルバーノ湖

市外局番は06

アクセス

地下鉄A線Anagninaアナニーナ駅下車、地上のバス・ターミナルより、それぞれの目的地へ向けたバスを利用。または、テルミニ駅より各目的地行の列車を利用する。所要時間は、Frascati フラスカーティまで約30分、Marinoマリーノまで約45分、Castel Gandolfoカステル・ガンドルフォまで約50分、Albanoアルバーノまで約1時間。

トゥスクルムの遺跡と古代船

フラスカーティの南東5kmにあるトゥスクルムの遺跡には、ティベリウス帝の別荘の遺構や紀元前5世紀頃の貯水槽が残っている。また、ネーミ湖西岸の博物館には、有名なカリギュラ帝の古代船〝ネーミの船〞の残がいと模型が展示されている。

ネーミ古代ローマ船博物館

Museo delle Navi Romane di Nemi ☎ 06-9368140 開 9:00〜14:00 休無休 料Lit.3000

Tivoli ティヴォリ

ローマの田園地帯を見下ろすティヴォリには、古代より皇帝や貴族たちが好んで別荘を建てた。エステ家の別荘ではファンタジックな噴水が庭園を彩り、ハドリアヌス帝の別荘には皇帝の旅の思い出が凝縮されている。大滝が目前に迫るグレゴリオ教皇の別荘も必見だ。

市外局番は0774

アクセス

地下鉄B線の終点Rebibbiaレビッビア駅下車、駅前よりCO.TRA.Lのバスを利用。運行は約20分おき。

観光案内所

Largo Galibardi ✆0774-311249

グレゴリオ教皇の別荘

開9:30〜16:30 5〜8月 10:00〜19:30 4・9月9:30〜18:00 料Lit.2500

エステ家の別荘

オルガンの噴水の自動演奏システムは、残念ながら現在は機能していない。いつの日にか荘重な調べが蘇ることを願いたい。

✆312070 開9:00〜日没の1時間前 休月曜、1/1 5/1、12/25 料Lit.8000

ハドリアヌス帝の別荘

✆530203 開9:00〜日没の1時間前 休1/1、5/1、12/25 料Lit.8000

“百の噴水”が涼しい音をたてる

街道筋の湯治場

ローマからティヴォリへ向かう途中のティブルティーナ街道沿いには、リウマチや婦人病、皮膚病などに効能がある**ティヴォリ**鉱泉が湧いている。湯温は約23度、泉質は重炭酸塩、アルカリ、硫黄、土類を含む冷鉱泉。CO.TRA.LのバスでBagni di Tivoliバーニ・ディ・ティヴォリ下車。列車でも行ける。テルミニ駅からバーニ・ディ・ティヴォリまで約25分。

華麗なる水の饗宴

ローマから**ティブルティーナ街道**を東へ約30km、山あいを流れる**アニエーネ川**が大きく蛇行するあたりに**グレゴリオ教皇の別荘**がある。19世紀前半に整えられた庭園には老木が生い茂り、落差108mの崖を流れ落ちた滝の水が、轟音とともに**ネプチューンの洞窟**へ吸い込まれる。この眺めがもたらす爽快感は夏の暑い日ほど際立つ。断崖の上に建つ**ヴェスタの神殿**（紀元前1世紀）を見学したら、500mほど離れた**エステ家の別荘**を訪れたい。

教皇の別荘が大自然のスペクタクルなら、こちらはドラマチックな噴水の饗宴。その名も**ドラゴンの噴水**、**バッカスの噴水**と、まさにメルヘンの世界。しかも噴水は単に美しいだけでなく、水圧式の自動演奏装置が組み込まれたり（**オルガンの噴水**）、滝の裏側を潜れたり（**卵型の噴水**）と、凝った仕掛けが施されている。花壇に囲まれたテラスからローマ平野の眺めを楽しんだら、次は**ハドリアヌス帝の別荘**へ。場所はエステ家の別荘より6kmほどローマ寄りになる。

エステ家の別荘

皇帝の夢、箱庭の小宇宙

ハドリアヌス帝が別荘の建設に着手したのは118年。すでに帝国領土内の視察旅行を終えていた皇帝は、ギリシアやエジプト、オリエント世界で見た建物や風景をそっくり再現しようと試みた。夢は134年に現実となったが、自身の命はわずか4年しか残されていなかった。

皇帝の死後、次第に別荘は荒れ果て、あらかたの備品が盗まれてしまった。それでも、発掘された遺跡からは、皇帝の夢見た世界をいきいきと感じ取れる。

アテネの彩色柱廊を再現した**ポイキレ**、エジプトのセラピス神殿を模した**カノプス**、**ギリシア図書館**と**ラテン図書館**。池に囲まれた海の劇場は、晩年、人間不信に陥った皇帝が唯一落ち着ける場所だったのかもしれない。

池の周囲を像と円柱が飾るカノプス

エウルEUR

幻のローマ万博の落とし子

エウルは、1942年のローマ万国博覧会に向けて計画された近代都市。ファシスト政権のデモンストレーションを兼ねた一大プロジェクトだったが、第二次大戦の勃発で中断。戦後改めて計画が練り直され、新時代のローマを担う未来型都市として生まれ変わった。

場所はローマ市街の南約3km、エウルという名は、ローマ万国博覧会の頭文字E.U.R.からきている。

不思議な外観の労働文明宮

水と緑に恵まれた人工都市

北部に官庁街とオフィス街、文化施設、南部に公園と人工湖、スポーツ施設が配置されている。“四角いコロッセオ”の異名をとる**労働文明宮**は北西の角。4面の壁を216のアーチが囲む建物は、フィウミチーノ空港からローマへ向かう車窓からもよく見える。

中央のマルコーニ広場周辺には、**民族芸術博物館**、**ピゴリーニ博物館**、**中世博物館**が建っている。エウルは博物館の多い街でもある。広場から東に進むと、突きあたりが**ローマ文明博物館**。コンスタンティヌス帝時代のローマ市街を再現した模型は一見の価値あり。

南の小高い丘の上に建つ斬新な建物は、オリンピック用にピエルルイジ・ネルヴィが設計した**スポーツ館**。湖に面して建つ**郵便電子博物館**には、世界最古の郵便ポストが展示されている。

イタリアの映画館

ハリウッドスターもイタリア語を話す？

映画館はCinema(チネマ)という。街の中心部にあるのは、ほとんどが新作を上映する**封切館**Prima Visione(プリマ・ヴィジオーネ)だ。上映されるのはアメリカ映画が最も多く、イタリア映画がそれに続く。外国映画はすべてイタリア語に吹き替えてしまうのが特徴で、トム・ハンクスが“Ciao！”なんて言ったり、ケビン・コスナーがイタリア語で愛をささやいている。イタリア映画では、人気監督ロベルト・ベニーニやナンニ・モレッティらの新作がおすすめ。映像を観るだけでも面白く、観客も盛り上がる。

料金は映画館によって異なり、だいたいLit.1万前後。名画や旧作を上映する**再映館**Seconda Visione(セコンダ・ヴィジオーネ)では、もっと安くなる。また、2時間くらいの映画でも、半分ほどのところで10分ほど休憩が入る。座席は自由席で、案内人がいるところは少なくなっている。

映画はナイトライフのひとつ

イタリアでは、映画は夜観るのが一般的だ。初回は16:00頃からで、最終上映は22:30頃から始まる。いちばん空いているのは平日の初回で、週末の夜が最も賑わう。なかには土曜、日曜のみ開ける映画館があるので、チェックが必要だ。映画館、上映作品・時間などの情報は、各街の有力新聞に載っている。ミラノなら“Corriere della Sera”(コッリエーレ・デッラ・セーラ)、ローマなら“La Repubblica”(ラ・レプップリカ)木曜版の付録“Trova Roma”(トローヴァ・ローマ)が役に立つ。

イタリアの映画館は夜賑わう

イタリアの美術

ギリシア美術の模倣に始まったイタリアの古典美術。中世から17世紀にかけてはキラ星のごとく天才たちが現れ、ヨーロピアン・アートをリードし続けた。

古代ローマとエトルリアの美術

イタリアの古典美術はその強烈なリアリズムを特徴としていた。古代ローマの彫像は、人物の細かいシワのひとつひとつまで忠実に再現し、人間の内面に潜む感情をあらわにした。これは初期のローマ美術がギリシア美術の影響下にあったことを物語っており、その後、写実主義はルネッサンス期の芸術家たちによって再生された。

帝政ローマ時代にどんな芸術が好まれていたかは、いまも各地に残る富豪たちの別荘を見ればわかる。壁にはエジプトやギリシアの風景が描かれ、床には東方から伝わったモザイクがあしらわれていた。とくにポンペイの秘儀荘に残された壁画は重要なもので、ディオニソスの神秘的な儀式の様子が色鮮やかに描かれている。

一方、古代ローマ時代以前にイタリア北部から中部を支配したエトルリア人も、ギリシアの影響を受けながら独自の芸術を花開かせていた。後世に伝えられた作品の数は少ないが、ローマのヴィラ・ジュリア博物館やフィレンツェの考古学博物館にはテラコッタや石棺彫刻など素晴らしい美術品が収蔵されている。また、タルクイニアにはエトルリア人を埋葬した大墳墓があり、見事な彩色壁画が描かれた墓室を見学することができる。

フィレンツェでルネッサンスが開花した

美しいラヴェンナのモザイク壁画

天才たちの競演

4世紀にキリスト教が公認されてからは、宗教芸術が花盛りとなり、各地の教会の壁に、聖書に題材を取ったモザイクが描かれるようになった。

ローマ帝国が分裂すると、北イタリアのラヴェンナを中心にビザンチン美術の波が押し寄せ、赤や金を散りばめた華やかなモザイクが描かれた。

天才、ミケランジェロの『ダヴィデ像』

10世紀以降、各地に都市国家が形成されると、聖母子や守護聖人を描いた作品が目立ち始める。とくに14世紀に登場したジオットの功績は偉大で、アッシジのサン・フランチェスコ大聖堂やパドヴァのスクロヴェーニ礼拝堂などにすぐれたフレスコ画を残した。

13世紀後半に彫刻家のピサーノ父子が活躍したのち、14〜16世紀のルネッサンス時代には、ミケランジェロやラファエロといった天才たちが次々と現れ、フィレンツェ派、ローマ派、ボローニャ派、ロンバルディア派、ヴェネツィア派の五大流派が形成された。同じ頃、ヴェネツィアでは船の帆を転用した安価な画布が出回り、油彩画が発達した。16〜17世紀にはベルニーニを頂点とするバロック美術が全盛となり、絵画ではカラヴァッジョ、建築ではボロミーニがそれぞれ傑作を残した。

フィレンツェとトスカーナ／中部の街

ルネッサンスが開花したフィレンツェを中心に、西には斜塔の街ピサ、南東には“塔の街”サン・ジミニャーノがある。聖フランチェスコの故郷アッシジや、白ワインの産地オルヴィエートは中世の雰囲気を伝え、山間のブドウ畑では赤ワイン“キャンティ”を、北のエミリア・ロマーニャ州では生ハムやパルミジャーノ・チーズを産む。

トスカーナと中部
旅と滞在

ゆるやかな丘に緑の糸杉が立ち並び、オリーヴの林やブドウ畑が続く。城塞に囲まれた小さな街を歩くと、石畳や路地の奥から中世の香りが漂う。トスカーナ州を中心とする地域は、最も牧歌的な風景に出会えるところだ。ルネッサンスの街フィレンツェもここにある。

アクセス

空路 フィレンツェ、ピサ、ボローニャ、ラヴェンナ近くのフォルリ、リミニに空港がある。ほかの地域から中部の各街へは直行便で約1〜2時間。

鉄道 ミラノから特急でフィレンツェへ約3時間、ボローニャへ約2時間。ローマから特急でフィレンツェへ約2時間、ボローニャへはフィレンツェを経由し約3時間。

移動とプラン

列車が主要な街を結び、特急の本数も多い。丘の上のおもな城塞都市へは列車かプルマンが足となる。通常、鉄道駅は城壁の外にあるので、街の中心へは市内バスか徒歩で移動する。プルマンは街の中心部に到着するのが一般的だ。また、鉄道の通らない丘の上の小さな街、キャンティ地方などへはプルマンのみが足となる。街巡りの拠点となるのは、フィレンツェ、ボローニャ、ペルージア。ともに周辺の街への列車やプルマンが発着している。トスカーナの丘の街、ルッカ、ピストイア、サン・ジミニャーノなどへは、フィレンツェからプルマンで約30〜1時間30分。十分日帰りが可能だ。シエナ、アッシジなどの代表的な城塞都市は、最低1日は滞在する予定を組みたい。居心地のいいプチ・ホテルが多く、丘から望む夕日や朝の風景が素晴らしい。

ルネッサンスが花開いた街、フィレンツェ

“花の都” フィレンツェと中世の丘の街を巡る

イタリア半島のなかほど、リグーリア海に面した一帯がトスカーナ州だ。州都は小高い丘に囲まれた**フィレンツェ**。15世紀にメディチ家のもとで開花したルネッサンス文化は、その後のヨーロッパ美術に絶大な影響を与えた。街には、ミケランジェロ、ブルネッレスキら時代を担った天才たちの作品が溢れんばかりに残っている。皮革製品を作る腕の良い職人が多く住むことでも名高く、工房を兼ねる小さな店や皮革市での買物が楽しい。フィレンツェの北西には、毛織物業が盛んな**プラート**、中世の小径が続く**ピストイア**、高級ホテルが建ち並ぶ**モンテカティーニ**温泉がある。その西の城塞都市**ルッカ**は音楽家を多く輩出した街。オペラ『蝶々夫人』の作曲家プッチーニをはじめカタラーニ、ボッケリーニらが生まれ、その生家がいまも残る。海岸沿いに出た**ヴィアレッジョ**では、毎年2月に愉快な仮面行列のカーニバルが行なわれる。そこから南下すると、斜塔で有名な**ピサ**だ。中世に海洋共和国として栄え、塔もこの時代に建造された。ほかに、華麗なピサ様式によるドゥオモや教会も見どころだ。

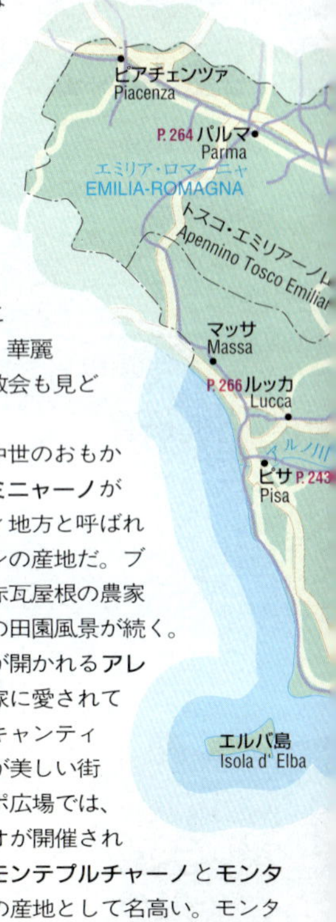

フィレンツェの南西には、中世のおもかげが残る“塔の街”**サン・ジミニャーノ**がある。この東一帯はキャンティ地方と呼ばれるところ。世界有数の赤ワインの産地だ。ブドウ畑とオリーヴの林の間に赤瓦屋根の農家が点在する、トスカーナ特有の田園風景が続く。その東には、大規模な骨董市が開かれる**アレッツォ**、中世以来多くの芸術家に愛されてきた**コルトーナ**がたたずむ。キャンティ地方の南には、煉瓦色の街並が美しい街**シエナ**がある。街の中心カンポ広場では、毎年夏に中世の競馬祭りパリオが開催される。近郊の丘の上の小さな街**モンテプルチャーノ**と**モンタルチーノ**も、良質の赤ワインの産地として名高い。モンタルチーノのブルネッロは、イタリアの赤ワインの最高峰だ。

中庭から見たボローニャ大学の回廊

坂道が続く静かな街、アッシジ

実りの多い大地エミリア・ロマーニャとウンブリア

トスカーナの北はエミリア・ロマーニャ州だ。州都はヨーロッパ最古の大学がある**ボローニャ**。イタリアきっての食通の街で、パスタに肉を詰めたトルテッリーニ、ホウレン草のラザーニャなどが名物だ。北の**フェラーラ**では、エステ家の保護下ルネッサンス文化が開花した。フィレンツェとは趣の違う建築や美術品が興味深い。ボローニャ北西の**モデナ**は、16世紀末フェラーラを追われたエステ家が都とした街。オペラ歌手パヴァロッティの故郷でもある。さらに北西の**パルマ**は、最上の生ハムとパルミジャーノ・チーズの産地だ。アドリア海沿いにはモザイクの街**ラヴェンナ**がある。大詩人ダンテはこの地で没し、ここに埋葬された。近くにはリゾート地**リミニ**、**サン・マリノ共和国**がある。

中部でいちばん内陸に位置するのは、ウンブリア州だ。豊かな緑に恵まれ、とくに花々が丘を埋める春と夏は素晴らしい。州都**ペルージア**はエトルリアの遺跡が残る街。東に行くと、聖フランチェスコの生まれ故郷**アッシジ**だ。その北の**グッビオ**は、ロウソク祭りで有名。トスカーナ州に近い**オルヴィエート**には、中部有数の華麗なドゥオモが建つ。

エトルリア遺跡を訪ねる旅

イタリア半島に最初に住み着いたのは、紀元前8世紀頃から栄えたエトルリア人。その本拠地がトスカーナだった。フィレンツェ近郊には、当時の遺跡が風化に耐えながら残っている。日程に余裕があれば、こういう街々を巡るのも面白い。まず、フィレンツェの**考古学博物館**で、エトルリア時代の彫刻や埋葬品を鑑賞してから各街へ向かう。フィレンツェ南西の**ヴォルテッラ**は、詩人ダヌンツィオによって“風と玉石の街”と謳われた丘の街。エトルリア時代の城壁が街を囲み、南側に当時の門ポルタ・アッラルコが残る。東には**グアルナッチ・エトルリア博物館**が建ち、膨大な骨壺のコレクション、ブロンズ像などが見応えがある。さらに南西に行くと**ポプロニア**だ。海をのぞむ岬に、エトルリアの円形古墳がひっそりと残っている。その東のウンブリア州との境にある街**キウージ**には、エトルリア遺跡からの貴重な出土品を集めた**国立考古学博物館**がある。街の周辺には古墳が点在するが、見学には博物館の許可が必要だ。各街への移動はプルマンが便利。フィレンツェからヴォルテッラへは、直行便で約2時間だ。詳しい時刻表はフィレンツェの観光案内所で手に入る。フィレンツェからキウージへは列車の本数も多い。宿泊する場合は、ヴォルテッラ、キウージにこぢんまりしたホテルが数軒ある。

レンツェ

トスカーナの丘に囲まれた盆地に開け、"花の聖
そのままの館や教会が建ち並ぶ。ルネッサンス美
の丘にはメディチ家のヴィラが点在している。

市外局番は055

"花の都" フィレンツェの花は?
フィレンツェが "花の都" と呼ばれるのは、古代ローマ時代の地名 "フロレンティア" が "花が咲いた" という意味であることに由来する。これにちなみ、中世以来、フィレンツェ市の紋章にはユリの花が使われている。館の装飾などにユリの花の紋章が見られるのはこのためだ。ユリと並んで多いのがメディチ家の紋章 "パッレ(玉)"。小さな球形が6個ほど並んだもので、金貨をモチーフにした模様だといわれている。

郊外にたたずむメディチ家のヴィラ
街を取り囲む小高い丘には、メディチ家のヴィラが残っている。街の北西に建つのはヴィラ・カステッロ。コジモ1世のヴィラで、庭園の岩窟に施された動物の彫刻が興味深い。この約1km東にはヴィラ・ペトライアが建ち、メディチ家の歴史が描かれたフレスコ画が見られる。

ーマの植民都市として街は発展した

紀元前10世紀頃、アルノ川沿いのこの地に古代イタリア人の集落ができ始めた。その後紀元前7世紀頃にはエトルリア人が移住する。この時代には郊外の高台にある街フィエーゾレが先に都市として発展、フィレンツェはその居住区のひとつだった。フィエーゾレが "フィレンツェの母" と呼ばれるのはこのためだ。紀元前1世紀からは、古代ローマの植民都市 "フロレンティアFlorentia" として発展を遂げる。北イタリアとの交通の要衝として通りが整備され、街はしだいに規模を拡大。いまの共和国広場が街の中心となり、当時は公共広場 "フォロ" と呼ばれていた。

自治都市の確立からメディチ家の登場まで

4～8世紀は異民族の侵略が続く。9世紀には神聖ローマ帝国の支配下、トスカーナ辺境伯爵領となった。11世紀にはマティルデ女伯爵の指揮下、自治権を獲得していく。1115年女伯が亡くなるとその統率力を引き継ぐため、市民が "コンソレ" と呼ばれる12人の行政官を選出。自治都市フィレンツェが誕生した。その後、街は急速に拡大し、ピサをはじめとする近隣都市との抗争が続いた。内政では商人の同業組合アルテが力を持ち始め、この商人勢力の台頭は、貴族層の皇帝派(ギベッリーニ)対、市民層の教皇派(グエルフィ)の紛争に発展した。対立は13世紀末まで続き、ついに教皇派が政権を掌握。これによって毛織物や金融などの商業活動がいっそう活発となり、14世紀前半にかけてその富を背景に大規模な館や教会が建てられた。ドゥオモ、ジオットの鐘楼、ヴェッキオ宮、サンタ・クローチェ教会、サンタ・マリア・ノヴェッラ教会など街のおもな建築物はほとんどこの時期に建造されている。

14世紀半ば、皇帝派が一時勢力を取り戻すが長くは続かなかった。14世紀後半には大規模な同業組合の長が政権を握り、寡頭制支配が始まる。ここで力を延ばしてきたのが、金融業で巨大な富を蓄えたメディチ家だ。1434年、当主コジモ・イル・ヴェッキオがヴェネツィアでの追放生活を解かれ、フィレンツェに帰郷。以後、フィレンツェの政治体制は表面上は共和制を保ちつつ、実際はメディチ家による君主制へと変容していった。

往時の栄華をしのばせるメディチ・リッカルディ宮

いまは観光客のメッカ、ポンテ・ヴェッキオ

壮麗な〝花の聖母教会〟ドゥオモの内部

メディチ家の隆盛とルネッサンスの天才たちの活躍

1469年、コジモの孫、ロレンツォ・デ・メディチが政権の座につき、メディチ家の繁栄は頂点を迎える。〝イル・マニフィコ（偉大な君主）〟と呼ばれたロレンツォは、都市国家間の力の均衡を維持する政策をとった。これにより長い平和な時代が訪れ、そのもとでルネッサンス文化が開花する。学芸の熱心な保護者でもあったロレンツォは、各地から第一級の画家、彫刻家、建築家、詩人らを集めた。ボッティチェリ、マザッチョ、ギルランダイオ、ギベルティ、ドナテッロらがその代表だ。またこの環境のもと、ミケランジェロやレオナルド・ダ・ヴィンチが育った。当時生まれた傑作の数々は、ウフィッツィ美術館、アカデミア美術館、聖堂や教会、メディチ家の館などで見ることができる。

メディチ家の衰退からイタリア統一へ

1492年、ロレンツォが他界すると、メディチ家の繁栄に陰りが見えてくる。1494年にはフランス軍による攻撃をかわせず、同年、フィレンツェからの追放を受けた。その後、サン・マルコ修道院長であったサヴォナローラが政権を掌握。だがその厳格な神権政治は市民を激怒させ、1498年、サヴォナローラはシニョリーア広場で火刑となった。1512年にはメディチ家が帰郷、1531年、メディチ家のアレッサンドロが初代フィレンツェ公の地位についた。これによって、共和制は名実ともに終わりを告げ、大公国フィレンツェが誕生した。16世紀後半のコジモ1世の時代には領土を広げトスカーナ大公国となったが、政治不安や経済危機が続き、1737年、メディチ家は政権から退いた。18世紀半ばから19世紀半ばまでは、フランス勢力の支配が続く。その後1861年にイタリア王国が統一を果たし、街は王国に編入された。1865年にはトリノに次ぎ王国の首都となり、1870年その地位をローマに譲った。

20世紀に入ると、街は2度大きな災いに見舞われる。第二次世界大戦中には街の中心部まで戦禍がおよび、グラツィエ橋が爆破された。1966年11月には、豪雨が引き起こした大洪水によって壊滅的な打撃を受けた。サンタ・クローチェ教会周辺では5mも浸水、美術品の被害も出た。だが、粘り強い修復活動によりまもなく復旧。いまもルネッサンス期の建物や美術品が街のいたるところに溢れ、〝天井のない美術館〟とも讃えられている。

オペラはフィレンツェで生まれた

歴史をさかのぼると、オペラの源流は古代ギリシアの音楽劇にいきつくが、現在のような形式のオペラは16世紀末のフィレンツェで誕生した。史上初のオペラは、1598年にコルシ邸で上演されたペーリ作曲のオペラ『ダフネ』。この楽譜は残念ながら現存していない。次いでペーリは『エウリディーチェ』を作曲。1600年、ピッティ宮で行なわれたフランス王アンリ4世とマリア・デ・メディチの婚礼の祝宴として上演された。現在のフィレンツェも、レベルの高いオペラを上演することで定評がある。おもなオペラ・ハウスはコムナーレ劇場だ。とくに、5月に開催される〝フィレンツェ5月音楽祭〟には第一級の出演者が集まり、世界のオペラファンが注目する。オペラのほかには、バレエやコンサートが演目にあがる。

天才たちの偉業が残る街

ミケランジェロの『ダヴィデ像』

フィアット FIAT
パッソ要塞 Fortezza da Basso
フィエーゾレ
P.217マラスピーナ Malaspina
F.ストロッツィ通り V.le F. Strozzi
ポンテ・アッレ・モッセ通り Via del P.te alle Mosse
ベルフィオーレ通り V.le Belfiore
議事堂 Pal. dei Congressi
フラテッリ・ロッセッリ通り V.le Fratelli Rosselli
Via L. Alamanni
グエルファ通り Via Guelfa
自転車競技場 Velodromo
貨物駅 Staz. Porta al Prato
プラート門 P.ta al Prato
P.223ロンドラ Londra
中央駅(サンタ・マリア・ノヴェッラ駅) Staz. Centrale (S. Maria Novella)
商工会館 Pal. degli Affari
P.227 レ・フォンティチーネ Le Fonticine
テニスコート Tennis
スターホテル・ミケランジェロP.223 Michelangelo
P.225クワットロ・アミーチ 4 Amici
アルバーニP.221 Albani
中央市場 Mercato Centrale
観光案内所
P.228トラットリア・ザザ Trattoria Za-Za
ヴィットリオ・ヴェネト広場 P.za Vittorio Veneto
ソルフェリーノ通り Via Solferino
ヴィラ・メディチP.220 Villa Medici
アンバシャトーリP.223 Ambasciatori
P.218シティ
レックスP.218 Rex
ラ・カラバッチャP.228 La Carabaccia
ロレンツァP.236 Lorenza
マジェスティック
P.222モンテベッロ・スプレンディド Montebello Splendid
P.223
P.206
ヴィットリア橋 P.te della Vittoria
コムナーレ劇場 Teatro Comunale
クラフトP.222 Kraft
コンシーリP.219 Consigli
広東酒店P.230 Canton
P.221バリオーニ
P.231ガネシ
メディチ家礼拝堂 Cappelle Medicee
P.223リヴォリ Rivoli
アプリーレP.219 Aprile
サンタ・マリア・ノヴェッラ広場 P.za S. Maria Novella
T.ガッディ広場 P.za T. Gaddi
ピサ
サン・ジョヴァンニ洗礼堂 Battistero di San Giovanni
アメリゴ・ヴェスプッチ河岸通り Lungarno Amerigo Vespucci
サンタ・ローザ河岸通り Lungarno di S. Rosa
グランドP.220 Grand
オニサンティ広場 P.za Ognissanti
A.ヴェスプッチ橋 P.te A. Vespucci
共和国広場 P.za della Repubblica
ストロッツィ宮 Palazzo Strozzi
ピエ・ヴェットーリ広場 P.za Pier Vettori
ピザーナ通り Via Pisana
サンタ・ローザ堰 Pescaia di S. Rosa
カッライア橋 P.te alla Carraia
サン・フレディアーノ・イン・チェステッロ教会 S. Frediano in Cestello
L.アリオスト通り V.le L. Ariosto
A.アレアルディ通り V.le A. Aleardi
サン・フレディアーノ S. Frediano
サンタ・トリニタ橋 P.te S. Trinità
カルミネ広場 P.za del Carmine
P.229エノテカ・ル・バリック Enoteca le Barrique
サンタ・マリア・デル・カルミネ教会 P.209 Chiesa di Santa Maria del Carmine
ポンテ・ヴェッキオ Ponte Vecchio
ヴィラ・フィオラヴァンティ Villa Fioravanti
T.タッソ広場 P.za T. Tasso
サント・スピリト S. Spirito
サント・スピリト教会 S. Spirito
P.229アッラ・ヴェッキア・ベトラ Alla Vecchia Bettola
トッリジアーニ庭園 Giardino Torrigiani
ピッティ広場 P.za de' Pitti
ピッティ宮 P.209 Palazzo Pitti
サン・フランチェスコ・ディ・パオラ広場 P.za S. Francesco di Paola
セッラーリ通り Via de' Serragli
F.ペトラルカ通り V.le F. Petrarca
アンナレーナP.219 Annalena
ロマーナ通り Via Romana
ベルヴェデーレ要塞 Forte Belvedere
ヴィラ・デッロンブレリーノ Villa dell'Ombrellino
ボーボリ庭園 P.209 Giardino di Boboli
ポルタ・ロマーナ広場 P.le di Porta Romana
美術学校 Istituto d'Arte
N.マキャヴェッリ通り V.le N. Machiavelli
ボボリーノ Bobolino
ラ・コロンバイア La Colombaia
ヴィラ・コーラP.220 Villa Cora
セネーゼ通り Via Senese
ポッジオ・インペリアーレ通り V.le del Poggio Imperiale
ガリレオ広場 P.le Galileo
シエナ
A
B
1
2
3
4

フィレンツェ
FIRENZE
1:15,000
0 300m
H ホテル
R レストラン
S ショップ
N ナイトスポット
カンポ・ディ・マルテ駅
Staz. Campo di Marte
警察署
Questura
独立広場
P.za dell'Indipendenza
植物資料館
薬草園 Museo Botanico
Giardino dei Semplici
サン・マルコ美術館 P.213
Museo di San Marco
カスターニョ美術館
Museo di A. del Castagno
サン・マルコ広場
P.za S. Marco
フィレンツェ大学
Università di Firenze
アカデミア美術館
Galleria dell'Accademia
ロッジャート・デイ・セルヴィーティ P.217
Loggiato dei Serviti
考古学博物館 P.212
グエルフォ・ビアンコ P.218
P.207 孤児養育院
Spedale degli Innocenti
モランディ・アッラ・クロチェッタ P.219
Morandi alla Crocetta
レ・ドゥエ・フォンターネ P.217
Le Due Fontane
観光案内所
メディチ・リッカルディ宮 P.207
Palazzo Medici-Riccardi
ブルネレスキ広場
P.za Brunelleschi
プッチ宮
Pal. Pucci
ゲラルデスカ庭園
Giardino della Gherardesca
ドナテッロ広場
P.le Donatello
リージェンシー P.217
Regency
ルレ・ル・ジャルダン P.225
Relais le Jardin
M.ダゼリオ広場
P.za M. d'Azeglio
サンタ・マリア・ヌオーヴァ病院
Arcispedale di S. Maria Nuova
ジェラテリア カラベ P.232
Gelateria Carabe
200
ドゥオモ
Duomo
ジオットの鐘楼
Campanile di Giotto
モンナ・リーザ P.219
Monna Lisa
ペルゴラ劇場
Teatro Pergola
フィレンツェ先史博物館
Museo Fiorentino di Preistoria
オベルダン広場
P.za Oberdan
観光案内所
チブレオ P.226
Cibreo
郵便電報局
Poste e Telegrafi
C.ベッカリア広場
P.za C. Beccaria
サンタンブロージョ市場
Mercato S. Ambrogio
アレッツォ
ヴェルディ劇場
Teatro Verdi
P.225 エノテカ・ピンキオーリ
Enoteca Pinchiorri
アッレ・ムラーテ P.227
Alle Murate
ディーノ P.226
Dino
シニョリーア広場
Piazza della Signoria
ヴェッキオ宮
Palazzo Vecchio
サンタ・クローチェ広場
P.za di S. Croce
国立文書館
Archivio di Stato
ウフィッツィ美術館
Galleria degli Uffizi
サンタ・クローチェ教会 P.208
Chiesa di Santa Croce
P.208 パッツィ家礼拝堂
Cappella dei Pazzi
レザー・スクール P.236
Leather School
ゼッカ・ヴェッキア河岸通り
Lungarno della Zecca Vecchia
メディテラネオ P.223
Mediterraneo
Lungarno del Tempio
グラツィエ橋
P.te alle Grazie
アルノ川
Fiume Arno
サン・ニッコロ堰
Pescaia S. Niccolò
セッリストリ河岸通り
Lungarno Serristori
セッリストリ宮
Pal. Serristori
B.チェッリーニ河岸通り
Lungarno B. Cellini
サン・ニッコロ橋
P.te S. Niccolò
F.フェルッチ河岸通り
Lungarno F. Ferrucci
F.フェルッチ広場
P.le F. Ferrucci
サン・ニッコロ
S. Niccolò
キャンプ場
Camping
ミケランジェロ広場 P.209
Piazzale Michelangiolo
リコルボリ
Ricórboli
サン・サルヴァトーレ・アル・モンテ教会
S. Salvatore al Monte
ヴィラ・リベルティ P.219
Villa Liberty
モンテ・アッレ・クローチェ
Monte alle Croci
サクロ・クオーレ学院
Istituto del Sacro Cuore
ヴィラ・ラッツォリーニ
Villa Razzolini
スティマティーネ修道院
Convento delle Stimmatine
サン・レオナルド教会
S. Leonardo
サン・ミニアート・アル・モンテ教会 P.209
Chiesa di San Miniato al Monte
ミケランジェロ通り
V.le Michelangiolo
ガリレオ・ガリレイ通り
V.le Galileo Galilei
ヴィラ・フランキ
Villa Franchi
A.S.S.I.スポーツ広場
Campo Sportivo A. S. S. I.
ガッタイアの塔
Torri Gattaia
ジラモンテの丘
Giramonte
ヴィラ・ベルタ
Villa Berta
トスカーナ州立形成外科研究所
Istituto Ortopedico Toscano (Pietro Palagi)
周辺図 P.12
カヴール通り
Via Cavour
マッテオッティ通り
Via G. Matteotti
デッレ・ロッビア通り
Via dei Delle Robbia
G.マッツィーニ通り
V.le G. Mazzini
マサッチョ通り
Via Masaccio
G.ジュスティ通り
Via G. Giusti
コロンナ通り
Via della Colonna
A.グラムシ通り
V.le A. Gramsci
マンゾーニ通り
Via Manzoni
青年イタリア党通り
V.le della G. Italia
G.アメンドラ通り
V.le G. Amendola

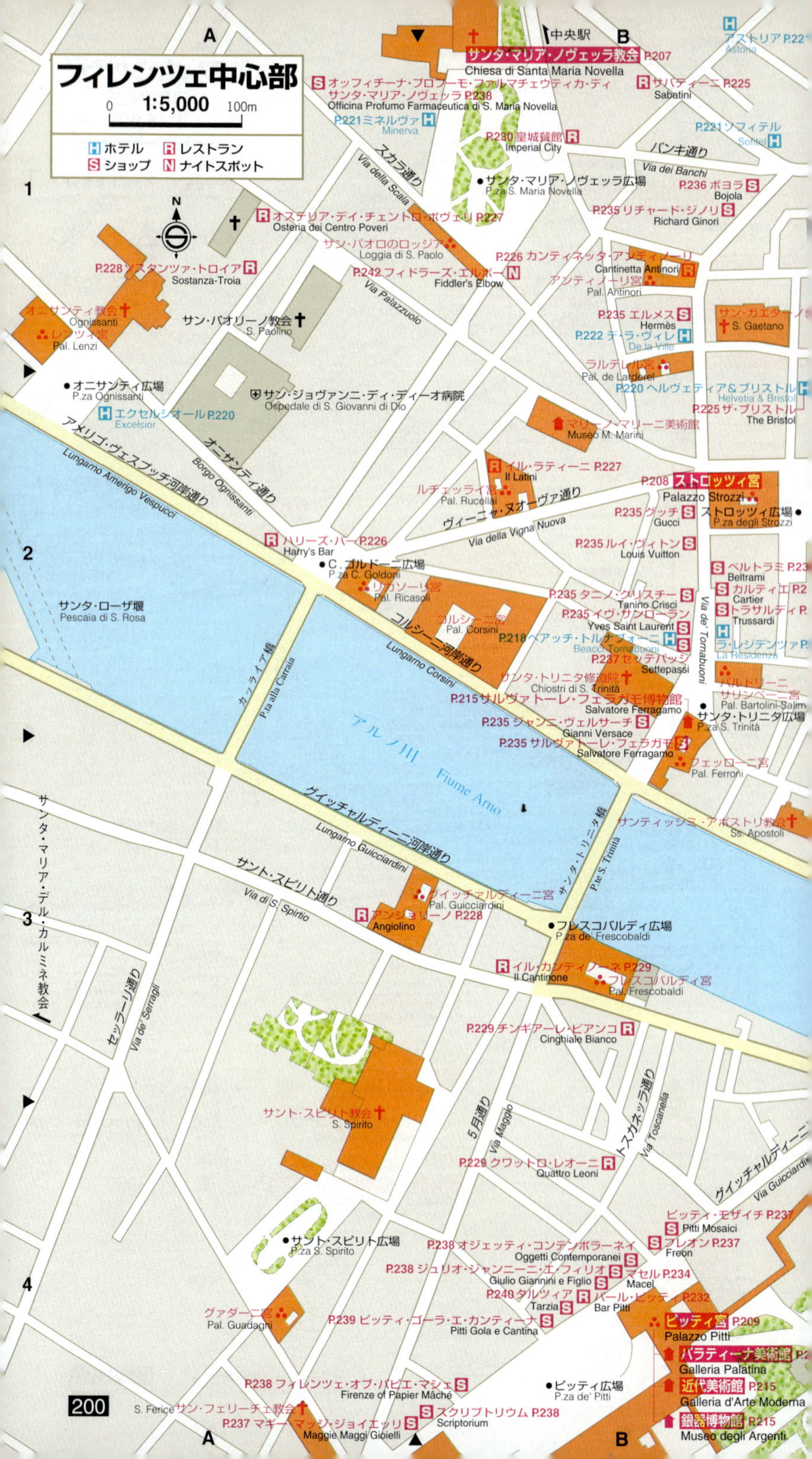

フィレンツェ中心部
0 1:5,000 100m
H ホテル
R レストラン
S ショップ
N ナイトスポット
中央駅
サンタ・マリア・ノヴェッラ教会 P.207
Chiesa di Santa Maria Novella
S オッフィチーナ・プロフーモ・ファルマチェウティカ・ディ サンタ・マリア・ノヴェッラ P.238
Officina Profumo Farmaceutica di S. Maria Novella
R サバティーニ P.225
Sabatini
P.221 ミネルヴァ
Minerva
P.221 ソフィテル
Sofitel
P.230 皇城餐館
Imperial City
スカラ通り
Via della Scala
バンキ通り
Via dei Banchi
サンタ・マリア・ノヴェッラ広場
P.za S. Maria Novella
P.236 ボヨラ
Bojola
P.235 リチャード・ジノリ
Richard Ginori
R オステリア・ディ・チェントロ・ポヴェリ P.227
Osteria dei Centro Poveri
サン・パオロのロッジア
Loggia di S. Paolo
P.226 カンティネッタ・アンティノーリ
Cantinetta Antinori
P.242 フィドラーズ・エルボー
Fiddler's Elbow
アンティノーリ宮
Pal. Antinori
P.228 ソスタンツァ・トロイア
Sostanza-Troia
Via Palazzuolo
オニサンティ教会
Ognissanti
レンツィ宮
Pal. Lenzi
サン・パオリーノ教会
S. Paolino
P.235 エルメス
Hermès
サン・ガエターノ教会
S. Gaetano
P.222 デ・ラ・ヴィレ
De la Ville
ラルデレル宮
Pal. de Larderel
オニサンティ広場
P.za Ognissanti
サン・ジョヴァンニ・ディ・ディーオ病院
Ospedale di S. Giovanni di Dio
P.220 ヘルヴェティア&ブリストル
Helvetia & Bristol
P.225 ザ・ブリストル
The Bristol
エクセルシオール P.220
Excelsior
マリーノ・マリーニ美術館
Museo M. Marini
アメリゴ・ヴェスプッチ河岸通り
Lungarno Amerigo Vespucci
オニサンティ通り
Borgo Ognissanti
イル・ラティーニ P.227
Il Latini
P.208 ストロッツィ宮
Palazzo Strozzi
ルチェッライ宮
Pal. Rucellai
ヴィーニャ・ヌオーヴァ通り
Via della Vigna Nuova
P.235 グッチ
Gucci
ストロッツィ広場
P.za degli Strozzi
ハリーズ・バー P.226
Harry's Bar
P.235 ルイ・ヴィトン
Louis Vuitton
C.ゴルドーニ広場
P.za C. Goldoni
ベルトラミ P.23
Beltrami
リカソーリ宮
Pal. Ricasoli
カルティエ P.2
Cartier
P.235 タニノ・クリスチー
Tanino Crisci
トラサルディ P.
Trussardi
サンタ・ローザ堰
Pescaia di S. Rosa
コルシーニ宮
Pal. Corsini
P.235 イヴ・サンローラン
Yves Saint Laurent
P.218 ベアッチ・トルナブォーニ
Beacci Tornabuoni
ラ・レジデンツァ P.
La Residenza
Via de' Tornabuoni
コルシーニ河岸通り
Lungarno Corsini
P.237 セッテパッシ
Settepassi
サンタ・トリニタ修道院
Chiostri di S. Trinità
バルトリーニ・サリンベーニ宮
Pal. Bartolini-Salim
カッライア橋
P.ta alla Carraia
P.215 サルヴァトーレ・フェラガモ博物館
Salvatore Ferragamo
サンタ・トリニタ広場
P.za S. Trinità
アルノ川
Fiume Arno
P.235 ジャンニ・ヴェルサーチ
Gianni Versace
P.235 サルヴァトーレ・フェラガモ
Salvatore Ferragamo
フェッローニ宮
Pal. Ferroni
サンティッシ・アポストリ教会
Ss. Apostoli
グイッチャルディーニ河岸通り
Lungarno Guicciardini
サンタ・トリニタ橋
P.te S. Trinità
サンタ・マリア・デル・カルミネ教会
サント・スピリト通り
Via di S. Spirito
グイッチャルディーニ宮
Pal. Guicciardini
アンジョリーノ P.228
Angiolino
フレスコバルディ広場
P.za de' Frescobaldi
イル・カンティノーネ P.229
Il Cantinone
フレスコバルディ宮
Pal. Frescobaldi
セッラーリ通り
Via de' Serragli
P.229 チンギアーレ・ビアンコ
Cinghiale Bianco
トスカネッラ通り
Via Toscanella
サント・スピリト教会
S. Spirito
5月通り
Via Maggio
P.229 クワットロ・レオーニ
Quattro Leoni
グイッチャルディーニ通り
Via Guicciardini
ピッティ・モザイチ P.237
Pitti Mosaici
サント・スピリト広場
P.za S. Spirito
P.238 オジェッティ・コンテンポラーネイ
Oggetti Contemporanei
フレオン P.237
Freon
P.238 ジュリオ・ジャンニーニ・エ・フィリオ
Giulio Giannini e Figlio
マセル P.234
Macel
P.240 タルツィア
Tarzia
バール・ピッティ P.232
Bar Pitti
グァダーニ宮
Pal. Guadagni
P.239 ピッティ・ゴーラ・エ・カンティーナ
Pitti Gola e Cantina
ピッティ宮 P.209
Palazzo Pitti
パラティーナ美術館
Galleria Palatina
P.238 フィレンツェ・オブ・パピエ・マシェ
Firenze of Papier Mâché
ピッティ広場
P.za de' Pitti
近代美術館 P.215
Galleria d'Arte Moderna
サン・フェリーチェ教会
S. Ferice
S スクリプトリウム P.238
Scriptorium
P.237 マギー・マッジ・ジョイエッリ
Maggie Maggi Gioielli
銀器博物館 P.215
Museo degli Argenti

サン・ロレンツォ教会 P.206
Basilica di San Lorenzo
カラ・ヴァン・ペトロール P.236
Kara Van Petrol
カルヴァーニ P.236
Calvani
Via de' Cerretani
サンタ・マリア・マッジョーレ教会
S. Maria Maggiore
竹亭 P.231
Chikutei
ヴィネリア・トッリーニ
Vineria Torrini
P.206 サン・ジョヴァンニ洗礼堂
Battistero di San Giovanni
メディチ・リッカルディ宮
Via de' Martelli
ニッコリーニ劇場
Teatro Niccolini
ドゥオモ広場
P.za del Duomo
ジオットの鐘楼 P.206
Campanile di Giotto
P.230 香港大酒楼
Hong Kong
考古学博物館
サンタ・マリア・ヌオーヴァ病院
Arcispedale di S. Maria Nuova
ジェネシ P.242
Genesi
グッリヴェール P.240
Gulliver
エウロストーヴィル P.239
Eurostovill
ドゥオモ美術館 P.212
Museo dell'Opera del Duomo
フィレンツェ先史博物館
Museo Fiorentino di Preistoria
ドゥオモ P.206
Duomo(Basilica di Santa Maria del Fiore)
マックス・マーラ P.235
Max Mara
ローマ通り
Via Roma
ファウスト・サンティーニ P.236
Fausto Santini
P.239 エノテカ・アレッシ
Enoteca Alessi
アルテ・ジョイエッリ P.237
Arte Gioielli
ジッリ P.232
Gilli
中国城酒家 P.230
Chinatown
サヴォイ P.222
Savoy
ブルネッレスキ P.222
Brunelleschi
Via dei Calzaiuoli
ノンフィニート宮
Pal. Nonfinito
アルトヴィティ宮
Pal. Altoviti
P.239 アルマンド・ポッジ
Armando Poggi
コルソ通り
P.234 レサンシエル
L'Essentiel
レ・モサッチェ P.228
Le Mossacce
ストロッツィ通り
Via degli Strozzi
共和国広場
P.za della Repubblica
P.234 ジンジェル
Ginger
南京酒家 P.230
Nanking
Via del Corso
パッツィ宮
Pal. Pazzi
イエロー・スナックバー P.242
Yellow Snackbar
カルツァイウォーリ P.217
Calzaiuoli
ダンテ博物館
Museo di Dante
P.242 キオド・フィッソ
Chiodo Fisso
プロコンソロ通り
Via del Proconsolo
郵便電報局
Poste e Telegrafi
Pellicceria
Calimala
毛織物美術館
Pal. dell'Arte della Lana
オルサンミケーレ教会 P.208
Chiesa di Orsanmichele
ボルゲーゼ宮
Pal. Borghese
アクア・アル・ドゥエ P.227
Acqua al 2
ポリーニ P.235
Pollini
アッチェソーリ・カルツァイウォーリ P.234
Accessori Calzaiuoli
法務官裁判所
Pretura
国立バルジェッロ美術館 P.212
Museo Nazionale del Bargello
ダヴァンザーティ広場
P.za Davanzati
フィレンツェ邸宅博物館 P.212
Museo della Casa Fiorentina Antica
現代美術館
Raccolta d'Arte Contemporanea
新市場のロッジア P.208
Loggia del Mercato Nuovo
サン・フィレンツェ広場
P.za S. Firenze
シニョリーア広場 P.207
Piazza della Signoria
ゴンディ宮
Pal. Gondi
サン・フィレンツェ教会
S. Firenze
パッツィ家礼拝堂
パルテ・ゲルファ宮
Pal. Parte Guelfa
プラダ P.235
Prada
アル・ルーメ・ディ・カンデーラ P.226
Al Lume di Candela
リヴォイーレ P.232
Rivoire
ヴェッキオ宮 P.207
Palazzo Vecchio
P.222 ベルニーニ・パラス
Bernini Palace
グレチ通り
Borgo de' Greci
P.207 ロッジア・デッラ・シニョリーア
Loggia della Signoria
ペルッツィ広場
P.za de' Peruzzi
アリタリア航空
Alitalia
ジェラテリア・ロラフォ P.232
Gelateria l'Orafo
サント・ステファノ教会
S. Stefano al Ponte Vecchio
ブカ・デッロラフォ P.228
Buca dell'Orafo
グラーノのロッジア
Loggia del Grano
絵伊都 P.231
Eito
P.218 エルミタージュ
Hermitage
ウフィッツィ美術館 P.210
Galleria degli Uffizi
ポンテ・ヴェッキオ P.207
Ponte Vecchio
自然史博物館
Museo di Storia della Scienza
ジュディチ広場
P.za de' Giudici
ホルン美術館
Museo Horne
ヴァザーリの回廊
Corridoio Vasariano
メンターナ広場
P.za Mentana
ジェネラーレ・ディアス河岸通り
Lungarno Generale Diaz
マドヴァ・グローヴス P.234
Madova Gloves
レ・ヴォルピ・エ・ルーヴァ P.242
Le Volpi e l'Uva
サンタ・マリア・ソプラルノ広場
P.za di S. Maria Soprarno
サンタ・フェリチタ教会
S. Felicita
グラツィエ橋
P.te alle Grazie
トッリジアーニ通り
Lungarno Torrigiani
周辺図 P.198
ボーボリ庭園 P.209
Giardino di Boboli
トッリジアーニ宮
Pal. Torrigiani
C
D
1
2
3
4

フィレンツェへのアクセス

トスカーナ州のメイン空港がピサにありヨーロッパ便が多数発着している。ローマ、ミラノなどイタリア北部の各都市からなら飛行機よりもむしろ列車のほうが便利。パリやウィーンからも列車が通じている。近郊の都市との間にはプルマンが多数運行されている。

ピサ空港 *Aeroporto di Pisa*

イタリアの主要国際空港のひとつ。ヨーロッパ便と国内便が多数発着する。フィレンツェから西約90kmのピサの街にあり、ガリレオ・ガリレイ空港とも呼ばれている。

ヨーロッパ便はロンドン、パリ、チューリッヒなど。ロンドンから1日1便、所要2時間。パリから1日1便、所要1時間40分。国内便は、ローマから1日5便、所要50分、カターニアから1日1便、所要1時間20分、ミラノから1日3便、所要50分、パレルモから1日1便、所要1時間15分。

ピサ空港からフィレンツェ市内へ

サンタ・マリア・ノヴェッラ駅の5番ホームがエア・ターミナルになっており、ピサ空港駅まで鉄道が通じている。所要1時間、1時間に1〜2本の運行。市内から空港へ向かう場合、荷物は列車が発車する15分前までにチェックインしなければならない。

ペレートラPeretola空港

フィレンツェのメイン空港で、市街中心部から北西4kmのところにある。ミラノ、トリノ、ヴェネツィア方面からの国内便が発着する小さな空港だ。日本からはサベナ・ベルギー航空の便がブリュッセル経由でこの空港に到着する。ミラノからは1日3便、所要約45分。市街中心部へは、到着便に合わせてバスが運行されている。所要約15分。

サンタ・マリア・ノヴェッラ駅 *Staz. Centrale Santa Maria Novella*

ヨーロッパ主要都市からの長距離列車が集まるターミナル駅。ローマとミラノを結ぶ幹線の途中に位置するので、国内便の列車の本数も多く、便利だ。

サンタ・マリア・ノヴェッラ駅

パリからガリレイ特急、フランクフルトからイタリアン・エクスプレスといった直通列車が到着する。国内便では、ICでローマから2時間、ミラノからは3時間15分。おもな列車はこの駅に入るが、特急ペンドリーノは郊外にあるリフレディ駅に停まる。リフレディ駅とは24時間サービスのバスが結んでいる。駅から市中心部までは徒歩10分。

プルマン *Pullman*

サンタ・マリア・ノヴェッラ駅周辺に主要バス会社が2社ある。インターナショナル・バス・サービスも運行しているので、ヨーロッパの各都市からバスで街に入ることも可能だ。

駅東側にあるLAZZI社(✆215155)では、ローマほか、近郊の街を結ぶバスを運行している。ユーロラインズ・ネットワークとも提携しており、パリ、プラハ、バルセロナ便も発着する。駅西側にはSITA社(✆214721)がある。シエナからの直通便ほか、周辺の小都市を結ぶバスの便が豊富だ。

LAZZI社のバス乗場

車でフィレンツェへ

北はボローニャ、ミラノ、南はローマ、ナポリと高速A1号線で結ばれている。ローマからなら約300km、3時間30分。市街は交通規制が厳しいので、一般車は通行が難しい。旧市街の外の駐車場に車を止めて観光することになる。

市内の交通――街を歩く

市内の観光スポットは中心部に集中しているので、徒歩で十分まわれる。手ごろな料金で借りられるレンタサイクルやバイクを利用して、街をさっそうと風を切って走るのも気持ちいい。路線バスは、中心部のほかフィエーゾレなど郊外の街とも結んでいる。

バス
Autobus

路線バスはATAFが運営している。チケットは60分有効のものがLit.400、このチケットが４枚綴りになったものがLit.5400。２時間有効のチケットがLit.1900、24時間有効のものがLit.5000だ。チケットはタバッキやバス・ターミナルにある自動販売機で買える。ATAFのサインが表示されたチケット売場では路線図も手に入る。最初にバスに乗るときにはチケットを刻印機に入れて使用開始時間を刻印することを忘れないように。おもなバス路線は７番のドゥオモ経由フィエーゾレ行きなど。主要な観光スポットを経由する12番や13番のバスも旅行者には便利だ。91番のバスはドゥオモを経由して市内をまわる深夜バス。30分間隔で運行しており、夜の外出には利用価値が高い。

バス停

チケットの自動販売機

オレンジ色の車体の路線バス

ミケランジェロ広場へは、バスが便利

タクシー
Taxi

原則としてタクシー乗場から乗るが、電話で呼び出す。手をあげて停まってくれることもあるが、期待しないほうがいい。無線タクシーを呼び出すときは☎4798または☎4390まで連絡する。基本料金は、Lit.3500、以後１kmごとにLit.1300が加算される。大きな荷物がある場合は追加料金がかかるほか、夜10時から翌朝７時までの間、日曜、祝日、空港への行き帰りなどは特別料金が加算される。

レンタサイクルとバイク
Rent a Cycle/Bike

市内の観光スポットをまわるだけなら歩いても十分だが、少し足を延ばすなら、レンタサイクルやスクーターが便利。自転車は１時間Lit.3000程度から、スクーターなら５時間Lit.５万ほどで借りられる。観光地の近くに常設の店がある。

レンタカー
Autonoleggio

フィレンツェを拠点にトスカーナの丘の街を巡るなら、レンタカーを利用するのもいい。フィレンツェ郊外は、車の流れが比較的穏やかで運転しやすい。空港や駅のほか、街なかにも主要なレンタカー会社のオフィスがある。

レンタサイクル・ショップ
Alinali　Via Guelfa 85/r ☎280500
Motorento　Via S.Zanobi 9/r ☎490113
Ciao e Basta　Limgarno Pecori Girardi 1☎234272

主要レンタカー会社
エイビスBorgo Ognissanti 128r ☎213629
ユーロップカーBorgo Ognissanti 53r ☎293444
ハーツVia Maso Finiguerra 33r ☎282260(2398205)
マッジョーレVia Maso Finiguerra 11r ☎210238

街の歩き方と観光スポット

“花の都”に残された天才たちの足跡をたどる

こぢんまりした街なので徒歩で十分まわれる。見どころが集まるのはドゥオモ広場の半径500mほどのところ。アルノ川を渡ったミケランジェロ広場だけが少し遠く、ポンテ・ヴェッキオから約1km。バスの便もあるが、川沿いをのんびり散歩しながら向かうのもいい。

アクセス
鉄道 ローマから特急で約2時間。ミラノから特急で約3時間。

観光案内所
サンタ・マリア・ノヴェッラ駅構内
✆212245
Via Manzoni 16 ✆23320

フィレンツェの治安
ほかの主要都市に比べれば治安は悪くない。ただし、観光スポットの周辺などには、ジプシーやスリが出没することもある。市場など人が集まる場所も要注意。暴力事件などは少なく、夜遅くに外を歩いても大丈夫といわれるが、それも常識の範囲でのこと。慎重に行動したい。

ルネッサンス期の代表建築が並ぶドゥオモ広場

中央駅を出ると、**サンタ・マリア・ノヴェッラ教会**の後陣が目に飛び込む。正面はその南の同名の広場側。そこから延びる**バンキ通り**、さらに**チェッレターニ通り**を進むと、“花の聖母教会”と呼ばれる**ドゥオモ**が見えてくる。鮮やかな色大理石を用いた幾何学模様の外壁と、ブルネッレスキ設計のクーポラが見事だ。クーポラの屋上からは褐色の屋根が連なる街並が一望できる。ドゥオモの正面に建つ八角堂は、街の守護聖人をまつった**サン・ジョヴァンニ洗礼堂**。東扉の彫刻はギベルティの最高傑作だ。ミケランジェロはこれを“天国の扉”と讃えた。ドゥオモわきの鐘楼はジオットの設計。内部の414段の階段を上り屋上に出られる。

アルノ川に架かるポンテ・ヴェッキオ

ここから北へ**マルテッリ通り**を進むと、メディチ家ゆかりの建物が残る。**カヴール通り**に建つのは**メディチ・リッカルディ宮**。16世紀半ばまで、メディチ家の住居として使われていた館だ。その西にはメディチ家の礼拝堂がある**サン・ロレンツォ教会**が建つ。外観は未完成のため地味だが内部は壮観。とくに礼拝堂のミケランジェロの彫刻は必見だ。教会わきの広場と近くの**アリエント通り**には、皮革製品やみやげ物の露店が立つ。革の手袋など小物類が手ごろな価格で買えるので、覗いてみるといい。この北の**メルカート・チェントラーレ広場**には、**中央市場**がある。

孤児養育院前の市

サン・マルコ広場周辺の美術館・博物館を訪ねる

メディチ・リッカルディ宮に戻りカヴール通りを北上すると、**サン・マルコ広場**に出る。正面がフラ・アンジェリコの絵画を所蔵する**サン・マルコ美術館**、その東が**フィレンツェ大学**だ。**アカデミア美術館**は**C.バッティスティ通り**を隔てた南側。ミケランジェロの傑作『ダヴィデ像』ほか、ルネッサンス期を中心とするフィレンツェ派絵画や彫刻が揃い見応えがある。そこから**サンティッシマ・アヌンツィアータ広場**に向かうと、**孤児養育院**だった建物が残る。優美な半円アーチが連なる回廊はブルネッレスキの設計によるもの。その東の**コロンナ通り**には、エトルリア文明や古代エジプトの貴重な展示が見られる**考古学博物館**がある。

ドゥオモ広場に建つ洗礼堂

ドゥオモからポンテ・ヴェッキオへ

ウフィッツィ美術館内の回廊

ドゥオモ広場の南西一帯はショッピングの中心地だ。広場から延びる**カルツァイウォーリ通り**、その西の**共和国広場**周辺、さらに西に進んだ**トルナブォーニ通り**、そこから延びる**ヴィーニャ・ヌオーヴァ通り**に各種ショップが集まる。高級ブランド店はとくにトルナブォーニ通りに多い。また、この通りには**ストロッツィ宮**など貴族の館も残っている。

シニョリーア広場のバール、リヴォイーレ

カルツァイウォーリ通りを南に行くと、**シニョリーア広場**だ。高くそびえる塔を持つ建物が共和国の市庁舎だった**ヴェッキオ宮**。入口の『ダヴィデ像』はミケランジェロ作品のレプリカだ。ドゥオモの後陣から**プロコンソロ通り**をシニョリーア広場に出る場合は、**ドゥオモ美術館**、**国立バルジェッロ美術館**が見逃せない。

シニョリーア広場の南には、ルネッサンス芸術の宝庫**ウフィッツィ美術館**がある。ボッティチェリの『ヴィーナスの誕生』『春』、ラファエロの『ヒワの聖母』などおなじみの名画が目白押しだ。鑑賞には半日くらいをあてたい。美術館から東に500mくらい行けば、**サンタ・クローチェ教会**だ。ミケランジェロ、マキャヴェリ、ロッシーニなど、イタリアが生んだ偉人たちがここで眠っている。

美術館を出て**アルノ川**に沿って西へ進むと、フィレンツェ最古の橋**ポンテ・ヴェッキオ**に出る。橋の上には貴金属店やみやげ物屋が並び、なかほどに小さなテラスがある。ここに立つと、アルノ川とその両岸の風情ある家々が一望できる。頬に受ける風も心地いい。映画『眺めのいい部屋』の青年は、川沿いの同じホテルに宿泊していた令嬢にこの風景が見渡せる部屋を譲り、それが縁で彼女と恋に落ちた。

フィレンツェからの日帰りの旅

街をひととおり見てまわったら、トスカーナの小さな街に足を延ばしたい。各街へは列車やバスで30分から1時間くらいの距離。日帰りも十分可能だ。フィレンツェの南東では、**アレッツォ**、**コルトーナ**が近い。中世の城壁に囲まれたアレッツォは、イタリア最大規模の骨董市で有名。毎月第１日曜にグランデ広場で開かれる。コルトーナはオリーヴ林に囲まれた丘の街。中世以来、多くの芸術家に愛され、陶器作りで名高い。フィレンツェの北西では、**プラート**、**ピストイア**が近い。プラートにはフィリッポ・リッピらの傑作が残り、**現代美術博物館**では1980年以降のイタリアン・アートに触れられる。中世の街ピストイアには、**サンタンドレア教会**に彫刻家ピサーノ親子の代表作がある。その西には『ピノッキオ』の作者が生まれた**コッローディ村**がある。物語をモチーフにした**ピノッキオ公園**が人気で、日曜には近郊から家族連れが訪れる。

アルノ川を渡り対岸を散策

橋を渡った**グイッチャルディーニ通り**には、皮革製品のショップが並ぶ。ウインドーショッピングをしながら進むと、左手が**ピッティ宮**だ。内部に**パラティーナ美術館**、**銀器博物館**などがあり、背後には広大な**ボーボリ庭園**が広がる。ポンテ・ヴェッキオ方向に戻り、川沿いを東に延びる**トッリジアーニ通り**を行くと、**ミケランジェロ広場**に出る。晴れた日にはここで読書や昼寝をする市民の姿も見かけられる。この南の丘には**サン・ミニアート・アル・モンテ教会**が建つ。ここからアルノ川を挟んで眺めるドゥオモもまた素晴らしい。

観光客で賑わうシニョリーア広場

白・緑・ピンクの外壁が印象的

ドゥオモ　地図P.201 D-1

Duomo(Basilica di Santa Maria del Fiore) ★★★

サンタ・マリア・ノヴェッラ駅から徒歩10分

“花の都” フィレンツェの美しいシンボル

正式名称は花の聖母教会。高さ106mの大クーポラ（円蓋）が大輪の花のように美しい。フィレンツェ共和国が1296年から約140年をかけて築造した。463段の階段を上るとクーポラに着く。屋上からの眺めは最高だ。

開9:00～18:00 土曜8:30（日曜13:00）～17:00 **クーポラ**開9:30～17:30（第1土曜は～15:20 その他の土曜は～17:00） 休日曜 料Lit.8000

サン・ジョヴァンニ洗礼堂　地図P.201 C-1

Battistero di San Giovanni ★★★

ドゥオモから徒歩1分

扉に施された金の浮き彫りが見もの

ドゥオモの前に建つ壮麗な八角堂。フィレンツェの守護聖人である聖ジョヴァンニに捧げるため、11世紀に建てられた。天井のモザイクが美しい。また、南側、北側、東側にある入口の扉には、精緻で華麗な金の浮き彫りが施されており、ことに、東側の扉のもの（ギベルティ作）は、ミケランジェロが〝天国の扉〟と讃えたほど美しい。

ジオットの鐘楼　地図P.201 C-1

Campanile di Giotto ★★

ドゥオモから徒歩1分

外壁の繊細なレリーフが美しい鐘楼

ドゥオモの南側に寄り添うように建っている。ジオットとその弟子のピサーノの設計によるもので、1334年に着工し、14世紀末に完成した。高さは84.7m。414段の階段を上ると、見晴らしの良いテラスに出る。

開9:00～18:50（冬季は～16:20） 料Lit.8000

メディチ家の菩提寺、サン・ロレンツォ教会

サン・ロレンツォ教会　地図P.201 C-1

Basilica di San Lorenzo ★★★

サンタ・マリア・ノヴェッラ駅から徒歩8分

メディチ家が贅を尽くした教会

フィレンツェの名家、メディチ家の一族が眠る教会。15世紀前半にブルネッレスキが着工し、説教壇をドナテッロが製作した。ファサードはブルネッレスキが死んだことにより工事が中断され、いまも未完成のままだ。初期ルネッサンス様式の堂内は厳かな雰囲気に包まれ、左翼廊の先端にはブルネッレスキ設計の旧聖具室がある。

開8:00～12:00 15:30～17:30 休無休

メディチ家礼拝堂　地図P.198 B-2

Cappelle Medicee ★★★

サンタ・マリア・ノヴェッラ駅から徒歩8分

ミケランジェロが作ったメディチ家の墓

サン・ロレンツォ教会の裏手にある。1階にはメディチ家の人々の遺体を納めた石棺が並び、2階には色大理石で飾られた君主たちの礼拝堂がある。ここから廊下を伝って行くと、ミケランジェロが設計した新聖具室に行き着く。16世紀に造られたこの部屋には、ロレンツォ2世とジュリアーノの墓があり、その周りに、4つの彫刻『曙』『黄昏』『夜』『昼』が配置されている。

開9:00～14:00 休月曜 料Lit.1万

メディチ家礼拝堂の前にはメルカートが並ぶ

メディチ・リッカルディ宮 地図P.199 C-1

Palazzo Medici-Riccardi ★★★

ドゥオモから徒歩5分

メディチ家の意外に素朴な住まい

巨万の富を得たメディチ家のコジモ1世が、建築家ミケロッツォに依頼して建てた宮殿。外観に飾り気がないのは、民衆のねたみを恐れたため。内部にある礼拝堂には、ゴッツォーリが描いた壁画『東方三博士の礼拝』(1460年完成)があり、画中にメディチ家のロレンツォも描かれている。

開9:00～12:45 15:00～18:00 休日曜と祝日の午後、水曜 料Lit.6000

サンタ・マリア・ノヴェッラ教会 地図P.200 B-1

Chiesa di Santa Maria Novella ★★★

サンタ・マリア・ノヴェッラ駅から徒歩2分

幾何学模様のファサードが有名

中央駅のすぐ南に建つ、ドメニコ派の教会。1360年にほぼ完成した。アルベルティの設計による寄木細工のように美しいファサード(1470年完成)が有名。堂内には、マザッチョ作『三位一体』やギルランダイオ作『マリアと聖ヨハネの生涯』などの名画がある。

開7:00～12:15 15:00～18:00 日曜、祝日は15:00～17:00 休無休 料無料

中央駅前に建つサンタ・マリア・ノヴェッラ教会

孤児養育院 地図P.199 C-1

Spedale degli Innocenti ★

サンタ・マリア・ノヴェッラ駅から徒歩15分

ヨーロッパで最も古い養育院

フィレンツェでは慈善事業が古くから行なわれていた。この施設はその証。ブルネッレスキの設計で15世紀に完成した。現在は絵画館になっており、ボッティチェリの『聖母子と天使』やギルランダイオの『東方三博士の礼拝』などの名画が展示される。

開8:30～14:00(日曜、祝日は～13:00) 休水曜 料Lit.4000

シニョリーア広場 地図P.201 C-2

Piazza della Signoria ★★★

ドゥオモから徒歩8分

多数の彫像が並ぶ"野外美術館"

ヴェッキオ宮の前の大広場。中世の自由都市時代には、フィレンツェの市民たちはことあるごとにこの広場に集まり、議論を交わしていた。広場にはダヴィデ像やネプチューンの噴水のほか、多数の彫像が並ぶ彫刻廊ロッジア・デッラ・シニョリーアがあり、野外美術館のよう。毎年6月には、昔風のやり方でサッカーの試合が催される。

ヴェッキオ宮 地図P.201 D-3

Palazzo Vecchio ★★

シニョリーア広場から徒歩1分

いまも昔も市政を司る壮麗な建物

シニョリーア広場に面して建つゴシック建築。塔の高さは94mもある。自由都市体制を打ち立てたフィレンツェが、執政官の館として13世紀に建て、その後、市庁舎となりいまにいたっている。2階の大会議場はヴァザーリ派の華麗な絵画で飾られている。

開9:00～19:00 日曜、祝日8:00～13:00 休木曜 料Lit.1万5000

ロッジア・デッラ・シニョリーア 地図P.201 C-3

Loggia della Signoria ★★

ドゥオモから徒歩8分

シニョリーア広場に建つ彫刻回廊

集会場として14世紀に建てられたゴシック式回廊。シニョリーア広場の南側にあり、古代ローマやルネッサンスの彫刻を展示するギャラリーとして利用されている。チェッリーニの『ペルセウス像』やジャンボローニャの『ザビーネの女たちの強奪』など名作が多い。現在は公開されていない。

ポンテ・ヴェッキオ 地図P.201 C-3

Ponte Vecchio ★★★

ドゥオモから徒歩5分

金銀細工の店が並ぶフィレンツェ最古の橋

14世紀半ばに造られたアルノ川に架かる橋。当初は、橋の両側に、肉屋などが並んでいたが、漂う異臭を嫌ったフェルディナンド1世がそれらの店を撤去させ、代わりに宝石店が軒を並べることになった。橋の中央から、アルノ川の絶景が楽しめる。詩人のダンテもこの眺めが好きだったという。

オルサンミケーレ教会　地図P.201 C-2

Chiesa di Orsanmichele ★★

ドゥオモから徒歩3分

商売の守護聖人たちのレリーフが見もの

ドゥオモ広場から、カルツァイウォーリ通りを200mほど南下すると、右側にある。穀物倉庫として1337年に建てられたが、現在では教会となっている。見ものは、外壁に彫られた商売の守護聖人たちのレリーフ。銀行や各種商売の守神たちがていねいに描かれている。内部の小礼拝堂は、金などで作られたレリーフで飾られている。

開 9:00〜12:00 16:00〜18:00

ストロッツィ宮　地図P.200 B-2

Palazzo Strozzi ★

ドゥオモから徒歩3分

ルネッサンス期に建てられた麗しい館

ストロッツィ家のために、15世紀から16世紀にかけて造築された住まい。ストロッツィ通りとトルナブォーニ通りが交わる十字路の西南の角に建っている。メディチ・リッカルディ宮とともに、ルネッサンス期のフィレンツェに建てられた最も美しい宮殿として知られている。中には、ストロッツィ家の歴史をたどる**博物館**があるが、時折、展覧会が開かれるだけで、常時公開されているわけではない。

ルネッサンス期の宮殿のなかで最も美しい

新市場のロッジア　地図P.201 C-2

Loggia del Mercato Nuovo ★

ドゥオモから徒歩5分

商都フィレンツェの中心だった回廊

16世紀半ばに、金銀の交易のために建てられたロッジア（回廊）で、両替商が軒を並べ、当時の商業の中心街だった。現在では、麦わら細工などのフィレンツェみやげや皮革製品の店が並んでいる。ルネッサンス様式の美しいアーケードが訪れる人の目をひく。

サンタ・クローチェ教会にはガリレオの墓がある

サンタ・クローチェ教会　地図P.199 C-2

Chiesa di Santa Croce ★★★

シニョリーア広場から徒歩10分

ミケランジェロが眠る美しい教会

サンタ・クローチェ広場に建つ壮大なフランチェスコ派教会。約140×40mの堂内に、ミケランジェロ、マキャヴェリら偉人の墓が276基も納められている。美術品も多く、ドナテッロの浮き彫り『受胎告知』や堂内のバルディ礼拝堂にあるジオットのフレスコ画『聖フランチェスコの生涯』は傑作。

開 8:00〜18:30 冬季8:00〜12:00 15:00〜18:30

休 日曜12:30〜15:00、冬季日曜の午前中 ☎244619

パッツィ家礼拝堂　地図P.199 C-3

Cappella dei Pazzi ★★

シニョリーア広場から徒歩10分

ルネッサンス初期を代表する建築

サンタ・クローチェ教会に向かって右手にある。教会本堂の側壁に沿って進むと、教会の中庭の奥にたたずんでいる。ブルネッレスキが15世紀に造った初期ルネッサンス建築の傑作で、均整のとれた美しい姿をしている。この礼拝堂の近くに、**サンタ・クローチェ博物館**があり、ドナテッロやチマブーエらの作品を鑑賞できる。

開 10:00〜12:30 14:30〜18:30（冬季15:00〜17:00） 休 水曜 料 Lit.4000

計算された均整美が特色だ

ピッティ宮 地図P.200 B-4

Palazzo Pitti ★★★

シニョリーア広場から徒歩10分

美術館や博物館が7つもある壮大な宮殿

威風堂々とした外観を持つルネッサンス様式の宮殿。15世紀半ばに、豪商ルカ・ピッティが、ブルネッレスキに依頼して建てた。1549年にメディチ家が買い取り、コジモ1世の妻エレオノーラ・デ・トレードが両翼を広げるなどの増築を行ない、君主の住まいにふさわしい建物とした。その後18世紀にロレーヌ家の所有になると、さらに増築が施され、現在のような壮大な建物となった。宮殿内には、**パラティーナ美術館**(→P.214)、**近代美術館**、**銀器博物館**(ともに→P.215)、**ボーボリ庭園**などがある。

アルノ川の対岸にあるピッティ宮

ボーボリ庭園 地図P.201 C-4

Giardino di Boboli ★★

シニョリーア広場から徒歩10分

緑の中に彫像が並ぶイタリア式庭園

16世紀に、コジモ1世の妻エレオノーラのために作られた庭園。随所に彫像が置かれている。園内の丘にあるベルヴェデーレ要塞からは、フィレンツェの街を一望できる。

開 9:00～18:30(6～8月は～19:30 11～2月は～16:30 3月と10月は～17:30)
休 第1・最終月曜 料 Lit.4000

散策すれば半日がかりのボーボリ庭園

マザッチョのフレスコ画で有名

サンタ・マリア・デル・カルミネ教会 地図P.198 B-3

Chiesa di Santa Maria del Carmine ★★★

シニョリーア広場から徒歩10分

天才画家マザッチョの代表作に会える

26歳で夭逝したマザッチョはルネッサンス絵画の創始者として知られている。透視画法などを用いて、絵画にそれまでとは異なる存在感を与えた。同教会のブランカッチ礼拝堂には、彼の代表作『貢ぎの銭』『楽園追放』などのフレスコ画のほか、フィリッピーノ・リッピのフレスコ画もある。

開 10:00～17:00 日曜・祝日は13:00～17:00
休 火曜 料 Lit.5000

ミケランジェロ広場 地図P.199 C-3

Piazzale Michelangiolo ★★

サンタ・マリア・ノヴェッラ駅から車で10分

フィレンツェが見渡せる丘の上の広場

ピッティ宮の東方、アルノ川の河畔に広がる小高い丘の上にある。広場の中央にはミケランジェロ作の彫像『ダヴィデ』のコピーが、街を見下ろすように建っている。アルノ川越しにフィレンツェの街が眺められ、夕暮れになると、ほぼ西方にあるポンテ・ヴェッキオやドゥオモが美しい茜色に染まる。この広場を中心に、心地よい散策が楽しめる遊歩道が延びている。

サン・ミニアート・アル・モンテ教会 地図P.199 C-4

Chiesa di San Miniato al Monte ★★

ミケランジェロ広場から徒歩5分

丘の上に建つ眺めの良い教会

11世紀から13世紀にかけて造られたフィレンツェ・ロマネスク様式の教会。ミケランジェロ広場の南にある丘の上に建ち、フィレンツェの街を見下ろしている。白と緑の大理石を用いたファサードの美しさは、フィレンツェでも有数。内部も色大理石で美しく装飾されている。

開 7:30～19:00 日曜8:00～18:00

博物館●美術館

ウフィッツィ美術館　地図P.201 C-3

Galleria degli Uffizi ★★★

シニョリーア広場から徒歩1分

ルネッサンス美術の世界最大の宝庫

シニョリーア広場のヴェッキオ宮に向かって右側にあり、並行する2列の建物を一方の端でつないだコの字型をしている。ルネッサンス様式の美しい建物で、メディチ家のコジモ1世の命により、ヴァザーリが設計し、1560年から14年の月日をかけて建てられた。当初はメディチ家の役所(古いイタリア語でウフィッツィという)として使われたので、この名が付いた。ボッティチェリの『春』などの超一級の傑作が多数所蔵されているが、それらのほとんどが、メディチ家のコレクションだ。フィレンツェで生まれた作品だけではなく、ヴェネツィアやシエナ、フランス、ドイツ、オランダなどイタリア国内外から、ルネッサンス期の傑作が多数集められている。小さな美術館だが、現在2500点もの作品が収蔵されており、見応えがある。

フィリッポ・リッピの『聖母の戴冠』

名画の数々は3階に集まっている

展示室は2階と3階にあり、2階はデッサンと版画の展示室となっている。名画がずらりと並ぶのは3階のギャラリーだ。45の部屋があり、時代や作家別に名画が展示されている。

第2室　初期ルネッサンスを代表する画家ジオットの作品と13世紀の絵画が飾られており、ここではジオットの『オニサンティの聖母子』と、彼の師であるチマブーエの『マエスタ』が見ものだ。

建物の前には路上画家が集まる

ウフィッツィ美術館の見学は3階から始めたい

ボッティチェリの名画は10～14室に

第3室　14世紀シエナ派の絵画が展示され、装飾的な様式美を特徴とするマルティーニの『受胎告知』が素晴らしい。

第7室　15世紀フィレンツェ派の絵画の部屋で、透視図法を用いて戦争を幻想的に描いたパオロ・ウッチェッロ『サン・ロマーノの戦い』が代表作品。ピカソもこの絵に多大な影響を受けたという。

第8室　フィリッポ・リッピの部屋。『聖母の戴冠』の可憐な聖母の表情が美しい。

第10～14室　フィレンツェが生んだ名匠ボッティチェリの部屋。『春』『ヴィーナスの誕生』などの名画が飾られている。

第15室　レオナルド・ダ・ヴィンチの部屋。初期の代表作『受胎告知』や未完の傑作『東方三博士の礼拝』などがある。

第25室　ミケランジェロの部屋。ミケランジェロ唯一のタブローといわれる『聖家族』などがとくに有名な作品だ。

第26室　ラファエロの部屋。17の破片から見事に復元された『ヒワの聖母』がある。

第28室　ティツィアーノの部屋。『ウルビノのヴィーナス』と『フローラ』に注目。

第43室　カラヴァッジョの部屋。『イサクの犠牲』『バッカス』など。

ヴァザリアーノ回廊 Corridoio Vasariano

第25室と第34室の間にある階段はヴァザリアーノの回廊へと続く。ウフィッツィ美術館から、アルノ川にかかるポンテ・ヴェッキオの2階を通り、川向こうのピッティ宮へと導く回廊だ。自画像など多数の絵画が展示されているが、鑑賞希望者はウフィッツィ美術館への予約が必要だ。

開9:00～19:00(日曜は～14:00)　休月曜

料Lit. 1万2000　□Loggiato degli Uffizi 6

☎23885

第29室　パルミジャニーノ『首の長い聖母』。マニエリスムを代表する耽美的で優雅な聖母像。引き延ばされた身体とひねったポーズが特徴

第43室　バロック芸術の先駆者、カラヴァッジオによる『バッカス』

第７室　ピエロ・デラ・フランチェスカによる『ウルビーノ公の肖像』。婦人の肖像画と対で展示されている

第28室　ティツィアーノ『ウルビーノのヴィーナス』（1538年）。柔らかな筆致で描かれた、穏やかに横たわるヴィーナスが美しい

第15室　レオナルド・ダ・ヴィンチ『東方三博士の礼拝』

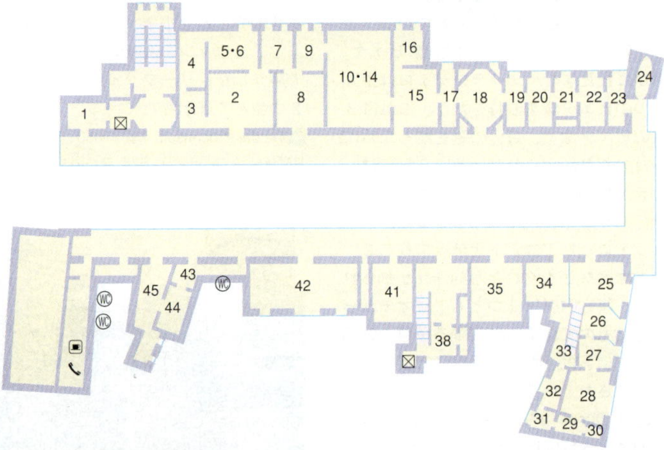

第10～14室　ボッティチェリ『ヴィーナスの誕生』。明るい色彩、流麗な線で描かれた傑作を見に、毎日多くの旅行者が訪れる

第26室　ラファエロの『ヒワの聖母』（右）と『自画像』（上）。『ヒワの聖母』は1505年頃の製作。その後損傷されていたが、復元され、見事に蘇った

14〜15世紀の彫刻が中心に集められている

ドゥオモ美術館　地図P.201 D-1

Museo dell'Opera del Duomo ★★

サンタ・マリア・ノヴェッラ駅から徒歩10分

ドゥオモにゆかりの美術品を展示

ドゥオモ、ジオットの鐘楼、洗礼堂にゆかりの美術品などが展示されている。ドゥオモの真裏にある。1階には、ドゥオモのかつてのファサードを飾っていたアルノルフォ・ディ・カンビオ作の彫像、ドームを設計したブルネッレスキの使っていた道具や彼のデスマスクなどが陳列されている。中2階には、ミケランジェロの彫像『ピエタ』が厳かにたたずむ。ミケランジェロは生涯に4つのピエタ像を制作したが、これは3番目のピエタ像で、自分の墓を飾るために作ったのだと伝えられている。2階には、ドナテッロの3体の彫刻(『アバクク』『マグダラのマリア』『エレミヤ』)をはじめ、ルカ・デッラ・ロッビア作とドナテッロ作の2つの聖歌隊席などすぐれた彫刻作品が飾られている。聖歌隊席は2つともドゥオモから移されたもので、両方に、踊る子供の群像が、いまにも動きだしそうなほど見事に浮き彫りにされている。

P.za di Duomo ☎2302885 開9:00〜18:50(11〜3月は〜17:30) 休日曜 料Lit.8000

考古学博物館　地図P.199 C-1

Museo Archeologico ★★

ドゥオモから徒歩10分

イタリア有数の古代美術コレクション

古代ギリシア、古代エジプト、エトルリア、古代ローマの文化遺産が展示されている。所蔵品のほとんどがメディチ家が集めたもので、『アレッツオのキメーラ像』などエトルリア文化の遺品に貴重なものが多い。

Via della Colonna 38 ☎23575
開9:00〜14:00(第2・4日曜は〜13:00)
休第1・3・5日曜、第2・4月曜 料Lit.8000

国立バルジェッロ美術館　地図P.201 D-2

Museo Nazionale del Bargello ★★

シニョリーア広場から徒歩3分

ルネッサンス彫刻の傑作に会える

バルジェッロとは警察署を意味する。13世紀頃に建てられ、警察署や牢獄として使われていた。中庭にある井戸の近くで処刑が行なわれていたという。19世紀半ばに改築され、それ以降国立美術館となった。主たる所蔵品は中世以来のイタリアの美術品で、フィレンツェ・ルネッサンスの彫刻に見るべきものが多い。1階にはミケランジェロの部屋があり、彼が21〜22歳のときに制作した『バッカス』や、大理石の胸像『ブルータス』などがある。また、この階には、ベンヴェヌート・チェッリーニの作品も飾られている。2階では、ブロンズ像の『ダヴィデ』や、オルサンミケーレ教会のファサードを飾っていた聖ゲオルギウスの彫像などドナテッロの傑作が見ものだ。また、ギベルティとブルネッレスキの両人が、サン・ジョヴァンニ洗礼堂北扉のコンクールで競作したレリーフ『イサクの犠牲』が、2つ並んで展示されている。

Via del Proconsolo 4 ☎210801 開9:00〜14:00 日曜は〜13:00 休第2・4月曜、第1・3・5日曜 料Lit.8000

ミケランジェロやドナテッロの傑作が見られる

フィレンツェ邸宅博物館　地図P.201 C-2

Museo della Casa Fiorentina Antica ★

ドゥオモから徒歩3分

ルネッサンスの時代にタイムスリップ

保存状態の良い14世紀の邸宅ダヴァンザーティ館Palazzo Davanzatiがそのまま博物館になっている。台所、寝室、書斎などの部屋には当時の家具調度品や生活雑貨が置かれ、ルネッサンス時代のフィレンツェの富裕な市民の暮らしぶりを伝えている。

Via Porta Rossa 13 ☎23885
開9:00〜14:00 休月曜 料Lit.4000

ミケランジェロの彫刻で有名なアカデミア美術館

アカデミア美術館　地図P.199 C-1

Galleria dell'Accademia ★★★

ドゥオモから徒歩10分

ミケランジェロの『ダヴィデ像』に会える

ミケランジェロの彫刻と13〜16世紀のフィレンツェ派の絵画が展示されている。ミケランジェロの彫刻には名作が多く、あの4mを超す『ダヴィデ像』も飾られている。このルネッサンス芸術を代表する作品は、ミケランジェロが1501年から3年の月日をかけて、ひとつの大きな大理石の塊から彫り出したものだ。シニョリーア広場に置かれていたのを、当美術館に移転した。シニョリーア広場には現在、模刻された彫像が置かれている。ダヴィデ像のほかに、『髭の奴隷』『目覚めた奴隷』『若い奴隷』など一連の奴隷像と『パレストリーナのピエタ』や『聖マタイ』も見ものだ。奴隷像は、ついに完成しなかったユリウス2世廟を飾るために作られたものだが、石に彫られたものであることを忘れるほど生命感に溢れている。

また、フィレンツェ派の絵画では、ボッティチェリとその弟子たちが描いた『聖母子と聖人たち』、ボッティチェリ作と伝えられる『海の聖母』、ギルランダイオ作『聖母子と聖フランチェスコ、マグダラのマリア』などが素晴しい。

Via Ricasoli ☎23885 開 8:30〜19:00（日曜は〜14:00） 冬季9:00〜14:00（日曜は〜13:00） 休 月曜 料 Lit.1万2000

『ダヴィデ像』の前には見学者がひっきりなし

アンジェリコらのフレスコ画が中心のサン・マルコ美術館

サン・マルコ美術館　地図P.199 C-1

Museo di San Marco ★★★

ドゥオモから徒歩10分

フラ・アンジェリコの絵で飾られた僧院

かつてはドメニコ派の修道院だったが、いまは、修道僧フラ・アンジェリコが僧坊に描いた数々の壁画を見せる美術館となっている。フラ・アンジェリコは14世紀末、フィレンツェ郊外に生まれた。ドメニコ派の僧となり、1438年からサン・マルコ修道院の僧坊に壁画を描くようになった。彼の作品は神秘的な優しさに溢れ、見る者の心を鎮める不思議な力を持っている。1階には『キリスト降架』やフレスコ画『キリスト磔刑図』がある。2階へ上ると、正面に、最高傑作とされる『受胎告知』が現れる。天使がマリアに受胎を告げる様子を描いたもので、気品と優しさが画面全体に漂っている。2階には僧坊がいくつも並び、それらの中に、フラ・アンジェリコは『キリストとマグダラのマリア』『キリストの変容』『マリアの戴冠』など数々の壁画を描いた。最も奥まった場所にある僧坊は、修道院長だったサヴォナローラのものだ。そこには、メディチ家失脚後、急進的な改革を唱え火刑に処せられた彼の生涯を示す絵画などが展示されている。

P.za San Marco ☎2388608 開 9:00〜14:00 日曜、祝日は〜13:00 休 第1・3・5日曜、第2・4月曜 料 Lit.8000

修道院の建物を利用している

パラティーナ美術館

地図P.200 B-4

Galleria Palatina ★★★

シニョリーア広場から徒歩10分

メディチ家の豪華絢爛たるコレクション

ピッティ宮の2階にあり、宮殿に向かい右手にある入口から入る。この建物はもとはピッティ家の住まいだったが、16世紀にメディチ家の手に渡り、壮麗な宮殿に改装された。その華麗な12の部屋に、メディチ家が集めた名画が展示されている。ただし、年代順や様式別、画家別といった具合に系統だてて展示されてはいない。無作為に部屋の壁にびっしりと並べられている。名画が多く、とくに、ラファエロとティツィアーノの作品群には見るべきものが多い。

『灰色の目の男』

ラファエロ作品が多い第2室

おもな展示作品を部屋ごとに紹介すると、まず、第1室イリアスの間には、ヴァザーリが〝欠点のない画家〟と呼んだアンドレア・デル・サルトの『洗礼者ヨハネ』がある。第2室サトゥルヌスの間には、ラファエロの最高傑作のひとつといわれる『大公の聖母』をはじめ、『椅子の聖母』『フェドラ』『マッダレーナ・ドーニの肖像』『アーニョロ・ドーニの肖像』など、ラファエロの有名作品がずらりと並んでいる。

『ベールの女』

ピッティ宮の2階にあるパラティーナ美術館

ティツィアーノの名作は第5室、第6室に

第3室ジュピターの間には、ラファエロが描いた女性の肖像のなかで最も美しいといわれる『ベールの女』や、ジョルジョーネが少年、壮年、老年の3人の男たちを描いた『3人の哲学者』がある。この作品は、各々の世代の特徴が見事に描き出された名作だ。第4室軍神マルスの間には、ヴェロネーゼ作の『毛皮のコートを着た男の肖像』、第5室のアポロの間には、アントニー・ヴァン・ダイク晩年の作『チャールズ1世とヘンリエッタ・マリアの肖像』やティツィアーノの『灰色の目の男』『マグダラのマリア』がある。ティツィアーノの作品は、次の第6室ヴィーナスの間にも、『ユリウス2世』や『演奏会』『ラ・ベッラ(美しき婦人)』『アレティーノ』などがある。

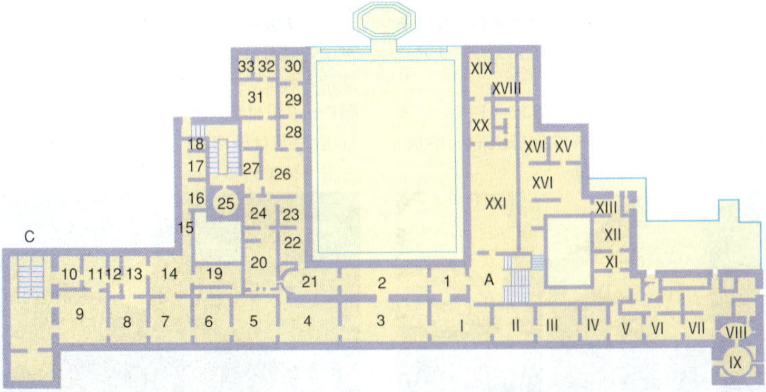

各部屋の壁を埋め尽くす名画の数々

プロメティウスの間にも名作が多い

ヴィーナスの間にはティツィアーノ以外の画家の傑作も多い。リューベンスの美しい風景画『畑から帰る農夫たち』のほか、サルヴァトーレ・ローザの海洋画やヴァン・ダイクの『ベンティヴォリオ枢機卿』、フラ・バルトロメーオの『キリストの降架』などが飾られている。第7室カスタニョーリの間にはソドマの『聖セバスティアヌス』がある。第8室のプロメティウスの間には名作が多い。フィリッポ・リッピが聖母マリアを美しく描いた『聖母子』をはじめ、ボッティチェリの『美しきシモネッタ』や『若い男の肖像』、フランチェスコ・ボッツェッティの『幼子キリストの礼拝』やバルダッサーレ・ペルッツイの『ミューズたちと踊るアポロ』などがある。第9室正義の間にはティツィアーノの『トマス・モスティの肖像』、第11室のプッティの間にはリューベンスの『三美神』がある。

P.za Pitti ☎210323 開8:30～19:00(日曜、祝日は～14:00) 休月曜 料Lit.1万2000

近代美術館

地図P.200 B-4

Galleria d'Arte Moderna ★★

シニョリーア広場から徒歩10分

"トスカーナ印象派"絵画が素晴らしい

ピッティ宮の3階にあり、19世紀のトスカーナ地方の芸術家たちの作品が多い。とくに、印象派のような明るい画風を見せた、ファットーリ、チェチオーニ、レーガらマッキア(色斑)派の作品が素晴らしい。

P.za Pitti ☎287096 開9:00～14:00 休第1・3・5月曜、第2・4日曜 料Lit.4000

ピッティ宮の3階に位置する近代美術館

銀器博物館

地図P.200 B-4

Museo degli Argenti ★

シニョリーア広場から徒歩10分

メディチ家の宝物の数々を展示

ピッティ宮の1階と2階にある。メディチ家が所蔵していた金銀細工、象牙細工など宝飾品が並び、華麗な生活がしのばれる。

P.za Pitti ☎294279 開9:00～14:00 休第1・3・5月曜、第2・4日曜 料Lit.8000(磁器博物館、衣装博物館との共通入館券)

サルヴァトーレ・フェラガモ博物館

靴作りの第一人者の軌跡を見る

世界的に有名な靴のブランド、サルヴァトーレ・フェラガモは、フィレンツェのトルナブォーニ通りに本社を置いている。その3階にあるのがサルヴァトーレ・フェラガモ博物館だ。1927年に米国から帰国したサルヴァトーレが1960年に没するまでに作り上げた作品が時代順に展示されている。コルクを使ったヒール、セロファンや布、金、クロコダイルといった新素材の積極的な活用など、世界の靴業界に貢献したサルヴァトーレの高度な技術がうかがえる。マリリン・モンローやオードリー・ヘップバーンらがオーダーした靴も展示されている。彼の生涯や時代背景を紹介したビデオもある。要予約。

Via dei Tornabuoni 2 ☎3360456 開9:00～13:00 14:00～18:00 休火・木・土・日曜、8月、12/23～1/6 料無料

フェラガモの名品に思わず溜め息が漏れる

ホテル HOTELS

ホテル選びの基準に立地条件の良さは欠かせないが、約3キロ四方に収まる小さな街、フィレンツェに関しては例外といえるだろう。20分も歩けばたどり着ける市内のホテルでは、立地条件の良し悪しよりも、部屋の造りやサービス、設備のほうにこだわりたい。

観光シーズンは早めの予約を

予約が困難なシーズン

フィレンツェのホテルは、観光シーズン(5〜7月中旬、9・10月)に入ると、予約が困難な状況が続く。さらに気をつけなくてはならないのが、ファッション関係の見本市の開催時期(1・6・7月)だ。この時期はホテルがパンク寸前の状態。直前の予約では市内のホテルは取れないほど混み合うので、見本市の開催日ははずして滞在するのが賢明だ。この時期に旅行日程を組むなら、とくに早めに予約を入れるようにしたい。

緑豊かな田舎で過ごすアグリトゥーリズモ

オリーヴやブドウ畑が広がるトスカーナ地方の田舎街までは、フィレンツェから車で約1〜2時間の距離。ワインやオリーヴの生産者のなかには、小さな宿泊施設を営んでいるところがある。素朴な田園風景の中にたたずむ宿泊施設に興味がある人は、フィレンツェ市の観光局(Via Cavour 3r)で宿のリストや地図を入手してみるといい。

中世の香りを漂わせるプチ・ホテルもおすすめ

ルネッサンス発祥の地として知られるフィレンツェには、メディチ家をはじめ歴史に名を残す富裕階級や貴族の屋敷跡が多く、その建物をいかした高級ホテルもあるほどだ。壁に残るオリジナルのフレスコ画、天井に渡された太い木の梁、昔ながらのたたずまいを残す、歴史あるホテルに泊まって、古き良き時代に思いを馳せる——そんな贅沢な滞在が楽しめるのも古都フィレンツェならではだ。

一方、ツアーで利用されるホテルは、通りに大型のバスが止められる街はずれに位置することが多い。近代的な造りを優先したそれらのホテルに歴史の趣は感じられないが、ツアーで重視される快適な滞在空間は確保されている。料金の安さを考えれば十分だろう。

"眺めのいい部屋"を予約したい

個人旅行の場合、低料金と古都の趣の両方をホテルに求める人には、中世の修道院跡などを利用したプチ・ホテルをおすすめする。部屋数が限られているので直前の予約で部屋を確保するのは難しいが、時間に余裕があれば、早めに予約をしてぜひ泊まってみたい。豪華さや派手さはないが、歴史の趣はたっぷりと感じられるはずだ。

屋上から望む街並もホテルの魅力のうち

高層階の建物が少ないフィレンツェの街では、ホテルの屋上から望む、素晴らしい景色も捨てがたい魅力だ。赤レンガ色の屋根の合間に見える街のシンボル、ドゥオモの丸屋根やジオットの鐘楼、アルノ川対岸にあるミケランジェロの丘、小高い丘に広がるフィエーゾレの街、遠くの山並までが目の前に広がるパノラマはまさに絶景だ。ホテルのなかには、屋上にレストランやプール、テラスなどの施設を設けて、滞在中にゲストが美しい街の眺めを堪能できるようになっているところもある。その点もホテル選びの基準のひとつにするとよい。

歴史ある建物を改装したホテル

プチ・ホテル

✽施設充実　眺望が良い
歴史と伝統あり　清潔感あり
♥カップルでぜひ　バス付部屋あり

中心部からやや離れていたり、ホテルらしくない構えのところが多いが、その個性的なスタイルこそプチ・ホテルの魅力だ。部屋数が少ないぶん予約は早めに入れたい。

イタリアの政治家たちが愛用している

リージェンシー
Regency

地図P.199 D-1
★★★★★

P.za Massimo D'Azeglio 3 ☎*245247 FAX2346735*
S Lit.33万〜 T Lit.42万〜 35室
ドゥオモから徒歩10分

ドゥオモから離れた閑静な住宅街にあり、ロビーやバーを持たぬ造りが個人の邸宅のよう。白い家具が共通の客室は備品も充実。5ツ星ならではのサービス。

新しさが快適な印象を与える室内

マラスピーナ
Malaspina

地図P.198 B-1
★★★

P.za Indipendenza 24 ☎*489869 FAX474809*
S Lit.15万〜 T Lit.26万〜 31室
サンタ・マリア・ノヴェッラ駅から徒歩5分

見本市会場近くに1992年3月オープン。全館に漂う建物の新しさが心地よい。ツインはほとんどバスタブ付。

予約が困難なほどの人気を誇る小さなホテル

ロッジャート・デイ・セルヴィーティ
Loggiato dei Serviti

地図P.199 C-1
★★★

P.za SS.Annunziata 3 ☎*289592 FAX289595*
S Lit.18万〜 T Lit.26万〜 29室
ドゥオモから徒歩5分

16世紀の修道院跡をいかした個性的な造り。天蓋付のベッドやアーチを描く天井がロマンチックだ。白と黒のタイルを使った浴室も清潔で使い勝手が良い。

ワンランク上の造りとサービスが自慢

レ・ドゥエ・フォンターネ
Le Due Fontane

地図P.199 C-1
★★★

P.za SS.Annunziata 14 ☎*280086 FAX294461*
S Lit.13万〜 T Lit.22万〜 57室
ドゥオモから徒歩5分

大きめのレセプション・デスクに複数のスタッフが待機し、迅速な応対を自慢にする3ツ星ホテル。客室は床や家具に木を使ったものが主流で、浴室も豪華だ。

ドゥオモまでわずか2ブロックの立地の良さ

カルツァイウォーリ
Calzaiuoli

地図P.201 C-2
★★★

Via Calzaiuoli 6 ☎*212456 FAX268310*
S Lit.14万〜 T Lit.20万〜 45室
ドゥオモから徒歩3分

ドゥオモとシニョリーア広場を結ぶ通り沿いで、買物にも食事にも便利だ。鮮やかな色の絨緞や装飾生地を使った客室には窓からドゥオモが望めるところもある。

屋上からアルノ川やヴェッキオ宮を眺める

エルミタージュ

地図P.201 C-3

Hermitage ★★★

Vicolo Marzio 1 ☎287216 FAX212208

S Lit.18万～ T Lit.26万～ 29室

シニョリーア広場から徒歩3分

ポンテ・ヴェッキオのたもと。建物入口からエレベーターで上がった5階がフロントになっている。ペンションを思わせる造りで、豪華ではないが清潔で快適。

ホームステイの気分に浸れる家族経営のホテル

ラ・レジデンツァ

地図P.200 B-2

La Residenza ★★★

Via Tornabuoni 8 ☎218684 FAX284197

S Lit.13万～ T Lit.21万5000～ 24室

シニョリーア広場から徒歩5分

高級ブランド店が並ぶ通りに面した建物の2～4階。客室の備品は簡素だが、滞在に不自由はしない。

ビュッフェ式の朝食も利用客に評判

ベアッチ・トルナブォーニ

地図P.200 B-2

Beacci Tornabuoni ★★★

Via Tornabuoni 3 ☎212645 FAX283594

S Lit.14万～ T Lit.24万～ 28室

シニョリーア広場から徒歩5分

トリニタ広場に面した建物の最上階にある。眺めの良いテラスが自慢。客室の内装は古めかしいが清潔。

国鉄駅に近い商店街の一角にある清潔なホテル

シティ

地図P.198 B-1

City ★★★

Via S.Antonino 18 ☎211543 FAX295451

S Lit.18万5000～ T Lit.24万～ 18室

サンタ・マリア・ノヴェッラ駅から徒歩3分

露店市が立つアリエント通りのそば。掃除が行き届いた客室はドライヤーや冷蔵庫など備品も充実。国鉄駅構内に設けられている事務所で予約ができる点も便利。

家族経営のペンション風のホテル

レックス

地図P.198 B-1

Rex ★★★

Via Faenza 6 ☎210453 FAX2382109

S Lit.9万5000～ T Lit.11万5000～ 27室

サンタ・マリア・ノヴェッラ駅から徒歩3分

サン・ロレンツォ教会の近く。静かな環境と家庭的な宿の雰囲気が自慢。3～4人用の部屋も揃っている。

15世紀後半の屋敷跡に漂う重厚感

グエルフォ・ビアンコ

地図P.199 C-1

Guelfo Bianco ★★★

Via Cavour 57r ☎288330 FAX295203

S Lit.13万5000～ T Lit.17万～ 38室

ドゥオモから徒歩5分

メディチ・リッカルディ宮の並び。木の梁が通った天井を残しつつ、改装を終えたばかりの客室が快適。

骨董家具や絨緞にも中世の趣を感じる

モランディ・アッラ・クロチェッタ

地図P.199 C-1
★★★

Morandi alla Crocetta

Via Laura 50 ☎2344747 FAX2480954

Ⓢ Lit.10万5000～ Ⓣ Lit.18万6000～ 10室

ドゥオモから徒歩7分

15世紀の修道院をいかした建物。全室内装の異なる客室のなかには、バルコニーと暖炉付のところもある。

ジャクージ付のバスタブが魅力

モンナ・リーザ

地図P.199 C-2
★★★★

Monna Lisa

Borgo Pinti 27 ☎2479751 FAX2479755

Ⓢ Lit.18万～ Ⓣ Lit.28万～ 35室

ドゥオモから徒歩5分

ペルゴラ劇場で公演する俳優が利用する。骨董家具を置く客室は快適そのもの。バラが咲く美しい庭もある。

オリジナルのフレスコ画が残る15世紀の屋敷跡

アプリーレ

地図P.198 B-2
★★★

Aprile

Via della Scala 6 ☎216237 FAX280947

Ⓢ Lit.15万～ Ⓣ Lit.22万～ 29室

サンタ・マリア・ノヴェッラ駅から徒歩5分

エアコンや浴室を備えない客室もあるが、フローリングの室内には清潔感が漂う。なかには窓からサンタ・マリア・ノヴェッラ教会を望む部屋もある。

穏やかなアルノ川の眺めを満喫できるホテル

コンシーリ

地図P.198 A-2
★★★

Consigli

Lungarno A.Vespucci 50 ☎214172 FAX219367

Ⓢ Lit.10万～ Ⓣ Lit.16万～ 20室

サンタ・マリア・ノヴェッラ駅から徒歩10分

天井の高い中世の屋敷を利用し、朝食堂に残るフレスコ画も見応え十分だ。オペラ歌手が常連客。

ペンションだった頃の家庭的な雰囲気を残す

アンナレーナ

地図P.198 B-3
★★★

Annalena

Via Romana 34 ☎222402 FAX222403

Ⓢ Lit.16万4000～ Ⓣ Lit.23万3000～ 20室

シニョリーア広場から徒歩10分

ボーボリ庭園の入口。庭を望む小さなテラス付の客室がおすすめ。バスタブ付の部屋は数が限られる。

静かな高級住宅街に建つ瀟洒な館

ヴィラ・リベルティ

地図P.199 D-3
★★★

Villa Liberty

Viale Michelangelo 40 ☎683819 FAX6812595

Ⓢ Lit.18万5000～ Ⓣ Lit.24万～ 16室

ミケランジェロ広場から徒歩10分

街からミケランジェロ広場に向かう途中にある。広くはないが、備品の整った客室は機能的。敷地内に駐車できるため、車で移動する旅行者に愛用されている。

最高級ホテル

✽施設充実	眺望が良い
歴史と伝統あり	❀清潔感あり
♥カップルでぜひ	バス付部屋あり

フィレンツェの最高級ホテルには、富豪の屋敷跡をいかしたゴージャスな造りが目立つ。格式の高さや一流のサービスぶりも、5ツ星ホテルの誇りを改めて実感させる。

吹き抜けのサロンの豪華さが圧巻

グランド
Grand

地図P.198 B-2　★★★★★

P.za Ognissanti 1 ☎288781 FAX217400
S Lit.39万～ T Lit.58万～ 107室
サンタ・マリア・ノヴェッラ駅から徒歩10分

天蓋付のベッドや壁を飾るフレスコ画など、客室の造りが個性的。大理石を贅沢に使った浴室も十分に広い。宿泊者には映画俳優など著名人も数多い。

いまも昔も社交場として脚光を浴びる

エクセルシオール
Excelsior

地図P.200 A-2　★★★★★

P.za Ognissanti 3 ☎264201 FAX210278
S Lit.31万～ T Lit.45万～ 163室
サンタ・マリア・ノヴェッラ駅から徒歩10分

国賓が利用する格式の高いホテル。アルノ川を望む部屋は室料が高い。大理石の浴室はすべてバスタブ付。

内装のセンスの良さに定評がある

ヘルヴェティア&ブリストル
Helvetia & Bristol

地図P.200 B-2　★★★★★

Via dei Pescioni 2 ☎287814 FAX288353
S Lit.30万5000～ T Lit.41万～ 52室
ドゥオモから徒歩5分

館内にはサザビーズで求めた家具や調度品を置き、気品を漂わせる内装はヴォーグ・インテリア誌で絶賛された。買物や観光に便利な立地も魅力。

世界的に有名なオペラ歌手も利用

ヴィラ・メディチ
Villa Medici

地図P.198 A-1　★★★★★

Via Il Prato 42 ☎2381331 FAX2381336
S Lit.34万～ T Lit.45万～ 103室
サンタ・マリア・ノヴェッラ駅から徒歩5分

街の中心部では珍しいプール付の庭を持つ。全室内装の異なる客室は、大理石の浴室がとりわけ豪華。上階にはバルコニーからドゥオモが見える部屋もある。

離宮のような落ち着いたたたずまい

ヴィラ・コーラ
Villa Cora

地図P.198 B-4　★★★★★

Viale Machiavelli 18 ☎2298451 FAX229086
S Lit.32万～ T Lit.45万～ 49室
サンタ・マリア・ノヴェッラ駅から車で10分

ルネッサンスやビザンチン様式のきらびやかなサロンがゲストの溜息を誘う。本館と離れに分かれる客室は、骨董家具を置くシックな造りだ。庭にプールを完備。

中・高級ホテル

✽施設充実　⛶眺望が良い
♜歴史と伝統あり　❀清潔感あり
♥カップルでぜひ　♨バス付部屋あり

5ツ星と並ぶ快適なホテルから、経済的な料金の宿泊施設まで、ここでは政府観光局が4ツ星と評価するホテルを紹介する。ツアーなどでよく利用されるホテルもここに含まれる。

屋上のテラスから街が見渡せる　✽⛶❀♥♨

バリオーニ

Baglioni　地図P.198 B-2　★★★★

P.za Unità Italiana 6 ✆23580 FAX2358895
S Lit.23万5000～ T Lit.33万～ 195室
サンタ・マリア・ノヴェッラ駅から徒歩1分

駅前の広場に面する。18世紀の建物をいかした客室には、時代物の家具を置いてある。ガラス窓越しにドゥオモを望むレストランや屋上のテラスが自慢。

屋上に設けられたプールも話題　✽⛶♜❀♥♨

ミネルヴァ

Minerv a　地図P.200 B-1　★★★★

P.za S.Maria Novella 16 ✆284555 FAX268281
S Lit.28万～ T Lit.38万～ 99室
サンタ・マリア・ノヴェッラ駅から徒歩1分

1995年全館の改装を終了。有名建築家スカルパがデザインした現代的な内装が注目を集めるホテル。白木や皮革素材の家具を揃える客室の備品も申し分ない。

素材や色彩にこだわった内装が自慢　✽❀♨

アルバーニ

Albani　地図P.198 B-1　★★★★

Via Fiume 12 ✆26030 FAX211045
S Lit.25万～ T Lit.32万～ 80室
サンタ・マリア・ノヴェッラ駅から徒歩2分

1994年にオープン。客室は上質な生地や家具を使った華やかな造り。大理石の浴室はタオルヒーター付。

フレスコ画が壁を飾る客室が美しい　✽❀♥♨

アストリア

Astoria　地図P.200 B-1　★★★★

Via del Giglio 9 ✆2398095 FAX214632
S Lit.28万～ T Lit.39万～ 103室
サンタ・マリア・ノヴェッラ駅から徒歩2分

駅もドゥオモも歩いてわずかな距離。1995年に改装を終えた客室は、壁にフレスコ画を描いたルネッサンス様式。ボリュームのある朝食メニューもうれしい。

フランスの有名ホテルチェーン　✽❀♨

ソフィテル

Sofitel　地図P.200 B-1　★★★★

Via de' Cerretani 10 ✆2381301 FAX2381312
S Lit.37万～ T Lit.49万～ 84室
サンタ・マリア・ノヴェッラ駅から徒歩3分

国鉄駅とドゥオモを結ぶ大通りにある。都市型の高級ホテルをうたうソフィテル・グループの一軒。備品の充実した客室は全室同じ造り。通り側の部屋も静かだ。

国会議事場だった頃のおもかげが残る

ベルニーニ・パラス

地図P.201 D-3

Bernini Palace ★★★★

P.za S.Firenze 29 ☎288621 FAX268272

S Lit.32万～ T Lit.45万～ 86室

サンタ・マリア・ノヴェッラ駅から徒歩1分

ヴェッキオ宮の裏手に建つ。かつて国会議事場だった朝食堂が自慢。パステルカラーを基調にしたこぎれいな客室は快適で、浴室の備品も充実している。

6世紀の塔がいまなお館内に建つ

ブルネッレスキ

地図P.201 C-2

Brunelleschi ★★★★

P.za S.Elisabetta 3 ☎562068 FAX219653

S Lit.33万～ T Lit.45万～ 96室

ドゥオモから徒歩2分

建物の一部にビザンチン時代の塔を残す個性派ホテル。白木の家具が共通の客室は十分に広く、備品も豊富だ。

買物にも観光にも便利な立地

サヴォイ

地図P.201 C-2

Savoy ★★★★

P.za della Repubblica 7 ☎283313 FAX284840

S Lit.26万～ T Lit.41万～ 101室

ドゥオモから徒歩2分

手描きの花柄模様を施したフィレンツェの伝統家具を置くなど、全室異なる造り。浴室も機能的だ。

有名ブランド店が集まる大通り沿い

デ・ラ・ヴィレ

地図P.200 B-1

De la Ville ★★★★

P.za Antinori 1 ☎2381805 FAX2381809

S Lit.26万3000～ T Lit.36万8000～ 75室

サンタ・マリア・ノヴェッラ駅から徒歩5分

1994年に改装を終えた客室の新しさが際立つ。タオルヒーターやドライヤーを完備した浴室も快適な空間。

中庭を望むレストランで朝食を楽しむ

モンテベッロ・スプレンディド

地図P.198 A-2

Montebello Splendid ★★★★

Via Montebello 60 ☎2398051 FAX211867

S Lit.25万～ T Lit.29万～ 54室

サンタ・マリア・ノヴェッラ駅から徒歩7分

現地ビジネスマンに利用される穴場のホテルで、全室同じ内装を持つ客室は機能性を重視したシンプルな造り。中庭に面したテラス付の部屋が常連客に人気だ。

自宅のようにくつろげるロビー

クラフト

地図P.198 A-2

Kraft ★★★★

Via Solferino 2 ☎284273 FAX2398267

S Lit.29万～ T Lit.41万～ 77室

サンタ・マリア・ノヴェッラ駅から徒歩7分

フィレンツェ伝統の木製家具が全室に共通する。すべての浴室にはバスタブとタオルヒーターを完備。

屋外にあるジャクージでリゾート気分

リヴォリ

Rivoli

地図P.198 B-2 ★★★★

Via della Scala 33 ☎282853 FAX294041

S Lit.19万～ T Lit.32万～ 69室

サンタ・マリア・ノヴェッラ駅から徒歩5分

花柄の布でまとめられた客室は備品も充実。洗濯物を干せる浴室も機能的だ。レンガ敷きの中庭がおしゃれ。

改装後の部屋が快適な駅前のホテル

ロンドラ

Londra

地図P.198 B-1 ★★★★

Via Jacopo da Diacceto 16/20 ☎2382791 FAX210682

S Lit.20万～ T Lit.30万～ 158室

サンタ・マリア・ノヴェッラ駅から徒歩2分

グリーンとピンクを基調にした客室は改装直後の新しさが心地よい。すべての浴室にバスタブが揃っている。

浴室を2つ備える部屋がおすすめ

マジェスティック

Majestic

地図P.198 B-2 ★★★★

P.za Unità Italiana 1 ☎264021 FAX268428

S Lit.31万8000～ T Lit.44万9000～ 103室

サンタ・マリア・ノヴェッラ駅から徒歩1分

皮革と木を使った家具が全室に共通。広場側の部屋はシャワーとバスタブが2つの浴室に分かれている。

大型バスで到着する団体客が目立つ

スターホテル・ミケランジェロ

Starhotel Michelangelo

地図P.198 A-1 ★★★★

Viale Fratelli Rosselli 2 ☎2784 FAX2382232

S Lit.27万～ T Lit.36万～ 138室

サンタ・マリア・ノヴェッラ駅から徒歩15分

団体客が一度に訪れても困らない広々としたロビーや朝食堂が自慢。備品の整う客室と清潔な浴室も快適だ。

ドゥオモの眺めを客室から望む贅沢

アンバシャトーリ

Ambasciatori

地図P.198 B-1 ★★★

Via L.Alamanni 3 ☎287421 FAX212360

S Lit.20万～ T Lit.30万～ 93室

サンタ・マリア・ノヴェッラ駅から徒歩すぐ

館内にモダンなオブジェや絵画を飾る駅前ホテル。さまざまな内装を持つ客室はいずれも清潔感が溢れる。広場側の高層階にある部屋から望む眺めが素晴らしい。

アルノ川沿いにある大型ホテル

メディテラネオ

Mediterraneo

地図P.199 D-3 ★★★

Lungarno del Tempio 42-44 ☎660241 FAX679560

S Lit.14万～ T Lit.19万～ 326室

ミケランジェロ広場から徒歩10分

改装したばかりの客室は家具の新しさが気持ちよい。アルノ川かドゥオモを窓から望む部屋が旅行者に人気。ホテルには珍しくピザを出すレストランもある。

レストラン RESTAURANTS

イタリア随一といわれる極上のオリーヴオイルとルビー色に輝く赤ワイン、それに加えてフランス王妃として嫁いだメディチ家の娘、カトリーヌが持ち込んだ技法がフランス料理に磨きをかけたこともフィレンツェの誇り。滞在中は名物の牛肉のステーキもお試しを。

伝統の味を守る家庭的な雰囲気の居酒屋へ

ミシュランで高い評価を受けているレストランもあるが、フィレンツェでは居酒屋のような雰囲気の店で昔ながらの伝統料理を味わってみたい。観光客が押し寄せる店はドゥオモの界隈に多いが、地元の人が行きつけにしている店はアルノ川対岸がほとんど。かつてワインやオリーヴオイルの販売所だった店が常連相手に始めた飲食店。そんな庶民的な雰囲気の店が地元の人には支持されている。オリーヴオイルがたっぷり染み込んだガーリック・トースト〝フェットゥンタ〟やオリーヴオイルで蒸した白いんげん豆〝ファジョリ・アル・フィアスコ〟など。メニューにはシンプルな調理法の前菜も並ぶが、いずれも上質のオリーヴオイルの味わいを堪能できる品だ。フィレンツェ料理の主菜は海から離れた場所柄、肉ばかりだが、イタリアでいちばんおいしいといわれるキアナ牛に塩・胡椒をかけて炭火で焼いたステーキ（フィレンツェ風ステーキと呼ばれる）は絶品。まさにフィレンツェでははずせない名物料理になっている。さらに、牛の胃袋をトマトでよく煮込んだ〝トリッパ〟も美味。どっしりとした味わいの赤ワインとの相性も良く、こちらの胃袋も満たしてくれる一品だ。

地元の人で賑わう店がおすすめ

ピンからキリまである赤ワイン選び

さて、フィレンツェの位置するトスカーナ地方は、赤ワインの産地として有名。しかし、実際にワインを選ぶとなると意外に苦労する。厳密に味を追求しなければ、レストランが選んだハウスワインは安くて手ごろ。しかし、もう少しワインにこだわりたい人には〝アンティノーリ〟や〝フレスコバルディ〟などの手ごろな料金で楽しめる銘柄がおすすめ。さらに、高くても極上の赤ワインを求める人は、〝ブルネッロ・ディ・モンタルチーノ〟を試すといいだろう。

グラスで赤ワインが楽しめる店

名産の赤ワインを味わってみたいが、ボトルでは量が多すぎるという人もいることだろう。そんな人におすすめのスポットが、ワインの生産者が開いているレストランやバーだ。高級ブティックが並ぶトルナブォーニ通りにあるカンティネッタ・アンティノーリ（P.za degli Antinori 3）は、有名ワインメーカー、アンティノーリ社が経営するレストラン。ここでは本格的な料理と同社の特選ワインをグラスで注文することができる。また、もっと手ごろな雰囲気と予算でワイングラスを傾けたい人には、キャンティ地方グレヴェのワイナリー、カステッロ・ディ・ヴェラッツァーノ直営のワインバー、**カンティネッタ・ディ・ヴェラッツァーノ**（Via dei Tavolini 18/20r）がおすすめ。セルフサービスの店内では、グラスワイン（Lit.2000～5000）とカナッペの盛り合わせが楽しめるうえ、気に入った味のワインはその場で購入できる。カフェのような店の造りも地元では受けている。ワインや食べ物の注文は、レジで料金を前払いし、受け取ったレシートをカウンターで見せ、料理やグラスワインを受け取る仕組みだ。

赤ワインを味わいたい

アルノ川対岸に気軽な店が集まる

最高級レストラン

服装注意　要予約
カップルでぜひ　J日本語メニュー
M英語メニュー　テラス席あり

社用族や著名人が利用するレストランが多いので、店内の雰囲気はかなりエレガント。ほどほどにおしゃれな服装と予約、気の利いたチップが求められるのはいうまでもない。

世界の美食家が注目する洗練された味わい

エノテカ・ピンキオーリ

地図P.199 C-2

Enoteca Pinchiorri

Via Ghibellina 87 242777

営12:30〜14:00 19:30〜22:00 休月・水曜のランチ、日曜、8月

L Lit.9万〜 D Lit.15万〜 ドゥオモから徒歩10分

ミシュランで高い評価を受けたイタリアでは数少ない店。上等なワインも揃う。地方料理のコース、メヌー・レジョナーレや日替わりメヌー・デル・ジョルノ

社用族や政治家が利用するホテルのレストラン

ルレ・ル・ジャルダン

地図P.199 D-1

Relais Le Jardin　Hリージェンシー

P.za Massimo D'Azeglio 5 245247

営12:30〜14:30 19:30〜22:30 休無休

L D Lit.10万〜 ドゥオモから徒歩10分

ガラス窓越しに手入れの行き届いた美しい庭の眺めが楽しめる。サーモンのマリネ香草風味、タラとペコリーノ・チーズの平打ちパスタ他

ディナーをシックな雰囲気のサロンで

ザ・ブリストル

地図P.200 B-2

The Bristol　Hヘルヴェティア＆ブリストル

Via dei Pescioni 2 287814

営12:30〜14:30 19:30〜22:00 休無休

L Lit.4万〜 D Lit.9万〜 ドゥオモから徒歩5分

５ツ星ホテルのレストラン。伝統的なトスカーナ料理が自慢。塩漬け鱈のオリーヴ風味

旬の素材を使った季節メニューが魅力

サバティーニ

地図P.200 B-1

Sabatini

Via Panzani 9/A 211559

営12:30〜14:00 19:30〜22:00 休月曜

L D Lit.8万5000〜 サンタ・マリア・ノヴェッラ駅から徒歩2分

フィレンツェでも老舗のレストラン。日本語を含む7カ国語で応対してくれるのも世界各地に名を馳せる同店ならでは。仔牛のソテー・アーティチョーク添え

新鮮な魚介料理に定評がある店

クワットロ・アミーチ

地図P.198 B-1

4 Amici

Via degli Orti Oricellari 29 215413

営12:30〜14:00 19:30〜22:00 休無休

L D Lit.8万〜 サンタ・マリア・ノヴェッラ駅から徒歩2分

海の幸の味覚が楽しめる、フィレンツェでは貴重な存在。手長エビと新鮮なトマトのパスタ、ロブスターのプロヴァンス風、真鯛の季節の温野菜添え

中・高級レストラン

服装注意　要予約
望予約　カップルでぜひ
M英語メニュー　テラス席あり

気疲れしない程度におしゃれな雰囲気を漂わせる店。予約が望ましいが、席が空いていれば予約がなくても食事がとれる。ワインを飲んでも比較的手ごろな料金で楽しめる。

本格的なトスカーナ料理が味わえる

チブレオ
地図P.199 C-2

Cibreo

Via A.del Verrocchio 8r ☎2341100

営12:50～14:30 19:30～23:15 休日曜、8月

L D Lit.7万～ ドゥオモから徒歩10分

仔牛やウサギの肉、内臓料理を素材にした、昔ながらのトスカーナ料理にこだわる数少ない一軒。詰め物をしたウサギや鴨のロースト、仔牛の肉団子他

250種類のワインが常時揃っている

ディーノ
地図P.199 C-2

Dino

Via Ghibellina 51r ☎241452

営12:30～14:30 19:30～22:30 休日曜のディナー、月曜

L D Lit.5万～ ドゥオモから徒歩10分

バルジェッロ美術館の近く。家庭的なトスカーナ料理を自慢にする店。仔牛の胃袋のトマト煮込み他

バーを併設したシックな雰囲気の店内

ハリーズ・バー
地図P.200 A-2

Harry's Bar

Lungarno A.Vespucci 22r ☎2396700

営12:30～14:30 19:30～22:00 休日曜

L D Lit.6万～ サンタ・マリア・ノヴェッラ駅から徒歩10分

ヴェネツィアの同名レストランとは無関係。自家製のカクテルと料理が自慢の店。鶏の胸肉のカレー風味、平打ちパスタのグラタン、リンゴのカスタード・パイ

ときどき有名な絵画展も開かれる

アル・ルーメ・ディ・カンデーラ
地図P.201 C-3

Al Lume di Candela

Via delle Terme 23r ☎294566

営19:30～22:30 休日曜

L D Lit.7万～ シニョリーア広場から徒歩3分

店名はろうそくの灯火の意。テーブルをろうそくの明かりが照らす。手長エビとズッキーニのパスタ、舌ビラメのオレンジソース添え、メディチ流ウサギ料理

ワインが楽しめる有名なワイナリーの直営店

カンティネッタ・アンティノーリ
地図P.200 B-1

Cantinetta Antinori

P.za Antinori 3 ☎292234

営12:30～14:30 19:00～22:30 休土・日曜、8月

L D Lit.7万～ ドゥオモから徒歩5分

ビストロ風のおしゃれな店内と迅速なサービスを自慢にするレストラン。充実しているワインリストもファンにはうれしい。トマトとパンを煮込んだスープ

カジュアル・レストラン

服装注意　望予約
カップルでぜひ　日本語が通じる
英語メニュー　テラス席あり

地元の人が足を運ぶ気軽な食事処。料金が安いだけでなく、アットホームな店の雰囲気も大きな魅力。週末の夜は混み合うので、席の予約をしておいたほうが無難だ。

週末は予約が必要なほどの人気を誇る

アッレ・ムラーテ
地図P.199 C-2

Alle Murate

Via Ghibellina 52/54r ☎240618

営19:30〜23:00 休月曜

L D Lit.5万〜 ドゥオモから徒歩10分

おしゃれなワインバーを思わせる造り。郷土料理を含む豊富なメニューが魅力。香草とチーズ、ナスを詰めたパスタ、鴨のレバー香草風味ポルチーニ茸添え

手軽な料金で食べられる魚介料理レストラン

オステリア・デイ・チェントロ・ポヴェリ
地図P.200 A-1

Osteria dei Centro Poveri

Via Palazzuolo 31r ☎218846

営12:30〜14:30 19:30〜22:30 休火曜

L D Lit.6万〜 サンタ・マリア・ノヴェッラ駅から徒歩5分

海の幸が豊富な南イタリアのプーリア料理専門店。ボリュームもある。ムール貝とアサリの白ワイン蒸し

斬新なメニューが若者に好評

アクア・アル・ドゥエ
地図P.201 D-2

Acqua al 2

Via della Vigna Vecchia 40r ☎284170

営12:30〜15:00 19:30〜深夜1:00 休火・水・木・金のランチ、月曜

L D Lit.5万〜 ドゥオモから徒歩5分

数種類の味が少しずつ楽しめるお試し料理で人気。ユニークな店の内装も若者好みだ。5種類のパスタお試し料理、牛ヒレ肉のグリル、自家製のデザート

手打ちの自家製パスタが自慢

レ・フォンティチーネ
地図P.198 B-1

Le Fonticine

Via Nazionale 79r ☎282106

営12:00〜15:00 19:00〜22:30 休月・日曜、8月

L D Lit.5万〜 サンタ・マリア・ノヴェッラ駅から徒歩5分

中央市場や露店市のエリアにある。店内の壁を埋める主人の絵画コレクションも興味深い。トルテッリーニ、フェットチーネ、タリオリーニなど手打ちのパスタ

行列に並ぶ覚悟をして出かけたい

イル・ラティーニ
地図P.200 B-2

Il Latini

Via dei Palchetti 6r ☎210916

営12:30〜14:00 19:30〜22:30 休月曜、8月

L D Lit.6万〜 シニョリーア広場から徒歩7分

地元の家族連れと店の噂を聞きつけた旅行者がつめかける人気の店。大きなテーブルに相席で座る雰囲気も楽しい。1kgのフィレンツェ風ビーフステーキ

庶民的な雰囲気の街の食堂

ラ・カラバッチャ
地図P.198 A-2

La Carabaccia

Via Palazzuolo 190r ☎214782

営12:00～14:30 19:00～23:00 休月曜のランチ、日曜

L D Lit.3万5000～ サンタ・マリア・ノヴェッラ駅から徒歩4分

家庭料理からステーキまで楽しめる店。自家製のレモンの食後酒も美味 シナモン風味のオニオン・スープ

100年以上の歴史を持つトラットリア

ソスタンツァ・トロイア
地図P.200 A-1

Sostanza-Troia

Via del Porcellana 15r ☎212691

営12:00～14:10 19:30～21:30 休土・日曜、8月

L D Lit.3万5000～ サンタ・マリア・ノヴェッラ駅から徒歩5分

金曜以外は肉料理しか出さない、伝統的なフィレンツェ料理店。夜は相席になるほど、大勢の客が訪れる。 フィレンツェ風ビーフステーキ、レバーのカナッペ

買物や観光途中に便利なポンテ・ヴェッキオの近く

ブカ・デッロラフォ
地図P.201 C-3

Buca dell' Orafo

Volta dei Girolami 28r ☎213619

営12:30～14:30 19:30～22:15 休月・日曜、8月

L D Lit.4万～ シニョリーア広場から徒歩2分

40席しかないこぢんまりとした食堂。家庭料理を中心としたメニューは毎日替わる。ワインも安くておすすめ。 野菜とパンの煮込みスープ、豚肉のロースト他

露店市の買物帰りに立ち寄りたい

トラットリア・ザザ
地図P.198 B-1

Trattoria Za-Za

P.za Mercato Centrale 26r ☎215411

営12:00～15:00 19:00～22:00 休日曜、8月

L D Lit.3万～ サンタ・マリア・ノヴェッラ駅から徒歩5分

予約をしなくてもよい気軽な店。料理のボリュームもある。 カナッペの盛り合わせ、ポテトと鶏の唐揚げ

前菜とパスタだけの食事もできる

レ・モサッチェ
地図P.201 D-2

Le Mossacce

Via del Proconsolo 55r ☎294361

営12:00～14:30 19:00～21:30 休土・日曜、8月

L D Lit.3万～ ドゥオモから徒歩2分

学生食堂のような造りの店。料理をあまり待たずに食べられる点もうれしい。 ラザーニヤ、カネロニなど

時代物の調度品を飾った趣のある店内

アンジョリーノ
地図P.200 A-3

Angiolino

Via Santo Spirito 36r ☎2398976

営12:30～15:00 19:00～22:30 休月曜

L D Lit.3万～ シニョリーア広場から徒歩10分

地元の人で賑わうトラットリア。ワインも豊富。 赤ワイン風味の挽き肉和えパスタ、牛の胃袋のトマト煮

夏は店の前のテラス席が心地よい

クワットロ・レオーニ

地図P.200 B-4

Quattro Leoni

Via Vellutini 1r ☎218562
営12:00〜14:30 19:00〜22:30 休日曜
L D Lit.3万〜 シニョリーア広場から徒歩10分

200年近い歴史を誇る居酒屋兼食堂。ワインの銘柄も幅広く揃っている。野菜と肉の唐揚げ盛り合わせ

猪の肉料理が堪能できる

チンギアーレ・ビアンコ

地図P.200 B-3

Cinghiale Bianco

Borgo S.Jacopo 43r ☎215706
営12:00〜14:30 19:00〜22:30 休火・水曜
L D Lit.4万〜 シニョリーア広場から徒歩7分

猪をはじめ肉料理が自慢。ハウスワインも安くておいしい。猪のハムの前菜、猪肉のソース和えパスタ

キャンティ・ワインを自慢にしている居酒屋

イル・カンティノーネ

地図P.200 B-3

Il Cantinone

Via S.Spirito 6r ☎218898
営12:00〜14:30 19:00〜23:30 休土・日曜のランチ、月曜
L D Lit.3万〜 シニョリーア広場から徒歩10分

歴史のあるワインセラーのような店内の造り。週末は混み合うので予約をしたい。トマトやオリーヴオイル風味の各種カナッペ、豆とソーセージの煮込み

地元でも大人気。夜には客でごった返す

アッラ・ヴェッキア・ベトラ

地図P.198 A-3

Alla Vecchia Bettola

Viale L.Ariosto 32r-34r ☎224158
営12:00〜14:30 19:30〜22:30 休月・日曜、8月に2週間
L D Lit.3万〜 サンタ・マリア・ノヴェッラ駅から徒歩12分

特大の瓶に入ったキャンティワインがテーブルに並ぶ居酒屋兼食堂。週末の夜はある程度待つ覚悟が必要だ。牛生肉のスライス・サラダ菜添え、ベトラ風前菜

朝から利用できるワイン・バー

ヴィネリア・トッリーニ

地図P.201 C-1

Vineria Torrini

P.za dell'Olio 15r ☎2396616
営7:00〜20:30 休日曜、8月に15日間
L D Lit.2万〜 ドゥオモから徒歩1分

ドゥオモのそば。入口がバー、地下が食堂になっている小さな店。オムレツ、肉団子のフライ、温野菜

地元のワイン通が集う居酒屋

エノテカ・ル・バリック

地図P.198 A-3

Enoteca Le Barrique

Via del Leone 40r ☎224192
営12:30〜15:30 17:30〜深夜1:00 休月曜
L D Lit.4万〜 サンタ・マリア・ノヴェッラ駅から徒歩10分

料理よりも主役になる選りすぐりのワインが自慢だ。タコのサラダ、刺身のオリーヴオイルとパセリ風味

中国料理レストラン

望予約　眺望が良い
カップルでぜひ　J 日本語メニュー
M 英語メニュー　テラス席あり

フィレンツェにある中国料理店はどこも雰囲気、味ともハイレベル。しかも安く、イタリア料理店に比べ約半額の価格で済むのが魅力。地元産のワインも用意され料理とよく合う。

香港仕込みの本場中国の料理が満喫できる

香港大酒楼　地図P.201 D-1
Hong Kong
Via dei Servi 35r ☎2398235
営11:00～15:00 19:00～0:00 休木曜
L Lit.9800～ D Lit.1万2000～ ドゥオモから徒歩5分
シェフは香港出身。店内も香港ムード満点だ。カニと野菜の炒め物Lit.7000、揚アイスクリームLit.3000

中国料理レストランでテラス付はこの店だけ　M

皇城餐館　地図P.200 B-1
Imperial City
P.za S. Maria Novella 32r ☎218368
営11:00～15:00 18:00～0:00 休火曜 L Lit.1万5000～
D Lit.1万5000～ サンタ・マリア・ノヴェッラ駅から徒歩5分
サンタ・マリア・ノヴェッラ広場に面して建ち、高級感ある雰囲気の店。リクエストするとメニュー以外の料理も出してくれる。約20種のチキン料理Lit.7000～

家族スタッフによるアットホームな応対がうれしい　J

広東酒店　地図P.198 B-2
Canton
Via dell'Albero 28-30 ☎211198
営11:00～15:00 18:00～0:00 休無休 L Lit.1万5000～
D Lit.1万5000～ サンタ・マリア・ノヴェッラ駅から徒歩15分
洋風のインテリアで、床はガラス張りになっており、その下では鯉が泳ぐ。カップルの客が多い。料理はとりわけ魚介類が充実している。海鮮そばLit.7000

北京ダックやモンゴル料理など高級メニューもある　M

南京酒家　地図P.201 C-2
Nanking
Via de' Cerchi 36/40r ☎213142
営12:00～15:00 19:00～0:00 休月曜
L Lit.1万5000～ D Lit.3万8000～ ドゥオモから徒歩5分
ドゥオモ近くの路地にある。天井画やシャンデリアが配された高級感あるインテリア。スタッフの応対も機敏でさわやかだ。北京ダックLit.5万5000

絢爛豪華なインテリア。日本人ツアー客も多い　J M

中国城酒家　地図P.201 C-2
Chinatown
Via Vecchietti 10r ☎294470
営12:00～15:00 19:00～23:00 休火曜
L Lit.1万5000～ D Lit.2万8000～ ドゥオモから徒歩3分
ドゥオモ近くのショッピング街にある。チーフは上海出身だが味は北京、上海風などをミックスしたオーソドックスなメニューが揃う。エビと野菜炒めLit.1万

日本料理／各国料理レストラン

👗服装注意　📞要予約　☎望予約　❤カップルでぜひ　⊡日本語が通じる　Ⓙ日本語メニュー

この街で意外と少ないのが日本料理店と各国料理店。ここに紹介する3軒は、いずれも本国のシェフによる料理が味わえて料金も手ごろ、雰囲気もサービスも申し分ない。

地元の常連客が接待用によく利用する店

ガネシ
Ganesh

地図P.198 B-2

Via del Giglio 26/28r 📞289694
営19:30〜22:30 休月曜 L Lit.2万〜 D Lit.3万5000〜
サンタ・マリア・ノヴェッラ駅から徒歩5分

インド人のシェフによる北インド料理の店。店内には、仏陀の壁画や天井画、アイアン製の照明が配されてエキゾチックな趣だ。タンドリー・チキンLit.1万8000

生ものはティレニア海の魚を利用

竹亭
Cikutei

地図P.201 C-1

P.za dell'Olio 10r 📞211466
営12:00〜14:00 19:00〜22:00 休日曜、祝日
L Lit.2万〜 D Lit.5万〜 ドゥオモから徒歩3分

落ち着いた純日本風の店で、琴のBGMが流れ、着物姿でのもてなしがうれしい。夜はやや値が張るがランチなら手軽に利用できる。竹亭御膳Lit.7万

多種類の日本食を提供する高級料理店

絵伊都
Eito

地図P.201 D-3

Via del Neri 72r 📞210940
営12:00〜14:30 19:00〜22:00 休月曜
L Lit.2万2000〜 D Lit.3万4000〜 シニョリーア広場から徒歩3分

フィレンツェに日本料理を紹介したいと1986年に開業した。メニューは刺身からカレーまで多種。座席間のスペースはゆったりしている。刺身定食Lit.3万2000

トスカーナ料理

トスカーナっ子の幸せな食卓

ヨーロッパのグルメたちが称賛してやまないトスカーナ料理は、豊饒な大地が育む肉や野菜の滋味がたっぷり。まず第一に食通をうならせるのがフィレンツェ風牛ステーキ。地元産の肉を炭火で焼き、塩、コショウで味付け、レモンを添える。シンプルな料理法だが、これが肉のうま味を最大限に引き出す。トスカーナっ子が大好きなのが豆料理。新鮮な白インゲンはスープにしたり、茹でてオリーヴ油をたらし、挽きたてのコショウと塩で味付けする。

田園地帯に息づく伝統料理

忘れてならないのは、パルマ産のプロシュート（ハム）。骨付きのブタ腿肉に塩を擦り込み、1年近く熟成させる。この品は政府のD.O.T.（原産地名称保護法）指定を受けた逸品だ。禽獣料理ならウサギ料理がおすすめ。内臓を取ったウサギに詰め物をしてローストしたり、大鍋に黒オリーヴやトマトペーストを加えて煮込んだり。このほか、シエナ名物のスパイスケーキ、パンフォルテや、ルッカ伝統のホウレン草パイも一度は味わっておきたい。

バール／ジェラテリア

服装注意　望予約
眺望が良い　カップルでぜひ
M英語メニュー　テラス席あり

数多い店のなかから、観光途中に利用できる場所にありかつ個性を備えた店を紹介する。ジェラテリアは店内に製造所を持ち、できたてのジェラートを提供する店がおすすめだ。

ジェラートの本場シチリア出身のオーナーが経営

ジェラテリア・カラベ

地図P.199 C-2

Gelateria Carabe

Via Ricasoli 60r ☎2894706

営10:00〜20:00 休月曜の午前 料Lit.2000〜

ドゥオモから徒歩3分

シチリア名物のグラニータ（シャーベットの一種）は4種類の味が楽しめる。ジェラートに使用するフルーツはフレーバーでなくすべてナチュラル。

手焼きのワッフルにのせて食べるジェラートは格別

ジェラテリア・ロラフォ

地図P.201 C-3

Gelateria l'Orafo

Via Por. S. Maria 8r ☎210724

営8:00〜0:30 休無休 料Lit.4000〜

シニョリーア広場から徒歩5分

常時42種類のジェラートが並び、とりわけクリーム系が人気。好きなジェラートを選んで、自家製のワッフルLit.3000にのせて食べるのがおいしい。

高級カフェの雰囲気を味わうならここ

ジッリ

地図P.201 C-2

Gilli

P.za della Repubblica 39r ☎213896

営7:30〜21:00 休火曜 料Lit.4000〜

ドゥオモから徒歩2分

1733年創業。天井画やステンドグラス、シャンデリアが配された高級感のあるバール。ケーキやチョコレートの種類も豊富。テラス席もある。

店内でアツアツのサンドイッチが食べられる

バール・ピッティ

地図P.200 B-4

Bar Pitti

P.za Pitti 35r ☎294424

営7:00〜20:00 休火曜 料Lit.3000〜

シニョーリア広場から徒歩10分

ピティ宮前にある。サンドイッチ類が豊富で、軽い昼食に最適。なかでもピザ生地にトマト、モッツァレラチーズを挟んであるピアディーナが人気。

正装した紳士たちによる洗練されたもてなし

リヴォイーレ

地図P.201 C-3

Rivoire

P.za della Signoria ☎214412

営8:00〜0:00 休月曜 料Lit.4000〜

シニョリーア広場から徒歩1分

シニョリーア広場に面して建つ。フルーツや生クリームをふんだんに使ったパフェがおすすめ。

ショッピング SHOPPING

フィレンツェには、日本のように激安品からブランド品まで揃うデパートはない。伝統工芸の粋を集めた品々は専門店にしかない。専門店指向の強いこの街では、店を使い分けるのがコツだ。ブランド店だけでなく土地の人が頻繁に利用している店を覗いてみたい。

伝統工芸品は信頼のおける専門店で探す

街の中心に大型のデパートはなく、ふつう専門店を利用する。安い掘り出し物を見つけるなら青空マーケットを訪ねる方法もあるが、質の良いものを探すのは難しい。せっかく職人の街フィレンツェに来たなら、良いものを見る目を養う意味でも、街のあちこちに点在する伝統工芸品を作り続ける専門店に出かけたい。品質・品数とも充実しているのは、古くからフィレンツェの産業を支えてきた皮革製品と毛織物、金銀細工の店だ。

民芸品の店も多い

また美術館・博物館の宝庫であるこの街では、ミュージアム・ショップも上手に利用したい。館内には必ずステーショナリーやポストカードなどを扱うショップ・コーナーがある。

店が多いトルナブォーニ通り

ブランド・ショップはトルナブォーニ通りに集中

大半がドゥオモ周辺に集中している。とりわけ日本人に人気があるのは、グッチ、フェラガモなどのブランド・ショップが軒を連ねる**トルナブォーニ通り**。ドゥオモからアルノ川にかけて南北に延びる**ローマ通り**やそれと並行する**カルツァイウォーリ通り**一帯には、高級ブティックに混じって庶民的なショップも並んでいる。

金銀細工なら**ポンテ・ヴェッキオ**の橋上。何十軒というジュエリー・ショップが軒を連ねている。橋を渡ってピッティ宮へと延びる**グイッチャルディーニ通り**沿いにも、ブティックやアクセサリー、仮面やモザイク工芸など、古都の街にふさわしい趣のショップが並ぶ。このグイッチャルディーニ通りと並行する小路の**トスカネッラ通り**周辺には、こぢんまりとしたアンティーク・ショップが集中している。

ショッピング・マナー

一般にイタリアでは、店の中に入るのは買う意思のある証拠、とみなされる傾向が強いが、フィレンツェでは自由に入って商品を吟味できる雰囲気の店が比較的多い。ただしむやみやたらとあちこちの商品に触ったり、勝手に試着室に入ってはいけない。手に取る前に「見てもいいですか(ポッソ)？」とひと言断るのがマナーだ。

営業時間と休業日

営業時間は通常10:00～19:00で、大半の店が13:00～15:00に昼休みをとる。定休日は日曜、祝日。月曜の午前中(7・8月は土曜の午後)に休む店も多い。

皮革製品を買うときの注意

フィレンツェには皮革製品の店が星の数ほどあるが、最近は客引きのブローカーと密かに契約をかわし、商品に高いコミッションを加えて価格を釣り上げ、観光客をカモにしている悪質な店もある。これを避けるためには、一軒だけを見て決めずに、いくつかの店を見てまわり、価格の相場を知ることが大切だ。

言葉の問題

店の中で店員とコミュニケーションがとれず、結局買わずに店を出る日本人をよく見かける。観光地なので英語のできる店員がたいてい1人はいる。イタリア語がダメなら英語でチャレンジしよう。最近では日本人スタッフを雇う店も増えてきている。

金銀細工の店が並ぶポンテ・ヴェッキオ

ショップ

SHOPS

👑高級店	‼流行の人気店
🎁みやげ小物あり	★オリジナルあり
●日本語が通じる	歴史と伝統あり

職人の街ともいわれるフィレンツェには、ルネッサンスという輝かしい歴史に裏打ちされたセンスの良さが実感できる店がいたるところにある。とくに皮革製品と金銀細工は有名。

ファッション・ブティック

近くに繊維工業で有名なプラートの街を控え、店の数、内容とも充実している。規模は小さいが個性的な品を提供する店が目立ち、手にとって商品を選べる店が大半。

体にフィットするストレッチ素材の服が中心 ‼★

ジンジェル

地図P.201 C-2

Ginger

Via del Corso 34r ☎283538

営10:00〜19:30 休月曜の午前、7･8月の土曜の午前、日曜

ドゥオモから徒歩5分

黒・茶・グレーを基調にスポーティ感覚なカジュアルウエアを提供している。10〜30代の女性が対象。

自社ブランドをはじめフランスのブランドものも扱う ★

レサンシエル

地図P.201 D-2

l'Essentiel

Via del Corso 10r ☎294713

営10:00〜19:30 休月曜の午前、夏季の土曜の午前、日曜

ドゥオモから徒歩5分

ビロード、カシミアなど柔らかな生地をいかした女性ファッションの店。アートで奇抜な感覚が楽しい。

20代後半からの女性を意識したファッション 👑

マセル

地図P.200 B-4

Macel

Via Guicciardini 128r ☎287355

営10:00〜13:30 15:00〜19:30 休夏季の日曜、冬季(11〜3月)の月・日曜 シニョリーア広場から徒歩5分

日本語が通じる店。スーツ、ジャケットのバリエーションが豊富に揃う。G.アルマーニのスーツLit.90万〜。

フィレンツェで唯一の皮革製手袋専門店 ★

マドヴァ・グローヴス

地図P.201 C-4

Madova Gloves

Via Guicciardini 1r ☎2396526

営9:00〜19:30(土曜9:00〜13:30 14:00〜17:00) 休日曜

シニョリーア広場から徒歩4分

アメリカや日本へ輸出している皮革製手袋を工場価格で提供している。山羊皮革が中心。Lit.4万〜。

旅の記念にフィレンツェをモチーフにしたTシャツ 🎁

アッチェソーリ・カルツァイウォーリ

地図P.201 C-2

Accessori Calzaiuoli

Via dei Calzaiuoli 24r ☎292071

営9:00〜19:30 休1･2月の日曜

シニョリーア広場から徒歩2分

ボッティチェリ、ポンテ・ヴェッキオなどフィレンツェゆかりの模様のTシャツLit.1万5000〜。

人気ブランド・ブティック

こぢんまりした街だが、一流のブランド店はほとんど揃っている。ブランド・ブティックが集中するのはトルナブォーニ通り周辺。人気のグッチやフェラガモの本店もここにある。

イヴ・サンローラン
地図P.200 B-2
Yves Saint Laurent
Via Tornabuoni 29 ✆284040 営9:30～13:00 15:30～19:30 休月曜の午前、夏季の土曜の午後、日曜
ドゥオモから徒歩5分

エルメス
地図P.200 B-1
Hermès
P.za Antinori 6 ✆2381004 営10:00～13:30 14:30～19:00 休月曜の午前、夏季の土曜の午後、日曜
ドゥオモから徒歩3分

カルティエ
地図P.200 B-2
Cartier
Via Tornabuoni 40 ✆292347 営9:30～13:00 15:30～19:30 休月曜の午前、夏季の土曜の午後、日曜
ドゥオモから徒歩5分

グッチ
地図P.200 B-2
Gucci
Via Tornabuoni 73 ✆264011 営10:00～19:30 休月曜の午前、夏季の土曜の午後、日曜
ドゥオモから徒歩5分

サルヴァトーレ・フェラガモ
地図P.200 B-3
Salvatore Ferragamo
Via Tornabuoni 14 ✆292123 営9:30～19:30 休月曜の午前、夏季の土曜の午後、日曜
シニョリーア広場から徒歩5分

ジャンニ・ヴェルサーチ
地図P.200 B-2
Gianni Versace
Via Tornabuoni 13/15 ✆2396167 営10:00～19:30 休月曜の午前、夏季の土曜の午後、日曜
シニョリーア広場から徒歩5分

タニノ・クリスチー
地図P.200 B-2
Tanino Crisci
Via Tornabuoni 43/45 ✆214692 営10:00～19:00 休月曜の午前、夏季の土曜の午後、日曜
ドゥオモから徒歩5分

トラサルディ
地図P.200 B-2
Trussardi
Via Tornabuoni 34/36 ✆219902 営10:00～19:00 休月曜の午前、夏季の土曜の午後、日曜
ドゥオモから徒歩5分

プラダ
地図P.201 C-3
Prada
Via Vacchereccia 26/28 ✆213901 営10:00～13:30 14:30～19:00 休月曜の午前、夏季の土曜の午後、日曜
シニョリーア広場から徒歩1分

ベルトラミ
地図P.200 B-2
Beltrami
Via Tornabuoni 48 ✆287779 営9:30～19:30 休月曜の午前、夏季の土曜の午後、日曜
ドゥオモから徒歩5分

ポリーニ
地図P.201 C-2
Pollini
Via Calimala 12r ✆214738 営9:30～19:30 休月曜の午前、夏季の土曜の午後、日曜
ドゥオモから徒歩5分

マックス・マーラ
地図P.201 C-1
Max Mara
Via Tornabuoni 89/91 ✆214133 営10:00～14:00 15:30～19:30 休月曜の午前、夏季の土曜の午後、日曜
ドゥオモから徒歩5分

リチャード・ジノリ
地図P.200 B-1
Richard Ginori
Via Rondinelli 17 ✆210041 営9:00～13:00 15:30～19:00 休月曜の午前、夏季の土曜の午後、日曜
ドゥオモから徒歩3分

ルイ・ヴィトン
地図P.200 B-2
Louis Vuitton
Via Tornabuoni 47 ✆214344 営9:30～19:30 休月曜の午前、夏季の土曜の午後、日曜
ドゥオモから徒歩5分

グッチ

サルヴァトーレ・フェラガモ

マックス・エ・コ

靴／バッグ

フィレンツェは皮革製品製造の中心地。職人の手によるハンドメイドの良品が揃っている。

レザー・スクール

サンタ・クローチェ教会内で製造販売 ♛★🎩

レザー・スクール

地図P.199 C-3

Leather School

P.za S. Croce 16 ✆244533

営9:00〜18:30(日曜10:00〜12:30 15:00〜18:00 冬季9:00〜12:30 15:00〜18:00) 休冬季の月・日曜 ドゥオモから徒歩15分

レザー学校内に併設された皮革製品の店。休日を除き製造工程の実演も行なっている。

ボヨラ

実用的でカジュアルに使えるバッグがモットーの店 ★🎩

ボヨラ

地図P.200 B-1

Bojola

Via dei Rondinelli 25r ✆211155

営9:00〜19:30 休夏季の土曜の午後、冬季の月曜の午前 ドゥオモから徒歩5分

旅行カバンが人気のバッグ専門店。日本へ発送可能。

ロレンツァ

財布や小物入れなど手ごろなおみやげ品も数多い 🀄★🎩

ロレンツァ

地図P.198 B-2

Lorenza

Via della Scala 37r/a ✆216813

営9:00〜19:30 冬季10:00〜18:00 休月・日曜 サンタ・マリア・ノヴェッラ駅から徒歩3分

自社でデザイン・製造。皮革製品全般を扱っている。全体に中高年向けのシックなデザインが多い。

遊び心溢れるハンドメイドの靴が人気の店 ★

ファウスト・サンティーニ

地図P.201 C-1

Fausto Santini

Via dei Calzaiuoli 95r ✆2398536

営10:00〜13:30 15:00〜19:00 休月曜の午前、日曜 ドゥオモから徒歩2分

一見シンプルで、かかとや甲のディテールに独創性を持たせたデザインが主流。黒や茶系中心。

カラ・ヴァン・ペトロール

皮革・キリムなどの布を使った個性的なバッグ専門店 ★

カラ・ヴァン・ペトロール

地図P.201 C-1

Kara Van Petrol

Via dei Conti 8r ✆283803

営9:00〜13:00 15:30〜19:30 休夏季の土曜の午後、冬季の月曜の午前、日曜 ドゥオモから徒歩4分

素材や形、色にこだわらない自由な発想のもとに作られたバッグが新鮮。リュック約2万円。

カルヴァーニ

若々しく動きやすいトレンディシューズが中心の店

カルヴァーニ

地図P.201 C-1

Calvani

Via de' Cerretani 50r ✆2381849

営10:00(月曜15:30)〜19:30 休日曜、最終土曜、7・8月の土曜 ドゥオモから徒歩5分

ブーツ・紐靴など男女兼用のものも多数揃う。

宝飾／貴石加工

フィレンツェは中世から金銀細工の手工業で栄えてきた。手作り金と呼ばれるこの街独特の伝統技術はいまも守り続けられている。ポンテ・ヴェッキオ周辺は宝飾店の密集地帯。

オリジナルブランドを扱う超高級店　♛★✂

セッテパッシ

地図P.200 B-2

Settepassi

Via Tornabuoni 25r ☎215506

営10:00～13:00 15:00～19:00 休日曜、夏季の土曜の午後、冬季の月曜の午前 シニョリーア広場から徒歩7分

ブランド店が並ぶトルナブォーニ通りにある。1836年に創業。良質な石を用いたハンドメイドによる商品が多い。シルバーのコレクションもあり、ティファニーも扱う。

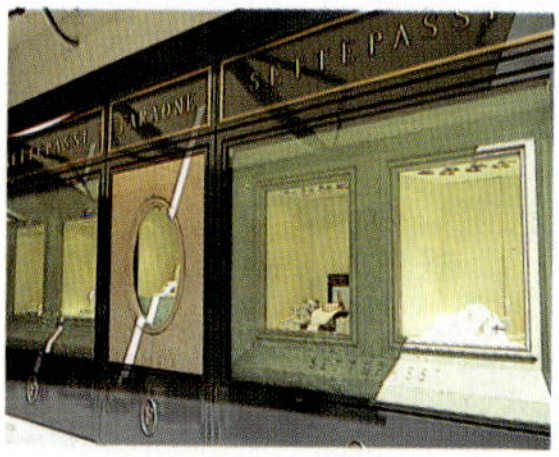

ちょっと良いものが買いたい人にぴったりの店　♛★

アルテ・ジョイエッリ

地図P.201 D-1

Arte Gioielli

Via Delle Oche 9/11r ☎287605

営10:30(月曜15:30)～19:30 休日曜、祝日 ドゥオモから徒歩2分

店内の広さは街の宝石店のなかでもトップクラス。オーナーは日本人なので品選びのアドバイスは完璧だ。伝統工芸の手作り金の実演も行なっている。

エトルリア時代のスタイルがモチーフの品　♛★✂

マギー・マッジ・ジョイエッリ

地図P.200 A-4

Maggie Maggi Gioielli

P.za Pitti 6r ☎292704

営9:30～13:00 15:00～19:00 休日曜、夏季の土曜の午後、冬季の月曜の午前 シニョリーア広場から徒歩10分

6年のキャリアを持つ20代の女性マギーがデザイン・製作するアクセサリー・ショップ。おもな素材はゴールド、シルバーなど。指輪で約Lit.40万～。

素材は安いがオリジナリティ溢れるデザインが魅力　★

フレオン

地図P.200 B-4

Freon

Via Guicciardini 118r ☎2396504

営9:30～20:00 休日曜、夏季の土曜の午後、冬季の午前の月曜 シニョリーア広場から徒歩5分

トルコ人デザイナーによるハンドメイドのアクセサリー・ショップ。アフリカンなイメージの強い作品が多い。客層は幅広い。イヤリング約Lit.7万～。

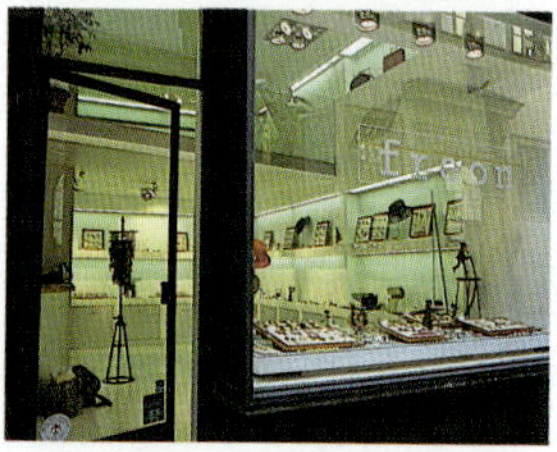

伝統の貴石モザイクで作るアクセサリーの店　♛★✂

ピッティ・モザイチ

地図P.200 B-4

Pitti Mosaici

P.za Pitti 16-17-18r ☎282127

営9:00～19:00 休月曜の午前、日曜 シニョリーア広場から徒歩5分

貴石モザイクとは、大理石などさまざまな色相の自然石を組み合わせて模様を作る、古代エジプト時代からの伝統芸術。小さなブローチでLit.50万～。

雑貨

ルネッサンスの古都というだけあり、なにげない雑貨にも、長い歴史を受け継いできた職人の技をうかがうことができる。工房を兼ねた店では製造工程を見学できるところもある。

教会の建物を利用した重厚なドラッグストア

オッフィチーナ・プロフーモ・ファルマチェウティカ・ディ・サンタ・マリア・ノヴェッラ

地図P.200 A-1

Officina Profumo Farmaceutica di Santa Maria Novella

Via della Scala 16 ✆216276

営9:00〜13:00 15:30〜19:30 休月曜の午前、日曜

サンタ・マリア・ノヴェッラ駅から徒歩3分

1612年開業の薬局の老舗。天然の素材だけを使った洗顔料、シャンプー、バスオイルが人気。ソープLit.1万など。

特殊な紙を用いて作った仮面の専門店

フィレンツェ・オブ・パピエ・マシェ

地図P.200 B-4

Firenze of Papier Mâché

P.za Pitti 10 ✆2302978

営9:00〜19:30 休不定休

シニョリーア広場から徒歩10分

12人の職人によるハンドメイドの仮面が店内の壁を埋め尽くすように飾られている。有料で本人の顔を仮面に作るサービスも行なっている。Lit.50万。

墨流しの技にも似たマーブル紙の伝統を守る店

ジュリオ・ジャンニーニ・エ・フィリオ

地図P.200 B-4

Giulio Giannini e Figlio

P.za Pitti 37r ✆212621

営9:00〜19:30(冬季は〜19:00) 休日曜、冬季の月曜

シニョリーア広場から徒歩3分

フィレンツェ紙ともいわれる伝統手工芸マーブル紙で有名な店。ペンスタンド、レターセットなどはおみやげに最適だ。ノートでLit.2万1000〜。

色彩感覚抜群の文具や台所用品をディスプレー

オジェッティ・コンテンポラーネイ

地図P.200 B-4

Oggetti Contemporanei

Via Guicciardini 122r ✆212646

営9:30〜19:30 休月・日曜

シニョリーア広場から徒歩7分

皮革・木・プラスチックをおもな素材にし、現代感覚溢れるステーショナリー・食器・小物・アクセサリーを扱う店。華やかな色使いが見事だ。

レトロ感覚な気分に浸れるステーショナリー

スクリプトリウム

地図P.200 B-4

Scriptorium

P.za Pitti 6 ✆2382272

営10:00〜14:00 15:30〜19:30 休日曜、夏季の土曜の午後、冬季の月曜の午前 シニョリーア広場から徒歩10分

皮革製の小物(手帳・ブックカバー)や、インクとペンのセットなど、どことなくなつかしい雰囲気の文房具が数多く揃っている。手帳Lit.5万〜。

テーブルウエア

毎日の食生活を演出する、おしゃれで遊び心に満ちた日用品の数々。イタリアのブランド磁器リチャード・ジノリをはじめシルバー製品などの高級品も見逃せない。

シルバー製品をメインにした高級キッチン用品の店

カセッティ
地図P.201 C-2

Cassetti

Via Strozzi 7/9r ☎210273

営9:30～13:00 15:30～19:30 休日曜、冬季は月曜の午前

ドゥオモから徒歩5分

皿、ナイフやフォークセットなどの優雅な銀食器ほかクリスタルやムラノグラスなどを扱う。

イタリアの銘品リチャード・ジノリを買うならここ

アルマンド・ポッジ
地図P.201 C-2

Armando Poggi

Via Calzaiuoli 105r ☎211719

営9:30～19:30（冬季9:30～13:30 15:30～19:30） 休日曜、夏季の土曜の午後、冬季の月曜の午前 ドゥオモから徒歩3分

有名ブランド、タイトゥのフィレンツェ・シリーズやリチャード・ジノリが人気。皿1枚6000円前後。

イタリアらしい機知に富んだアイデア商品には脱帽

エウロストーヴィル
地図P.201 D-1

Eurostovil

P.za del Duomo 32r/33r ☎214389

営9:30～19:30 休冬季の月曜の午前、夏季の土曜の午後、日曜

ドゥオモから徒歩1分

キッチン用品を中心とした品揃えで、デザインの良いものが集まっている。楽しい仕掛けのある栓抜き、爪楊枝入れなどユーモアに富んだアイデア商品が人気。

ワイン／食料品

フィレンツェを含むトスカーナ地方はイタリアワインの心臓部。ブルネッロ・ディ・モンタルチーノなど一流のワインが目白押し。パスタやオリーヴオイルなどの食材も多種多様。

イタリア全地方と各国の有名銘柄のワインが揃う

エノテカ・アレッシ
地図P.201 C-1

Enoteca Alessi

Via delle Oche 27-29-31r ☎214966

営9:00～13:00 16:00～20:00 休日曜

ドゥオモから徒歩2分

ワインの種類の多さではフィレンツェでもトップクラス。テイスティング・コーナーもある。

トスカーナのワインと食材と本の店

ピッティ・ゴーラ・エ・カンティーナ
地図P. 200 B-4

Pitti Gola e Cantina

P.za Pitti 16 ☎212704

営10:00～13:00 15:00～19:00 休冬季の月曜の午前、夏季の土曜の午後、日曜 シニョリーア広場から徒歩7分

モンテプルチアーノだけでも数十種揃うトスカーナ・ワインの宝庫。食材や料理の本も扱う。

その他

どの分野の店に入ってもデザイン抜群。イタリア人のセンスを買って帰りたい。フィレンツェの情報収集に便利な書店も利用したい。

フィレンツェの本や写真集、カードが一堂に揃う

グッリヴェール

地図P.201 D-1

Gulliver

P.za del Duomo 31r ✆2381456

営10:00〜19:30 休無休

ドゥオモから徒歩1分

ドゥオモ前にある。フィレンツェに関する書籍のほか、写真中心の美術書、イタリア料理からポストカードやビデオまで守備範囲は広い。

アールデコ風から現代風まで揃う電気スタンド ★

タルツィア

地図P.200 B-4

Tarzia

P.za dei Pitti 32r ✆2396555

営9:30〜13:00 14:30〜19:00 休冬季の月曜の午前、夏季の土曜の午後 シニョリーア広場から徒歩7分

大理石や陶磁器、高級ガラス、アイアンなどを素材にした品格あるデザインの電気スタンドはすべてイタリア製。マジョリカ焼のスタンドLit.95万。

フィレンツェの市場

値段交渉も楽しい露店市

フィレンツェでは、営業の形態も扱う商品もさまざまな市が立つ。人気があるのはサン・ロレンツォ教会の脇にある**アリエント通り Via dell'Ariento**の露店市。バッグやベルトなどの皮革製品や衣料品、小物類を売る小さな店が道の両脇にぎっしりと並ぶ。手ごろな値段の商品が多いが、交渉次第ではさらに安くなることもある。日曜を除く毎日、朝9時から夜の9時頃まで開かれている。規模が大きく、地元の人や旅行者でいつも大賑わい。スリも出没するので、掘り出し物に夢中になっても、荷物やポケットへの注意は怠りなく。近くの**メルカート・チェントラーレ広場 P.za Mercato Centrale**には中央市場がある。肉類や野菜、果物、チーズにパスタなど生鮮食品中心の常設市場で、地元客が食料の買い出しにやって来る。旅行者が覗いても十分面白く、売られている物からフィレンツェの人々の食卓を想像するのも楽しい。

骨董好きにおすすめのマーケット

ドゥオモからオリウォーロ通りを東に10分ほど行くと、小さな**チョンピ広場 P. za Ciompi**にぶつかる。この広場の一角は骨董店が20軒ほど集まって建つアンティーク・マーケットになっている。年代物の家具や調度品、古着や雑貨類の専門店があり、高級アンティークというよりは実際に使われていた生活用品が多いのが特徴だ。営業時間は朝9時から夕方の5時頃まで。日曜は休み。ほかにも、シニョリーア広場のそばにある、みやげ物や皮革製品を扱う新市場など、多くの市がある。

地元の人に混じって掘り出し物を探す

エンターテインメント&ナイトライフ
ENTERTAINMENT & NIGHTLIFE

フィレンツェの治安の良さは観光地ではトップクラス。街はこぢんまりしているので、たいていのナイトスポットやエンターテインメントの場所へは気軽に徒歩で出かけられる。催しのスケジュールが載ったパンフレットは、観光案内所やホテルのロビーに置いてある。

深夜に盛り上がるフィレンツェのナイトスポット

ディスコやアイリッシュ・パブ、それにライヴハウスほか、一般のレストランでも深夜1～2時頃まで営業している店が多く、ナイトライフには事欠かない。一般にこれらの店 が賑わいのピークを見せるのは夜11時過ぎから。ライヴは0時開演、明け方近くまで賑わうという店も少なくない。また店内ばかりでなく大道芸人によるパフォーマンスもフィレンツェならではの夜の楽しみ。ドゥオモ広場からアルノ川にいたるカルツァイウォーリ通りにはたくさんの芸人たちが繰り出しており、次々に演じられるユニークな芸の数々に観光客からの拍手と笑いが絶えない。優雅に静かな夜を過ごしたいならホテル内のピアノ・バーやクラブなどを利用するといいだろう。

いずれにしてもこの街に来たら夜は早々にホテルへ帰るというのはもったいない。「暗い路地に入らない限り、24時間安全な街」と、フィレンツェ在住の多くの若者が語っている。ただし、女性の場合は誘惑の声がかかることもたびたびなのではっきりと〝ノー〟と言うことも忘れずに。

夜景も美しいフィレンツェ

夜でも安全な街

盛り上がるライヴ

一度はフィレンツェの劇場を訪れたい

年間通して催し物は豊富。言葉がわからずとも楽しめるものも多数ある。代表的な劇場とその特色は以下のとおり。

テンダ劇場Teatro Tenda Città di Firenze
街の中心からやや離れるが、フィレンツェの代表的な劇場。オペラ、ミュージカルなど幅広いプログラムが催される。
Via de Nicolà ☎6504112

コムナーレ劇場Teatro Comunale di Firenze
フィレンツェ5月音楽祭のメイン会場。5～6月にかけてバレエ、オペラなどが上演される。
Corso Italia12 ☎27791

ペルゴラ劇場Teatro della Pergola
正統派の演劇を上演。
Via della Pergola 12/32 ☎2479651

市内おすすめのナイトスポット

ホテル内にあるピアノ・バー

サヴォイ・ホテル・ピアノ・バー
Savoy Hotel Piano Bar
P.za della Rupubblica
☎283313

ディスコ

フル・アップ Full-Up
Via della Vigna Vecchia21
☎293006

セントラル・パーク Central Park
Parco delle Cascine ☎333488

アンドロメダAndromeda
Via Cimatori13 ☎292002

アメリカンスタイルのバー

レッド・ガーター Red Garter
Via dei Benci33r ☎263004

そのほかのエンターテインメント

イタリア映画が中心の映画館

カピトールCapitol
Via de Castellani36 ☎212474
バレエ、オペラなどをおもに上演

ヴェルディ劇場Teatro Verdi
Via Ghibellina99 ☎212320

夜遅くまで人で賑わう

ナイトスポット

NIGHT SPOTS

服装注意　♥カップルでぜひ
女性も入れる　♣静かなムード
✷賑やかな店　食事もできる

ディスコ、パブ、バー、ライヴ——フィレンツェの夜はあちこちの場所に人が集う。ドゥオモ付近の路上は、大道芸人のパフォーマンスで拍手と笑いの熱気に包まれる。

各地のローカル・ワインが手軽に味わえる

レ・ヴォルピ・エ・ルーヴァ

地図P.201 C-4

Le Volpi e l'Uva

P.za de' Rossi ☎2398132

営10:00〜20:00 休日曜 料Lit.7000〜

シニョリーア広場から徒歩7分

オーナーのエミリオ氏がトスカーナ地方を中心に各土地の小規模メーカーのワインを集め客に提供している。カウンター約10席のみ。軽食もある。

ライヴが日替わりのエキゾチックなパブ　♥♣

ジェネシ

地図P.201 D-1

Genesi

P.za del Duomo 20r ☎287247

営19:00〜深夜2:00 休月曜 料Lit.1万2000〜

ドゥオモから徒歩1分

インディアン文化をモチーフにしたエキゾチックな店内で、フォーク、ロック、ジャズ、ソウルなど多彩なジャンルのライヴが日替わりで演奏される。

手打ちのパスタやピザが家族連れに人気　♥✷

イエロー・スナックバー

地図P.201 D-2

Yellow Snackbar

Via del Proconsolo 39r ☎211766

営12:00〜15:00 19:30〜深夜1:30 休月曜 料Lit.9000〜

ドゥオモから徒歩5分

レンガと白壁、木造の家具が配された開放的な明るいパブ。窯で焼き上げる自家製のピザなど食事メニューも豊富。恋人同志や親子で過ごすのにも最適。

イタリアの歌手アンドレア・アルディアによるライヴ

キオド・フィッソ

地図P.201 D-2

Chiodo Fisso

Via dei Alighieri 16r ☎2381290

営21:30〜深夜3:00 休無休 料Lit.1万2000〜

ドゥオモから徒歩5分

朽ち欠けた壁にポスターが貼られ、アンティークな家具が配された古い匂いのする店内で、ギターのライヴが演じられる。サングリアLit.1万2000。

各国の若者が集まる賑やかなアイリッシュ・パブ　✷

フィドラーズ・エルボー

地図P.200 B-1

Fiddler's Elbow

P.za S. Maria Novella 7r ☎215056

営15:00〜深夜1:00 休無休 料Lit.5000〜

サンタ・マリア・ノヴェッラ駅から徒歩5分

手前がカウンター、奥がテーブル席。夜10時以降は人で溢れすごい熱気。アイリッシュ・ビールLit.7000。

PISA ピサ

斜塔の街として名高いピサは、ローマ時代に海港として栄え、中世には北のヴェネツィア、ジェノヴァとともに海の共和国として地中海に君臨し勢力を伸ばした。ガリレオが医学を学んだピサ大学のある大学都市でもあり、現在も科学と数学の名門としての名誉を誇る。

ピサ様式の建造物は海の共和国時代の繁栄の証し

ピサの見どころは、中世に地中海の海運都市として栄えた時代のモニュメントだ。そのほとんどが集まる**ドゥオモ広場**は〝奇跡の広場〟とも呼ばれ、ほかのイタリアの都市の広場とは印象を異にしている。緑の絨毯を敷きつめたような芝生の空間に、白い大理石の歴史的建造物が点在する風景は、明るさと軽快感に満ちている。

広場を囲むようにして建つ建造群のなかで最初に目にとまるのはやはり**ピサの斜塔**だ。が、傾斜のため塔に上ることは禁止されている。心配と好奇の入り混じる多くの見物客の目にさらされるこの病弱な斜塔の隣で、対照的な迫力の構えを見せるのがドゥオモだ。そのすぐ西隣には円形の建物に八角体の円屋根がのった外観の**洗礼堂**が建つ。いずれのモニュメントもファサードを何本もの列柱で飾るアーチが印象的で、ピサ様式と呼ばれるスタイルの特色のひとつだ。ドゥオモ広場奥に建つ白い大理石の壁で囲まれた長方形の大きな建物が**カンポサント**。広場に面した通り沿いにはフレスコ画の下絵を集めた**シノーピエ美術館**がある。

さて、この広場一帯を離れて**サンタ・マリア通り**沿いを駅の方向へ戻る。途中の**ミッレ通り**を左に折れて、**カヴァリエリ広場**を抜けると**ピサ大学**がある。周辺には野菜や魚などの屋台が並ぶ朝市が立ち、路地に入れば気さくなトラットリアも数多く点在。親しみやすい下町情緒溢れる一角を形成している。

市外局番は050

アクセス
鉄道 フィレンツェから50分、ローマから約3時間30分。

観光案内所
P.za del Duomo ☎560464

市内の交通
中央駅からドゥオモ広場へは徒歩約20分。バスも出ている。

駅から20分ほどで街の中心に入る

主要なモニュメントが集まるドゥオモ広場

ドゥオモ

地図P.243

Duomo ★★

国鉄ピサ駅から徒歩20分

ピサの絶頂期を象徴する大聖堂

1063年のパレルモ沖海戦(ピサの艦隊がサラセン軍に勝利)を記念して造られた。ロマネスク様式にイスラム様式、ビザンチン様式などをミックスした壮大な建築で、ファサードには4層の列柱回廊が設けられている。内陣に下がるガリレオのランプ("振り子の等時性" 発見のきっかけになったという説は正しくない)やジョヴァンニ・ピサーノ作の説教壇、アンドレア・デル・サルト作のカンバス画などが見もの。

開8:00～12:30 15:00～19:30(日曜、祝日は～18:00。閉館時間は季節により変わる)

休1/1、12/25の午後 料Lit.2000

斜塔

地図 P.243

Campanile di Pisa ★★

ドゥオモから徒歩2分

いまも傾き続ける大理石の塔

ドゥオモの後陣そばに建つ円筒形の鐘楼。1173年に着工されたが、地盤沈下のため工事が中断。その後、塔の中心軸をずらすなどの工夫を凝らし、14世紀後半に完成した。高さは約55mで、2層目から上は列柱回廊が取り巻いている。以前は294段のらせん階段を伝って頂上(16世紀末にガリレオの"落下の実験" が行なわれた)に上れたが、現在は入場禁止になっている。

洗礼堂

地図 P.243

Battistero ★★

ドゥオモから徒歩1分

音響効果にすぐれた中世の洗礼堂

ロマネスク様式とゴシック様式が融合した円形プランの建物。4つの扉のうち、ピサーノ派の彫刻が施されたドゥオモ側の入口に注目。堂内では八角形の豪華な洗礼盤とニコラ・ピサーノ作の説教壇が見もの。

開8:00～19:30(時間は季節により変わる)

休1/1、12/25の午後 料Lit.1万

トスカーナの温泉

自然のなかで温泉(テルメ)につかる

トスカーナ地方には約20カ所の温泉地がある。すべてが浴槽を持っているわけではなく、健康回復を主たる目的とした飲用のみの温泉地も多いので、入浴用か飲用の温泉かを確認してから行くようにしたい。

ちなみに浴用としておすすめしたいのがペトリオーロ・テルメ。シエナから南へ約20km離れた場所にあり、周囲を壮大な緑が広がる丘の風景に囲まれ、一軒宿のような趣で建っている。とはいえ、ひなびた温泉というイメージからはほど遠く、宿泊施設も備えた建物はいたって近代的。スパやサウナ(要予約)、スイミングプールなどを備え、日帰りの利用も可能だ。

✆ 0564-908871 開7:00～19:00

休無休 料Lit.2万、土・日曜、祝日Lit.2万5000

豪快な露天風呂があることで有名なのがサトゥルニアSaturniaだ。渓流沿いの一角が温泉として湧き出し、小さな滝をつくっている。この滝は出入り自由。思いきり自然児にかえって野趣溢れる露天を満喫できる。✆0564-454527

そのほかのトスカーナの温泉

モンテカティーニMontecatini

✆0572-722244(観光案内所)

バーニョ・ヴィニョーニBagno Vignoni

✆0577-42209(観光案内所)

温泉地の多いトスカーナ地方

博物館●美術館

フレスコ画の断片が並ぶカンポサント

カンポサント
地図 P.243

Camposanto ★★

国鉄ピサ駅から徒歩20分

ピサの有力貴族たちが葬られた納骨堂

14～15世紀のフレスコ画が壁面に飾られていたが、1944年に戦火で焼失。修復作業中に壁画の下絵（シノーピエ）が発見され、堂内の展示室に移された。墓地には十字軍が運んだゴルゴダの丘の土が使われている。

P.za del Duomo ☎560547
開 8:00～19:30（時間は季節により変わる）
休 1/1、12/25の午後 料 Lit.1万

サンタ・マリア・デッラ・スピーナ教会
地図 P.243

Chiesa di Santa Maria della Spina ★★

国鉄ピサ駅から徒歩10分

アルノ川のほとりに建つ小さな教会

屋根から大小の尖塔が突き出た建物はまるで宝石箱のよう。聖遺物キリストのいばら（スピーナ）の冠が奉納されていたことからこの名が付いた。アルノ川のそばにある祈禱所を1323年に改築し、1871年に現在の場所に移転した。屋根を飾る彫像はジョヴァンニ・ピサーノの作（オリジナルはサン・マッテオ博物館内にある）だ。

シノーピエ美術館
地図 P.243

Museo delle Sinopie ★

国鉄ピサ駅から徒歩20分

13世紀の慈善病院を改装した美術館

1944年の火災で、カンポサントの壁面を飾っていたフレスコ画の下絵が現れた。14～15世紀の偉大な芸術家たちが残したデッサンをもとに、これらをていねいに修復し、展示している。〝死の勝利の画家〟が描いた一連の作品のほか、『磔刑図』、『ヨブの物語』などの傑作が目白押しだ。

P.za del Duomo ☎560547
開 8:00～19:30 休 火曜、1/1、12/25の午後
料 洗礼堂、カンポサントとの共通チケットLit.1万2000

サン・マッテオ博物館
地図 P.243

Museo Nazionale di S. Matteo ★★

国鉄ピサ駅から徒歩10分

ピサにまつわる貴重な美術品の宝庫

ベネディクト会の修道院を美術館に改装。1～2階に40近い展示室がある。おもな展示品は、13～14世紀のピサ派の彫刻、12～15世紀のトスカーナ派の絵画、11世紀のイスラム製陶器など。メディチ家から贈られた金属製武具やヴェネツィア派の水晶の十字架といった珍しい展示品もある。

Lungarno Mediceo ☎541865
開 9:00～19:00（日曜は～13:00）
休 月曜、1/1、5/1、8/15、12/25 料 Lit.8000

ホテル&レストラン ―― HOTELS & RESTAURANTS

Hジョリー・ホテル・カヴァリエリ Jolly Hotel Cavalieri	★★★★ 地図 P.243 P.za della Stazione 2 ☎43290 FAX502242 S Lit.22万5000～ T Lit.26万5000～ 100室
Hダゼリオ・ピサ D'Azeglio Pisa	★★★★ 地図 P.243 P.za Vittorio Emanuele 18b ☎500310 FAX28017 S Lit.15万～ T Lit.19万～ 29室
Hツーリング Touring	★★★ 地図 P.243 Via Puccini 24 ☎46374 FAX502148 S Lit.10万5000～ T Lit.14万5000～ 34室
Hロイヤル・ヴィクトリア Royal Victoria Hotel	★★★ 地図 P.243 12 Lungarno Pacinotti ☎940111 FAX940180 S Lit.12万～ T Lit.15万～ 67室
Hピサ Pisa	★★ 地図 P.243 Via Manzoni 22 ☎44551 S Lit.4万3000～ T Lit.5万9000～ 14室
Rオステリア・デイ・カヴァリエリ Osteria dei Cavalieri	Chi Via San Frediano 16 ☎580858 地図 P.243 営 12:30～14:00 19:45～22:00 休 日曜 L Lit.1万8000～ D Lit.3万～
Rジャルディーノ Giardino	P.za Vittorio Emanuele 19 ☎28178 地図 P.243 営 11:00～0:00 休 無休 L Lit.1万5000～ D Lit.2万～

SAN GIMIGNANO サン・ジミニャーノ

丘の上にある"美しい塔の街"として名高い。13〜14世紀にかけては商業・貿易の中心地として栄えた。林立する14の塔はその時代の富の象徴だ。小さな街だが、繁栄した時代の都市の景観がよく保存されている。シエナ、フィレンツェからの日帰り観光客も多い。

市外局番は0577

アクセス
シエナ、フィレンツェからバスでポッジボンシ乗り換え約1時間30分。ポッジボンシからは約20分。

観光案内所
P.za del Duomo ☎940008

市内の交通
徒歩で十分。

中世の塔が林立する丘の上の小さな街

街歩きは、バス・ターミナルを出てすぐ目の前の**サン・ジョヴァンニ門**から始まる。門をくぐると街の中心に向かって石畳の道が延びる。道の両側には石造りの茶色の建物が建ち並び、その多くがホテルやレストラン、みやげ物屋になっている。とりわけ特産ワインを販売し試飲もさせてくれる店の人気は高い。

ポポロ宮の塔から眺めた街の風景

サン・ジョヴァンニ門から歩いて5分ほどで**チステルナ広場**に着く。チステルナとは井戸のこと。かつては街の大切な水源だったという井戸が広場の中心に残され、約700年を経たいまは観光客の記念撮影の場となっている。

この広場から1分ほど歩けば**ドゥオモ広場**。**参事会教会**とその左手に**ポポロ宮**が寄り添うようにして建っている。ポポロ宮は内部が博物館として公開され、街に14残る塔のひとつを有している。塔へ上ることもでき、地上54mの頂上からは、市街とともに、オリーヴやブドウ畑が広がる平原が見渡せる。

ドゥオモ広場から北へ**サン・マッテオ通り**を進むと、10分ほどで目抜き通りの賑わいが途切れ、城壁にぶつかる。その手前を右に折れれば、街外れにひっそりたたずむ**サンタゴスティーノ教会**がある。

なお街の塔の全体像を見渡すには、街の中心から近いところだと、バス停留所から旧市街と反対方向へ約5分歩いたあたりがいい。緑の田園に映える塔のシルエットが美しい。

三角形をしたチステルナ広場

チステルナ広場
地図 P.246-2

Piazza della Cisterna ★★

サン・ジョヴァンニ門から徒歩5分

中世の館に囲まれた情緒ある広場

サン・ジョヴァンニ通りからベッチ家のアーチをくぐり抜けた先にある三角形の広場。名前の由来は広場の中央にある13世紀の井戸（チステルナ）。杉綾模様にレンガが敷きつめられ、広場を囲むように13〜14世紀の館が並んでいる。22番地のトルトーリ・トレッカーニ館は14世紀シエナ様式の傑作。

ドゥオモ広場
地図 P.246-2

Piazza del Duomo ★

サン・ジョヴァンニ門から徒歩6分

街の重要施設が集まる中央広場

広場の東側に建つ執政官の館は13世紀前半の建物。石とレンガを組み上げたファサードは柱廊を備えている。建物の上にそびえる塔は高さ51mにも達するロニョーザの塔。隣にはキージの塔、その先にはサルヴッチ家の双子の塔が見える。広場の西側には参事会教会、南側にはポポロ宮がある。

サンタゴスティーノ教会
地図 P.246-1

Sant' Agostino ★

ドゥオモ広場から徒歩10分

礼拝堂を飾るフレスコ画と祭壇彫刻

13世紀の最後を飾るロマネスク・ゴシック様式の建物。この教会の最大の見どころは、堂内を飾る数々のフレスコ画。なかでも、ベノッツォ・ゴッツォリの17枚の連作『聖アウグスティヌスの生涯』と『聖セバスティアヌス』、ピエーロ・デル・ポッライオーロの『聖母戴冠』は傑作とされている。

12世紀のロマネスク様式の建造物

参事会教会
地図 P.246-2

Collegiata ★★

ドゥオモ広場すぐ

12世紀ロマネスク様式の教会

14本の円柱で仕切られた堂内はさながらギャラリーのよう。入口付近の木造彫刻は『受胎告知』の大天使ガブリエルとマリア、ファサード内側の壁画はベノッツォ・ゴッツォリの『聖セバスティアヌスの殉教』、その上がタッデオ・ディ・バルトロの『最後の審判』。マイアーノ兄弟の手になる**サンタ・フィーナ礼拝堂**（拝観料Lit.3000）も必見だ。

開 9:30〜12:30　15:00〜17:30

ポポロ宮（市立博物館）
地図 P.246-2

Palazzo del Popolo ★

ドゥオモ広場すぐ

市立博物館の併設された市庁舎

1288年に建設され、現在は市庁舎として利用されている。2階にはダンテがグエルフィ党の結束を呼びかけたという〝ダンテの間〞があり、リッポ・メンミの壁画『マエスタ』が描かれている。3階は13〜15世紀を代表するシエナ派とフィレンツェ派の絵画を収めた**市立博物館**。隣接する高さ54mのグロッサの塔からは街の大半が見渡せる。

博物館と塔 開 9:30〜18:00（時間は季節により変わる） 休 月曜（10〜3月） 料 各Lit.7000

ホテル&レストラン　HOTELS & RESTAURANTS

H ベル・ソッジョルノ Bel Soggiorno	★★★★　地図 P.246-2 Via San Giovanni 91 ✆940375 FAX940375 T 13万5000〜 22室
H レオン・ビアンコ Leon Bianco	★★★　地図 P.246-2 P.za Cisterna ✆941294 FAX942123 S Lit.5万〜 T 12万5000〜 24室
H ランティーコ・ポッツォ L'Antico Pozzo	★★★　地図 P.246-1 Via S. Matteo 87 ✆942014 FAX942123 S Lit.12万5000〜 T 18万〜 18室
R ラ・マンジャトイア La Mangiatoia	Via Mainardi 5 ✆941528　地図 P.246-1 営 12:30〜14:00 19:30〜21:30 休 日曜、祝日 L D Lit.1万8000〜
R イル・ピノ Il Pino	Via S. Matteo 102 ✆940415　地図 P.246-1 営 12:00〜14:30 19:00〜22:00 休 火曜 L D Lit.1万8000〜
R マンドラゴーラ Mandragola	Via Berignano 58 ✆940377　地図 P.246-2 営 12:00〜14:30 19:00〜22:00 休 10〜4月の木曜 L D Lit.2万〜

SIENA シエナ

中世には皇帝派の都市として、ライバルの教皇派フィレンツェと肩を並べた街。最盛期13～14世紀には数多くの公共建築や聖堂が造られた。現在も街並はほぼその時代の姿をとどめている。豊かな経済力のもとに花開いたシエナ派の絵画も鑑賞に値する。

市外局番は0577

アクセス

鉄道 フィレンツェから約2時間。

観光案内所

P.za del Campo 56
☎280551

市内の交通

駅から中心街へはバスで約10分。

ワインの里に囲まれたゴシック建築の都

フィレンツェから約70km。けっして遠い距離ではないが、スピードの遅いローカル線での道のりは長い。がその車窓からの眺めは素晴らしい。なだらかな丘が波打つ田園風景に、いくつものブドウ畑が消えてはまた現れ、ここ一帯がワイン産地であるのを実感できる。やがてシエナに到着する。バスで中心街へ登り**マッテオッティ広場**で下車。ブティックやレストラン、カフェの連なる**バンキ・ディ・ソプラ通り**を道なりに進むと左手に**カンポ広場**が見え始める。広場全体の形は貝殻型。巨大な広さを持つこの広場を囲むようにして中世の建物が並び、その中心に高さ102mの塔があるゴシック建築の傑作**プッブリコ宮**がそびえる。夏はこの広場で〝パリオ〟という競馬が行なわれる。中世から続く伝統的な行事で、毎年期間中は溢れんばかりの人で賑わう。

奥行のある３つの扉が印象的

広場から**ペッレグリーニ通り**を行くと**ドゥオモ**に出る。彫刻とモザイク装飾によるファサードや内部の床面装飾など中世の職人による芸術品を鑑賞したい。かつての祭壇画『荘厳の聖母』は、隣の**ドゥオモ美術館**に展示されている。さらに**ピエトロ通り**沿いに約5分行ったところの**国立絵画館**のシエナ派の絵画の数々も見逃せない。

カンポ広場に面して建つプッブリコ宮

イタリア有数の美しい広場だ

カンポ広場
地図 P.248-2

Piazza del Campo ★★

マッテオッティ広場から徒歩10分

シエナ市民の憩いの場

プッブリコ宮の前に広がる貝殻型の美しい広場。周囲には中世の建物が並び、市民の憩いの場になっている。広場は宮殿に向かって緩やかに傾斜し、中央にヤコポ・デッラ・クエルチャ作の〝ガイアの泉〞がある（泉を飾る大理石のパネルはレプリカ。本物は市立美術館内）。毎年7月2日と8月16日の聖母被昇天祭の日に、地区対抗のパリオ競馬祭が催され、熱狂的な群衆で賑わう。

ドゥオモ
地図 P.248-2

Duomo ★★★

カンポ広場から徒歩5分

完成までに200年を要した歴史的建築

ロマネスク＝ゴシック建築の傑作であり、シエナ市民の誇りでもある大聖堂。ファサードはジョヴァンニ・ピサーノ作の彫刻（レプリカ。本物はドゥオモ美術館内）で飾られ、堂内は旧約聖書の場面を描いた床面装飾（全面公開は8月の数日間のみ）で彩られている。ピッコローミニ家の祭壇と図書館、ニコラ・ピサーノ作の説教壇、洗礼者ヨハネの礼拝堂など見どころは多い。後陣の真下に付設された洗礼堂も見逃せない。

開 7:30〜19:30（時間は季節により変わる）

博物館●美術館

プッブリコ宮（市立美術館）
地図 P.248-2

Palazzo Pubblico (Museo Civico) ★★

カンポ広場すぐ

シエナの歴史が刻まれた市庁舎

13世紀末〜14世紀半ばのゴシック建築。宮殿内の美術館に、マルティーニの『マエスタ』やロレンツェッティのフレスコ画の連作など、シエナゆかりの美術品を展示。

P.za del Campo ✆292111 開 9:30〜18:00（時間は季節により変わる） 料 Lit.6000

ドゥオモ美術館
地図 P.248-2

Museo dell'Opera del Duomo ★★

カンポ広場から徒歩5分

未完の新大聖堂跡に造られた美術館

1階にはドゥオモのファサードを飾っていたジョヴァンニ・ピサーノの大理石彫刻、2〜3階にはドゥッチョの『荘厳の聖母』をはじめとするシエナ派の傑作を展示。

開 9:00〜19:30（閉館時間は季節により変わる） 休 1月1日、12月25日 料 Lit.5000

国立絵画館
地図 P.248-2

Pinacoteca Nazionale ★★

カンポ広場から徒歩5分

シエナ派絵画の変遷がたどれる

地元の画家グイド・ダ・シエナをはじめ、13〜17世紀のシエナ派の絵画を網羅している。ドゥッチョの『フランチェスコ会の聖母』、シモーネ・マルティーニの『聖母子』など。

Via S.Pietro 29 ✆281161 開 9:00〜19:00（日曜、祝日は8:00〜18:00 冬季は開館時間短縮） 休 月曜、1月1日、5月1日、12月25日 料 Lit.8000

ホテル — HOTELS

ホテル	
ジョリー・エクセルシオール Jolly Excelsior	★★★★ 地図 P.248-1 *P.za La Lizza* ✆288448 FAX41272 S Lit.18万〜 T Lit.27万〜 126室
ドゥオモ Duomo	★★★ 地図 P.248-2 *Via Stalloreggi 38* ✆289088 FAX43043 S Lit.13万〜 T Lit.20万〜 23室
キウザレッリ Chiusarelli	★★★ 地図 P.248-2 *Viale Curtatone 9* ✆280562 FAX271177 S Lit.8万2000〜 T Lit.12万〜 50室
トレ・ドンツェッレ Tre Donzelle	★★ 地図 P.248-2 *Via delle Donzelle 5* ✆280358 FAX223933 S Lit.3万8000〜 T Lit.6万2000〜 28室
ピッコロ・エトルリア Piccolo Etruria	★★ 地図 P.248-2 *Via delle Donzelle 3* ✆283685 FAX288461 S Lit.5万2000〜 T Lit.9万5000〜 13室

ORVIETO オルヴィエート

ローマからフィレンツェへ向かう幹線ルートの途中に、丘の上の城郭都市オルヴィエートがある。街は火山性凝灰石の岩盤の上にあり、最大の見どころであるドゥオモの周辺には、名産の焼物やワイン・ショップがディスプレーを競い合うように軒を連ねている。

市外局番は0763

アクセス

鉄道 ローマから約1時間。フィレンツェから約2時間。

観光案内所

P.za del Duomo 24 ☎341772
休1/1、12/25

市内の交通

駅前から丘の頂上まではフニコラーレが約15分おきに出ている。片道Lit.1100。フニコラーレ＋バスなら片道Lit.1400。なお丘の上の旧市街へはバスも運行している。夜のフニコラーレの最終は20:30なのでそれ以降はバスを利用するといい。

ケーブルカーに乗って丘の上の街へ

駅前から街の中心へはフニコラーレ（ケーブルカー）が出ている。丘の頂上まで所要５分。街は徒歩で十分だが、頂上からはバスが接続しているので行きはこれを利用して**ドゥオモ**まで行ってしまうほうが時間的に無駄がない。帰りは徒歩で街歩きを楽しみつつふたたびこの乗場へ戻ってくればいい。

約3000段の階段が井戸の中へ続いている

ドゥオモは壮麗な彫刻やモザイク芸術がファサードを彩る。ルカ・シニョッリによるフレスコ画で名高いサン・ブリツィオの礼拝堂など、建造物には300名以上の職人や芸術家の手が加えられたといわれ、見応えは十分だ。

ドゥオモから**ポポロ宮**へ向かう通り沿いは観光客相手の店が多く、とりわけ陶器や地元産ワインの店が目立つ。徒歩約５分でポポロ宮。ロマネスク＝ゴシック様式の建物でバルコニーのあるファサードが美しい。ポポロ宮周辺は旧市街。どれがメインの通りかと思えるほど小路が入り組むこの一帯は、生活の匂いのする店が建ち並び、気の向くままに街の素顔を眺めて歩くのが楽しい。

帰りはフニコラーレ乗場から北東へ徒歩２分の**サン・パトリツィオの井戸**に寄りたい。1527年のローマ奪略の際、逃れてきた教皇が水源確保のため掘ったといわれ、直径13m、深さ62mの井戸の中へらせん階段で下りることができる。

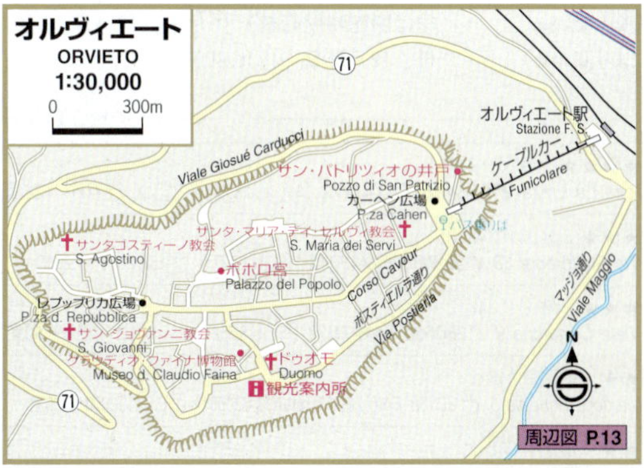

ファサードを飾る浮き彫りの彫刻が見事

PERUGIA ペルージア

山の丘陵が大半を占めるウンブリアの州都。古くエトルリアの時代から栄え、中世には都市国家としてウンブリアのほぼ全域を支配するにいたった。現存する宮殿や教会にその栄光の跡を見ることができる。ペルージア外国人大学があることでも知られている。

しっとりとした石造りの建造物が連なる街

州都とはいえ、主要幹線を外れたローカル列車が1～3時間おきに1本、とやや不便。街の中心は丘の上にあり、駅前から出るバスで約15分の**イタリア広場**で下車する。

ここからまっすぐ延びるメインストリートの**ヴァンヌッチ通り**は華やかで、高級なブティックやブランドショップが多く目につく。午後から夕方にかけては街中の人が散歩する。通りに面する**プリオーリ宮**の3階は**国立ウンブリア美術館**。ウンブリア派の絵画を中心にルネッサンス絵画が展示してある。

コレッジョ・デル・カンビオ

プリオーリ宮を出るとすぐに**11月4日広場**がある。**カテドラル**を中心に古色を帯びた中世の建物に囲まれ、栄華を誇った都市国家時代を彷彿とさせる。

この広場から**カヴァッロティ広場**へ通じる坂の小道**ヴォルテ通り**も、中世のペルージアの雰囲気をよく伝えている。坂を下ると、歴史はさらに数千年前へとさかのぼり、紀元前に栄えたエトルリア時代の繁栄をいまに残す巨大な石造りの**エトルリア門**が出現する。イタリア広場から徒歩15分の**国立ウンブリア考古学博物館**ではエトルリア時代の美術品を展示している。

いにしえの時代を彷彿とさせる

市外局番は075

アクセス
鉄道 フィレンツェから約2時間。ローマから約2時間30分。

観光案内所
P.za Ⅳ Novembre 3 ☎5723327

市内の交通
駅からイタリア広場までは駅前からバスを利用。所要約15分。乗場のわきにチケット売場がある。往復分を買っておくほうがいい。

市の中心となる11月４日広場

11月４日広場
地図P.251

Piazza IV Novembre ★★

イタリア広場から徒歩5分

古代より続く、政治と宗教の中心地

エトルリア時代から古代ローマ時代、自治都市時代にいたるまで、つねに政治と宗教の中心地としての役割を担ってきた。広場の北側にカテドラル、南側にプリオーリ宮が建ち、中央には大噴水フォンターナ・マッジョーレがある。広場から西に延びるヴォルテ通りには中世の屋敷やアーケードの名残があり、情緒たっぷり。

カテドラル
地図P.251

Cattedrale ★

11月４日広場すぐ

寄せ木細工の聖歌隊席が素晴らしい

1354年に建造されたゴシック様式のカテドラル。増築工事が未完に終わったため、ファサードや外壁にはほとんど装飾が施されていない。ダンテ広場に面した正面扉はバロック様式、堂内に入ると左側廊にサンタネッロ礼拝堂（聖遺物〝聖母マリアの結婚指輪〞は7月30日のみ公開）、右側廊にサン・ベルナルディーノ礼拝堂（フェデリコ・バロッチの祭壇画『キリスト降架』は必見）がある。付属博物館は改装中。

コッレッジョ・デル・カンビオ
地図P.251

Collegio del Cambio ★

11月４日広場すぐ

ルネッサンス文化の遺産

15世紀に建てられた両替商会館。客との取り引きに使われた〝謁見の間〞は、ドメニコ・デル・タッソ作の寄せ木細工装飾やペルジーノとその弟子たち（当時15歳のラファエロも参加したといわれる）によるフレスコ画で飾られている。ヴォールト天井にも注目。

Corso Vannucci 25 ☎5728599

開 9:00〜12:30 14:30〜17:30（冬季は8:00〜14:00 日曜、祝日は9:00〜12:30） 休 月曜、1/1、5/1、12/25 料 Lit.5000

プリオーリ宮
地図P.251

Palazzo dei Priori ★★

11月4日広場すぐ

中世のおもかげ色濃い市庁舎

1293〜1443年に建設されたゴシック様式の館。11月4日広場に面した3連窓が美しい。扇形の正面階段の上に大扉があり、皇帝派の獅子の像と市民派のハゲワシ像が据えられている。大扉の向こうは緩やかなアーチが連続する〝公証人の間〞。2階には14世紀に設置された商人組合の部屋がある。

P.za IV Novembre

開 公証人の間9:00〜13:00 15:00〜19:00

休 月曜（6、7、8月は無休）

4階の国立ウンブリア美術館が見ものだ

サン・ピエトロ教会

Chiesa di San Pietro ★★

イタリア広場から徒歩20分

教会のテラスからの眺めが抜群

サン・ピエトロ門から6月20日通りを下ると、とんがり屋根の鐘楼が見えてくる。10世紀末に創建、ルネッサンス期に改築され、初期キリスト教時代の遺構も残る。堂内は異教徒の古代神殿から運ばれた18本の円柱で3廊に仕切られ、後陣にはイタリア有数の美しさを誇る聖職者席がある。左側廊のヴィービ礼拝堂にはミーノ・ダ・フィエーゾレ作の祭壇彫刻、身廊左手の祭壇にはペルジーノ晩年の作『ピエタ』が飾られている。

開 7:00〜12:00 15:30〜18:30

八角形の鐘楼が美しい

堅牢な印象が強いエトルリア門

エトルリア門　地図P.251
Arco Etrusco ★

11月4日広場から徒歩5分

エトルリア時代の城門

紀元前3～2世紀に建造されたエトルリア城壁の門。フォルテブラッチョ広場に面して建ち、アウグストゥスの門とも呼ばれる。半円形のアーチとその両脇を固める堅牢な塔は当時のまま。上部のアーチはローマ時代に増築されたもので、〝アウグストゥスのペルージア〟という碑文が刻まれている。

フォンターナ・マッジョーレ
Fontana Maggiore ★★

11月4日広場すぐ

11月４日広場にある街のシンボル

13世紀に設置された美しい大噴水。ニコラ・ピサーノ、ジョヴァンニ・ピサーノ親子が噴水盤の製作を担当。水盤は上下2層から成り、下の水盤にはロムルスとレムス、月暦、イソップ物語などを主題にした浮き彫りが施され、上の水盤にはモーゼやキリストの弟子たちを題材にした24体の小像（一部はレプリカ、オリジナルは国立ウンブリア美術館内）が飾られている。

P.za IV Novembre

博物館●美術館

国立ウンブリア美術館
Galleria Nazionale dell' Umbria ★★

11月４日広場すぐ

プリオーリ宮の４階にある美術館

13～18世紀のウンブリア派の絵画と彫刻を中心に、トスカーナ派やシエナ派の作品を展示。とくに注目したいのが、ペルジーノの『死せるキリスト』、フラ・アンジェリコの大多翼祭壇画、サン・フランチェスコの画家による『磔刑図』など。ほかにも、ドゥッチョの『聖母子』やゴッツォリの祭壇画など名作が目白押しだ。

Corso Vannucci ☎5741247 開9:00～13:30 15:00～19:00（日曜、祝日は9:00～13:00） 料Lit.8000

国立ウンブリア考古学博物館　地図P.251
Museo Archeologico Nazionale dell'Umbria ★★

イタリア広場から徒歩15分

旧石器時代からローマ時代の遺物を展示

ウンブリア地方をはじめトスカーナ、マルケ地方などの発掘品を展示。先史時代とエトルリア～古代ローマ時代のセクションに分かれている。なかでも重要な収蔵品とされているのが〝ペルージアの石碑〟と呼ばれるもの。これはエトルリア時代の文化を伝える貴重な文字資料である。

P.za G.Bruno ☎5727141
開9:00～13:30 14:30～19:00（冬季は14:30～18:00 日曜、祝日は9:00～13:00） 休日曜の午後、5/1、12/25 料Lit.4000

ホテル&レストラン — HOTELS & RESTAURANTS

Hブルファニ Brufani	★★★★★L　地図P.251 P.za Italia 12 ☎5732541 FAX5720210 S Lit.21万5000～ T Lit.28万5000～ 24室
Hロカンダ・デッラ・ポスタ Locanda della Posta	★★★★　地図P.251 Corso Vannucci 97 ☎5728925 FAX5728925 S Lit.15万～ T Lit.20万～ 40室
Hラ・ロゼッタ La Rosetta	★★★★　地図P.251 P.za Italia 19 ☎5720841 FAX5720841 S Lit.12万～ T Lit.00万～ 96室
Hフォントゥーナ Fontuna	★★★　地図P.251 Via Bonazzi 19 ☎5722845 FAX5735040 S Lit.9万～ T Lit.18万～ 31室
Hプリオーリ Priori	★★　地図P.251 Via dei Priori ☎5723378 FAX5723213 S Lit.8万5000～ T Lit.12万～ 50室
Rオステリア・デル・バルトロ Osteria del Bartolo	地図P.251 Via Bartolo 30 ☎5731561 営13:00～14:30 20:00～22:30 休日曜 L Lit.5万～ D Lit.7万～
Rイル・カンティノーネ Il Cantinone	地図P.251 Via Ritorta 4-6-8 ☎5734430 営12:30～14:30 19:30～23:00 休火曜 L Lit.1万～ D Lit.2万～

ASSISI アッシジ

人口約2万5000人の小さな街を有名にしているのは、ひとえにサン・フランチェスコ大聖堂だ。「この宗教芸術を見たいがために来た」という観光客があとを絶たない。イタリアの守護聖人である聖フランチェスコの聖地にふさわしく、街は静謐な雰囲気を醸し出している。

市外局番は075

アクセス

乗り換えのため時間に変動あり。
鉄道 フィレンツェから3時間前後(直通もある)。
ローマから2時間半前後。

観光案内所

P.za del Comune 12
✆812534

市内の交通

駅からマッテオッティ広場(またはサン・ピエトロ門広場)まではバスを利用する。チケットは往復買っておくと便利。片道Lit.1200。

宗教芸術の宝庫、サン・フランチェスコ大聖堂を訪ねる

街は**スバージオ山麓**の丘の上に位置している。駅からバスで10分。オリーヴの木立を走り抜け、坂を登った**マッテオッティ広場**が終点。徒歩約5分で街の中心**コムーネ広場**に出る。周辺の街並は、地元のスバージオ山から採れる淡いピンク色の石を用いた建物が並び、中世のおもかげが色濃く残る。レストランやホテルも、大半がこうした石造りの建物だ。旧市街をはりめぐらすような坂や路地に、迷い込みながら散策するのが楽しい。

アッシジ観光の拠点となるコムーネ広場

サン・フランチェスコ大聖堂はコムーネ広場から**サン・フランチェスコ通り** をたどること約10分、突然視界が開け、城塞のような威容を誇る聖堂が見えてくる。聖人の遺骸を納める下堂と儀式用の上堂から成り、下堂から順に上へたどると、ゴシック様式のファサードを筆頭に、フレスコ画など随所に見事な宗教芸術の粋を感じることができる。

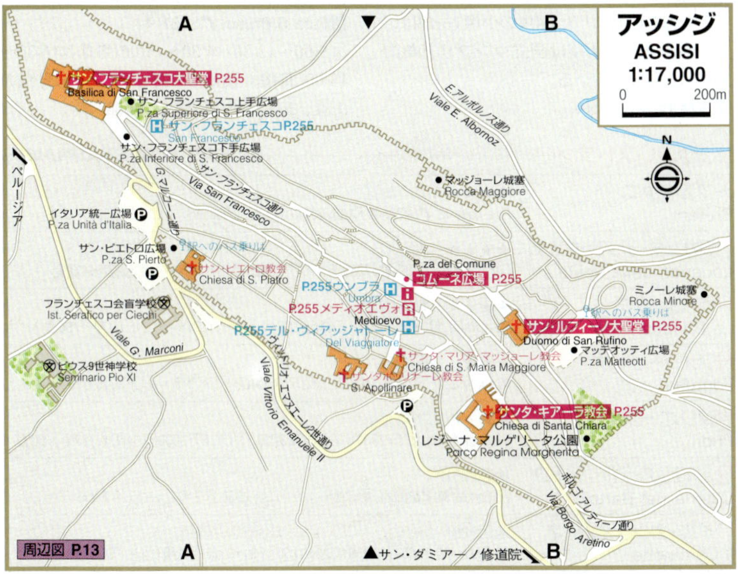

サン・ルフィーノ大聖堂　地図P.254 B
Duomo di San Rufino ★

コムーネ広場から徒歩10分

守護聖人ルフィーノに捧げられたドゥオモ

ファサードに3つのバラ窓を配したロマネスク様式の大聖堂。大扉の両わきに置かれているのは、この教会で洗礼を受けた聖フランチェスコと聖女キアーラの像。そのときの洗礼盤が右側廊の入口にある。付属博物館には聖具や彩色写本、パーチェ・ディ・バルトロのフレスコ画などが展示されている。

付属博物館 開 9:30〜12:00 14:30〜18:00
ドーム 開 7:00〜12:00 14:00〜18:00
休 11月5日〜復活祭の前週 料 Lit.2500

コムーネ広場　地図P.254 B
Piazza del Comune ★

国鉄アッシジ駅からバス*P.za Matteotti*下車、徒歩10分

古代ローマから受け継がれた広場

ローマ時代から街の中心地としての役割を果たしてきた。広場の北側に建つ〝ミネルヴァ神殿〟は紀元前1世紀のもので、コリント式列柱が美しい。南側のプリオーリ宮(1337年創建、現在は市庁舎)には市立絵画館が入り、西側の市立博物館では付近で発掘された古代ローマの遺跡を見学できる。

サンタ・キアーラ教会　地図P.254 B
Chiesa di Santa Chiara ★★

コムーネ広場から徒歩5分

聖女キアーラが眠る教会

13世紀半ばに建立されたゴシック様式の教会。白とピンクの石組によるファサードが印象的。聖女キアーラは名門貴族の地位を捨て、聖フランチェスコの下で一生を神に捧げた。地下にはキアーラの墓があり、サン・ジョルジョ礼拝堂には聖フランチェスコに語りかけたという伝説の十字架像がある。

開 6:30〜12:00 14:00〜18:00

城郭のようにそびえるサン・フランチェスコ大聖堂

サン・フランチェスコ大聖堂　地図P.254 A
Basilica di San Francesco ★★

コムーネ広場から徒歩15分

アッシジを代表する建造物

フランチェスコ会の創始者、聖フランチェスコをまつるため、13世紀に建立。建物は上下2層に分かれ、地下に聖人の墓がある。下堂ではマルティーニやチマブーエらのフレスコ画に注目。上堂ではジョットの連作『聖フランチェスコの生涯』が圧巻だ。

開 日の出〜12:00 14:00 〜日没 休 日曜の午前と宗教祝日。カメラ、ビデオ撮影禁止

サン・ダミアーノ修道院
Convento di San Damiano ★

コムーネ広場から徒歩20分

聖フランチェスコが奇跡を体験

聖女キアーラが1253年に没するまでの40年間を過ごした修道院。キアーラが亡くなった場所は現在、祈禱所になっている。1205年、この修道院にあった十字架像(現在はサンタ・キアーラ教会内)が聖フランチェスコに「私の崩れかけた家を建て直せ」と語りかけ、これにより聖人が宗教的使命に目覚めたといわれている。聖人の叙情詩『被創造物の賛歌』もこの修道院で書かれた。

開 10:00〜12:00 14:00〜18:00

ホテル&レストラン　HOTELS & RESTAURANTS

Hサン・フランチェスコ San Francesco	★★★ 地図P.254 A *Via San Francesco 48* ☎8041622 S Lit.12万5000〜 T Lit.17万〜 45室
Hウンブラ Umbra	★★★ 地図P.254 B *Via degli Archi 6* ☎812240 S Lit.11万〜 T Lit.13万〜 30室
Hデル・ヴィアッジャトーレ Del Viaggiatore	★★ 地図P.254 B *Via Antonio 14* ☎816297 S Lit.6万5000〜 T Lit.8万5000〜 30室
Rメディオエヴォ Medioevo	*Via Arco dei Priori 4/B* ☎813068 地図P.254 B 営 12:00〜14:30 19:30〜21:45 休 日曜のディナー、水曜 L Lit.4万〜 D Lit.6万〜

RAVENNA ラヴェンナ

モザイク美術の傑作が教会の壁を飾り、ビザンチン文化の華やぎをいまに残している。それらの作品の大半は、西ローマ帝国の首都として栄えた黄金時代に誕生したものだ。少なくとも1日はかけて各寺院を巡り、美しいモザイク画の数々を鑑賞したい。

市外局番は0544

アクセス
鉄道 ボローニャから約1時間30分。フェラーラから約1時間。

観光案内所
Via Salara 8/12 ✆35404

市内の交通
徒歩で十分。ただしサンタポッリナーレ・イン・クラッセ教会へは駅からバスを利用。約15分。

モザイク画の最高傑作とダンテゆかりの地を訪ね歩く

駅を出たら大通り**ファリーニ通り**を真っすぐすすみ、**ローマ通り**にぶつかったら左に折れる。約5分で**サンタポッリナーレ・ヌオーヴォ教会**。『東方の三博士と聖女の行列』のモザイク画で有名だ。この教会から約3分の**ダンテの墓**にお参りして、中心部の**ドゥオモ**と**洗礼堂**へ向かう。美しい中庭を持つ八角形をした洗礼堂は、ローマ時代の浴槽跡に建設されたもの。そのクーポラにキリストの洗礼をモチーフにしたモザイク画を見ることができる。洗礼堂に隣接しているのが**ドゥオモ**。ここの礼拝堂にも素晴らしいモザイク画が残されている。

ポポロ広場

いよいよ**サン・ヴィターレ教会**へ足を向ける。西欧でも有数のビザンチン美術の傑作がある教会だ。レンガ造りの簡素な外観だが、内部は装飾の豪華さに圧倒される。旧約聖書を題材にしたモザイク画はとくに有名で、わずかな外光だけを頼りに、熱心に撮影する人の姿が目立つ。郊外の**サンタポッリナーレ・イン・クラッセ教会**へも足を運びたい。

ドゥオモ。隣接して洗礼堂がある

サンタポッリナーレ・イン・クラッセ教会

サン・ヴィターレ教会の内部を飾るモザイク画

サン・ヴィターレ教会

地図P.256

Basilica di San Vitale ★★

ポポロ広場から徒歩5分

ビザンチン芸術の至宝

6世紀前半に建てられた八角形プランの教会（キリスト教で〝8〟という数字は新たなる創造を意味する）。レンガを組んだだけの素っ気ない外観に対し、内部は驚くほど豪華な装飾がなされている。とくにモザイクの素晴らしさは比類ない。内陣の側壁に描かれた『ユスティニアヌス帝とその廷臣たち』と『テオドーラ皇后と女官たち』はビザンチン様式の傑作。前面には旧約聖書の場面を描いたモザイクがある。

開9:00～19:00（冬季は～16:30） 料Lit.5000

ガッラ・プラチーディアの廟

地図P.256

Mausoleo di Galla Placidia ★

ポポロ広場から徒歩5分

モザイクに囲まれて眠る皇帝一族

西ローマ帝国の皇帝ホノリウスの妹、ガッラ・プラチーディアとその一族を葬ったとされる霊廟（5世紀半ばに創建）。青や緑を基調にした美しいモザイクはラヴェンナで最も古いもののひとつ。ヴォールト天井には花や星が描かれ、窓には外光をやわらげる雪花石膏が施されている。

開9:00～19:00（冬季は～16:30） 料Lit.5000

ネオニアーノ洗礼堂

地図P.256

Battistero Neoniano (Battistero degli Ortodossi) ★

ポポロ広場から徒歩5分

古代ローマの浴場跡に建立

ラヴェンナで最も古い（6世紀）建物のひとつで、オルトドッシ洗礼堂とも呼ばれている。古代ローマの八角形の浴場跡に司教ネオーネが創建。堂内には深い青と金のコントラストが鮮やかなモザイクが描かれている。クーポラの絵は十二使徒に囲まれた『キリストの洗礼』。サン・ヴィターレ教会、大司教博物館などとの共通チケットがある。

開9:30～19:00 休日曜、祝日の午後 料Lit.4000

街郊外のサンタポッリナーレ・イン・クラッセ教会

サンタポッリナーレ・イン・クラッセ教会

Basilica di Sant' Apollinare in Classe ★

国鉄ラヴェンナ駅からバスで15分、教会前下車すぐ

東ローマ時代の繁栄を物語る教会

6世紀半ばに建てられたバジリカ式聖堂。市内からS67号線を南へ5kmほど行った田園地帯（このあたりはかつてクラッセという港町だった）のなかにある。身廊は26のアーチを支える大理石の円柱で3廊に仕切られ、6～7世紀に描かれたモザイクが内陣と凱旋門を飾っている。側廊に置かれた石棺は初期キリスト教時代のもの。筒形の鐘楼カンパニーレは11世紀頃に造られた。

開8:30～12:00 14:00～18:30

サンタポッリナーレ・ヌオーヴォ教会

地図P.256

Basilica di Sant' Apollinare Nuovo ★

国鉄ラヴェンナ駅から徒歩5分

モザイクに描かれた聖女たち

5世紀末、ゴート族の王テオドリックによって建立されたバジリカ式聖堂。身廊はコリント式円柱で3廊に仕切られ、左右の壁をモザイクが飾っている。上段の絵はテオドリック時代に描かれたもので、キリストの生涯と預言者たちが題材。下段の絵は左が6世紀中頃の東ローマ時代に描かれた『東方三博士と聖女の行列』、右が『26人の殉教者の行列』。円柱の頭部に施された細工や説教壇の彫刻（6世紀）にも注目したい。

開9:30～19:00 料Lit.4000

モザイク画が有名なサンタポッリナーレ・ヌオーヴォ教会

博物館●美術館

テオドリック王の廟
地図P.256

Mausoleo di Teodorico ★

国鉄ラヴェンナ駅から徒歩5分

東ゴートの王を葬った霊廟

ゴート族の王テオドリック(526年没)が生前に造らせた自分の墓。巨大な石を2段積みにし、その上に直径11mのクーポラ(素材の石はイストリア産)が置かれている。廟内は王の墓とは思えないほど質素な造りで、ロマネスク様式の水盤がある。

開8:30～19:30 料Lit.4000

1321年、ダンテはこの街で死去した

ダンテの墓
地図P.256

Sepolcro di Dante ★

ポポロ広場から徒歩5分

毎年 9 月にセレモニーを開催

故郷フィレンツェを追放された詩人ダンテは、1316年にラヴェンナのとある貴族の家で職を得ることができた。ダンテはそこで『神曲』を書き上げ、1321年9月14日に没した。このモニュメントは彼の死後460年も経過した18世紀末に造られたもの。

開9:00～19:00

国立博物館
地図P.256

Museo Nazionale ★

ポポロ広場から徒歩5分

古代ローマやオリエントの美術品を展示

サン・ヴィターレ教会の左隣、ベネディクト会修道院内にある博物館。古代ローマの遺物からオリエント、ビザンチン、ロマネスク、ルネッサンス美術にいたるまで、多様なコレクションが収められている。8世紀頃の刺繍織物や陶器、象牙細工、古銭などのほか、サン・ヴィターレ教会やサンタポッリナーレ・イン・クラッセ教会関連の展示物もある。パオロ・ベネツィアーノの『十字架磔刑と聖人たち』は断片しか残されていないのが惜しまれる。

Via Fiandrini ✆34424

開8:30～19:30 休月曜 料Lit.8000

大司教博物館
地図P.256

Museo dell' Arcivescovado ★

ポポロ広場から徒歩5分

圧巻はマクシミアヌスの説教壇

ネオニアーノ洗礼堂近くの大司教館内にある博物館。サルストラ塔の中にある大司教マクシミアヌスの説教壇は、細やかな象牙彫刻が施された6世紀の傑作。司教の椅子にキリストの生涯に題材を採った彫刻が刻まれているのも見落とさないように。大司教礼拝堂では小規模ながら鮮やかな色彩のモザイクを見ることができる。

P.za Arcivescovado

開9:30～19:00 料Lit.4000

ホテル&レストラン —— HOTELS & RESTAURANTS

Hジョリー・マメーリ Jolly Mameli	★★★★ 地図 P.256 *P.za Mameli 1* ✆35762 FAX216055 S Lit.16万～ T Lit.19万8000～ 75室
Hビザンツィオ Bisanzio	★★★★ 地図 P.256 *Via Salara 30* ✆217111 FAX32539 S Lit.13万5000～ T Lit.19万8000～ 38室
Hチェントラーレ・バイロン Centrale Byron	★★★ 地図 P.256 *Via Novembre 14* ✆212225 FAX34114 S Lit.8万2000～ T Lit.11万4000～ 50室
Hミネルヴァ Minerva	★★ 地図 P.256 *Viale Maroncelli 1* ✆213711 FAX213711 S Lit.6万5000～ T Lit.10万～ 18室
Rレナート・ガッレリア Renato Galleria	地図 P.256 *Via Mentana 33* ✆213684 営12:00～14:30 19:00～21:30 休無休 L Lit.2万～ D Lit.3万～
Rオステリア・デル・ヴィコロ Osteria del Vicolo	地図 P.256 *Via V. Gabbiani 7* ✆212443 営12:30～15:30 19:30～深夜1:30 休水曜 L Lit.2万～ D Lit.3万～

BOLOGNA ボローニャ

名門ボローニャ大学があり、エミリア・ロマーニャ州の州都であるこの街は、商業都市としての活気に溢れ、食通の天国としても知られている。歴史の遺産を数多く残しながらも伝統に固執するところが少なく、人々はおおらかで明るい。

レンガ色のポルティコ（アーケード）が続く街

駅から**インディペンデンツァ通り**をたどり約15分で街の中心**マッジョーレ広場**。三方を**ポデスタ宮**、**市庁舎**、**サン・ペトロニオ聖堂**に囲まれ、歴史が感じられる一角だ。広場から斜塔へかけては庶民的な商店街が続く。市場が活気を見せ、トラットリアも目白押しだ。そして斜塔へ。**ザンボーニ通り**に入れば**ボローニャ大学**がある。向かいの**国立絵画館**ではボローニャ派の絵画を鑑賞したい。

斜塔から眺めるボローニャの街並

市外局番は051
アクセス 鉄道 フィレンツェから約1時間。ミラノから約2時間。
観光案内所 P.za Maggiore 6
☎239660

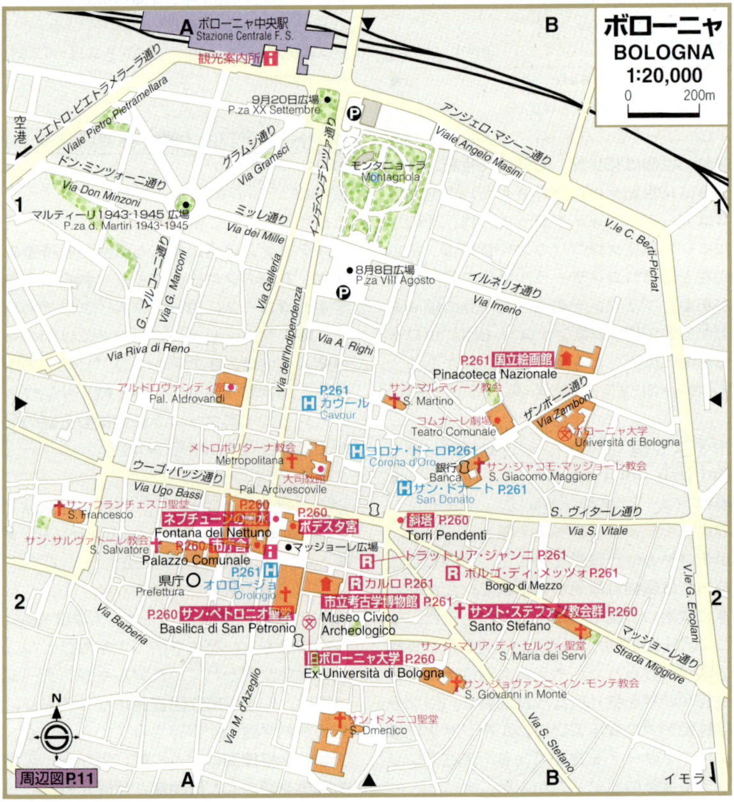

ボローニャ観光のスタート地点はこの噴水から

ネプチューンの噴水　地図P.259 A-2
Fontana del Nettuno ★★

国鉄ボローニャ駅から徒歩15分

海神ネプチューンが広場を見守る

市庁舎とエンツォ王の館に挟まれたネプチューン広場にある16世紀の大噴水。トンマゾ・ラウレーティがデザインした美しい噴水を飾るのは、フランドル出身の彫刻家ジャンボローニャの手になるブロンズ製の群像。最上部で三つ叉の矛を手にしている巨人像は海神ネプチューン、下部で乳房を隠しているのは海の精霊セイレーン。イルカに乗った子供たちの彫像が愛らしい。

市庁舎　地図P.259 A-2
Palazzo Comunale ★

ネプチューンの噴水から徒歩1分

ボローニャの芸術を凝縮した建物

建物の左側は13世紀、右側は15世紀、玄関部分は16世紀半ばに建造された。玄関の扉口はガレアッツォ・アレッシの作、その上にローマ教皇グレゴリウス13世の像、さらに左上にニコロ・デッラルカ作の聖母子像がある。ブラマンテの造った中庭の階段を上がると2階に豪華なサロン、3階にボローニャ派の絵画などを展示した広間がある。

開10:00～18:00(日曜は～12:30)　休火曜、祝日　料Lit.5000

ポデスタ宮　地図P.259 A-2
Palazzo del Podestà ★

ネプチューンの噴水から徒歩1分

自治都市時代の行政長官の館

ポデスタとは行政長官のこと。かつて自治都市では議会制政治が営まれていたが、ときに政治に混乱をきたすことがあった。そこで、一定期間だけ行政を仕切る行政長官の職が設けられた。ポデスタ宮はその行政長官が執務を執り行なった建物だ。1階部分は柱廊形式になっていて、ルネッサンス様式のファサードを支えている。現在はショップや会社のオフィスが入居。

サン・ペトロニオ聖堂　地図P.259 A-2
Basilica di San Petronio ★★

ネプチューンの噴水から徒歩2分

イタリア最大規模を目ざした聖堂

14世紀の建築家アントニオ・ディ・ヴィンチェンツォの設計で建設が始まったが、財政難などの理由から工事が中断。ローマのサン・ピエトロ寺院を凌駕する大聖堂になる計画だったが、実現されなかった。見どころは、中央扉を飾るヤコポ・デッラ・クエルチャの浮き彫りと堂内にあるフレスコ画。15世紀のパイプオルガンも珍しい。

斜塔　地図P.259 B-2
Torri Pendenti ★★

ネプチューンの噴水から徒歩5分

ポルタ・ラヴェニャーナ広場の2本の塔

12～13世紀に権力争いをしていた皇帝派と教皇派は競って高い塔を建てたが、これもその名残。高さ約97mのアジネッリの塔は登頂が可能で、見晴らしも抜群。背の低いガリセンダの塔は3m以上傾いている。

アジネッリの塔開9:00～18:00(冬季は～17:00)　料Lit.3000

サント・ステファノ教会群　地図P.259 B-2
Santo Stefano ★

ネプチューンの噴水から徒歩10分

エルサレムのイエスの霊廟を模倣

聖ステファノ広場に集まる教会と礼拝堂の総称。右端のクローチフィッソ教会から見学すればコースに沿ってスムーズにまわれる。隣のサン・セポルクロ教会には街の守護聖人ペトロニオの墓があり、〝ピラトの中庭〟と博物館へ通じている。続くサンヴィターレ・エ・アグリコラ教会は教会群のなかでは最古(8～11世紀)の教会。

旧ボローニャ大学(アルキジンナージオ宮)　地図P.259 A-2
Ex-Università di Bologna (Palazzo dell'Archisinnasio) ★

ネプチューンの噴水から徒歩5分

17～18世紀の学芸都市の中心地

11世紀に創立されたボローニャ大学はヨーロッパで最も古い歴史を持つ大学のひとつ。大学本部が置かれていたアルキジンナージオ宮は、いまは**市立図書館**になっており、昔の解剖学教室が保存されている。現在、大学の中枢機関はポッジ館に置かれ、大学の歴史を紹介した**博物館**が設置されている。

博物館●美術館

国立絵画館
地図P.259 B-1

Pinacoteca Nazionale ★★

ネプチューンの噴水から徒歩10分

ボローニャ派の作品が充実

斜塔の建つポルタ・ラヴェニャーナ広場から北東に延びるザンボーニ通り沿いにある。この絵画館では14～18世紀のボローニャ派の作品を中心にイタリア絵画の変遷をたどることができる。館内は3つのセクションに分かれ、最初の数部屋では初期ボローニャ派の作品を展示。鮮やかな色使いを特徴とする作風で、ヴィターレ・ダ・ボローニャのフレスコ画が素晴らしい。続くルネッサンス絵画の部屋ではラファエロの『聖チェチーリアの法悦』に注目。最後のバロック絵画の部屋ではカッラッチ家の画家たちによる一連の作品が見応え十分だ。

Via delle Belle Arti 56 ☎243222
開 9:00～14:00(日曜、祝日は～13:00)
休 月曜 料 Lit.6000

ボローニャ派の作品が充実している

中部イタリアのエトルリア文化の遺物を展示

市立考古学博物館
地図P.259 A-2

Museo Civico Archeologico ★

ネプチューンの噴水から徒歩5分

ボローニャゆかりの遺物を展示

アルキジンナージオ宮の隣にある博物館。先史時代の洞窟から出土した品やヴィッラノーヴァ時代の副葬品、エトルリア時代からローマ時代にかけての遺物などを展示。古代エジプトや古代ギリシアの美術コレクションを展示した部屋もある。

開 9:00～14:00(土・日曜、祝日は9:00～13:00 15:30～19:00) 休 月曜、12月25日 料 Lit.8000

タペストリー博物館

Museo Storico-Didattico della Tappezzeria ★

街の中心部からバスで15分

珍しい織物や手工芸の歴史を紹介

学芸都市ボローニャにはさまざまな美術館や博物館があるが、ここは古い年代のタペストリーを集めた珍しい博物館。17～19世紀に作られたボローニャのダマスコ織りや東洋の織物などが展示されている。

開 9:00～13:00 (木曜9:00～13:00 15:00～18:00) 休 月曜 料 Lit.5000

ホテル&レストラン — HOTELS & RESTAURANTS

Hサン・ドナート San Donato	★★★★ 地図P.259 B-2 Via Zamboni 16 ☎235395 FAX230547 S Lit.16万～ T Lit.21万～ 59室
Hコロナ・ドーロ Corona d'Oro	★★★★ 地図P.259 A-2 Via Oberdan 12 ☎236456 FAX262679 S Lit.29万～ T Lit.42万～ 35室
Hカヴール Cavour	★★★ 地図P.259 A-2 Via Goito 4 ☎228111 FAX222978 S Lit.10万～ T Lit.14万～ 30室
Hオロロージョ Orologio	★★★ 地図P.259 A-2 Via IV Novembre 10 ☎231253 FAX260552 S Lit.15万～ T Lit.23万～ 29室
Rボルゴ・ディ・メッツォ Borgo di Mezzo	Via Maggiore 19 ☎232675 地図P.259 B-2 営 12:00～14:45 19:30～22:45 休 日曜 L Lit.2万～ D Lit.3万～
Rカルロ Carlo	Via Marchesona 6 ☎233227 地図P.259 A-2 営 12:30～14:45 19:30～22:00 休 火曜 L Lit.2万～ D Lit.3万～
Rトラットリア・ジャンニ Trattoria Gianni	Via Clavature 18 ☎229434 地図P.259 B-2 営 12:30～14:30 19:30～22:30 休 月曜 L Lit.3万～ D Lit.5万～

FERRARA フェラーラ

ルネッサンス期に宮廷都市として栄えた街。1267年に文芸擁護者の一族といわれるエステ家の所領となって以来、芸術家への惜しまぬ助力により、ルネッサンス文化の中心地として発展していった。街はその時代を受け継ぐ品格あるたたずまいを残している。

市外局番は0532

アクセス
鉄道 ボローニャから約30分。

観光案内所
Corso Giovecca 21 ☎209370

市内の交通
駅からエステンセ城まで徒歩約20分。駅前からバスを利用しても行ける。

エステ家の擁護によって華やいだ宮廷文化の数々

駅から旧市街までは徒歩約20分。中心街へ延びる**カヴール通り**は、車の往来は頻繁だが並木の美しい広々とした歩道が続く。やがてパラッツォの並ぶ**エルコレ1世通り**と交わる角に**エステンセ城**。周囲に堀を巡らせ、中世の要塞としての力強さを見せる城は、かつてのエステ家の居城だ。周囲には市場やカフェ、ブティックが並び、あたかも中世の生活がそこにあるようだ。城の斜め向かいには**カテドラル**が建つ。ここからカテドラルわきの道を東へ進むと、商店の賑わいから閑静な住宅街へと景観が変わってゆく。見どころは順に**コルプス・ドミニ修道院**、**ロメイの家**、**スキファノイア宮**にいたる。ここでいったんエステンセ城に戻り、エルコレ1世通りの**ディアマンティ宮**では、フェラーラ派の絵画を鑑賞したい。

ディアマンテ宮内にある国立絵画館

大理石の外観が素晴らしい

カテドラル　地図P.262 B-1
Cattedrale ★★

国鉄フェラーラ駅から徒歩20分

フェラーラ派の作品を付属美術館に収蔵

ロマネスク様式とゴシック様式がミックスしたロンバルディア様式の大聖堂。入口左手の階段を上がると付属博物館があり、ヤコポ・デッラ・クエルチャの彫刻やコスメ・トゥーラの絵が展示されている。

開10:00〜12:00 15:00〜17:00 休日曜、祝日

ディアマンティ宮　地図P.262 B-1
Palazzo dei Diamanti ★

カテドラルから徒歩10分

国立絵画館の設置された宮殿

外壁を覆う切り石の先端がダイヤモンドのようにカットされているところから名付けられた。宮殿内の**国立絵画館**は、14〜16世紀のフェラーラ派の作品を中心に展示。13世紀のビザンチン美術も見逃せない。

Via Ercole I d'Este 21 ☎205844

国立絵画館開9:00〜14:00（日曜、祝日は〜13:00）休月曜 料Lit.8000

スキファノイア宮　地図P.262 B-2
Palazzo Schifanoia ★★

カテドラルから徒歩10分

エステ家ゆかりの美術品を展示

15世紀にエステ家の住人が日常から逃避するために利用した別荘。現在は市立美術館が入っており、領主ボルソ・デステの生涯を描いたフレスコ画の傑作を展示している。

Via Scandiana 23 ☎64178

開9:00〜19:00 料Lit.6000

ロメイの家　地図P.262 B-2
Casa Romei ★

カテドラルから徒歩7分

サヴォナローラ通りの貴族屋敷

ルネッサンス初期の貴族たちの栄華がしのばれる屋敷。四方を回廊に囲まれ、中央に小さな中庭がある。各部屋に14〜15世紀のフレスコ画や16世紀の家具、調度品を展示。

開8:30〜19:00 休月曜 料Lit.4000

エステンセ城　地図P.262 B-1
Castello Estense ★★

カテドラルから徒歩1分

エステ家の栄光を物語る

13〜16世紀にフェラーラを支配したエステ家の城。フィリッポ、フィリッピーノ・リッピ親子のフレスコ画で飾られた部屋や地下牢、空中庭園などが見学できる。

開9:30〜17:30

休月曜 料Lit.6000

ルドヴィコ・イル・モーロ宮　地図P.262 B-2
Palazzo di Ludovico il Moro ★

カテドラルから徒歩10分

ルネッサンス時代の中庭が美しい

15世紀末にベアトリーチェ・デステの夫だったミラノの領主ルドヴィコ・スフォルツァが建てたとされていたが、現在この説は否定されている。2階は**国立考古学博物館**。

開9:00〜18:00

コルプス・ドミニ修道院　地図P.262 B-2
Corpus Domini ★

カテドラルから徒歩8分

エステ家の墓がある修道院

アルフォンソ1世やルクレツィア・ボルジアをはじめ、歴代エステ家の当主や夫人が葬られている。見学するときはクララ女子修道会まで申し込む。

Via Pergolato 4 ☎207825

開9:30〜12:00 16:00〜17:30 休土・日曜、祝日

ホテル&レストラン — HOTELS & RESTAURANTS

Hツーリング Touring	★★★ 地図P.262 A-1 *Viale Cavour 11* ☎206200 FAX212000 S Lit.11万〜 T Lit.17万5000〜 56室
Hカールトン Carlton	★★★ 地図P.262 A-1 *Via Garibaldi 93* ☎205904 FAX205766 S Lit.8万〜 T Lit.12万〜 58室
Rチェントラーレ Centrale	地図P.262 B-1 *Via Boccaleone 8* ☎206735 営12:30〜14:15 19:45〜21:30 休日曜 L D Lit.5万〜

PARMA パルマ

パルマが栄えた時代は大きく分けて3つある。11〜13世紀は自治都市として、16世紀はファルネーゼ家の統治下によるパルマ公国として、18世紀はブルボン家の支配下のもとにフランスの文化が運ばれた。現在は食品ことに生ハムとチーズの街として有名だ。

市外局番は0521

アクセス
鉄道 ボローニャから約50分。ミラノから約1時間。

観光案内所
P.za del Duomo 5 ✆234735

市内の交通
徒歩で十分。観光は半日をめどに。

パルミジャーノチーズと生ハムの故郷

スタンダールの小説『パルムの僧院』の舞台として知られる街だが、実際に街にくり出すと、グルメの街という印象のほうを強く受けてしまう。駅を出るや軒を連ねる商店には、パルマ名物の生ハムがぶらさがり、ショーケースには名物パルミジャーノ・チーズがずらり。総菜屋を覗けば驚くほど多種多様なアンティパストやパスタ、肉に魚料理。そこからたちのぼるニンニクやオリーヴオイルの匂いに溜め息が漏れる。駅から徒歩10分、やがて**パーチェ広場**に面して**ピロッタ宮**が出現する。ここでは2階の**考古学博物館**、3階の**国立絵画館**と**ファルネーゼ劇場**が見学できる。できればすべて入場したいが、もし時間がなければ劇場の入場をすすめたい。ヴィチェンツァのオリンピコ劇場にならって1619年に造られた、かつての栄華をしのばせる木造建築だ。次は**ドゥオモ広場**へ。コレッジョの天井画で有名な大聖堂と隣接して八角形の**洗礼堂**が建ち、いずれも淡いピンク色の外壁で造られソフトな印象を受ける。ドゥオモの裏手には**サン・ジョヴァンニ・エヴァンジェリスタ教会**が建ち、ここでもコレッジョの天井画が鑑賞できる。売店では教会内で作ったハーブやポプリ、香辛料を販売している。

食と芸術の都パルマの旧市街

サン・ジョヴァンニ・エヴァンジェリスタ教会

ドゥオモ
地図P.264

Duomo ★★

ピロッタ宮から徒歩10分

クーポラのフレスコ画に注目

12世紀を飾るロンバルディア様式(ロマネスク様式とゴシック様式が混在したもの)の傑作。右手に建つ鐘楼は13世紀末、自治都市時代の建造物。堂内のクーポラにはコレッジョの作と伝えられるフレスコ画『聖母被昇天』が描かれている。マリアが雲の中を昇天していく幻想的な光景だ。

開9:00〜12:00　15:00〜19:00

洗礼堂
地図P.264

Battistero ★★

ピロッタ宮から徒歩10分

夕陽に映えるバラ色の大理石

ドゥオモと美しい調和をなす八角形の建物。ヴェローナ産のバラ色の大理石で組まれている。アーチを飾る浮き彫りはパルマの彫刻家アンテラーミの作。堂内にも月暦や四季を題材にした浮き彫り作品がある。

開9:00〜12:30　15:00〜18:00　料Lit.3000

サン・ジョヴァンニ・エヴァンジェリスタ教会
地図P.264

Chiesa di San Giovanni Evangelista ★

ピロッタ宮から徒歩10分

17世紀の鐘楼が建つ教会

バロック様式のファサードを持つルネッサンス建築。クーポラの天井に描かれたフレスコ画はコレッジョの作。聖ヨハネが見たという幻そのままに、キリストが11人の使徒に囲まれて昇天していく様子が描かれている。隣はベネディクト会の古い薬局。

開6:30〜12:00　15:30〜20:00

ピロッタ宮２階にある国立考古学博物館

ピロッタ宮
地図P.264

Palazzo della Pilotta ★

国鉄パルマ駅から徒歩10分

博物館と美術館のある宮殿

パーチェ広場に建つ宮殿。16世紀の領主ファルネーゼ家が1583年から1622年にかけて建造した。ピロッタとは当時貴族の間ではやっていた遊び。現在、宮殿内には博物館と美術館、古文書館、劇場が入っている。**考古学博物館**はファルネーゼ家、ゴンザーガ家の収集した美術品やパルマ地方の出土品を展示。**国立絵画**ではレオナルド・ダ・ヴィンチのデッサンやパルマ派の画家を中心とする作品を見ることができる。

開9:00〜13:45(考古学博物館は〜13:30)　休月曜　料考古学博物館Lit.4000　国立絵画館Lit.1万2000

コレッジョの部屋
地図P.264

Camera del Correggio(Camera di S.Paolo) ★

ピロッタ宮から徒歩3分

コレッジョの天井画に見惚れる

古くはサン・パオロ修道院の食堂として使われたため、別名サン・パオロの部屋。コレッジョの部屋と呼ばれるわけはヴォールト天井のフレスコ画にある。コレッジョはそこに神話に題材を求めた数々の装飾画(美少年アドニスや狩猟の神ディアナなど)を描いた。

開9:00〜13:45　料Lit.4000

ホテル&レストラン　HOTELS & RESTAURANTS

Hパレス・ホテル・マリア・ルイジア Palace Hotel Maria Luigia	★★★★　地図P.264 *Viale Mentana 140* ☎281032 FAX231126 S Lit.18万〜 T Lit.26万5000〜 105室
Hパーク・ホテル・スタンダール Park Hotel Stendhal	★★★★　地図P.264 *Via Bodoni 3* ☎208057 FAX285655 S Lit.16万5000〜 T Lit.25万4000〜 60室
Hサヴォイ Savoy	★★★　地図P.264 *Via Settembre 3/4* ☎281101 FAX281103 S Lit.10万5000〜 T Lit.15万5000〜 27室
Hトリノ Torino	★★★　地図P.264 *Via Mazza 7* ☎281046 FAX230725 S Lit.9万5000〜 T Lit.14万5000〜 33室
Rガッロ・ドーロ Gallo d'Oro	*Borgo della Salina 3* ☎208846 地図P.264 営12:00〜14:30　19:30〜23:00 休日曜 L Lit.3万〜 D Lit.5万〜
Rトラットリア・コッリエリ Trattoria Corrieri	*Via Conservatorio 1* ☎234426 地図P.264 営12:00〜14:30　19:30〜22:30 休日曜 L Lit.3万〜 D Lit.5万〜

中部のその他の街

ルネッサンス絵画を思わせるフィエーゾレのパノラマ、中世のおもかげ色濃いルッカの街、フェラーリの故郷マラネッロ、山岳の小さな共和国サン・マリノ、アドリア海の人気リゾート地リミニ。イタリア中部にはまだまだ見逃せない観光スポットが目白押しだ。

フィエーゾレ

Fiesole ★★

バス フィレンツェから30分

フィレンツェの母と呼ばれる街

フィレンツェの北東 8 km、標高300mの丘の上にある風光明媚な街。ローマ時代はこの地域の中心都市だったが、12世紀にフィレンツェに征服された。**考古学地区**には、古代ローマの神殿、劇場、浴場跡が残り、自由に散策できる。**考古学博物館**もあり、見応え十分。そのほか、**ミーノ広場**(ローマ時代のフォロ)に建つ**ドゥオモ**と優美な**プレトリオ宮**、高台の上の**サン・フランチェスコ教会**、トスカーナ派絵画の名作を集めた**バンディーニ美術館**などが見どころ。

丘の上にある美しい街

ルッカ

地図P.10 B-3

Lucca ★★

鉄道 フィレンツェから1時間30分

作曲家プッチーニの生まれた城壁都市

セルキオ川左岸の肥沃な平野部に位置するトスカーナ州都。16〜17世紀に築かれた城壁がぐるりと街を取り囲み、古い都市国家のおもかげをよくとどめている。ルッカの旅はその城壁の上に整備された散歩道から始めるとよい。街なかでは、伝説の十字架像〝聖なる顔〟を収めた**ドゥオモ**、ピサ・ルッカ様式の**サン・ミケーレ・イン・フォロ教会**、ロマネスク様式の洗礼盤が残る**サン・フレディアーノ教会**、中世のたたずまいそのままの**グイニージ通り**を訪ねたい。

モデナ

地図P.10 B-3

Modena ★★

鉄道 ミラノから2時間

エステ家の偉大なる遺産

世界的オペラ歌手パヴァロッティの出身地であり、近郊にはフェラーリ工房を有する自動車産業の街**マラネッロ**がある。モデナ最大の見どころは13世紀末より17世紀までこの地を支配したエステ家の文化遺産。18世紀の**ムゼイ宮**には一族が収集した美術品と書籍のコレクションが、**ローマ広場**には気品と威厳に満ちた17世紀の宮殿、**ドゥカーレ宮**(見学は要予約 ☎225671)がある。

サン・マリノ

地図P.11 C-3

San Marino ★★

鉄道 ヴェネツィアから1時間40分

美しい切手とコインの街

世界で5番目に小さな国サン・マリノ共和国の首都。標高739mのティターノ山頂に位置し、眼下には街と平野の壮大なパノラマが広がる。国のシンボルでもある3つの城塞のほか、14世紀の**サン・フランチェスコ教会**と同名の**博物館**、リベルタ広場の**政庁舎**、フェラーリ伝説の名車を集めた博物館**マラネッロ・ロッソ・コレクション**は必見。

リミニ

地図P.11 C-3

Rimini ★★

鉄道 ミラノから4時間

太陽と海の楽天地

アドリア海屈指の人気リゾート地。夏のバカンス・シーズンには南国の太陽が降りそそぎ、夜は歌と踊りの饗宴に明け暮れる。ローマ時代から交通の要衝として栄え、紀元前27年の**アウグストゥスの門**やティベリウス帝時代の**橋**がいまも残っている。街のシンボルでもある**マラテスティアーノ寺院**は、ダンテが『神曲』のなかでその残忍さを物語ったマラテスタ家の菩提寺だ。

イタリア映画

イタリア映画には社会や家族、人間の内面の問題を深く掘り下げた名作が多い。戦後から'90年代の映画の数々を鑑賞すると、イタリアの実像が見えてくる。

ロッセリーニからベルトルッチまで

イタリア映画の黄金時代は、第二次世界大戦後、ネオレアリズモにより幕を開ける。客観的視点で現実社会を描くこの手法の代表作には、**ロッセリーニ**の**『無防備都市』**、**デ・シーカ**の**『自転車泥棒』**がある。'50年代後半には、社会的視点を重んじるネオレアリズモに、人間の内面を見据える手法が加わる。**ヴィスコンティ**の**『夏の嵐』**、**フェリーニ**の**『道』**、**ジェルミ**の**『鉄道員』**などがこの時期に生まれた。イタリアが急速な経済発展を果たした'60年代になると、各監督が'50年代に示した方向性が強まり、映画が芸術としての深化をみた。フェリーニは**『甘い生活』『8 1/2』『サテリコン』**で現代社会への鋭い批判や視点をファンタジックに表現する独特の手法を築き、**アントニオーニ**は**『太陽はひとりぼっち』『赤い砂漠』**で深い心理描写を、ヴィスコンティは**『山猫』『地獄に堕ちた勇者ども』**で耽美的なリアリズムを確立した。'60年代後半から'70年代は、新しい才能が台頭する。**『暗殺のオペラ』『1900年』『ルナ』『ラスト・エンペラー』**の**ベルナルド・ベルトルッチ**、**『特別な一日』『ラ・ファミリア』**の**エットーレ・スコラ**、**『サン・ロレンツォの夜』『カオス・シチリア物語』**の**タヴィアーニ兄弟**らが現れ、イタリアの現代史を背景に数々の人間ドラマを誕生させた。また**パゾリーニ**は遺作**『ソドムの市』**を発表し、過激な描写で社会に衝撃を与えた。

グリマルディ監督の『シチリアの娼婦たち』

イタリアン・ニューシネマの誕生

低迷がささやかれた'80年代を経て、90年代はイタリアン・ニューシネマと呼ばれる時代を迎えている。この潮流の中心となっているのは30、40代の若手監督たちだ。'80年代末**『マラケシュ・エクスプレス』**で注目された**サルヴァトレス**は、イタリアの団塊の世代の社会との葛藤を描き、同世代の共感を得ている。1991年の**『エーゲ海の天使』**は翌年のアカデミー外国語映画賞を受賞した。**『僕のビアンカ』『親愛なる日記』**の**ナンニ・モレッティ**は、現代社会に生きる人間の不安を軽妙なアイロニーをもって描く監督。若い世代の圧倒的な支持を受け、最近は日本にもファンが増えている。**『ニュー・シネマ・パラダイス』**の**トルナトーレ**は、故郷シチリアからイタリアが抱える問題を見つめ続ける。1995年の**『明日を夢見て』**ではマフィアの影が覆い、本土との経済格差に悩むシチリアの現実を淡々と撮り話題を呼んだ。

新作を発表するたびにイタリアの映画興行収入をぬりかえているのは、**ロベルト・ベニーニ**だ。扱うテーマがイタリア固有の問題のため日本公開作品が少ないが、イタリアでは国民的な人気を得ている。監督・脚本・主演を一人で手がけ、マフィアや政府をこきおろすタブーを洒脱な笑いのなかでやってのける。**『ジョニーの事情』『Mostro』**が最近の代表作。1996年日本でロングランを続けた**『イル・ポスティーノ』**に主演した**マッシモ・トロイージ**は、'80年代ベニーニと共同で映画を作るなど、監督としても活動していた。急逝の報もあいまって日本ではシャイな郵便配達人のイメージが定着したが、彼の本領はナポリ喜劇の正統を継ぐ軽妙な喋りと身のこなしだ。ほかに、小児精神病棟を舞台に"癒し"を描いた**『かぼちゃ大王』**の**アルキブジ**、**『小さな旅人』**の**アメリオ**も21世紀を担う監督たちだ。

イタリアの文学

イタリア文学は、叙事詩と叙情詩を軸にイタリア共通語の完成を目ざすことで発展し、14世紀には、ダンテ、ペトラルカ、ボッカチオの三大作家が登場する。

中世の文学

ラテン語が公用語として用いられていたイタリアでは、一般庶民が理解できるような文学は長らく誕生しなかった。俗語による作品が登場し始めるのは、13世紀になってからのことだ。

アッシジの**聖フランチェスコ**が『**被創造物の歌**』をウンブリア方言で著した頃(13世紀前半)、北イタリアの吟遊詩人とシチリアの宮廷詩人がプロヴァンス語とイタリア俗語の融合を試みた。

彼らはイタリアの共通語を作り出すことはできなかったが、シチリアで生まれたソネット(14行詩)は、いまも永遠の詩型として受け継がれている。

三大作家の誕生

詩を中心に発展してきた文学界は、14世紀に3人の偉大な作家を生んだ。フィレンツェ共和国の政争に巻き込まれ、苦難の流刑生活を送っていた**ダンテ**は、地獄、煉獄、天国の3編からなる『**神曲**』を書きあげ、ヨーロッパ人の死生観に大きな影響を与えた。ダンテと同時代に生きた**ペトラルカ**も336編の詩からなる『**カンツォニエーレ**』で不動の名声を獲得し、その後、ペトラルカ風ソネットはヨーロッパ詩壇に一大潮流を作り上げた。

一方、ダンテに傾倒していた**ボッカチオ**は『**デカメロン(十日物語)**』の成功で自らも文学界の頂点に立ち、イタリア散文の父と呼ばれた。

14世紀頃から盛んになったイタリア文学

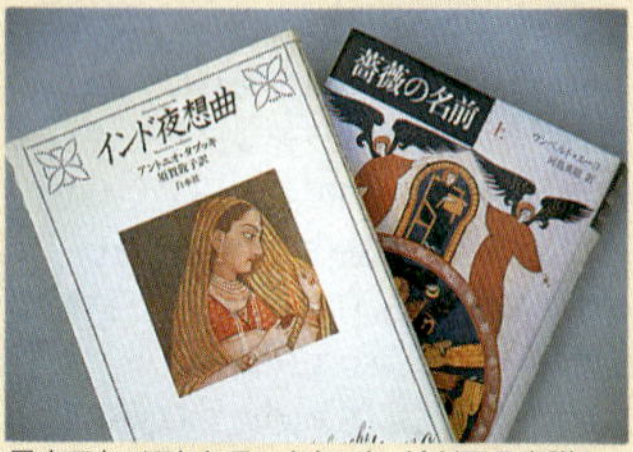
日本でもベストセラーとなったイタリアの小説

ルネッサンス期の文学

文人たちが宮廷に手厚く保護されたルネッサンス期には、数多くの名作が生まれた。とくにフィレンツェのメディチ家とフェラーラのエステ家のもとには多くの才能が集まり、**プルチ**の『**大モルガンテ**』、**アリオスト**の『**狂気のオルランド**』などの名作が生まれた。

同じく、メディチ家に仕えた**マキャヴェリ**は『**君主論**』で一世を風靡し、権謀術策を弄するマキャベリズムは各国の政治家を大いに刺激した。

18世紀から現代までの文学

18世紀にはイタリア喜劇や悲劇など演劇部門に習作が生まれ、19世紀にはロマン主義作家の**マンゾーニ**が『**いいなずけ**』でスペイン支配に苦しむ民衆の姿を描いて、国民的人気を得た。詩人のレオパルディは膨大な作品群を発表して、ダンテ、ペトラルカと並ぶイタリア三大詩人のひとりに称された。

20世紀には、ファシストの詩人**ダヌンツィオ**による多彩な文芸活動が展開されたのち、**サーバ**、**ウンガレッティ**、**モンターレ**、**クワジーモド**の4大叙情詩人が活躍した。一方、散文の世界では**パヴェーゼ**や**ヴィットリーニ**がファシズムに抵抗し、**モラヴィア**はヨーロッパ初の実存主義的作品『**無関心な人々**』を著した。最近では、リアリズムから幻想的作風へ転じた**カルヴィーノ**や『**フーコーの振り子**』が驚異的ベストセラーとなった**ウンベルト・エーコ**、**アントニオ・タブッキ**らの活躍が目立っている。

ミラノ、ヴェネツィアと北部の街

イタリアン・ファッションの発信地ミラノと水の都ヴェネツィアを中心に、パドヴァやヴィチェンツァ、ヴェローナなど、古代ローマや中世のおもかげを残す小さな街が点在する。スイスやオーストリアと国境を接して、アルプスの山々を背景にした田園風景も美しく、湖水地方には静かなリゾートの街がたたずんでいる。

イタリア北部
旅と滞在

パダナ平野を流れる大河ポー川以北はイタリアで最も豊かな地域だ。肥沃な土地に恵まれ、古くから農業が発達。20世紀には工業、金融業によってイタリア経済の中心となった。ルネッサンス期には都市国家として栄えた街が多く、美術品や建築にも第一級のものが残る。

アクセス

空路 ミラノへは日本から直行便があり、約12時間30分。ヨーロッパ諸国、イタリア国内からはミラノ、トリノ、ヴェネツィア、トリエステなどおもな街に直行便が頻繁に出ている。所要約1～3時間。

鉄道 スイスのチューリッヒからミラノまで特急で約4時間30分。ローマからミラノへ特急で約5時間。ローマからヴェネツィアへ特急で約5時間。

アディジェ川沿いにたたずむ古都ヴェローナ

パドヴァ大学ではガリレオも教鞭をとった

国境の街トリエステは青い海に面する

20世紀の発展を支えたロンバルディア州とピエモンテ州

北部の州の多くは近隣の国々と国境を接している。西のフランス国境に面するのはピエモンテ州だ。州都**トリノ**はイタリア統一運動の中心になった街。1861年に成立したイタリア王国の首都は、最初ここに置かれた。現在はフィアット社の本拠地として自動車産業が盛んだ。トリノの南東には発泡性ワインで有名な街**アスティ**があり、毎年秋にワイン祭りが行なわれる。その北のヴァッレ・ダオスタ州は自然の宝庫。スイスとの国境にアルプスの山々がそびえ、麓の村には野生のカモシカも現れる。州都**アオスタ**は古代ローマの遺跡で名高い。近くの山は冬場スキー客で賑わい、とくに**クールマイヨール**と**チェルヴィニア**が人気だ。

その東にはロンバルディア州が広がる。州都**ミラノ**は経済の中枢としての役割と、スカラ座やブレラ美術館を抱える文化都市の顔を併せ持つ。近郊にはヴァイオリンの街**クレモーナ**、中世の街**ベルガモ**、北部ルネッサンスの中心地**マントヴァ**など魅力的な街が点在する。また、スイス国境近くにはリゾート地、**マッジョーレ湖**や**コモ湖**が横たわる。

運河の街ヴェネツィアには一年中観光客の姿が絶えない。街の移動はヴァポレットと呼ばれる水上バスが便利だ。情緒溢れる名物のゴンドラにもぜひ乗ってみたい

都市国家時代に栄えたヴェネト州の街々

東側の中心はヴェネト州だ。州都は〝地中海の女王〟として栄えた**ヴェネツィア**。運河が街を巡る本島には共和国時代の壮麗な館が残り、時を遡るかのような錯覚を覚える。仮面カーニバルなど季節ごとの祭りも楽しい。近くには大学と巡礼の街**パドヴァ**、天才建築家パッラーディオによる建物が並ぶ**ヴィチェンツァ**がある。アディジェ川が流れる**ヴェローナ**は古代遺跡と中世の建築物が美しく調和する街。夏には古代の円形劇場アリーナで、オペラを中心とした音楽祭が催される。『ロミオとジュリエット』の舞台となったのもここだ。その北、オーストリア国境にはトレンティーノ・アルト・アディジェ州がある。州都は岩山に囲まれた**トレント**。16世紀の宗教会議、トレント公会議で有名な街だ。その北一帯は雄大な**ドロミテ渓谷**がそびえる。州の産業としてはリンゴ栽培が名高く、リンゴのグラッパなど珍しいお酒もある。イタリアの東端、スロヴェニアと国境を接するのはフリウリ・ヴェネツィア・ジュリア州。州都**トリエステ**は貿易港として栄えている。

移動とプラン

北部には鉄道が網の目のように走り、特急の本数も多い。移動は比較的楽だ。ただ、山岳部のドロミテ渓谷やアオスタ渓谷、湖水地方の小さな街へは、プルマンがおもな移動手段となる。北部をまわる拠点になるのはミラノとヴェネツィア。この間は特急で約3時間。路線上にヴェローナ、ヴィチェンツァ、パドヴァなどの主要都市があり、ほとんどの特急がこれらの駅で停車する。ミラノからはクレモーナ、ベルガモへの日帰りの旅が可能。ヴェネツィアからはパドヴァ、ヴィチェンツァへの日帰りができる。少し離れたマントヴァへはヴェローナを拠点にするといい。湖水地方への日帰りもできるが、滞在して湖の美しさを味わいたい。

北部の中心都市ミラノはイタリア経済の中枢。大人気のイタリアン・モードはここから発信される。世界最高の歌劇場スカラ座では素晴らしい音の響きに酔いたい

MILANO ミラノ

イタリア北部のロンバルディア州の州都。国際企業や銀行が集まるイタリアの経済・商業の中心地で、Fiera（フィエラ）と呼ばれる見本市には世界中のビジネスマンが訪れる。街の規模はローマに次いでイタリア第2。1980年代からはファッションの街としても注目を集めている。

市外局番は02

異民族との攻防がミラノの礎となった

近代的な街というイメージが強いミラノだが、その歴史は紀元前５世紀にさかのぼる。当時はエトルリア人の街だったが、紀元前４世紀にガリア人に侵略され、紀元前222年にはローマに征服された。ミラノは、このローマ帝国支配下、街の規模を拡大する。４世紀には多くの教会も建てられた。現在、観光スポットになっているサンタンブロージョ教会やサン・ロレンツォ・マッジョーレ教会の基礎は、この時代に築かれたものだ。

その後はふたたび異民族の侵略にさらされる。５世紀にはゴート族が、６世紀にはロンバルド族が、９世紀にはフランコ族がこの街を支配した。ミラノを中心とする地方をロンバルディア地方と呼ぶのは、このロンバルド族に由来している。

街の中心ドゥオモ広場

11～13世紀には自治都市の時代を迎える。11世紀にはミラノ大司教の政策のもと市民が力を持つようになり自治が確立した。このあと街は急速に発展し、神聖ローマ帝国の脅威となる。1162年にはフリードリッヒ１世の皇帝軍がミラノに攻め込んだ。戦いは近郊の諸都市も巻き込み、1176年ついにミラノ軍が勝利。以後自治都市として隆盛を迎え、毛織物や絹織物などの産業が発展した。これらは現在のミラノの主要産業のひとつでもあり、イタリアン・モードの原動力だ。

ミラノのあいさつ “サルヴェSalve”

イタリアでは、親しい人とのあいさつに“Ciao”という言葉が使われる。ミラノでもこの“Ciao”を耳にするが、ミラネーゼは同じように“Salve”という言葉もよく使う。友だちと会ったときや別れるときに“Salve”、バールに入るときや出るときも“Salve”だ。日本語では、“やあ”“またね”“じゃあね”のようなニュアンス。庶民的なバールやトラットリアなどでは、旅行者にも親愛の気持ちを込めて“Salve”と気軽に声をかけてくれる人がいる。こういうときは笑顔で“Salve”と応えよう。

V.エマヌエーレ２世のガッレリア

ドゥオモの建造が始まった領主の専制時代

13世紀後半から16世紀は、領主による専制の時代となる。ヴィスコンティ家、次いでスフォルツァ家がミラノを治め、その豊かな経済力を背景にルネッサンス文化が花開いた。いま見られる名建築物の多くは、この時代のものだ。ミラノのシンボルであるドゥオモの建築はヴィスコンティ家の隆盛時代に始まり、スフォルツァ家の時代にはスフォルツェスコ城が建造された。建築家ブラマンテやレオナルド・ダ・ヴィンチが招かれ、ブラマンテは都市計画を指揮し、レオナルドは修道院に生涯唯一の壁画といわれる『最後の晩餐』を描いた。

見応えがある博物館や美術館も多い

ダ・ヴィンチの像が建つスカラ広場

外国の支配下からイタリア統一へ

スフォルツァ家が没落した16世紀後半からは、スペイン、オーストリア、フランスなどによる長い支配が続く。以後、オーストリア支配下の1848年3月に起こった激しい独立運動によって自治を回復し、1861年にイタリア王国の下に統一された。独立運動が起こった3月18〜22日は、Cinque Giornate（チンクエ・ジョルナーテ）（5日間）と呼ばれ、ミラノの大切な記念日になっている。

ドゥオモを中心に街が広がる

ミラノの見どころは、ドゥオモが建つ広場を中心にほぼ放射状に点在している。ドゥオモから北のモンテ・ナポレオーネ通りやスピーガ通りまでが中心街だ。高級ブティック、老舗カフェ、レストランなどが集まり、洗練されたイタリアン・モードを着こなしたミラネーゼたちがさっそうと歩いている。イタリア随一の歌劇場スカラ座が建つのも、このエリアだ。ブレラ美術館があるブレラ地区は美大生や芸術家がたむろするところ。スノッブな雰囲気が漂い、ギャラリーや個性的なショップが多い。この2つのエリアは徒歩でまわれる。スフォルツェスコ城からその西の運河が流れるナヴィリオ地区までは、古代からルネッサンス期までの文化・芸術に触れられる教会や博物館が点在している。このエリアは広範囲なので地下鉄などを利用したい。

観光スポットが少ないミラノの楽しみ方

ミラノは、街の大きさに比べて観光スポットが少ない。古代から現代までのたび重なる攻防によって、数多くの歴史的建築物が破壊された。遺跡が溢れるローマやルネッサンスの古都フィレンツェのように、歩いているだけで楽しいということはあまりない。むしろ、ミラノの楽しみは建物の中に隠されている。ドゥオモなら屋上まで上がって、尖塔と彫像の素晴らしい彫刻を間近に見たい。スカラ座では、ぜひオペラを観賞したい。美術館も駆け足ではなく、じっくり時間をかけて作品を追ってみる。一歩踏み込むと、ようやくミラノは奥深い魅力を見せ始める。

恐竜の骨格も見られる市立自然史博物館

ミラノのビジネスマン

“イタリア人は働かない”と思っている人がいるかもしれないが、日本人にだって働かない人がいるように、イタリアでも人によって異なる。イタリアでいちばん働くと見なされているのは、ミラノの人たちだ。愛郷心が強い国民性を持つイタリア人はお国自慢が好きだが、こんなとき槍玉に上がるのがミラノだ。「ミラネーゼは働いてばかりいる。あんなに働いて、人生何が楽しいのかね。それに比べておれの街は…」というような言葉が繰り返される。実際、ミラノのビジネスマンはよく働く。大企業の中堅クラスになると、1日の労働時間が14〜15時間ということもある。そして彼らの労働力が、混迷が続くイタリア経済を支えている。ミラノのオフィス街のひとつは、中央駅の南一帯。このあたりをスーツ姿で歩くのが、ミラノのビジネスマンたちだ。

ミラノ
MILANO
1:33,000
0 500m
H ホテル
R レストラン
S ショップ
N ナイトスポット
P.343 マディソン・ダンス・ミュージック・ホール
Madison Dance Music Hall
F.アックルシオ広場
P.za F. Accursio
ボルディナスコ
Boldinasco
H リージェンシー P.295
Regency
P.305 アルフレッド・グラン・サン・ベルナルド
R Alfredo Gran San Bernardo
フィレンツェ広場
P.za Firenze
チェニジオ通り
Via Cenisio
記念墓地
Cimitero Monumentale
レナート・セッラ通り
V.le Renato Serra
ブッローナ駅
Staz. Bullona Ferrovie Nord
ブッローナ
Bullona
マルペンサ空港
D.キエザ広場
P.le G.Rosa
記念墓地広場
P.le Cimit. Monumentale
L.スカランポ通り
V.le L. Scarampo
P.310 アル・ヴェッキオ・ポルコ R
Al Vecchio Porco
P.306 アンティカ・トラットリア・デッラ・ペーサ
Antica Trattoria della Pes
E.エリア通り
V.le E. Elia
センピオーネ通り
Corso Sempione
サン・シロ競馬場
Ippodromo S. Siro
P.296 アドミラル H
Admiral
276
ロット駅
Staz. Lotto
ドモドッソーラ広場
L.go Domodossola
P.326 レンポリオ S
L' Emporio
H エウロペオ P.296
Europeo
ノヴァラ
1号線
Linea 1 (M1)
見本市会場
Fiera Campionaria
フラテッリ・ザヴァッタリ広場
P.le F.lli Zavattari
セジェスタ広場
P.le Segesta
ヨハネス23世広場
P.za Giovanni XXIII
平和の門 P.290
Arco della Pace
市民競技
Stadion C
アメンドラ・フィエラ駅
Staz. Amendola Fiera
センピオーネ公園
Parco Sempione
セリヌンテ広場
P.le Selinunte
ランツァ駅
Staz. Lanza
スフォルツェスコ城
Castello Sforzesco
ブレシア広場
P.le Brescia
ブオナローティ駅
Staz. Buonarroti
カラビニエリ広場
L.go Carabinieri d'Italia
ミラノ北駅
Staz. Ferrovie Nord Milano
バガノ駅
Staz. Pagano
ワグネル駅
Staz. Wagner
コンチリアツィオーネ駅
Staz. Conciliazione
カドルナ駅
Satz. Cadorna
H アンタレス・ルーベンス P.300
Antares Rubens
ヴェルチェッリ通り
ピエモンテ広場
P.za Piemonte
Corso Vercelli
S サン・ジョージ P.327
St. George
デ・アンジェリ駅
Staz. De Angeli
H メトロ P.296
Metro
シエナ広場
P.le Siena
サンタ・マリア・デッレ・グラツィエ
P.290 Chiesa di Santa Maria delle Gr
ガンバラ駅
Staz. Gambara
H ラマダ P.302
Ramada
1号線
Linea 1 (M1)
P.293 レオナルド・ダ・ヴィンチ記念国立科学技術博物館
Museo Nazionale della Scienza e della Tecnica,
Leonardo da Vinci
サンタンブロージョ駅
Staz. Sant'Ambrogio
バンデ・ネーレ駅
Staz. Bande Nere
G.ワシントン通り
Via G. Washington
R アル・リフジオ・プリエーゼ P.309
Al Rifugio Pugliese
R アイモ・エ・ナディア P.304
Aimo e Nadia
トリポリ広場
P.le Tripoli
ソラリ公園
Parco Solari
サンタゴスティーノ駅
Staz. Sant'Agostino
V.フォッパ通り
Via V. Foppa
P.ラダエッリ老人病研究所
Instituto Geriatrico P. Redaelli
シモン・ボリヴァル広場
P.za S. Bolivar
P.289 サンテウストルジョ教会
Basilica di Sant'Eustorgio
ロレンテッジョ通り
Via Lorenteggio
ナポリ広場
P.za Napoli
ポルタ・ジェノヴァ駅
Staz. P.ta Genova F.S.
P.310 プレミアータ
Premiata R
S アル・ビッコロ・ナヴィリオ
P.335
フラッティーニ広場
P.za Frattini
R アッソ・ディ・フィオーリ P.309
Asso di Fiori
R イル・モンタルチーノ P.306
Il Montalcino
ジェルソミニ広場
L.go dei Gelsomini
ポルタ・ティチネーゼ河岸通り
Ripa di Porta Ticinese
Naviglio Grande
カッサラ通り
V.le Cassala
P.342 シンミエ N
Scimmie
2号線
Linea 2 (M2)
ロドヴィコ・イル・モーロ通り
Via Lodovico il Moro
サン・クリストフォロ
S. Cristoforo
S.ベルファンティ広場
P.za S. Bellanti
サン・クリストフォロ駅
Staz. S. Christoforo
G.S.オーム広場
P.le G. S. Ohm
ロモロ駅
Staz. Romolo
パレンツォ通り
Via Parenzo
モンクッコ
Moncucco
G.メダ通り
V.le G. Meda
ファエンツァ通り
V.le Faenza
ファマゴスタ通り
V.le Famagosta
ジェノヴァ
A
B
1
2
3
4

モンツァ
カルボナーリ広場
P.za Carbonari
ポンティーナ P.302
Pontina
M.ジョイア通り
Via Melchiorre Gioia
ラゴスタ広場
P.za Lagosta
ソンドリオ駅
Staz. Sondrio
AVIS
ミラノ中央駅
Staz. Centrale F. S.
P.299 エクセルシオール・ガリア
Excelsior Gallia
ポルタ・ガリバルディ駅
Staz. Porta Garibaldi F. S.
P.302 ミラン・ヒルトン
Milan Hilton
観光案内所
P.299 センチュリー・タワー
Century Tower
P.302 ロイヤル・メルキュール・ミラノ
Royal Mercure Milano
カイアッツォ駅
Staz. Caiazzo
ミケランジェロ P.299
Michelangelo
ジョイア駅
Staz. Gioia
ガリバルディ駅
Staz. Garibaldi
東京三菱
チェントラーレ駅
Staz. Centrale
蘭 P.312
Ran
ハリウッド P.343
Hollywood
P.313 春城飯店
Castello di Primavera
遠藤 P.312
Endo
トリアーニ通り
Via Torriani
P.313 愉快酒楼
Allegria
リマ駅
Satz. Lima
ロレト駅
Staz. Loreto
2号線
Linea 2 (M2)
珍味 P.313
Gimmi
ランブラーテ駅
P.302 ヴェローナ
Verona
P.301 ガレス
Galles
エル・トロピコ・ラティーノ P.343
El Tropico Latino
ピオラ駅
Staz. Piola
P.296 ナポレオン
Napoleon
デミドフ P.297
Demidoff
レオナルド・ダ・ヴィンチ広場
P.za Leonardo da Vinci
モスコーヴァ駅
Staz. Moscova
レプッブリカ駅
Staz. Repubblica
3号線
Linea 3 (M3)
ブエノス・アイレス通り
Corso Buenos Aires
ロマーニャ通り
V.le Romagna
トゥラティ駅
Staz. Turati
ポポロ屋 P.339
Poporoya
学園都市
Città degli Studi
ポルタ・ヴェネツィア駅
Satz. Porta Venezia
1917年11月8日広場
P.za Otto Novembre 1917
プッブリチ公園
Giardini Pubblici
P.309 オスタリア・テルツァ・カルボナイア
Hostaria Terza Carbonaia
G. I. アスコリ広場
P.za G. I. Ascoli
ブレラ美術館
Pinacoteca di Brera
市立自然史博物館
Museo Civico di Storia Naturale
パレストロ駅
Staz. Palestro
モンテナポレオーネ駅
Staz. Montenapoleone
P.302 ビアンカクローチェ
Biancacroce
P.326 ヴェスティストック・ウノ
Vestistock Uno
ピーター・スポーツ P.337
チャールストン P.310
県庁
Prefettura
スーザ広場
P.le Susa
カイローリ駅
Staz. Cairoli
コルドゥシオ駅
Staz. Cordusio
サン・バビラ駅
Staz. San Babila
リナーテ空港
ドゥオモ駅
Staz. Duomo
ヴィットリオ・エマヌエーレ2世のガッレリア
Galleria Vittorio Emanuele II
ドゥオモ
Duomo
イル・サルヴァジェンテ P.326
Il Salvagente
3月22日通り
Corso XXII Marzo
ミッソーリ駅
Staz. Missori
裁判所
Pal. di Giustizia
海軍広場
L.go Marinai d'Italia
藤たか P.312
Fujitaka
旧マッジョーレ病院
Ex Ospedale Maggiore
マッジョーレ・ディ・ミラノ病院
Ospedale Maggiore di Milano
ポルタ・ヴィットーリア駅
Staz. Porta Vittoria
食肉市場
Mercato Bestiame
カナダ P.297
Canada
P.307 マズエッリ・サン・マルコ
Masuelli San Marco
F. マルティーニ広場
P.le F. Martini
クロチェッタ駅
Staz. Crocetta
ポルタ・ロマーナ通り
Corso Porta Romana
リビア広場
P.za Libia
モリーゼ通り
V.le Molise
インスブリア広場
P.za Insubria
青果市場
Mercato Ortofrutticolo
ポルタ・ロマーナ駅
Staz. Porta Romana
ウンブリア通り
V.le Umbria
V. クオコ広場
P.le V. Cuoco
リベルティ P.296
Liberty
アレッサンドリーニ公園
Parco Alessandrini
ボッコーニ市立大学
Università Comm. Boggoni
カルヴァイラテ
Calvairate
テクノマジオ駅
Staz. Tecnomasio
ラヴィッツァ公園
Parco Ravizza
イゾンツ通り
V.le Isonzo
トスカーナ通り
V.le Toscana
ポルタ・ロマーナ駅
Staz. Porta Romana
G. リパモンティ通り
Via G. Ripamonti
ローディ駅
Staz. Lodi
モリヴィオーネ
Morivione
G. ボノメッリ広場
P.za G. Bonomelli
オルトレス通り
V.le Ortles
コルヴェット駅
Staz. Corvetto
ガンボロイタ
Gamboloita
G. ローザ広場
P.le G. Rosa
パヴィア
ロヴェレト駅
Staz. Rovereto
太陽の家
Casa del Sole
ベルガモ
パスツゥール駅
Staz. Pasteur
モンツァ通り
V.le Monza
1号線
Linea 1 (M1)
パドヴァ通り
Via Padova
ロレト駅
Staz. Loreto

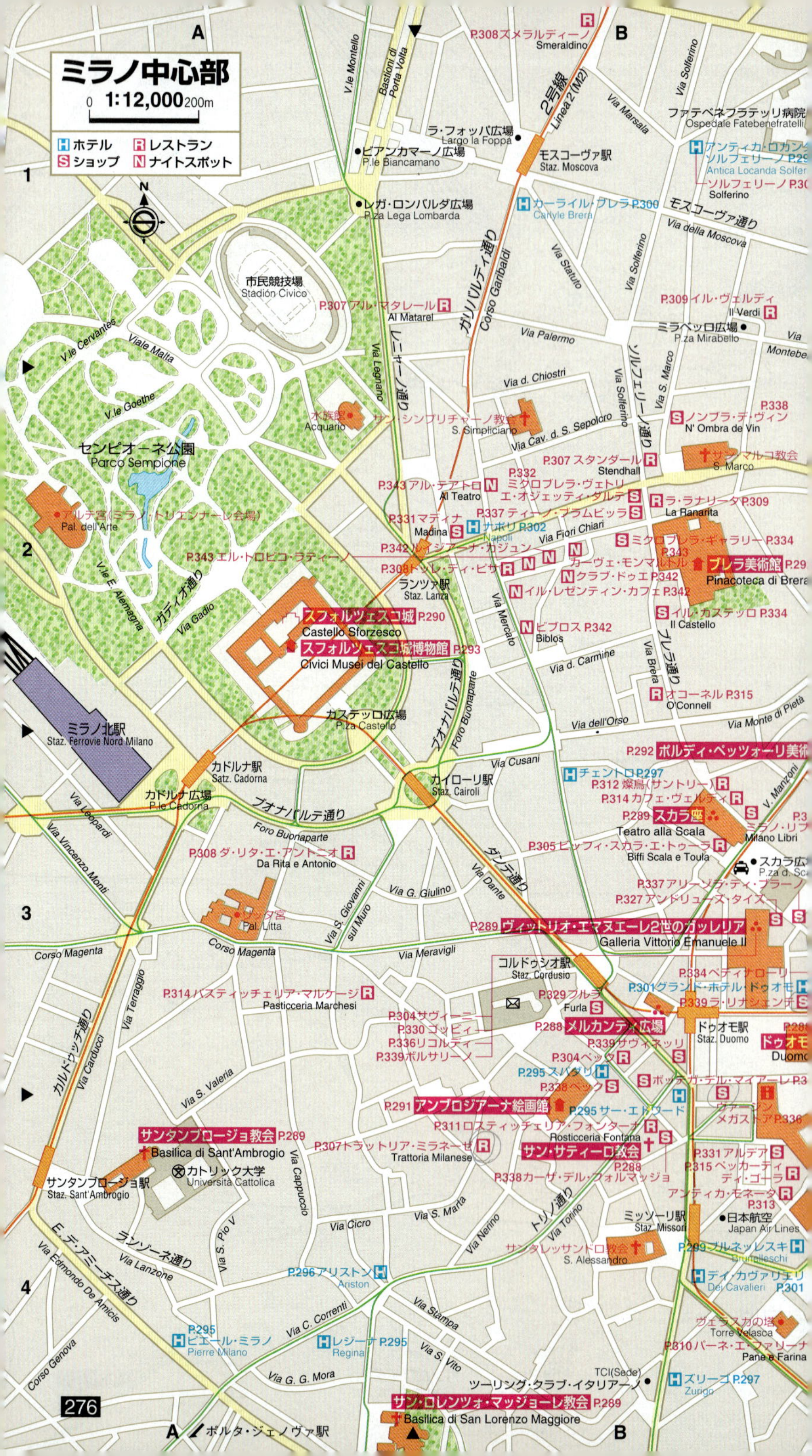

ミラノ中心部
1:12,000
0
200m
H ホテル
R レストラン
S ショップ
N ナイトスポット
P.308 ズメラルディーノ
Smeraldino
2号線
Linea 2 (M2)
ファテベネフラテッリ病院
Ospedale Fatebenefratelli
ラ・フォッパ広場
Largo la Foppa
ピアンカマーノ広場
P.le Biancamano
モスコーヴァ駅
Staz. Moscova
アンティカ・ロカンダ・ソルフェリーノ
Antica Locanda Solferino
ソルフェリーノ
Solferino
レガ・ロンバルダ広場
P.za Lega Lombarda
カーライル・ブレラ P.300
Carlyle Brera
モスコーヴァ通り
Via della Moscova
市民競技場
Stadio Civico
P.307 アル・マタレール
Al Matarel
ガリバルディ通り
Corso Garibaldi
P.309 イル・ヴェルディ
Il Verdi
ミラベッロ広場
P.za Mirabello
Via Palermo
Via d. Chiostri
レニャーノ通り
Via Legnano
ソルフェリーノ通り
Via Solferino
Via S. Marco
P.338
ノンブラ・デ・ヴィン
N' Ombra de Vin
水族館
Acquario
サン・シンプリチャーノ教会
S. Simpliciano
Via Cav. d. S. Sepolcro
サン・マルコ教会
S. Marco
センピオーネ公園
Parco Sempione
V.le Cervantes
Viale Malta
V.le Goethe
P.307 スタンダール
Stendhall
P.332 ミクロブレラ・ヴェトリエ・オジェッティ・ダルテ
P.343 アル・テアトロ
Al Teatro
ラ・ラナリータ P.309
La Ranarita
P.337 ティーノ・ブラムビッラ
P.331 マディナ
Madina
ナポリ P.302
Napoli
Via Fiori Chiari
ミクロブレラ・ギャラリー P.334
アルテ宮(ミラノ・トリエンナーレ会場)
Pal. dell'Arte
P.342 ルイジアーナ・カジュン
P.343 エル・トロピコ・ラティーノ
P.308 トレ・ディ・ピサ
カーヴェ・モンマルトル P.343
クラブ・ドゥエ P.342
イル・レゼンティン・カフェ P.342
ブレラ美術館 P.29
Pinacoteca di Brera
ランツァ駅
Staz. Lanza
ガディオ通り
Via Gadio
V.le E. Alemagna
スフォルツェスコ城 P.290
Castello Sforzesco
スフォルツェスコ城博物館 P.293
Civici Musei del Castello
イル・カステッロ P.334
Il Castello
ビブロス P.342
Biblos
Via Mercato
ブオナパルテ通り
Foro Buonaparte
Via d. Carmine
Via Brera
ブレラ通り
オコーネル P.315
O'Connell
ミラノ北駅
Staz. Ferrovie Nord Milano
カステッロ広場
P.za Castello
Via dell'Orso
Via Monte di Pietà
カドルナ駅
Staz. Cadorna
カドルナ広場
P.le Cadorna
Via Cusani
カイローリ駅
Staz. Cairoli
P.292 ポルディ・ペッツォーリ美術館
チェントロ P.297
P.312 燦鳥(サントリー)
P.314 カフェ・ヴェルディ
P.289 スカラ座
Teatro alla Scala
V. Manzoni
ミラノ・リブリ
Milano Libri
Via Leopardi
Via Vincenzo Monti
P.308 ダ・リタ・エ・アントニオ
Da Rita e Antonio
ダンテ通り
Via Dante
P.305 ビッフィ・スカラ・エ・トゥーラ
Biffi Scala e Toula
スカラ広場
P.za d. Scala
リッタ宮
Pal. Litta
Via S. Giovanni sul Muro
Via G. Giulino
P.337 アリーゾナ・ティ・ブラーノ
P.327 アンドリューズ・タイズ
P.289 ヴィットリオ・エマヌエーレ2世のガッレリア
Galleria Vittorio Emanuele II
Corso Magenta
Via Meravigli
コルドゥシオ駅
Staz. Cordusio
P.334 ペディナーロリ
P.301 グランド・ホテル・ドゥオモ
P.339 ラ・リナシェンテ
Via Terraggio
P.314 パスティッチェリア・マルケージ
Pasticceria Marchesi
P.329 フルラ
Furla
P.304 サヴィーニ
P.330 ゴッビィ
P.336 リコルディ
P.339 ボルサリーノ
P.288 メルカンティ広場
ドゥオモ駅
Staz. Duomo
ドゥオモ
Duomo
カルドゥッチ通り
Via Carducci
P.339 サヴィネッリ
P.304 ペック
P.295 スパダリ
P.338 ペック
ボッテガ・デル・マイアーレ
Via S. Valeria
P.291 アンブロジアーナ絵画館
P.295 サー・エドワード
ヴァージン・メガストア P.336
サンタンブロージョ教会 P.289
Basilica di Sant'Ambrogio
P.311 ロスティッチェリア・フォンターナ
Rosticceria Fontana
P.307 トラットリア・ミラネーゼ
Trattoria Milanese
サン・サティーロ教会
P.288
P.331 アルデア
P.315 ペッカーティ・ディ・ゴーラ
カトリック大学
Università Cattolica
Via Cappuccio
P.338 カーザ・デル・フォルマッジョ
アンティカ・モネータ
P.313
サンタンブロージョ駅
Staz. Sant'Ambrogio
Via Cicro
Via S. Marta
トリノ通り
Via Torino
ミッソーリ駅
Staz. Missori
日本航空
Japan Air Lines
ランゾーネ通り
Via Lanzone
Via S. Pio V
Via Nerino
サンタレッサンドロ教会
S. Alessandro
P.299 ブルネッレスキ
Brunelleschi
E.デ・アミーチス通り
Via Edmondo De Amicis
P.296 アリストン
Ariston
ディ・カヴァリエリ
Dei Cavalieri
P.301
Via C. Correnti
Via Stampa
ヴェラスカの塔
Torre Velasca
P.295
ピエール・ミラノ
Pierre Milano
レジーナ P.295
Regina
Via S. Vito
P.310 パーネ・エ・ファリーナ
Pane e Farina
Corso Genova
Via G. G. Mora
ツーリング・クラブ・イタリアーノ
TCI(Sede)
ズリーゴ P.297
Zurigo
サン・ロレンツォ・マッジョーレ教会 P.289
Basilica di San Lorenzo Maggiore
ポルタ・ジェノヴァ駅

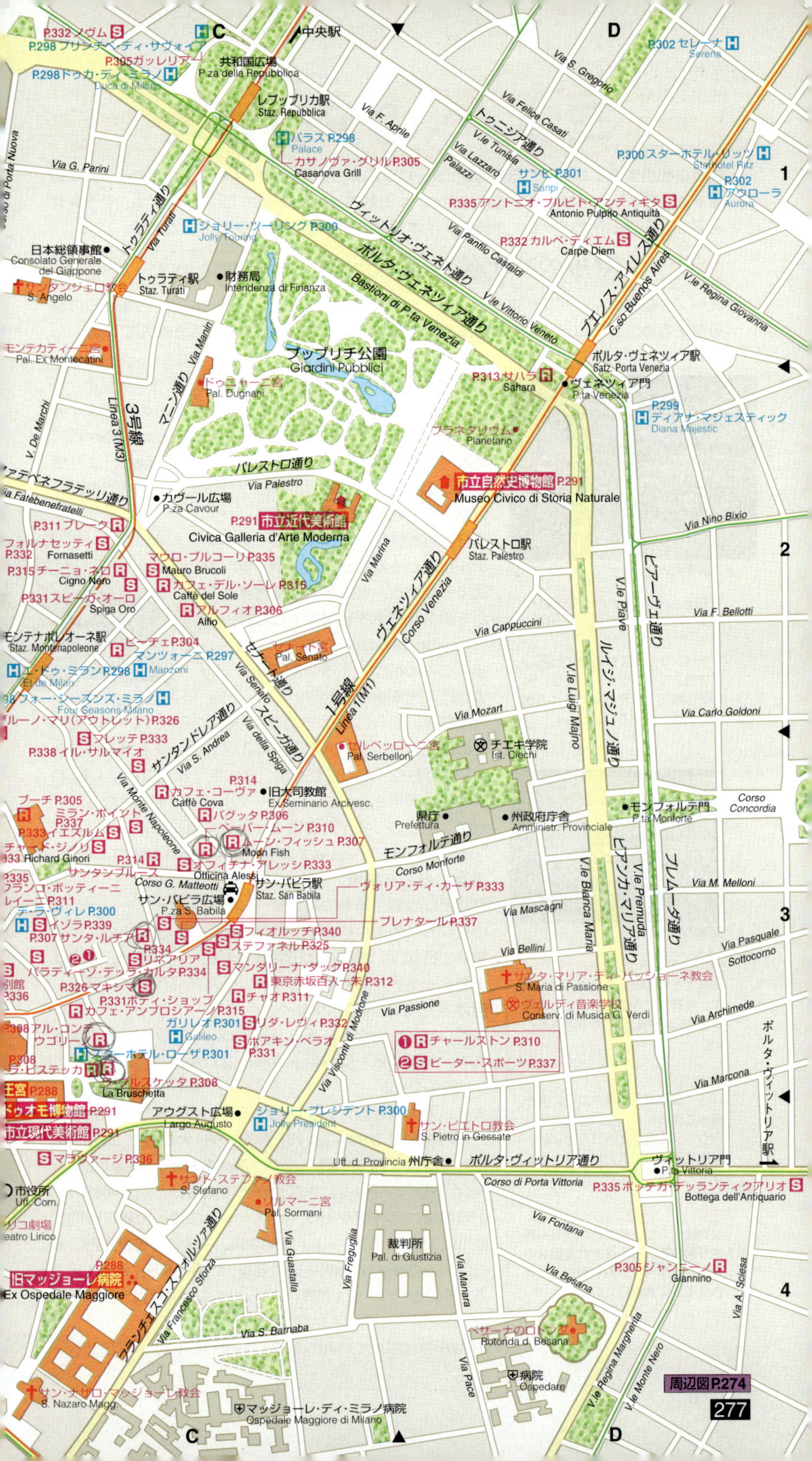

中央駅
共和国広場
P.za della Repubblica
レプブリカ駅
Staz. Repubblica
P.332 ノヴム
P.298 プリンチペ・ディ・サヴォイア
P.305 ガッレリア
P.298 ドゥカ・ディ・ミラノ
Duca di Milano
P.302 セレーナ
Serena
Via S. Gregorio
Via Felice Casati
Via F. Aprile
パラス P.298
Palace
カサノヴァ・グリル P.305
Casanova Grill
トゥニジア通り
V.le Tunisia
Via Lazzaro Palazzi
サンピ P.301
Sanpi
P.300 スターホテル・リッツ
Starhotel Ritz
P.302 アウローラ
Aurora
P.335 アントニオ・プルピト・アンティキタ
Antonio Pulpito Antiquità
Via G. Parini
Via Turati
トゥラティ通り
ジョリー・ツーリング P.300
Jolly Touring
ヴィットリオ・ヴェネト通り
Via Panfilo Castaldi
P.332 カルペ・ディエム
Carpe Diem
ブエノス・アイレス通り
C.so Buenos Aires
V.le Regina Giovanna
日本総領事館
Consolato Generale del Giappone
トゥラティ駅
Staz. Turati
財務局
Intendenza di Finanza
ポルタ・ヴェネツィア通り
Bastioni di P.ta Venezia
V.le Vittorio Veneto
サンタンジェロ教会
S. Angelo
モンテカティーニ宮
Pal. Ex Montecatini
ジャルディーニ・プッブリチ公園
Giardini Pubblici
ポルタ・ヴェネツィア駅
Staz. Porta Venezia
P.313 サハラ
Sahara
ヴェネツィア門
P.ta Venezia
ドゥニャーニ宮
Pal. Dugnani
Via Manin
マニン通り
V. De Marchi
3号線
Linea 3 (M3)
プラネタリウム
Planetario
P.299 ディアナ・マジェスティック
Diana Majestic
ファテベネフラテッリ通り
Via Fatebenefratelli
パレストロ通り
Via Palestro
カヴール広場
P.za Cavour
市立自然史博物館 P.291
Museo Civico di Storia Naturale
P.291 市立近代美術館
Civica Galleria d'Arte Moderna
Via Nino Bixio
P.311 ブレーク
P.332 フォルナセッティ
Fornasetti
P.315 チーニョ・ネロ
Cigno Nero
マウロ・ブルコーリ P.335
Mauro Brucoli
カフェ・デル・ソーレ P.315
Caffè del Sole
P.331 スピーガ・オーロ
Spiga Oro
アルフィオ P.306
Alfio
Via Marina
パレストロ駅
Staz. Palestro
ヴェネツィア通り
Corso Venezia
V.le Piave
ピアーヴェ通り
Via F. Bellotti
モンテナポレオーネ駅
Staz. Montenapoleone
ビーチェ P.304
マンツォーニ P.297
Manzoni
エ・ドゥ・ミラン P.298
Et de Milan
フォー・シーズンズ・ミラノ
Four Seasons Milano
セナート宮
Pal. Senato
Via Senato
セナート通り
Via Cappuccini
V.le Luigi Majno
ルイジ・マジュノ通り
1号線
Linea 1 (M1)
スピーガ通り
Via della Spiga
サンタンドレア通り
Via S. Andrea
フレッテ P.333
P.338 イル・サルマイオ
Via Mozart
Via Carlo Goldoni
セルベッローニ宮
Pal. Serbelloni
チエキ学院
Ist. Ciechi
P.314
カフェ・コーヴァ
Caffè Cova
旧大司教館
Ex Seminario Arcivesc.
バグッタ P.306
ムーン・フィッシュ P.307
Moon Fish
Via Monte Napoleone
ブーチ P.305
ミラン・ポイント
イエズルム
P.333 Richard Ginori
P.314
オフィチナ・アレッシ P.333
Officina Alessi
県庁
Prefettura
州政府庁舎
Amministr. Provinciale
モンフォルテ門
P.ta Monforte
Corso Concordia
モンフォルテ通り
Corso Monforte
Corso G. Matteotti
サン・バビラ駅
Staz. San Babila
サン・バビラ広場
P.za S. Babila
ヴォリア・ディ・カーザ P.333
V.le Bianca Maria
V.le Premuda
ピアンカ・マリア通り
プレムーダ通り
Via M. Melloni
テ・ラ・ヴィレ P.300
イゾラ P.339
P.307 サンタ・ルチア
フィオルッチ P.340
プレナタール P.337
Via Mascagni
Via Pasquale Sottocorno
ステファネル P.325
リネアリア
マンダリーナ・ダック P.340
東京赤坂百人一首 P.312
チャオ P.311
P.326 マキシマ
P.331 ボディ・ショップ
カフェ・アンブロシアーノ P.315
ガリレオ P.301
Galileo
リダ・レヴィ P.332
ホアキン・ベラオ P.331
Via Bellini
サンタ・マリア・デッラ・パッショーネ教会
S. Maria di Passione
ヴェルディ音楽学校
Conserv. di Musica G. Verdi
Via Passione
Via Archimede
Via Visconti di Modrone
❶ R チャールストン P.310
❷ S ピーター・スポーツ P.337
スターホテル・ローザ P.301
P.308 ラ・ビステッカ
ラ・ブルスケッタ P.308
La Bruschetta
Via Marcona
ポルタ・ヴィットリア駅
王宮 P.288
ドゥオモ博物館 P.291
市立現代美術館 P.291
アウグスト広場
Largo Augusto
ジョリー・プレジデント P.300
Jolly President
サン・ピエトロ教会
S. Pietro in Gessate
マラヴァージ P.336
Uff. d. Provincia 州庁舎
ポルタ・ヴィットリア通り
Corso di Porta Vittoria
ヴィットリア門
P.ta Vittoria
P.335 ボッテガ・デッランティクアリオ
Bottega dell'Antiquario
市役所
Uff. Com.
サント・ステファノ教会
S. Stefano
ソルマーニ宮
Pal. Sormani
Via Fontana
Via Guastalla
Via Freguglia
裁判所
Pal. di Giustizia
Via Manara
Via Besana
P.305 ジャンニーノ
Giannino
Via A. Sciesa
P.288
旧マッジョーレ病院
Ex Ospedale Maggiore
フランチェスコ・スフォルツァ通り
Via Francesco Sforza
Via S. Barnaba
ベサーナのロトンダ
Rotonda d. Besana
Via Pace
病院
Ospedale
V.le Regina Margherita
V.le Monte Nero
周辺図 P.274
サン・ナザロ・マッジョーレ教会
S. Nazaro Magg.
マッジョーレ・ディ・ミラノ病院
Ospedale Maggiore di Milano

ミラノへのアクセス

空路を利用するとローマから1時間、ヨーロッパの主要都市からは2～3時間でミラノに到着する。日本からは直行便で約12時間だ。また鉄道では、ローマ、フィレンツェ、ヴェネツィアなど国内主要都市から、1時間に1本程度の割合でICがアクセスしている。

マルペンサ空港 *Aeroporto di Malpensa*

ミラノの空港はマルペンサ空港とリナーテ空港の2つ。マルペンサ空港には、日本からの直行便を含め、ヨーロッパ以外の国際線が到着、市内まではシャトルバスが結んでいる。

入国審査カウンター

マルペンサ空港 ☎74852200

ミラノの空港局"SEA"
マルペンサ空港では到着・出発の両フロアにカウンターがあり、発着便の案内、ホテル案内などのサービスを行なっている。

空港内にある警察

空港の両替所の営業時間
両空港とも8:00～21:00、年中無休。営業時間外は近くにある自動両替機(24時間作動)を利用するといい。

空港内のバール、カフェ
バールは到着・出発フロアにある。座ってゆっくりしたいときは出発ラウンジのカフェへ行くとよい。免税店近くのエスカレーターを上がった2階にある。

ミラノから出国するとき
出発時刻の約2時間前に搭乗手続きが始まる。マルペンサ空港は中心部から遠く、渋滞も多いので早めに空港に到着したい。

市街の北西約45kmに位置する国際空港。南北アメリカ、アジア、東ヨーロッパなど、おもに遠隔地からの国際線が発着する。ターミナルは到着と出発の2つのビルに分かれ、それぞれ1階部分に各施設が集まっている。現在、より機能的な国際空港を目ざし、拡張プロジェクトが進行中だ。

到着してから税関を出るまで

標示に従って移動

飛行機を降りる バスで到着ターミナルに向かうか、ビル内の動く歩道で移動する。到着後また同空港からのフライトを利用するときは、"Transito(乗り継ぎ)"の標示のあるところで待つ。ミラノで降りる場合は入国審査へ向かう。

入国審査 窓口はEUとEU以外の国籍に分かれている。EU以外のほうに並び、パスポートに入国スタンプをもらう。

荷物受け取り 入国審査を出た左に手荷物受取所がある。到着便名が標示されたターンテーブルで荷物を受け取る。

税関 申告の必要がある場合は係員に申し出る。なければ"Uscita(出口)"へ。自動ドアを出たところが到着ロビーだ。

空港のおもな施設

両替所は到着・出発の両ロビーに、インフォメーションは出発ロビーの入口にある。免税の申告は出国審査の左手の窓口で行なう。免税店は出国審査の奥だ。郵便局、薬局は出発ターミナルの到着ロビー側、公衆電話は各所にある。

空港を出て市内のホテルへ

到着ロビーを出たところにシャトルバスとタクシー乗場がある。到着ロビーにレンタカーの窓口がある。

シャトルバス
ミラノ中央駅とカステッロ広場行がある。ミラノ中央駅への運行時間は7:30～22:15。始発から19:00まで30分間隔、それ以降は1時間間隔の発車。所要約60分、料金Lit.1万3000。運行時間以後に到着便がある場合は、到着時刻の約1時間後に臨時便が出る。カステッロ広場への運行時間は8:00～18:30。午前中は1時間間隔、午後は2時間間隔。最終便のみ前便の2時間半後の発車。所要約50分、料金Lit.1万3000。チケットは到着ロビーの切符売場で買う。

タクシー
市内の中心部まで約40～50分。料金はLit.13～15万くらい。

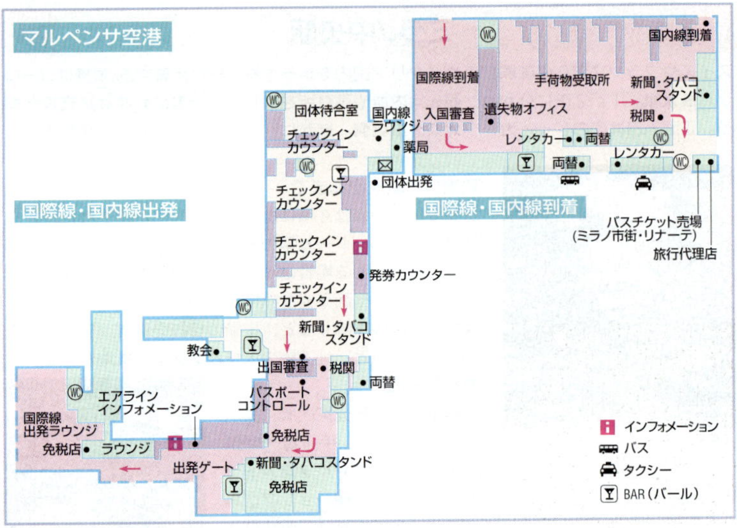

リナーテ空港 *Aeroporto di Linate*

ヨーロッパのほかの国を経由して行くとリナーテ空港に到着する。マルペンサ空港より規模が小さいが、国内各都市からの便の発着は、こちらが中心となる。

中心部から東に約10km、国内線と西ヨーロッパの国際線が発着する。マルペンサ空港より小規模のターミナルで、1階が到着、2階が出発フロアだ。入国審査から税関を出るまでの手続きはマルペンサ空港とほとんど同じ。

空港のおもな施設

両替所、インフォメーションは両フロアに、郵便局、薬局は出発フロアにある。到着フロアの空港局〝SEA〟では、発着便の案内、ホテル案内などを行なっている。免税の申告窓口は出国審査手前の左手にある。出国審査を出ると左が免税店だ。免税店奥にはカフェがあり、ゆっくり座って休むのによい。バールは両フロアにある。

空港を出て市内のホテルへ

両空港とも到着ロビーを出たところに、ミラノ中央駅などに直行するシャトルバス乗場がある。タクシー乗場もそのすぐ近く。また、到着ロビーにレンタカーの窓口がある。

シャトルバス

ミラノ中央駅へ直行する。始発は5:40。6:00〜7:00と19:00〜23:30は30分間隔、7:00〜19:00は20分間隔の発車。所要約20〜30分、料金Lit.4500。チケットは到着ロビーで。

路線バス

73番の路線バスが中心部サン・バビラ広場へ行く。約10分おきの発車で、所要約30分。料金Lit.1500。サン・バビラ広場から5分ほど歩くと、ドゥオモ広場へ出る。

タクシー

市内の中心部まで約15〜20分。料金はLit.3万くらい。

リナーテ空港✆28106306

リナーテ空港での免税手続き

ミラノからEU加盟国を経由して日本に帰る場合は、リナーテ空港では免税の申告はできない。EU加盟国の最終滞在地が申告場所となる。たとえば、ミラノからパリ経由で帰国するならパリで申告する。

マルペンサからリナーテへ

日本からの直行便はマルペンサ空港に着く。到着後、ローマ以外の国内線に乗り継ぐ場合、出発地はリナーテ空港となることが多い。両空港を結ぶ直通シャトルバスは本数が少なく、不定期に運休することもあるので注意が必要だ。直通便がないときは、ミラノ中央駅でシャトルバスを乗り換えなければならない。タクシーを利用すると、Lit.18万くらいはかかる。
マルペンサ発 10:45 15:15、
リナーテ発 9:15 12:15。所要約75分、料金Lit.1万8000。

ミラノ中央駅発のシャトルバス

マルペンサ空港へ
5:15〜20:30。始発の次は6:00発車、その後は最終便まで30分間隔。

リナーテ空港へ
始発は5:40。6:00〜7:00と19:00〜21:00は30分間隔、7:00〜19:00は20分間隔の発車。

ミラノ中央駅

スイスやフランスからの国際列車やイタリア国内を走る主要列車が発着する。規模はヨーロッパ最大級。1、2階に分かれ、観光案内所や両替所をはじめ旅行者に必要な諸施設が揃う。正面入口は南のドゥーカ・ダオスタ広場側。ほかに、東側と西側にも入口がある。

中央駅構内

ミラノのほかの鉄道駅

ポルタ・ガリバルディ駅、ランブラーテ駅などほかに7つの鉄道駅がある。ECやICなどはミラノ中央駅の発着が基本だが、ベルガモやクレモーナなどを結ぶ準急や各駅停車のなかには、ほかの駅から発着する列車もある。事前に駅の時刻表などでよく確認しておきたい。

ミラノ中央駅では置き引きに注意

1階の切符売場がとくに危ない。チケットを買うのに集中している間に、足元の荷物がなくなるという被害に合う人がいる。荷物からは目を離さないことが大切だ。

中心部へ行くには地下鉄が便利

到着して駅を出るまで

プラットホームは2階にある。青い矢印が記された改札を抜けると、高いドーム型の天井を持つ2階ホールに出る。両替の必要がある場合はここで。ただし両替率はあまり良くないので、当面必要な額にとどめるのがいい。改札口と反対側の階段を降りると、1階の切符売場だ。その前の正面入口を出ると、地下鉄の入口とタクシー乗場がある。

おもな施設

駅構内の薬局

2階ホールに観光案内所、鉄道案内所、両替所、手荷物一時預り所、バール、セルフレストラン、待合所、各種ショップが集まる。観光案内所は、改札口と反対側のみやげ物屋の角を奥に入った左手。ホールに面するのは鉄道案内所なので、間違わないように。待合所にはチケットを提示して入る。隣の薬局は24時間営業だ。1階の中央は切符売場。チケットの自動販売機もあるが、操作が複雑で使いづらい。座席予約は駅正面右手に専用オフィスがある。入口にある〝Prenotazioni〟のボタンを押すと番号が記されたカードが出てくるので、それを持って中で順番を待つ。左手にはスーパーマーケットや郵便局がある。

駅から市内中心部までのアクセス

地下鉄

2号線と3号線が通っている。3号線でモンテ・ナポレオーネまで3駅、ドゥオモまで4駅と近く、10～15分で中心部に出られる。チケットは地下鉄駅改札近くの切符売場で買う。自動販売機は壊れていることが多い。

タクシー

中心部まで10分ほど。料金はLit.1万5000～2万くらい。

ミラノ中央駅のスーパーマーケットSuper Centrale

旅行者もよく利用する年中無休の総合スーパー

駅正面の左手が入口。1階に日用品や食料品のスーパーマーケット、バール、パン屋、ピッツェリア、ジェラテリア、2階に本屋、時計店、化粧品店、ブティックがある。朝早くから深夜までのノンストップ営業で、日曜、祝日もオープン。1階のスーパーには、文房具やバンドエイド、生理用品などの医薬品類もある。

営スーパー7:30～0:00　バール5:30～0:00

旅行者にも便利な存在だ

ミラノ中央駅

2階

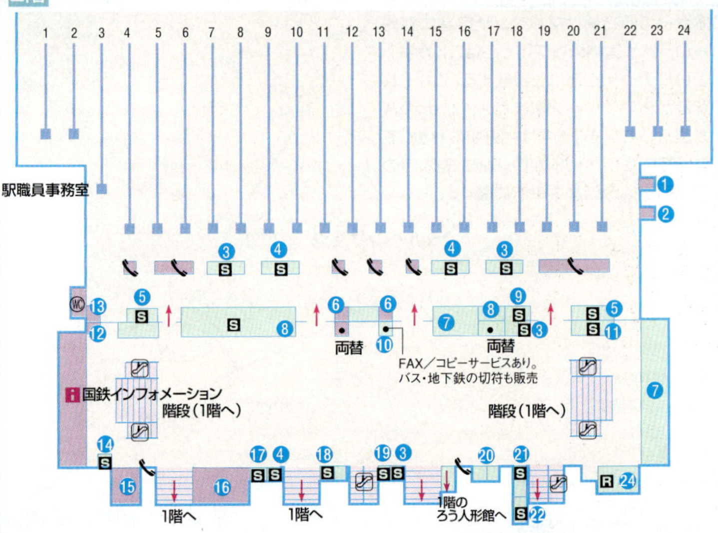

1 医務室
2 警察署
3 新聞・雑誌・書籍
4 たばこ・みやげ物
5 チョコレート・菓子・飲み物
6 ミニ待合所
7 BAR(バール)
8 パニーノ(サンドイッチ)
9 バッグ
10 ロッテリア
11 化粧品
12 トランス・アルピーノ窓口
13 証明写真
14 めがね
15 手荷物預かり所
16 待合所(切符を見せて入る)
17 薬局
18 皮革製品・香水・化粧品
19 おもちゃ
20 自動両替機
21 おもちゃ・みやげ物
22 ギフト・ショップ
23 ギャラリー
24 セルフサービス・レストラン

1階

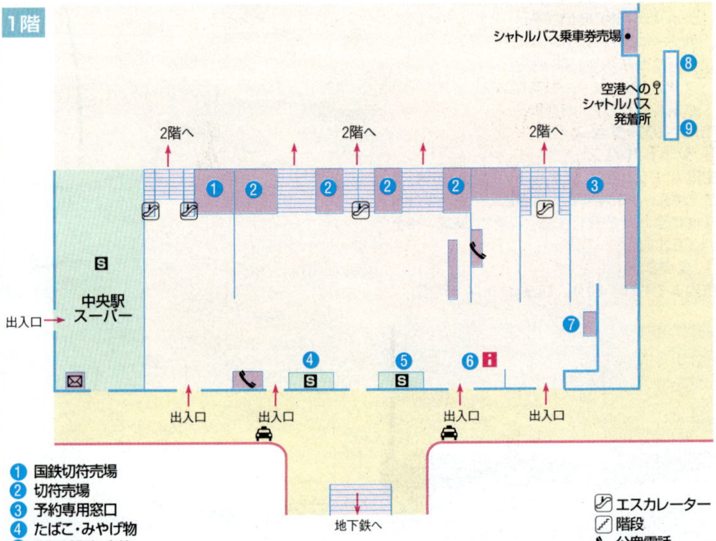

1 国鉄切符売場
2 切符売場
3 予約専用窓口
4 たばこ・みやげ物
5 新聞・雑誌・書籍
6 INFORMATION HELPの機械(イタリア語と英語のみ)
7 予約順番カード発券機
8 マルペンサ空港行
9 リナーテ空港行

エスカレーター
階段
公衆電話
郵便局
タクシー乗場

ミラノ到着

空港・鉄道駅から市内各所へのアクセス

日本からの直行便はマルペンサ空港に到着。ヨーロッパや国内の各都市からは、市の中心に近いリナーテ空港にも到着する。それぞれの空港からミラノ中央駅までは、シャトルバスが運行している。まずは中央駅に移動、そこから市内各所へと向かう。国内、国際線のおもな列車はミラノ中央駅に着く。

↖マルペンサ空港

ポルタ・ガリバルディ駅

■センピオーネ公園

カドルナ駅

ドゥオモ

マルペンサ空港
Aeroporto di Malpensa

日本を含め、ヨーロッパ以外からの国際線が到着する。市内まで約45km。

日本からの直行便はアリタリア航空で、
東京から約12時間30分、週5便
大阪から約13時間、週3便

国内線

ローマから約1時間
ピサから約1時間
ペスカラから約1時間20分
ジェノヴァから約45分
ナポリから約1時間20分
カターニアから約1時間45分
バーリから約1時間30分
ブリンディシから約1時間30分
パレルモから約1時間40分

市内へのアクセス

▶ シャトルバス

空港とミラノ中央駅を結ぶ。5:00～20:45まで、30分～1時間間隔で運行している。夜は到着便に合わせて運行する。所要約1時間。料金Lit.1万2000。

▶ タクシー

市内まで約40～50分。料金はLit.14万程度。

ミラノの空の玄関口マルペンサ空港

ランブラーテ駅
Lambrate

おもに国内線が発着する。地下鉄2号線に連絡している。

ミラノ中央駅
Stazione Centrale

ヨーロッパ最大級の規模を誇り、国内線、国際線ともに数多く発着する。地下鉄駅に連絡し、駅前にはタクシー乗場もある。

国際線

ジュネーブから約4時間15分
チューリッヒから約4時間30分
パリから約6時間30分
ミュンヘンから約7時間20分
フランクフルトから約9時間
バルセロナから約11時間
ウィーンから約11時間30分
ブダペストから約16時間35分

国内線

ジェノヴァから約1時間30分
フィレンツェから約3時間
ヴェネツィアから約3時間
ローマから約5時間
ナポリから約7時間
パレルモから約18時間

▶ 地下鉄

2号線と3号線がここで交差する。3号線のモンテ・ナポレオーネ駅まで3駅、所要約10分。ドゥオモ駅までは4駅、所要約15分。料金は1回券がLit.1500、1日券がLit.5000、2日券がLit.9000。

▶ タクシー

ドゥオモの周辺までは、10分程度、Lit.1万5000〜2万くらい。

リナーテ空港
Aeroporto di Linate

おもにヨーロッパからの国際線と国内線が発着する。市中心部まで約10km。

国際線

パリから約1時間30分
ロンドンから約2時間
マドリードから約2時間
バルセロナから約1時間30分
チューリッヒから約50分
コペンハーゲンから約2時間
リスボンから約2時間45分
ジュネーヴから約1時間20分
ベルリンから約1時間45分
ミュンヘンから約1時間
ブリュッセルから約1時間30分
アテネから約2時間20分

市内へのアクセス

▶ シャトルバス

到着ロビーを出たところに乗場があり、空港とミラノ中央駅とを結ぶ。5:40〜21:00まで、約20分間隔で運行している。所要20〜30分。料金はLit.4500。

▶ 路線バス

73番がサン・バビラ広場へ行く。所要約30分、10分程度の間隔で発車。Lit.1500。

▶ タクシー

市中心部まで所要約15〜20分。Lit.3万程度。

カドルナ駅
Cadorna

おもに国内線が発着する。地下鉄1号線と2号線に連絡している。

ポルタ・ガリバルディ駅
Porta Garibaldi

おもに国内線が発着する。地下鉄2号線に連絡している。

市内の交通――街を歩く

最も利用しやすい交通手段は地下鉄だ。中心部をほぼカバーし、路線によっては遠く市外まで延びている。地下鉄が走らないエリアはバスとトラムが足となるが、路線が複雑で旅行者には使いづらいのが難点だ。夜遅く移動するときはタクシーの利用が望ましい。

発達したミラノの交通網

ミラノ交通局ATM社の案内所
地下鉄ドゥオモ駅✆89010797
地下鉄ミラノ中央駅✆6697032

詳しい路線図を手に入れる
バスやトラムを乗りこなすには、詳しい路線図が必携だ。上記の案内所で地下鉄、バス、トラムなどの路線図 "Pianta dei Trasporti Pubblici" (Lit.3000)が手に入る。

1日券、2日券で地下鉄に乗る
刻印は使用開始のみでいいので、メトロの自動改札を通る必要はない。改札口近くの係員にチケットを提示すると、刻印を確かめたあと係員用の通路を通してくれる。

地下鉄のホームへ出るには
ホームへは各路線の終点駅名が大きく表示されている。これで方向を確認し、ホームへ向かう。

バスやトラムでは必ず刻印を
乗車したらすぐに刻印機で、乗車時刻を刻印することが必要。1回券の場合、その時刻から75分がチケットの有効時間となる。抜きうちの検札で刻印がない場合はキセルと見なされる。チケットなしで乗車の場合は、罰金を請求されることになる。ただし、1日券、2日券は使用開始時に刻印し、あとは携帯するだけでいい。また、刻印チェックは、メトロの改札口でも最近きびしくなっている。

地下鉄
Metropolitana

3路線ある。路線図や車両、ホームの標示にシンボルカラーが使われていて、とてもわかりやすい。1番が赤、2番が緑、3番が黄色で、旅行者がいちばん利用するのは黄色の3番だ。ミラノ中央駅、モンテ・ナポレオーネ、ドゥオモなど観光拠点をカバーし、ミラノ中央駅が2番線、ドゥオモが1番線との乗り換え駅となっている。

地下鉄の入口

地下鉄の入口は "Metropolitana"(メトロポリターナ) の頭文字をとった "M" のマークが目印。改札はすべて自動改札だ。刻印機にチケットを入れ、刻印を確認して、改札口のバーを手で押して入る。車両のドアは乗降時とも、自動的に開閉する。

バスとトラム(路面電車)
Autobus e Tram

どちらも車体がオレンジ色。おもに中心部周辺から郊外にかけてをカバーしている。路線が複雑で停留所の案内放送もないため、地元の人でも不慣れな路線に乗るときは、周囲の乗客や運転手にどこで降りるかを教えてもらっている。乗車は矢印の表示があるドアから。まずチケットに刻印し、降りる場所がわからない場合は運転手のそばに行き、タイミングを見計らって行きたい場所を告げると、到着時に教えてくれる。周囲の風景を見て判断できる場合は、停留所に着く少し前に降車ボタンを押す。矢印の表示があるドアが開くので、そこから降りる。

市街周辺部を走るトラム

タクシー
Taxi

中心部をはじめ市内各所にタクシー乗場がある。基本的に流しのタクシーは拾えないので、乗場から乗車する。ホテルやレストランなどからは、フロントや店の人に頼むとすぐに手配してくれる。ミラノ中央駅の周辺などで、「タクシー?」と声をかけてくるのは白タクが多いので気をつけたい。基本料金はLit.5000。1kmごとにLit.1300が加算される。また、夜間(22:00〜翌朝6:00)はLit.5000、日曜、祝日はLit.2000、大きな荷物は1個につきLit.500が加算される。

チケットの種類と料金

利用頻度に応じて選べるチケット

ミラノ交通局ATM社が運行する地下鉄、バス、トラムは共通チケットで乗れる。1回券Lit.1500は使用開始から75分有効で、時間内なら乗り継ぎも可能だ。ただし、地下鉄は改札口を出ると再乗車できない。割安チケットは、10回券、1日券、2日券がある。10回券Carnet（カルネ）は5枚綴りで表と裏が使える。料金はLit.1万4000。切り離すと不正行為と見なされるので、使い切るまで5枚綴りのままにしておく。使い方は1回券と同じだ。1日券Abbonamento Un Giorno（アッボナメント・ウン・ジョルノ）と2日券Abbonamento Due Giorni（アッボナメント・ドゥエ・ジョルニ）は、それぞれ24時間、48時間の乗り放題チケット。有効時間以内なら、地下鉄、バス、トラムに乗り降り自由だ。1日券Lit.5000、2日券Lit.9000。1回券、10回券は地下鉄駅の切符売場、雑誌スタンド、バールで買える。1日券、2日券は地下鉄ミラノ中央駅やドゥオモなど大きな駅でのみ扱う。

1回券Lit.1500。自動販売機で購入したもの

10回券Lit.1万4000。5枚綴りになっている

24時間の乗り放題チケット。Lit.5000

地下鉄路線図

街の歩き方と観光スポット

壮麗なるドゥオモとイタリアン・モードの華やぎ

ミラノの中心はドゥオモ広場だ。この周辺を見たらあとは興味があるエリアから歩き始めたい。ファッションの街ミラノを見るならモンテ・ナポレオーネ通り一帯、スノッブな雰囲気を味わうならブレラ地区、風情ある下町を歩くならナヴィリオ地区が待っている。

サンタゴスティーノの青空市

ミラノとの出会いは荘厳な中央駅から始まる

イタリア国内やヨーロッパ各地からのICやECは、**ミラノ中央駅**に着く。**マルペンサ空港**、**リナーテ空港**からのリムジンバスが着くのもここだ。ヨーロッパ最大といわれるこの荘厳な駅は、ファシズム下の1931年に完成した。そのためか正面を飾る彫刻が少々いかめしい。駅正面を出た右手には**ピレッリ・ビル**がそびえる。1960年に完成した高層ビルで、現在はロンバルディア州庁が入っている。駅前の広場左手から斜めに延びる**トリアーニ通り**は、中級クラスのホテルが建ち並ぶところ。ホテルの予約をしないで着いたら、この通りに向かうといい。

アクセス
鉄道 ローマから特急で約5時間。フィレンツェから特急で約3時間。
飛行機 ローマから約1時間。

観光案内所
中央駅構内 ✆72524370
Via Marconi 1(ドゥオモ広場南)
✆72524301
地図、ホテルリスト、美術館・博物館の開館時間・アクセスの案内、各種イベント情報が載った小冊子"Milano Mese"などが無料で手に入る。

街歩きはドゥオモ広場から

地下鉄の**ドゥオモ駅**の出口を上がると、目の前に巨大な大理石の聖堂が現れる。これがミラノのシンボル、**ドゥオモ**だ。いちばん高い尖塔の上に建つのは、"Madonnina"(マドンニーナ)と呼ばれる黄金のマリア像。ミラネーゼたちの愛郷心を象徴するもので、ミラノ出身の人が故郷を語るときは必ずこのマリア像が話題に上る。

サン・ロレンツォ・マッジョーレ教会

ドゥオモの南には、かつて政庁として使われていた**王宮**が建つ。現在は、**市立現代美術館**や**ドゥオモ博物館**などが入り、**観光案内所**もこの一角にある。**ドゥオモ広場**を北西に少し行くと、**メルカンティ広場**に出る。中世のおもかげが残る静かなたたずまいにほっとひと息つける。この南西にはルネッサンス期の絵画を多数所蔵する**アンブロジアーナ絵画館**、そこから**トリノ通り**に向かうとブラマンテ設計の**サン・サティーロ教会**が建つ。

カフェやブティックが並ぶガッレリア

ガッレリアからスカラ広場へ

ドゥオモ広場の北は、ガラス張りのアーチ天井を持つアーケード、**ヴィットリオ・エマヌエーレ2世のガッレリア**だ。ここを抜けると**スカラ広場**に出る。中央にあるのは**レオナルド・ダ・ヴィンチの像**。その先にイタリアきっての名歌劇場**スカラ座**が建つ。耳が肥えた聴衆が多いことでも知られ、どんな有名歌手もここの舞台に上がるときは緊張するという。2階に劇場の歴史などを展示した**スカラ座博物館**があり、正面左手奥の地下にチケット売場がある。

スカラ座には世界中のオペラ・ファンが集まる

イタリアン・モードの底力を見る

スカラ広場から北東に延びる**A.マンツォーニ通り**を進むと、右手に**ポルディ・ペッツォーリ美術館**、その先に高級ブティックが集まった**モンテ・ナポレオーネ通り**の入口がある。最近は日本人をはじめとする観光客で溢れており、おしゃれなショッピング・ストリートというイメージとはちょっと異なるが、ここを歩くと最新のイタリアン・モードを目にすることができる。この通りに並行する**スピーガ通り**も、有名ブティックが並ぶところだ。A.マンツォーニ通りに戻り北東に進めば、右手に**プッブリチ公園**が広がる。この一角には**市立近代美術館**と**市立自然史博物館**がある。どちらも入場無料で、素晴らしい展示内容だ。

スカラ座わきの**ヴェルディ通り**を北に向かうと、ミラノでいちばんおしゃれな地区といわれる**ブレラ地区**に入る。**ブレラ通り**を少し歩いた右手が**ブレラ美術館**だ。15〜20世紀のイタリア絵画の傑作が集められており、鑑賞には半日をみておきたい。ブレラ通りから延びる**フィオーリ・キアーリ通り**、北側の**ソルフェリーノ通り**にはここ数年、個性的なショップが増えていて、散歩がてらに歩くのが楽しい。

中心街から離れたところにも見どころは多い

ドゥオモに次ぐミラノのシンボル、**スフォルツェスコ城**は街の北西に建つ。城の中にある**スフォルツェスコ城博物館**はたいへん見応えがあり、ミケランジェロ最後の作品『**ロンダニーニのピエタ**』もここにある。城の後ろには**センピオーネ公園**が広がり、その中心にそびえるのが**平和の門**だ。レオナルド・ダ・ヴィンチの傑作『**最後の晩餐**』は、スフォルツェスコ城の西の**サンタ・マリア・デッレ・グラツィエ教会**で見られる。近くには**レオナルド・ダ・ヴィンチ記念国立科学技術博物館**やミラノ最古の教会**サンタンブロージョ**が建つ。

街の南には、**グランデ**と**パヴェーゼ**と呼ばれる2本の運河が流れる**ナヴィリオ地区**がある。古くからの家並が残り、ミラノの下町といった風情だ。このエリアには、4世紀に歴史をさかのぼる**サン・ロレンツォ・マッジョーレ教会**と**サンテウストルジョ教会**が建つ。アンティーク・ショップやライヴハウスが多いのも、このあたりだ。

ミラノの治安

とくに注意したいのはミラノ中央駅とドゥオモ広場周辺。必ず旅行者が集まるこのあたりは、懐中物を狙うジプシーが多いところだ。長いスカート姿のジプシーより、市民とほぼ同じ格好のジプシーが多くなっているので、判別が難しい。子供連れの3、4人のグループが、遠くからこちらをジロジロ見ているようなら要注意。そちらを避けて、別の方向に進むのがいい。近づいてくるようなら、「こら！」と叫ぶなど威嚇の態度をとる。地下鉄やバスではスリに注意したい。混んでもいない車内で、必要以上に体を近づけてくる場合は怪しい。バッグの口を手で押さえたり、場所を移動することが必要だ。またミラノでは、最近の失業率の悪化にともなう社会不安から、薬物に手を出す若者が増えている。ミラノ中央駅前広場のホテル・エクセルシオール・ガリアがある側は、こういう若者や薬物売買人の溜り場だ。とくに夜はこのあたりを歩かないほうが望ましい。

おすすめの自動両替所

ミラノには自動両替機が多く、1万円だけ両替したいときなど便利だ。両替率が良く使いやすいのは、スカラ広場に面したBanca Commerciale Italianaの両替機。入口に"Non Stop"と大きな表示があるのですぐわかる。ほかにドゥオモ広場のデパート、ラ・リナシェンテ8階やドゥオモ広場南の観光案内所にある両替機も便利だ。

都会の喧噪に疲れたらプッブリチ公園でひと休み

4世紀に創建されたサンタンブロージョ教会

屋上に上がると、尖塔や彫像が間近に眺められる

ドゥオモ　地図P.276 C-3

Duomo ★★★

M 1/3線Duomoドゥオモ駅から徒歩1分

街の中心に建つゴシック建築の一大傑作

ミラノの街の中心に建つイタリア最大のゴシック建築(幅93m、奥行き158m)。1386年に、時の権力者ジャン・ガレアッツォ・ヴィスコンティにより工事が始められ、500年以上ものちの19世紀半ばに完成した。ファサードの建築を推進したのはナポレオンだ。外壁はやや赤みを帯びた白大理石で、夕陽に照らされ美しく輝く。屋根は、天空に向かってそびえたつ135本の尖塔と2245体の彫刻で飾られており、最も高い尖塔(108.5m)の先端には金色のマリア像が立っている。屋上へは、エレベーターか階段(158段)で上ることができる。内部はほの暗く、荘厳な雰囲気に満ち、顔を上げると、美しいステンドグラスが見える。地下には、金銀細工などを展示している**宝物庫**がある。

開7:00〜19:00 屋上9:00〜17:30(冬季〜16:30) 宝物庫9:00〜12:00 14:30〜18:00 休無休 料屋上Lit.6000(階段)Lit.8000(エレベーター) 宝物庫Lit.2000

王宮　地図P.277 C-3

Palazzo Reale ★★

M 1/3線Duomoドゥオモ駅から徒歩1分

ミラノの歴代の支配者が住んだ宮殿

12世紀に創建され、18世紀にピエルマリーニによって大改修が行なわれた。ミラノが自由都市だった頃は政庁として使われていたが、その後は、ヴィスコンティ家、スフォルツァ家、スペインの知事、オーストリアの大公など、その時々の支配者が住む宮殿となった。現在は、内部に、**ドゥオモ美術館**や**市立現代美術館**が設けられ、一般に公開されている。✆7202265

旧マッジョーレ病院　地図P.276 C-4

Ex Ospedale Maggiore ★

M 3線Crocettaクロチェッタ駅から徒歩7分

17世紀に完成した由緒ある病院

15世紀半ばに、フランチェスコ・スフォルツァとその夫人ビアンカ・マリアが建てた。17世紀に増築され、現在のような大きな建物となった。大宮殿Ca'Granda(カ・グランダ)という愛称で長い間親しまれ、現在は**ミラノ大学**となっている。胸像で飾られたファサードなど歴史のある建物らしい見どころが少なくないが、いまのところ公開されていない。

Via Francesco Sforza

現在はミラノ大学となっている旧マッジョーレ病院

サン・サティーロ教会　地図P.277 B-4

Chiesa di San Satiro ★

M 1/3線Duomoドゥオモ駅から徒歩3分

ブラマンテが設計したドームの美しい教会

方形の鐘楼とファサードを除けば、ルネッサンス期を代表する建築家ブラマンテ(1444〜1514年)が設計したもので、規模は小さいが、彼の手になる美しい形のドームが印象的だ。鐘楼は9世紀に、ファサードは19世紀後半に建てられた。なお、現在の入口はトリノ通り側にある。

開9:00〜11:30 15:30〜18:30

メルカンティ広場　地図P.276 B-3

Piazza Mercanti ★

M 1/3線Duomoドゥオモ駅から徒歩2分

13世紀のミラノを感じさせる広場

メルカンティ通り沿いに建つ赤レンガ造りの建物は1233年に造られた**旧裁判所**で、18世紀後半まで市庁舎として使われていた。この裏側にメルカンティ広場がある。14世紀に完成した**オッシ家のロッジア(開廊)**や17世紀に建てられた**王立学校**などが並び、ミラノの昔日の日々を彷彿とさせる。

ガラス張りのドーム天井と床のモザイクが見事

ヴィットリオ・エマヌエーレ2世のガッレリア 地図P.276 B-3

Galleria Vittorio Emanuele II ★★★

M 1/3線Duomoドゥオモ駅から徒歩1分

ガラス張りの円天井が美しいアーケード

2本の通りが十字に交差するアーケードで、通りはガラス張りのアーチ型の天井で覆われ、舗道はモザイク模様で彩られている。通りの両側には、レストランやカフェ、ブティックなどが軒を並べ、いつも観光客や市民で賑わっている。1878年に完成したが、工事監督だったメンゴーニは完成直前に足を踏み外し、転落死した。

スカラ座 地図P.276 B-3

Teatro alla Scala ★★★

M 1/3線Duomoドゥオモ駅から徒歩5分

イタリアが世界に誇るオペラの殿堂

ミラノがオーストリアに支配されていた頃、ミラノ公フェルディナンドの号令で着工し、1778年、わずか15カ月で完成した。以降、ヴェルディの『オテッロ』が初演されるなどイタリア・オペラの黄金期を築いてきた。ロビーにはイタリアを代表する作曲家ヴェルディやロッシーニらの像が飾られている。

P.za della Scala ☎72003744

数々の素晴らしい名演が行なわれてきた

サン・ロレンツォ・マッジョーレ教会 地図P.276 A-4

Basilica di San Lorenzo Maggiore ★

M 3線Missoriミッソーリ駅から徒歩7分

正面の柱廊は古代ローマの数少ない遺物

教会の前に建つ16本の円柱は古代ローマ時代のもの。4世紀に教会が建てられたとき、ほかの建築物から移築された。現在の建物は12～16世紀にかけて改築した部分が中心となっているが、中にある**サンタキリーノ礼拝堂**(観覧有料)は4世紀のもので、当時のモザイク画も残っている。

開 9:00～12:00 15:00～17:30

サンテウストルジョ教会 地図P.274 B-3

Basilica di Sant'Eustorgio ★

M 3線Missoriミッソーリ駅から徒歩15分

堂内にある礼拝堂はルネッサンスの至宝

11世紀頃に完成された教会で、**ポルティナーリ礼拝堂**が見どころ。建築家ミケロッツォがルネッサンス様式により建てたもので、そのデザインが、内部を飾るフォッパ作のフレスコ画『サン・ピエトロ・マルティーレの生涯』やバルドゥッチョが彫刻を施した大理石の墓と見事に調和している。

開 7:30～12:00 15:00～17:30

聖ピエトロの生涯を描いたフレスコ画が素晴らしい

サンタンブロージョ教会 地図P.276 A-4

Basilica di Sant'Ambrogio ★★

M 2線S.Ambrogioサンタンブロージョ駅から徒歩3分

初期キリスト教美術をとどめる貴重な教会

4世紀末に、聖アンブロージョにより創建されたミラノ最古の教会。金銀細工が施された中央祭壇(835年完成)をはじめ、サン・ヴィットーレ・イン・チェル・ドーロ礼拝堂のモザイクで覆われた金色の円天井(5世紀完成)、モザイクで描かれた後陣の天井画(4～8世紀完成)など見どころが多い。

P.za S.Ambrogio 開 7:00～12:00 14:30～19:00
日曜7:00～13:00 15:00～20:00

スフォルツェスコ城　地図P.276 A-2

Castello Sforzesco ★★★

M 1線*Cairoli*カイローリ駅から徒歩3分

ミラノを代表するルネッサンス建築

14世紀に、当時ミラノを支配していたヴィスコンティ家が建てた居城。それを、次の支配者スフォルツァ家が15世紀半ばに改築した。正面の中央に建つ塔から左右に城壁が延び、両端には円筒形の隅櫓が建ち、威厳と気品を感じさせる。城内は**市立博物館**になっている。P.za Castello

建築にはダ・ヴィンチやブラマンテも携わった

平和の門　地図P.274 B-2

Arco della Pace ★

M 1/2線*Cadorna*カドルナ駅から徒歩15分

2つの平和を祝う門

スフォルツェスコ城の背後に広がるセンピオーネ広場に面して建っている。ナポレオンの失脚後、ミラノを支配したオーストリアが〝平和〟を讃えて建立したが、その後、エマヌエーレ2世によりミラノが解放されると、碑文は解放を喜ぶ内容へと変わった。

『最後の晩餐』は近年修復を完了し制作時の色が蘇った

サンタ・マリア・デッレ・グラツィエ教会　地図P.274 B-3

Chiesa di Santa Maria delle Grazie ★★★

M 1/2線*Cadorna*カドルナ駅から徒歩8分

ダ・ヴィンチの傑作『最後の晩餐』がある

15世紀半ばに建てられたドメニコ派の修道院を、1492年、ルネッサンス美術の大パトロン、スフォルツァ家のルドヴィコ・イル・モーロが建築家ブラマンテに命じて、改築させたもの。当代随一の建築家の手により、ルネッサンス様式の新しい教会に生まれ変わった。大きいけれど、華麗で軽やかな印象を与えるドームはまさにルネッサンス期のものだ。この教会の最大の見ものは、向かって左側にある修道院の食堂にあるレオナルド・ダ・ヴィンチの傑作『最後の晩餐』だ。ルドヴィコ・イル・モーロの依頼により、1495年から1497年にかけて制作された。キリストが12人の使徒に向かい、「汝らの一人、我を売らん」と言った瞬間が描かれており、その劇的な言葉がもたらした驚きと緊張が、12人の使徒の仕草や表情に見事に表現されている。

P.za S.Maria delle Grazie ☎4987588

開8:00～13:45 休月曜 料Lit.1万2000

チェルトーザ・ディ・パヴィアCertosa di Pavia

ロンバルディア芸術の珠玉

ミラノの南方約30kmに位置するチェルトーザ・ディ・パヴィアは、14世紀にパヴィア領主となったヴィスコンティ家が、一族の霊廟として建てたカルトジオ会修道院。〝美の女神の修道院〟の異名をとる、ロンバルディア様式の傑作だ。多色大理石の彫刻で彩られた教会のファサードや古代ローマのコインを模した土台装飾、アマデオの手になる多連窓など見応え十分。内部では、ペルゴニョーネのフレスコ画やペルジーノの多翼祭壇画を鑑賞したい。2つある回廊も必見だ。

ミラノからのアクセスは、プルマンを利用するのが便利。約50分で着く。

右手には大小2つの回廊がある

博物館●美術館

ドゥオモ博物館　地図P.277 C-4

Museo del Duomo ★★

M 1/3線Duomoドゥオモ駅から徒歩1分

大聖堂を飾っていた美術品などを展示

ドゥオモに向かって右側、王宮Palazzo Realeの中にある。21の部屋があり、ドゥオモの建設過程を示す設計図や模型のほか、14世紀から20世紀にかけて作られた彫刻や絵画、工芸品、ステンドグラス、タピストリー、木工品、金細工などが展示されている。ドゥオモを飾るために作られたものも多く、それらを見てまわると、ドゥオモの歴史が浮き彫りになる。

P.za del Duomo 14 ☎860358 開9:30～12:30 15:00～18:00 休月曜 料Lit.8000

アンブロジアーナ絵画館　地図P.276 B-4

Pinacoteca Ambrosiana ★★★

M 1/3線Duomoドゥオモ駅から徒歩5分

ルネッサンスの名画の宝庫

レオナルド・ダ・ヴィンチ、カラヴァッジョらによるルネッサンス期の作品が多数展示されている。ダ・ヴィンチ作といわれる肖像画『音楽家』やカラヴァッジョの『果物かご』、アンブロージョ・ダ・プレティス作のイザベラ・デステの肖像画など傑作が数多い。ヴァチカン美術館のラファエロの間を飾るラファエロの壁画『アテナイの学堂』のために描かれた実物大の下絵も見もののひとつだ。また、同じ建物の中には、貴重な写本が多数所蔵されている**アンブロジアーナ図書館**があり、ダ・ヴィンチの手稿『コーディチェ・アトランティコ』やヴェルギリウスの手稿が収められている。

P.za Pio XI 2 ☎806921

現在修復のため閉鎖中

静物画の傑作カラヴァッジョの『果物かご』

20世紀イタリア絵画の変遷がたどれる

市立現代美術館　地図P.277 B-4

Civico Museo d'Arte Contemporanea ★

M 1/3線Duomoドゥオモ駅から徒歩1分

イタリアの現代美術作品を展示

ドゥオモの南側に建つ王宮の3階にある。展示されているのは、20世紀初頭から第二次世界大戦後を中心に花開いたイタリア未来派やイタリアの現代美術の作品で、革新的でありながら気品に満ちた、モランディやキリコ、フォンターナ、ルーチョらの素晴らしい作品に出会える。

P.za del Duomo 12 ☎62083219

開9:30～17:30 休月曜 料無料

市立近代美術館　地図P.277 C-4

Civica Galleria d'Arte Moderna ★

M 1線Palestroパレストロ駅から徒歩3分

ヴォルペードの『第4階級』に会える

1790年に建てられ、一時、ナポレオンが住まいとしていたVilla Realeの中にある。ミラノの新古典主義など19世紀の美術作品が主要な所蔵品で、これらはイタリアの19世紀美術の貴重なコレクションのひとつだ。とくにヴォルペードの傑作『第4階級』は見逃せない。フランス印象派の作品もある。

Via Palestro 16 ☎76002819

開9:30～17:30 休月曜 料無料

市立自然史博物館　地図P.277 D-2

Museo Civico di Storia Naturale ★★

M 1線Palestroパレストロ駅から徒歩3分

イタリアの自然とその歴史を知る

1838年に開館。イタリア・ロンバルディア州を中心とする自然の様相の変遷を、各地で採集された鉱物や化石、あるいは哺乳動物や鳥類の剥製、パネル展示などで紹介している。1億5000年前の恐龍アロサウロの骨格や、イタリアの国立公園のジオラマなど、興味深い展示物が多い。

Corso Venezia 55 ☎62085405 料無料

入口は中央階段を上がった2階。1階は美術学校

ブレラ美術館

地図P.276 B-2

Pinacoteca di Brera ★★★

M 3線*Montenapoleone*モンテナポレオーネ駅から徒歩6分

ミラノを代表する美術館

フィレンツェのウフィッツィ美術館と並び称せられるイタリア絵画の宝庫。もとは1772年に完成したイエズス会の学校だったが、ナポレオンの統治時代に多くの絵画が集められ、1892年に美術館として公開されることとなった。中庭には、1809年に制作された、シーザーの姿をしたナポレオン像(カノーヴァ作)が立っている。館内には38室の部屋があり、500点を超える絵画が展示されている。展示の中心となるのは、イタリア・ルネッサンス絵画で、マンテーニャの『死せるキリスト』や『聖母子』、ジョヴァンニ・ベッリーニの『ピエタ』、カルロ・クリヴェッリの『ろうそくの聖母』、ティントレットの『聖マルコの遺体発見』、カルパッチョの『聖ステファノのいさかい』など、北イタリアのルネッサンス絵画がとくに多い。また、21歳のラファエロが描いた『マリアの結婚』やピエロ・デッラ・フランチェスカの『聖母子と聖人』など、中部イタリアの作品も展示されている。近年新設された展示室では、ジョルジョ・モランディの『静物』(1918年)をはじめモディリアーニやボッチョーニの作品など20世紀のイタリア絵画が見られる。

Via Brera 28 ☎722631
開9:00～17:30(日曜～12:30)
休月曜 料Lit.8000

ヴェネツィア派ジョヴァンニ・ベッリーニ作『聖母子』

貴族の館を利用した展示スペースも見どころ

ポルディ・ペッツォーリ美術館

地図P.277 C-3

Museo Poldi Pezzoli ★★★

M 3線*Montenapoleone*モンテナポレオーネ駅から徒歩3分

貴族の邸宅を利用した心やすらぐ美術館

美術収集家ジャコモ・ポルディ・ペッツォーリ(1822～1879年)の死後、ミラノ市に寄贈された美術工芸品のコレクションが展示されている。貴族の邸宅がそのまま美術館になっているので、美術鑑賞だけでなく、かつての貴族の暮らしを垣間見る楽しみも味わえる。展示されているのは絵画をはじめ、ペルシャ絨緞、タピストリー、武器、時計部品などで、豪華なペルシア絨緞のある黄金の間に飾られている作品が見どころだ。なかでも、ボッティチェリの『十字架から降ろされるキリスト』や『聖母』、ピエロ・デッラ・フランチェスカの『トレンティーノの聖ニコラス』、伝ピエロ・デル・ポッライオーロの『若い貴婦人の肖像』、フランチェスコ・グアルディの『ヴェネツィアの入江の眺望』、ジョヴァンニ・ベッリーニの『死せるキリスト』などが素晴らしい。黄金の間以外の部屋にも、クラナッハ作の『マルチン・ルター夫妻の肖像』や、フォッパなどロンバルディア派の名画が飾られている。また、16世紀から18世紀にかけて作られた小振りのブロンズ像のコレクションも充実している。

Via Manzoni 12 ☎794889 開9:30～12:30 14:30～18:00(土曜～19:30 4～9月の日曜は午前のみ) 休月曜、祝日 料Lit.1万

F.グアルディによるヴェネツィアの風景画も見逃せない

城の背後にはセンピオーネ公園が広がる

スフォルツェスコ城博物館 地図P.276 A-2

Civici Musei dell Castello ★★★

M 1線*Cairoli*カイローリ駅から徒歩3分

城の中に彫刻、絵画、工芸品の傑作

彫刻、絵画、工芸品の数々を展示する市立美術館。スフォルツェスコ城内にある。1階は彫刻美術館で、15の展示室に初期キリスト教時代、中世、ルネッサンス期など各時代の作品が展示されている。ここでの見ものは、ミケランジェロの最後の作品といわれる『ロンダニーニのピエタ』。未完成の荒削りのままの彫刻だが、魂の叫びが聞こえてくるような不思議なリアリティを備えている。絵画は2階に展示され、マンテーニャの『聖母と聖人たち』をはじめ、コレッジョやティントレット、ティエポロらの傑作が鑑賞できる。2階にはほかに家具や楽器などが、また、3階には衣装、地下には貨幣のコレクションが陳列されている。

P.za Castello ☎62083940

開9:30～17:30 休月曜 料無料

レオナルド・ダ・ヴィンチ記念国立科学技術博物館 地図P.274 B-3

Museo Nazionale della Scienza e della Tecnica, Leonardo da Vinci ★★

M 2線*S.Ambrogio*サンタンブロージョ駅から徒歩5分

科学者ダ・ヴィンチの業績を展示

11世紀から16世紀にかけて建てられた僧院を改装した科学と技術の博物館。ダ・ヴィンチ生誕500年を記念して設立された。展示は質、量ともに充実し、世界でも有数の博物館だ。本館と別館があり、本館は、天文、電気、各産業などに関する展示、2階には科学者としてのダ・ヴィンチの足跡をたどる陳列室がある。見ものは、ダ・ヴィンチの設計図を元に作った模型飛行機だろう。別館には鉄道や船舶、飛行機の歴史をたどる展示室があり、SL車両が並んでいる。

Via S.Vittore 21 ☎485551

開9:30～17:00(土・日曜～18:30) 休月曜(祝日の場合開館) 料Lit.1万

ルネッサンスの天才、ダ・ヴィンチの偉業に触れる

トトカルチョ

サッカーくじで一攫千金?

トトカルチョは公認のサッカーくじのこと。毎週日曜に行なわれるプロリーグ13試合の勝敗を予想し、そのすべてを当てた人が賞金を獲得するギャンブルだ。賞金は総賭金に応じた配当制なので、予想外の試合結果が多いほど額がふくらむ。ときには、何億リラもの賞金を手にする人がでることもあるほどだ。

予想カードの受付所は、"Totocalcio(トトカルチョ)"の看板を掲げるバールや専門スタンドにある。旅行者も気軽に参加でき、1回の賭金は100円ちょっとだ。

バールで申し込める

マークシートを塗って勝敗を予想

予想は受付所で貰える"Schedina(スケディーナ)"と呼ばれるマークシート式のカードに書き込む。右側に並んでいる1～13が、次週の試合の組み合わせ。その上の"Squadra(スクアードラ)"はイタリア語で"チーム"の意味。Squadra 1が勝つと予想するなら、その左のマークシートの①を塗りつぶす。Squadra 2なら②を、引き分けは真ん中の⊗を塗る。これを13試合について予想し、カードと賭金を払うと、あとは試合を待つばかり。勝敗結果は受付所のボードに掲示される。

ホテル

HOTELS

ミラノでは、モダンなデザインの家具や照明器具で客室を飾る個性的なホテルと、格安料金を自慢にするビジネスホテルが共存する。数は少ないが、格式のある老舗ホテルも根強い人気だ。短い滞在なら、思い切って贅沢なホテル選びをしてみるのもいい。

治安の良さと便利さで選べばドゥオモ界隈

ミラノのホテルは、**中央駅周辺**、街の中心**ドゥオモ界隈**、その**2点を結ぶエリア**、**見本市会場周辺**の4カ所に分散している。地下鉄とトラムが市内を網羅しているミラノではいずれのエリアも不便ではないが、中央駅周辺はやや治安が悪いことを頭に入れておきたい。

ビジネス・エリートが出張で愛用する高級ホテルは、ドゥオモ界隈、またはそこからわずかに離れたレプッブリカ広場にある。ロビー、客室のいずれをとっても豪華な造りで、宿泊料金が高いだけのことはある。誰しも一度は泊まってみたい憧れのホテルといえよう。

一方、ツアーで利用されるホテルは、少々治安の悪い駅周辺にある快適なデラックスホテルから、ドゥオモに近い安普請なホテルまで幅広い。このクラスのホテルを選ぶ場合は、立地条件と建物の造りのどちらを優先させるかを先に決めることだ。ただし、見本市会場周辺にあるホテルに関しては、あまり観光客向きの立地条件とはいえないので、料金が安くない限りすすめられない。

ビジネス都市ミラノのホテルは週末が安い

ミラノはブランド品をはじめとするショッピングの魅力に溢れる街であると同時に、イタリアで指折りの経済都市。それだけにビジネスマンが姿を消す金曜の夕方から月曜の朝までは、ホテルも閑散としている。そこで思案したホテルが宿泊客誘致のために設けたのが、週末の宿泊割引料金だ。通常の宿泊料金の20～50%オフになるウィークエンド・レートは、見本市開催時や満室時は適用されないが、それ以外なら利用できるお得な宿泊プラン。ヴァカンス・シーズンの8月ともなると、高級ホテルでさえ、この割引料金を設定するというから見逃せない。ミラノ滞在が週末泊の場合は、予約時に割引料金があるかどうかを確認したい。

高級ホテルはドゥオモ周辺に多い

予約が困難な時期

イタリア経済を担うミラノではファッション・ショーをはじめ、国際規模の見本市(フィエラ)がよく開かれる。それだけに、3～5月、9～11月といった見本市開催のシーズンは市内のホテルが満室状態。この期間は予約がきわめて困難なので、観光で訪れる場合は、見本市の開催日をはずしたほうが無難だ。

8月に休業するホテル

海や山の観光地にある季節営業のホテルならいざ知らず、大都市ミラノのホテルのなかにも8月に閉めるところがあるので要注意だ。ヨーロッパの休暇シーズン、8月はビジネスも一時的にストップ。だれもかれもが山や海に向かい、街はガラガラ状態。レストランやショップのなかにも1カ月の夏休みを取るところが多く、8月はミラノの街が静まりかえる。ビジネスマンの利用率の高いホテルのなかには1カ月休業するところもあるので、8月にミラノに滞在予定の人は気をつけたい。

設備の整った快適なホテル

経済的なホテルも清潔で利用しやすい

プチ・ホテル

✽施設充実　眺望が良い
歴史と伝統あり　清潔感あり
♥カップルでぜひ　バス付部屋あり

ここでは立地の良さを優先してドゥオモ界隈のホテルを中心に紹介するが、その他のエリアも、地下鉄やトラムを使えばドゥオモまでわずかな時間で出られる。

ドゥオモ広場に近い隠れ家ホテル

サー・エドワード
Sir Edward　地図P.276 B-4　★★★★

Via Mazzini 4 ☎*877877 FAX877844*
S Lit.29万～ T Lit.39万～ 39室
M 1/3線Duomoドゥオモ駅から徒歩1分

1993年にオープン。玄関ホールの斬新な造りが目をひく個性派ホテル。ビジネスマンを意識した客室にはファクシミリを完備。大理石の浴室はジャクージ付。

有名デザイナーの家具が客室を飾る

スパダリ
Spadari　地図P.276 B-3　★★★★

Via Spadari 11 ☎*72002371 FAX861184*
S Lit.30万5000～ T Lit.40万5000～ 40室
M 1/3線Duomoドゥオモ駅から徒歩1分

ベッドから壁、床までブルーで統一された客室は、ソファを置ける広さ。ジャクージ付の部屋もある。

著名人も訪れる瀟洒な館は機能性も十分

ピエール・ミラノ
Pierre Milano　地図P.276 A-4　★★★★

Via dei Amicis 32 ☎*72000581 FAX8052157*
S Lit.23万～ T Lit.32万～ 49室
M 2線S.Ambrogioサンタンブロージョ駅から徒歩2分

骨董家具とシックな色合いの装飾生地は全室共通。風呂と洗面所が分かれている浴室も機能的だ。バスローブやスリッパ、ドライヤーなどの備品も充実している。

中世のお城を模した外観が印象的なホテル

リージェンシー
Regency　地図P.274 A-1　★★★★

Via Arimondi 12 ☎*39216021 FAX39217734*
S Lit.24万～ T Lit.29万～ 52室
M 1線 Lottoロット駅から徒歩10分

1993年開業の知る人ぞ知るホテル。暖炉を備えたサロンや小さな噴水のある中庭などが、個人の邸宅のような造り。客室の内装は壁や天井に花柄を使っている。

由緒ある屋敷跡に誕生した新星ホテル

レジーナ
Regina　地図P.276 A-4　★★★★

Via C. Correnti 13 ☎*58106913 FAX38107033*
S Lit.21万～ T Lit.25万～ 43室
M 2線S.Ambrogioサンタンブロージョ駅から徒歩5分

ドゥオモとナヴィリオ地区の中間に建つ。フローリングの床と木の家具が全室共通。ベッドカバーやカーテンに使われている生地の趣味もなかなか良い。

ジャクージ付の浴室もあるモダンな客室

リベルティ

地図P.275 C-4

Liberty ★★★★

Viale Bligny 56 ☎58318562 FAX58319061

S Lit.19万～ T Lit.27万～ 44室

M 3線Porta Romanaポルタ・ロマーナ駅から徒歩5分

ドゥオモへは地下鉄でわずか3駅。モダンな家具を置く客室は明るく清潔。大理石の浴室も使い勝手が良い。

自転車の無料貸し出しサービスも好評

アリストン

地図P.276 A-4

Ariston ★★★

Largo Carrobbio 2 ☎72000556 FAX72000914

S Lit.18万3000～ T Lit.26万6000～ 48室

M 3線Missoriミッソーリ駅から徒歩5分

真綿の布団を使用したベッド、ジャクージを備えたバスタブなど、こだわった客室の造りが利用者に人気。

恵まれた立地条件と低料金が捨てがたい魅力

ナポレオン

地図P.275 D-2

Napoleon ★★★

Via Ozanam 12 ☎29520366 FAX29520388

S Lit.14万～ T Lit.19万～ 41室

M 1線Limaリマ駅から徒歩1分

地元の若者に人気のある買物エリア。十分に広い客室は機能的なうえ、家具や内装のセンスも良く好印象。

高級アパートのようなたたずまいの清潔なホテル

メトロ

地図P.274 A-3

Metro ★★★

Corso Vercelli 61 ☎4987897 FAX48010295

S Lit.18万～ T Lit.25万～ 37室

M 1線Wagnerワーグナー駅から徒歩1分

高級ブティックが並ぶ買物通りにある。けっして広くはないが、備品の整った客室は清潔感に溢れ快適。屋根裏部屋の浴室には、ジャクージも完備。

庭を持つマンション風の建物でくつろぐ

エウロペオ

地図P.274 B-2

Europeo ★★★

Via Canonica 38 ☎3314751 FAX33105410

S Lit.12万～ T Lit.18万～ 45室

M 2線Moscovaモスコーヴァ駅から徒歩6分

センピオーネ公園に近い住宅街に建つ。街の中心では珍しい屋外プール付。掃除の行き届いた客室も機能的。

見本市会場の目の前にあり、バルコニー付

アドミラル

地図P.274 B-2

Admiral ★★★

Via Domodossola 16 ☎3492151 FAX33106660

S Lit.18万～ T Lit.23万～ 60室

M 1線Amendola Fieraアメンドーラ・フィエラ駅から徒歩10分

18世紀様式の家具が置かれた客室は、全室バルコニー付。大通りに面していても静かだ。目の前を走るトラムを利用すれば、ドゥオモへもわずか5分の距離。

ビジネスマンを意識した機能的な造り

デミドフ 地図P.275 D-2
Demidoff ★★★

Via Plinio 2 ☎29513889 FAX29405816
[S]Lit.15万～ [T]Lit.21万～ 36室
[M] 1線Limaリマ駅から徒歩1分

シンプルに徹した客室の内装が、男性客に評判。予約は取りづらいが、ジャクージ付の部屋もある。

ショッピングには理想的なロケーション

マンツォーニ 地図P.277 C-2
Manzoni ★★★

Via Santo Spirito 20 ☎76005700 FAX784212
[S]Lit.15万4000～ [T]Lit.21万～ 50室
[M] 3線Montenapoleoneモンテナポレオーネ駅から徒歩1分

グッチなど高級店が軒を連ねるエリアの一角にある。豪華ではないが、客室はほどほどに快適。レストラン探しに困らない周辺の環境も魅力になっている。

イタリアのビジネスマンが愛用している

カナダ 地図P.275 C-3
Canada ★★★

Via S.Sofia 16 ☎58304844 FAX58300282
[S]Lit.19万～ [T]Lit.28万～ 35室
[M] 3線Missoriミッソーリ駅から徒歩2分

全館に改装後の新しさが漂う。客室の内装はシンプルで全室に防音設備が完備されている。専用駐車場あり。

貸し自転車が若い旅行者に好評を博している

ズリーゴ 地図P.276 B-4
Zurigo ★★★

Corso Italia 11/A ☎72022260 FAX72000013
[S]Lit.17万8000～ [T]Lit.26万1000～ 42室
[M] 3線Missoriミッソーリ駅から徒歩1分

ドゥオモに近い立地。アットホームな雰囲気を漂わせる館内の魅力がリピーターに人気。天気の良い日の市内観光はホテルの貸し自転車でまわるのも楽しい。

歩いて行動できる立地の良さが魅力

チェントロ 地図P.276 B-3
Centro ★★★

Via Broletto 46 ☎875232 FAX875578
[S]Lit.14万5000～ [T]Lit.20万～ 54室
[M] 1線Cordusioコルドゥシオ駅から徒歩1分

寄せ木の床と大きな窓が全室に共通。客室はやや簡素な印象だが清潔感が漂う。朝食メニューも豊富だ。

ホームステイのような気分で過ごせる

アンティカ・ロカンダ・ソルフェリーノ 地図P.276 B-1
Antica Locanda Solferino ★★

Via Castelfidardo 2 ☎6570129 FAX6571361
[S]Lit.12万～ [T]Lit.16万～ 11室
[M] 2線Moscovaモスコーヴァ駅から徒歩3分

前に立っていても気付かないほど目立たない構え。立地の良さと下宿の気分で滞在が楽しめる。

最高級ホテル

✽施設充実	眺望が良い
歴史と伝統あり	❀清潔感あり
♥カップルでぜひ	バス付部屋あり

ミラノの最高級ホテルは、映画俳優やモデルなど有名人が姿を現す場所としても注目を浴びるスポット。華やかな雰囲気を漂わせるロビーホールがどのホテルにも共通している。

15世紀の修道院跡を物語る個性的な造り

フォー・シーズンズ・ミラノ

地図P.277 C-2

Four Seasons Milano ★★★★★L

Via Gesu 8 ✆77088 FAX77085000

S Lit.61万～ T Lit.72万～ 98室

M 3線Montenapoleoneモンテナポレオーネ駅から徒歩1分

1993年高級ブティック街に誕生して以来、脚光を浴びている存在。中庭を望む贅沢な部屋の配置が自慢。床暖房のきいた大理石の浴室も文句なしの豪華さだ。

国賓を迎える老舗ホテルとしての貫禄

プリンチペ・ディ・サヴォイア

地図P.277 C-1

Principe di Savoia ★★★★★L

P.za della Repubblica 17 ✆62301 FAX6595838

S Lit.39万5000～ T Lit.54万～ 299室

M 3線Repubblicaレプブリカ駅から徒歩1分

上流階級の社交場だった格式のあるホテル。スタンダードの部屋でもシャンデリアと上等な家具を備える。オペラの切符を難なく手配するコンシェルジュもいる。

エグゼクティブ・ビジネスマンが常連

パラス

地図P.277 C-1

Palace ★★★★★L

P.za della Repubblica 20 ✆6336 FAX654485

S Lit.32万～ T Lit.46万～ 216室

M 3線Repubblicaレプブリカ駅から徒歩1分

派手さを抑えたシックな客室の造り。大理石の浴室に用意された備品も豊富。地下にゴルフクラブもある。

長期滞在者向けのオール・スイート

ドゥカ・ディ・ミラノ

地図P.277 C-1

Duca di Milano ★★★★★

P.za della Repubblica 13 ✆62841 FAX6555966

S Lit.43万5000～ T Lit.59万5000～ 99室

M 3線Repubblicaレプブリカ駅から徒歩1分

高級アパートのような外観。居住性を重視した客室の造りがほかのホテルとは異なる魅力。花柄の装飾生地を各所に用いた英国風の内装もイタリアでは珍しい。

ヴェルディが『オテロ』を書き上げた

エ・ドゥ・ミラン

地図P.277 C-2

Et de Milan ★★★★★

Via Manzoni 29 ✆723141 FAX86460861

S Lit.48万4000～ T Lit.60万5000～ 95室

M 3線Montenapoleoneモンテナポレオーネ駅から徒歩1分

オペラの殿堂、スカラ座の並び。ヴェルディやプッチーニが過ごした歴史的ホテルとして有名。骨董家具を置く客室は、1993年に終えた改装後の新しさが漂う。

中・高級ホテル

✽施設充実　眺望が良い
歴史と伝統あり　❀清潔感あり
♥カップルでぜひ　バス付部屋あり

ここではかつて5ツ星を冠していた高級ホテルから、ツアーで利用されるホテルまでを紹介。まだまだ穴場といわれる快適なホテルもこのカテゴリーに属している。

美しい庭園に囲まれた優雅なたたずまい ✽❀♥

ディアナ・マジェスティック
地図P.277 D-2
Diana Majestic ★★★★

Viale Piave 42 ✆29513404 FAX201072
S Lit.25万～ T Lit.36万～ 94室
M 1線Porta Veneziaポルタ・ヴェネツィア駅から徒歩1分

20世紀前半のアール・ヌーヴォー様式の外観がおしゃれ。客室の贅沢な造りに対し、宿泊料金は割安だ。

手ごろな料金が魅力のオール・スイート ✽❀♥

センチュリー・タワー
地図P.275 C-1
Century Tower ★★★★

Via Fabio Filzi 25/B ✆67504 FAX66980602
S Lit.29万～ T Lit.36万～ 148室
M 2/3線Centrale F.S.ミラノ中央駅から徒歩5分

4ツ星では珍しい全室スイート・タイプ。皮革の大きなソファやデスクを置いたリビングの広さが贅沢な印象を与える。ポットなど室内の備品も気がきいている。

国鉄中央駅に最も近いロケーション ✽❀♥

エクセルシオール・ガリア
地図P.275 C-1
Excelsior Galia ★★★★

P.za Duca d'Aosta 9 ✆67851 FAX66713239
S Lit.34万5000～ T Lit.40万～ 239室
M 2/3線Centrale F.S.ミラノ中央駅から徒歩1分

地元の一流企業が会議場に指定する高級ホテル。客室の造りに派手さはないが、選び抜かれた家具と豊富な備品がホテルの格を裏付ける。サウナとジムを完備。

近代的な設備が自慢でビジネスマンに人気 ✽❀♥

ミケランジェロ
地図P.275 C-1
Michelangelo ★★★★

Via Scarlatti 33 ✆6755 FAX6694232
S Lit.36万～ T Lit.50万～ 300室
M 2/3線Centrale F.S.ミラノ中央駅から徒歩1分

国鉄駅前にある場所柄、見本市や会議に訪れるビジネスマンが常連。エアコンの調節からカーテンの開閉までコンピュータを導入。浴室のジェットバスも自慢。

斬新な造りは服飾関係者のお気に入り ✽❀♥

ブルネッレスキ
地図P.276 B-4
Brunelleschi ★★★★

Via Baracchini 12 ✆8843 FAX804924
S Lit.36万～ T Lit.45万～ 128室
M 3線Missoriミッソーリ駅から徒歩1分

客室の装飾生地や浴室のタイルにデザイナーズ・ブランドを採り入れたおしゃれな造り。備品にバスローブやスリッパを揃えるサービスが常連客に好評だ。

高級ブティックの集まるエリアにあり女性に人気

デ・ラ・ヴィレ
De La Ville

地図P.277 C-3
★★★★

Via Hoepli 6 ☎867651 FAX866609
[S] Lit.34万～ [T] Lit.45万～ 102室
[M] 1/3線Duomoドゥオモ駅から徒歩2分

有名ブランド店のハシゴには理想的な立地。パステルカラーの生地で仕上げた客室の内装が女性客に人気。周辺にレストランも多く食事には困らない環境だ。

全室同じ内装の快適で機能的な空間

ジョリー・プレジデント
Jolly President

地図P.277 C-4
★★★★

Largo Augusto 10 ☎7746 FAX783449
[S] Lit.38万5000～ [T] Lit.44万5000～ 220室
[M] 1線S.Babilaサン・バビラ駅から徒歩3分

ミラノの金融街に近い場所柄、出張ビジネスマンの利用が目立つ。高級店の集まる通りもすぐそば。

団体客が押し寄せる大型ホテル

ジョリー・ツーリング
Jolly Touring

地図P.277 C-1
★★★★

Via Ugo Tarchetti 2 ☎6335 FAX6592209
[S] Lit.29万～ [T] Lit.36万～ 305室
[M] 3線Repubblicaレプブリカ駅から徒歩1分

地下鉄を利用すれば、ドゥオモもわずかな距離。ほどほどに快適な客室がツアーでも人気を呼んでいる。

イタリアでは名の通ったチェーンホテル

スターホテル・リッツ
Starhotel Ritz

地図P.277 D-1
★★★★

Via Spallanzani 40 ☎2055 FAX29518679
[S] Lit.26万5000～ [T] Lit.34万～ 207室
[M] 1線Limaリマ駅から徒歩1分

恵まれた立地条件と手ごろな料金が自慢。市内に4軒ある同グループのなかで最も高級感を漂わせている。

若者が闊歩するブレラ地区にある

カーライル・ブレラ
Carlyle Brera

地図P.276 B-1
★★★★

Corso Garibaldi 84 ☎29003888 FAX29003993
[S] Lit.23万5000～ [T] Lit.30万5000～ 98室
[M] 2線Moscovaモスコーヴァ駅から徒歩1分

室内に置かれた皮革の椅子やデザインのすぐれた照明器具が、センスの良さを感じさせる。高級ブティックへも歩いて行けるホテルの立地が女性客を喜ばせる。

見本市開催時は満室になる個性的なホテル

アンタレス・ルーベンス
Antares Rubens

地図P.274 A-2
★★★★

Via Rubens 21 ☎40302 FAX48193114
[S] Lit.27万～ [T] Lit.38万5000～ 87室
[M] 1線Gambaraガンバラ駅から徒歩3分

1994年に改装を終えた客室は個性的な造り。眺めの良い最上階にある朝食レストランもホテル自慢の施設。

傘なしで買物ができるロケーション

スターホテル・ローザ

地図P.277 C-3

Starhotel Rosa ★★★★

Via Pattari 5 ✆8831 FAX8057964

S Lit.31万〜 T Lit.40万〜 185室

M 1/3線Duomoドゥオモ駅から徒歩1分

ドゥオモの裏手。高級店が並ぶ通りに近い、買物に便利な立地。掃除の行き届いた客室には備品も十分整う。

小さな中庭でくつろぐ時間も楽しみ

サンピ

地図P.277 D-1

Sanpi ★★★★

Via Lazzaro Palazzi 18 ✆29513341 FAX29402451

S Lit.26万〜 T Lit.34万〜 63室

M 3線Repubblicaレプブリカ駅から徒歩2分

国鉄駅とドゥオモのほぼ中間にある。椅子やベッドカバーに花柄の生地を使った内装が全室に共通する。

夏季には屋上のテラスで朝食をとれる

グランド・ホテル・ドゥオモ

地図P.276 B-3

Grand Hotel Duomo ★★★★

Via S.Raffaele 1 ✆8833 FAX86462027

S Lit.40万〜 T Lit.55万〜 153室

M 1/3線Duomoドゥオモ駅から徒歩1分

改装後の快適な客室がゲストに評判。日本の番組が見られる衛星放送テレビや朝日新聞を備えている。

地下鉄駅の上にあるツアー御用達ホテル

ガレス

地図P.275 D-2

Galles ★★★★

Via Ozanam 1 ✆204841 FAX2048422

S Lit.34万5000〜 T Lit.54万〜 108室

M 1線Limaリマ駅から徒歩1分

立地は良いが、客室の造りはやや簡素な印象。ツアーならともかく、個人で利用する場合は、予約の際に値引き交渉をするなど料金を再検討したいところ。

低料金で確保できる立地の良さ

デイ・カヴァリエリ

地図P.276 B-4

Dei Cavalieri ★★★★

P.za Missori 1 ✆88571 FAX72021683

S Lit.19万8000〜 T Lit.23万5000〜 178室

M 3線Missori ミッソーリ駅から徒歩1分

全室バスタブ付の客室は古びてはいるが、備品も充実。観光や買物に不自由しない立地と低料金をもってすれば、妥協の価値がある。通り側でも部屋は静かだ。

ビジネスマンに支持され日本人にも人気

ガリレオ

地図P.277 C-3

Galileo ★★★★

Corso Europa 9 ✆7743 FAX76020584

S Lit.30万〜 T Lit.38万〜 89室

M 1線S. Babilaサン・バビラ駅から徒歩3分

大きな机やズボンプレッサーを備えた、ビジネスマンを意識した客室の造り。朝日新聞の無料配布も魅力。

レジデンス・ホテル

✽施設充実　⛶眺望が良い
❀清潔感あり　バス付部屋あり
シャワーのみ　キッチン付

ミニ・キッチン付ワンルームタイプの部屋が多く、調理器具や食器、冷蔵庫、電話など生活に必要なものが揃う。掃除やランドリー、レセプションなどはホテルと同じシステムだ。

緑溢れるエントランスと中庭が魅力

ビアンカクローチェ
地図P.275 D-2

Biancacroce

Via Paladini 7 ☎70105951 FAX70105971
S 1週間Lit.55万～ T 1週間Lit.65万～ 71室
バス 54番Viale Argonneヴィアーレ・アルゴンネから徒歩3分

中心部から近い住宅街にある。部屋はシンプルで機能的。最上階にある天窓付ロフト風の部屋は眺めが良い。

中央駅からバスで5分の活気ある住宅街

レポンティーナ
地図P.274 B-1

Lepontina

Via Lepontina 8 ☎66802508 FAX66802703
S 1週間Lit.50万～ T 1週間Lit.65万～ 60室
バス 82番Via Fariniヴィア・ファリーニから徒歩2分

近所に商店街やトラットリアが多く便利。茶系の内装が落ち着く。地下鉄のZara(ザラ)駅へも歩いて10分ほど。

大型ホテルリスト

大型ホテルは少なく、ほとんどが国際的なチェーンで、ツアー客の利用が多いようだ。

ホリデイ・イン・ミラン Holiday Inn Milan	★★★★ Via Lorenteggio 276 ☎410014 FAX48304729 S Lit.31万5000～ T LSt.39万～ 119室
ミラン・ヒルトン Milan Hilton	★★★★ 地図P.275 C-1 Via Galbani 12 ☎69831 FAX66710810 S Lit.33万5000～ T Lit.38万～ 321室
ノヴォテル・ミラノ・ノルド Novotel Milano Nord	★★★★ Viale Suzzani 13 ☎66101861 FAX66101961 S T Lit.24万～ 172室
ラマダ Ramada	★★★★ 地図P.274 A-3 Via Washington 66 ☎48522808 FAX4818925 S T Lit.30万～ 323室
ロイヤル・メルキュール・ミラノ Royal Mercure Milano	★★★★ 地図P.275 C-1 Via Cardano 1 ☎6709151 FAX6703024 S Lit.23万～ T Lit.28万～ 205室

バックパッカーのための経済的ホテル

同じ料金でもホテルによって清潔感や居心地の良さに差が出る。部屋を見てから決めたい。

ナポリ Napoli	★★ 地図P.276 B-2 Via Tivoli 4 ☎86460100 FAX861176 S Lit.7万～ T Lit.10万5000～ 23室
セレーナ Serena	★★ 地図P.277 D-1 Via Boscovich 59 ☎29522436 FAX29404958 S Lit.6万～ T Lit.11万～ 39室
アウローラ Aurora	★ 地図P.277 D-1 Corso Buenos Aires 18 ☎2047960 FAX2049285 S Lit.6万～ T Lit.9万～ 16室
ヴェローナ Verona	★ 地図P.275 C-2 Via Carlo Tenca 12 ☎FAX66983091/66987236 S Lit.5万～ T Lit.8万～ 20室

レストラン RESTAURANTS

ビジネスマンが接待で利用する高級店から、ミラノの若者に人気の気軽なピザの専門店までさまざま。待たずに確実に席を確保するためにも、予約をしたほうが無難だ。とくに週末、金・土曜の夜はどのレストランも混み合うので、承知のうえで出かけたい。

安くておいしいピザを出す店が人気

さすが国際都市だけあって、ミラノのレストランは、本場のイタリア料理からフランス、ドイツ、中国、インド、日本料理まで、その種類はバラエティに富んでいる。しかし軒数でいえば、やはり絶対数を占めるのはイタリア料理。本場のイタリア料理の奥深さをミラノ滞在中に楽しんでみたいものだ。ミラノにあるイタリア料理店は、フランス料理の繊細な味わいや盛り付けを採り入れた高級店、伝統的なミラノの郷土料理店、ピザやパスタ料理を中心にしたカジュアルな店の３タイプに大別される。ここでぜひ試してみたいのは、ミラノの郷土料理。サフランのリゾットや仔牛のカツレツなど、ミラノを代表する味わいは日本人の舌に合うものばかり。料理のボリュームにはやや閉口してしまうが、そのぶん、注文する量を抑えれば料金も割安。満腹感も十分味わえる。その逆に、軽く食事を済ませたいときは、ピザもパスタも出すトラットリアと呼ばれる店がおすすめ。これらの店では、前菜とパスタだけ、またはピザだけという注文の仕方も可能だ。料金も手ごろなうえ、気取らない雰囲気も疲れなくていい。

カジュアルなピッツェリアも多い

日本人が満足できる和食もミラノなら

イタリア在住の日本人ビジネスマンがいちばん多いといわれる街だから、ミラノには本格的な日本料理店が何軒か揃っている。地元でも評判の良い店はけっして安くはないが、新鮮な魚介類を使った寿司や刺身、天ぷらなどの料理を考えれば、その料金も納得のいく範囲。和食が恋しくなった時や洋食続きで胃袋が疲れてきたときには、ミラノは日本料理を食べる絶好のポイントだ。ほかのイタリアの都市では出会えないおいしい和食を堪能してみるのもいい。

日本食の店もレベルが高い

食前にバールで軽く一杯

ミラネーゼは小食

イタリア人というと、昼から２時間もかけて食事を楽しんでいる享楽主義者のようなイメージがあるが、働き者のミラネーゼは例外。平均的なミラネーゼのランチタイムは日本人同様に約1時間だ。バールと呼ばれる喫茶店でカプチーノを飲み、パニーノと呼ばれる生ハムやチーズが挟まったサンドイッチを食べてランチを終える人も多い。これにならって買物途中のランチタイムは、バールでサンドイッチをつまむのも悪くない。ゆっくり座って食事をしたい人は、ピザ専門店で焼きたての一枚に舌つづみをうつのもいいだろう。

夕方に味わうグラス1杯

3時過ぎになると、バールにやってくるミラネーゼはカンパリやスパークリング・ワインなどのアルコールで喉を潤し、カウンターに並んでいるポテトチップスや一口大のカナッペを摘んでゆく。これはアペリティーヴォ（食前酒）と呼ばれるミラノならではの食習慣で、いってみれば、夕食前の摘み食い。アルコール類を頼むと小皿に盛られたつまみが一緒に出されるか、カウンターのつまみに手を出してもよいというわけ。もちろん、つまみの量は常識の範囲だが、酒好きにはこたえられない1杯。滞在中に試してみてはどうだろう。

最高級レストラン

服装注意　要予約
眺望が良い　カップルでぜひ
Ｍ英語メニュー　テラス席あり

ミラノでは社交場として利用される高級レストラン。ここで紹介する店では、ドレスアップはもちろん、料理もフルコースに近い形で注文することが暗黙のマナーになっている。

地元のビジネスマンが愛用するレストラン

イル・テアトロ
地図P.277 C-2

Il Teatro　Hフォー・シーズンズ

Via Gesu 8 ☎77081435
営19:30～0:00 休日曜 L D Lit.11万～
M 3線Montenapoleoneモンテナポレオーネ駅から徒歩1分
洗練された味と極上のワインに定評がある。エグゼクティブの御用達。仔羊の腰肉のロースト香草風味、ロブスターと黄ピーマン・ソースのパスタ

本場ならではの味わいを楽しみたい

ビーチェ
地図P.277 C-2

Bice

Via Borgospesso 12 ☎76002572
営12:20～15:00 19:30～22:45 休火曜のランチ、月曜 L D Lit.11万～
M 3線Montenapoleoneモンテナポレオーネ駅から徒歩1分
ニューヨーク、東京に支店を持つ有名店。常時800種類揃えているワインも自慢。疲れぬ程度におしゃれな店の雰囲気もいい。エビのソースを添えたラビオリ

社用族御用達の最高級ミラノ料理店

アイモ・エ・ナディア
地図P.274 A-3

Aimo e Nadia

Via Montecuccoli 6 ☎416886
営12:30～14:30 20:00～22:30 休土曜のランチ、日曜 L D Lit.12万～
M 1線Primaticcioプリマティッチョ駅から徒歩3分
街の中心から離れた場所。シェフの素材へのこだわりが客を呼ぶ、地元でも評判の一軒。ズッキーニの花とポルチーニ茸のリゾット、ローズマリー風味の仔羊

買物途中のランチに訪れれば気軽に楽しめる

サヴィーニ
地図P.276 B-3

Savini

Galleria Vittorio Emanuele II ☎72003433
営12:00～15:00 19:30～22:00 休日曜、8月 L D Lit.11万～
M 1/3線Duomoドゥオモ駅から徒歩1分
1867年創業の老舗のレストラン。チャップリンやマリア・カラスなどの著名人たちにも親しまれたスポット。ミラノ風サフランのリゾット、仔牛のカツレツ他

老舗の高級総菜店が経営する料理店

ペック
地図P.276 B-3

Peck

Via Victor Hugo 4 ☎876774
営12:00～14:30 19:00～22:30 休日曜 L D Lit.10万～
M 1/3線Duomoドゥオモ駅から徒歩2分
堅苦しくない雰囲気の店。注文に迷ったらセットメニュー（Lit.6万～）を。ヒメジのピーマン・ソース添え

軽食でも許されるランチがおすすめ

ビッフィ・スカラ・エ・トゥーラ
地図P.276 B-3

Biffi Scala e Toula

P.za della Scala 866651
営12:30～15:00 19:30～0:00 休土曜のランチ、日曜
L D Lit.11万～ M 1/3線Duomoドゥオモ駅から徒歩2分

1994年にオープンしたグルメが注目する店。昼は一皿だけの注文も可能。オッソブーコのリゾット添え

社用族が利用するミラノ料理店

ブーチ
地図P.277 C-3

Boeucc

P.za Belgioioso 2 76022880
営12:40～14:30 19:40～22:45 休土曜、日曜の昼 L D Lit.11万～
M 3線Montenapoleoneモンテナポレオーネ駅から徒歩3分

けっして安くはないが、伝統の味わいと一流のサービスを提供してくれる店。仔羊のカツレツ・ミラノ風

冬も中庭で食事が楽しめる快適なレストラン

ジャンニーノ
地図P.277 D-4

Giannino

Via A.Sciesa 8 55195582
営12:30～15:00 19:30～0:00 休日曜、8月 L D Lit.14万～
M 3線Porta Romanaポルタ・ロマーナ駅から徒歩10分

一人ワイン抜きでLit.14万はする高級店。贅沢な材料を使った料理の味は期待通り。海の幸、クモガニをふんだんに使ったリゾット各種、魚や肉のグリル

夏はテラスで食事ができる

ガッレリア
地図P.277 C-1

Galleria
Hプリンチペ・ディ・サヴォイア

P.za della Repubblica 17 62301
営12:30～15:00 19:00～23:00 休無休 L D Lit.8万～
M 3線Repubblicaレプブリカ駅から徒歩1分

ホテルのメインダイニングだが、食事だけに訪れる人も多い。ワインの種類も豊富。Lit.7万のランチ

エリート・ビジネスマンが常連客

カサノヴァ・グリル
地図P.277 C-1

Casanova Grill
Hパラス

P.za della Repubblica 20 6336
営12:30～15:00 19:30～23:00 休無休 L D Lit.10万～
M 3線Repubblicaレプブリカ駅から徒歩1分

内装も豪華で盛装をして食事を楽しむときにふさわしい場所。手長エビの前菜キャビア添え他

ミラノ伝統の味にこだわってみたい

アルフレッド・グラン・サン・ベルナルド
地図P.274 B-1

Alfredo Gran San Bernardo

Via Borgese 14 3319000
営12:30～14:30 20:00～23:00 休日曜、8月 L D Lit.10万～
M 2線Garibaldiガリバルディ駅から徒歩15分

昔ながらの味とボリュームで人気を呼ぶ。大食漢でない限り、量を加減して注文すること。サフランのリゾットの堅焼き、仔牛の骨付肉の白ワイン・ソテー

中・高級レストラン

服装注意　要予約　望予約　眺望が良い　カップルでぜひ　M英語メニュー

ここでは気負わずに出かけられる店を紹介。ただし、テーブルの予約はしておいたほうが無難。週末の夜は混み合うが、開店直後の時間なら比較的予約が取りやすい。

ガラス窓越しにドゥオモが見える

ビストロ・ディ・グアルティエロ・マルケージ 地図P.276 B-3

Bistrot di Gualtiero Marchesi　Sラ・リナシェンテ

Corso Vittorio Emanuele II ☎877120

営12:00～14:30 19:00～22:30 休月曜のランチ、日曜 L D Lit.7万～

M 1/3線Duomoドゥオモ駅から徒歩1分

イタリア料理界の巨匠、マルケージの店。本場の味を堪能できる。細切り牛肉のローズマリー風味

極上の赤ワインが楽しめる肉料理の店

イル・モンタルチーノ 地図P.274 B-4

Il Montalcino

Via Valenza 17 ☎89403783

営12:00～14:30 19:30～22:30 休日曜 L D Lit.65万～

M 2線Porta Genovaポルタ・ジェノヴァ駅から徒歩3分

赤ワインが主役の肉料理専門店。食事の時間にワインが飲みごろになるという店のはからいも心憎い。生ハムやサラミの盛り合わせ、猪のミートソース・パスタ

時代物の家具と調度品が店内を飾る

アンティカ・トラットリア・デッラ・ペーザ 地図P.274 B-1

Antica Trattoria della Pesa

Viale Pasubio 10 ☎6555741

営12:30～14:00 19:30～22:00 休日曜、8月 L D Lit.7万～

M 2線Garibaldiガリバルディ駅から徒歩3分

1880年創業の老舗のミラノ料理店。おしゃれだが、気取らぬ店内の雰囲気も心地よい。仔牛の腎臓のバターソテー白ワイン風味、熱々のザバイオーネ他

デザイナーや画家が集うユニークな店

バグッタ 地図P.277 C-3

Bagutta

Via Bagutta 14 ☎76002767

営12:30～14:30 19:30～22:30 休日曜 L D Lit.8万～

M 1線S.Babilaサン・バビラ駅から徒歩1分

壁に画家の絵を無数に飾った店内の造りが個性的。ミラノ伝統料理としてはやや高めだが、一度は試してみたい。仔牛のスネ肉 サフランのリゾット添え

買物途中に適当な食事処

アルフィオ 地図P.277 C-2

Alfio

Via Senato 31 ☎76000633

営12:30～15:00 19:30～23:00 休土曜 L D Lit.8万5000～

M 1線S.Babilaサン・バビラ駅から徒歩6分

一年中中庭の雰囲気が楽しめる造りで、ランチには付近のオフィスで働くビジネスマンも姿を現す。アンコウのグリル、平目のプロヴァンス風など魚介料理

魚介料理のメニューが豊富なレストラン

ムーン・フィッシュ

地図P.277 C-3

Moon Fish

Via Bagutta 2 ☎76005780

営12:30〜14:30 19:30〜0:00 休日曜、8月 LD Lit.6万〜

M 1線S.Babilaサン・バビラ駅から徒歩1分

サン・バビラ広場に近い駐車場の上にある。ムール貝やアサリのスープ、海の幸のリゾットなど

毎朝用意する手打ちのパスタが人気

アル・マタレール

地図P.276 B-1

Al Matarel

Corso Garibaldi 75 ☎654204

営12:30〜14:30 19:30〜22:30 休火曜 LD Lit.5万〜

M 2線Moscovaモスコーヴァ駅から徒歩3分

家族経営の気さくな店。冬の夜はかなり混み合うので、予約をしたほうが無難。手打ちパスタの猪のミートソースがけ、豚肉とキャベツ、ソーセージの煮込み

独自の味が好評。連日予約客で混み合う

マズエッリ・サン・マルコ

地図P.275 D-3

Masuelli San Marco

Viale Umbria 80 ☎55184138

営12:30〜14:30 20:00〜22:30 休日曜、月曜昼

LD Lit.6万〜 M 3線Lodiローディ駅から徒歩10分

親子3代続くミラノ料理店。ラードやサラミまでみずから作るほど、味にこだわりを見せる。自家製の前菜、ミラノ風ロールキャベツ、牛肉の赤ワイン煮など

大食漢の男性が通うミラノ料理店

トラットリア・ミラネーゼ

地図P.276 B-4

Trattoria Milanese

Via S. Marta 11 ☎86451991

営12:00〜15:00 19:30〜0:00 休火曜、8月 LD Lit.5万〜

M 1/3線Duomoドゥオモ駅から徒歩4分

店内は広く予約しなくても食事ができる。冬に登場する自家製のパネトーネも自慢。子牛のスネ肉の煮込み

ブレラ地区にある若者に人気のスポット

スタンダール

地図P.276 B-2

Stendhall

Via Ancona ang. Via San Marco ☎6555587

営19:30〜23:00 休月曜、8月に2週間 LD Lit.5万〜

M 3線Montenapoleoneモンテナポレオーネ駅から徒歩5分

週末の夜は混み合う評判の店。手ごろな料金で食事ができるのが人気の秘密。ミラノ風仔牛のカツレツ他

オペラ歌手や映画俳優が訪れる

サンタ・ルチア

地図P.277 C-3

Santa Lucia

Via S.Pietro all'Orto 3 ☎76023155

営12:00〜15:00 19:30〜2:00 休月曜、8月 LD Lit.5万〜

M 1/3線Duomoドゥオモ駅から徒歩5分

ピザも注文できるナポリ料理店。シックな店の雰囲気に年配の客が集う。ナスのトマト風味スパゲッティ

連日夜は混み合う炭火焼きの専門店

アル・コンテ・ウゴリーノ　地図P.277 C-3

Al Conte Ugolino

P.za Beccaria 6 ✆876134

営12:00〜14:30 19:00〜0:00 休日曜 LD Lit.6万〜

M 1/3線Duomoドゥオモ駅から徒歩2分

ドゥオモの裏手。買物帰りに寄るには便利な場所。魚料理もあるが、牛や羊などの肉料理のほうがおすすめ。炭火焼き肉の盛り合わせ、自家製のラビオリ

ピザも出す炭火焼きの専門店でステーキもある

ラ・ブルスケッタ　地図P.277 C-3

La Bruschetta

P.za Beccaria 12 ✆8692494

営12:00〜14:30 19:00〜0:00 休月曜、8月 LD Lit.4万〜

M 1/3線Duomoドゥオモ駅から徒歩2分

14種類あるピザを目当てにくる常連が多い。ピザの値段も手ごろで安上がり。炭火焼きのビーフステーキ

ボリュームのある牛肉のステーキが人気

ラ・ビステッカ　地図P.277 C-3

La Bistecca

P.za Beccaria 14/A ✆8053732

営12:00〜14:30 19:00〜22:30 休日曜 LD Lit.4万〜

M 1/3線Duomoドゥオモ駅から徒歩2分

予約なしで入れる店内の広さ。フィレンツェ風のTボーン・ステーキ、野菜のグリルの盛り合わせ他

3種類ある自家製のパンもおいしい

ダ・リタ・エ・アントニオ　地図P.276 A-3

Da Rita e Antonio

Via Puccini 2/a ✆875579

営12:00〜14:30 19:00〜23:30 休土曜のランチ、月曜、8月 LD Lit.4万〜 M 1線Cairoliカイロリ駅から徒歩3分

地元の家族連れに評判の食事処。予約はできないので待つ覚悟でいきたい。12種類揃うピザは持ち帰りも可能。トマトソースで煮込んだ小ダコ、イカの唐揚げ

映画帰りの若者たちが訪れる人気レストラン

ズメラルディーノ　地図P.276 B-1

Smeraldino

P.za XXV Aprile 1 ✆6595815

営12:00〜14:30 19:00〜22:30 休水曜 LD Lit.5万〜

M 2線Moscovaモスコーヴァ駅から徒歩3分

週末の夜は店の外まで客が列をなすほどの人気。1皿からでも注文できる気楽さがいい。仔牛のカツレツ

地元の学生がお気に入りのエリアにある

トッレ・ディ・ピサ　地図P.276 B-2

Torre di Pisa

Via Fiori Chiari 21 ✆874877

営12:00〜14:30 19:00〜22:30 休土曜ランチ、日曜 LD Lit.5万5000〜 M 2線Lanzaランツァ駅から徒歩5分

トスカーナ料理をはじめ肉料理が自慢。牛肉のポルチーニ茸添え、薄切り仔牛肉のバター焼き他

学生からビジネスマンまで通うカジュアル店

イル・ヴェルディ
地図P.276 B-1

Il Verdi

P.za Mirabello 5 ☎6590797

営12:00～14:30, 19:00～22:30 休日曜 L D Lit.5万5000～

M 2線Moscovaモスコーヴァ駅から徒歩5分

2皿の料理に飲み物が付いてLit.2万2000のランチがお得。オマール・エビやアサリのスパゲッティ他

疲れぬ程度におしゃれな雰囲気を楽しむ

ソルフェリーノ
地図P.276 B-1

Solferino　Hアンティカ・ロカンダ

Via Castelfidardo 2 ☎6599886

営12:00～14:30, 19:00～22:30 休土曜昼、日曜

L D Lit.5万5000～ M 2線Moscovaモスコーヴァ駅から徒歩3分

伝統的ミラノ料理が支持される。モッツァレラ・チーズの唐揚げバルサミコ風味、仔牛のスネ肉の煮込み

東京にも支店があるレストラン

ラ・ラナリータ
地図P.276 B-2

La Ranarita

Via Fatebene Fratelli 2 ☎8055872

営12:30～14:30 19:30～2:00 休日曜 L D Lit.5万～

M 3線Montenapoleoneモンテナポレオーネ駅から徒歩4分

ピザもパスタのメニューも豊富。相席になるほど混む夜もあるので予約を。爆弾型ピザ、魚介のリゾット

夏は中庭での食事が最高

オスタリア・テルツァ・カルボナイア
地図P.275 D-2

Hostaria Terza Carbonaia

Via degli Scipioni 3 ☎29531704

営12:00～15:00 19:00～23:00 休日・月曜 L D Lit.5万～

M 1線Limaリマ駅から徒歩10分

ピザから肉、野菜まで炭火焼き料理が自慢。ワインの種類も豊富。前菜にはテーブルに用意された海の幸や野菜の総菜を。フィレンツェ風Tボーン・ステーキ

チーズ好きにはこたえられない存在

アッソ・ディ・フィオーリ
地図P.274 B-3

Asso di Fiori

Alzaia Naviglio Grande 54 ☎89409415

営20:00～0:00 休日曜、8月 L D Lit.5万～

M 2線Porta Genovaポルタ・ジェノヴァ駅から徒歩3分

街の中心から少し離れたナヴィリオ地区にある。家族で経営するアットホームな店の雰囲気も良い。リンゴとチーズのリゾット、モッツァレラ・チーズのグリル

パスタとチーズが楽しめるプーリア料理店

アル・リフジオ・プリエーゼ
地図P.274 A-3

Al Rifugio Pugliese

Via Boni 16 ☎48000917

営12:00～15:00 19:00～1:00 休日曜、8月 L D Lit.4万～

M 2線Moscovaモスコーヴァ駅から徒歩3分

プーリアから配達されるチーズを使ったピザが美味。プーリア産のマカロニ料理、馬肉料理各種

ピッツェリア

要予約　望予約
眺望が良い　カップルでぜひ
英語メニュー　テラス席あり

ミラノの若者にとってファストフードにあたるピザ。専門店ではピザとビールだけの注文が通用するうえ、テイクアウトも可能だ。週末の夜は混み合うことを覚悟したい。

昼どきはファッション関係者で混み合う

ペーパー・ムーン
地図P.277 C-3

Paper Moon

Via Bagutta 1 ☎76022297
営12:30〜14:30 19:30〜0:30 休日曜 LD Lit.4万〜
M 1線S.Babilaサン・バビラ駅から徒歩1分

"紙の月"という店名のごとく、薄くカリッと焼き上げたピザが自慢。15種類あるピザのなかにはチーズを一切使わず、生地に具をのせただけのものもある。

高級店が集まるエリアにあるピザ専門店

チャールストン
地図P.277 C-3

Charleston

P.za Liberty 8 ☎798631
営12:00〜14:30 19:00〜22:30 休月曜、8月 LD Lit.2万5000〜
M 2線Moscovaモスコーヴァ駅から徒歩3分

場所柄、おしゃれな雰囲気のピザ店。客は旅行者が多いが、買物途中に立ち寄れる魅力は捨てがたい。

セルフサービスの気軽な雰囲気だから若者に人気

パーネ・エ・ファリーナ
地図P.276 B-4

Pane e Farina

Via Pantano 6 ☎8693274
営12:00〜15:00 19:00〜1:00 休日曜のランチ、土曜
LD Lit.3万〜 M 3線Missoriミッソーリ駅から徒歩1分

大学に近いせいか、学生の姿が目立つ。代金は前払い。自分のピザの番号を呼ばれたら、焼き上がりの合図で、カウンターに取りに行くシステム。お総菜も豊富。

学生で賑わうナヴィリオ地区にあるカジュアルな店

プレミアータ
地図P.274 B-3

Premiata

Via Alzaia Naviglio Grande 2 ☎89400648
営11:00〜14:30 19:00〜23:30 休火曜 LD Lit.3万〜
M 2線Porta Genovaポルタ・ジェノヴァ駅から徒歩1分

ピザと飲み物だけでもかまわない、安さが自慢の専門店。37種類あるピザには、サラダ菜とトマトをのせただけのあっさりしたメニューも揃っている。

おいしいピザと愛らしい店名に客が集まる

アル・ヴェッキオ・ポルコ
地図P.274 B-1

Al Vecchio Porco

Via Messina 8 ☎313862
営12:00〜15:00 19:00〜1:00 休日曜ランチ、月曜
LD Lit.3万〜 M 2線Moscovaモスコーヴァ駅から徒歩8分

"年老いた豚"という店名はユニークだが、ピザ自体はオーソドックスなもの。生ハムとチーズを詰めたふたつ折りのピザ、カルツォーネがおいしいと評判だ。

セルフサービス/ターヴォラ・カルダ

☎要予約　☎望予約
眺望が良い　♥カップルでぜひ
M英語メニュー　テラス席あり

おいしいものを安く食べたい！というときはセルスサービス式レストランか、ターヴォラ・カルダがいい。ターヴォラ・カルダでは、温めてくれたものをテイクアウトできる。

地元客でいつも満員のセルフサービス
ブレーク
地図P.277 C-2
Brek
Via Manzoni ang.P.za Cavour ☎653619
営11:30～15:00 18:30～23:00 休日曜、祝日 L Lit.1万4000～ D Lit.2万～
M 3線Montenapoleoneモンテナポレオーネ駅から徒歩4分
おいしい、安い、居心地が良い、メニューが豊富と、地元客に人気。前菜、プリモ、セコンドと本格的に食べられる。1・2階、地下に計450席、夏季はテラス席も。

バックパッカーにも人気のターヴォラ・カルダ
ロスティッチェリア・フォンターナ
地図P.276 B-4
Rosticceria Fontana
Via Speronari 5 ☎86461372
営8:30～14:30 16:00～19:30 休日曜、祝日、8月に約10日
プリモLit.6000～ セコンドLit.8000～ M 1/3線Duomoドゥオモ駅、徒歩3分
ラビオリ、ニョッキなどのパスタ類、リゾット、野菜を使ったアンティパストやコントルノなどが好評。地元客のほか、欧米のバックパッカーもよく利用する。

手ごろな料金で楽しめるイタリア各地のメニュー
チャオ
地図P.277 C-3
Ciao
P.za S.Babila ☎76002047
営11:30～15:00 18:30～22:30 休月曜 L D Lit.1万5000～
M 1線S.Babilaサン・バビラ駅から徒歩1分
チェーンのセルフサービス・レストラン。新鮮な材料を使った料理は日替わり。明るくカジュアルな雰囲気。

ルイーニのパンツェロッティ

ミラネーゼに大人気の揚げパン

パンツェロッティは、パン生地でトマトやモッツァレッラ・チーズなどを包んで揚げたもの。南イタリアのプーリア州でよく食べられるものだが、この地方出身のルイーニ一家がドゥオモ広場の近くに店を開き、ミラネーゼにも人気の味になった。軽いランチやちょっとお腹がすいたときにおすすめだ。プレーンタイプが1個Lit.3500～、ハムなどが入ると1個Lit.4000～。テイクアウト形式なので、地元の人たちは店の中や外で立ったまま、アツアツを頬張っている。座って食べたいときは、近くのフェデーレ広場へ行くといい。

評判のパンツェロッティ

ルイーニLuini　地図P.277 C-3
Via S.Radegonda 16 ☎86461917
営8：00～14：00 16：00～20：00
休月曜の午前、日曜、8月に約3週間
M 1/3線Duomoドゥオモ駅から徒歩2分

日本料理レストラン

服装注意　要予約　望予約　眺望が良い　日本語が通じる　日本語メニュー

ミラノには10軒ほどの日本料理店がある。中心部にある店はいわゆる高級店、庶民的な店は住宅街に点在している。ほとんどの店で、寿司、天ぷら、刺身、丼、麺類などひととおりの和食が食べられ、一般的に夜はLit. 6 万くらいから。昼の定食はLit. 2 万前後とお得だ。

家庭的な雰囲気と洗練された味が大人気

藤た加
Fujitaka　地図P.275 D-3

Via Morosini 12 ☎55010058

営12:30～15:00 19:30～23:00 休日曜のランチ、月曜、8月 L Lit.2万～ D Lit.6万～
バス 73番Via 22 Marzoヴィア・ヴェンティドゥエ・マルツォから徒歩5分

白い壁にパステルカラーのテーブルを配したモダンな内装。ミラノ在住の日本人や食通のイタリア人でいつも満員。昼定食Lit.2万～。夜は会席Lit.8万～もある。

幅広いメニューが自慢。遠くから通う常連客も

蘭
Ran　地図P.275 C-1

Via Bordoni 8/10 ☎6696997

営12:00～14:30 19:00～22:30 休日曜、祝日、8月の3週間
L Lit.2万～ D Lit.8万～ M 2線ioiaジョイア駅から徒歩1分

割烹・寿司カウンターもある純和風の店内。焼き魚、刺身、とんかつ、うどんなどの昼定食Lit. 2 万～が好評。

ACミランの選手やG.アルマーニも通う

燦鳥(サントリー)
Suntory　地図P.276 B-3

Via Verdi 6 ☎862210

営12:15～14:30 19:15～22:30 休日曜 L Lit.3万～ D Lit.8万～
M 1/3線Duomoドゥオモ駅から徒歩6分

日本情緒が漂う店内は座敷、寿司バー、鉄板焼き席などに分かれる。昼定食Lit. 3 万～。夜は会席Lit. 10万～が人気。スカラ座観劇前の松花堂弁当Lit. 8 万～もある。

昼定食はミラノのビジネスマンにも好評

東京赤坂百人一朱
Tokyo Akasaka　地図P.277 C-3

Via Durini 23 ☎76023679

営12:00～15:00 19:00～23:00 休日曜、祝日 L Lit.1万7000～ D Lit.4万～
M 1線S.Babilaサン・バビラ駅から徒歩2分

1996年秋にリニューアル・オープン。昼は丼セットが手ごろ。夜は鉄板焼き、会席など本格的日本料理が中心。

夏はざるそば、冬は鍋やきと、季節メニューも豊富

遠藤
Endo　地図P.275 C-1

Via Fabio Filzi 8 ☎66986117

営18:00～深夜1:00 休日曜、8月の1週間 D Lit.8万～
M 3線Repubblicaレプブリカ駅から徒歩2分

ミラノで一番古い日本料理店。夜定食Lit. 6 万5000～や一品料理のほか、うどん、そば、ラーメン、おにぎりセットなど手軽なメニューも。見本市開催中は要予約。

各国料理レストラン

服装注意　要予約
望予約　眺望が良い
日本語が通じる　日本語メニュー

一番多いのは、やはり中国料理店。ドゥオモ周辺にはインテリアに凝った中・高級店が多く、ビジネスマンや観光客向けで料金は少し高め。中央駅周辺や住宅街には、近所の家族連れで賑わう気軽な店が多い。ほかに、韓国料理、アラブ料理なども定着した人気がある。

1996年オープン。話題の高級中国料理

アンティカ・モネータ

地図P.276 B-4

Antica Moneta

P.za Diaz 5 ☎72010849
営12:00～15:00 19:00～深夜1:00 休水曜 L Lit.2万5000～ D Lit.4万～
M 1/3線Duomoドゥオモ駅から徒歩2分
ミラノ一の人気を誇る玉園飯店(Via Palazzo Reale 5、☎8053891)の姉妹店。ステンドグラスが美しい内装でサービスもいい。火～金曜の昼はLit. 2万でランチを提供。

ミラノ在住の日本人にも大評判

春城飯店

地図P.275 C-1

Castello di Primavera

Via Viviani 2 ang.Via Fara 1 ☎6705473
営11:00～15:00 19:00～23:00 休水曜 L Lit. 1万8000～ D Lit. 3万～
M 3線Repubblicaレプブリカ駅から徒歩4分
広東風と上海風のちょうど中間の味付けが好評で、遠くから通う常連客が多い。自家製の生豆腐もある。

中央駅近くのおいしくて安いチャイニーズ

愉快酒楼

地図P.275 D-1

Allegria

Via Tadino 52 ☎29405838 営11:30～15:00 19:00～24:00
休8月の1週間 L Lit. 1万5000～ D Lit. 2万～
M 2/3線Centrale F.S.ミラノ中央駅から徒歩4分
ひとりで気楽に立ち寄れる家庭的雰囲気の店。広東風炒飯Lit.3000～と料金も手ごろ。テイクアウトも可。

ボリューム満点の韓国料理店

珍味

地図P.275 D-1

Ginmi

Via Paisiello 7 ☎29516394
営12:00～15:00 19:00～23:00 休日曜、祝日、8月
L Lit.1万5000～ D Lit.6万～ M 1/2線Loretoロレート駅から徒歩5分
ミラノに住む韓国人、日本人、近所のイタリア人でいつも賑わう。ランチLit. 1万4000～。夜はカルビ定食や焼肉定食ともにLit. 6万が人気。週末の夜は予約を。

ミラノのエスニックを代表する高級アラブ料理

サハラ

地図P.277 D-2

Sahara

P.za Oberdan ang.Via Tadino ☎29524350
営12:00～14:00 20:00～22:30 休月曜、祝日、8月
L Lit.3万5000～ D Lit.4万5000～ M 1線Porta Veneziaポルタ・ヴェネツィア駅から徒歩1分
シリア、レバノン料理を基本とする洗練された味は、アラブ諸国の大使館員にも評判。クスクスLit. 2万～。土曜の21:30～22:00にはダンス・ショーが楽しめる。

カフェとバール

服装注意　要予約
カップルでぜひ　眺望が良い
英語メニュー　テラス席あり

老舗カフェや名物カフェは、ドゥオモ周辺からブレラ地区の間に集中している。観光や買物の合間のひと休みのほか、昼食を軽くすませたいときにも活用できる。テラス席でゆっくりしたい場合は、ヴィットリオ・エマヌエーレ２世通りに並ぶカフェやバールがいい。

1817年創業。ミラノの歴史が薫るカフェ

カフェ・コーヴァ

Caffè Cova　地図P.277 C-3

Via Montenapoleone 8 ☎76000578

営7:45～20:00 休日曜、8月、12月は無休 料Lit.1万～

M 3線Montenapoleoneモンテナポレオーネ駅から徒歩4分

ブランド・ショップが並ぶモンテ・ナポレオーネ通りにある。高級菓子店としても有名で、チョコレート類に人気がある。美しい箱入りで、おみやげにもいい。貴族のサロン風の店内ではカクテルも楽しめる。評判のアペリティフ・コーヴァ（Lit.8500～）を試してみたい。

チョコやドルチェが自慢の老舗カフェ

サンタンブルース

Sant Ambroeus　地図P.277 C-3

Corso Matteotti 7 ☎76000540

営7:30～20:30 休月曜、8月 料Lit.1万4000～

M 1線S.Babilaサン・バビラ駅から徒歩2分

1936年創業のミラノを代表するカフェ&高級菓子店のひとつ。菓子類はすべて地下の工場で作られている。店内は茶系でコーディネートされクラシックな雰囲気だ。ショーウインドーのディスプレーも見事。夏季には木立に囲まれた気持ちの良いテラス席が設けられる。

こぢんまりとした菓子屋兼バール

パスティッチェリア・マルケージ

Pasticceria Marchesi　地図P.276 A-3

Via S.Maria alla Porta 11A ☎876730

営8:00～20:00 日曜8:30～13:00 休月曜 料Lit.7000～

M 1線Cairoliカイローリ駅から徒歩5分

1824年の創業当時からそのまま残る内装や家具が落ち着いた雰囲気を醸し出す。プラリネやダークチョコレートなどのお菓子類は老舗ならではのおいしさ。クリスマスのパネットーネはミラノ一との定評がある。

マリア・カラスがよく通ったカフェ

カフェ・ヴェルディ

Caffè Verdi　地図P.276 B-3

Via Verdi 6 ☎863880

営7:30～21:00 休日曜 料Lit.8000～

M 1/3線Duomoドゥオモ駅から徒歩6分

スカラ座横にあり、名指揮者ムーティをはじめ音楽家がよく利用する。ショーウインドーにはこの店を訪れたオペラ歌手パヴァロッティらの写真が飾られている。プリモLit.8000～、セコンドLit.1万2000～のランチも好評で、昼には近くのビジネスマンで賑わう。

太陽の名を持つ、おしゃれなカフェ

カフェ・デル・ソーレ
地図P.277 C-2

Caffè del Sole

Via della Spiga 42 ☎76001505
営8:00〜20:00 休日曜、8月の３週間、12月は無休
料Lit.1万〜 M 3線Montenapoleoneモンテナポレオーネ駅から徒歩4分

1996年オープン。建築家マルコ・フェラーリによる大理石と鏡の洗練された内装が評判。スピーガ通りのモード関係者がよく利用している。ブリオッシュやミニパニーノのほか、昼はパスタやサラダも食べられる。

テラス席でゆっくりアペリティフを

カフェ・アンブロシアーノ
地図P.277 C-3

Caffè Ambrosiano

Corso V.Emanuele II-P.tta Pattari 1/3 ☎801004
営7:30〜1:00 休火曜 料Lit.1万2000〜
M 1/3線Duomoドゥオモ駅から徒歩2分

買物中の休憩に便利な場所。深夜１時まで開いているのもうれしい。軽食やカクテルの種類が多く、店の名を冠したウォッカ・ベースのカクテル〝アンブロシアーノ〟が人気。テラス席からはドゥオモを眺められる。

ブレラ地区の若者や芸術家で賑わう

オコーネル
地図P.276 B-2

O'Connell

Via Brera 3 ☎801283
営7:00〜2:30 休日曜、祝日、8月の2週間 料Lit.1万5000〜
M 3線Montenapoleoneモンテナポレオーネ駅から4分

レンガと木を配したインテリアが素敵なアイリッシュタイプのバール。１階と地下に席がある。ボリュームたっぷりの朝食とランチが好評。夜はパブになり、ときどきジャズやブルースのライヴも行なわれる。

象眼の装飾が美しい地元客に人気のバール

チーニョ・ネロ
地図P.277 C-2

Cigno Nero

Via della Spiga 23 ☎76022620
営8:00〜20:00 休日曜、祝日、8月 料Lit.1万〜
M 3線Montenapoleoneモンテナポレオーネ駅から徒歩3分

店名は〝黒鳥〟の意味。カウンターにずらりと並ぶパニーノやドルチェはミラノっ子に評判の味。昼には軽いランチに立ち寄る地元のビジネスマンで賑わう。カクテルも各種ある。２階はテーブル席になっている。

クレープやパニーノなど軽食メニューが豊富

ペッカーティ・ディ・ゴーラ
地図P.276 B-4

Peccati di Gola

Via Rastrelli 4 ☎8057051
営7:00〜深夜2:00 休日曜、祝日、8月 料Lit.1万〜
M 1/3線Duomoドゥオモ駅から徒歩2分

オーナーがイギリスで集めたという絵や小物が飾られた英国風の内装が人気。クレープはLit.4500〜。週末の夜には近くの映画街オデオン帰りの地元客が立ち寄り、大賑わい。夜はパブになり、２時まで開いている。

ショッピング SHOPPING

ミラノには、イタリアをはじめ世界の高級ブランド・ショップが勢揃いしている。最新のイタリアン・モードがいち早く手に入り、日本価格の半額をきる商品もあるのが魅力だ。また最近増えているアウトレットショップにも注目。格安のブランド品が見つけられる。

商店の営業時間

イタリアの商店は2時間ほどの昼休みをとるのが一般的だが、ミラノではオラーリオ・コンティニュアートOrario Continuatoといって昼休みをとらずに営業する店が増えている。V.エマヌエーレ2世通りやモンテナポレオーネ通りなど、観光客が多く訪れるエリアに多い。ただし、月曜の午前中は休む習慣はまだ残る。日曜、祝日はほとんどが休み。7月末から8月末はヴァカンス・シーズンのため、2週間から1カ月の休みをとる店が多い。逆に12月のクリスマス・シーズンは、昼休みをとらなかったり、日曜も開いている店もある。

モンテナポレオーネ通りでの日本人の評判

買物に水をさすわけではないが、モンテナポレオーネ通り界隈での日本人の評判はあまりよろしくない。第1の理由は高級ブランド品を買いまくるという行動。実際、複数のブランド店の袋を両手にさげてモンテナポレオーネ通りを歩く日本人の姿を見ない日はない。これはイタリア人にはとても奇異に映る。自分に似合うかどうかを十分に吟味して、長く大切に使える一品を選ぶ。これが普通のイタリア人の買物の仕方だ。ごく一部のお金持ちでない限り、一度にブランド品をいくつも買うといった買物の仕方は節操がないと見なされる。つい買いたくなるのはわかるが、1つの紙袋にまとめるなどの配慮がほしい。

まずはモンテナポレオーネ通りを歩いてみる

高級ブランド・ショップが集まるのは、ドゥオモの北、**モンテナポレオーネ通りとスピーガ通り**、その間を結ぶ**サンタンドレア通りとピエトロ・ヴェリイ通り**だ。なかでもモンテナポレオーネ通りは、お金持ちのミラネーゼたち御用達のショッピング・ストリート。イタリアを代表するファッション・ブランドや高級皮革店が集中している。ここ数年新しいショップが増えているのが、このエリアを囲む3つの大通り、**A.マンツォーニ通り、ヴェネツィア通り、G.マテオッティ通り**だ。高級品と中級品の間くらいの価格で、洗練されたデザインの商品を提供するブティックやインテリア・食器店が多く、ショーウインドーも楽しい。

洗練されたショップが並ぶ

商品を手に取るときは断ってから

おしゃれな小物を見つけるならブレラ地区へ

ドゥオモ周辺も、利用しやすいショッピング・エリアだ。**ヴィットリオ・エマヌエーレ2世のガッレリア、V.エマヌエーレ2世通り**、サン・バビラ広場を折れた**ドゥリーニ通り**がその中心。若者向けのブティックや高級店、大型店が混在し、ここを歩けばたいていのものが見つかる。ドゥオモ横のデパート、**ラ・リナシェンテ**は、昼休みなしの夜9時までの営業。自動両替機、カフェなどもあり便利だ。

アーティスト・グッズや面白い雑貨を見つけるなら、ブレラ地区に足を延ばせばいい。**ブレラ通り、ソルフェリーノ通り、フィオーリ・キアーリ通り**に、小物や雑貨の個性的な店が集まっている。また、美術学校があるためギャラリーや画材屋も多い。

ミラノ中央駅の南東の**ブエノス・アイレス通り**と、ドゥオモ広場から延びる**トリノ通り**周辺は、一般的なミラネーゼがよく利用する庶民的なエリア。カジュアルなブティックや中級クラスの皮革店、食料品も扱うデパート、**ウピム**などが並び、安価でお得な買物ができる。アウトレットショップは、このブエノス・アイレス通りの東側一帯に点在している。

ドゥオモ周辺もショッピング・エリアだ

ショップ

SHOPS

高級店	!! 流行の人気店
みやげ小物あり	★ オリジナルあり
日本語が通じる	歴史と伝統あり

あでやかな色使いと洗練されたデザインが魅力のイタリアン・ブランド。

一流ブランド・ブティック

職人の手の温もりやこだわりが伝わってくる選び抜かれた逸品がミラノに勢揃い。

品切れの靴が続出するほど人気がある　!! ★

サルヴァトーレ・フェラガモ

地図P.322

Salvatore Ferragamo

Via Monte Napoleone 3 ✆76000054

営 10:00（月曜15:00）～19:00 休 日曜

M 1線S.Babilaサン・バビラ駅から徒歩1分

靴のほか、財布やスカーフ、ネクタイも品揃え豊富。

サルヴァトーレ・フェラガモ

新作のバッグと靴は入荷待ちもしばしば　!! ★

グッチ

地図P.322

Gucci

Via Monte Napoleone 5 ✆76013050

営 10:00（月曜15:00）～19:00 休 日曜

M 1線S.Babilaサン・バビラ駅から徒歩1分

バッグ、小物、靴のほか、ドレスや水着も人気商品。

グッチ

メンズ、レディスともに憧れのブランド　!! ★

ジョルジオ・アルマーニ

地図P.322

Giorgio Armani

Via S.Andrea 9 ✆76022757

営 10:00（月曜15:00）～19:30 休 日曜

M 1線S.Babilaサン・バビラ駅から徒歩3分

本場ならではのジャケットやスーツの新作が狙い目。

ジョルジオ・アルマーニ

かわいらしい新作のバッグに注目　!! ★

フェンディ

地図P.323

Fendi

Via S.Andrea 16 ✆76021617

営 10:00（月曜15:00）～19:00 休 月曜の午前、日曜

M 1線S.Babilaサン・バビラ駅から徒歩3分

バッグも気になるが、小物や洋服も意外に見逃せない。

フェンディ

日本で買うよりも断然お買い得　!! ★

タニノ・クリスチー

地図P.322

Tanino Crisci

Via Monte Napoleone 3 ✆76021264

営 10:00（月曜15:00）～19:00 休 月曜の午前、日曜

M 1線S.Babilaサン・バビラ駅から徒歩1分

質の良い素材、仕立ての靴を、1足は手に入れたい。

オリヴァー

ヴァレンチノのカジュアルライン　!! ★

オリヴァー

地図P.322

Oliver

Via S.Spirito 3 ✆76015214

営 10:00（月曜15:00）～19:00 休 日曜

M 3線Monte Napoleoneモンテナポレオーネ駅から徒歩2分

ヴァレンチノより手ごろな価格帯が人気の秘密。

エトロ

香水や小物類も密かな人気

♛!!★ 地図P.322

エトロ

Etro

Via Monte Napoleone 5 ✆76005049

営10:00(月曜15:00)～19:00 休日曜

M 1線S.Babilaサン・バビラ駅から徒歩3分

ペイズリー柄のバッグやスカーフはベストセラー。

ジャンニ・ヴェルサーチ

テーブルウエアも話題になっている

♛!!★ 地図P.322

ジャンニ・ヴェルサーチ

Gianni Versace

Via Monte Napoleone 11 ✆76008528

営10:00(月曜15:00)～19:30 休日曜

M 1線S.Babilaサン・バビラ駅から徒歩3分

食器などの日用雑貨のコレクションも充実。

クリツィア

毎年登場するアニマルプリントが楽しみ

♛!!★ 地図P.322

クリツィア

Krizia

Via della Spiga 23 ✆76008429

営10:00(月曜15:00)～19:00 休月曜の午前、日曜

M 1線S.Babilaサン・バビラ駅から徒歩3分

新しくラインに加わったフレグランスにも注目したい。

プラダ

革の品質の良さにも定評がある

♛!!★ 地図P.323

ボッテガ・ヴェネタ

Bottega Veneta

Via della Spiga 5 ✆784893

営10:00(月曜15:00)～19:00 休日曜

M 1線S.Babilaサン・バビラ駅から徒歩1分

バッグとコーディネートが楽しめる靴も揃う。ガーメントバッグなど、男性には旅行用品がおすすめ。

ミラノっ子の間でもかなりの人気を集める

♛!!★ 地図P.323

プラダ

Prada

Galleria Vittorio Emanuele II 63 ✆876979

営10:00～13:30 14:30(月曜15:00)～19:00 休月曜の午前、日曜

M 1/3線Duomoドゥオモ駅から徒歩1分

バッグ以外に防寒用の冬のコート類も評判。

エンポリオ・アルマーニ

ジョルジオ・アルマーニのヤングライン

♛!!★ 地図P.323

エンポリオ・アルマーニ

Emporio Armani

Via Durini 24 ✆76003030

営10:00(月曜15:00)～19:30休月曜の午前、日曜

M 1線S.Babilaサン・バビラ駅から徒歩2分

ジーンズからジャケットまで新作が見逃せない。

地元のビジネスマンにも支持される

♛!!★ 地図P.322

A.テストーニ

A.Testoni

Via Monte Napoleone 17 ✆76003697

営10:00(月曜15:00)～19:00 休日曜

M 1線S.Babilaサン・バビラ駅から徒歩3分

手作りの靴ならではの履き心地の良さが魅力。

本場フランスと値段も変わらない
♛!!★
シャネル
地図P.323
Chanel

Via S.Andrea 10/A ☎782514
営10:00(月曜15:00)〜19:00 休日曜
M 1線S.Babilaサン・バビラ駅から徒歩2分
パリで品切れの商品が見つかる可能性もある。

シャネル

品揃えの豊富さを誇る人気店
♛!!★
ルイ・ヴィトン
地図P.322
Louis Vuitton

Via Monte Napoleone 14 ☎76000496
営9:30〜19:30 14:30〜19:30 休月曜の午前、日曜
M 1線S.Babilaサン・バビラ駅から徒歩3分
無地のエピシリーズが相変わらずの人気を誇る。

ルイ・ヴィトン

鮮やかな色合いが目をひく
♛!!★
エンリコ・コヴェリ
地図P.322
Enrico Coveri

Corso Matteotti 12 ☎76005977
営9:30〜13:30 14:30(月曜15:00)〜19:30 休月曜の午前、日曜
M 1線S.Babilaサン・バビラ駅から徒歩3分
夏以外にも着こなしたいスポーティな洋服。

エンリコ・コヴェリ

スーツやタイが不滅の人気
♛!!★
ミラ・ショーン
地図P.323
Mila Schön

Via Monte Napoleone 2 ☎781190
営10:30(月曜15:30)〜19:30 休日曜
M 1線S.Babilaサン・バビラ駅から徒歩1分
新作のバッグや靴も目が離せない。秋冬はパーティ用のエレガントなドレスも要チェックのアイテム。

エルメス

定番バッグを買い求めるファンが殺到する
♛!!★
エルメス
地図P.323
Hermès

Via S.Andrea 21 ☎76003495
営10:00(月曜15:00)〜19:00 土曜10:00〜14:00 15:00〜19:00
休日曜 M 1線S.Babilaサン・バビラ駅から徒歩3分
品切れ、注文待ちの商品をミラノ店で探す。

定番の人気商品なら必ず見つかる
♛!!★
アイグナー
地図P.322
Aigner

Via Monte Napoleone 7a ☎76002568
営10:00(月曜15:00)〜19:00 休月曜の午前、日曜
M 1線S.Babilaサン・バビラ駅から徒歩2分
種類は少ないが、バッグや財布なら在庫も豊富。

おしゃれな紳士服に定評がある
♛!!★
バティストーニ
地図P.323
Battistoni

Via della Spiga 2 ☎794643
営10:00〜13:30 14:30(月曜15:00)〜19:00 休月曜の午前、日曜
M 1線S.Babilaサン・バビラ駅から徒歩1分
オーダーメイドのシャツは女性用もおすすめ。

バティストーニ

ジャンフランコ・フェレ

大人の女性に人気の洗練された服 ♛!!★

ジャンフランコ・フェレ 地図P.323

Gianfranco Ferre

Via della Spiga 11,13 ☎784460

営10:00〜13:30 14:30〜19:00 休月曜の午前、日曜

M 1線S.Babilaサン・バビラ駅から徒歩3分

ミラノのキャリアウーマンに支持されるスーツが必見。

細身の長身を美しく見せる ♛!!★

エルメネジルド・ゼニヤ 地図P.322

Ermenegildo Zegna

Via Pietro Verri 3 ☎795521

営9:30(月曜15:00)〜19:00 休月曜の午前、日曜

M 1線S.Babilaサン・バビラ駅から徒歩2分

背の高い男性をダンディに見せるスーツを。

トラサルディ

バッグや小物のロングセラー ♛!!★

トラサルディ 地図P.322

Trussardi

Via S.Andrea 5 ☎66711063

営10:00(月曜15:00)〜19:00休月曜の午前、日曜

M 1線S.Babilaサン・バビラ駅から徒歩3分

おみやげにも手ごろな価格帯の商品が揃っている。

ケンゾー

イタリアの女性もお気に入り ♛!!★

ケンゾー 地図P.322

Kenzo

Via S.Andrea 11 ☎76020929

営10:00〜13:30 15:00〜19:30 休月曜の午前、日曜

M 1線S.Babilaサン・バビラ駅から徒歩3分

大人の女性を少女のように若々しく見せる服がイタリア人に評判。日本では見ないデザインが見つかる。

ミッソーニ

カラフルなニットに根強い人気がある ♛!!★

ミッソーニ 地図P.322

Missoni

Via S.Andrea 2 ☎76003555

営10:00(月曜15:00)〜19:00 休月曜の午前、日曜

M 1線S.Babilaサン・バビラ駅から徒歩1分

セーターやジャケットなど冬物が気になるブランド。

働く女性にファンが多い ♛!!★

エスカーダ 地図P.323

Escada

Corso Matteotti 22 ☎76000753

営10:00(月曜15:00)〜19:30 休月曜の午前、日曜

M 1線S.Babilaサン・バビラ駅から徒歩1分

シックなデザインのジャケットが人気を集める。

ヴァレンティノ

映画俳優に愛用される憧れのブランド ♛!!★

ヴァレンティノ 地図P.322

Valentino

Via Monte Napoleone 20 ☎76020285

営10:00(月曜15:00)〜19:00 休月曜の午前、日曜

M 3線Montenapoleoneモンテナポレオーネ駅から徒歩1分

スーツやジャケットなどの新作をチェックしたい。

遊び心をくすぐるデザインが素敵　♛!!★

モスキーノ

Moschino　地図P.323

Via S.Andrea 12 ✆*76000832*
営10:00(月曜15:00)〜19:00 休月曜の午前、日曜
M 1線S.Babilaサン・バビラ駅から徒歩2分
ジーンズなどのカジュアルラインはVia Durini 14に。

モスキーノ

ジョルジオ・アルマーニより安いプレタポルテ　♛!!★

マーニ

Mani　地図P.323

Via Durini 23 ✆*76020306*
営10:00〜13:30 15:00〜19:30 土曜10:00〜19:30 休月曜の午前、日曜 M 1線S.Babilaサン・バビラ駅から徒歩1分
ミラノのビジネスウーマンが注目するファッション。

マーニ

ヴェルサーチの姉妹ブランド　♛!!★

イスタンテ

Istante　地図P.322

Via S.Pietro all'Orto 11 ✆*76014544*
営10:00(月曜15:00)〜19:30 休月曜の午前、日曜
M 1/3線Duomoドゥオモ駅から徒歩4分
誕生以来注目されているカジュアル・ファッション。

注目のヴェルサーチのヤングライン　♛!!★

ヴェルサス

Versus　地図P.322

Via S.Pietro all'Orto 10 ✆*76014722*
営10:00(月曜15:00)〜19:30 休月曜の午前、日曜
M 1/3線Duomoドゥオモ駅から徒歩4分
ヴェルサーチから見れば、はるかに手ごろな価格帯が魅力。カジュアルなデザインも初々しいイメージだ。

ヴェルサス

スポーティなバッグがロングセラー　♛!!★

ゲラルディーニ

Gherardini　地図P.323

Via della Spiga 8 ✆*76000171*
営10:00〜13:30 14:30〜19:00 休月曜の午前、日曜
M 1線S.Babilaサン・バビラ駅から徒歩1分
バッグのほかコートなどのウエアも注目したい。

ラウラ・ビアジョッティ

シックなデザインが女性を魅了する　♛!!★

ラウラ・ビアジョッティ

Laura Biagiotti　地図P.322

Via Borgospesso 19 ✆*799659*
営10:00〜13:30 14:30(月曜15:00)〜19:00 休月曜の午前、日曜
M 3線Montenapoleoneモンテナポレオーネ駅から徒歩1分
上品な色合いのニットのセーターが見逃せない。

スエードのバッグがおしゃれ　♛!!★

ナザレノ・ガブリエリ

Nazareno Gabrielli　地図P.322

Via Monte Napoleone 23 ✆*76006561*
営9:30〜13:30 15:00〜19:00 休日・月曜
M 3線Montenapoleoneモンテナポレオーネ駅から徒歩2分
秋から冬にかけて人気を集めそうな新作のバッグ類。

ナザレノ・ガブリエリ

ミラノのショッピング・ストリート

モードの発信地ミラノで、最もおしゃれな場所といえば、モンテ・ナポレオーネ通り、スピーガ通り、V.エマヌエーレ２世通りを中心としたエリア。流行をつくり出すブティックが軒を連ね、一流ブランドの本店も多い。洗練された華やかな雰囲気が漂っている。

タニノ・クリスチー

ミラ・ショーン

ボッテガ・ヴェネタ

イスタンテ

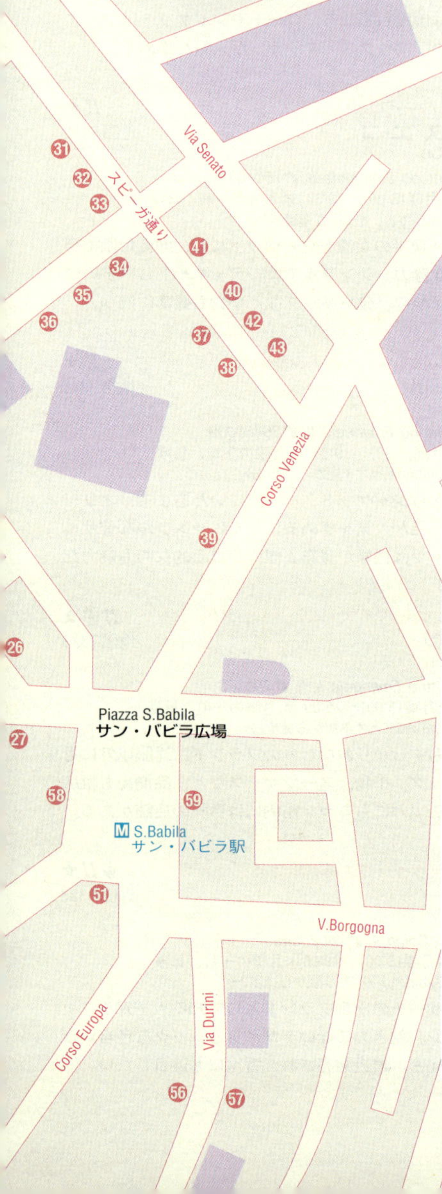

モンテ・ナポレオーネ通り周辺

1 ヴィタリ・カミチェリア	P.327
2 ナザレノ・ガブリエリ	P.321
3 ア・テストーニ	P.318
4 ジャンニ・ヴェルサーチ	P.318
5 アイグナー	P.319
6 グッチ	P.317
7 エトロ	P.318
8 ナラ・カミーチェ	P.325
9 タニノ・クリスチー	P.317
10 サルヴァトーレ・フェラガモ	P.317
11 フラテッリ・ロセッティ	P.328
12 ポメラート	P.330
13 エルメネジルド・ゼニヤ	P.320
14 ヴァレンティノ	P.320
15 オリヴァー	P.317
16 カルティエ	P.330
17 ベルトラミ	P.329
18 ルイ・ヴィトン	P.319
19 ジャンマリア・ブチェラッティ	P.330
20 グイド・パスカーリ	P.329
21 トラサルディ	P.320
22 ジョルジオ・アルマーニ	P.317
23 ケンゾー	P.320
24 アンドレア・フィステル	P.329
25 ミッソーニ	P.320
26 ミラ・ショーン	P.319
27 エスカーダ	P.320

スピーガ通り周辺

28 スピーガ31	P.325
29 ラウラ・ビアジョッティ	P.321
30 クリツィア	P.318
31 セルジオ・ロッシ	P.328
32 ジャンフランコ・フェレ	P.320
33 エルメス	P.319
34 フェンディ	P.317
35 モスキーノ	P.321
36 シャネル	P.319
37 ボッテガ・ヴェネタ	P.318
38 プラダ	P.318
39 ドルチェ&ガッバーナ	P.325
40 ゲラルディーニ	P.321
41 ブルガリ	P.330
42 バティストーニ	P.319
43 ジェニー	P.324

ヴィットリオ・エマヌエーレ2世通り周辺

44 ポリーニ	P.328
45 フィマール	P.324
46 ラルスミアーニ	P.325
47 ブルーノ・マリ	P.328
48 マックス・エ・コ	P.324
49 モレスキー	P.328
50 マックス・マーラ	P.324
51 ベネトン	P.324
52 ヴェルジェリオ	P.329
53 イスタンテ	P.321
54 エンリコ・コヴェリ	P.319
55 ヴェルサス	P.321
56 マーニ	P.321
57 エンポリオ・アルマーニ	P.318
58 ヴァレクストラ	P.329
59 エディ・モネッティ	P.325

ファッション・ブティック

なにげないデザインにもイタリア流のエスプリが光る。老舗店から、流行を作り出しているセレクト・ショップまで、おしゃれ心をくすぐるファッション・ブティック。

フォーマルからスポーツラインまで　!! ★

マックス・マーラ
Max Mara

地図P.322

Corso Vittorio Emanuele II ✆76008849
営10:00(月曜15:00)～19:30 休月曜の午前、日曜
M 1/3線Duomoドゥオモ駅から徒歩2分

〝ウィークエンド〞、〝アイ・ブルース〞などのカジュアルラインは値段も手ごろ。コートやジャケットはひとクラス上の〝マックス・マーラ〞が人気を集める。

マックス・マーラのカジュアル・ヤングライン　!! ★

マックス・エ・コ
Max & Co.

地図P.322

Corso Vittorio Emanuele II ✆780433
営10:00(月曜15:00)～19:30 休月曜の午前、日曜
M 1/3線Duomoドゥオモ駅から徒歩2分

10～20代後半の女性をターゲットにし、抑えた価格帯が大きな魅力。シンプルでコーディネイトしやすいウエアのほかに、靴やバッグなど小物も豊富に揃う。

地元の女性たちに人気のショップ　!! ★

フィマール
Fimar

地図P.322

Corso Vittorio Emanuele II ✆86460009
営9:30(月曜15:30)～19:30 休月曜の午前、日曜
M 1/3線Duomoドゥオモ駅から徒歩2分

シャツからジャケット、パンツにいたるまで、オリジナルの商品が人気を集める。とくにシンプルなデザインのシャツは種類が豊富。値段が良心的なのも魅力だ。

世界的に有名なイタリアン・カジュアル　!! 田 ★

ベネトン
Benetton

地図P.323

Corso Vittrio Emanuele II 9 ✆795578
営10:00(月曜15:00)～19:00 休月曜の午前、日曜
M 1/3線Duomoドゥオモ駅から徒歩2分

日本でもすっかりおなじみのブランド。洋服以外にも、靴やバッグ、小物、スーツケースなど、品揃えも幅広い。同店以外にもミラノ市内には数軒の店舗がある。

上品なデザインで注目を集めるブランド　♛ !! ★

ジェニー
Genny

地図P.323

Via della Spiga 4 ✆76023349
営10:00(月曜15:00)～19:00休月曜の午前、日曜
M 1線S.Babilaサン・バビラ駅から徒歩2分

ヴェルサーチの出身ブランドとして知る人ぞ知るファッション。飽きのこないデザインとシックな色合いが人気の秘密。最近発売された香水にも注目したい。

高級紳士服の老舗　♛★

ラルスミアーニ
Larusmiani　地図P.322

Corso Vittorio Emanuele II ☎874865
営10:00(月曜15:00)～19:30 休月曜の午前、日曜
M 1/3線Duomoドゥオモ駅から徒歩2分

スーツからシャツ、パジャマ、靴、ベルトまでメンズファッションをトータルコーディネートするブランド。

日本でも人気のブラウス専門店　!!★

ナラ・カミーチェ
Nara Camice　地図P.322

Via Montenapoleone 5 ☎799622
営9:30(月曜12:00)～19:30 休月曜の午前、日曜
M 1線S.Babilaサン・バビラ駅から徒歩2分

色もデザインも豊富なコットン素材のブラウスやシャツ。女性用のほか、男性用のシャツも揃っている。

人気急上昇のイタリアン・ブランド　♛!!★

ドルチェ&ガッバーナ
Dolce & Gabbana　地図P.323

Corso Venezia 15 ☎76001155
営10:00～14:00 15:00～19:00 休月曜の午前、日曜
M 1線S.Babilaサン・バビラ駅から徒歩2分

ヴィヴィッドな色使いと斬新なデザインが注目されているファッション。最近、テーブルウエアも登場。その専門店もオープンして、話題を集めている。

幅広い年齢層の男性に愛される　♛★

エディ・モネッティ
Eddy Monetti　地図P.323

P.za S.Babila 4/A ☎76000940
営9:30(月曜15:30)～19:30 休月曜の午前、日曜
M 1線S.Babilaサン・バビラ駅から徒歩1分

ビジネスマン向けのファッションをトータルに扱っているが、カジュアルなスポーツウエアも見逃せない。

ベネトンと人気を二分するカジュアル・ブランド　!!★

ステファネル
Stefanel　地図P.277 C-3

Corso Vittorio Emanuele II 28 ☎780721
営9:30(月曜15:00)～21:00 休月曜の午前、日曜
M 1/3線Duomoドゥオモ駅から徒歩2分

四季を通じて、ニットの上下や皮革素材のスカートなどが人気を集めている。男性用のファッションも揃う。

働く女性たちに支持される大人の服を集める　!!★

スピーガ31
Spiga 31　地図P.322

Via della Spiga 31 ☎76023502
営10:00～13:30 15:30～19:00 休月曜の午前、日曜、祝日、8月に約20日間 M 3線Montenapoleoneモンテナポレオーネ駅から徒歩3分

自然素材、シンプル&エレガントを基本にしたオリジナルブランドSpiga31のほか、バジーレ、アレグリ、ソニア・リキエルなど高級ブランドからの厳選品が揃う。

アウトレット

ブロッキスタと呼ばれる一流ブランド品を集めたアウトレットショップが見逃せない。値段の安さだけでなく、質の良さ、品物の豊富さがうれしい。カードは使えないところが多い。

クリツィア、マックス・マーラなどが揃う !!

レンポリオ

地図P.274 B-2

L'Emporio

Via Prina 11 ☎3491040

営10:00(月曜15:00)～19:30 休月曜の午前、日曜

M 1/3線Duomoドゥオモ駅から車で約10分

ドルチェ＆ガッバーナ、DKNYなど人気のブランド品が幅広く揃う。いずれも半額前後の価格帯が魅力。支払いはリラの現金かトラベラーズ・チェックのみ。

プラダやヴェルサーチも見つかる !!

ヴェスティストック・ウノ

地図P.275 D-2

Vestistock Uno

Viale Romagna 19 ☎7490542

営10:00～13:00 15:30～19:30 土曜10:00～19:00

休月曜の午前、日曜 M 2線Piolaピオラ駅から徒歩10分

アルマーニ、エトロ、ヴァレンティノなど、エレガントで大人っぽい商品群が注目されるアウトレット。10月のコレクション後に入荷される商品は見逃せない。

売場面積の広さと豊富な品揃えが自慢 !!

イル・サルヴァジェンテ

地図P.275 D-3

Il Sarvagente

Via Fratelli Bronzetti 16 ☎76110328

営10:00～12:30 15:00～19:00 水・金曜10:00～19:00 休月曜の午前、日曜 M 1/3線Duomoドゥオモ駅から車で約15分

工場や直営店から直接集めたブランド品がズラリと並ぶ。定価の7割引きに値する魅力的な値段が地元でも話題だ。子供服を扱う店がVia Balzaretti 28にある。

マックス・マーラの服が安くなる !!

マキシマ

地図P.277 C-3

Maxima

Corso Vittorio Emanuele II ☎76008849

営10:00(月曜15:00)～19:00 休月曜の午前、日曜

M 1/3線Duomoドゥオモ駅から徒歩2分

マックス・マーラとマックス・エ・コの向かいにあり、同店の直営。1～2年前の商品が約3、4割引で売られている。値段の安さよりも質の良さが注目に値する。

ミラノっ子には直営店よりも有名 !!

ブルーノ・マリ

地図P.277 C-2

Bruno Magli

Via Manzoni 14 ☎781264

営10:00(月曜15:00)～19:00 休月曜の午前、日曜

M 3線Montenapoleoneモンテナポレオーネ駅から徒歩2分

ブルーノ・マリ直営のストックハウス。1年前のモデルやサンプルの靴が常時3～5割引で売られている。サイズも豊富に揃っており、掘り出し物も見つかる。

ネクタイ

ブランドにこだわらなければ驚くほど安いシルクのタイこ…
ミラノの伊達男を真似て、カラフルな色使いや大胆なデザイ…

蝶ネクタイからポケット・チーフまで

アンドリューズ・タイズ
Andrew's Ties

地図P.276 B-3

Via Agnello 1 ☎86461694
営10:00(月曜15:00)～19:00 休月曜の午前、日曜
M 1/3線Duomoドゥオモ駅から徒歩1分

ペイズリー柄やレジメン、水玉模様のネクタイが豊富に揃う店。シルク100%のタイが1本2000円以下で買える安さが大きな魅力。ポケット・チーフもお揃いで。

2000種類のネクタイを揃える専門店

ヴィタリ・カミチェリア
Vitali Camiceria

地図P.322

Via Montenapoleone 29 ☎76001731
営10:00(月曜15:00)～19:00 土曜10:00～13:00 15:00～19:00
休月曜の午前、日曜 M 3線Montenapoleoneモンテナポレオーネ駅から徒歩1分

イタリア国内に50店舗を構えるネクタイとシャツの店。アスコット・タイや蝶ネクタイまでデザインの豊富なネクタイは色も柄もさまざま。ポロシャツまで扱っている。

地元では知られた買物通りにある

サン・ジョージ
St. George

地図P.274 B-2

Corso Vercelli 20 ☎468266
営9:00(月曜15:00)～19:30 休月曜の午前、日曜
M 1線Conciliazioneコンチリアツィオーネ駅から徒歩5分

コモ湖にある直営のシルク工場から届くネクタイを売る格安店。100種類以上揃うネクタイは約Lit. 2万～。約Lit. 4万からあるシルクのスカーフも女性には見逃せない。Corso Buenos Aires 28にも店がある。

コモ湖のアウトレット

ミラノから鉄道で30分のコモ湖はシルクの生産地。工場が直営するアウトレットショップは意外な穴場だ。ちょっと足を延ばしてお得な買物を楽しみたい。

セリーヌの商品が見つかる

ジャンニ・ビンダ
Gianni Binda

Viale Geno 6 ☎031-303440
営8:30～12:00 14:00～18:30 休土・日曜、8月
Como Nordコモ・ノルドから徒歩5分

ディオールやランバンなど有名ブランドのシルク製品を造っている工場。ネクタイ、スカーフ、ショールなど商品アイテムも豊富。Via Cadorna 22に直営のブティックも構えている。

ジェニーやガッバーナのファン必見

エンポリオ・デッラ・セタ
Emporio della Seta

Via Canturina 190, Albate ☎031-591420
営9:00～12:30 14:30～19:00 休日曜、8月の2週間
Como Nordコモ・ノルドから車で10分

1899年創業の老舗。スカーフやタイはもちろん、生地からクッションカバー、バッグまで揃える大型店舗。メンズとレディスの製品が分けて並べられた店内は買物がしやすい造り。

…グ／皮革製品

…材と最高の作りを誇るイタリアの皮革製品は、すぐれたデザイン性に加えて履き…さ、使いやすさも魅力。イタリアならではのセンスを持ち帰りたい。

良質の皮革を使った紳士靴には定評がある ♛★

モレスキー

Moreschi

地図P.322

P.za Liberty 2 ☎76022906
営10:00(月曜15:00)～19:00 休 月曜の午前、日曜
M 1/3線Duomoドゥオモ駅から徒歩3分

オーソドックスなデザインだが、履き心地の良い靴として支持される紳士靴。オーストリッチやクロコダイルを使った高級品も見つかる。バッグやベルトもある。

ファッション業界人にも支持される ‼★

セルジオ・ロッシ

Sergio Rossi

地図P.323

Via della Spiga 15 ☎76002663
営10:00～13:30 14:30(月曜は15:00)～19:00 休 月曜の午前、日曜 M 1線S.Babilaサン・バビラ駅から徒歩2分

ヴェルサーチやアライアの靴を手がけるブランド。おしゃれなデザインと履きやすさが地元でも人気。買いやすい値段も魅力。Via Montenapoleone 6aにも店がある。

普段着にコーディネートできる靴 ‼★

フラテッリ・ロセッティ

Fratelli Rossetti

地図P.322

Via Montenapoleone 1 ☎76021650
営10:00(月曜15:00)～19:30 休 月曜の午前、日曜
M 1線S.Babilaサン・バビラ駅から徒歩1分

シンプルなデザインのパンプスから、カジュアルな装いに合わせる靴まで揃う。メンズ、レディスともに種類もサイズも豊富。手ごろな価格帯が人気の理由。

シックなデザインがファンを集める ‼★

ポリーニ

Pollini

地図P.322

P.za Duomo 31 ☎875187
営10:00(月曜15:00)～19:30 休 月曜の午前、日曜
M 1/3線Duomoドゥオモ駅から徒歩1分

1953年創業の靴のブランド。エレガントなデザインのパンプスが評判を呼び、紳士靴まで誕生したほど。店内には靴に合わせたバッグやウエアも並んでいる。

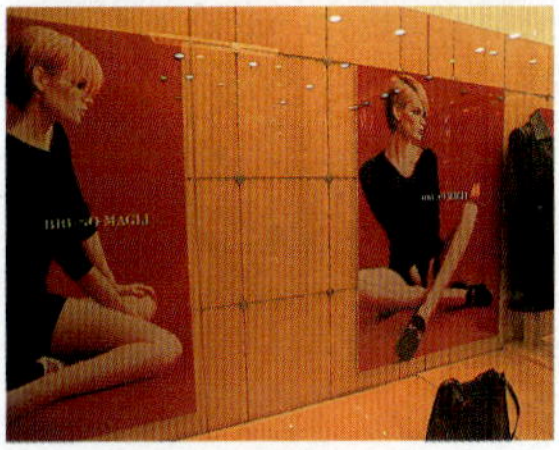

ミラノの女性に愛用されるローヒールの靴 ‼★

ブルーノ・マリ

Bruno Magli

地図P.322

Corso Vittorio Emanuele II ☎865695
営10:00(月曜15:00)～20:00 休 月曜の午前、日曜
M 1/3線Duomoドゥオモ駅から徒歩2分

ローヒールのバックバンドの靴、メンズのローファーなど、歩き疲れない履き心地の良さが人気の秘密。靴と合わせたバッグやベルトなどの小物類も揃っている。

バッグやベルトが納得のゆく値段で !! 田 ★

フルラ
地図P.276 B-3

Furla

Via Orefici 11 ✆8053944
営10:00～14:00 15:00～19:00 休月曜の午前、日曜
M 1/3線Duomoドゥオモ駅から徒歩3分

バッグ、ベルト、財布などオリジナルの皮革製品を扱うブランド。同店ほか、Corso Venezia 21にも店がある。

ファッションに合わせられる靴 !! ★

グイド・パスカーリ
地図P.322

Guido Pasquali

Via S.Andrea 1 ✆76001645
営10:00(月曜15:00)～19:00 休月曜の午前、日曜
M 1線S.Babilaサン・バビラ駅から徒歩2分

スエードやクロコダイル、シルク、コットンなど、季節に応じて登場する靴の素材も豊富。バッグもある。

コール・ハーンなどのカジュアルラインが揃う !!

ヴェルジェリオ
地図P.322

Vergelio

Corso Vittorio Emanuele II ✆76004816
営10:00(月曜15:00)～19:30 休月曜の午前、日曜
M 1/3線Duomoドゥオモ駅から徒歩2分

ティンバーランド、コール・ハーン、トッズなどカジュアルな靴をおもに揃える店。男性物が多いが、女性用も扱っている。同店ほか、市内に4軒の店がある。

イタリアでは知られた一流ブランド ♛ ★

ベルトラミ
地図P.322

Beltrami

Via Montenapoleone 16 ✆76002975
営10:00(月曜15:00)～19:30 休月曜の午前、日曜
M 1線S.Babilaサン・バビラ駅から徒歩2分

フィレンツェで誕生した靴とバッグの専門店。しっかりとした作りと皮革の良さに定評があり、ファンも多い。

カラフルな色使いがイタリアらしい ★

アンドレア・フィステル
地図P.322

Andrea Pfister

Via S.Andrea 1 ✆76002036
営10:00(月曜15:00)～19:00 休月曜の午前、日曜
M 1線S.Babilaサン・バビラ駅から徒歩2分

鮮やかな色使いの靴が定番。同色のバッグやウエアも個性的。値段は質の良さで納得できる範囲。

さまざまな動物の皮革素材を使ったバッグ ♛ ★

ヴァレクストラ
地図P.323

Valextra

P.za S.Babila 1 ✆76005024
営10:00～13:30 15:00(月曜15:15)～19:00 休月曜の午前、日曜 M 1線S.Babilaサン・バビラ駅から徒歩1分

オーストリッチやクロコダイル、象の皮革など、多様な革素材を使った高級バッグ専門店。ブリーフケースなど、ビジネスマンに人気を集める商品も数多い。

宝飾／時計

歴史を感じさせる老舗店に並ぶジュエリーは本物の輝き。高価な物だが日本よりは買いやすい。芸術作品のように美しい、逸品と呼ばれる時計や指輪は手に入れたいもののひとつ。

憧れの時計や指輪が揃う ♛★🍷

ブルガリ

地図P.323

Bvlgari

Via della Spiga 6 ✆76005406

営10:00～13:30 14:30(月曜15:00)～19:00 休月曜の午前、日曜

M 1線S.Babilaサン・バビラ駅から徒歩2分

イタリアが誇る高級宝飾店。エレガントでゴージャスなデザインに定評がある。腕時計も人気で、ブレスレットタイプのものなど、ロングセラー品も数多い。

デザインの美しさにうっとり ♛★🍷

ジャンマリア・ブチェラッティ

地図P.322

Gianmaria Buccellatti

Via Montenapoleone 12 ✆799944

営10:00(月曜15:00)～19:00 休月曜の午前、日曜

M 1線S.Babilaサン・バビラ駅から徒歩1分

手作りで仕上げた繊細なデザインの指輪やネックレスが評判のミラノの宝飾店。1点ものの魅力が大きい。顧客には王室関係者や有名映画女優などが名を連ねる。

ロングセラーから新作の時計まで ♛★🍷

カルティエ

地図P.322

Cartier

Via Montenapoleone 16 ✆76001610

営9:30～13:00 15:00～19:15 休日曜、月曜

M 1線S.Babilaサン・バビラ駅から徒歩1分

バッグや小物などの皮革製品から宝飾、時計まで揃う。パリと並ぶ品揃えが自慢で、新作の時計もいち早く入荷されるほど。店の扉はベルを鳴らして開けてもらう。

王子様のペンダントがかわいらしい ♛!!★

ポメラート

地図P.322

Pomellato

Via S.Pietro all'Orto 17 ✆76006086

営10:00(月曜15:00)～19:00 休月曜の午前、日曜

M 1線S.Babilaサン・バビラ駅から徒歩3分

キュートなペンダントから指輪、腕時計まで、ミラノの女性に人気を集めるブランド。パヴェダイヤとサファイアをちりばめた指輪やイヤリングがゴージャスだ。

文字盤が切手模様になった遊び心のある時計も ♛★🍷

ゴッビィ

地図P.276 B-3

Gobbi

Ottagono Galleria Vittorio Emanuele II ✆86464187

営10:00～13:00 15:00～19:00 休月曜の午前、日曜、8月

M 1/3線Duomoドゥオモ駅から徒歩3分

1842年創業。オリジナルの腕時計、ジュエリーのほか、パテック・フィリップ、ロレックスの品揃えが豊富。店員は親切で、くつろいだ気分で買物ができる。

アクセサリー

高級宝飾店でなくても、ゴールドやシルバーを用いた本物志向のアクセサリーが手に入る。デザインの良さと職人技が生きる素晴らしい細工が特徴。プレゼントにも喜ばれる。

キュート&エレガント。自在なデザインが自慢 ★

スピーガ・オーロ
地図P.277 C-2
Spiga Oro

Via della Spiga 33 ☎76020507
営10:00〜13:00 15:00〜19:00 休月曜の午前、日曜、8月
M 3線Montenapoleoneモンテナポレオーネ駅から徒歩3分

ハート型のモチーフのリングや、19世紀風のイヤリングなど多彩な商品。素材はゴールド、シルバーが中心。

アーティスティックなアクセサリーを探すなら !! ★

ホアキン・ベラオ
地図P.277 C-3
Joaquin Berao

Via Durini 5 ☎76003993
営10:00〜13:30 15:00〜19:30 休月曜の午前、日曜、祝日、8月の3週間（12月は無休） M 1線S.Babilaサン・バビラ駅から徒歩3分

スペイン人デザイナー、ホアキン・ベラオの独創的なアイデアが生きる。素材はゴールド、ブロンズなど。

小さな店内はまるで銀製品のミニ美術館

アルデア
地図P.276 B-4
Ardea

Via Rastrelli 2 ☎87471750
営10:00（月曜15:00）〜19:00 休日曜、祝日、8月の1週間
M 1/3線Duomoドゥオモ駅から徒歩2分

1920年代創業の銀製品の専門店。アクセサリー、フォトフレーム、時計など贈物に最適な小物類が充実。

化粧品

街なかの一般的な化粧品店では30%前後の値引き販売をするところがほとんど。ブランド化粧品が免税店より安く手に入ることもある。オリジナル商品などを扱う店は少ない。

モデルやメークアップ・アーティストも愛用 !! ★

マディナ
地図P.276 B-2
Madina

Via Tivoli 8 ☎860746
営10:00（月曜15:00）〜19:00 休日曜、祝日、8月の1週間、12月無休 M 2線Lanzaランツァ駅から徒歩3分

ミラノ・ブランドの化粧品店。口紅やアイシャドー200色以上、パウダー100色以上を揃える豊富な色と高品質、低価格が評判。メークアップ・アドバイスも受けられる。

世界中で人気の自然派化粧品

ボディ・ショップ
地図P.277 C-3
Body Shop

Corso Vittorio Emanuele II 39 ☎76004043
営10:00（月曜15:00）〜19:30 休日曜
M 1線S.Babilaサン・バビラ駅から徒歩1分

緑のテーマカラーと大きなウインドーが遠くからでも目立つ。ホワイトムスク・シャワージェルなどが人気。

家具／インテリア／雑貨

色使い、デザイン、品質ともに素晴らしい商品が揃う。家具・インテリア店では雑貨や日用品などの小物も扱っているところが多い。身近なイタリアン・デザインとして最適だ。

1996年誕生。イタリアン・デザインの新しい波 ★

ノヴム
地図P.277 C-1

Novum

Via Galilei ang.Via Monte Santo 8 ☎29015119
営9:30〜13:00 15:00〜19:30 休月曜の午前中、日曜、8月の2週間 M 3線Repubblicaレプブリカ駅から徒歩2分

家具、ファブリック、食器、キッチン・バス用品を揃え、部屋のトータルコーディネートを提案。デザインも若者向け、家族向けと多様。家具は5年間の保障付。

南欧風のインテリアを目ざす人におすすめ ★

リダ・レヴィ
地図P.277 C-3

Lyda Levi

Via Durini 7 ☎780414 営10:00〜13:30 14:30〜19:00
休月曜の午前、日曜、祝日、7・8月の土曜の午後、8月に2週間
M 1線S.Babilaサン・バビラ駅から徒歩3分

1882年創業の籐家具の老舗メーカー、ジェルヴァゾーニと、アメリカのメグワイヤー社の商品が中心。庭用の巨大なロウソク、ランプ、花瓶など手ごろなものも。

大人も子供も楽しめる面白雑貨がいっぱい 🎁★

カルペ・ディエム
地図P.277 D-1

Carpe Diem

Viale Tunisia 1 ang.Buenos Ayres ☎29517833
営10:30(月曜15:30)〜19:30 休日曜、祝日、8月の3週間(12月は無休) M 1線P.ta Veneziaポルタ・ヴェネツィア駅から徒歩2分

ブエノス・アイレス通りの近く。インテリア雑貨、食器、文房具、おもちゃ、Tシャツ、バッグなど、ヨーロッパとアジアから集められた小物が溢れんばかり。

おしゃれな部屋に。アート感覚のガラスの置物 🎁★

ミクロブレラ・ヴェトリ・エ・オジェッティ・ダルテ
地図P.276 B-2

MicroBrera Vetri e Oggetti d'Arte

Via Brera 23 ☎8057862
営10:00〜13:00 15:30〜19:30 休月曜の午前中、日曜、祝日、8月 M 3線Montenapoleoneモンテナポレオーネ駅から徒歩8分

アンナ・マジストリがデザイン、ヴェネツィアのムラーノ島のマエストロが作成した飾り皿、オブジェ、花瓶、食器、アクセサリーを扱う。プレゼントにも好評。

家の中に飾りたい小物が見つかる ♛

フォルナセッティ
地図P.277 C-2

Fornasetti

Via Manzoni ☎6592244
営9:30〜12:30 15:00〜19:30 休月曜の午前、日曜
M 3線Montenapoleoneモンテナポレオーネ駅から徒歩1分

ミラノ出身の画家、ピエロ・フォルナセッティがデザインした食器類や雑貨類が並ぶ。個性的な図柄とフォルムを持つ家庭用品が地元でも注目を集めている。

テーブルウエア

モダンで斬新なデザインのものからクラシックなものまで、生活を楽しく演出するテーブルウエアやキッチン用品の数々。日本では手に入らないようなものが必ず見つかる。

ユニークなフォルムが日本でも注目される　!! 🎁 ★

オフィチナ・アレッシ
地図P.277 C-3

Officina Alessi

Corso Matteotti 9 ☎795726

営10:00(月曜15:00)～19:00 休月曜の午前、日曜

M 1線S.Babilaサン・バビラ駅から徒歩1分

ティーポット、ジューサーなど、ユニークなデザインの台所用品が揃う。鍋など実用的な調理器具は地下に。

イタリアが誇る高級ブランド

リチャード・ジノリ
地図P.277 C-3

Richard Ginori

Corso Matteotti 1 ☎76002286

営10:00～13:00 14:00(月曜15:30)～19:30 休月曜の午前、日曜 M 1線S.Babilaサン・バビラ駅から徒歩3分

果物をあしらった〝イタリアン・フルーツ〟、グリーンをいかした〝インペロ〟シリーズに人気が集まる高級陶器の専門店。日本までの別送手続きもしてくれる。

布／リネン類

テーブルセッティングに欠かせない美しいリネンやインテリアのアクセントにぴったりのファブリック。上質な素材の手触りが心地よいタオルなどは、おみやげにも最適だ。

おしゃれなベッドカバーが見つかる　🎁

ヴォリア・ディ・カーザ
地図P.277 C-3

Voglia di Casa

Corso Vittorio Emanuele II 15 ☎780867

営10:00～14:00 15:00～19:30 休月曜の午前、日曜

M 1/3線Duomoドゥオモ駅から徒歩3分

ペイズリー柄が人気のバセッティのベッドカバーを扱う寝具店。枕カバー、シーツ、各種タオルも種類豊富。

一流ホテルが指定するタオルの専門店　★

フレッテ
地図P.277 C-2

Frette

Via Montenapoleone 21 ☎76003791

営10:00～13:30 14:30～19:00(月曜は～19:30) 休月曜の午前、日曜 M 3線Montenapoleoneモンテナポレオーネ駅から徒歩2分

百年以上の歴史を誇る高級タオルの店。肌触りの良いタオルは一流ホテルで使用され、イタリアでは有名。

刺繍を施した高級タオル、リネンの店　★

イエズルム
地図P.277 C-3

Jesurum

Via P.Verri 4 ☎76015045

営10:00～19:00 15:00～19:00 休月曜の午前、日曜

M 3線Montenapoleoneモンテナポレオーネ駅から徒歩2分

貴族の家庭御用達の高級リネンとタオルのブランド。高価だが、プレステージの高さを感じさせる逸品揃い。

ギャラリー／ステーショナリー

現代絵画やアーティスト作品を扱うギャラリーは、ブレラ地区に点在。老舗文具店やアートグッズの店はドゥオモ近くに多い。高価な絵から1枚Lit.1000のはがきまでいろいろ揃う。

有名&新進アーティストの一点モノ作品

ミクロブレラ・ギャラリー
地図P.276 B-2

MicroBrera Gallery

Via Fiori Chiari 7 ☎86461751

営10:00～13:00 16:00～19:30 休土曜の午前中、日・月曜、祝日、8月 M 3線Montenapoleoneモンテナポレオーネ駅から徒歩9分

イタリアを中心とする同時代のアーティストの彫刻、絵画、オブジェなどを展示販売。とくに、ブルーノ・ムナーリ、ルイジ・ヴェロネーゼの作品が人気。

イタリアの海を描いた絵画が買える

イル・カステッロ
地図P.276 B-2

Il Castello

Via Brera 16 ☎862913

営10:30～13:00 16:00～19:30 休日曜、祝日、8月

M 3線Montenapoleoneモンテナポレオーネ駅から徒歩6分

ブレラ地区でもとくに大きく、目立つギャラリー。海辺の静かな風景を描く現代イタリアの代表的な画家ラザッロ、漁師や農民を描くミニエーコの絵を扱う。

ルネッサンスから現代まで。アートグッズの宝庫

リネアリア
地図P.277 C-3

Linearia

Corso Vittorio Emanuele II 9 ☎780815

営10:00（日・月曜15:30）～20:00 休祝日、8月

M 1/3線Duomoドゥオモ駅から徒歩3分

1階がアートグッズ、ミュージアムグッズ、美術関係の本など、2階が名画の複製ポスターのフロア。14～20世紀のヨーロッパ美術に関する幅広い品揃えが好評。

イタリアの街や古地図のリトグラフが多数

ペティナローリ
地図P.276 B-3

Pettinaroli

Via S.Fedele 2 ☎86464642

営9:30～13:00 15:00～19:00 休月曜の午前中、日曜、祝日、8月 M 1/3線Duomoドゥオモ駅から徒歩3分

1881年創業の文房具店。1階に手帳など皮革製品、筆記具、オリジナルノートなど、地下にリトグラフ、額縁、カレンダーなど。どれも老舗の風格を感じさせる。

店名は〝紙の天国〟。パーティグッズがとくに充実

パラディーゾ・デッラ・カルタ
地図P.277 C-3

Paradiso della Carta

Via Agnello 6/1 ☎8690365

営9:30（月曜13:00）～19:30 休日曜、8月に1週間

M 1/3線Duomoドゥオモ駅から徒歩3分

文房具、おもちゃ、ギフトカード、ラッピング用品、紙製のパーティグッズなどが豊富。イタリアのパーティの飾り付けに欠かせない〝フルフル〟も各種揃う。

アンティーク

“Antichità” とか “Antiquario” という看板がアンティーク店の目印。運河が流れるナヴィリオ地区に多いほか、街なかにも点在する。値段の交渉をしながらの買物が楽しい。

ナヴィリオ地区でも古い店のひとつ

アル・ピッコロ・ナヴィリオ
地図P.274 B-3

Al Piccolo Naviglio

Alzaia Naviglio Grande 34 ☎8376028
営9:00～12:30 15:30～19:00 休日・月曜
M 2線Porta Genovaポルタ・ジェノヴァ駅から徒歩1分

うっかり見過ごしてしまいそうな、こぢんまりした店。19世紀末から20世紀初頭にかけてのアクセサリーやレース、凝ったデザインのランプなど小物を多数扱う。

19世紀のムラーノ・グラスやロシアのアクセサリー

フランコ・ボッティーニ
地図P.277 C-3

Franco Bottini

Via Agnello 19 ☎878096
営9:30～12:30 14:00～19:00 休月曜の午前中、日曜、8月～9月 M 1/3線Duomoドゥオモ駅から徒歩3分

18～20世紀初頭のアクセサリー、銀食器、ガラス器、陶器など小物類が充実。イタリアのほか、ロシアやアメリカの良質な品が集まる。イコンやレンチ人形も。

ヨーロッパの古城で使われた高級アンティーク

マウロ・ブルコーリ
地図P.277 C-2

Mauro Brucoli

Via della Spiga 46 ☎76023767
営10:00～13:00 15:00～19:00 休日曜、祝日、8月
M 3線Montenapoleoneモンテナポレオーネ駅から徒歩4分

スピーガ通りにある。18、19世紀のイタリア、ロシア、フランスの宝飾品、彫像、家具などを扱う。年に数回、“後期印象派絵画” などのテーマで展示販売会も開催。

地元ロンバルディーア州のインテリア品が充実

アントニオ・プルピト・アンティキタ
地図P.277 D-1

Antonio Pulpito Antichità

Via F.Casati 2 ☎2047718
営9:30～12:30 15:30～19:30 休月曜の午前中、日曜、祝日、8月
M 1線Porta Veneziaポルタ・ヴェネツィア駅から徒歩2分

ミラノ周辺の貴族階級が使っていた銀食器、時計、燭台、タペストリー、絵、家具など。17～19世紀のものが中心。ほかにヴィクトリア時代のイギリスの品物も。

掘り出しモノが見つかる。値段は交渉次第

ボッテガ・デッランティクアリオ
地図P.277 D-4

Bottega dell'Antiquario

Corso 22 Marzo ☎5511507
営10:00～12:30 16:00～19:30 休日曜、祝日、8月（12月は無休）
バス 73番Corso 22 Marzoコルソ・ヴェンティドゥエ・マルツォから徒歩1分

18～20世紀のイタリア、ロシア、イギリス、フランスの食器、鏡、アクセサリー、家具などがこぢんまりした店内にいっぱい。アンティーク品の修復も手がける。

本

美術やデザイン関係のビジュアル中心の本や、旅行中の情報収集に活用できる地図や書籍を扱う店を紹介。イタリアの街の写真集や楽しい装丁の料理本は、おみやげにもいい。

服飾デザインや現代アートの専門書がずらり

ミラノ・リブリ

地図P.276 B-3

Milano Libri

Via Verdi 2 ☎875871

営9:00（月曜15:00）～19:30 休日曜、祝日、8月に約10日間

M 1/3線Duomoドゥオモ駅から徒歩5分

スカラ座横にある本屋。モード、アート、映画、写真、建築に関する本が揃う。伊語のほか英・仏・独語版も。

ミラノの知識人に信頼される古書店

マラヴァージ

地図P.277 C-4

Malavasi

Via S.Tecla 2 ☎804607

営9:30～13:00 15:30～19:30 休月曜の午前中、日曜、祝日、8月

M 1/3線Duomoドゥオモ駅から徒歩4分

1940年創業。美術、装飾、歴史を中心とする19、20世紀の伊・仏・英語の古書を扱う。17、18世紀の貴重本も。

英字新聞や雑誌、旅行書を手軽にセレクト

ラ・リナシェンテ別館

地図P.277 C-3

La Rinascente

P.za del Duomo/Via S.Radegonda ☎8852

営9:30～21:00 休日曜

M 1/3線Duomoドゥオモ駅から1分

デパートの書籍部でS.Radegonda通り側に入口がある。本館からは2階の連絡通路を利用。1階に新聞、雑誌、2階に旅行書、地図、料理本、小型辞書などが揃う。

CD

あらゆる音楽ジャンルをカバーした大型店が利用しやすい。売上げランキングをディスプレー展示している店が多く、売れ筋のCDがすぐわかる。新曲の試聴コーナーもある。

コンサートのチケットが買える窓口もある !!

リコルディ

地図P.276 B-3

Ricordi

Galleria Vittorio Emanuele II ☎86461520

営10:00（月曜13:00）～23:00（日曜、8月は～20:00） 休8月の日曜、祝日 M 1/3線Duomoドゥオモ駅から徒歩2分

全音楽ジャンルのCD、ビデオ、カセット、CD-ROM、本が揃う。2階奥はクラシックの楽譜や楽器コーナー。

お気に入りの新譜を探す若者ですごい熱気 !!

ヴァージン・メガストア

地図P.276 B-4

Virgin Megastore

P.za del Duomo 8 ☎72003354

営10:00～0:00 休無休

M 1/3線Duomoドゥオモ駅から徒歩1分

ドゥオモ・センターの地下1階。あらゆるジャンルのCD、カセットなどを扱い、試聴コーナーもある。

子供服／子供用品

専門店ではカジュアルなものより、デザインに凝った外出着やおしゃれ着に注目。とくに、刺繍やレースなどイタリアの伝統工芸をいかしたベビー服はプレゼントにもおすすめだ。

可愛い刺繍入りの子供服。高級レース製品も　🎁★

アリーゾラ・ディ・ブラーノ　地図P.276 B-3
All'Isola di Burano

P.za S.Fedele 2 ☎*877063*
営10:00～14:00 15:00～19:00 休月曜の午前中、日曜、8月
M 1/3線Duomoドゥオモ駅から徒歩3分

0～4歳児のおしゃれ着が中心。トスカーナの古都ルッカで作られた手刺繍入りの服、ベビー用品が多い。

マタニティや新生児用品も揃う大型店　!!★

プレナタール　地図P.277 C-3
Prenatal

Corso Vittorio Emanuele II 13 ☎*76001283*
営10:00～14:00 15:30～19:00 休月曜の午前中、日曜
M 1/3線Duomoドゥオモ駅から徒歩5分

カジュアルなデザインがかわいい子供服はコーディネートしやすく、お母さんたちに大人気。種類も豊富だ。

スポーツ用品

ブランド品が日本より安く買える総合店のほか、サッカーやF1などイタリアならではの専門スポーツ店が面白い。ファンならずとも欲しくなる小物類や実用品が見つかる。

ミラノ随一の総合スポーツ用品店

ピーター・スポーツ　地図P.277 C-3
Peter Sport

P.za del Liberty 8 ☎*76022013* 営10:00～13:30 15:00～19:30
休月曜の午前中、日曜、祝日、8月、12月のみ無休
M 1/3線Duomoドゥオモ駅から徒歩3分

ゴルフ、テニス、スキー、水泳、フィットネスなどスポーツ全般をカバーする豊富な品揃えが自慢。フィラ、ナイキなど人気ブランドもすべて揃い、日本より安価。

ACミランのサポーターズ・グッズが手に入る　🎁★

ミラン・ポイント　地図P.277 C-3
Milan Point

Via Pietro Verri 8 ☎*796481*
営10:00～19:00(月曜は～15:00) 休日曜、祝日
M 3線Montenapoleoneモンテナポレオーネ駅から徒歩4分

ACミランのバレージ選手の店。ユニホーム、ボールなどあらゆるグッズが揃う。公式戦のチケットも予約可。

フェラーリ、ルノーなどのF1グッズが大集合　🎁★

ティーノ・ブラムビッラ　地図P.276 B-2
Tino Brambilla

Via Brera 23 ☎*72022931*
営10:00(月曜15:00)～19:30 休日曜、祝日、8月の2週間、12月無休 M 3線Montenapoleoneモンテナポレオーネ駅から徒歩8分

F1ヘルメットのミニチュアやロゴ入りの小物類が豊富。ジャケットや手袋は本格仕様でアウトドア派にも。

食料品

イタリア名物の生ハムから各種チーズまで揃える選り抜きの店。おみやげにもいいが、滞在中には、調理してあるものをテイクアウトしてホテルの部屋で食べるのも楽しい。

日本にも支店を持つ、食材ショップ ♛★

ペック

地図P.276 B-3

Peck

Via Spadari 9 ✆860842

営8:30〜13:00 15:00〜19:00 休月曜の午前、日曜

M 1/3線Duomoドゥオモ駅から徒歩2分

生ハムからオリーヴオイル、ポルチーニ茸、菓子まで扱う高級食材店。そばのヴィクトル・ユゴー通りには同店経営のレストランとカジュアルな食事処が並ぶ。

ハムとソーセージの専門店 ★

ボッテガ・デル・マイアーレ

地図P.276 B-3

Bottega del Maiale

Via Spadari ✆8053528

営8:00〜13:00 15:00〜19:00 休月曜の午前、日曜

M 1/3線Duomoドゥオモ駅から徒歩2分

豚肉店という名前どおり、たくさんの種類のハムとソーセージを売る。100グラム単位の切り売りもするので、生ハムやサラミを買って味見をしてみるといい。

イタリア産中心に常時350種のチーズを揃える

カーザ・デル・フォルマッジョ

地図P.276 B-4

Casa del Formaggio

Via Spadari 9 ✆86460104

営8:30〜13:00 15:00〜19:00 休月曜の午後、日曜

M 1/3線Duomoドゥオモ駅から徒歩2分

牛、山羊、水牛のチーズなど、珍しい味が見つかるのも同店ならでは。変わった形のチーズで飾った店の造りもなかなかユニークで、覗いてみる価値がある。

高級な食材からお総菜まで揃う ♛★

イル・サルマイオ

地図P.277 C-3

Il Salumaio

Via Montenapoleone 12 ✆76001123

営9:00〜12:00 15:00〜19:00 休月曜の午前、日曜

M 1線S.Babilaサン・バビラ駅から徒歩2分

チーズ、サラミ、生ハムなどの食材から、魚介類のマリネやラザニアなど総菜まで売る店。ここで調理された料理をテイクアウトする地元の人の姿も目立つ。

イタリア全国から集めたワインが充実 ♛

ノンブラ・デ・ヴィン

地図P.276 B-2

N'Ombra de Vin

Via San Marco 2 ✆6599650

営8:30〜13:00 16:00〜17:30 休月曜の午前、日曜

M 2線Moscovaモスコーヴァ駅から徒歩5分

地下のセラーにイタリア各地のワインを揃える店。夕方になると、地元のワイン通が姿を見せる。頼めば、日本までワインの宅配手続きもしてくれる。

その他

イタリアでは珍しいデパートや大型の複合ショップがあるのは大都市ミラノならでは。一方で専門店の老舗も多く集まる。ひと味違うおみやげを探したい。

旅行者も利用しやすいミラノ一のデパート　🎁★

ラ・リナシェンテ

地図P.276 B-3

La Rinascente

P.za del Duomo ☎8852
営9:30～21:00 休日曜
M 1/3線Duomoドゥオモ駅から1分

ドゥオモ広場に面して建つ。本館と別館があり、衣料品、生活雑貨など、なんでも揃う。化粧品コーナーも買物がしやすい。自動両替機や免税手続き窓口もある。

ボガードも愛用した帽子の専門店　♛★🥃

ボルサリーノ

地図P.276 B-3

Borsalino

Galleria Vittorio Emanuele II 92 ☎874244
営10:00(月曜15:00)～19:30 休月曜の午前、日曜
M 1/3線Duomoドゥオモ駅から徒歩1分

シックなデザインの帽子に定評がある。パナマ帽、フェルト帽など、素材もスタイルもバラエティに富む同店の帽子のファンには映画俳優など有名人も数多い。

喫煙家に親しまれる　♛★🥃

サヴィネッリ

地図P.276 B-3

Savinelli

Via Orefici 2 ☎876660
営9:00～13:00 15:00～19:00 休月曜の午前、日曜
M 1/3線Duomoドゥオモ駅から徒歩1分

1876年創業。喫煙具の老舗として知られる同店には、ライターからパイプ、シガレットケースまでずらりと揃う。なかでも一流品を揃えたパイプが自慢。

サルデーニャ島の伝統工芸品が買える　🎁★

イゾラ

地図P.277 C-3

I.S.O.L.A.

Via S.Paolo 15 ☎8693990
営10:00～14:00 15:00～19:00 休月曜の午前中、日曜、祝日、8月 M 1/3線Duomoドゥオモ駅から徒歩5分

正式名は〝サルデーニャ島職人協会〟。島内に約20軒の店を持つが、北イタリアではここのみ。食器、セーター、カーペット、家具など味わい深い品物が多い。

寿司も人気。ミラノで唯一の日本食料品店　★

ポポロ屋

地図P.275 D-2

Poporoya

Via Eustachi 17 ☎29406797
営9:00～14:30 16:00～20:30 休日曜、祝日、8月第2～4週
M 1線Limaリマ駅から徒歩10分

ひととおりの日本食品が揃い、日本食ファンのイタリア人もよく利用。奥の寿司バーでは、鍋焼うどんや天ぷらなども食べられる。寿司はテイクアウトも可能。

耐久性にすぐれた特殊素材のバッグ ‼★

マンダリーナ・ダック

地図P.277 C-3

Mandarina Duck

Corso Europa Galleria San Carlo ☎782210

営9:30(月曜15:00)～19:30 休月曜の午前、日曜

M 1線S.Babilaサン・バビラ駅から徒歩2分

丈夫で使いやすいバッグに定評がある。旅行用のバッグ〝タンク〟、リュック型バッグ〝MD20〟などが人気。

若者に不滅の人気を誇る ‼ 田★

フィオルッチ

地図P.277 C-3

Fiorucci

Galleria Passarella 1 ☎76004896

営10:00(月曜15:00)～19:30 休月曜の午前、日曜

M 1線S.Babilaサン・バビラ駅から徒歩1分

ストレッチ素材のパンツや斬新なデザインのウエアはつねに注目されている。3フロアあり、アクセサリー小物やファブリックなどの雑貨類も扱う大型店。

イタリア人のジェスチャー1

話しているイタリア人を見ると、よく手を動かしているのに気づくはず。手のジェスチャーは大切な伝達手段のひとつだ。覚えておくと旅の言葉として役立つ。

どうしたいんだ?
いったい何が言いたいんだ、何がしたいんだという意味。手のひらを上にして指でなにかをつまむような形をつくる。イライラしているときは、手首を軸にこのまま上下に振る。

ばっちり!
親指と人差し指でOKマークをつくり、手の甲を下にする。料理をほめるとき、物事がうまくいっているときなどに使う。

私には関係ない
「そういうことは知らない、それについてはなにもできない」の意味。手のひらを相手に向けて広げ、首のあたりで止める。

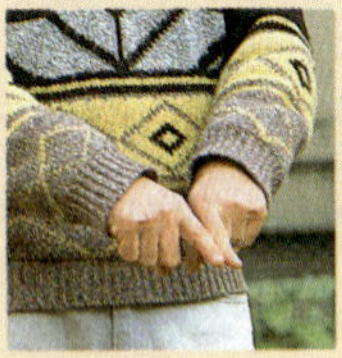

仲がいいんだよ
「あの人たちは友達なんだ」の意味。両手の甲を上にし、人差し指だけを延ばしてくっつける。男女の仲をほのめかすときにも使われる。

まあまあだね
イタリア語では〝Cosi Cosi〟。好き嫌いや状況の良し悪しを表すのに使う。手の甲を上にし、肘の高さで左右に2回ほど振る。

おいしい!
素晴らしい味の料理に出会ったときの感嘆の表現。人差し指をほっぺたに当てて、左右に回す。トラットリアなどで「味はどうだい?」なんて聞かれたときに。

エンターテインメント&ナイトライフ

ENTERTAINMENT & NIGHT LIFE

イタリアのナイトスポットは一般的に常連が多く、旅行者が入りにくい雰囲気のところが多い。ミラノはその例外といえる街だ。老舗のバーなどでも旅行者が気軽に立ち寄れ、自然にその雰囲気になじめる。長いミラノの夜、ミラネーゼとグラスを傾けるのも悪くない。

ブレラの灯が輝く頃、ミラノの夜も盛り上がる

ナイトスポットが多いのは、**ブレラ地区**と運河が流れる**ナヴィリオ地区**だ。ブレラには、有名人が通った老舗バーやピアノバー、ライヴハウス、パブ、カラオケ、ディスコなど個性的な店が集中している。ほとんどの店が**マドンニーナ通り**周辺にあるので、ざっと外から見て気に入った店に入るといい。ナヴィリオでは、庶民的なビッレリア(ビアホール)やライヴハウスが中心となる。また国鉄ガリバルディ駅近くにある名物ディスコ、**ハリウッド**の周辺にもパブや深夜まで営業するバールが並び毎日すごい賑わいだ。

ライヴハウスやディスコへの入場料は、1ドリンク付でLit.1万～3万くらい。ピアノバーは入場料を取らないところが多い。飲み物はLit.1万～で、パニーノやパスタなどの軽食がとれる店もある。営業時間は店によって異なるが、賑わいだすのは夜10時を過ぎてからだ。ディスコだと深夜1時くらいにやっとダンスフロアに人が出てくる。

ミラノを存分に楽しむなら"Vivi(ヴィヴィ・) Milano(ミラノ)"で情報収集を

ナイトライフやエンターテインメントの情報収集に地元の人が活用しているのは、ミラノの日刊紙"Corriere della Sera(コッリエーレ・デッラ・セーラ)"のSpettacoli Milanoというページ。ライヴハウスの出演歌手名、映画館の上映作品、劇場の演目、展覧会についての当日の情報が、開演時間や料金とともに掲載されている。イタリア語のみの記述だが、店の名前や住所、何をやっているかなどは十分チェックできる。水曜日にこの新聞に付いてくる"Vivi Milano"というタブロイド版の付録も、たいへん便利。エンターテインメントについての1週間の情報がびっしりで、ミラノ市内のレストランの味やサービス度チェック、ナイトスポットの面白度などが載っている。

陽気に盛り上がるミラノのナイトスポット

新聞や雑誌で情報収集をしたい

思わぬ情報も見つかる"Milano Mese"

観光案内所で無料でもらえる"Milano Mese"は、ミラノと近郊の街の1カ月間のエンターテインメントをコンパクトにまとめた小冊子。展覧会、音楽、演劇、スポーツなどの項目に分かれ、英語併記がある。夏にはミラノ近郊のヴィラでの野外コンサートや、星空の下での屋外映画会についての案内も載り、イタリアを何倍も楽しめる情報でいっぱいだ。

ミラノの映画館

コッリエーレ・デッラ・セーラ紙で詳しい情報が得られる。旅行者が利用しやすい映画館は、ドゥオモ横にある映画館オデオン・チネマOdeon Cinema。中は10ホールに分かれ、イタリア映画をはじめとする話題の映画を上映している。初回の上映は15:30くらいに始まり、最終回は夜遅くになる。とくに混むのは、土曜の夜の最終回(22:30～くらい)とその前の回(20:00～か20:30～くらい)。この時間をはずして行くのもいいし、ねらって行くのもいい。イタリア人に囲まれて映画を観るのも、楽しい。

F1を観る

ミラノからはF1が行なわれるモンツァが近い。開催中にミラノを訪れるなら、観戦してみるのも面白い。ミラノ市内に電話でのチケット予約の窓口がある。

Le Prenotazioni dei Biglietti per Il Glan Premio Formula 1
☎76002574

ナイトスポット

NIGHT SPOTS

服装注意　望予約
カップルでぜひ　女性も入れる
静かなムード　食事もできる

気軽に入れ、安心して楽しめる店を紹介する。ライヴハウスやディスコは夜12時を過ぎてから盛り上がるので、遅めに出かけるといい。帰りは店の人にタクシーを呼んでもらう。

ブレラ地区のおしゃれな人たちが集まる

ルイジアーナ・カジュン
地図P.276 B-2

Louisiana Cajun

Via Fiori Chiari 17 ☎86465315
営18:00～深夜3:00 休月曜
料Lit.1万5000～ M2線Lanzaランツァ駅から徒歩7分

1、2階がアメリカンタイプのバー、3階がアメリカ南部の料理を供するレストラン。カクテルLit.1万～。3階利用の場合はおしゃれを。2階にビリヤードも。

ライヴとカラオケで連日すごい盛り上がり

ビブロス
地図P.276 B-2

Biblos

Via Madonnina 17 ☎8051860
営21:30～深夜3:00 休無休 料Lit.1万2000(入場+1ドリンク)、土曜、祝日前日はLit.1万5000 M2線Lanzaランツァ駅から徒歩8分

地下がカラオケ、1階がロック、ジャズなどのライヴスペース。カラオケはDJ付の広いフロアで楽しむ。

伝統あるピアノバー&カジュアルなディスコ

クラブ・ドゥエ
地図P.276 B-2

Club2

Via Formentini 2 ☎86464807
営21:30～深夜3:00 休無休(ディスコは8月休み)
料Lit.1万2000～ M2線Lanzaランツァ駅から徒歩8分

著名な音楽家や芸術家が愛した歴史あるバー。幅広いジャンルのピアノの生演奏が聴け、コース料理も食べられる。地下の最新設備が揃ったディスコも人気。

ナボコフやアリダ・ヴァッリも通ったカフェ

イル・レゼンティン・カフェ
地図P.276 B-2

Il Resentin Caffè

Via Mercato 24 ☎875923
営9:00～深夜1:30 休日曜、8月
料Lit.5000～ M2線Lanzaランツァ駅から徒歩7分

創業者のガブリエッレ氏は、'60年代この店に集った若い貧乏な画家や音楽家を支え"芸術家の父"と呼ばれた。桃やリンゴなど珍しいグラッパが50種以上揃う。

いつも人でいっぱいのライヴ・スポット

シンミエ
地図P.274 B-4

Scimmie

Via Ascanio Sforza 49 ☎89402874
営20:00～深夜2:00 休火曜 料Lit.1万～
M2線P.ta Genovaポルタ・ジェノヴァから徒歩15分

毎晩22:30～1:30の間ライヴがある。外国人アーティストも多い。カジュアルな雰囲気、手ごろな料金が人気。店の前の運河に浮かぶ船はここのバーになっている。

有名な演奏家も登場する穴蔵風ピアノバー

カーヴェ・モンマルトル
地図P.276 B-2

Cave Montmartre

Via Madonnina 27 ☎86461186
営22:00〜深夜3:00 休日曜、7〜8月
料Lit.1万〜 M 2線Lanzaランツァ駅から8分

ジャズ、イタリアン・ポップスなど日によりジャンルが変わる。曲のリクエストも可。45席なので予約を。

俳優や演劇関係者が常連の気さくなバー

アル・テアトロ
地図P.276 B-2

Al Teatro

Corso Garibaldi 16 ☎864222
営7:00〜深夜2:00 休月曜
料Lit.5000〜 M 2線Lanzaランツァ駅から徒歩6分

チェスやマージャンなどの遊び道具が自由に使える。50種以上の北イタリア産ワイン、カクテルが人気。

旅の最後の夜、ここでカクテルを味わうのも素敵

バー・デル・ダヴィデ
地図P.275 C-1

Bar del David　Hミケランジェロ

Via Scarlatti 33, Hotel Michelangelo ☎6755
営8:30〜深夜1:00 休8月の2週間 料Lit.1万〜
M 2/3線Centrale F.S.ミラノ中央駅から徒歩2分

ホテル・ミケランジェロの1階にある高級感漂うバー。バーテン長はイタリア・バーテンダー協会会長カセッリ氏だ。おすすめカクテルは〝ミケランジェロ〟。

有名アーティストも訪れる老舗ディスコ

ハリウッド
地図P.275 C-1

Hollywood

Corso Como 15 ☎6598996 営22:00〜翌4:00 休月曜、8月
料Lit.2万5000(入場料+1ドリンク)、土曜はLit.3万
M 2線Garibaldi F.S.ガリバルディ駅から徒歩5分

スティング、エルトン・ジョンなど多くの有名人が来場した。客層は学生から30代後半までと幅広い。

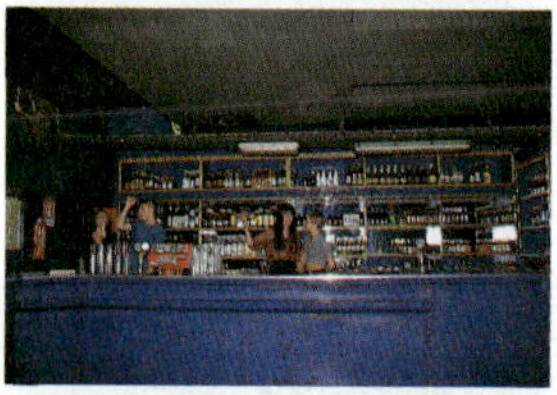

夜、ミラノの大人たちはここに集う

マディソン・ダンス・ミュージック・ホール
地図P.274 A-1

Madison Dance Music Hall

Via Giovanni da Udine 28 ang.Viale Certosa ☎3086076
営21:30〜深夜2:30 休月・水曜、8月 料Lit.1万6000〜 トラム14番Via G.d.Udineヴィア・ジョヴァンニ・ダ・ウーディネから徒歩2分

30〜50代の人が、おしゃれをして出かける店。生演奏で各種ダンスが踊れる大フロア、ディスコ中心の中フロアに分かれる。ジーンズ、スニーカーでの入場不可。

おいしいタコスも食べられるメキシカン・パブ

エル・トロピコ・ラティーノ
地図P.275 D-2

El Tropico Latino

Via Ozanam 15 ang.P.le Bacone ☎201259
営19:30〜深夜2:00 休日曜、祝日
料Lit.1万〜 M 1線Limaリマ駅から徒歩2分

ラテン・アメリカ音楽が流れる店内はいつも熱気に溢れる。ブラノ店(Via S.Carpoforo 7☎72002313)もある。

ミラノの劇場

スカラ座でオペラを観るためだけにミラノを訪れる、という人がいる。観光スポットが少ないミラノはショッピングの街と見られがちだが、スカラ座を知ると印象が違ってくる。外観は変哲のない建物だが、中に入ると素晴らしい装飾と音の響きが待っている。

12月から7月がスカラ座のオペラ・シーズン

スカラ座のオペラ・シーズンは毎年12月7日に開幕する。ミラノの守護聖人である聖アンブロージョの日だ。初日にはミラノの上流階級の人々が正装で集まり、華やかな社交場と化す。オペラ・シーズンはこの日から翌年の7月半ばまで。その後はバレエやコンサートなどが中心となる。

スカラ座でのオペラ公演は、同じ演目を休演日を入れながら一定期間上演するシステムをとっている。ひとつの演目は3週間くらい続き、そのうち10日ほどが上演日だ。劇場は馬蹄形で、Platea（プラテア）（平土間）、4層のPalco（パルコ）（ボックス席）、2層のGalleria（ガッレリア）（天井桟敷）から成り、ガッレリア後方に立見スペースがある。

チケット料金はプラテアがいちばん高く、上にいくほど安くなる。演目により料金は異なるが、一般的にLit.3～30万くらいだ。

スカラ座のチケット売場

スカラ座のチケットを入手する

チケット売場Biglietteria（ビリエッテリア）は、劇場に向かって左手奥の地下にある。チケットの売り出しは、通常公演初日の15日前から。座席が残っていれば、ここで希望の席種、日時を告げてチケットを入手できる。だが、人気演目は地元のオペラファンでもチケット確保が難しい。チケット発売日に混雑が予想される演目では、あらかじめ発売日にチケット売場に入るための整理券が発行されることもある。この整理券を手にするのに、夜中から並ぶことも多い。こういう人気演目の場合、旅行者がチケットを入手できる確率が高いのは、高級ホテルのコンシェルジュ。滞在客のみへのサービスだが、チップを渡して頼んでおくと座席が確保できることもある。また、最近増えているのがいわゆるダフ屋。とくにオペラの公演がある前日や当日に、昼間からチケット売場近くをまわっている。日本人の利用者も多いようで、片言の日本語で「チケットあるよ」と声を掛けてくる人もいるくらい。てっとり早い方法ではあるが違法行為。面倒なことになる可能性もあるので、利用には注意も必要だ。

天井桟敷の立見200席は、当日の開演45分前から売り出される。立見席に多いのはオペラ通、音楽学校の学生など耳が肥えた面々と旅行者。こちらも人気演目だと朝から並び、何度かの点呼を受け、やっとチケットが買えるのが一般的だ。スカラ座のオペラのチケット入手はたいへんなのだが、それは素晴らしい舞台が約束されているからだ。スカラ座で味わう感動はなにものにも換えられない。

イタリアを代表する劇場、スカラ座

スカラ座のチケット売場

Biglietteria del Teatro alla Scala
Portici di via Filodrammatici
72003744 営12:00～19:00
（公演日は～20:15）休8月
オペラ・シーズンでもバレエやコンサートのプログラムが組まれており、これらのチケットは比較的容易に入手できる。料金も手ごろで、平土間席がLit.10万くらいだ。

ミラノの劇場

Conservatorio"Giuseppe Verdi"（コンセルヴァトーリオ ジュゼッペ・ヴェルディ）
Via Conservatorio 12 7621101
音楽学校内にあるコンサートホール。クラシックの演奏が楽しめる。
Piccolo Teatro Studio（ピッコロ・テアトロ・ステューディオ）
Via Rivoli 6 72333222
ブレラ地区の近く。バレエ、演劇など幅広いプログラムが人気。

劇場や演目については、街のブック・スタンドで売っているミラノの新聞“コッリエーレ・デッラ・セーラ”のSpettacoli Milanoのページや、観光案内所に置いてある“ミラノ・メーゼ”のSpettacoliのページで情報が入手できる。

劇場の外壁に演目が掲示される

イタリアの音楽

“イタリアの音楽”というとまず思い浮かぶのが、民謡的なカンツォーネ。そして忘れてならないのが、いまのイタリアの心を歌うアーティストたちのポップスだ。

長く歌い継がれるカンツォーネ

イタリアで“カンツォーネ”というと、民謡や、愛唱歌として人気が定着した歌謡曲を指す。日本でも知られている『サンタ・ルチア』や『帰れソレントへ』などは、ナポリ地方の民謡だ。こういう土地特有の民謡はイタリア各地にあり、その地方の心を表す歌として歌い継がれている。また、『ヴォラーレ』や『チャオ・チャオ・バンビーナ』などサン・レモ音楽祭で注目され、人々が口ずさむようになった歌もカンツォーネと呼ばれ愛されている。

イタリアン・ポップスを聴く

旅行中にいちばん耳にすることが多いのは、そのとき流行っているイタリアン・ポップスだろう。バールや庶民的なトラットリアでは、こういった曲をよく流している。日本ではなじみが薄いジャンルだが、アーティストのレベルはとても高い。30代くらいから本格的に活動を始める人が多く、曲のテーマも大人向きのものだ。ヒットチャート上位のCDは、ミラノやローマのリコルディやヴァージンなど大型CD店ですぐに見つけられる。また、人気アーティストのアルバムは10年以上前に発表されたものでも、再版盤が比較的容易に手に入る。興味を持つアーティストがいたら、デビュー当時のアルバムから聴いてみるといいだろう。

バラエティ豊かなイタリアのアーティスト

旅の途中のCD店でお気に入りの1曲を探す

大物アーティストが多いポップス界

人気があるアーティストを紹介しよう。まず、崇拝にも近い人気を集めているのがルーチョ・バッティスティ。ここ何年かはマスコミから姿を隠し、数年に1度アルバムを発表するだけという50代のアーティストで、メッセージ性の高い曲が支持されている。ほかに、ルチオ・ダッラ、ピーノ・ダニエッリ、ファビオ・コンカートなども、実力のある中堅アーティスト。ルチオ・ダッラが1996年秋に発表したアルバム『Canzoni（カンツォーニ）』は、ヒットチャート初登場で1位に踊り出て話題を呼んだ。

アイドルから実力派歌手に脱皮し人気なのが40代のクラウディオ・バリオーニ。彼の20代のヒット曲『Questo Piccolo Grande Amore（クエスト・ピッコロ・グランデ・アモーレ）(この小さくて大きな愛)』はイタリアで“今世紀の歌”に挙げられた名曲。恋人たちの心のすれ違いをテーマとし、いまも若い世代に歌い継がれている。30代ではエロス・ラマゾッティやラフが注目株。ラマゾッティでは『Tutte Storie（トゥッテ・ストーリエ）』('93)、『Dove C'e Musica（ドーヴェ・チェ・ムージカ）』('96)、ラフでは『Cannibali（カンニバリ）』('93)、『Manifesto（マニフェスト）』('95)が近年の収穫だ。個性的なアーティストとしてはほかに、'95年に『Spirito di Vino（スピリト・ディ・ヴィーノ）』が大ヒットした独特のビートのズッケロ、アコーディオンを弾きながら歌うエドアルド・デ・クレシェンツォ、絶妙なハーモニーのグループ、ネーリ・ペル・カーゾらがいる。

BERGAMO ベルガモ

ミラノに住む人たちは晴れた日曜日ともなると、よくこの街を訪れる。石畳の小道が続く丘の街ベルガモ・アルタには中世やルネッサンス期の教会や宮殿が建ち並び、都会の喧騒を忘れさせてくれる。音楽家ドニゼッティの生まれ故郷でもあり、墓もここにある。

市外局番は035

アクセス

鉄道 ミラノ中央駅から準急で約50分。

バス ミラノのカステッロ広場から約50分。

観光案内所

バッサ　駅構内 ✆242226

アルタ Vicolo Aquila Nera 2 ✆232730

ともに街の地図、ホテルやレストランのリスト、催物のパンフレットなどが無料で手に入る。

中世さながらの石畳の小道が街を巡る

ベルガモは、麓の街**バッサ**と丘の街**アルタ**の２つに分かれている。バッサは19世紀に整備された新市街、アルタは中世からルネッサンスにかけて栄えた旧市街だ。見どころは、ほとんどアルタに集中している。**駅**はバッサにあるので、バスとケーブルカーを乗り継いでアルタに向かう。駅前から出る１番か３番のバスに乗ると、５分ほどで**ケーブルカー乗場**に着く。60分以内ならバスのチケットをそのままケーブルカーにも使える。

中世のおもかげが残るベルガモ・アルタ

アルタの中心は、**ヴェッキア広場**とこれに隣り合う**ドゥオモ広場**だ。ヴェッキア広場の中央には獅子像の噴水があり、その周りにカフェやレストランが並んでいる。ドゥオモ広場には、ドニゼッティの墓がある**サンタ・マリア・マッジョーレ教会**と**コッレオーニ礼拝堂**が隣接し、ともに華麗なファサードが見事だ。

アカデミア・カッラーラ美術館へは、ケーブルカー乗場前の**ポルタ・ディピンタ通り**を進み、**サンタゴスティーノの門**をくぐり、石畳の**ノーカ通り**を行く。こぢんまりとした美術館だが、ヴェネツィア派絵画のコレクションが素晴らしく、最低１時間くらいは鑑賞の時間をみておきたい。

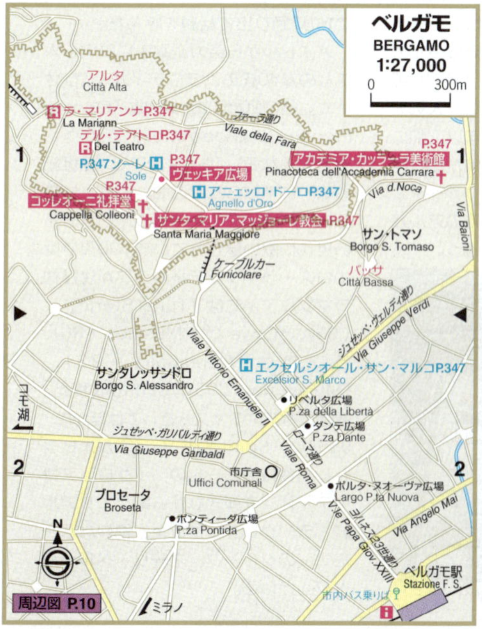

旧市街には細い石畳の道が続く

塔の上からはロンバルディア平野が一望できる

ヴェッキア広場 地図P.346-1

Piazza Vecchia ★

アルタのケーブルカー乗場から徒歩5分

ヴェネツィア支配を物語る広場

15世紀後半に建設され、中央にはヴェネツィア総督から市に贈られた**獅子の像の噴水**がある。奥の**ラジョーネ宮**は12世紀末に建てられた旧市庁舎で、中の大広間(催し物の際に見学可)には14〜15世紀のフレスコ画が飾られている。2階のバルコニーの上に見える〝サン・マルコの獅子〟はヴェネツィア支配の名残。右手にそびえる**コムーネの塔**(12世紀創建の鐘楼)との間にある小さな館には**市立図書館**が入っている。

サンタ・マリア・マッジョーレ教会 地図P.346-1

Santa Maria Maggiore ★★

ヴェッキア広場から徒歩2分

バロック様式の装飾が美しい

12世紀後半のロマネスク建築。北面と南面を飾る柱廊式ポーチは14世紀の建築家カンピオーネの作。内部は16〜17世紀に豪華なバロック様式に改装された。壁のタペストリーは、聖母の生涯を描いたものが16世紀フィレンツェ製、キリストの磔を描いたものが17世紀フランドル製。象眼細工を施した司祭席や作曲家ドニゼッティの墓も必見。

開7:30〜12:30 14:30〜19:00(冬季は〜17:00) ミサがあるときは観光客は入場不可

ファサードの美しさにしばし息をのむ

コッレオーニ礼拝堂 地図P.346-1

Cappella Colleoni ★★

ヴェッキア広場から徒歩2分

ヴェネツィアに尽くした傭兵隊長の廟墓

15世紀ロンバルディア・ルネッサンス期の名建築家アマデーオの傑作。ファサードは色大理石を幾何学的に組み合わせ、バラ窓や付け柱、彫刻などが美しく調和している。内部はアマデーオの浮彫りやティエポロのフレスコ画で飾られ、傭兵隊長コッレオーニと娘のメデアの石棺が安置されている。

開9:00〜12:30 14:00〜18:00(冬季は〜16:30) 休冬季の午前と月曜 料無料

博物館●美術館

アカデミア・カッラーラ美術館 地図P.346-1

Pinacoteca dell'Accademia Carrara ★★

アルタのケーブルカー乗場から徒歩15分

ヴェネツィア派の傑作が勢揃い

18世紀末に美術アカデミーを創設したジャコモ・カッラーラの絵画コレクションを基に設立。建物は19世紀初頭のネオ・クラシック様式。おもな展示物は15〜18世紀のヴェネツィア派とロンバルディア派の絵画で、版画や彫刻、磁器なども所蔵している。

P.za G.Carrara 82/a 開9:30〜12:15 14:30〜17:15 休火曜、祝日 料Lit.5000(日曜は無料)

ホテル&レストラン ―― HOTELS & RESTAURANTS

Hエクセルシオール・サン・マルコ Excelsior San Marco	★★★★ P.346-2 *P.za Repubblica 6* ☎*366111 FAX223201* S Lit.23万7500〜 T Lit.30万1000〜 176室
Hソーレ Sole	★★ 地図P.346-1 *Via Rivola 2* ☎*218238 FAX240011* S Lit.8万〜 T Lit.11万〜 10室
Hアニェッロ・ドーロ Agnello d'Oro	★★ 地図P.346-1 *Via Gombito 22* ☎*249883 FAX235612* S Lit.6万5000〜 T Lit.10万5000〜 20室
Rラ・マリアンナ La Marianna	*Colle Aperto 2* ☎*237027* 地図P.346-1 営12:00〜14:30 18:30〜23:00 休月曜 L D Lit.6万〜
Rデル・テアトロ Del Teatro	*P.za Mascheroni 3* ☎*238862* 地図P.346-1 営12:00〜14:30 18:30〜23:00 休月曜 L D Lit.4万〜

CREMONA クレモーナ

ヴァイオリンの故郷として愛される街。16世紀の名匠アマティに始まったクレモーナのヴァイオリン制作の技術は、18世紀、ストラディヴァリによって頂点を迎え、グァルネリへと伝えられた。いまも街にはヴァイオリン工房が点在し、職人たちが技を競い合っている。

市外局番は0372

アクセス
鉄道 ミラノ中央駅から準急で約1時間。

観光案内所
P.za del Comune 5 ✆23233
街の地図、ホテルやレストランのリスト、催物のパンフレット "Carnet dell'Ospite" などが無料で手に入る。また、市内のホテルの予約も手数料なしで行なっている。

便利な博物館への共通入場券
市内の5つの博物館に入場できる割安チケットがある。ツーリスト・インフォメーションのほか、ストラディヴァリ博物館などでも購入できる。

ストラディヴァリを生んだ音楽の街

駅 から街の中心 **コムーネ広場** までは1kmちょっと。おもな見どころはこの広場と駅の間に集中しているので、徒歩で十分まわれる。**ストラディヴァリ博物館**は、駅から**パレストロ通り**を5分ほど歩いた左手にある。ヴァイオリンの展示のほか、ストラディヴァリについての約15分のビデオ(英語かイタリア語)も随時見られるので、興味があれば受付にリクエストするといい。パレストロ通りに交差する**ダーティ通り**を折れると、**市立博物館**の入口に出る。門を入って左側の階段を上がった2階が受付だ。クレモーナ派の絵画など、この街でしか見られない作品をじっくり鑑賞したい。

コムーネ宮内にあるヴァイオリン展示室

カンピ通り を南に向かうと、コムーネ広場だ。**トラッツォ**、**ドゥオモ**、**コムーネ宮**、**洗礼堂**などに囲まれたこぢんまりとした広場で、**観光案内所**もここにある。まずは、トラッツォに登ってみる。狭い石段を登るのはかなりきついが、塔の上からは**ポー川**や**ロンバルディア平原**の素晴らしい眺めが楽しめる。コムーネ宮は現在市庁舎として使われており、中の1室がヴァイオリンの展示室として公開されている。ここから駅側に200mほど戻った**ローマ広場**は、クレモーナ市民の憩いの場。日曜日には、家族や夫婦で散歩を楽しむ人が集まり、のどかな風景に出会える。

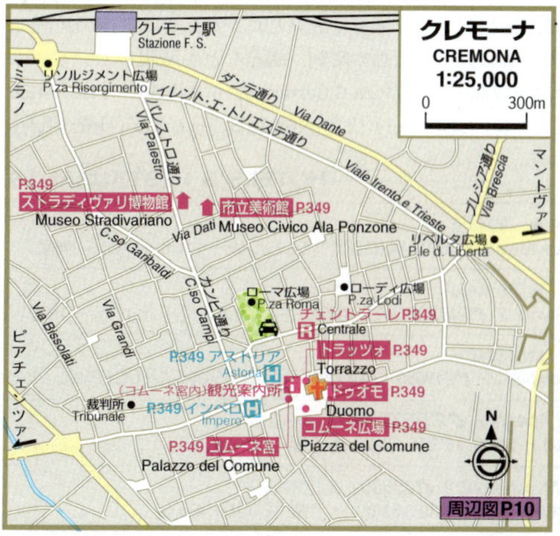

ドゥオモを眺めながらランチはいかが

トラッツォとドゥオモはひとつの回廊で結ばれている

トラッツォ

地図P.348

Torrazzo ★★

コムーネ広場からすぐ

クレモーナのシンボル

13世紀後半に建設された高さ111mの鐘楼。487段の階段を上り切ると、素晴らしい眺望が得られる。ドゥオモとを結ぶベルタッツォーラの柱廊の下にはボニーノ・ダ・カンピオーネ作(14世紀)の石棺がある。

開10:30〜12:00 15:00〜18:00 休無休
料Lit.5000

ドゥオモ

地図P.348

Duomo ★

コムーネ広場からすぐ

時代の様式美を集大成

12〜14世紀に建設されたロマネスク・ロンバルディア様式の聖堂。アンテラーミ派の浮彫りが施された柱廊式ポーチや堂内を飾るクレモーナ派のフレスコ画に注目。

開7:00〜12:00(日曜、祝日は〜13:00)
15:30(冬季15:00)〜19:00

コムーネ広場

地図P.348

Piazza del Comune ★★

国鉄駅から徒歩15分

中世のたたずまいそのままに

イタリアの中世の広場のなかでも指折りの美しさで、街の記念碑的建造物に囲まれている。広場の南側に建つ八角形プランの建物はロマネスク様式の**洗礼堂**。道を挟んで建つゴシック様式のアーチと多連窓を持つ建物は13世紀末の民兵の集会所だった。

コムーネ宮の正面右手に観光案内所がある

コムーネ宮

地図P.348

Palazzo del Comune ★★

コムーネ広場からすぐ

市庁舎になったルネッサンス期の館

クレモーナの市庁舎。見どころは〝評議会の間〟の大理石の暖炉(16世紀)と〝ヴァイオリンの間〟に展示されたストラディヴァリ、アマーティ、グァルネリの名器5点。

開**ヴァイオリンの間**8:30〜18:00(日曜、祝日9:15〜12:15 15:00〜18:00) 休月曜 料Lit.6000

博物館●美術館

市立美術館

地図P.348

Museo Civico Ala Ponzone ★★

国鉄駅から徒歩7分

クレモーナの〝宝物殿〟

16世紀のアッファイターティ宮内に設けられた美術館。中世のフレスコ画や15〜18世紀のクレモーナ派の絵画、テラコッタや象眼細工、ドゥオモの宝物などを展示。

Via U.Dati 4 開8:30〜17:45(日曜、祝日9:00〜12:15 15:00〜18:00) 休月曜 料Lit.6000

ストラディヴァリ博物館

地図P.348

Museo Stradivariano ★★

国鉄駅から徒歩5分

弦楽器の故郷を訪ねる

16世紀に始まる楽器作りの歴史やヴァイオリンの形の変遷、名匠の仕事道具などを紹介。ストラディヴァリの自筆設計図やポンキエッリの自筆楽譜など貴重な展示もある。

Via Palestro 開8:30〜17:45 日曜9:15〜12:15 15:00〜18:00 休月曜 料Lit.5000

ホテル&レストラン — HOTELS & RESTAURANTS

Hインペロ Impero	★★★★ 地図P.348 P.za Pace 23 ☎460337 FAX458785 SLit.11万〜 TLit.18万〜 36室
Hアストリア Astoria	★★★ 地図P.348 Via Bordigallo 19 ☎461616 FAX461810 SLit.7万5000〜 TLit.10万〜 32室
Rチェントラーレ Centrale	Vicolo Pertusio 4 ☎28701 地図P.348 営12:00〜14:30 18:30〜23:00 休木曜 LD3万5000〜

MANTOVA マントヴァ

15〜16世紀に花開いた北イタリア・ルネッサンスの中心地のひとつ。14世紀からこの地を支配したゴンザーガ家の庇護のもと、画家マンテーニャや建築家ジュリオ・ロマーノら多くの才人が活躍した。ヴェルディのオペラ『リゴレット』の舞台としても知られている。

市外局番は0376

アクセス

鉄道 ヴェローナから準急で約40分。ミラノ中央駅からクレモーナ経由の準急で約2時間。

観光案内所

P.za Mantegna 6 ☎328253

『リゴレット』の家を見るツアー

現地旅行代理店が主催している。
問い合わせ先 ☎368917
Associazione Guide Turistiche

ゴンザーガ家のルネッサンス期の栄華をたどる

マントヴァは、**スペリオーレ湖、メッツォ湖、インフェリオーレ湖**の３つの湖に囲まれている。街を歩いていて頬に受ける風が爽やかなのは、このためかもしれない。観光スポットは、**テ離宮**を除いて、**エルベ広場**と**ソルデッロ広場**にある。この周辺は半日もあればまわれるので、あとは湖の畔を散策するといい。

ゴンサーガ家の離宮であったテ離宮

まずは**駅**からエルベ広場へ向かう。駅前の**ソルフェリーノ通り**を抜け広場に近づくと、少しずつルネッサンスの街並が現れる。壮麗なファサードを持つ**サンタンドレア教会**が見えたら、その奥がエルベ広場だ。地元の人に〝ロトンダ〟と呼ばれて親しまれている**サン・ロレンツォ聖堂、ラジョーネ宮**が広場を囲み、**観光案内所**もこの一角にある。ここから**ブロレット通り**を進めば、ソルデッロ広場に出る。右手が**ドゥカーレ宮**、正面が**ドゥオモ**だ。ゴンザーガ家の栄華を伝えるドゥカーレ宮内では、フェラーラから嫁いで、マントヴァに大芸術家サロンを作り上げたイザベッラ・デステの部屋も見ることができる。また、広場近くの**サン・ジョルジョ通り**の角には、ヴェルディのオペラにちなむ、**道化師リゴレットの家**がある。

テ離宮は街の南端にある。サンタンドレア教会から1.5kmほどの距離なので、教会近くの**マルコーニ広場**からタクシーで行くのが便利だ。この宮殿は、イザベッラの息子フェデリーコ２世が建てさせたもの。壁に残るフレスコ画や広大な庭園など、見どころが多い。宮殿の前の公園では、サッカーをする子供たちやベンチに座ってくつろぐ老人たちの姿がよく見かけられる。

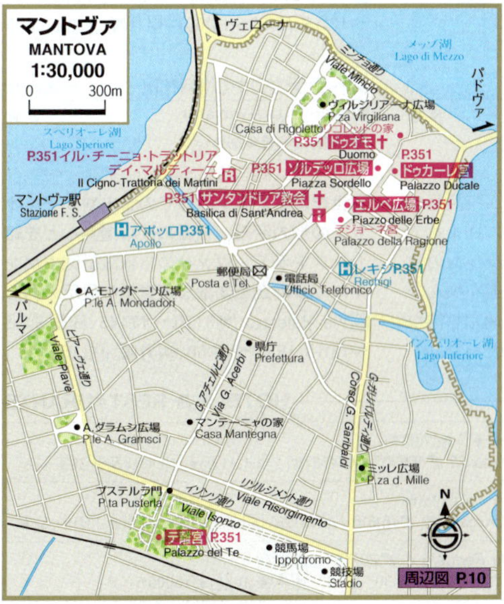

広場の一角には観光案内所もある

エルベ広場
地図P.350

Piazza delle Erbe ★★

国鉄駅から徒歩12分

中世都市にタイムスリップ

中世後期のおもかげが残る広場。広場に面して建っているのは手前からロマネスク様式の**サン・ロレンツォ円形聖堂**、15世紀にルカ・ファンチェッリが建てた**時計塔**、13世紀の**ラジョーネ宮**(公会堂)、突きあたりに見えるのは12世紀の**執政官の館**だ。

サンタンドレア教会
地図P.350

Basilica di Sant' Andrea ★★

エルベ広場から徒歩1分

ゴシックの鐘楼とルネッサンスの聖堂

15世紀ルネッサンス建築の傑作。設計は名建築家アルベルティ。堂内のヴォールト天井にはだまし絵が描かれ、左手の礼拝堂にはパドヴァの画家マンテーニャの墓がある。

開8:00〜12:00　15:00〜19:00 ミサがある時は入場しないほうが望ましい

ソルデッロ広場
地図P.350

Piazza Sordello ★

エルベ広場から徒歩2分

ドゥカーレ宮の建つ広場

中世にはマントヴァの政治と芸術の中心地だった。マニエリスム様式の凱旋門ボールト・ディ・サン・ピエトロから入場する。正面にドゥオモ、右手にドゥカーレ宮、左手にボナコルシ宮と司教館が建っている。ドゥカーレ宮の背後には19世紀に造られた旧ボッツォリ市場がある。

外見は地味だが内部はルネッサンス期有数の豪華さ

ドゥカーレ宮
地図P.350

Palazzo Ducale ★★★

ソルデッロ広場からすぐ

領主ゴンザーガ家の〝富と力〟の象徴

13〜18世紀に建造されたゴンザーガ家の居城。内部はそれぞれの時代を代表する芸術品で彩られ、ため息が出るばかり。サン・ジョルジョ城の〝結婚の間〟も必見だ。

開9:00〜14:00　14:30〜18:00 休日・月曜、祝日の午後 料Lit.1万2000(ガイド付)

ドゥオモ
地図P.350

Duomo ★★

ソルデッロ広場からすぐ

美しく調和した5廊式の大聖堂

16世紀に改装された中世の建造物。ファサードはマニエリスムの流れを汲むもので、バロック様式の影響を受けている。鐘楼はロマネスク様式。堂内には初期キリスト教の石棺や14世紀のフレスコ画が残っている。

開7:00〜12:00　15:00〜19:00

テ離宮
地図P.350

Palazzo del Te ★★

国鉄駅から車で5分

マニエリスム様式の優雅な別荘

ゴンザーガ家のフェデリーコ2世がジュリオ・ロマーノに依頼して建てた別荘。16世紀当時の状態がよく保存されており、グロテスク模様の装飾とマニエリスムを代表するフレスコ画が見もの。市立博物館を併設。

開9:00(月曜13:00)〜18:00(閉館の45分前までに入館) 休無休 料Lit.1万2000

ホテル&レストラン ― HOTELS & RESTAURANTS

Hレキジ Rechigi	★★★★ 地図P.350 *Via Calvi 3* ☎320781 FAX220291 SLit.11万〜 TLit.15万〜 50室
Hアポッロ Apollo	★★★ 地図P.350 *P.za Don Leoni 17* ☎328114 FAX221120 SLit.9万5000〜 TLit.13万〜 35室
Rイル・チーニョ・トラットリア・デイ・マルティーニ Il Cigno-Trattoria dei Martini	*P.za d'Arco 1* ☎327101 地図P.350 営12:00〜14:30 18:30〜23:00 休月・火曜 L D Lit.5万〜

REGIONE DEI LAGHI 湖水地方

ミラノの北からアルプスにかけては、コモ湖やガルダ湖など美しい湖が点在する。湖水地方と呼ばれるこの一帯は、古代ローマ時代から愛されてきた北イタリアきってのリゾート地だ。オリーヴの木や花々が湖畔を彩り、澄みきった湖面は訪れる人を魅了して離さない。

イタリアの輝く太陽が北からの旅人を迎える

湖水地方のおもな湖は、ミラノ北西の**マッジョーレ湖**、その東の**コモ湖**、ヴェローナ西の**ガルダ湖**だ。北にアルプスの山々を望み、湖畔には南欧の花々が咲き誇るこれらの湖は、イタリアの北の玄関口でもある。スタンダールやゲーテなど、イタリア以北の国から明るい太陽を求めて訪れた芸術家は数知れない。ベストシーズンは春から夏。リゾートタイプのホテルに1週間くらい滞在し、欧米の旅行者のように時を忘れるかのようなヴァカンスを楽しみたい。

スイス、オーストリアから湖水地方へ

北ヨーロッパをまわってからイタリアに入るなら、アルプスを越えて列車で湖水地方に入ることをすすめる。スイス国境を越えてイタリアに入ると、車窓の風景はしだいに南欧のものへと変化する。太陽が輝き、木々の緑の色もいっそう深くなる。イタリアに来たことを実感する瞬間だ。北ヨーロッパから湖水地方へのアクセスとしては、大きく3つのルートがある。まずは、スイスのブリーグを経由してミラノに向かうルート。ここを走るICやECのほとんどがマッジョーレ湖の中心地ストレーザに止まる。2つ目はスイスのチューリッヒとミラノを結ぶルート。ここを走るICやECは、コモ湖の中心地コモに到着する。3つ目はオーストリアのインスブルックから、ガルダ湖に近いヴェローナへアクセスする方法。このルートでは、ドロミテの雄大な山々やチロル地方の風景も楽しめる。

湖水地方の遊覧船クルーズ

湖畔の街をゆっくりまわる時間がない場合は、湖の中心となる街から出る遊覧船クルーズに参加すると便利だ。各湖の観光ポイントになる街を1日で見ることができる。なかには船上ランチ付のコースや船上ディナー付のナイトクルーズなどもある。

ミラノの問い合わせ先

Gestione Navigazione Laghi
Via L.Ariosto 21, Milano 20145
✆03-4812086
マッジョーレ湖、コモ湖、ガルダ湖などの遊覧船クルーズを運営している。乗船料金は大人1人でLit.2～3万くらい。ランチなどは別料金。

マッジョーレ湖のペスカトーリ島

アルプスを背に美しい景色の広がる湖水地方

日帰りのスイス旅行も面白い

時間があれば、ほかの湖にも足を延ばしたい。マッジョーレ湖西の**オルタ湖**、コモ湖西の**ルガーノ湖**などがおすすめだ。オルタ湖は牧歌的な雰囲気の小さな湖。中心となる街は**オルタ・サン・ジュリオ**で、湖に浮かぶ**サン・ジュリオ島**や小高い山**サクロ・モンテ**が見どころだ。スイス国境のルガーノ湖はスイスとイタリアの風景や文化が混在したところ。中心地はスイス領の**ルガーノ**だ。ミラノからパスポート携帯で出かけ1日だけスイスで遊ぶというのもいい。

オルタ湖へのアクセス

鉄道 ミラノ中央駅からノヴァーラNovara乗り換えでオルタ・ミアジーノOrta Miasino駅まで所要約2時間。

オルタの観光案内所

Via Ilina 9/11 ☎0322-911937

ルガーノ湖へのアクセス

鉄道 ミラノ中央駅から、スイス領Luganoまで特急で所要約1時間半。国境を越えるのでパスポートが必要。

コモ湖畔に建つヴィラ

ガルダ湖畔の街

湖水地方の美しい街

LAGO MAGGIORE マッジョーレ湖

南北65kmにわたる細長い湖で、北はスイスとの国境にまたがる。緑溢れる湖畔の景観と、青く輝く湖面に魅せられた貴族たちは、かつてここに宮殿やヴィラを建てた。湖に浮かぶベッラ島やマードレ島には華麗な館や南欧の花が咲く庭園が残り、地上の楽園を思わせる。

マッジョーレ湖巡りはストレーザから

湖を巡る拠点となるのは、西岸の**ストレーザ**だ。湖水地方屈指のリゾート地で、**ベッラ島**をはじめとする**ボッロメオ諸島**へのアクセスもここが拠点になる。緑の並木が続く湖畔には高級ホテルやヴィラが建ち並ぶ。見どころは、**マルコーニ広場**の近くに建つ18世紀建造の**サンタンブロージョ教会**と**ヴィラ・ドゥカーレ**。このヴィラでは1855年、イタリアの哲学者アントニオ・ロスミーニが亡くなり、現在は彼の遺品などを展示する博物館になっている。また街の東には、美しい庭園を持つ**パッラビッチーニ邸公園**（3～10月のみ開園）がある。

イタリア有数のリゾート地だ

ボッロメオ家の宮殿と庭園が残る島々

ストレーザ沖の西には、ベッラ島、**マードレ島**、**ペスカトーリ島**の3島からなるボッロメロ諸島がある。スタンダールはこの島々を、「ヴァチカンのサン・ピエトロ寺院にもまして美しい」と讃えている。なかでも見逃せないのはベッラ島だ。ミラノの名家ボッロメオ家が17世紀に建てた宮殿と庭園があり、当時の貴族の優雅な生活がしのばれる。宮殿内は豪華な装飾が施され、1797年にナポレオンが逗留した部屋なども残っている。最上段に噴水を持つ10段のひな壇からなる庭園は、バロック時代のイタリア式庭園の傑作といわれるものだ。ボッロメオ諸島最大のマードレ島にも、ボッロメオ家の宮殿と庭園がある。庭園にはアザレアやツバキなど鮮やかな花々が植えられ、宮殿内では18世紀を中心とする調度品や人形芝居で使われていたマリオネット人形が見られる。ペスカトーリ島は漁師の島。色鮮やかな家が並び、湖畔にはホテルやレストランも建っている。

湖畔随一の庭園と讃えられるターラント邸庭園

ストレーザの北、**パッランツァ**近くには、**ターラント邸庭園**（4～10月のみ開園）がある。世界から集められた花が咲き競い、散策が楽しい。その北の**イントラ**と対岸の**ラヴェーノ**はフェリーが運航している。ラヴェーノからはロープウェイと徒歩で標高1062mの**サッソ・デル・フェッロ**に登れ、眺望が素晴らしい。さらに南に行った**アンジェラ**の湖畔には、ボッロメオ家の城塞が建っている。

アクセス

ミラノからストレーザへ

鉄道 ミラノ中央駅から急行で約1時間。

ストレーザからボッロメオ諸島へ

遊覧船 ストレーザのマルコーニ広場にある船着場からベッラ島まで約5分。ベッラ島からマードレ島まで約25分。マードレ島からペスカトーレ島まで約15分。
ベッラ島とマードレ島の宮殿と庭園の見学は3月下旬～10月下旬のみ。

ストレーザの観光案内所
Via Principe Tomaso 70/72
☎0323-30150
遊覧船 Navigazione Lago Maggiore
P.za Marconi(Stresa) ☎0323-30393

湖畔の街にも見どころが多い

美しい島々も訪れたい

LAGO DI COMO コモ湖

湖水地方のなかでも、最も美しいといわれるのがコモ湖だ。湖畔には南欧の花々や木々に囲まれたヴィラが建ち並び、夏になるとヨーロッパの貴族や著名な芸術家たちがヴァカンスに訪れる。名庭園を持つ北イタリア屈指のホテル、ヴィラ・デステもここにある。

コモ・シルクで有名な湖畔の街

コモ湖は逆Ｙ字型をした細長い湖だ。その南西にある**コモ**が湖の玄関口となる。中世に自由都市として栄えたこの街はいまも商工業が盛んで、とくに絹製品が有名だ。街の中心は**ドゥオモ**や**ブロレット**が建つ**ドゥオモ広場**。ドゥオモは14〜18世紀にかけて建築されたルネッサンス様式の建物、ブロレットは13世紀の建造でかつては市庁舎として使われていた。そこから北に向かって進むと、ホテルやレストランが並ぶ湖畔の**カヴール広場**に出る。その西側に広がる公園の奥には、**ヴォルティアーノ聖堂**が建つ。電池を発明したヴォルタ（1745〜1827年）を記念する建物で、中には遺品などが展示されている。広場に戻って東に行くと、**ケーブルカーの乗場**がある。ここからは標高716mにある**ブルナーテ**に上がれ、コモ湖の素晴らしい眺めが楽しめる。

湖畔に建つヴィラ・デステ

アクセス
ミラノからコモへ
鉄道 ミラノ中央駅から急行で約40分。
コモからベッラージオへ
遊覧船 コモから約1時間45分。
コモからトレメッゾへ
遊覧船 コモから約1時間30分。

コモの観光案内所
P.za Cavour ✆031-269712
遊覧船の問い合わせ先
NLC-Navigazione Lago di Como
P.za Cavour(Como)
✆031-304060

コモの中心となるドゥオモ広場

湖畔のヴィラを巡る

コモの北の街**チェルノッビオ**には、16世紀の豪華なヴィラをホテルとした**ヴィラ・デステ**が建つ。湖を背景に広がるイタリア式庭園が素晴らしく、レストランも評判が高い。滞在客でなくともレストランやカフェは利用できるので、ここでランチをとるのもいい。そこからコモ側に２kmほど戻ると、ミラノのヴィスコンティ家のヴィラ、**オルモ邸**がある。18世紀に建てられた壮麗な館で、現在はコモ市の所有になり館と庭園が一般公開されている。

湖がＹ字に分かれるところには、**ベッラージオ**という街がある。湖に突き出た岬にあるため、ここからの眺めは湖随一ともいわれる。小高い丘には**セルベッローニ邸**と**メルツィ邸**の２つのヴィラが建ち、ともに庭園のみ公開されている。ベッラージオの対岸の**トレメッゾ**には、18世紀に建てられたヴィラ、**カルロッタ邸**がある。イタリア式と英国式を折衷した庭園が素晴らしく、館内ではカノーヴァらの彫刻や絵画コレクションが見られる。ベッラージオ、トレメッゾへは、コモから遊覧船で行くと湖畔の風景も楽しめる。

コモはシルクの生産が盛んなことでも知られる

LAGO DI GARDA ガルダ湖

ヴェローナの北西にあるイタリア最大の湖。北側にはドロミテ渓谷が迫り、南側はオリーヴの林が彩るゆるやかな丘が続く。水深の最高は346m。その澄みきった水の青さは古代から多くの詩人に讃えられ、20世紀の代表的詩人ダヌンツィオも晩年をここで過ごした。

アクセス

ヴェローナからシルミオーネへ
プルマン ヴェローナ駅前のバスターミナルから約30分。

ヴェローナからデセンツァーノへ
鉄道 ヴェローナ駅からデセンツァーノ駅へ準急で約30分。

ミラノからデセンツァーノへ
鉄道 ミラノ中央駅からデセンツァーノ駅へ準急で約1時間30分。

シルミオーネの観光案内所
Viale Marconi 2 ✆030-916114

デセンツァーノの観光案内所
Via Portovecchio 34 ✆030-9141510

遊覧船の問い合わせ先
Servizio di Navigazione
P.za Matteotti 2(Desenzano)
✆030-9141321
デセンツァーノからリーヴァ・デル・ガルダまでは所要4時間10分。1時間20分の停泊後デセンツァーノへ戻る。全所要9時間40分。ほかにシルミオーネやサロへの遊覧船もある。

ローマ時代の遺跡が残る岬の街シルミオーネ

ガルダ湖をまわるには、南側の**シルミオーネ**を拠点にするといい。ヴェローナ駅前のターミナルから出るプルマンに乗って約30分で、湖に突き出たこの岬の街に到着する。こぢんまりとした街だが、なかなか見どころが多い。まず街のほぼ中心にあるのが、**スカラ家の城塞**。13世紀の建造で、城壁に上がると素晴らしい眺めが望める。岬の先端一帯には、古代ローマ時代の遺跡が残る。温水浴場や地下柱廊などが見られる保存状態が良い遺跡で、青く輝く湖を背景にしたパノラマは絶景だ。またこの街では、イタリアの名バリトン歌手エットーレ・バスティアニーニが44歳の若さで没している。

イタリアで最も大きな湖

ダヌンツィオが愛し永眠するヴィットリアーレ

湖の西側では、**ガルドーネ・リヴィエラ**や**サロ**が観光のポイントになる。どちらも湖畔に瀟洒なヴィラやホテルが建ち並ぶリゾート地だ。ガルドーネ・リヴィエラの高台には、20世紀イタリアの代表的詩人ダヌンツィオが1921年から1938年に永眠するまで暮らした**ヴィットリアーレ・デリ・イタリアーニ**がある。広大な庭園を持つ敷地内には野外劇場もあり、夏季にはコンサートなどが催される。ダヌンツィオの墓や博物館もここにある。

デセンツァーノからの遊覧船巡りもおすすめ

東側の中心地は**ガルダ**だ。夏にはヨットが白い帆を連ね、明るい雰囲気に満ち溢れる。その西にある**サン・ヴィジリオ**は湖に突き出した岬の街で、ここから眺める湖もまたいい。その北の**トッリ・デル・ベナコ**からは対岸の**マデルノ**まで、フェリーが運航している。北側では、背後に山が迫る牧歌的な村**リモーネ・スル・ガルダ**や、湖の最北端にある**リーヴァ・デル・ガルダ**が人気がある。また、北東側にある**マルチェージネ**からは標高2218mの**バルド山**の1765m地点**トラット・スピーノ**までロープウェイで登れ、湖を一望のもとに見渡せる。

ミラノからガルダ湖を訪れる際の拠点になる**デセンツァーノ**からは、湖の主要な街を巡る遊覧船も出ている。

ガルダ湖観光はシルミオーネから始める

TORINO トリノ

トリノは自動車のフィアットで有名なイタリア第２の工業都市。街は格子状に整然と区画され、その東側をゆったりとポー川が流れる。対岸の丘陵地帯ではピエモンテ州特産のワインが生産され、見晴らしの良いドライブウェイが山頂へと続いている。

エレガントなバロック様式の街並

街歩きは旧市街に近い**ポルタ・ヌオーヴァ駅**からスタート。駅構内の**観光案内所**に立ち寄ったら、さっそく駅前の**カルロ・フェリーチェ広場**へ。この広場にはバスと市電の乗場がある。正面の**ローマ通り**はトリノ随一のショッピング・ストリート。ポルティコ（柱廊）式の通りだから雨の日でも気持よく買物ができる。天気に恵まれないトリノでは、街中に張り巡らされたポルティコが救いとなる。

ポルティコを抜けると、**サン・カルロ広場**、通称〝トリノのサロン〟に出る。その名のとおり、優雅な雰囲気を持つ広場で、カフェやバールの名店が軒を連ねている。トリノ銘菓のジャンドゥイオッティはカカオとハシバミの実の風味がコーヒーにぴったりだ。

広場の北東に建つ**科学アカデミア宮殿**は、バロック時代の天才建築家グアリーノ・グアリーニの手になるもの。トリノに漂うエレガントなムードは、グアリーニに負うところが大きい。宮殿内を見学したら、再びローマ通りを直進し、**カステッロ広場**へ。**王宮**や**マダーマ宮**の建つこの広場は、13世紀より約700年続いたサヴォイア家支配の象徴でもある。右手の**ポー通り**を進むと、約1kmで**ポー川**河畔。**ヴァレンティノ公園**へ向かう途中の川辺には、**観光遊覧船乗場**（☎57641）がある。

市外局番は011

アクセス

空路 ローマから約1時間。

鉄道 ミラノから約1時間30分。

観光案内所 Via Roma 226 ☎535181

すっきりと美しいポルティコ

中央に英雄の像が立つ広場

サン・カルロ広場　地図P.357-1

Piazza San Carlo ★★

ポルタ・ヌオーヴァ駅から徒歩5分

街のサロン的役割を担う広場

華麗なショーウインドーが並ぶローマ通りの中ほどにある広場。17～18世紀のバロック時代に整備された。広場の中央には1557年にフランス軍を破ったサヴォイア家の英雄**エマヌエーレ・フィリベルトの像**が立つ。南側に並ぶ双子のような教会は、**サン・カルロ教会**と**サンタ・クリスティーナ教会**。周囲はアーケードになっており、買物や散策を楽しむトリノっ子で賑わっている。

モーレ・アントネッリアーナ　地図P.357-1

Mole Antonelliana ★

トラム 15番ポルタ・ヌオーヴァ駅から5分

モンテベッロ通りにそびえる塔

1863～1890年に建設され、現在はトリノのシンボル的存在になっている。設計はアレッサンドロ・アントネッリ。高さは最も高いところで165.15m。エレベーターでクーポラの上のテラス（高さ85m）に昇ると、ポー川流域に広がるトリノの街が一望できる。建物の内部は展示会場となっており、不定期に展覧会が催されている。

開9:00～18:00 休月曜 料Lit.3000

ドゥオモ　地図P.357-1

Duomo ★★

トラム 4/12/63番ポルタ・ヌオーヴァ駅から5分

キリストの遺骸を包んだ奇跡の布

キリストの遺影が写し込まれた謎の聖遺物〝トリノの聖骸布〟が納められている聖堂。建物は15世紀末のルネッサンス様式。聖骸布が保管されているサン・シンドーネ礼拝堂は17世紀末グアリーニの手になるもので、堂内は黒大理石で厳かに覆われている。聖骸布が一般公開されることはまれだが、神秘的な姿を写した写真が展示されている。

開9:00～12:30 15:30～18:30

見どころの多い庭園や博物館も訪れたい

王宮　地図P.357-1

Palazzo Reale ★★

トラム 4/12/63番ポルタ・ヌオーヴァ駅から5分

サヴォイア家の栄華ここに極まる

17～19世紀にサヴォイア家が使用した宮殿。殿内を飾る豪華な調度品や美術品が、当家の繁栄ぶりを物語っている。宮殿の裏には17世紀末の**王宮庭園**（夏季のみ開園9:00～17:00）が広がり、格好のくつろぎの場となっている。敷地内にある**王立武器館**は12～18世紀の武具や兵器を集めた博物館。ヨーロッパ各地の珍しい甲冑などが見学できる。

開9:00～19:00**王立武器館**9:00～14:00火・木曜14:30～19:30休日・月曜、祝日料Lit.8000

ヴァレンティノ公園　地図P.357-2

Parco del Valentino ★

トラム 9番ポルタ・ヌオーヴァ駅から5分

トリノ市民の憩いの場

ポー川左岸に広がる緑豊かな公園。園内には遊歩道が設けられているので気持ちよく散策できる。公園のほぼ中央に建つ城は、フランスの16～17世紀の城をモデルに建造された**ヴァレンティノ城**。近くには18世紀に創設された**植物園**がある。公園の南側には1884年の万博の際に再現された**中世の城**と街並が保存されている。

中世の城開9:00～19:00 休月曜

植物園は要予約 ☎6699884

緑の中にロマンチックな中世の城が現れる

重厚さを感じさせる、どっしりとした宮殿

マダーマ宮　地図P.357-1

Palazzo Madama ★★

トラム 4/12/63番ポルタ・ヌオーヴァ駅から5分

カステッロ広場中央の大宮殿

17世紀に王室のマリー・クリスティーヌ夫人が住んでいたところからマダーマ（夫人）宮と呼ばれるようになった。現在、宮殿には古典美術館が入っており、中世の金銀細工や調度品、19世紀以前の陶器やガラス細工のコレクションなどが展示されている。最大の見どころは15〜16世紀のピエモンテ派の絵画。2階はトリノ市の迎賓館。

開 9:00（日曜は10:00）〜19:00 休 月曜、祝日

博物館●美術館

自動車博物館　地図P.357-2

Museo dell' Automobile ★

トラム 9番ポルタ・ヌオーヴァ駅から10分

歴史を飾った名車が続々

イタリアの巨大自動車企業フィアット社の創業者カルロ・ビスカレッティ・ディ・ルッフィアにより創設。初期の蒸気自動車から20世紀初頭のクラシックカー、最新のスポーツカーまでクルマ好きには必見の展示物がずらりと並ぶ。1889年製の第1号フィアット車、1907年の北京〜パリ・レースで優勝した〝イタラ号〟など貴重な車もある。

開 10:00〜18:30 休 月曜、祝日 料 Lit.1万

科学アカデミア宮殿　地図P.357-1

Palazzo dell'Accademia delle Scienze ★★

トラム 4/12/63番ポルタ・ヌオーヴァ駅から5分

トリノ市の貴重な財産

1678年に建設されたバロック様式の宮殿。設計は名建築家グアリーノ・グアリーニ。殿内にはトリノでも最も印象深い博物館と美術館が設置されている。1〜2階が**エジプト博物館**、3〜4階が**サバウダ美術館**。エジプト博物館では、1階に古代エジプトの彫像を展示。紀元前16〜12世紀のファラオの像、エジプトから贈られたトトメス3世の岩窟神殿、女神サクミスの像など見応えがある。2階はエジプト文明の宗教、風俗に関する展示。石棺やミイラ、〝死者の書〟、カノープスの壷（死者の内臓を埋葬するための壷）など、こちらも興味深い。サバウダ美術館は15〜17世紀のピエモンテ絵画、15世紀のトスカーナ派の作品、15〜16世紀のフェラーラとヴェネツィア絵画が充実。オランダ派とフランドル派の作品群はイタリア随一との評価を得ている。

開 **エジプト博物館**9:00〜19:00 **サバウダ美術館**9:00〜14:00 木曜10:00〜19:00 休 月曜、祝日 料 **エジプト博物館**Lit.1万2000 **サバウダ美術館**Lit.8000

貴重な展示品が並ぶ、見応えある美術館

ホテル&レストラン ―― HOTELS & RESTAURANTS

Hジョリー・ホテル・プリンチペ Jolly Hotel Principe	★★★★ 地図P.357-1 Via Gobetti 15 ☎5629693 FAX5620270 T Lit.39万〜 S Lit.31万〜 107室
Hグランド・ホテル・シテア Grand Hotel Sitea	★★★★ 地図P.357-1 Via Carlo Alberto 35 ☎5170171 FAX548090 T Lit.36万〜 S Lit.27万〜 117室
Hトゥリン・パレス Turin Palace	★★★ 地図P.357-1 Via Paolo Sacchi 8 ☎5625511 FAX5612187 T Lit.38万〜 S Lit.30万8000〜 123室
Rヴェッキア・ランテルナ Vecchia Lanterna	Corso Re Umberto 21 ☎537047 地図P.357-1 営 12:30〜14:30 20:00〜22:30 休 土曜のランチ、日曜 L Lit.6万〜 D Lit.8万〜
Rイ・ブランデ I Brande	Via Massena 5 ☎537279 地図P.357-1 営 12:30〜15:30 20:00〜22:30 休 月曜のランチ、日曜 L Lit.4万〜 D Lit.5万〜

VENEZIA ヴェネツィア

“ラグーナ（潟）”に点在する100以上の島からなる水上都市。その中心ヴェネツィア本島には150もの運河が巡り、400を超える橋が街を結ぶ。車が通らないこの街では、船と徒歩が交通手段だ。大運河沿いには共和国時代の館が建ち並び、往時の栄華を物語っている。

市外局番は041

アクア・アルタ（高潮）

地盤沈下、気象現象、高潮などの要因により、ヴェネツィアには時折アクア・アルタという現象が起きる。ヴェネツィア本島で最も低いサン・マルコ広場は、1m以上冠水することもしばしばだ。広場に積まれている木製の台はこのときのためのもの。アクア・アルタの警報が出ると、この台が路の代わりとなる。通常は秋から春までの現象だが、1996年には6月末にサン・マルコ広場が水浸しになる珍しい現象が起きた。この高潮を防ぐため、“MOSE計画”という防潮プロジェクトが進行中だが、いまだに具体的な解決策はない。

ヴェネツィアの象徴、有翼の獅子は9世紀に生まれた

6世紀頃、本土の住民が異民族の侵略を逃れラグーナに住み始めたのが、ヴェネツィアの起こりとされる。8世紀頃は現在のリド島のマラモッコ地区が居住地で、9世紀にはいまのリアルト橋あたりにその中心が移った。当時はビザンチン帝国の支配下にあったものの、統治者“ドージェ（総督）”が実質上の自治を確立していた。ヴェネツィアが守護聖人を得たのもこの時期だ。828年、聖マルコの遺体がアレクサンドリアから運ばれ、聖人をまつる廟としてサン・マルコ寺院が建造された。ヴェネツィアの象徴である有翼の獅子の紋章も、このとき生まれたものだ。

街の紋章、有翼の獅子

地中海を支配した“アドリア海の女王”ヴェネツィア

11世紀末十字軍の遠征が始まると、ヴェネツィアは地中海の港に商館を開き勢力を拡大する。1204年には十字軍に乗じてコンスタンチノープルを陥落させ、地中海の大部分がヴェネツィア共和国の支配下に入った。その後1世紀半ほど、地中海の覇権を巡ってジェノヴァとの攻防が続くが、14世紀末の平和条約によりヴェネツィアは東方との貿易を独占。東方とヨーロッパの交易品はヴェネツィアを通過し、その取引によって、ヴェネツィアは莫大な富を手に入れた。15世紀、共和国は全盛期を迎える。街には贅を尽くした宮殿や館が建ち並び、ルネッサンス文化が花開く。ティツィアーノ、ティントレットら光と色彩を駆使した画家たちが輩出し、ヴェネツィア派の名を高めた。

大運河にかかるリアルト橋。街の形成はこの地区から始まった

共和国の没落と祝祭都市の誕生

ヴェネツィアは17世紀から衰退をたどる。ペストが流行し、トルコとの戦いにより国力が疲弊、1797年にはナポレオンの支配下に入った。19世紀前半にはオーストリア統治が続き、1866年にイタリア王国に併合された。

凋落をたどる17～18世紀のヴェネツィアは、祝祭都市としての様相を強めていく。あい次いで劇場が造られ、オペラが人々の楽しみとなった。社交場“リドット”では、仮面を付け身分を隠した人々が、夜ごと賭博や遊興を繰り広げた。毎年2月に行なわれるカーニバルで主流になるのが、この当時の衣装だ。

ヴェネツィア周辺

ヴェネツィア周辺
0 1:110,000 2km
メストレ Mestre
ファヴァロ・デーセ Favaro Dese
デーゼ川 F. Dese
カ・ノゲラ Ca' Noghera
カ・ペルッチ Ca' Perucci
ポンテ・バッゼラ Ponte Bazzera
バッゼラ運河 Canale Bazzera
コーナ潟 Palude di Cona
ロッサ潟 Palude della Rossa
モンテ潟 Palude del Monte
マルコ・ポーロ空港 Aeroporto Marco Polo
トルチェッロ島 Torcello
イリエスティーナ通り Via Irestina
マルティリ・デッラ・リベルタ通り Via Martiri della Libertà
オルランダ通り Via Orlanda
メストレ MESTRE
カ・ダ・リオ Ca' da Lio
ルンガ岬 Punta Lunga
マッツォルボ Mazzorbo
ブラーノ島 Burano
カルボネラ島 I. Carbonera
マドンナ・ディ・モンテ島 I. Madonna d. Monte
パッソ Passo
テッセラ島 I. di Tessera
サン・ジャコモ・イン・パルーデ島 I. S. Giacomo in Palude
カ・ラ・ヴェラ Ca' la Vela
サン・ジュリアーノ S. Giuliano
カンパルト島 I. di Campalto
ムラーノ島 Murano
サンテラズモ Sant'Erasmo
サッカ・セレネッラ Sacca Serenella
カ・カヴァラ Ca' Cavara
トレポルティ運河 Canale di Treporti
リベルタ橋 P.te della Libertà
サン・セコンド島 I. S. Secondo
サン・ミケーレ島 San Michele
レ・ヴィニョーレ島 Le Vignole
サンタンドレア要塞 Ex Idroscalo S. Andrea
362
ローマ広場 P.le Roma
サン・ピエトロ島 I. di S. Pietro
トロンケット島 I. del Tronchetto
サン・マルコ広場 P.za S. Marco
ダ・フランツ P.386 Da Franz
ヴェネツィア・ビエンナーレ会場 Biennale
サン・ジョルジョ・マッジョーレ島 I. S. Giorgio Maggiore
ジュデッカ島 La Giudecca
サン・ジョルジョ・イン・アルガ島 I. S. Giorgio in Alga
サン・セルヴォロ島 I. S. Servolo
ラ・グラツィア島 I. la Grazia
フジーナ Fusina
ヴェネツィア VENEZIA
サン・ラッザロ・デリ・アルメーニ島 I. S. Lazzaro degli Armeni
リド島 Lido
サン・クレメンテ島 I. S. Cremente
サンタンジェロ島 I. S. Angelo
カジノ Casino Municipale
ラッザレット・ヴェッキオ島 I. Lazzaretto Vecchio
ヴェネツィア映画祭会場 Palazzo del Cinema
サッカ・セッソラ Sacca Sessola
カ・ビアンカ Ca' Bianca
エクセルシオール P.382 Excelsior
サント・スピリト島 I. S. Spirito
ヴェネタ潟 Laguna Veneta
ラ・ロトンダ La Rotonda
フォルテ・ディ・ソプラ島 I. Forte di Sopra
ポヴェリア島 I. Poveglia
アドリア海 Mare Adriatico
サン・マルコ海事学校 Instituto Marino S. Marco
マラモッコ Malamocco
フォルテ・ディ・メッゾ島 I. Forte di Mezzo
フォルテ・ディ・ソット島 I. Forte di Sotto
アルベローニ Alberoni
周辺図 P.11

カンナレージョ
Cannaregio
サヴォルニャン館
Pal. Savorgnan
ポンテ・デッレ・グリエ
Ponte delle Guglie
ベンティゴーディ P.389
Bentigodi
P.398 パラディーゾ・ペルドゥート
Paradiso Perduto
ポンテカヴァッロ P.393
Pontecavallo
P.395 ステューディオ・ダルテ・ヴィオ
Studio d'Arte Vio
サン・ジェレミア広場
Campo S. Geremia
アマデウス P.384
Amadeus
サン・マルクオーラ
San Marcuola
サン・ジェレミア教会
Chiesa S. Geremia
ヴェンドラミン・カレルジ宮
Pal Vendramin Calergi
ゼッキーニ P.381
Zecchini
P.396 エル・ボカール
El Bocal
P.398 アリビ
Alibi
ベッリーニ P.383
Bellini
リーヴァ・ディ・ビアジオ
Riva di Biasio
トルコ商館
Fondaco dei Turchi
サン・スタエ
San Stae
サンタ・ルチア駅
Stazione Santa Lucia
観光案内所
フェロヴィア
Ferrovia
スカルツィ橋
Ponte Scalzi
P.376 カ・ペーザロ
Ca' Pesaro
P.376 カ・ドーロ
Ca' d'Oro
カ・ドーロ
Ca' d'Oro
リベルタ橋・メストレへ
旧サンタ・キアラ病院
Ex Ospedare S. Chiara
サン・シメオン・ピッコロ教会
Chiesa S. Simeon Piccolo
サン・ジャコモ・デッロリオ教会
Chiesa S. Giacomo dell'Orio
大運河
Canal Grande
サンタ・クローチェ
Santa Croce
ピアッツァーレ・ローマ
Piazzale Roma
パパドーポリ庭園
Giardino Papadopoli
駐車場
Autorimessa
ローマ広場
Piazzale Roma
観光案内所
ソフィテル・ヴェネツィア P.384
Sofitel Venezia
ネル・ジャルディーノ・デル・テンポ P.396
Nel Giardino del Tempo
サン・ポーロ
San Polo
トレンティーニ教会
Chiesa i Tolentini
バスターミナル
国立文書館
Archivio dello Stato
Chiesa San Polo
サン・ポーロ教会
P.375 サンタ・マリア・グロリオーザ・デイ・フラーリ教会
Basilica di Santa Maria Gloriosa dei Frari
サン・マルコ駐車場
Garage S. Marco
Cenerentola
サン・シルヴェストロ
San Silvestro
P.384 アル・ソーレ・パラス
Al Sole Palace
ダ・イグナツィオ P.387
チェネレントラ P.394
Cenerentola
P.375 スクオーラ・ディ・サン・ロッコ
Scuola di S. Rocco
大運河 Canal Grande
P.395 レガトリア・ポッリエーロ
Legatoria Polliero
サン・トマ
San Tomà
サンタンジェロ
Sant'Angelo
モチェニーゴ館
Pal. Mocenigo
カ・フォスカリ
Ca' Foscari
サンタ・マルゲリータ広場
Campo S. Margherita
サンタンジェロ広場
Campo S. Angelo
ドルソドゥーロ
Dorsoduro
P.377 カ・レッツォーニコ
Ca' Rezzonico
デザイン学校
Ist. Sup. d'Arte Applicata
カルミニ教会
Chiesa i Carmini
サン・サムエレ
San Samuele
(建設中)フェニーチェ劇場
Teatro Fenice
カ・レッツォーニコ
Ca' Rezzonico
アンジェロ・ラッファエレ教会
Chiesa Angelo Raffaele
サンタ・マリア・デル・ジリオ教会
Chiesa di Santa Maria del Giglio
コンタリーニ・デリ・スクリーニ館
Pal. Contarini d. Scrigni
G.B.ジュスタ病院
Ospedale G. B. Giusta
アカデミア
Accademia
サンタ・マリア・デル・ジリオ
Santa Maria del Giglio
P.377 アカデミア美術館
Galleria dell'Accademia
サルーテ
Salute
サン・バジリオ
San Basilio
P.377 ペギー・グッゲンハイム・コレクション
コルニーチ・トレヴィザネッロ P.395
Comici Trevisanello
(←トロンケット)
ザッテレ
Zattere
ジェズアーティ教会
Chiesa i Gesuati
モリノ・スタッキー
Molino Stucky
ジュデッカ運河
Canale della Giudecca
スピリト・サント教会
Chiesa Spirito Santo
サンテウフェミア
Sant'Eufemia
ヴァポレット Vaporetto
パランカ
Palanca
レデントーレ
Redentore
イル・レデントーレ教会
Chiesa il Redentore
イングレーゼ病院
Ospedale Inglese
サン・ジャコモ
Quartiere San Giacomo
A
B
1
2
3
4

ヴェネツィア
VENÉZIA
1:12,000
0 200m
H ホテル
R レストラン
S ショップ
N ナイトスポット
ミゼリコルディア修道院
Abbazia della Misericordia
フォンダメンタ・ヌオーヴェ
Fondamenta Nuove
イエズス会教会
Chiesa i Gesuiti
アッラ・フラスカ P.390
Alla Frasca
ジョルジョーネ P.381
Giorgione
アル・ボンバ P.389
Al Bomba
364
オスペダーレ・チヴィレ
Ospedale Civile
市民病院
Ospedale Civile
サンタ・マリア・ディ・ミラーコリ教会
Chiesa di Santa Maria dei Miracoli
サンティッシミ・ジョヴァンニ・エ・パオロ教会
Basilica dei Ss. Giovanni e Paolo
チェレスティア
Celestia
サン・フランチェスコ・デッラ・ヴィーニャ教会
Chiesa S. Francesco della Vigna
リアルト橋
Ponte di Rialto
リアルト
Rialto
サンタ・マリア・フォルモーサ教会
Chiesa S. Maria Formosa
サンティッシモ・サルヴァトーレ教会
Chiesa Ss. Salvatore
警察署
Questura
サン・ジョルジョ・デリ・スキアヴォーニ同信会館
Scuola di S. Giorgio d. Schiavoni
サン・ルカ広場
Campo San Luca
サン・マルコ
San Marco
ダ・レミッジョ P.388
Da Remigio
サン・ザッカリーア教会
Chiesa di San Zaccaria
ラ・レジデンツァ P.381
La Residenza
国立造船所
Arsenale
ビザンツィオ P.380
Bisanzio
コルテ・スコンタ P.387
Corte Sconta
サン・マルコ寺院
Basilica di San Marco
サン・マルコ広場
Piazza San Marco
サン・ザッカリーア
San Zaccaria
メトロポール P.383
Metropole
ターナ
Tana
カステッロ
Castello
リーヴァ・デリ・スキアヴォーニ
Riva degli Schiavoni
クェリーニ館
Pal. Querini
観光案内所
サン・マルコ
San Marco
アルセナーレ
Arsenale
船舶史博物館 P.377
Museo Storico Navale
サン・マルコ運河
Canale di S. Marco
税関岬(サルーテ岬)
Punta della Dogana (Punta della Salute)
ンタ・マリア・デッラ・サルーテ教会 P.376
asilica di Santa Maria della Salute
ダ・フランツ
(リド→)
サン・ジョルジョ
San Giorgio
サン・ジョルジョ・マッジョーレ教会 P.376
Chiesa di San Giorgio Maggiore
ヴィテッレ
Zitelle
ヴィテッレ教会
Chiesa le Zitelle
ヴェルデ劇場
Teatro Verde
チプリアーニ&パラッツォ・ヴェンドラミン P.382
Cipriani & Palazzo Vendramin
カンポ・ディ・マルテ
Quartiere Campo di Marte
ジュデッカ
Giudecca
(←サンタ・ルチア駅)
(ムラーノ→)
C
D
1
2
3
4

周辺図 P.361

モチェニーゴ館
Pal. Mocenigo
P.376 カ・ペーザロ
Ca' Pesaro
ドナ館
Pal. Donà
ファヴレットの家
Casa Favretto
ブランドリン館
Pal. Brandolin
カ・コルネール・デッラ・レジーナ
Ca' Corner della Regina
フォスカリ館
Pal. Foscari
サグレード館
Pal. Sagredo
ミキエル・ダッレ・コロンネ館
Pal. Michiel dalle Colonne
カ・ドーロ
Ca' d'Oro
ストラーダ・ノーヴァ
Strada Nova
P.380 ロカンダ・アイ・サンティ・アポストリ
Locanda ai Santi Apostoli
サンタ・マリア・マテルドミニ教会
Chiesa S.Maria Materdomini
ザーネ館
Pal. Zane
ゴッツィ館
Pal. Gozzi
サン・カッシアーノ教会
Chiesa S. Cassiano
魚市場
Pescheria
ペスカリア広場
Campo della Pescaria
クェリーニ館
Pal. Querini
大運河
Canal Grande
ムーティ・バリオーニ館
Pal. Muti-Baglioni
ボッテリ通り
Calle dei Botteri
ファッブリケ・ヌオーヴェ
Fabbriche Nuove
P.390 ド・スパーデ
Do Spade
ド・モーリ P.390
Do Mori
ダ・フィオーレ P.386
Da Fiore
サン・ポーロ
San Polo
ファッブリケ・ヴェッキエ
Fabbriche Vecchie
サン・ジョヴァンニ・エレモジナリオ教会
Chiesa S. Giovanni Elemosinario
サン・ジャコモ・ディ・リアルト教会
Chiesa S. Giacomo di Rialto
ベルナルド館
Pal. Bernardo
アルブリッツィ広場
Campiello Albrizzi
白い帽子の家
Casa Bianca-Cappello
カメルレンギ館
Pal. dei Camerlenghi
アルブリーツィ館
Pal. Albrizi
ソランツォ館
Pal. Soranzo
ディエチ・サーヴィ館
Pal. dei Dieci Savi
サンタポッリナーレ教会
Chiesa S. Apollinare
サンタポナール広場
Campo Sant'Aponal
P.376 リアルト橋
Ponte di Rialto
ティエポロ・マッフェッティ館
Pal. Tiepolo Maffetti
ヴァレリア・ベッリナーゾ P.396
Valeria Bellinaso
P.384 リアルト
Rialto
コルネール・モチェニーゴ館
Pal. Corner Mocenigo
サン・ポーロ広場
Campo San Polo
サン・ポーロ教会
Chiesa S. Polo
サン・シルヴェストロ教会
Chiesa S. Silvestro
Fondamenta del Vin
P.388 ヴィヴァルディ
Vivaldi
ヴァポレット Vaporetto
パパドーポリ館
Pal. Papadopoli
バルジッツァ館
Pal. Barzizza
ドルフィン・マニン館
Pal. Dolfin Manin
サン・シルヴェストロ
San Silvestro
ゴルドーニ館
Pal. Goldoni
ブジネッロ館
Pal. Buginello
Riva del Carbon
ドナ館
Pal. Donà
ダンドロ館
Pal. Dandolo
カッペッロ・ラヤルド館
Pal. Cappello-Layard
ドナ・デッラ・マドネッタ館
Pal. Donà della Madonetta
コルネール・マルティネンゴ館
Pal. Corner-Martinengo
ラヤルド・カッペッロ館
Pal. Layard Cappello
クェリーニ館
Pal. Querini
ファルセッティ・ロレダン館(市庁舎)
Pal. Farsetti-Loredan(Municipio)
バルバリーゴ・デッラ・テラッツァ館
Pal. Barbarigo della Terrazza
コルネール・コンタリーニ館
Pal. Corner-Contarini dei Cavalli
グリマーニ館
Pal. Grimani
ピザーニ・モレッタ館
Pal. Pisani Moretta
ヴォルピ・マルティネンゴ館
Pal. Volpi-Martinengo
トロン館
Pal. Tron
トレヴェス・ボンフィリ館
Pal. Treves Bonfili
マルティネンゴ・ヴォルピ館
Pal. Martinengo-Volpi
アル・ムーロ P.398
Al Muro
サン・ルカ広場
Campo S. Luca
サンタンジェロ
Sant'Angelo
ベンゾン館
Pal. Benzon
サン・ベネット教会
Chiesa S. Benetto
サン・ルカ教会
Chiesa S. Luca
(←サン・マルコ)
ガルツォーニ館
Pal. Garzoni
コルネール・スピネッリ館
Pal. Corner Spinelli
ロッシーニ劇場
Teatro Rossini
マニン広場
Campo Manin
コンタリーニ・ダッレ・フィグーレ館
Pal. Contarini dalle Figure
ペーザロ館
Pal. Pesaro
サン・マルコ
San Marco
コルネール・ゲルトフ館
Pal. Corner-Gheltof
Calle d. Avvocati
Calle d. Mandola
P.389 アイ・アッサシーニ
Ai Assassini
P.393 イル・プラート
Il Prato
ヴェロネーゼの家
Casa Veronese
サンタンジェロ教会
Chiesa S. Angelo
P.396 アラバ・フェニーチェ
Araba Fenice
アテネオ・ヴェネト館
Pal. Ateneo Veneto
ヌオーヴォ広場
Campiello Nuovo
サンタンジェロ広場
Campo S. Angelo
P.387 ラ・コロンバ
La Colomba
P.390 フィオーレ
Fiore
P.395 リンダ・ゴンザレス
Linda Gonzalez
サント・ステファノ教会
Chiesa S. Stefano
マルチェロ・デイ・レオーニ館
Pal. Marcello dei Leoni
サン・ファンティン教会
Chiesa S. Fantin
(建設中)
フェニーチェ劇場
Teatro Fenice
P.377 コッレール博物館
Museo Civico Correr
P.398 マルティーニ・スカラ・クラブ
Martini Scala-Club
サント・ステファノ広場
Campo Santo Stefano
P.380 ケッテ
Kette
サン・モイゼ P.380
San Moisè
P.393 リゾラ
L'Isola
サン・マウリツィオ教会
Chiesa S. Maurizio
P.384 サトゥルニア・インターナショナル
Saturnia & International
ロレダン館
Pal. Loredan
マルキーニ P.396
Marchini
P.394
Calle Larga XXII Marzo
ヴェネツィア・ステュディウム
Venetia Studium
モロシーニ館
Pal. Morosini
サン・マウリツィオ広場
Campo S. Maurizio
サンタ・マリア・デル・ジリオ教会 P.375
Chiesa di Santa Maria del Giglio
リスボナ P.381
Lisbona
ピザーニ館
Pal. Pisani
サンタ・マリア・ゾベニーゴ広場
Campo S. Maria Zobenigo
ティエポロ館
Pal. Tiepolo
P.383 バウアー・グルンヴァルト
Bauer Grünwald
カヴァッリ・フランケッティ館
Pal. Franchetti Cavalli Gussoni
カジーナ・デッレ・ローゼ
Casina delle Rose
ピサーニ・グリッティ館
Pal. Pisani Gritti
エウローパ&レジーナ P.382
Europa & Regina
バルバロ館
Pal. Barbaro
カ・グランデ(県庁)
Ca' Grande(Prefettura)
グリッティ・パラス P.382
Gritti Palace
Rio dell'Albero
Rio del Santissimo
Rio di S. Luca
Rio della Madoneta
Rio di S. Polo
Rio di S. Cassiano
Rio delle Due Torri
Rio di S. Boldo
A
B
1
2
3
4

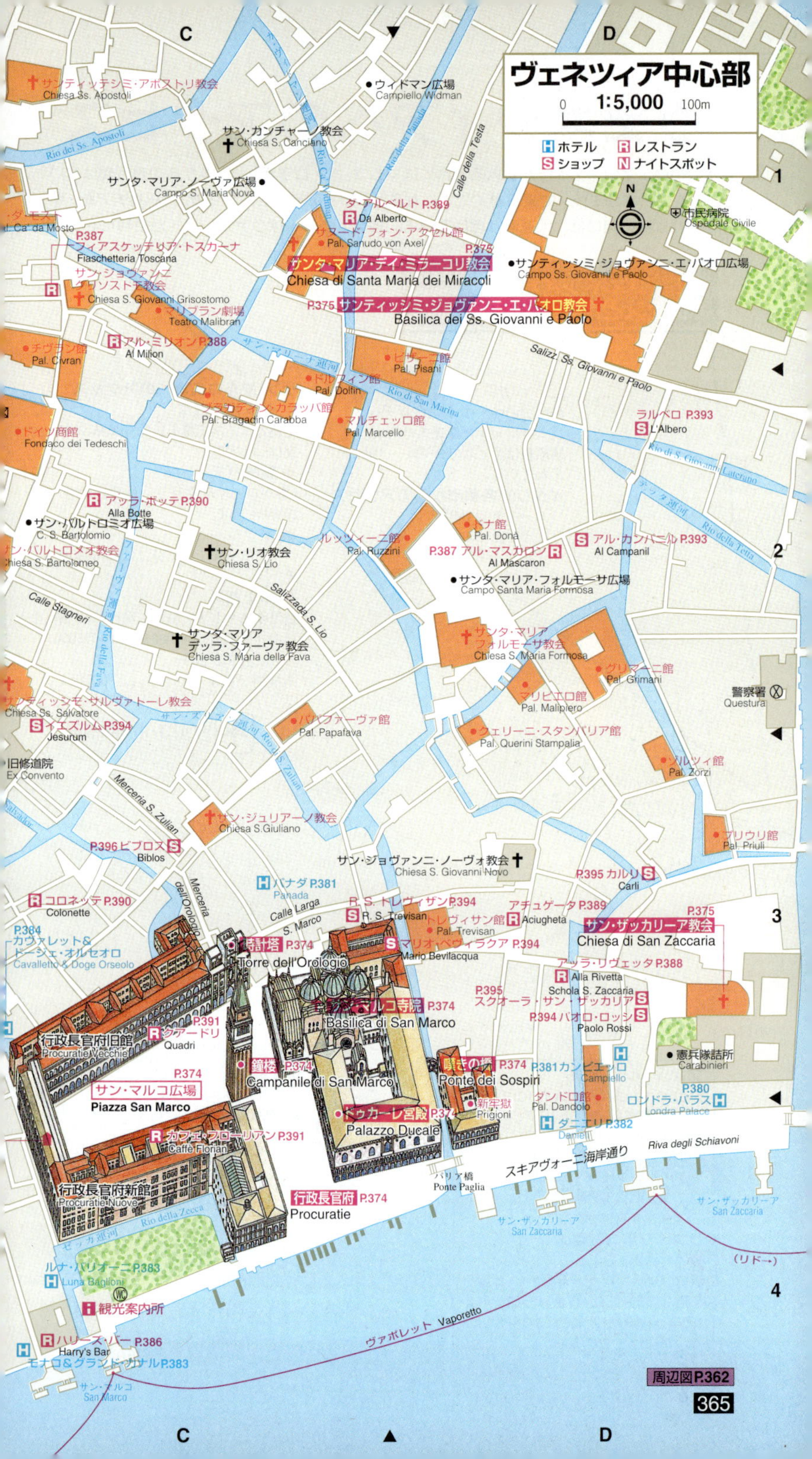

ヴェネツィア中心部
1:5,000
0 100m
H ホテル R レストラン
S ショップ N ナイトスポット
サンティッシミ・アポストリ教会
Chiesa Ss. Apostoli
ウィドマン広場
Campiello Widman
サン・カンチャーノ教会
Chiesa S. Canciano
サンタ・マリア・ノーヴァ広場
Campo S. Maria Nova
ダ・アルベルト P.389
Da Alberto
サヌード・フォン・アクセル館
Pal. Sanudo von Axel
P.375
サンタ・マリア・ディ・ミラーコリ教会
Chiesa di Santa Maria dei Miracoli
市民病院
Ospedale Civile
サンティッシミ・ジョヴァンニ・エ・パオロ広場
Campo Ss. Giovanni e Paolo
P.375 サンティッシミ・ジョヴァンニ・エ・パオロ教会
Basilica dei Ss. Giovanni e Paolo
P.387
フィアスケッテリア・トスカーナ
Fiaschetteria Toscana
サン・ジョヴァンニ・クリソストモ教会
Chiesa S. Giovanni Grisostomo
マリブラン劇場
Teatro Malibran
アル・ミリオン P.388
Al Milion
チヴラン館
Pal. Civran
ピザーニ館
Pal. Pisani
ドルフィン館
Pal. Dolfin
ブラガディン・カラッバ館
Pal. Bragadin Carabba
マルチェッロ館
Pal. Marcello
ドイツ商館
Fondaco dei Tedeschi
ラルベロ P.393
L'Albero
Salizz. Ss. Giovanni e Paolo
Rio di San Marina
Rio di S. Giovanni Laterano
アッラ・ボッテ P.390
Alla Botte
サン・バルトロミオ広場
C. S. Bartolomio
サン・バルトロメオ教会
Chiesa S. Bartolomeo
サン・リオ教会
Chiesa S. Lio
ルッツィーニ館
Pal. Ruzzini
ドナ館
Pal. Donà
P.387 アル・マスカロン
Al Mascaron
アル・カンパニール P.393
Al Campanil
サンタ・マリア・フォルモーサ広場
Campo Santa Maria Formosa
Calle Stagneri
Salizzada S. Lio
サンタ・マリア・デッラ・ファーヴァ教会
Chiesa S. Maria della Fava
サンタ・マリア・フォルモーサ教会
Chiesa S. Maria Formosa
グリマーニ館
Pal. Grimani
マリピエロ館
Pal. Malipiero
警察署
Questura
サンティッシモ・サルヴァトーレ教会
Chiesa Ss. Salvatore
イエズルム P.394
Jesurum
パパファーヴァ館
Pal. Papafava
クェリーニ・スタンパリア館
Pal. Querini Stampalia
旧修道院
Ex Convento
ゾルツィ館
Pal. Zorzi
Merceria S. Zulian
サン・ジュリアーノ教会
Chiesa S.Giuliano
プリウリ館
Pal. Priuli
P.396 ビブロス
Biblos
サン・ジョヴァンニ・ノーヴォ教会
Chiesa S. Giovanni Novo
P.395 カルリ
Carli
パナダ P.381
Panada
コロネッテ P.390
Colonette
R. S. トレヴィザン P.394
R. S. Trevisan
トレヴィサン館
Pal. Trevisan
アチュゲータ P.389
Aciugheta
P.375
サン・ザッカリーア教会
Chiesa di San Zaccaria
P.384
カヴァレット＆ドージェ・オルセオロ
Cavalletto & Doge Orseolo
時計塔 P.374
Torre dell'Orologio
マリオ・ベヴィラクア P.394
Mario Bevilacqua
アッラ・リヴェッタ P.388
Alla Rivetta
P.395
スクオーラ・サン・ザッカリア
Schola S. Zaccaria
P.394 パオロ・ロッシ
Paolo Rossi
サン・マルコ寺院 P.374
Basilica di San Marco
P.391 クアードリ
Quadri
行政長官府旧館
Procuratie Vecchie
P.374
サン・マルコ広場
Piazza San Marco
鐘楼 P.374
Campanile di San Marco
嘆きの橋 P.374
Ponte dei Sospiri
P.381 カンピエッロ
Campiello
憲兵隊詰所
Carabinieri
新牢獄
Prigioni
ダンドロ館
Pal. Dandolo
P.380
ロンドラ・パラス
Londra Palace
ドゥカーレ宮殿 P.374
Palazzo Ducale
ダニエリ P.382
Danieli
カフェ・フローリアン P.391
Caffè Florian
スキアヴォーニ海岸通り
Riva degli Schiavoni
パリア橋
Ponte Paglia
行政長官府新館
Procuratie Nuove
行政長官府 P.374
Procuratie
サン・ザッカリーア
San Zaccaria
(リド→)
ルナ・バリオーニ P.383
Luna Baglioni
観光案内所
ヴァポレット Vaporetto
ハリーズ・バー P.386
Harry's Bar
モナコ＆グランド・カナル P.383
サン・マルコ
San Marco
周辺図 P.362

ヴェネツィアへのアクセス

水の都ヴェネツィアへ空から入る場合にはマルコ・ポーロ空港へ。日本からの直行便はないため、ローマかミラノで乗り継ぐことになる。鉄道でのアクセスならサンタ・ルチア駅。駅を出れば目の前には、大運河が開けている。各見どころへはヴァポレットが便利だ。

ヴェネツィア到着 アクセスと市内への交通手段

マルコ・ポーロ空港

Aeroporto di Marco Polo

ヴェネツィア本島まで約7km。国際線は主としてヨーロッパ便が乗り入れている。

イタリア各都市からのアクセス

ローマから1時間
ミラノから45分
ナポリから1時間10分
パレルモから2時間40分

サン・マルコ広場へのアクセス

▶シャトルバス

空港とローマ広場を約20分で結ぶ。料金はLit.5000。

▶路線バス

5番がローマ広場行き。所要約30分。料金Lit.1400。

▶タクシー

ローマ広場まで約15分。Lit.3万5000程度。

▶水上バス

空港からサン・マルコ広場へ(リド島経由)。所要約1時間20分。Lit.1万5000

▶水上タクシー

本島中心部まで約30分。Lit.10万ほど。

サンタ・ルチア駅

Stazione di Santa Lucia

イタリア各都市からのアクセス

トリエステから2時間
ボローニャから2時間
フィレンツェから3時間
ミラノから3時間
ローマから5時間

サン・マルコ広場へ

▶ヴァポレット

駅前のヴァポレット乗場から1番線を利用して約40分。料金は1回券がLit.4500、1日券が1万5000、3日券がLit.3万、7日券がLit.5万5000。

マルコ・ポーロ空港 *Aeroporto di Marco Polo*

空の玄関口は本土側にあるマルコ・ポーロ空港。国際線はヨーロッパ便のみが発着する。

空港のおもな施設

ヴェネツィア本島の北約７kmにある。到着ロビーを出た左手に、両替所、ホテル案内、本島へのバスや船の切符売場などが並ぶ。出発ロビーはAが国際線、Bが国内線。国際線の待合所に免税店があり、イタリア食材の専門店もある。

サン・マルコ広場へのアクセス
水上バスでリド島を経由し約1時間20分、Lit.1万5000。水上タクシーだと本島中心部まで約Lit.10万。

ローマ広場へのアクセス
シャトルバスで20分 料Lit.5000。5番の路線バスで約30分 料Lit.1400。

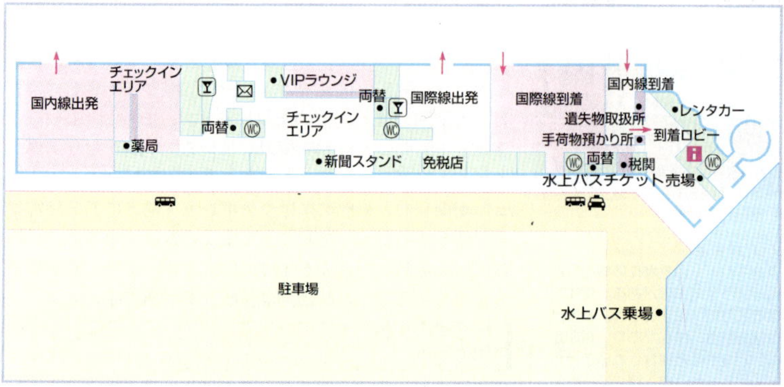

サンタ・ルチア駅 *Stazione di Santa Lucia*

本島の北西部にある終着駅。規模は大きくないが、旅行者のための諸施設が整っている。

駅のおもな施設

切符売場は駅を正面にして左手。夏季は混み合うので早めに切符を購入したい。右手には広いバールとカフェテリアがあり、食事もとれる。ほかに、観光案内所、鉄道案内所、両替所、ホテル案内、売店、有料シャワーなどがある。

サン・マルコ広場へのアクセス
駅を背にして右手のヴァポレット乗場から1番で約40分。チケットは乗場手前の売場で買える。1回の乗船はLit.4500。滞在中何度も乗る場合は、乗り放題チケットを購入しておくといい(→P.369)。

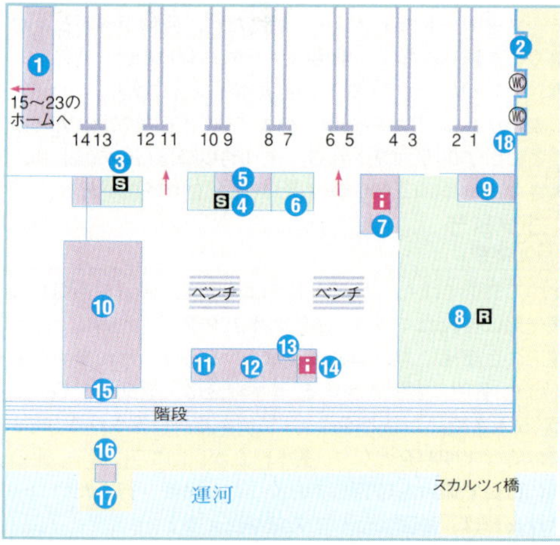

サンタ・ルチア駅

1 鉄道事務局
2 警察署
3 新聞・雑誌
4 みやげ物
5 手荷物預かり所
6 たばこ
7 鉄道インフォメーション（両替可能）
8 バール／カフェテリア
9 待合室
10 切符売場
11 自動両替機
12 両替
13 ホテル・インフォメーション
14 観光案内所
15 トランス・アルピーノ窓口
16 ヴァポレットの切符売場
17 サン・マルコ、リアルトへのヴァポレット乗場
18 シャワー室

市内の交通——街を歩く

車が走らないヴェネツィアでは、運河が道路の役目を果たしている。最も便利な移動手段は“ヴァポレット”と呼ばれる水上バスだ。個人での貸切となる水上タクシーやゴンドラには細かい料金規定がある。あらかじめ確認しておくと、料金上のトラブルが防げる。

ヴァポレットの乗場

チケットには必ず刻印を!
ヴァポレットの乗場には鉄道駅と同じような刻印機がある。乗船前はここで刻印をすること。ときどき抜き打ちの検札があり、刻印がないとキセルと見なされることがある。ただし、購入時に切符売場でスタンプを押してくれたものは、刻印の必要がない。また、チケットなしの乗船が見つかった場合は、高額の罰金を請求される。

ヴァポレットのスト
たまに “Sciopero” という運航休止のストがある。終日続くことはほとんどなく、2~3時間で終わるのが一般的だ。通常の時間の2倍ほどをかけて運航する“Sciopero Bianco” と呼ばれるストもある。

水上タクシー

水上タクシー、ゴンドラの料金
観光案内所で入手できる『Un Ospite di Venezia』の “Tariffe” ページに、詳しい料金システムの記載がある。英語併記で読みやすい。

観光客に人気のゴンドラ

ヴァポレット(水上バス)
Vaporetto

大運河やラグーナを運航する水上路線バス。本島内の32の乗場と主要な島々を結び、ほとんどのエリアをカバーしている。基本は10路線で、夏季にはカジノ行などの臨時路線が加わる。観光に役立つのはローマ広場とリド島を結ぶ1番。大運河のほとんどの乗場に止まり、日中は10分おき、深夜も1時間ごとに24時間動いている。本島からリド島へは、サン・ザッカリアから出る6番の大型船“モトナーヴェ”が便利だ。乗船時にはヴァポレット前方にある路線番号を確かめること。それでも不安なときは、乗る前に乗降口にいる係員に行き先を告げて確認するとよい。路線番号や乗場を色分けした路線図は、観光案内所で手に入る。

トラゲット
Traghetto

地元の人が大運河の橋のないところで対岸に行くときによく利用する渡し船。魚市場の近くなど6カ所に乗場がある。乗物にはゴンドラが使われ、1回の乗船料はLit.600。切符はなく、料金は乗船するときに係員に直接手渡す。

地元の人々の足、トラゲット

水上タクシー
Taxi Acquei

モーターボートのタクシー。割高だが、荷物が多いときや急ぐとき頼りになる。乗場はサンタ・ルチア駅、リアルト橋、サン・ザッカリアなどの主要ポイントにあり、“Taxi”の表示がある。基本料金は7分までLit.2万7000、以後15秒ごとにLit.500が加算される。夜10時以降はLit.8500追加、大きな荷物はLit.2200追加など各種の割増料金がある。

ゴンドラ
Gondola

かつて交通手段だったゴンドラは、現在、運河を遊覧する観光用に使われている。上記の水上タクシーと同じく、大運河の主要地に “Gondole Servizio” と掲げられた乗場があるほか、各所に客引きがいる。基本料金は1隻50分でLit. 8万(5人まで)、以後25分ごとにLit.4万が加算される。夜8時以降は夜間料金となり、基本料金がLit.10万になる。乗る前には必ず値段を確認しておくことが必要。行きたいコースがあれば、地図で示して希望を伝えるといい。

チケットの種類

経済的で便利な乗り放題チケット

ヴァポレットのチケットは、乗場手前の切符売場で購入する。1回券はLit.4500。ほかに旅行者向けの乗り放題チケットがあり、乗船時に切符売場で並ばずにすみ、料金も割安でおすすめだ。種類は24時間券(Lit.1万5000)、3日券(Lit.3万)、7日券(Lit.5万5000)の3種で、サンタ・ルチア駅前やサン・ザッカリアなど大きめのヴァポレットの切符売場で買える。使用開始前には刻印が必要。あとは携帯しているだけでよく、40、41、42番を除くすべてのヴァポレットに乗り降り自由だ。また、路線バスにも利用でき、リド島から路線バスとフェリーを乗り継いで行くキオッジャへも、このチケットのみで行ける。ローマ広場から本土のメストレ方面に出るバスには、利用できない路線もあるので、乗車時に確認が必要だ。

ヴァポレットと路線バスの案内所

ACTV　Piazzale Roma ☎5287886

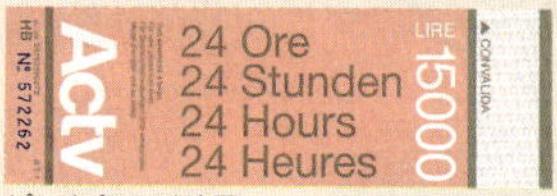

ピンク色の24時間券Lit.1万5000

水色の3日間チケットLit.3万

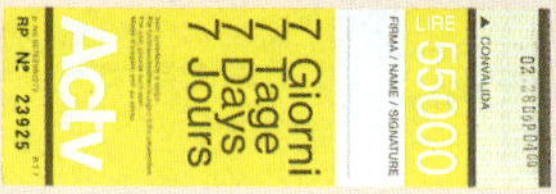

1週間チケットは黄色。Lit.5万5000

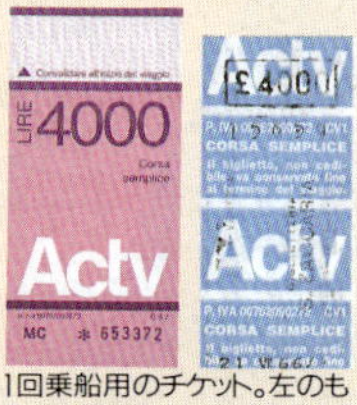

1回乗船用のチケット。左のものは、刻印の必要はないが、購入後すぐに使用する。右のタイプは刻印が必要

大運河Canal Grande

サンタ・ルチア駅前を出発したヴァポレットは、スカルツィ橋をくぐり大運河へと乗り出す。街の中心部を逆S字型に流れるこの運河は、水上都市ヴェネツィアのメインストリート。サン・マルコ広場へと続く約4㎞の運河沿いに建ち並ぶ、共和国時代の貴族や商人の館は“地中海の女王”と讃えられた街の繁栄を垣間見せてくれる。

❶ヴェンドラミン・カレルジ宮
16世紀のルネッサンス様式の館。冬季はカジノが開かれ、華麗な社交場となる。作曲家ワーグナーが没した場所としても有名

ヴェンドラミン．カレルジ宮❶

大運河

サンタ・ルチア駅

❷カ・レッツォーニコ➜P.377
バロック様式の代表建築。18世紀ヴェネツィア博物館が置かれる

❸カ・フォスカリ
15世紀ヴェネツィアン・ゴシック様式の傑作。8連アーチと2層の開廊が美しい。現在はヴェネツィア大学

カ・フォスカリ❸

カ・レッツォーニコ❷

大運河の両岸をゆっくり眺めるなら、1番か82番のヴァポレットに乗るのがいい。前方か後方の席に座ると、遊覧船巡りの気分が楽しめる。建物の様子をじっくり見られる日中のほか、夜の闇に浮かび上がる館も格別の美しさだ

❹アカデミア美術館
旧カリタ修道院の一部を利用。ヴェネツィア派絵画の傑作が揃う➜P.377

❹アカデミア美術館

ジュデッカ運河

ジュデッカ島

❺カ・コルネール・デッラ・レジーナ
内部はビエンナーレ歴史資料館だ

大運河の両岸には16のヴァポレット乗場がある。目印は黄色の帯。乗場名もそこに印されている。大運河沿いのおもな観光名所は各乗場から、徒歩５分くらいだ。近くの壁に、名所への道順を示す矢印があることが多い

❻カ・ドーロ→P.376
15世紀ゴシック建築の傑作
❼カ・ペーザロ→P.376
バロック様式。18世紀完成

❼カ・ペーザロ
カ・ドーロ❻
❺カ・コルネール デッラ・レジーナ

❽リアルト橋→P.376
16世紀建造の大運河最大の橋。内側には商店が並ぶ

❽リアルト橋

サンタ・マリア グロリオーザ・デイ フラーリ教会

❾コルネール・スピネッリ館
初期ルネッサンス様式の建物。絹の交易で富を得たスピネッリ家の館だった

❾コルネール スピネッリ館

❿ドゥカーレ宮殿→P.376
ヴェネツィア共和国時代の総督の館。15世紀ゴシック建築の中で最も壮麗な建物。裏手には、牢獄に続く嘆きの橋が架かる

•嘆きの橋
❿ドゥカーレ宮
サン・マルコ広場

⓫ペギー・グッゲンハイム・コレクション
18世紀貴族の館を利用　→P.377

ンタ・マリア・デッラ・サルーテ教会 ⓬
⓫ペギー・グッゲンハイム美術館

⓬サンタ・マリア・デッラ・サルーテ教会
ふたつのドームが目印。17世紀バロック建築。ペスト終焉を感謝し、聖母マリアに捧げるため建造された。ヴェネツィア派絵画を飾る部屋がある　→P.376

街の歩き方と観光スポット

中世の栄華を抱いてたたずむ水の都

ヴェネツィアは街全体が見どころだ。観光スポットをひととおりまわったら、カッレと呼ばれる小路に足を踏み入れたい。薄暗い小路の奥に光溢れる静かな広場があったり、運河沿いに鮮やかな花々を窓に飾った館が現れたりと、足を進めるたびに新しい発見がある。

ヴェネツィアの街歩きはサン・マルコ広場から始める

まずは1番のヴァポレットでサン・マルコに向かう。ヴァポレットを降りて2分ほど歩くと、中世以来多くの芸術家を魅了してきた**サン・マルコ広場**に出る。黄金のファサードが輝くのが**サン・マルコ寺院**、隣の優美なアーチを持つ建物が総督の館だった**ドゥカーレ宮殿**だ。その手前にそびえる**鐘楼**の屋上からは、街はもとよりラグーナの島々も一望できる。寺院左手には、ブロンズのムーア人像が鐘をつく**時計塔**が建つ。この塔のわきの路を進むと、ブティックやみやげ物屋が並ぶ**メルチェリエ**の小路に出る。

両岸には意匠を凝らした館が並ぶ

広場をコの字型に囲むのは、新旧の**行政長官府**だ。共和国時代、総督に次ぐ地位の行政長官がここで執務を行なっていた。現在、2階より上は共和国時代のヴェネツィアの風習を展示した**コッレール博物館**や**絵画館**、**図書館**として使われている。回廊が巡る1階部分には、ガラスやレース製品の老舗店、カフェなどが軒を並べる。寺院に向かって右手はカサノヴァが通った**カフェ・フローリアン**。映画『旅情』の主人公が恋に落ちるのもここ。左手の**クアードリ**も老舗カフェだ。

カステッロ地区とサン・マルコ地区

広場から海に面した小さな広場は、Piazzetta（小広場）と呼ばれる。ここに建つ2本の円柱のうちドゥカーレ宮殿側の上にそびえるのが、ヴェネツィアの象徴、有翼の獅子だ。ここから海を右手に進んだ**パリア橋**からは、ドゥカーレ宮殿と牢獄とを結ぶ**嘆きの橋**が見える。さらに行くと、ワーグナーやゲーテが愛用した高級ホテル、**ダニエリ**が建つ。このあたりから東一帯は**カステッロ地区**と呼ばれるところ。**サン・ザッカリーア教会**、**サンティッシマ・ジョヴァンニ・エ・パオロ教会**、**船舶史博物館**などがこのエリアにある。

サン・マルコ広場から**アカデミア橋**までは、**サン・マルコ地区**と呼ばれる。ここには、**サンタ・マリア・デル・ジリオ教会**、1996年に内部を焼失した**フェニーチェ劇場**などが建つ。アカデミア橋近くの**サン・ステーファノ広場**は市民の憩いの場のひとつ。ゆったりとした時が流れている。

観光案内所

ヴェネツィア本島
サンタ・ルチア駅構内 ✆719078
サン・マルコ（ヴァポレット乗場San Marco近く）✆5226356
リド島（夏季のみ）
Gran Viale S.M.Elisabetta
✆5265721
街の地図、ホテルリスト、観光に関する情報が載った"Un Ospite di Venezia" などが無料で入手できる。

観光スポットを訪れる前に

もし時間に余裕があるなら、サンタ・ルチア駅からスカルツィ橋を渡って、サン・マルコ広場まで歩いてみることをすすめる。次々と現れる迷路のような細い路地を抜け、40分ほどで広場に着く。途中は壁に掲げられた"Per Rialto（リアルトへ）""Per San Marco（サン・マルコへ）" を目印に進む。大運河を行くヴァポレットから見られるのは、いわばヴェネツィアの表通り。路地を巡るこちらは、街の構造を内側から見る行程だ。大運河と路地歩きの両方で駅とサン・マルコ広場を往復してみると、街のアウトラインがつかめる。

美術品を所蔵する教会内部も必見だ

夏季には海水浴客で賑わうリド島

美術館、教会でヴェネツィア派絵画鑑賞

大運河と**ジュデッカ運河**に囲まれた**税関岬**から**カ・フォスカリ**あたりまでは、**ドルソドゥーロ地区**だ。この周辺は美術巡りが楽しい。なかでも見どころは**アカデミア美術館**だ。14〜18世紀を中心とするヴェネツィア派絵画の傑作が集まり、色彩の鮮やかさ、人物の躍動感などヴェネツィア派特有の描写を堪能できる。さらに、近代アートを集めたペギー・グッゲンハイム・コレクション、ヴェネツィア派の秀作を所蔵する**サンタ・マリア・デッラ・サルーテ教会**がある。18世紀ヴェネツィアの調度品や絵画を展示する**カ・レッツォーニコ**も興味深い。

大運河の北側は**サン・ポーロ地区**と呼ばれる。ヴェネツィア派の巨匠ティントレットの絵画が壁や天井を飾る**スクオーラ・ディ・サン・ロッコ**、ティツィアーノの代表作が見られる**サンタ・マリア・グロリオーザ・デイ・フラーリ教会**がこのエリアの見どころだ。ここから**サン・ポーロ広場**、さらに**サンタポナール広場**へ足を進めると、**リアルト橋**が近い。この大理石の橋からの大運河の眺めは格別だ。ゴンドラが行き交い、運河の両岸にはレストランのテラス席が並ぶ。橋を**リアルト教会**側に降りると、野菜や果物の市場が立つ通り。近くの大運河沿いには採りたての海の幸が集まる魚市場もある。

ヴェネツィアの治安情報

イタリアのほかの大きな街に多いスリ、置き引き、カッパライなどはほとんどないが、人混みの中ではそれなりの注意を払うに越したことはない。夜も安心して歩けるが、迷路のような街の構造なので迷子にならないよう注意。世界中の観光客で溢れる夏季は、満員のヴァポレットで痴漢が出現することもある。そういう場合は、日本語でもいいから、きちんと抗議の意志を示すこと。

ヴェネツィア歩きのコツ

よくいわれることだが、ヴェネツィアを歩くときは人の流れを見ることが大切だ。路地裏へ足を踏み入れるのは地元の人だけ。観光客が訪れる場所は自然と人の流れができている。迷子になりそうだなと思ったら、人の流れを追うとサン・マルコ広場かリアルト橋など目印になる場所に出られる。また迷ったなと思ったら、地元の人にすぐに路を確かめること。大丈夫と思って歩いていると、どんどん奥に迷い込むことが多い。

大運河に沿ってサンタ・ルチア駅へ

リアルト橋から**サンタ・ルチア駅**に至る大運河の外側は、**カンナレージョ地区**だ。ここには、色大理石のファサードが美しい**サンタ・マリア・デイ・ミラーコリ教会**、ヴェネツィアン・ゴシック建築の傑作**カ・ドーロ**がある。大通り**ストラーダ・ヌオーヴァ**は、19世紀後半に整備された通り。みやげ物屋と地元の人が利用する食料品店や衣料品店などが混在し、ヴェネツィアの素顔の表情が垣間見られる。

スキアヴォーニ通りの手のオブジェ

大運河を挟んだ対岸から**トロンケット島**までは、**サンタ・クローチェ地区**と呼ばれる。大運河沿いにある**カ・ペーザロ**は、ヴェネツィアン・バロック建築の代表例。内部は**近代美術館**と**東洋美術館**になっている。サンタ・ルチア駅西にはヴェネツィア本島で唯一、車が乗り入れられる**ローマ広場**があり、本土のメストレと結んでいる。その西の**トロンケット島**は駐車場に使われていたところ。1996年からは焼失したフェニーチェ劇場の代わりにテント張りのパラフェニーチェが建っている。

サン・マルコ広場の老舗カフェ、フローリアン

世界中から観光客が集まるサン・マルコ広場

サン・マルコ広場　地図P.365 C-3

Piazza San Marco　★★★

ヴァポレット 1/82番線S.Marcoサン・マルコから徒歩2分

1000年かけて創り上げた“世界の大広間”

サン・マルコ寺院やドゥカーレ宮殿が建つヴェネツィアの中心的広場。12世紀頃から整備が始まり、16世紀のサンソヴィーノとスカモッツィによる行政長官府や鐘楼の改築によって、大理石の柱廊に囲まれた壮麗な大空間が生まれた。ナポレオンはその威容を“世界で最も美しい空間”と呼んだ。

サン・マルコ寺院　地図P.365 C-3

Basilica di San Marco　★★★

ヴァポレット 1/82番線S.Marcoサン・マルコから徒歩2分

街の守護聖人をまつる“黄金の教会”

9世紀初め、エジプトから移された聖マルコの遺体をまつるために建てられた。ロマネスク・ビザンチン様式で、内部はモザイクや金箔で飾られている。黄金の衝立“パラ・ドーロ”やビザンチン帝国の遺品が並ぶ宝物館が見もの。正面入口右手の階段を上ると、ファサードを飾る馬像のオリジナルを収めた博物館がある。開9:30(日曜・祝日14:00)〜17:00 料Lit.3000(博物館) ☎5225205

鐘楼　地図P.365 C-3

Campanile di San Marco　★★★

ヴァポレット 1/82番線S.Marcoサン・マルコから徒歩2分

屋上からのヴェネツィアの眺めに息をのむ

サン・マルコ広場にそびえる高さ約96mの塔。9世紀に着工、16世紀に完成したが、1902年7月に崩壊し1912年に再建された。

開9:00〜21:00 冬季10:00〜17:00 料Lit.6000

時計塔　地図P.365 C-3

Torre dell'Orologio　★★★

ヴァポレット 1/82番線S.Marcoサン・マルコから徒歩2分

ブロンズ製の“ムーア人”が時を告げる

サン・マルコ寺院に向かって左手にある。15世紀末に建てられ、16世紀に建物の両翼、18世紀にはテラスが増築された。時間がくると、機械仕掛けの鐘つき男が鐘をつく。

サン・マルコ寺院の南に隣接する

ドゥカーレ宮殿　地図P.365 C-4

Palazzo Ducale　★★★

ヴァポレット 1/52/82番線S.Zaccariaサン・ザッカリーア

白とピンクの大理石で造られた総督の館

ヴェネツィア共和国の最高権力者であった総督が住み、立法・行政・司法の中心だった建物。9世紀に創建され、14世紀と15世紀の2回にわたってゴシック様式により改築された。総督の居室や執務室など各部屋は、ヴェロネーゼらヴェネツィア派画家の見事な絵画で飾られる。なかでも2階の大評議室を飾るティントレットの『天国』は圧巻だ。7.45×24.65mの大作で、世界最大のカンヴァス油絵といわれている。歴代総督76名の肖像画も見応えがある。

開9:00〜19:00(11〜3月は〜17:00)
料Lit.1万4000 ☎5224951

嘆きの橋　地図P.365 D-3

Ponte dei Sospiri　★★★

ヴァポレット 1/52/82番線S.Zaccariaサン・ザッカリーアから徒歩1分

カサノヴァも歩いた牢獄への橋

ドゥカーレ宮殿とその東に隣接する牢獄とを結ぶ。牢獄の建造にともない、17世紀に造られた。宮殿の裁判で有罪になると、罪人はこの橋を渡り牢獄へ。彼らが橋の窓から外を眺め、嘆き悲しんだことからこの名が付いた。稀代のプレイボーイ、カサノヴァもここを渡ったが、彼は脱獄に成功した。

行政長官府　地図P.365 C-4

Procuratie　★★

ヴァポレット 1/82番線S.Marcoサン・マルコから徒歩2分

サン・マルコ広場を見守る壮麗な建物

広場を取り巻く建物は、かつてヴェネツィア共和国の総督に次ぐ地位の行政長官の執務室だった。サン・マルコ寺院に向かって左が旧行政長官府、右が新行政長官府だ。旧長官府は12世紀に完成、その後焼失し16世紀に再建された。新長官府は業務拡大のため、16〜17世紀にかけて建造されたもの。現在、一部が博物館として公開されている。

教会の前には同名の広場が広がる

サンティッシマ・ジョヴァンニ・エ・パオロ教会　地図P.365 D-1

Basilica dei Ss.Giovanni e Paolo ★★

ヴァポレット 1/82番線*Rialto*リアルトから徒歩6分

歴代の総督が眠るゴシック様式の教会

歴代総督がまつられる壮大な教会。1246年に着工し1430年に完成した。内部はヴェロネーゼやピアツェッタらの絵画で飾られている。正面には、サン・マルコ広場に次いで美しいといわれる同名の広場があり、教会に向かって右に、15世紀に活躍した傭兵隊長コッレオーニの騎馬像が建っている。

開9:00～12:00 15:00～18:00

スクオーラ・ディ・サン・ロッコ　地図P.362 A-2

Scuola di San Rocco ★★★

ヴァポレット 1/82番線*S.Tomà*サン・トマから徒歩4分

巨匠ティントレットの“美術館”

スクオーラとは学校の意味だが、ヴェネツィアではキリスト教信徒の互助組織を指す。16世紀ヴェネツィアには100を超すスクオーラがあり、サン・ロッコはなかでも大きな規模を誇った。会員は裕福な市民で構成され、病人や貧民への医療や食物の施しがここで行なわれた。1、2階の広間を飾る天井画と絵画の制作はティントレット。『受胎告知』『エジプトへの逃亡』は必見。

開9:00～17:30 1.1～3月10:00～13:00（土・日曜、祝日は～16:00） 休無休 料Lit.8000

サンタ・マリア・デル・ジリオ教会　地図P.364 B-4

Chiesa di Santa Maria del Giglio ★★

ヴァポレット 1/82番線*S.Marco*サン・マルコから徒歩5分

ヴェネツィアン・バロック様式の教会

別名サンタ・マリア・ゾベニーゴ教会。10世紀に教会を建築する際、多額の寄付をしたユバニーコ家の名がなまってゾベニーゴになったことに由来する。17世紀後半に大規模な改築が施され、現在の形となった。ファサードには、海戦の模様と当時のパドヴァやローマなどの地図が描かれている。内部には、ティントレットの『四使徒』など力作がある。開9:00～12:00 15:30～18:00

装飾の施された祭壇が美しい

サン・ザッカリーア教会　地図P.365 D-3

Chiesa di San Zaccaria ★★

ヴァポレット 1/52/82番線*S.Zaccaria*サン・ザッカリーアから徒歩2分

2つの建築様式が美しい調和を見せる

もとはロマネスク様式の教会だったが、15世紀後半のアントニオ・ガンベッロによる大改築により、現在のゴシック様式の教会が完成した。ファサードはガンベッロの後任となったマウロ・コドゥッシの設計で、ルネッサンス様式が加味されている。内部には貴重な絵画が多数残り、左廊の2番目の祭壇を飾るベッリーニの『聖母と聖人』やカスターニョのフレスコ画が見どころ。

開10:00～12:00 16:00～18:00 料Lit.2000

サンタ・マリア・グロリオーザ・デイ・フラーリ教会　地図P.362 B-2

Basilica di Santa Maria Gloriosa dei Frari ★★

ヴァポレット 1/82番線*S.Tomà*サン・トマから徒歩5分

主祭壇をティツィアーノの名画が飾る

フランチェスコ修道会が14～15世紀にかけて建造したゴシック様式の教会。身廊と翼廊部には高さ70mの鐘楼が建つ。内部は三廊に分かれ、ヴェネツィアン・ルネッサンスの巨匠ティツィアーノの傑作『聖母被昇天』（中央後陣の主祭壇）と『ペーザロ家の聖母』（左側廊）が飾られている。1576年ペストに倒れたティツィアーノは、自身の希望によりこの教会に埋葬された。開9:00～11:45 14:30～18:00 休日曜の午前 料Lit.2000

サンタ・マリア・デイ・ミラーコリ教会　地図P.365 C-1

Chiesa di Santa Maria dei Miracoli ★★

ヴァポレット 1/82番線*Rialto*リアルトから徒歩6分

色大理石で装われたルネッサンスの至宝

ヴェネツィアン・ルネッサンス様式の代表的な建築家ピエトロ・ロンバルドによって、1481～1489年にかけて建てられた。緑、紫、茶色などの色大理石を寄木細工のように組み合わせた外観は、〝ルネッサンスの至宝〟と讃えられる。内部は淡い色合いの大理石が使われ、後陣に施されたトゥーリオ・ロンバルドらによる彫刻が素晴らしい。

カ・ドーロ

地図P.362 B-1

Ca'd'Oro ★★★

ヴァポレット 1番線Ca' d'Oroカ・ドーロから徒歩1分

ヴェネツィアン・ゴシック建築の傑作

1440年にマリーノ・コンタリーニの館として完成した。〝カ・ドーロ〟とは黄金の館を意味し、当時はその名のとおりファサードに黄金がはられ、ほかの館を凌駕する輝きを誇っていた。ヴェネツィアのゴシック建築のなかでは、ドゥカーレ宮殿に次ぐ美しさとされる。現在は**フランケッティ美術館**となっており、マンテーニャやカルパッチョの絵画、工芸品などが展示されている。

開9:00～14:00 休無休 料Lit.4000

バルコニーに施された装飾も見事だ

カ・ペーザロ

地図P.362 B-1

Ca'Pesaro ★★★

ヴァポレット 1番線S.Staeサン・スタエから徒歩2分

モダンアートと東洋美術を展示する

建築家ロンゲーナの設計により、18世紀初めに完成したバロック様式の館。1902年より**近代美術館**Museo d'Arte Modernaとして使われており、2年ごとに開催されるヴェネツィア・ビエンナーレに出品された作品が展示される。また、4階には1929年にオープンした**東洋博物館**Museo Orientaleがあり、日本や中国の陶器や工芸品が見られる。

開9:00～14:00 休月曜 料Lit.4000

☎5241173 近代美術館は修復のため閉鎖中

カ・ドーロのちょうど対岸に位置する

サン・マルコ広場からの眺めは、一枚の絵のようだ

サン・ジョルジョ・マッジョーレ教会

地図P.363 C-3

Chiesa di San Giorgio Maggiore ★★★

ヴァポレット 82番線S.Giorgioサン・ジョルジョから徒歩1分

鐘楼からヴェネツィアの絶景を望む

サン・マルコ広場の向かい、サン・ジョルジョ・マッジョーレ島に建つ。16世紀半ばに着工し17世紀初めに完成した。内陣には、ティントレットの傑作『最後の晩餐』と『マナ拾い』がある。左手奥のエレベーターから鐘楼に上がると、サン・マルコ広場やラグーナに点在する島々が見渡せる。

開9:30～12:30 14:30～17:30 鐘楼9:30～12:30 14:30～17:00 料鐘楼のエレベーターLit.3000

リアルト橋

地図P.364 B-2

Ponte di Rialto ★★★

ヴァポレット 1/82番線Rialtoリアルトから徒歩1分

大運河に架かるヴェネツィアのシンボル

サンタ・ルチア駅からサン・マルコ広場まで続く大運河のほぼ中間にある。13世紀には木製の橋が架けられていたが、焼失や崩壊のため再建が繰り返された。現在の大理石の橋は、アントニオ・ダ・ポンテの設計により1588～1591年にかけ建造されたもの。柱廊の内側には商店が並び、運河にはゴンドラが行き交い、華やかな賑わいを見せる。

サンタ・マリア・デッラ・サルーテ教会

地図P.362 B-3

Basilica di Santa Maria della Salute ★★★

ヴァポレット 1番線Saluteサルーテから徒歩1分

美しいドームが大運河に映える

1630年に猛威をふるったペストの終焉に感謝し、聖母マリアに捧げるため1631～1687年にかけて建てられた。設計は彫刻家としても有名なロンゲーナで、八角形の大理石に覆われた壮麗な姿はヴェネツィアン・バロック様式の傑作とされる。内部左手奥の聖具室にあるティントレットの『カナの婚礼』や、ティツィアーノの『カインとアベル』などの天井画が見逃せない。

開9:00(聖具室10:00)～12:00 15:00～17:00

料聖具室Lit.2000(学生はLit.1000)

博物館●美術館

アカデミア美術館　地図P.362 B-3

Galleria dell'Accademia ★★★

ヴァポレット 1/82番線Accademiaアカデミアから徒歩1分

ヴェネツィア派絵画の殿堂

14〜18世紀のヴェネツィア派絵画の主要作品が集まる。最大の見どころはベッリーニ兄弟とカルパッチョを輩出した15世紀絵画。それに16世紀のティツィアーノやヴェロネーゼ、18世紀のカナレットらの作品が続く。カルパッチョの9枚の連作『聖ウルスラの伝説』、異端審問裁判にかけられたヴェロネーゼの問題作『レヴィ家の饗宴』が圧巻。

開9:00〜19:00(日曜は〜14:00) 休一部の祝日 料Lit.1万2000 ☎5222247

貴重な美術作品を多数収蔵する見応えある美術館

コッレール博物館　地図P.365 C-4

Museo Civico Correr ★★

ヴァポレット 1/82番線S.Marcoサン・マルコから徒歩1分

中世のヴェネツィアの暮らしを知る

サン・マルコ広場の西側、サン・マルコ寺院と向き合う建物の2、3階にある。14〜18世紀のヴェネツィアの歴史や風習に関する展示が多く、当時の生活がうかがえる。3階には、13〜16世紀のヴェネツィア派絵画が並び、ベッリーニらの秀作が揃う。

開9:00〜19:00(11〜3月は〜17:00)
休1/1、12/25 料Lit.1万4000 ☎5225625

19世紀初頭に設立された博物館

絵画のほかに彫刻も多数展示する

ペギー・グッゲンハイム・コレクション　地図P.362 B-3

Collezione Peggy Guggenheim ★★

ヴァポレット 1番線Saluteサルーテ徒歩5分

大運河沿いに建つ近代美術の宝庫

アメリカの美術収集家ペギー・グッゲンハイムが、1949年から1979年に亡くなるまで暮らした邸宅。内部には、彼女が集めたピカソ、クレー、モンドリアンらの近代美術の傑作が展示されている。彫刻作品が並ぶ中庭は緑が多く、のんびりするのにもいい。

開11:00〜18:00 休火曜 料Lit.1万 ☎5206288

カ・レッツォーニコ(ヴェネツィア1700年代博物館)　地図P.362 B-3

Ca'Rezzonico ★★★

ヴァポレット 1番線Ca' Rezzonicoカ・レッツォーニコから徒歩3分

18世紀のヴェネツィアはどんな街だった?

大運河に面して建つバロック様式の館。18世紀に建築家マッサリが完成させた。当時はレッツォーニコ家の館として使われたが、現在はヴェネツィアの18世紀の家具や工芸品、絵画を展示する博物館になっている。

開9:00〜16:00 休金曜 ☎2418506

室内装飾も見事な美しい建物

船舶史博物館　地図P.363 D-3

Museo Storico Navale ★★

ヴァポレット 1番線Arsenaleアルセナーレから徒歩3分

ヴェネツィアの海運史をたどる

〝アドリア海の女王〟として地中海に名を馳せたヴェネツィア独特の船の模型や航海道具が見られる。ペギー・グッゲンハイム愛用のゴンドラも、ここに保存されている。

開9:00〜13:00 木曜9:00〜13:00 14:30〜17:00 休日曜、祝日 料Lit.2000 ☎5200276

ヴェネツィアの島々

本島をひととおり見たら、ラグーナに浮かぶ島をまわりたい。どの島も違った趣で、ヴェネツィアの新たな顔が発見できる。島巡りには最低1日は見ておきたい。

夏は海水浴客で賑わうリド島

本島の東南に横たわる細長い島が、イタリア有数のリゾート地、**リド島**だ。アドリア海側には白砂の海水浴場が続き、エクセルシオール、デ・バンなど名ホテルが建ち並ぶ。映画『ベニスに死す』の舞台となったのは、このデ・バン。近くにはカジノやヴェネツィア映画祭の会場も建つ。リド島の南にあるのは**ペレストリーナ島**。漁村が続くひなびた雰囲気の島で、旅愁を感じさせる。この島からさらにフェリーで南に向かうと、活気のある漁師の街キオッジャに着く。

リド島にあるカジノ

ブラーノ島からトルチェッロ島へ

本島の北東には、レース編みで知られる**ブラーノ島**がある。観光地化が進んでおらず、地元ヴェネツィアの人にも愛されている島のひとつだ。かつては家の前で数人の女性たちがレース編みをする姿がこの島の風物詩だったが、いまはほとんど見られない。メインストリート、B.ガルッピ通りのみやげ物屋で売っているのは、アジア製のものがほとんど。さらに進んだB.ガルッピ広場にあるレース博物館で、17～20世紀初頭の素晴らしい技術に触れられる。

ブラーノ島の北東には、5～10世紀にかけてヴェネツィアの中心地として栄えた**トルチェッロ島**がある。当時は数万人が住んだとされるが、現在は数軒の家が残るばかりだ。船着場からボルゴニューニ通りを進んだトルチェッロ広場には、内部のモザイク画が素晴らしいサンタ・マリア・アッスンタ教会と、サンタ・フォスカ教会が建つ。ラグーナの大湿地帯に近いため、自然も独特だ。葦の茂る畑を見ていると、時が止まったかのような錯覚を覚える。

ガラス工房が建ち並ぶムラーノ島

ラグーナでいちばん大きな島が、ヴェネツィアン・グラスの故郷**ムラーノ島**だ。船着場近くのヴェトライ運河沿いには、ガラス製品の専門店やみやげ物屋、工房が軒を連ねる。〝ムラーノ島で買うとガラス製品は安い〟というのはひと昔前の話。かなり高い料金を付けている店もあるので、買物は本島の値段と比べてからにしたい。運河を抜けヴィヴァリーニ橋を渡った東には、古代ローマのガラス器や15～18世紀のヴェネツィアン・グラスを展示したガラス博物館がある。

死者の島サン・ミケーレ

ムラーノ島と本島のほぼ中間に、島全体が墓地となった**サン・ミケーレ島**がある。ヴェネツィアを深く知るうえで欠かせない島だ。白い墓石が整然と並ぶ墓地には冬でも色鮮やかな花が絶えず、墓の周りを清める人が見られる。

アクセス　Lido:S.Zaccariaから6番モトナーヴェで約15分。Pellestrina、Chioggiaへは Lidoの船着場前から11番バスとフェリー。Burano・Torcello・Murano:FondamentaNuoveから12番のヴァポレット。San Michele:52番ヴァポレット（Fondamenta Nuove経由）

カラフルな壁の家が並ぶブラーノ島

ホテル
HOTELS

一年を通じて世界各国から旅行者が押し寄せるイタリアきっての観光地だけあって、高級ホテルから家族経営のプチ・ホテルまで、いずれも宿泊料金は高めだ。カーニバルなどのイベント開催時はかなり混み合うので、予約はできるだけ早めにしておきたい。

サン・マルコ広場界隈のホテルで旅情に浸る

ヴェネツィアのホテルは**サンタ・ルチア駅周辺、サン・マルコ広場界隈**のほぼ2カ所に分けられる。街の中心にあたるサン・マルコ広場は大運河の終点。サン・マルコ寺院をはじめ、共和国時代の宮殿、時計塔、鐘楼などの見どころが集まっているので、つねに旅行者で賑わうエリアだ。大運河沿いには5ツ星の高級ホテルが軒を連ね、部屋の窓から楽しめるロマンチックな眺めを自慢にしている。

眺望や立地も考慮して選びたい

そんな高級ホテルが集まるエリアでも探せば見つかるのが、路地裏にあるプチ・ホテルだ。けっして豪華な造りではないが、立地条件の良さと手ごろな料金を考慮すれば穴場のホテルといえるだろう。一方、ツアーで利用されるホテルが集まるのは、サンタ・ルチア駅周辺。人通りの激しいストラーダ・ノーヴァまでの道に並ぶホテルは、やや殺伐としていて高級感に欠けるが、他都市へ鉄道で向かう場合には便利。料金もサン・マルコ広場よりは経済的だ。

路地裏のプチ・ホテルがおすすめ

リド島に滞在するのもいい

ふだんよりも高くなる週末の宿泊料金

ビジネスマンが訪れる大都市のホテルでは、金曜の夜から月曜の朝までの宿泊率が低い。そのため、週末の料金を平日よりも安くして、観光客を誘致しているホテルが目立つ。しかし、ヴェネツィアのような観光地の場合は逆。平日よりも週末に旅行者が押し寄せるため、金曜から日曜のホテルの宿泊料金は平日よりも高いことが多い。それでも、ホテルに予約が殺到するのが、ヴェネツィアだ。

また一般的に、ヨーロッパでは冬はオフシーズンにあたり、宿泊料金は低めだが、ヴェネツィアに関しても例外ではない。クリスマス休暇、2月にはカーニバルで沸き上がるものの、1月を中心として宿泊料金は安くなる。また人々が海辺の街に向かう8月も安めの設定。ただし、アドリア海に浮かぶリド島にあるホテルは例外だ。

ホテルが集まるサン・マルコ広場周辺

ホテルが取れない場合

観光客で溢れるヴェネツィアでは、高級なホテルから予約が埋まるといわれている。したがって、カーニバルなどのイベントがあるホテルの繁忙期は、小規模のホテル、それもできるだけサン・マルコ広場から離れた場所にあるところを探してみるといい。それでもホテルが見つからない場合は、運河の街をあきらめて、サンタ・ルチア駅の一つ手前にある**ヴェネツィア・メストレ**にあるホテルをあたるといいだろう。隣駅といっても、列車に揺られてわずか8分。列車で運河の街にアプローチするのも、旅情に溢れており悪くはない。メストレの街の中心にはレストランやブティックが揃い、ヴェネツィアよりも安く食事や買物ができるというメリットもある。また、ヴェネツィアから飛行機で旅立つ場合は、空港の近くにあるホテルを選ぶのもひとつの手段。空港やヴェネツィアのローマ広場までシャトルバスを運行しているホテルならば、立地の悪さは十分カバーされるので、利用価値はあるだろう。

プチ・ホテル

施設充実	眺望が良い
歴史と伝統あり	清潔感あり
カップルでぜひ	バス付部屋あり

ホテル代が高いといわれるヴェネツィアで、手ごろな料金とアットホームな雰囲気を自慢にしているのがプチ・ホテル。大型ホテルとは違った居心地の良さ、個性的な造りも魅力だ。

全室ジャクージ付の豪華なホテル

ロンドラ・パラス
地図P.365 D-4

Londra Palace ★★★★

Riva degli Schiavoni 4171 ☎5200533 FAX5225032

S Lit.28万〜 T Lit.36万〜 53室

ヴァポレット 1/52/82番線S.Zaccariaサン・ザッカリーアから徒歩1分

花柄を用いた内装が全室共通。約7割の部屋から運河を望む眺めの良さが自慢。ムラーノ島への送迎サービス、カジノ無料入場券など、ゲストの特典も見逃せない。

家族経営の高級ペンションで大運河を眺める

ロカンダ・アイ・サンティ・アポストリ
地図P.364 B-1

Locanda Ai Santi Apostoli ★★★

Strada Nova 4391 ☎5212612 FAX5212611

S Lit.20万〜 T Lit.26万〜 11室

ヴァポレット 1番線Ca'd'Oroカ・ドーロから徒歩3分

リアルト市場の対岸の屋敷の3階部分にある。看板がないので探しにくいが、その隠れ家的な造りもゲストに評判。大運河を窓から見下ろす部屋が断然おすすめ。

サン・マルコ広場に近い穴場のプチ・ホテル

サン・モイゼ
地図P.364 B-4

San Moisè ★★★

S.Marco 2058 ☎5203755 FAX5210670

S Lit.18万〜 T Lit.20万〜 16室

ヴァポレット 1/82番線S.Marcoサン・マルコから徒歩4分

高級店が集まる通りの1本路地裏に建つ。シャワーだけの部屋が多いが、清潔で備品も充実している。

小運河沿いに専用の玄関を持つ

ケッテ
地図P.364 B-4

Kette ★★★

S.Marco 2053 ☎5207766 FAX5228964

S Lit.21万〜 T Lit.30万〜 66室

ヴァポレット 1/82番線S.Marcoサン・マルコから徒歩4分

ヴェネツィアン・グラスの照明と伝統家具が全室に共通。このクラスにしてはスタッフの数が多く、サービス面でも期待できる。付近にはレストランや店が揃う。

目立たないが立地の良さが注目される

ビザンツィオ
地図P.363 D-2

Bisanzio ★★★

Calle della Pieta 3651 ☎5203100 FAX5204114

S Lit.13万〜 T Lit.18万〜 39室

ヴァポレット 1/52/82番線S.Zaccariaサン・ザッカリーアから徒歩5分

おしゃれな造りではないが、備品の整った清潔な室内は十分に快適。のんびりとホテル滞在を楽しむのなら、5室ある専用テラス付の部屋を予約するといい。

サン・マルコ寺院の裏手にある

カンピエッロ
地図P.365 D-3
Campiello ★★

1/52/82番線S.Zaccaria 4647 ☎5205764 FAX5205798
S Lit.11万～ T Lit.17万～ 15室
ヴァポレット 1/52/82番線S.Zaccariaサン・ザッカリーアから徒歩3分
掃除の行き届いたフローリングの客室が自慢。シャワーしかないが、立地の良さと低料金は注目に値する。

狭いがジャクージ付の部屋もある

パナダ
地図P.365 C-3
Panada ★★★

Calle Specchieri 646 ☎5209088 FAX5209619
S Lit.20万～ T Lit.26万～ 48室
ヴァポレット 1/82番線S.Marcoサン・マルコから徒歩4分
サン・マルコ広場のすぐそば。客室は狭いが、花柄を描いたヴェネツィア伝統の家具が素敵。エアコン完備。

欧米人に根強い人気を誇るプチ・ホテル

ジョルジョーネ
地図P.363 C-1
Giorgione ★★★

S.S.Apostoli 4587 ☎5225810 FAX5239092
S Lit.19万～ T Lit.30万～ 69室
ヴァポレット 1番線Ca'd'Oroカ・ドーロから徒歩4分
リアルト市場の対岸。地元の人が行き交うエリアにある。パステルカラーを基調にした部屋は備品も十分。付近には地元の人が訪れる居酒屋や食事処もある。

5ツ星ホテルと並ぶ立地の良さが自慢

リスボナ
地図P.364 B-4
Lisbona ★★

S.Marco 2153 ☎5286774 FAX5207061
S Lit.15万～ T Lit.20万～ 15室
ヴァポレット 1/82番線S.Marcoサン・マルコから徒歩3分
個人の家を改造した、ペンションのようなホテル。飾り気のない客室だが、立地の良さと低料金で人気。

鉄道の旅に便利な駅前ホテル

ゼッキーニ
地図P.362 A-1
Zecchini ★★

Lista di Spagna 152 ☎715066 FAX715611
S Lit.12万～ T Lit.14万～ 27室
ヴァポレット 1/52/82番線Ferroviaフェロヴィアから徒歩2分
エアコンなし、シャワーだけと設備は簡素だが、客室の造りはなかなかにおしゃれ。清潔感に溢れている。

15世紀の宮殿跡で贅沢な思い出をつくる

ラ・レジデンツァ
地図P.363 D-2
La Residenza ★★

Campo Bandiera e Moro 3608 ☎5285315 FAX5238859
S Lit.13万5000～ T Lit.20万5000～ 17室
ヴァポレット 1番線Arsenaleアルセナーレから徒歩5分
ヴェネツィア共和国時代の総督グリッティ家の屋敷跡。漆喰の浮き彫りが美しいサロンはひと際豪華だ。年代物の家具や調度品を並べた客室も中世の趣たっぷり。

最高級ホテル

✽施設充実　眺望が良い
歴史と伝統あり　清潔感あり
♥カップルでぜひ　バス付部屋あり

大運河を目の前に望むサン・マルコ広場周辺には、かつて宮殿だった建物をいかした豪奢なホテルが多い。いずれも料金は高めだが、それに見合った贅沢な滞在が楽しめるはずだ。

国賓や富豪が定宿にする歴史的ホテル

ダニエリ

地図P.365 D-4
Danieli ★★★★★L
Riva degli Schiavoni 4196 ☎5226480 FAX5200208
S Lit.45万1000～ T Lit.69万3000～ 230室
ヴァポレット 1/52/82番線S.Zaccariaサン・ザッカリーアからすぐ
ヴェネツィア共和国時代に迎賓館だった由緒ある建物。吹き抜けのロビーホールが華やか。３種類の内装を持つ客室はいずれも上品な造り。大理石の浴室も豪華だ。

著名人が隠れ家に選ぶ小さなホテル

グリッティ・パラス

地図P.364 B-4
Gritti Palace ★★★★★L
Campo S.Maria del Giglio 2467 ☎794611 FAX5200942
S Lit.41万～ T Lit.65万～ 93室 ヴァポレット 1番線S.Maria del Giglioサンタ・マリア・デル・ジリオから徒歩2分
サン・マルコ広場の雑踏から解放されたエリアで、目立たぬたたずまい、こぢんまりとした造りが著名人に支持される。全室異なる内装が常連客にも楽しみ。

ヴェネツィアでは貴重なプール付

チプリアーニ&パラッツォ・ヴェンドラミン

地図P.363 C-4
Cipriani & Palazzo Vendramin ★★★★
Giudecca 10 ☎5207744 FAX5207745
S Lit.65万～ T Lit.90万～ 104室
サン・マルコ広場からボートで約3分
王室や富豪が顧客リストに名を連ねるリゾートホテル。ビデオを備えた広々とした客室。贅沢に備品を揃えた浴室がホテルの格を物語る。執事付の別館もある。

昼も夜も大運河の眺めを満喫できる

エウローパ&レジーナ

地図P.364 B-4
Europa & Regina ★★★★
S.Marco 2159 ☎5200477 FAX5231533
S Lit.33万 T Lit.48万～ 192室
ヴァポレット 1/82番線S.Marcoサン・マルコから徒歩2分
大運河越しにサルーテ広場を望む、眺めの良いホテル。ヴェネツィア家具を置く客室は申し分なく豪華な造り。

映画祭に訪れる有名人に愛用される

エクセルシオール

地図P.361 B-3
Excelsior ★★★★★L
Lungomare Marconi 41 ☎5260201 FAX5267276
S Lit.39万～ T Lit.41万～ 193室
サン・マルコ広場からボートで約15分
アドリア海に浮かぶリド島にある。外観から客室の内装までエキゾチックなムードを漂わせる造りが個性的。サン・マルコ広場まで専用ボートで送迎サービスあり。

中・高級ホテル

✽施設充実　⛶眺望が良い　歴史と伝統あり　❀清潔感あり　♥カップルでぜひ　バス付部屋あり

高級ホテルが集まるサン・マルコ広場周辺とやや手ごろな料金のホテルが多い国鉄駅周辺。どちらも週末は混むので、早めの予約が望ましい。週末は通常料金より高い場合もある。

長年旅籠だった歴史を誇る老舗のホテル

ルナ・バリオーニ
地図P.365 C-4
Luna Baglioni ★★★★
S.Marco 1243 ☎5289840 FAX5287160
S Lit.25万～ T Lit.49万～ 118室
ヴァポレット 1/82番線S.Marcoサン・マルコから徒歩2分
サン・マルコ広場の裏手。シャンデリアの下がるロビーや朝食堂の華やかさが印象的。上質の生地を使った客室の内装や大理石の浴室も趣味の良さを感じさせる。

大運河を望むテラスで食事を楽しむ

バウアー・グルンヴァルト
地図P.364 B-4
Bauer Grünwald ★★★★
S.Marco 1459 ☎5207022 FAX5207557
S Lit.22万～ T Lit.34万～ 214室
ヴァポレット 1/82番線S.Marcoサン・マルコから徒歩2分
ヴェネツィアでは珍しい大型ホテル。眺めの良し悪し、部屋のサイズ、造りに差は生じるが、いずれの客室も快適な空間。立地条件の良さと充実した施設が人気。

地元の人も訪れるレストランがある

メトロポール
地図P.363 D-3
Metropole ★★★★
Riva degli Schiavoni 4149 ☎5205044 FAX5223679
S Lit.22万～ T Lit.30万～ 74室
ヴァポレット 1/52/82番線S.Zaccariaサン・ザッカリーアから徒歩1分
オーナーが収集した骨董品が館内を飾る。センスの良い木の家具を置いた客室。自宅の気分でくつろげるサロンなど、各所に漂う心地よい雰囲気がゲストに評判。

駅に最も近い快適なホテルは朝食が人気

ベッリーニ
地図P.362 A-1
Bellini ★★★★
Lista di Spagna 116 ☎5242488 FAX715193
S Lit.19万～ T Lit.25万～ 99室
ヴァポレット 1/52/82番線Ferroviaフェロヴィアから徒歩1分
部屋は狭いが、ヴェネツィアン・グラスの照明と伝統家具がおしゃれな雰囲気を漂わせる。ベーコンエッグの付いたボリュームたっぷりの朝食メニューが楽しみ。

大運河沿いのテラス・レストランが素敵

モナコ&グランド・カナル
地図P.365 C-4
Monaco & Grand Canal ★★★★
S.Marco 1325 ☎5200211 FAX5200501
S Lit.35万～ T Lit.50万～ 70室
ヴァポレット 1/82番線S.Marcoサン・マルコから徒歩1分
水上バスの停留所の目の前。ゴンドラが浮かぶ大運河の眺めもホテルの魅力のうち。備品の整う客室も快適。

中世の趣を漂わせる館内でタイムスリップ

サトゥルニア・インターナショナル

地図P.364 B-4

Saturnia & International ★★★★

Calle Larga XXII Marzo 2398 ☎5208377 FAX5207131

S Lit.22万～ T Lit.32万～ 95室

ヴァポレット 1/82番線S.Marcoサン・マルコから徒歩3分

木の梁が通った天井など、14世紀の屋敷をいかした造り。客室に並ぶ骨董風の家具にもこだわりを見せる。

改装を終えたばかりの快適な客室が自慢

ソフィテル・ヴェネツィア

地図P.362 A-2

Sofitel Venezia ★★★★

Santa Croce 245 ☎710400 FAX710394

S Lit.38万～ T Lit.48万～ 97室 ヴァポレット 1/52/82番線Piazzale Romaピアッツァーレ・ローマから徒歩3分

空港からのバスが発着する広場の近く。明るい配色の内装が全室共通。24時間のルームサービスも自慢。

芸術家に人気を集める古参のホテル

カヴァレット&ドージェ・オルセオロ

地図P.365 C-3

Cavalletto & Doge Orseolo ★★★★

S.Marco 1107 ☎5200955 FAX5238184

S Lit.18万～ T Lit.28万～ 96室

ヴァポレット 1/82番線S.Marcoサン・マルコから徒歩3分

サン・マルコ広場を抜けてすぐの場所。ゴンドラが停泊する小運河に面して建つ。立地と眺めの良さで客を呼ぶが、部屋の造りは簡素。周辺には店が軒を連ねる。

大運河の中ほどにある低料金の穴場

リアルト

地図P.364 B-2

Rialto ★★★

S.Marco 5149 ☎5209166 FAX5238958

S Lit.18万～ T Lit.24万～ 77室

ヴァポレット 1/82番線Rialtoリアルトから徒歩1分

大運河を望む部屋でもけっして高くはない。館内にエレベーターはないが、飲食の施設は整っている。

草木の茂る中庭が自慢の静かな客室で

アマデウス

地図P.362 A-1

Amadeus ★★★★

Lista di Spagna 227 ☎715300 FAX5240841

S Lit.24万～ T Lit.34万～ 63室

ヴァポレット 1/52/82番線Ferroviaフェロヴィアから徒歩2分

飲食店やみやげ物店が並ぶ駅前通りにある。中庭に面する客室が静かでおすすめ。全室備品は充実している。

ブドウ棚のある中庭が開放的なホテル

アル・ソーレ・パラス

地図P.362 A-2

Al Sole Palace ★★★

Santa Croce 136 ☎710844 FAX719061

S Lit.12万～ T Lit.19万～ 80室 ヴァポレット 1/52/82番線Piazzale Romaピアッツアーレ・ローマから徒歩5分

小運河に面して建つ、15世紀の屋敷跡。木の梁の通った天井や古い井戸を残す館内の造りがゲストを喜ばせる。夏はブドウ棚のある中庭で食事をとる気分も格別。

レストラン RESTAURANTS

白ワインの生産量を誇るヴェネト地方。その恩恵を授かったヴェネツィアでは飲み心地のよい冷えた白ワインを堪能したい。小さな運河の街に100軒はあるといわれている立ち飲みのワイン・バー“バカリ”こそ、滞在中にぜひ訪れたいダイニング・スポットだ。

つまみを食事代わりに楽しめるバカリ

朝から晩までグラスワインで喉を潤すヴェネツィアの人々。確かに、コーヒーと変わらぬ料金で飲めるワインの魅力は大きいが、彼らにとって大切なのはワインを飲ませるバカリという居酒屋の存在のほうだ。いってみれば、友人や顔見知りの人間と立ち話をするための場所であるバカリは、ワイン・バーというよりも家の近所の寄り合い所。ワイン一杯とつまみが寄り合い所を覗くためのメニューになっているというわけだ。しかし、コロッケからイワシのマリネ、野菜のフライまで、店のカウンターに並ぶつまみの種類はバラエティ豊か。それは日本人には惣菜として十分に通用する料理に値する。注文はどれも１個単位か、小皿に取り分けられる程度の少量だが、胃袋の小さい日本人にはちょうどよいくらい。軽く食事を済ませたいランチタイムには、手ごろなダイニング・スポットとして訪れたい場所だ。さらに、スパゲッティやリゾットなどの本格的な料理も注文したい人は、店の奥にテーブルを置いてレストランとしても営業しているバカリを利用するといい。

お目当てのレストランは早めの予約を

旅行者数のわりには軒数が少なく、レストランの規模も限られているヴェネツィア。それだけに評判のレストランは、観光シーズンともなると連日予約でいっぱいだ。テーブルの予約がなかなかできないくらい繁盛している。そんな人気の店で食事を希望する場合は、ホテルのコンシェルジュに頼んで予約を取ってもらう。あるいは、夜よりも予約の取りやすいランチタイムに訪れることにすればいい。その場合でも予約は入れておいたほうが無難だ。

高級ホテルのレストランに夜でかけるときは、予約はもちろん、真夏でも男性はジャケットとタイ着用の盛装が求められるので注意したい。

バカリでの注文と支払い方法

立ち飲みのワインバー“バカリ”でワイン（ヴィーノ）を注文する場合。赤（ロッソ）か白（ビアンコ）、または決まったワインの銘柄がある場合はその名前をいう。さらに作り置きされている“チケット”と呼ばれるつまみは、指でさして注文すればいい。支払いは飲食が終わった時点でまとめて自己申請するシステム。こちらが外国人の場合は、店側で注文をメモしているケースが多いが、自分が飲んだグラスワインの数とつまみの種類くらいは覚えておく。店によっては、カウンターよりもテーブル席で注文するワインや料理の料金を高く設定しているところもある。

バカリで試したいワインの味

フルーティな味わいに定評のあるヴェネト産の白ワイン。その銘柄はトカイ、ピノ・グリッジョ、プロセッコ（弱炭酸）が人気どころ。さらに、ヴェネツィアの居酒屋でしか飲めないフラゴリーノという生産量の限られた甘口のワイン（赤・白）も試してみたい味。ほんのり苺の味わいのするこのワインは、ほかの地方では手に入らない貴重なもの。酒屋で売られていないどころか、置いているバカリも限られているので、ヴェネツィア滞在中に探してみるといい。

ヴェネツィアでぜひ訪れたいのはバカリ

地元の人々と肩を並べて気軽な食事をしたい

最高級レストラン

服装注意	要予約
望予約	眺望が良い
カップルでぜひ	M 英語メニュー

観光地ヴェネツィアでは高級レストランでも予約が殺到。数日先の予約でないと取れない人気の店もあるほどだ。高級ホテルのレストランへはジャケットとタイ着用で出かけたい。

昼も夜も予約客で席が埋まる

ダ・フィオーレ

地図P.364 A-1

Da Fiore

Calle del Scaleter 2202 ☎721303

営12:30～14:30 19:30～22:00 休日・月曜 L D Lit.10万～

ヴァポレット 1番線S.Silvestroサン・シルヴェストロから徒歩7分

地元のグルメも足繁く通う魚介料理店。席数が限られているので早めの予約が望ましい。ヴェネツィア産渡りガニの唐揚げポレンタ添え、甲殻類の盛り合わせ

ほかのホテルからも客が押し寄せる

チプリアーニ

地図P.363 C-4

Cipriani

Hチプリアーニ

Giudecca 10 ☎5207744

営12:30～15:00 20:00～22:30 休無休

L D Lit.15万～ サン・マルコ広場からボートで5分

ホテル・チプリアーニのメインダイニング。盛装にふさわしい華がある店内の雰囲気も魅力。ほうれん草パスタのグラタン、生牛肉の薄切り特製ソース添え

ヘミングウェイも訪れた名物レストラン

ハリーズ・バー

地図P.365 C-4

Harry's Bar

Calle Vallaresso 1323 ☎5285777

営12:00～15:00 19:00～23:00 休月曜、1・2月 L D Lit.15万～

ヴァポレット 1/82番線S.Marcoサン・マルコからすぐ

スパークリング・ワインとピーチ・ジュースのカクテル、ベッリーニ発祥の店。1階のバーでその味を楽しんでから食事を。生牛肉の薄切り、イカ墨リゾット

シェフのこだわりを感じさせる味

ダ・フランツ

地図P.361 B-3

Da Franz

F.ta S. Isepo 754 ☎5220861 営12:30～15:00 19:30～22:30

休火曜、1月からカーニバルまで L D Lit.10万～

ヴァポレット 1/52/82番線Giardiniジャルディーニから徒歩3分

旅行者の姿がまばらな街外れにある。市場で仕入れたばかりの魚介類を新しい油で揚げた料理が美味。唐揚げの盛り合わせ、手長エビのリゾットやパスタ

サマセット・モームが絶賛した

クラブ・デル・ドージェ

地図P.364 B-4

Club del Doge

Hグリッティ・パラス

Campo S. Maria del Giglio 2467 ☎794611

営12:15～14:30 19:15～22:30 休無休 L D *Lit.15万～*

ヴァポレット 1番線S.Maria del Giglioサンタ・マリア・デル・ジリオから徒歩2分

グリッティ・パラス内。モームがお気に入りだったテラス席で食事をしたい。手長エビ入りのラビオリ

中・高級レストラン

服装注意　要予約
望予約　眺望が良い
カップルでぜひ　英語メニュー

安くはないが、ほどほどの予算で食事ができる店。確実に席を取るためには、ランチ以外はやはりホテルから予約を入れたほうが賢明だ。支払いの際はチップも忘れずに。

ピカソやキリコなど画家がひいきにした店

ラ・コロンバ
地図P.364 B-3
La Colomba

Piscina di Frezzeria 1665 ☎5221175
営12:00～15:00 19:00～23:00 休冬季の水曜 L D Lit.10万～
ヴァポレット 1/82番線S.Marcoサン・マルコから徒歩4分

かつて芸術家が集い一世を風靡したスポット。地元産のアサリのスパゲッティ、ホタテ貝のグラタンなど

中庭で食事ができるヴェネツィア料理専門店

コルテ・スコンタ
地図P.363 D-2
Corte Sconta

Calle del Pestrin 3886 ☎5227024
営12:30～14:30 19:30～0:00 休日・月曜、7～8月 L D Lit.8万～
ヴァポレット 1番線Arsenaleアルセナーレから徒歩2分

家庭的な雰囲気の漂うレストラン。ハイシーズンの夜には予約を入れたほうが無難だ。イワシのマリネ、シャコやクモガニ、イカの卵巣など前菜各種

市場で仕入れたばかりの新鮮な素材を調理

フィアスケッテリア・トスカーナ
地図P.365 C-1
Fiaschetteria Toscana

Salizada S. Giovanni Grisostomo 5719 ☎5285281
営12:30～14:30 19:30～22:30 休火曜、7月 L D Lit.9万～
ヴァポレット 1/82番線Rialtoリアルトから徒歩3分

ワインの種類の多さを誇る、魚介料理の店。昼はともかく、夜は混み合うので予約を。オマール・エビのパスタ、魚介類の唐揚げ盛り合わせ、ザバイオーネ

地元の人も顔を覗かせるカジュアルなレストラン

ダ・イグナツィオ
地図P.362 B-2
Da Ignazio

Calle Saoneri 2749 ☎5234852
営12:30～14:30 19:30～0:00 休土曜、カーニバル後と7月の2週間
L D Lit.6万～ ヴァポレット 1/82番線S.Tomaサン・トマから徒歩4分

良心的な料金でヴェネツィア料理が味わえる。ワイン・リストも充実。魚介類のスープ、クモガニ入りパスタ、ヴェネツィア風子牛のレバーとタマネギ炒め

夜は予約が難しいほど評判の店

アル・マスカロン
地図P.365 D-2
Al Mascaron

Calle Larga S. Maria Formosa 5225 ☎5225995
営12:30～15:00 19:30～0:00 休日曜、8月に1週間 L D Lit.6万～
ヴァポレット 1番線Rialtoリアルトから徒歩6分

居酒屋のようなカジュアルな雰囲気と料金が地元の若者にも人気。並びにある同経営のワインバーも左党におすすめ。オマール・エビや手長エビのスパゲッティ

鮮度を誇る海の幸が自慢のレストラン

ダ・レミッジョ
地図P.363 D-2

Da Remigio

Castello 3416 ☎5230089
営12:30〜14:30 19:30〜23:00 休月曜の夜、火曜 L D Lit.6万〜
ヴァポレット 1/52/82番線S.Zaccariaサン・ザッカリーアから徒歩4分

気取らぬ雰囲気の店内。メニューに添付されたおすすめの魚介料理を。イカ墨やイワシのスパゲッティ

ゴンドラの船頭も立ち寄る休みなしの料理店

アッラ・リヴェッタ
地図P.365 D-3

Alla Rivetta

Ponte S.Provolo 4625 ☎5287302
営10:00〜22:00 休月曜、8月 L D Lit.6万〜
ヴァポレット 1/52/82番線S.Zaccariaサン・ザッカリーアから徒歩3分

朝から夜までノンストップ営業。日曜も開いている便利な食事処。入口は立ち飲みのワインバー、奥がレストランになっている。海の幸の唐揚げ盛り合わせ

船室のような内装が個性的なホテルの料理店

ラ・カラヴェッラ
地図P.364 B-4

La Caravella
Hサトゥルニア

Calle Larga 22 Marzo 2398 ☎5208901
営12:00〜15:00 19:00〜0:00 休7〜8月 L D Lit.13万〜
ヴァポレット 1/82番線S.Marcoサン・マルコから徒歩3分

夜はおしゃれな装いの旅行者たちで席がいっぱいになる。手長エビとポルチーニ茸のリゾット

昼も夜も食べ放題。1人でも楽しめる

アル・ブッフェ
地図P.363 D-3

Al Buffet
Hメトロポール

Riva degli Schiavoni 4149 ☎5205044
営12:30〜15:00 19:00〜22:00 休無休 L D Lit.5万1000〜
ヴァポレット 1/52/82番線S.Zaccariaサン・ザッカリーアから徒歩1分

前菜からデザートまで種類豊富な料理が並ぶ。料金はワイン込み。1人でも食事を堪能できる貴重な店だ。

店の入り口にワインバーも併設するおすすめ店

アル・ミリオン
地図P.365 C-1

Al Milion

Corte del Milion 5841 ☎5229302
営11:30〜15:00 18:00〜23:00 休水曜、8月 L D Lit.6万〜
ヴァポレット 1番線Rialtoリアルトから徒歩4分

ヴェネツィア伝統料理店。わかりづらい場所だが、探す価値は十分。イカ墨のリゾット、イワシのマリネ

地元のグルメに親しまれている食事処

ヴィヴァルディ
地図P.364 A-2

Vivaldi

S.Polo 1457 ☎5238185
営10:00〜15:00 17:00〜22:00 休日曜 L D Lit.3万5000〜
ヴァポレット 1番線S.Silvestroサン・シルヴェストロから徒歩4分

旅行者よりも地元の家族連れが目立つ店。手ごろな料金がなによりもうれしい。入口のワインバーで料理のつまみ食いも楽しめる。魚介のグリルの盛り合わせ

バカリ(ワイン・バー)

服装注意　望予約
カップルでぜひ　J日本語メニュー
M英語メニュー　テラス席あり

街角に何十軒とあるワインのショットバー、バカリ。つまみを食べながらのどを潤す、立ち飲みの居酒屋で、軽く腹ごしらえをするにも最適な場所。料金は飲食後に自己申請する。

つまみや料理がおいしいと評判の店

ダ・アルベルト
Da Alberto
地図P.365 C-1

Calle Giacinto Galline 5401 ☎5238153
営9:00～15:00 17:30～21:30 休日曜、8月に15日間 料Lit.8000～
ヴァポレット 1番線Rialtoリアルトから徒歩10分
地元のバカリ通に支持される。夜の食事は予約が必要。
地酒フラゴリーノ、挽肉団子やオリーヴのフライ

本格的なレストランとしても利用できる　J M

アチュゲータ
Aciugheta
地図P.365 D-3

Campo S.Filippo e Giacomo 4357 ☎5224292
営8:00～0:00 休冬季の水曜 料Lit.8000～
ヴァポレット 1/52/82番線S.Zaccariaサン・ザッカリーアから徒歩2分
サン・マルコ広場の近く。朝から夜半までいつでも食事ができる便利な店。レストランとしてよりも、店先のバーの利用がおすすめ。茹でたイカの卵巣ほか

常連客で賑わう、看板のない店

アイ・アッサシーニ
Ai Assassini
地図P.364 B-3

Rio Terrà dei Assassini 3695 ☎5287986
営11:30～15:00 18:30～23:30 休日曜、8月の2週間 料Lit.8000～
ヴァポレット 1番線S.Angeloサンタンジェロから徒歩4分
飲み過ぎを皮肉った、殺し屋という店名がユニーク。週末の夜、テーブル席での食事は予約を。温野菜の盛り合わせ、オリーヴと挽き肉のフライ、チーズほか

ゆっくり座って飲食ができるセルフサービス店

ベンティゴーディ
Bentigodi
地図P.362 B-1

Calle delle Calesele 1423 ☎716269
営10:30～15:00 18:00～23:00 休日曜 料Lit.8000～
ヴァポレット 1/82番線S.Marcuolaサン・マルクォーラから徒歩4分
国鉄駅から歩いて行ける、昔のユダヤ人街にある。テーブル席もあるが、セルフサービス。旅行者でも気軽に入れる食堂の雰囲気が良い。ラザーニヤなど

40種類も揃うつまみが自慢

アル・ボンバ
Al Bomba
地図P.363 C-1

Strada Nova, Calle dell'Oca 4297 ☎5237452
営11:00～14:30 17:40～23:00 休水曜 料Lit.8000～
ヴァポレット 1番線Ca'd'Oroカ・ドーロから徒歩3分
地元の人が軽い腹ごしらえに立ち寄る店。居酒屋らしくない雰囲気に誘われて地元の子供もやってくる。アスパラガスのフライ、イワシのマリネ、鶏の唐揚げ

地元の若者が集う賑やかな雰囲気を楽しむ

アッラ・ボッテ

地図P.365 C-2

Alla Botte

S.Bortolomio 5482 ☎5209775

営9:00〜15:30 16:30〜23:30 休土曜 料Lit.8000〜

ヴァポレット 1番線Rialtoリアルトから徒歩2分

最新の音楽が店内に流れるノリの良い店。夜は店の外まで人が溢れる。セロリと小ダコのサラダほか

ワインとともに本格的な料理も期待できる

コロネッテ

地図P.365 C-3

Colonette

S.Marco 987 ☎5237082

営10:00〜22:00 休木曜 料Lit.8000〜

ヴァポレット 1/82番線S.Marcoサン・マルコから徒歩4分

食事をするなら、料理ができあがったばかりの昼時がおすすめ。ラザーニャ、野菜と牛肉のトマト煮込み

地元のワイン通が常連の好ワインバー

ド・モーリ

地図P.364 B-1

Do Mori

S.Polo 429 ☎5225401

営8:30〜13:30 17:00〜20:30 休水曜の午後、日曜 料Lit.8000〜

ヴァポレット 1番線Rialtoリアルトから徒歩5分

鍋が天井から下がる個性的な店内の造り。料金の手ごろな地元のワインから、トスカーナ地方の高級赤ワインまで揃う。つまみの料金は他店よりもやや高め。

サンドイッチをはじめ料理がおいしいバカリ

ド・スパーデ

地図P.364 B-1

Do Spade

S.Polo 860 ☎5210574

営9:00〜13:00 17:00〜0:00 休日曜 料Lit.8000〜

ヴァポレット 1番線Rialtoリアルトから徒歩5分

食事を目的に訪れたい店。座る席も確保されている。ズッキーニの花のフライ、イワシのマリネほか

レストランと同じ前菜が楽しめるので人気がある

フィオーレ

地図P.364 A-3

Fiore

Calle de le Botteghe 3461 ☎5235310

営9:00〜15:00 17:00〜21:30 休火曜 料Lit.8000〜

ヴァポレット 1/82番線Accademiaアカデミアから徒歩5分

夕方から地元の常連で賑わう。バカリのハシゴに加えたい1軒。茹でたシャコ、挽肉団子のフライほか

旅行者には知られていない穴場でこっそり

アッラ・フラスカ

地図P.363 C-1

Alla Frasca

Cannaregio 5176 ☎5285433

営9:30〜20:30 休木曜 料Lit.8000〜

ヴァポレット 1番線Ca'd'Oroカ・ドーロから徒歩8分

住宅街にポツリとある、地元の人の食事処。晴れた日はテラスでのんびりランチを。リゾットやパスタ類、地元産の小さなカタツムリのオリーヴオイル漬け

カフェとバール

服装注意　望予約
眺望が良い　カップルでぜひ
英語メニュー　テラス席あり

街角に幾つもあるバールは、座る席のない喫茶店のようなもの。ここでカプチーノやエスプレッソなど、本場のイタリアン・コーヒーを飲んでみたい。夏はテラス席を設けて生演奏を楽しませてくれるサン・マルコ広場のカフェテラスに腰を下ろして喉を潤すのもいい。

ディケンズなど文化人に愛されたカフェ

カフェ・フローリアン

地図P.365 C-4

Caffè Florian

P.za S.Marco 56 ☎5285338
営9:30～0:00 休無休 料Lit.1万～
ヴァポレット 1/82番線S.Marcoサン・マルコから徒歩2分

1720年創業の老舗のカフェ。冬は趣のある店内で熱いエスプレッソを、夏はテラスで冷たいカクテルを。夏の間はオーケストラの生演奏（別料金）も楽しめる。

ヴェネツィアで初めてコーヒーを出した店

クアードリ

地図P.365 C-3

Quadri

P.za S.Marco 120 ☎5289299
営8:00～0:00 休冬季の月曜 料Lit.1万～
ヴァポレット 1/82番線S.Marcoサン・マルコから徒歩2分

フローリアンと向かい合うように、サン・マルコ広場にある。1階はカフェ、2階がレストランになっている。こちらも夏の間オーケストラの生演奏が楽しめる。

ヴェネツィアの名物

種類豊富なサンドイッチ

バールでは淹れ立てのカプチーノやエスプレッソが味わえるが、それと一緒に注文したいのが、トラメッツィーノと呼ばれるサンドイッチ。イタリア全国どこのバールでもサンドイッチはあるが、ヴェネツィアのものは種類が豊富。ツナや卵、野菜、チーズのほかにマヨネーズで和えた小エビを挟んだものまである。ひとつLit.2000くらい。ホテルで朝食をとらない場合は、バールでカプチーノとトラメッツィーノを朝食代わりに注文するのもいいだろう。

また、カフェテラスでのんびり腰を下ろして飲み物を注文する場合は、地元産のスパークリング・ワインにフルーツ・ジュースを加えたカクテルを試してみたい。ピーチの味わいが楽しめるベッリーニ、オレンジのミモザなど、季節によって異なるカクテルを用意するおしゃれなカフェもあるくらいだ。

おすすめはイチゴの香りのワイン

一方、ワイン党にはヴェネツィア名物の居酒屋バカリがおすすめだが、ほかの地方では口にすることができない地酒フラゴリーノ（赤と白の2種類ある）もぜひ試してみたい味。イチゴの香りがするこのワインは甘口で、お酒が苦手な人でも飲みやすい。生産量が限られているワインなので、ヴェネツィアの、それも限られたバカリにしかないが、滞在中に貴重な味を探し求めてみるのもなかなか楽しいものだ。

ボリュームたっぷりのトラメッツィーノ

ショッピング SHOPPING

観光客が足を踏み入れそうなところなら、どんな狭いカッレ(路)にもショップがある。最高級のヴェネツィアン・グラスを扱う老舗から、アジア製のガラス製品やレースを売るみやげ物屋まで個性もいろいろ。本物を安く買うなら、マエストロたちの店がおすすめだ。

店舗の多いサン・マルコ広場周辺

サン・マルコのみやげ物屋は高い?

ガラス製品、レース製品、飾り用の小さなマスケラなど、ヴェネツィア特有の商品をすべて扱っているのは、みやげ物屋。本物のヴェネツィア製品とアジア製品などがごちゃまぜになっている。ヴェネツィア製でないチープなみやげ物にも、面白いものやかわいいものはあるので、値段とのバランスを考えて買いたい。サン・マルコ広場周辺のみやげ物屋は高い値段を付けていることが多い。次に高いのはサンタ・ルチア駅周辺の店。サン・ステファノ広場やアカデミア美術館近くだと、同じものが2割くらい安く見つかることがある。

商店の営業時間

ヴェネツィアの店はほかの都市に比べて休みが少ない。みやげ物店のなかには、年中無休で夏季は夜23時頃まで開けている店もある。職人さんがやっている店は一般的に日曜は休み。平日も2時間くらいの昼休みをとることが多い。

素敵なものを見つけるには、まずカッレを歩く

ヴェネツィアには、中世からの手工業の伝統を守る〝マエストロ(名人・親方)〟と呼ばれる職人がいる。彼らが作るヴェネツィアン・グラスと呼ばれるガラス製品、カーニバルの仮面マスケラ、マーブル模様の紙や文房具、レース製品などがヴェネツィアらしい買物だ。ただし、最近は中国や台湾製の工業品がかなり出まわっているので、本物を買いたいというときには注意が必要。まず間違いがないのは有名な老舗店だ。ヴェネツィアン・グラスなら、**サン・マルコ広場**のヴェニーニやパウリーが最高級店。ただ、かなり値がはる。本物を安くというなら**サンタ・マリア・フォルモーザ広場周辺**や、**サン・マルコ広場からアカデミア美術館までのカッレ**に点在する職人の店を訪ねるといい。店の奥に小さな工房があり、そこで職人さんが製品の仕上げをしながら店番も兼ねているのが一般的だ。マスケラやマーブル模様の文房具にも、この見分け方が通用する。後継者が少なくなってきているレース製品は、本物を見つけるのがいちばん難しい。信頼できるのはメルチェリエとサン・マルコ広場にある老舗イエズルム。ブラーノ島を中心とするヴェネツィア周辺でのみ作られた製品を揃えている。

ヴェネツィアの街並が気に入ったら、その風景を描いたエッチングや絵を買うのもいいだろう。店やアトリエは**サン・マルコ広場からアカデミア橋**、さらに**アカデミア美術館からサルーテ教会周辺のカッレ**に多い。また、スクオーラ・ディ・サン・ロッコ近くの**フラーリ広場**や**サン・ポーロ広場**あたりには、一点モノのアクセサリーやファッション小物を売る店など個性的なショップが多いので、ぜひ足を延ばしたい。皮革製品や衣類などの有名ブランド・ショップは、**メルチェリエ** と**22マルツォ通り** に集まっている。

ガラス製品もヴェネツィアの代表的なみやげ物

味のある品を手に入れるなら職人の工房へ

ショップ

SHOPS

高級店	みやげ小物あり
★オリジナルあり	日本へ発送可
オーダー可能	歴史と伝統あり

ブランド・ショップやみやげもの店ではなく、こだわりをもって仕事を続けるマエストロたちの店を中心に紹介する。商品の品質は確かで、旅の思い出になる一品が見つけられる。

カーニバル用の衣装やマスケラが揃う ★

イル・プラート

地図P.364 B-3

Il Prato

S.Marco 1770 Calle Frezzeria ☎5203375

営9:30〜12:30 15:30〜19:30 休日曜

ヴァポレット 1/82番線S.Marcoサン・マルコから徒歩5分

マスケラ、カリヨン、マリオネッタなどヴェネツィア独特の工芸品が集まる。すべて手作りで洗練されたデザインが特徴。カーニバルの衣装はオーダーも可。

徹底的に"使う"マスケラにこだわる ★

ポンテカヴァッロ

地図P.362 B-1

Pontecavallo

Cannaregio 1521 Rio Terra'S. Leonardo ☎5244697

営9:30〜20:30 休12/25

ヴァポレット 1/82番線S.Marcuolaサン・マルクォーラから徒歩3分

若きマスケラ作家ルーチョとウーゴの店。中世のヴェネツィアで日常的に使われたバウタ型やカーニバル用など、本格派のマスケラが良心的価格で手に入る。

一点モノのヴェネツィアン・グラスのアクセサリー ★

ラルベロ

地図P.365 D-2

L'Albero

Ss.Giovanni e Paolo 6376/a Calle de 1'Ospedaletto ☎5236875

営10:00〜19:00 休日曜

ヴァポレット 1/82番線Rialtoリアルトから徒歩10分

ムリーナと呼ばれるガラスのペンダントヘッド、アンティークガラスを組み込んだネックレスなど、丹念な手仕事品が揃う。ほかに独創的デザインのマスケラも。

ガラスの名品を中世と同じ製法で再現 ★

アル・カンパニル

地図P.365 D-2

Al Campanil

Castello 5184 Calle Lunga S.Maria Formosa ☎5235734

営9:30〜12:30 15:30〜19:00 休日曜、祝日

ヴァポレット 1/52/82番線S.Zaccariaサン・ザッカリーアから徒歩7分

大英博物館などに所蔵されている13〜20世紀初頭のガラス工芸品のレプリカと、オリジナル・デザインのアクセサリーを扱う。自然素材を用いた風合いが見事。

モダンデザインの代表作家カルロ・モレッティの店 ★

リゾラ

地図P.364 B-4

L'Isola

Campo S.Moise 1468 ☎5231973

営9:00〜19:30 休無休

ヴァポレット 1/82番線S.Marcoサン・マルコから徒歩2分

ヴェネツィア様式に現代的デザインを採り入れた芸術性の高いガラス製品が人気。グラスLit.7万5000〜。

古代ローマのガラス器のレプリカ

パオロ・ロッシ
地図P.365 D-3

Paolo Rossi

Castello 4685 S.Zaccaria ☎5230090

営10:00～13:00 15:00～19:30 休無休

ヴァポレット 1/52/82番線S.Zaccariaサン・ザッカリーアから徒歩3分

花瓶や壺など、古代模様と色を模したガラス製品。小さなものはLit.1万7000と手ごろ。アクセサリーもある。

おみやげにもいいカラフルなガラス小物

R.S.トレヴィザン
地図P.365 C-3

R.S.Trevisan

Calle Canonica 344/345 ☎5229640

営9:00～19:30 休10/15～3/15の日曜

ヴァポレット 1/52/82番線S.Zaccariaサン・ザッカリーアから徒歩5分

1996年にオープンしたガラス小物の専門店。鮮やかな色使いとモダンなデザインが特徴。香水入れLit.1万～。

ヴェネツィアの総督の服もここで作られた

マリオ・ベヴィラクア
地図P.365 D-3

Mario Bevilacqua

S.Marco 337/B Fondamenta Canonica ☎5287581

営10:00～19:30 休無休

ヴァポレット 1/52/82番線S.Zaccariaサン・ザッカリーアから徒歩4分

200年の歴史を持つ高級布地店。つづれ織り、ダマスコ織りなどのインテリア用の布地、飾り紐、クッションなどを扱う。おみやげ用には匂い袋Lit.3万～が好評。

優雅なシルク・プリーツが100色以上揃う

ヴェネツィア・ステュディウム
地図P.364 B-4

Venetia Studium

S.Marco 2403/04 Via 22 Marzo ☎5229281

営9:30(日曜10:30)～20:00(日曜は～19:30) 休日曜の13:00～15:30、祝日

ヴァポレット 1/82番線S.Marcoサン・マルコから徒歩5分

20世紀初頭に考案されたシルクのプリーツ加工法による美しい風合いのスカーフ、ポケットチーフが豊富。

本物のヴェネツィアン・レースが見つかる

イエズルム
地図P.365 C-2

Jesurum

S.Marco 4856 Mercerie del Capitello ☎5206177

営9:30(日曜10:00)～19:30(日曜、11～3月は～19:00) 休日曜、11～3月の13:00～15:00

ヴァポレット 1/82番線S.Marcoサン・マルコから徒歩5分

1870年創業の刺繍製品の老舗。ブラーノ島をはじめとしヴェネト地方で作られた最高級のリネン類が揃う。

アンティーク・レースを使ったランプシェード

チェネレントラ
地図P.362 B-2

Cenerentola

S.Polo 2721 Calle dei Saoneri ☎5232006

営10:00～13:00 16:00～20:00 休日曜、祝日の一部

ヴァポレット 1/82番線S.Tomaサン・トマから徒歩10分

19世紀のブラーノ・レースなどを用いたヴェネツィア独特の片面ランプシェードが人気。アンティーク・レースのみの購入も可(3m、Lit.80万～)。ほかにドレスも。

旅の思い出にゴンドラのフォルコラ(櫂栓)を ★✂

カルリ
地図P.365 D-3
Carli

Castello 4725 ✆5224155
営9:00〜13:00 15:00〜19:00 休土曜の午後、日曜、8・12月に各1週間
ヴァポレット 1/52/82番線S.Zaccariaサン・ザッカリーアから徒歩5分
ゴンドラの櫂をかける櫂栓作りの第一人者パオロの工房。実際に使われる櫂栓のほか、置物として作っているミニサイズのもの(高さ20cm、Lit.6万〜)が購入できる。

ヴェネツィアの仮面劇を描く画家のアトリエ ★

スクオーラ・サン・ザッカリーア
地図P.365 D-3
Schola S.Zaccaria

Campo S.Zaccaria 4683/b ✆5234343
営9:30〜12:30 15:00〜19:00 休無休(冬期は日曜)
ヴァポレット 1/52/82番線S.Zaccariaサン・ザッカリーアから徒歩2分
中世に大流行した仮面劇の登場人物たちを現代的なタッチで描くミッシャーヤの絵やリトグラフ。Lit.8万〜。

微妙な色合いが美しいエッチングや風景画 ★

ステューディオ・ダルテ・ヴィオ
地図P.362 B-1
Studio d'Arte Vio

Cannaregio 2100a Rio Terrà della Maddalena ✆710040
営9:30〜13:00 14:30〜19:15 休無休
ヴァポレット 1/82番線S.Marcuolaサン・マルクォーラから徒歩3分
ヴェネツィアの風景を題材にしたエッチングがLit.2万〜。風景画家ジュゼッペ・ヴィオの作品も手に入る。

アカデミア美術館近くの可愛い額縁屋さん ★✂

コルニーチ・トレヴィザネッロ
地図P.362 B-3
Cornici Trevisanello

Dorsoduro 662 S.Vio Accademia ✆5207779
営9:00〜13:00 15:00〜19:00 休日曜、祝日
ヴァポレット 1/82番線Accademiaアカデミアから徒歩3分
ムラーノ・ガラスやモザイクをはめこんだ手作りの木の額縁がLit.10万〜。金彩色を施したデザインが美しい。

"猫の目"の技法を持つ唯一のマエストロ ★✂

リンダ・ゴンザレス
地図P.364 B-3
Linda Gonzalez

S.Marco La Fenice 1854 ✆5285563
営10:00〜20:00 休無休
ヴァポレット 1/82番線S.Marcoサン・マルコから徒歩3分
色鮮やかなマーブル紙を使った手帳など文具類が揃う。製品は紙作りから製本まですべて手作り。とくにオッキオ・ディ・ガット(猫の目)模様のマーブル紙に注目。

イタリアの伝統模様をスタンプした文房具 ★✂

レガトリア・ポッリエーロ
地図P.362 B-2
Legatoria Polliero

Campo dei Frari 2995 ✆5285130
営9:00(日曜10:00)〜19:30(日曜は〜13:30) 休10〜5月の13:00〜15:00
ヴァポレット 1/82番線S.Tomaサン・トマから徒歩4分
フラーリ教会前の製本屋さん。木版紙に手仕事で模様を印刷した紙を使った手帳、ノート、小箱などが豊富。

ムラーノ・ガラスをはめこんだ革の手帳が人気 ★

ビブロス
Biblos
地図P.365 C-3

S.Marco 739 Mercerie ☎5212908
営10:00〜19:30 休無休
ヴァポレット 1/82番線S.Marcoサン・マルコから徒歩3分
アンティーク革を使った手帳、マーブル柄のノート、ヴェネツィアの風景ポスターなど文具小物がいっぱい。

ヴェネツィア陶器の伝統をいまに伝える ★

エル・ボカール
El Bocal
地図P.362 B-1

Strada Nova 2282 ☎5241591
営9:00〜12:30 15:00〜19:30 休日・月曜、祝日
ヴァポレット 1番線Ca'd'Oroカ・ドーロから徒歩3分
50年以上のキャリアをもつマエストロ、ロッシィ・アルドの店。ヴェネツィアで陶器作りが盛んだった14、15世紀のデザインを再現した食器、タイルが揃う。

現代アート展でも評判の独創的アクセサリー ★

ネル・ジャルディーノ・デル・テンポ
Nel Giardino del Tempo
地図P.362 B-2

S.Polo 2562 Fondamenta dei Frari ☎5244642
営9:30〜13:00 15:00〜19:00 休月曜
ヴァポレット 1/82番線S.Tomaサン・トマから徒歩5分
新進アーティスト、マリザ・カミッロが作るアクセサリー小物。素材はプラスチック、メタル、真鍮など。

コモ製シルクやベルベットのオリジナル帽子 ★

ヴァレリア・ベッリナーゾ
Valeria Bellinaso
地図P.364 A-2

S.Polo 1226 Campo S.Aponal ☎5223351
営10:00(日曜11:00)〜13:30(日曜は〜13:00) 15:00(日曜15:30)〜19:30 休11〜2月の日曜
ヴァポレット 1番線S.Silvestroサン・シルヴェストロから徒歩2分
オーナーがデザインから制作までを手がける帽子、スカーフ、手袋、スリッパなどが好評。花嫁用の帽子も。

エレガント派の女性に人気のブランド ★

アラバ・フェニーチェ
Araba Fenice
地図P.364 B-3

S.Marco 1822 Calle Frezzeria ☎5220664
営9:00〜13:00 15:30〜19:30 休10〜5月の月曜の午前中、日曜
ヴァポレット 1/82番線S.Marcoサン・マルコから徒歩5分
ヴェネツィア出身のデザイナー、キア・ロリスのブランドショップ。自然素材を用いたシンプルなラインの服に定評がある。オリジナル・アクセサリーも魅力。

マスケラ型のチョコレートが買える ★

マルキーニ
Marchini
地図P.364 A-4

S.Marco 2769 Ponte S.Maurizio ☎5229109
営8:30〜20:30 休火曜
ヴァポレット 1番線S.Maria del Giglioサンタ・マリア・デル・ジリオから徒歩2分
地元客にも旅行者にも大人気のお菓子屋さん。マスケラ型のチョコ100g、Lit.1万〜。グラッパもおすすめ。

エンターテインメント&ナイトライフ

ENTERTAINMENT & NIGHT LIFE

ヴェネツィアには季節ごとに華やかな祭りがある。どれも共和国時代をしのばせる興味深いものだ。また夜の過ごし方もさまざま。足となるヴァポレットは深夜も運航している。

ヴェネツィアの祭りを見る

2月中旬から約2週間は、カルネヴァーレ（カーニバル）のシーズン。18世紀の衣装や仮面を付けた人々が街に繰りだし、共和国時代を再現したような光景が楽しめる。7月の第3土曜日はレデントーレの祭りの日だ。16世紀にペストの終焉を感謝して始まったもので、七夕のような飾り付けをしたボートで市民たちがジュデッカ島のレデントーレ教会に詣でる。夜12時頃には水上花火も打ち上げられ、壮観だ。9月の第1日曜日はレガータ・ストーリカの日。大運河での華麗なパレードとゴンドラレースが見られる。

情報収集は"Un Ospite di Venezia"（ウン・オスピテ・ディ・ヴェネツィア）で

ヴェネツィアの夜が楽しめる季節は、春から秋にかけて。この時期にはサン・マルコ広場で、真夜中までバンドの生演奏が続き盛り上がる。ゴンドラで夜の運河巡りもいい。料金は夜20時から翌朝8時まで割増になり、50分（5人まで）でLit.10万が相場。4～10月は地元旅行社が各種のゴンドラ・セレナーデを企画しているので、内容や料金を比べて気に入ったツアーに参加するという方法もある。情報は観光案内所やホテルのフロントなどで得られる。夏季はまた、演奏会が多いシーズンだ。教会で催されるものが多く、素晴らしい音色が堪能できる。開演はだいたい21時頃、料金はLit.3～5万が一般的だ。どこでどんな演奏会をやっているかは、観光案内所でもらえる小冊子"Un Ospite di Venezia"のManifestazioni（マニフェスタツィオーニ）のページで調べられる。

ヴェネツィアのカジノで遊ぶ

6～9月はリド島のカジノが、9～6月は大運河沿いのヴェンドラミン・カレルジ宮が会場となる。ヴェネツィア市の運営によるもので、入口の豪華絢爛なシャンデリアに一瞬たじろいだりもするが、入ってみるとそれほど敷居は高くない。手軽に楽しめるのは、リド島カジノ1階のスロットマシーン。地元の若者はジーンズで来ているくらい。ルーレットやバカラの部屋はフォーマルな雰囲気になるので、服装も相応のものが望ましい。遊ぶ前には、まず資金を決めること。それ以上負けがこんだら、その先はぜったい手を出さない。これが勝負の鉄則。「ヴェネツィアのカジノで、愛車も南仏の別荘も、妻もなくした」なんて言葉はあながち冗談ではないのだ。

Lido,Palazzo del Casinó
Lungomare Marconi 営16:00～翌3:00

Venezia,Palazzo Vendramin Calergi
Cannaregio,San Marcuola 営16:00～深夜2:00

問い合わせ先はともに☎5297111

入場はパスポートが必要。入場料は部屋によって異なりLit.5000～。

フェニーチェ劇場

再建が待たれる"不死鳥"座

1996年1月29日深夜、ヨーロッパ有数の美しさを誇ったヴェネツィアの歌劇場、ラ・フェニーチェが火災により消失した。1792年に完成したこの劇場は、1836年にも劇場内部を全焼している。このときは"フェニーチェ（不死鳥）"の名のとおり、わずか1年で再建されたが、今回は建設費や装飾職人の確保など問題が山積し、焼失直後にヴェネツィア市が発表した「2年以内の再建」は難しい模様だ。現在は、サンタ・ルチア駅西にあるトロンケット島にテント張りの仮設劇場"パラフェニーチェ"が建ち、オペラや演奏会などが行なわれている。

外壁のみ残すフェニーチェ劇場

PalaFenice
Isola del Tronchetto
ヴァポレット 2番線Tronchettoトロンケットから徒歩1分
チケット売場（サン・ルカ広場）☎5210161

ナイトスポット

NIGHT SPOTS

望予約　●カップルでぜひ　女性も入れる　♣静かなムード　✷賑やかなムード　食事もできる

サン・マルコ広場の街灯が輝く頃、ヴェネツィアはいっそう美しい顔を見せる。早々とホテルにひっこむのは、あまりにももったいない。ヴェネツィアンといっしょにカクテルをかたむけ、水の都の夜を楽しみたい。バカリが多いヴェネツィアにはバーやディスコなどのスポットは少ないが、ほとんどが地元の人向けの店で気取らない雰囲気が魅力だ。

地元の若者が集まる人気のディスコ　✷

アリビ
地図P.362 B-1

Alibi

Ca'd'Oro 3726 Calle Priuli ☎5210689

営22:00(6～8月は23:00)～翌4:00 休6～8月の日・月・火・水曜 料Lit.1万～ ヴァポレット 1番線Ca'd'Oroカ・ドーロから徒歩2分

1996年にオープンした新スポット。内部はバー、ディスコ、テーブル席の3つのフロアに分かれている。音楽はイタリアやアメリカのものを中心とする幅広いディスコ・サウンド。木曜はラテンアメリカ音楽が中心になり、サルサのインストラクターも登場する。

ピアノ演奏を聴きながらディナーも楽しめる　●

マルティーニ・スカラ・クラブ
地図P.364 B-4

Martini Scala-Club

Campo S.Fantin 1980 ☎5224121

営22:00～翌3:30 休火曜、7・8月 料Lit.2万～ ヴァポレット 1/82番線S.Marcoサン・マルコから徒歩5分

老舗レストラン、アンティコ・マルティーニ系列のピアノバー。演奏ジャンルはクラシック、カンツォーネ、オペラのアリア、ポップスなど。カクテルLit.2万～などのほか、深夜2時までコース料理が食べられる。土曜の夜とカーニバル期間中は要予約。短パンは不可。

"失われた楽園"という名のオステリア&バー　✷

パラディーソ・ペルドゥート
地図P.362 B-1

Paradiso Perduto

Cannaregio 2540 Fondamenta della Misericordia ☎720581

営19:30～1:30 休水曜 料Lit.1000～ ヴァポレット 1/82番線S.Marcuolaサン・マルクォーラから徒歩8分

週末にジャズやラテン音楽のライヴがある（金曜か土曜）演奏は21:30～23:30。15種類以上あるおつまみは、1皿Lit.6000～。新鮮な海の幸や自家製の生パスタを使った本格的なヴェネツィア料理も低料金で味わえる。

ヴェネツィアの若手画家の展覧会の場にもなる

アル・ムーロ
地図P.364 B-3

Al Muro

S.Marco 4118 Campo S.Luca ☎5205205

営10:00～15:00 17:00～2:00 休日曜 料Lit.2500～ ヴァポレット 1/82番線Rialtoリアルトから徒歩3分

サン・ルカ広場界隈の地元客と欧米の旅行者で賑わうバー。大理石やガラス、マホガニーによるモダンな内装は建築家パオロ・ピーヴァの手による。カクテルLit.1万～。カネロニ、ラザーニヤなどの軽食Lit.1万～も。

PADOVA パドヴァ

“学者の街” と呼ばれ敬愛されている学術と文化の都市。13世紀創立のパドヴァ大学では、ガリレオが教鞭をとり、ダンテやペトラルカらが学んだ。また、この地で没した聖アントニオをまつるサンタントニオ教会はイタリア有数の聖地で、一年中巡礼者が絶えない。

中世の柱廊が残る落ち着いた街並を歩く

パドヴァはそぞろ歩きが楽しい街だ。とくに**シニョーリ広場**近くには、ポルティコと呼ばれる柱廊が続き、街角の壁にフレスコ画が残っていたりと、中世に紛れ込んだような錯覚を覚える。見どころは、このシニョーリ広場と**サント広場、市立博物館**周辺の３スポットに集まっている。

駅を背に５分ほど歩くと、左手に公園が見えてくる。ここに隣接するのが市立博物館と**スクロヴェーニ礼拝堂**だ。博物館に所蔵されるヴェネツィア派絵画は傑作揃いなので、見学の時間を十分に取っておきたい。礼拝堂に残るジオットのフレスコ画は、アッシジのサン・フランチェスコ大聖堂のものより保存状態が良いといわれている傑作だ。

博物館前の**ガリバルディ通り**を南に進むと、シニョーリ広場周辺に出る。“ボー” の愛称で親しまれる**パドヴァ大学、ラジョーネ宮、ドゥオモ**があるのがこの一帯だ。カフェやレストランも多く、テラス席で熱心に語り合う学生たちの姿もよく見かけられる。近くの**フルッタ広場**では、ときどき古書市が開催される。

サンタントニオ教会は、ここから南東に約800m。**ロカテッリ通り**を抜けると急に視界が開け、サント広場に建つ壮大な教会が現れる。広場の周りには、巡礼の記念となるマリア像や祭壇用ろうそくなどを売る屋台が並び、門前町の雰囲気。広場の一角には**ガッタメラータ騎馬像**が建つ。

市外局番は049

アクセス

鉄道 ヴェネツィア・サンタ・ルチア駅から急行で約30分

観光案内所

駅構内 ☎8752077

市立博物館内 ☎8751153

ともに、街の地図、ホテルリスト、催物のパンフレット “Padova Today” などが無料で手に入る。

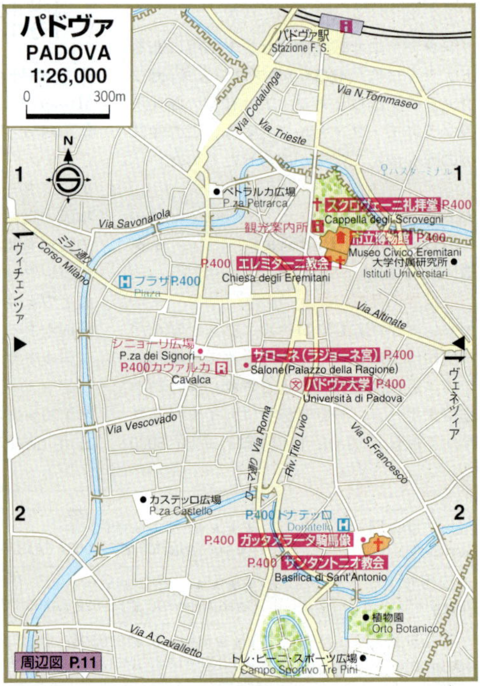

巡礼者が訪れるサンタントニオ教会

スクロヴェーニ礼拝堂
地図P.399-1

Cappella degli Scrovegni ★★

国鉄駅から徒歩7分

イタリア絵画史上に残るフレスコ画の傑作

1305年に完成したロマネスク・ゴシック様式の教会。堂内のフレスコ画は、フィレンツェ派の巨匠ジオット派の作。祭壇にあるピサーノの聖母像も見応えがある。

開9:00～19:00(冬季は～18:00) 休月曜、祝日の一部 料Lit.1万(市立博物館と共通)

エレミターニ教会
地図P.399-1

Chiesa degli Eremitani ★★

国鉄駅から徒歩8分

焼け残ったマンテーニャのフレスコ画

14世紀初頭に建立され、1944年に爆撃で半壊。その後もとどおり復元された。見どころはオヴェターリ礼拝堂のマンテーニャのフレスコ画とヤコポ・ダ・カッラーラの墓。

開8:15(日曜9:30)～12:30 16:00～18:15(冬季は～17:00) 休無休 料無料

ガッタメラータ騎馬像
地図P.399-2

Monumento Gattamelata ★

サント広場内

ヴェネツィア共和国の英雄

サンタントニオ教会前のサント広場にあるドナテッロ作(1453年)のブロンズ像。ガッタメラータはヴェネツィア共和国の傭兵隊長エラスモ・ダ・ナルニの愛称。この像は彼の死を悼んで親族が造らせたものだ。

パドヴァ大学
地図P.399-2

Università di Padova ★★

シニョーリ広場から徒歩3分

自然科学の発展に貢献

ガリレオが講義し、コペルニクスが学んだ。市民には、Bo(ボー)という愛称で呼ばれている。近代医学発祥の地とされ、美しい中庭や大ホール、解剖学教室はガイド付で見学ができる。休月・土・日曜、祝日 料Lit.5000

サローネ(ラジョーネ宮)
地図P.399-2

Salone(Palazzo della Ragione) ★★

シニョーリ広場から徒歩1分

船底型の屋根を持つ自由都市の宮殿

1219年に裁判所として建設された。1420年に起きた火事でジオットのフレスコ画などを焼失。2階のサロンには星座や宗教を題材にしたフレスコ画が飾られ、奥にガッタメラータの愛馬の模型が置かれている。

開9:00～19:00(冬季は～18:00)

休月曜、祝日 料Lit.7000

サンタントニオ教会
地図P.399-2

Basilica di Sant' Antonio ★★

サント広場から徒歩1分

東洋とイスラムの趣漂う外観

イタリアで最も重要な巡礼地のひとつ。さまざまな奇跡を起こし、1231年にパドヴァで没した聖アントニオをまつっている。見どころはドナテッロのブロンズで飾られた主祭壇、聖アントニオの聖遺物箱など。礼拝堂にはガッタメラータの墓もある。

開6:30～19:45(冬季は～19:00) 休無休 料無料

博物館●美術館

市立博物館
地図P.399-1

Museo Civico Eremitani ★★

国鉄駅から徒歩7分

ヴェネツィア絵画の真髄に触れる

エレミターニ教会の修道院に設けられた博物館。1階に古代ローマの遺物やエトルリアの資料を集めた考古学館、2階に彫刻や貨幣のコレクションを展示したボッタチン美術館とヴェネツィア派の作品を中心とした絵画館がある。とくに注目したいのは絵画館。ジョットやグアリエント、ヴェロネーゼ、ピアツェッタなどの傑作が目白押し。

開9:00～19:00(冬季は～18:00) 休月曜、祝日 料Lit.1万(スクロヴェーニ礼拝堂と共通)

ホテル＆レストラン ― HOTELS & RESTAURANTS

Hドナテッロ Donatello	★★★★ 地図P.399-2 Via del Santo 102 ☎8750634 FAX8750829 SLit.7万～ TLit.12万～ 49室
Hプラザ Plaza	★★★★ 地図P.399-1 Corso Milano 40 ☎656822 FAX661117 SLit.16万～ TLit.25万～ 142室
Rカヴァルカ Cavalca	Via D.Manin 8 ☎8760061 地図P.399-2 営12:00～14:30 18:30～23:00 休火曜のディナー、水曜 L D Lit.4万～

VICENZA ヴィチェンツァ

ルネッサンスの大建築家パッラーディオは、ここを理想の街にしようと夢みた。こぢんまりとした旧市街を歩くと、彼や弟子のスカモッツィの設計による華麗な館が次々と現れ、北イタリア随一と讃えられる街並が楽しめる。また郊外に点在するヴィラも見どころだ。

天才建築家パッラーディオの代表作を見る

まず、駅を背にして**ローマ大通り**を歩く。10分ほどで旧市街の入口**カステッロ広場**に着く。そこから正面にまっすぐ延びるのが建築家の名にちなむ**アンドレア・パッラーディオ通り**だ。街のメインストリートであるこの通りには、**コムーネ館**や**ダ・スキオ館**などパッラーディオと弟子たちの作品が多く見られる。通りの中ほど、右手にある**コントラ・デル・モンテ通り**を折れると、**シニョーリ広場**に出る。ひと際目をひく壮麗な建物が、パッラーディオの代表作である**バジリカ**。それに面して建つカピターノの**ロッジア(総督官邸)**も彼の設計になるものだ。この北にある**コントラ・ポルティ通り**にも、**バルバラン邸**などの作品が残る。A.パッラーディオ通りに戻ってさらに進むと、右に**キエリカーティ宮**、左に**オリンピコ劇場**がある。どちらもパッラーディオの作品。キエリカーティ宮は、現在、**市立博物館**として公開されており、オリンピコ劇場もオペラや演奏会などに実際に使用されている。

ヴィチェンツァ郊外約3kmには、パッラーディオの別荘建築の傑作といわれる**ヴィラ・ラ・ロトンダ**が建つ。そこから1kmほど行くと、ヴェネツィア派の画家ティエポロの素晴らしいフレスコ画が見られる**ヴィラ・アイ・ナーニ**がある。どちらも春から秋のみの開館だが、時間があればぜひ訪れてみたいところだ。

市外局番は0444

アクセス

鉄道 ヴェネツィア・サンタ・ルチア駅から準急で約1時間。ヴェローナから準急で約40分。

観光案内所

P.za Matteotti(オリンピコ劇場わき)

☎320854

パッラーディオ設計の建築物を明示した街の地図などが無料で手に入る。

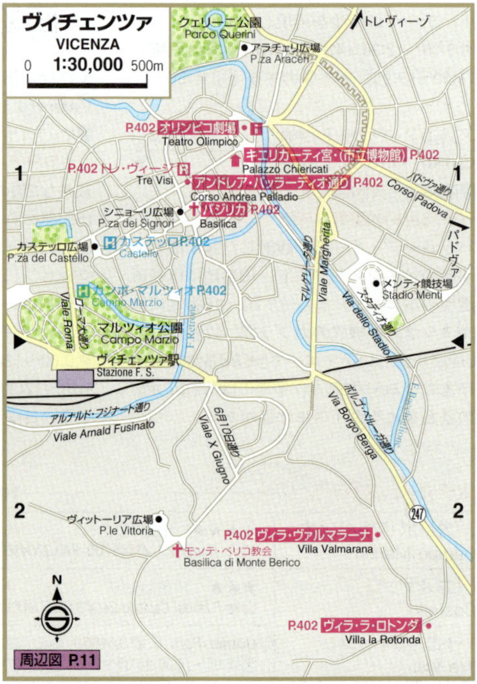

緑豊かな中庭を持つオリンピコ劇場

シニョーリ広場にはパッラーディオ建築の傑作が集まる

バジリカ　地図P.401-1
Basilica ★★

シニョーリ広場から徒歩1分

ヴィチェンツァの名士たちの溜まり場

ルネッサンス後期の大建築家パッラーディオの傑作。15世紀のラジョーネ宮を取り込むかたちで建造され、1617年に完成した。右側の階段からロッジアに上がれる。

開9:30～12:00 14:30～17:00
休日曜の午後、月曜、祝日

オリンピコ劇場　地図P.401-1
Teatro Olimpico ★★

マッテオッティ広場から徒歩1分

古典音楽とオペラの殿堂

パッラーディオ最後の作品となった劇場。場内は古代ローマの円形劇場を思わせる木造りで、巧みな遠近法を用いて古代エジプト、テーベの街並を再現している。

開9:00～12:30 14:15～17:00(夏季の日曜は14:00～19:00) 休冬季の午後 料Lit.5000

アンドレア・パッラーディオ通り　地図P.401-1
Corso Andrea Palladio ★

国鉄駅から徒歩10分

14～18世紀の屋敷を探訪

パッラーディオ一派が設計した館が建ち並ぶ街のメインストリート。13番地には威風堂々のボニン・ティエーネ館、45番地にはルネッサンス様式のカプラ館、47番地には5連窓が美しいティエーネ邸、98番地には市庁舎のコムーネ館、147番地には〝黄金の館〟の異名をとるダ・スキオ館がある。

ヴィラ・ラ・ロトンダ　地図P.401-2
Villa la Rotonda ★

車国鉄駅から5分

ユネスコの世界文化遺産

世界で最も有名なパッラーディオ様式の館。四角形プランの建物に古代神殿を彷彿とさせる4つの玄関。クーポラにはロドヴィコ・ドリニーのフレスコ画が描かれている。

開10:00～12:00 15:00～18:00(内部見学は水曜のみ) 休金～月曜、11月5日～3月14日
料Lit.5000(内部はLit.1万)

ヴィラ・ヴァルマラーナ　地図P.401-2
Villa Valmarana ★

車国鉄駅から5分

17世紀の富豪の暮らしぶりを拝見

〝アイ・ナーニ〟の愛称で親しまれている17世紀の別荘。市街から約3km南の丘の中腹にある。屋敷内を飾るティエポロ親子のフレスコ画は、ヴェネツィアののどかな日常風景を描いた傑作。

開10:00～12:00 15:00～18:00 休月・火・金曜の午前、11月6日～3月14日 料Lit.8000

博物館●美術館

キエリカーティ宮(市立博物館)　地図P.401-1
Palazzo Chiericati ★

マッテオッティ広場から徒歩1分

パッラーディオの設計図を所蔵

荘厳な2層の柱廊を持つ館はパッラーディオ1551年の作。中世から近代の芸術作品を展示した絵画館と、古代の遺物を展示したセクションに分かれている。ヴェネツィア派の絵画コレクションが充実。ヴェロネーゼやバッサーノらの作品に出会える。

開9:00～12:30 14:15～17:00 月・日曜、祝日9:30～12:30 14:00～19:00 休祝日の午後、冬季の日曜 料Lit.3000(日曜は無料)

ホテル&レストラン — HOTELS & RESTAURANTS

Hカンポ・マルツィオ Campo Marzio	★★★★ 地図P.401-1 Viale Roma 27 ☎545700 FAX320495 SLit.17万～ TLit.27万～ 35室
Hカステッロ Castello	★★★ 地図P.401-1 Cotra P.za del Castello 24 ☎323585 FAX323583 SLit.12万5000～ TLit.16万～ 18室
Rトレ・ヴィージ Tre Visi	Contra Porti 6 ☎324868 地図P.401-1 営12:00～14:30 18:30～23:00 休日曜のディナー、月曜 LDLit.4万5000～

VERONA ヴェローナ

古代ローマから中世まで北イタリアの要衝として栄えてきた街。アディジェ川が流れる旧市街に、ローマ時代の遺跡や13～14世紀のスカリジェレ家の城や教会が点在し美しい姿を見せる。『ロミオとジュリエット』の舞台でもあり、物語にゆかりの館や墓が残っている。

古代から中世の歴史のロマンが溢れる古都

駅の右手約300mにある**ヌォーヴァ門**をくぐると、旧市街が現れる。ここから延びる**ポルタ・ヌォーヴァ通り**を10分ほど歩けば、街の中心**ブラ広場**だ。隣の巨大な円形劇場はローマ時代の**アレーナ**。ここでは毎年7～8月に野外オペラが上演される。広場からブティックが並ぶ**マッツィーニ通り**を行くと、食料品の市で賑わう**エルベ広場**だ。さらに中央の路地を抜けると**シニョーリ広場**があり、この北に**サンタナスタシア教会、ドゥオモ、ローマ劇場**が建つ。**カステルヴェッキオ**はアレーナの西側。**アディジェ川**の遊歩道を行くと**サン・ゼーノ・マッジョーレ教会**が近い。**ジュリエッタの墓**は、中心部から離れた**ポンティエレ通り**にある。

市外局番は045

アクセス

鉄道 ミラノ中央駅、ヴェネツィア・サンタ・ルチア駅から約1時間半

観光案内所 Via Leoncino 61 ☎592828

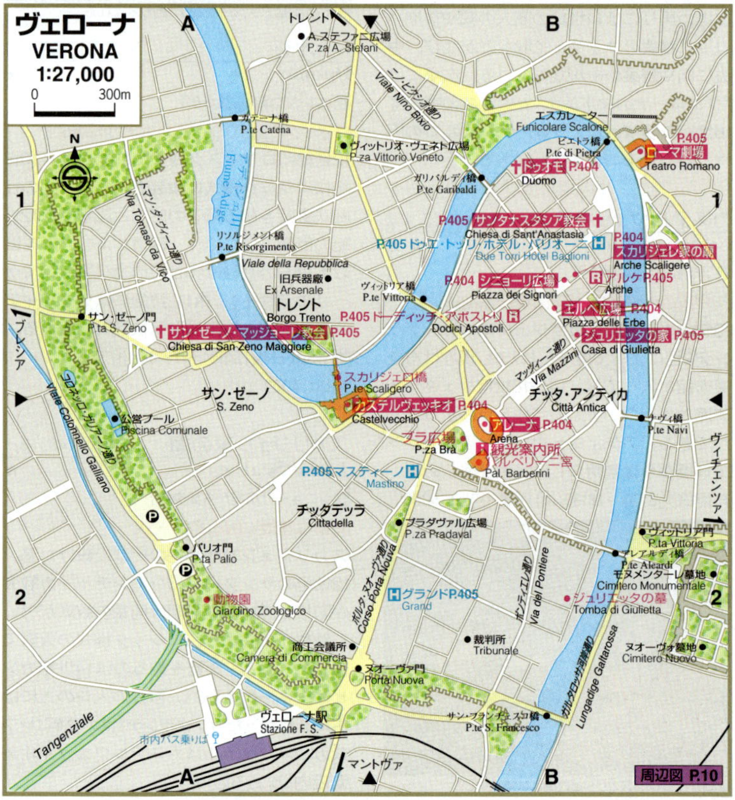

夏には「アイーダ」など大がかりな野外オペラが上演される

アレーナ
地図P.403 B-2

Arena ★

ブラ広場から徒歩1分

最上段席から街のパノラマが楽しめる

1世紀末に造られた古代ローマ最大規模の円形劇場。44段の階段席に2万2000人を収容。毎年7～8月には野外オペラが上演され、世界中から熱心なファンが集まる。

開8:30～18:30（オペラ期間中8:00～13:30）
休月曜 料Lit.6000

エルベ広場
地図P.403 B-1

Piazza della Erbe ★

ブラ広場から徒歩8分

ローマ時代の公共広場

広場の周りには14世紀の商人の館や後期バロック様式のマッフェイ館などが並び、中央に肉や野菜の市が立っている。広場には〝ヴェローナのマドンナ〟という名の噴水や16世紀の演壇カピテッロ、サン・マルコの円柱といったモニュメントがある。

カステルヴェッキオ
地図P.403 A-2

Castelvecchio ★★

ブラ広場から徒歩5分

スカリジェレ家の栄華を物語る古城

1354～1357年、スカリジェレ家のカングランデ2世によって建てられた城。現在は市立美術館が入っており14～18世紀ヴェネツィア派とヴェローナ派の傑作を目にすることができる。アディジェ川に架かるスカリジェロ橋からは素晴らしい眺めが楽しめる。

美術館開8:00～18:30 休月曜 料Lit.5000

城塞から延びるスカリジェロ橋は散策にいい

シニョーリ広場
地図P.403 B-1

Piazza dei Signori ★★

ブラ広場から徒歩8分

歴史的建造物に囲まれた広場

広場の中央に建つのは、14世紀にヴェローナに長く滞在したダンテの像。その右手には12世紀のラジョーネ宮（現市庁舎）とランベルティの塔、左手にはルネッサンス期の名建築ロッジア・デル・コンシーリオ（旧市議会）が建っている。正面の館はダンテやジョットが招かれたこともある14世紀のスカリジェレ家の邸宅（現県庁舎）。

地元では〝ピアッツァ・ダンテ〟とも呼ばれる

ドゥオモ
地図P.403 B-1

Duomo ★

エルベ広場から徒歩8分

ロマネスク様式の柱廊式玄関が印象的

12世紀にロマネスク様式で創建され、15世紀にゴシック様式に改装された。正面の柱廊式玄関を飾る獅子の彫刻と浮彫りは12世紀の巨匠ニコロの作。鐘楼および内陣を囲む大理石の列柱は16世紀の建築家サンミケーリのデザイン。第1礼拝堂にはティツィアーノのフレスコ画『聖母被昇天』がある。

開9:30（日曜13:30）～18:00 休無休
料Lit.4000

スカリジェレ家の廟
地図P.403 B-1

Arche Scaligere ★

シニョーリ広場から徒歩2分

豪華な霊廟に眠る名門一族

スカリジェレ家が邸宅のそばに設けた墓。12世紀のサンタ・マリア・アンティーカ教会が隣接している。霊廟は同家の紋章が付いた鉄格子で囲まれ、ゴシック様式の天蓋で覆われている。天蓋を飾るのは14世紀カンピオーネ一門の彫刻。教会の入口の上には馬にまたがったカングランデ1世の墓碑（レプリカ。オリジナルはカステルヴェッキオ美術館内）がある。

アディジェ川の近くに静かにたたずむ

サン・ゼーノ・マッジョーレ教会　地図P.403 A-1

Chiesa di San Zeno Maggiore (San Zeno San Procolo) ★★

カステルヴェッキオから徒歩12分

ヴェローナ市民の誇り

北イタリアを代表する美しいロマネスク様式教会。ファサードには〝運命の車輪〟という名のバラ窓がはめられ、柱廊式玄関の扉には聖書の場面を描いた見事なレリーフが飾られている。玄関の両脇を飾る浮彫りは巨匠ニコロの作。主祭壇の三幅対祭壇画『聖母と聖人』（マンテーニャ作）も必見。

開8:30（日曜13:00）〜18:30 料Lit.4000

サンタナスタシア教会　地図P.403 B-1

Chiesa di Sant' Anastasia ★

シニョーリ広場から徒歩5分

アディジェ河畔の総レンガ造りの教会

1290年からほぼ2世紀を費やし完成した。2層の柱廊式玄関と15世紀の鐘楼が美しい。内部で見逃せないのが、第1礼拝堂のフレスコ画『聖母に紹介されるカヴァッリ騎士』（アルティキエロ作）、第2礼拝堂のミケーレ・ダ・フィレンツェ作のテラコッタ、ジュスティ礼拝堂のフレスコ画『龍退治におもむく聖ゲオルギウス』（ピサネッロ作）。

ローマ劇場　地図P.403 B-1

Teatro Romano ★

シニョーリ広場から徒歩10分

サン・ピエトロの丘にある古代劇場

アウグストゥス帝期の舞台と半円形の客席が残され、夏には演劇とバレエが上演される。隣にあるサン・ジェロラーモ修道院は、現在、古代ローマの遺物を展示した考古学博物館となっている。

開8:00〜13:30 休月曜 料Lit.5000

ジュリエッタの家　地図P.403 B-1

Casa di Giulietta ★

エルベ広場から徒歩3分

シェイクスピア悲劇の主人公の家

ヴェローナは、『ロミオとジュリエット』の舞台としても有名。この家はジュリエットのモデルとなった皇帝派カプレーティ家の娘の家だといわれている。真偽のほどは定かでないが、古びたバルコニーを見上げていると、いかにもモデルらしく見えてくる。ポンティエレ通り近くのサン・フランチェスコ・アル・コルソ教会にはジュリエットが眠る墓もある。

中庭にはジュリエットの像も立っている

ホテル&レストラン ―― HOTELS & RESTAURANTS

Hドゥエ・トッリ・ホテル・バリオーニ Due Torri Hotel Baglioni	★★★★　地図P.403 B-1 *P.za S.Anastasia 4* ☎595044 FAX8004130 SLit.18万〜 TLit.30万〜 96室
Hグランド Grand	★★★★　地図P.403 B-2 *Corso Porta Nuova 105* ☎595600 FAX596385 SLit.7万8000〜 TLit.11万6000〜 48室
Hマスティーノ Mastino	★★★　地図P.403 B-2 *Corso Porta Nuova 16* ☎595388 FAX597718 SLit.9万8000〜 TLit.13万〜 33室
Rアルケ Arche	*Via Arche Scaligere 6* ☎8007415 地図P.403 B-1 営12:00〜14:30 18:30〜23:00 休月曜の昼、日曜 L D Lit.8万〜
Rドーディッチ・アポストリ Dodici Apostoli	*Vicolo Corticella S.Marco 3* ☎596999 地図P.403 B-1 営12:00〜14:30 18:30〜23:00 休日曜のディナー、月曜 L D Lit.7万〜

TRIESTE トリエステ

イタリアの東端にあるスロヴェニアとの国境の街。古代ローマ時代に街の基礎が築かれ、オーストリア帝国の支配下にあった18世紀に軍港として発展した。現在はこの地方の商工業の中心地として活気を呈している。街は海に沿って開け、深い海の青さが印象的だ。

市外局番は040

アクセス

鉄道 ヴェネツィア・サンタ・ルチア駅から急行でトリエステ中央駅へ約2時間

観光案内所

中央駅構内 ✆420182

Via S.Nicolò 20 ✆6796111

ともに、街の地図、ホテルリスト、トリエステ郊外の観光スポットのパンフレットなどが無料で手に入る。

現代的な街並に古代や中世の建物が点在する

港に面した**イタリア統一広場**がトリエステの中心部。そこから石畳の坂道を上がると、**サン・ジュスト教会**や**カステッロ**がある小高い丘に出る。晴れた日には、ここからのアドリア海の眺めが素晴らしい。**歴史美術博物館**や**ローマ劇場**なども、すぐ近くだ。徒歩でもまわれる距離だが、坂道がつらいという人は、**中央駅**の前から出る24番のバスを利用すればいい。統一広場、カステッロの両方に止まる。

ゆっくり散策を楽しみたいミラマーレ

市の北約7kmには、広大な**ミラマーレ公園**内に**ミラマーレ城**が建つ。青い海を背景にした白亜の姿が美しく、緑溢れる公園内にはこの地方独特の植物も見られる。中央駅脇のバス停から36番のバスで約15分の距離だ。途中の海岸線は夏には海水浴場となるので、ここでひと泳ぎというのもいい。さらに北西に12kmほど行った**ドゥイノの岬**には、ダンテが滞在したという**ドゥイノ城**が建っている。

ミラマーレ城近くのヨットハーバー

ファサードを飾る大きなバラ窓がシンボルだ

サン・ジュスト教会　地図P.406 A

Basilica di San Giusto ★★

カテドラーレ広場から徒歩1分

トリエステの貴重な文化遺産

5〜11世紀の2つのバジリカ式聖堂を統合し、14世紀に完成。気品のあるバラ窓と古代の防御やぐらにも似た鐘楼に注目。堂内は5世紀から近代までのモザイクで飾られ、左側廊にカルパッチョのタブローがある。

開7:00〜12:00 15:00〜19:00

イタリア統一広場　地図P.406 A

Piazza dell' Unità d' Italia ★

中央駅から徒歩10分

自由港の祖、カール6世像が見守る広場

旧市街の中心をなす広場。港を背に奥に見えるのが19世紀ジュゼッペ・ブルーニの手になる市庁舎。左手に1900年代の政庁舎（現県庁舎）とカフェ・スペッキのあるストラッティ館、右手にネオ・ルネッサンス様式のロイド・トリエスティーノ館と18世紀のピッテリ館がある。

市庁舎前にある噴水は四大陸を表している

隣接するミラマーレ公園内には手つかずの自然が残る

ミラマーレ城

Castello di Miramare ★★

バス36番 中央駅から15分

海辺に建つ王侯貴族の城

19世紀にオーストリア皇太子マクシミリアンとベルギー王女シャルロッテのために建てられた白亜の城。海を見下ろす岬の突端に建ち、ひな壇式の広大な庭園に囲まれている。城内の歴史博物館には王族の豪奢な暮らしぶりをうかがわせる調度品や美術品のコレクションが保存されている。7〜8月の夜間、音と光による演出が成される。開9:00〜18:00 休無休 料Lit.8000（ガイド付見学）

博物館●美術館

歴史美術博物館　地図P.406 A

Museo di Storia e d'Arte ★

カテドラーレ広場から徒歩3分

イタリアの歴史が詰まった玉手箱

8つの展示室に、先史時代の遺物から古代ギリシア、古代ローマ、古代エジプトの美術品まで、豊富な資料が収められている。見どころはエジプトの彫刻やローマ、ギリシア製の陶器、象牙、テラコッタ、ガラス細工のコレクション、ガンダーラの浮彫りなど。サンタ・ルチア・ディ・トルミーノ古墳で発掘された紀元前8〜5世紀の出土品も見逃せないところだ。

開9:30〜12:30 15:00〜18:00 休月・日曜、祝日 料Lit.2000

ホテル&レストラン ―― HOTELS & RESTAURANTS

Hグランド・ホテル・ドゥーキ・ダオスタ Grand Hotel Duchi d'Aosta	★★★★ 地図P.406 A *P.za Unità d'Italia 2* ☎7600011 FAX366092 S Lit.18万〜 T Lit.20万〜 52室
Hミラノ Milano	★★★ 地図P.406 B *Via Ghega 17* ☎369472 FAX369727 S Lit.13万〜 T Lit.16万〜 44室
Rアイ・フィオーリ Ai Fiori	地図P.406 A *P.za Hortis 7* ☎300633 営12:00〜14:30 18:30〜23:00 休月・日曜 L D Lit.4万5000〜
Rアル・グランゾ Al Granzo	地図P.406 A *P.za Venezia 7* ☎306788 営12:00〜14:30 18:30〜23:00 休水曜 L D Lit.4万5000〜

北部のその他の街と主要スポット

アルプス山脈の迫る北部には、大自然の織り成すダイナミックなドラマが待ち受けている。渓谷の奥深くに足を踏み入れれば、水晶のような湖と高くそびえる断崖。ここがイタリアかと目を疑うばかりの光景。そこに築かれた街には都会にない優しさがある。

バッサーノ・デル・グラッパ 地図P.11 C-2

Bassano del Grappa ★

鉄道 パドヴァから1時間

名産の陶器とグラッパ酒を求めて

アルプス山脈の前庭といったたたずまいの丘の上の街。澄んだ水と空気が特産のグラッパ酒を育み、15世紀に始まるヴェネツィア支配のもとで、彩り豊かなグラッパ焼が生産された。街なかを流れるブレンタ川には16世紀にパッラーディオが設計した**ヴェッキオ橋**(現在の橋は1948年の再建)が架かっていて印象深い。また、近郊の**グラッパ山**に登れば、はるかアドリア海までが見渡せる。初夏のアスパラガス、秋のキノコといったこの街ならではの味覚も楽しみたい。

グラッパ酒をはじめとする豊富な名産でも有名な街

ドロミテ渓谷 地図P.11 C-1

Dolomiti ★★

コルティナ・ダンペッツォとボルツァーノを結ぶドロミテ街道一帯

イタリアン・アルプスの大自然に感動

標高3000mを超える山々と切り立った峡谷、流れ落ちる滝。可憐に咲く高山植物がイヌワシやカモシカの棲む針葉樹林に彩りを添える。斜面にはチロル風の村が点在し、エメラルド・グリーンの湖が紺碧の空の下で輝く。登山、スキー、長期滞在客が集う南アルプス随一の観光地で、東のコルティナ・ダンペッツォと西のボルツァーノが拠点。

アオスタ渓谷 地図P.10 A-2

Valle d'Aosta ★★

鉄道 トリノから2時間

アルプスの懐に抱かれて

スイス、フランスとの国境近くにあるこの渓谷は、モンブラン、マッターホルンなどヨーロッパ最高峰の山々に囲まれている。氷河の迫る谷間、手つかずの森林、駆けまわる動物たち。点在する古代ローマの遺跡や中世の城がこの渓谷をいっそう魅力的なものにしている。一年中スキーが楽しめ、夏は登山やトレッキングを満喫できる。

北部の温泉地

旅の途中、温泉でのんびり

イタリアの温泉地というとトスカーナが有名だが、北部にも歴史のある温泉がある。**アバノ温泉**、**モンテグロット温泉**、**カルディエロ温泉**は、大きな街からのアクセスが良くおすすめだ。隣合う街アバノとモンテグロットは、パドヴァから路線バスで行ける手軽さ。なかでもアバノは古代からの温泉地で、作家ゴルドーニも訪れた。カルディエロは"女神ユノの温泉"と呼ばれ、こちらも古代ローマが起源。ヴェローナ駅前から出るプルマンで約40分だ。

温泉の楽しみ方はホテルに宿泊してのんびり過ごすのが一般的だが、滞在客でなくてもビジター料金で温泉プールなどを利用できる。ただし裸で入ることはないので、水着が必要だ。また、温泉泥(fango(ファンゴ))による全身エステもある(夏季のみのことが多い)。それぞれ、パドヴァ駅、ヴェローナ駅の観光案内所で詳しい情報を入手できる。

イタリアン・リヴィエラ

イタリア最大の港湾都市ジェノヴァを中心に、リグーリア海に面して細長く横たわる一帯。海岸線は、イタリアン・リヴィエラと呼ばれる一大リゾート地だ。音楽祭で有名なサン・レモ、ヨーロッパ有数の避暑地ポルトフィーノ、サンタ・マルゲリータ・リグレ。南国の太陽と海、花々に囲まれて、ゆるやかな時間が流れる。

イタリアン・リヴィエラ
旅と滞在

緑の丘に囲まれた静かな入江のリゾート地、波の浸食で荒々しく削られた断崖に群れる漁師の村々。リグーリア海沿いの風景はときに優しく、ときに雄々しい。中心都市ジェノヴァは中世以来、北イタリアの海運の要衝。サン・レモでは毎年新しいスターが誕生する。

アクセス

空路 ジェノヴァに空港がある。ヨーロッパ諸都市、イタリアの主要都市から直行便で約1〜3時間。

鉄道 ミラノからジェノヴァまで特急で約1時間30分。ローマからジェノヴァまで特急で約５時間。フランスのカンヌやニースから向かう場合は、直通列車が少なく、国境の街ヴェンティミリアで乗り換えが必要だ。ダイヤは10〜30分で乗り換えができるように組まれている。ヴェンティミリアから特急でサン・レモへは約15分、ジェノヴァまで約2時間。

海洋共和国時代の伝統が息づくジェノヴァ

フランス国境から東、トスカーナ州と境をへだてる沿岸地域がリグーリア州だ。背後にはアペニン山脈とアルプスの山々が迫り、渓谷と入江が織りなすイタリアでも独特な自然を見せる。州都は海岸線のほぼ真ん中に位置する**ジェノヴァ**。古代ローマによって港湾都市の基礎が築かれ、11世紀末に始まった十字軍の遠征を機に海洋共和国として発展した。その後、近隣のピサ共和国、アドリア海に君臨したヴェネツィア共和国と地中海の覇権をめぐる紛争が続く。13世紀にピサを敗り、ティレニア海を手中に収めたが、14世紀末にはヴェネツィアに敗退し、次第に勢力を弱めた。この当時の歴史は、ヴェルディのオペラ『シモン・ボッカネグラ』の題材になっている。15世紀からは、フランスやスペインの支配下に入った。1492年にアメリカ大陸を発見したコロンブスは、この時代のジェノヴァで少年時代を過ごし、未知の海に乗り出す夢を温めていった。その後、18世紀にはナポレオンの支配下に、19世紀にはトリノのサヴォイア家の領地となり、イタリア王国統一時にその一部に編入された。ヴェネツィアが観光の街となったのと対照的に、ジェノヴァはいまも海運国の伝統を守り、イタリア最大の港湾都市として栄えている。近年は工業の発達もめざましい。

海沿いに位置するリグーリア州

イタリアン・リヴィエラの中心都市ジェノヴァ

イタリア統一の父、ヴィットリオ・エマヌエーレ2世の像が立つ

高級リゾート地のポルトフィーノをはじめ、海岸沿いには美しい街が点在する

花が咲き競う西リヴィエラと断崖が巡る東リヴィエラ

リグーリア州の海岸線沿い一帯は、イタリアン・リヴィエラと呼ばれる。かつてはひなびた漁村が続いていたが、いまはイタリア有数のリゾート地となっている。ジェノヴァから西がリヴィエラ・ディ・ポネンテ（西リヴィエラ）、東がリヴィエラ・ディ・レヴァンテ（東リヴィエラ）だ。西リヴィエラの中心は音楽祭で有名なリゾート地**サン・レモ**。街には熱帯の植物も見られ南国ムードが漂う。その西の**インペリア**周辺は花栽培が盛んな地域。なだらかな山の斜面にビニールハウスが並び、その中で鮮やかな色の花々が育てられている。この周辺を〝花のリヴィエラ〟と呼ぶのはこのためだ。さらに西には、別荘地として人気が高い**アラッシオ**、ローマ時代に起源を持つ**アルベンガ**、陶器で有名な**アルビゾラ**が続く。東リヴィエラの中心は、ジェノヴァ近くの**ポルトフィーノ**。夏になるとヨーロッパのお金持ちがヴァカンスにやってくる、リヴィエラきってのリゾートだ。近くの**サンタ・マルゲリータ・リグレ**は、地元イタリア人に人気の高いリゾート。その東には、５つの漁村が並ぶ**チンクエ・テッレ**、軍港のある**ラ・スペツィア**、切り立った断崖にある絶景の街**ポルトヴェーネレ**が続いている。

移動とプラン

観光の中心となる海岸沿いの街には、ほとんど鉄道が通っている。列車の本数も多く、移動は比較的楽だ。また、列車は海岸近くを走るため変化に富む風景も楽しめる。ジェノヴァから西リヴィエラのサン・レモへは準急で約2時間30分。アルベンガ、インペリアなどおもな街に停まる。ジェノヴァから東リヴィエラのラ・スペツィアへは快速で約２時間。チンクエ・テッレの５つの村も結ぶが、列車によって停車しないものもあるので事前に確認が必要だ。ポルトフィーノとポルトヴェーネレは、鉄道駅がないため近くの街からバスでアクセスする。ポルトフィーノへはサンタ・マルゲリータ・リグレからバスで約20分。ポルトヴェーネレへはラ・スペツィアからバスで約40分の距離だ。岬の小さな街、山沿いの街や村へは、主要な街から路線バスやプルマンが結んでいる。リヴィエラの旅は、足早やにまわるのではなくお気に入りの街を見つけて、2、3日ゆっくり滞在したい。

サン・レモ音楽祭

冬のリヴィエラは音楽祭で盛り上がる

サン・レモは、毎年２月下旬に開催される、ポップス曲の音楽祭で名高い。1951年から始まり、1997年で47回目を数える。プロの歌手たちが新曲を披露し、その優劣を競い合うコンテストだ。音楽祭の模様はテレビで実況中継され、視聴率は軽く50%を超える。この大会に向けて新しいアルバムを準備する歌手が多く、数知れぬ名曲が誕生した。古くはドメニコ・モドゥーニョが歌った『ヴォラーレ』、'90年代では麻薬に浸る若者の姿を切々と歌いあげたマルコ・マジーニの『ペルケー・ロ・ファイ』が記憶に新しい。またサン・レモで本格デビューを飾る新人も多い。1993年新人部門で優勝したラウラ・パウジーニ、1995年ビッグ部門の優勝者ジョルジャは、一気にスターの座に駆け上がり、着実な活動を続けている。

音楽祭で有名なサン・レモの街

GENOVA ジェノヴァ

ジェノヴァはアペニン山脈の丘陵地帯とリグーリア海に挟まれた港町。12世紀より築かれた旧市街はサン・ロレンツォ通りを中心に南北に広がり、薄暗い路地が迷路のように入り組んでいる。港には貨物船やヨットが浮かび、高台からは美しい湾岸都市の夜景が望める。

市外局番は010

アクセス

鉄道 ミラノからプリンチペ駅まで約1時間30分、トリノから約1時間30分。ローマからブリニョーレ駅まで約5時間。

観光案内所

ローマ通り
Via Roma 11 ☎541541
プリンチペ駅
P.za Acquaverde ☎2462633
クリストフォロ・コロンボ空港
Sestri Ponente ☎2415247

ガリバルディ通りで貴族の豪邸見学

ジェノヴァの街歩きは、街の西側にある**プリンチペ駅**より始める。駅前の広場にはコロンブスの像が建ち、列車の長旅を終えたばかりの観光客を出迎える。

広場から東に延びる**バルビ通り**を300mほど進むと、右手に**王宮**がある。この通りは17世紀にバルビ家の資本で建設され、当時はバルビ家の宮殿が道の両側に建ち並んでいた。王宮もそのなかのひとつで、いまも各部屋に豪華な調度品が残っている。**ゼッカ広場**に出たら、右側の**カイローリ通り**を進む。200mほどで**ガリバルディ通り**に出る。

白の宮殿や**赤の宮殿**の建つこの通りは、ジェノヴァ観光のハイライトだ。宮殿内の美術館には15～18世紀のジェノヴァ芸術を代表するコレクションが展示されている。音楽ファンなら、**ドーリア・トゥルシ宮**に保存されているパガニーニのヴァイオリンも見逃せない。このほかにもいくつかの宮殿が並んでいるが、銀行のオフィスや個人の邸宅になっているものもあるので、見学には配慮が必要だ。

ヨーロッパで最も大きな水族館

古い館の入口に施されたレリーフ

旧市街を歩く

フォンターネ・マローゼ広場に出たら、**ルッコーリ通り**を港のほうへ下って行く。旧市街の真っ只中にあるこの通りは、瀟洒な店が建ち並ぶショッピング・ロード。200mほど先の**ソジリア広場**には、作曲家のヴェルディが通ったカフェ、**クライングティ**がある。ヴェルディの舌をとろけさせたケーキの味はいまも健在だ。この界隈には昔ながらの味にこだわる職人気質の店が多い。

突きあたりの**バンキ広場**は、16世紀に商人の集会所が置かれた広場。現在は、古書やスタンプを売るスタンド（バンキ）が建っている。広場を抜けると、その先は**ヴェッキオ港**。途中のアーケードには居酒屋が並び、海の男たちがひとときの休息を楽しんでいる。**カリカメント広場**に建つ**サン・ジョルジョ館**は、かつてジェノヴァの海上交易を牛耳っていたサン・ジョルジョ銀行のあった建物だ。

ジェノヴァっ子の誇り、コロンブス像

ジェノヴァ港に夕闇が迫り、街のイルミネーションが輝く

パガニーニのヴァイオリン見学

ドーリア・トゥルシ宮の会議室に保存されているパガニーニのヴァイオリンは、事務所で許可を得れば案内付で見せてもらえる。ただし会議中は見学不可。

湾内クルーズ

ジェノヴァ湾を1周する観光遊覧船は午前11時より夜間まで約1時間おきに就航している。詳しい問い合わせは遊覧船協同組合☎265712まで。

ジェノヴァのパノラマ見物

街や港が一望できる場所は市内にいくつかあるが、おすすめはプリンチペ駅の北東、ウーゴ・バッシ通りを上り切ったところにある**ダルベルティス城**と、ゼッカ広場からケーブルカー(料Lit.1500)で約15分の**リーギ**。ダルベルティス城にはコロンブス発見以前の大陸文明を扱った博物館が設置されていて興味深い。

イタリア随一の港を見学

カリカメント広場から港までは歩道で結ばれ、**スピノーラ桟橋**まで行くと、ヨーロッパ最大級の水族館**アクアリオ**がある。港に建つ〝マスト〟はジェノヴァのランドマーク・タワー。地上45mまでエレベーターで上ると、展望台から素晴らしいパノラマが楽しめる。

ここから**スピノーラ宮国立絵画館**を目ざすなら、バンキ広場に戻り、**サン・ルカ通り**を北に進む。**サン・ロレンツォ大聖堂**へ向かうなら、**サン・ロレンツォ通り**を東に進む。

12世紀に創建(完成は16世紀)された大聖堂は、洗礼者ヨハネの遺骨をまつる由緒ある教会。宝物館にはキリストが最後の晩餐に用いたとされる聖杯が納められている。

大聖堂の先には18世紀の総督公邸**ドゥカーレ宮**が建ち、市の中心地である**デ・フェラーリ広場**に接している。この広場より東は新市街となり、**9月20日通り**や**ローマ通り**にはモダンなブティックやデパートが並んでいる。

市内観光が終了したら、ヴェッキオ港中央の**マリッティマ駅**へ。**ジンガリ埠頭**から出る観光船が、約1時間のロマンチックな湾内クルーズへ誘ってくれる。

細い路地が交差する旧市街

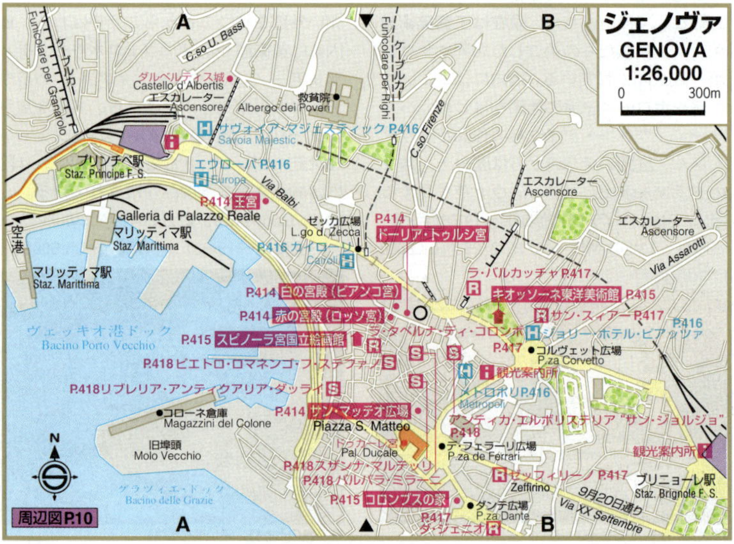

中世の雰囲気が感じられる広場

サン・マッテオ広場

地図P.413 B

Piazza S. Matteo ★★

■デ・フェラーリ広場から徒歩1分

ジェノヴァ様式の館に注目

ドーリア家の宮殿が建ち並ぶこぢんまりとした広場。近くのデ・フェラーリ広場がモダンな印象であるのに対し、こちらは中世のおもかげが色濃く残っている。15～17番地の館は13～18世紀に建てられたもので、ジェノヴァ様式（白黒２色の石で縞模様を作る）のファサードが特徴的。17番地のルネッサンス様式の館は、市から提督アンドレア・ドーリアに寄贈された宮殿。向かいのサン・マッテオ教会に提督の墓がある。

王宮

地図P.413 A

Galleria di Palazzo Reale ★★

■プリンチペ駅から徒歩3分

名門貴族の豪奢な暮らしぶりを拝見

17世紀に建てられ、18世紀にはバルビ家の宮殿として使用された。現在は**王宮美術館**が入り、貴族たちの過ごした居間やサロンが一般公開されている。館内にはジェノヴァ派やボローニャ派の絵画をはじめ、バッサーノ、ヴァン・ダイクらの作品が盛りだくさん。庭園のテラスからは歴史上、数々のドラマを演出したジェノヴァ港が見える。

■Via Balbi 10 ☎24101 開9:00～19:00（月・火・日曜は～13:30）休1/1、5/1、12/25 料Lit.8000

庭園に敷かれたモザイクも美しい

ドーリア・トゥルシ宮

地図P.413 B

Palazzo Doria Tursi ★★

■ゼッカ広場から徒歩3分

パガニーニの超絶技巧に想いを馳せる

美しい回廊付の中庭を持つ16世紀の館。現在は市庁舎として使われ、19世紀の天才ヴァイオリニスト、パガニーニ愛用のグァルネッリとコロンブスの自筆の手紙が保管されている。名器グァルネッリの音色が聴けるのは年に１回。毎年10月に催されるパガニーニ・コンクールの優勝者が演奏する。

開8:00～12:00 13:00～16:30 休土・日曜、祝日 料無料

白の宮殿（ビアンコ宮）

地図P.413 B

Galleria di Palazzo Bianco ★★

■ゼッカ広場から徒歩3分

ジェノヴァ芸術の至宝

向かいの赤の宮殿と対照的に白っぽい外壁で覆われているため、この名が付いた。16世紀の建物を18世紀にバロック風に改築。現在は**美術館**が設置され、ジェノヴァ派やフランドル派の絵画を中心に展示。マニャスコやヴァン・ダイクらの秀作が目に付く。

■Via Garibaldi 11 ☎291803 開9:00～13:00（水・土曜は～19:00）休月曜 料Lit.6000

赤の宮殿（ロッソ宮）

地図P.413 B

Galleria di Palazzo Rosso ★★

■ゼッカ広場から徒歩3分

17世紀のバロック様式の館

赤い外壁を持つことからこう呼ばれる。館内には**美術館**があり、ヴェロネーゼ、ティツィアーノ（以上ヴェネツィア派）、カラヴァッジョ、ヴァン・ダイクらの名画を展示。リグーリアの陶器やコインのコレクション、18世紀のプレゼピオなども興味深い。３階には絢爛豪華な調度品が残されている。

■Via Garibaldi 18 ☎282641 開9:00～13:00（水・土曜は～19:00）休月曜 料Lit.6000

その名のとおり、赤い壁の宮殿

コロンブスの家　地図P.413 B

Casa di Colombo ★

デ・フェラーリ広場から徒歩3分

幼いコロンブスが暮らした家

コロンブスが幼年期を過ごしたと伝えられる2階建ての家（18世紀に再建）。場所はダンテ広場の階段付近。幼い頃より船乗りに憧れ、大航海時代の先陣を切ったコロンブスの原点がここにある。隣のサンタンドレア教会は12世紀創建のロマネスク様式建築。

開9:30〜12:00 15:00〜18:00 休無休 料無料

博物館●美術館

スピノーラ宮国立絵画館　地図P.413 A

Galleria Nazionale di Palazzo Spinola ★★

ゼッカ広場から徒歩6分

貴族たちが愛でた華麗なる室内装飾

16〜18世紀の貴族の屋敷内にある美術館。部屋自体が芸術品で、年代もののインテリアやスコッタ細工が見事。絵画では、メッシーナの『この人を見よ』やクレーヴの『聖母像』、ヴァン・ダイクの肖像画、彫刻では、ジョヴァンニ・ピサーノの作品に注目。

P.za Pellicceria 1 ☎294661

開9:00（日曜、祝日14:00）〜19:00（月曜は〜13:00） 休1/1、5/1、12/25 料Lit.8000

イタリアには珍しい、飾り気のない入口

キオッソーネ東洋美術館　地図P.413 B

Museo d'Arte Orientale(E.Chiossone) ★★

コルヴェット広場から徒歩1分

東洋美術の膨大なコレクションを展示

明治の初期に来日した銅版画家キオッソーネ（西郷隆盛の肖像画でも有名）が収集した1万5000点以上にのぼる東洋美術コレクションを中心に展示。鎌倉時代の仏像や戦国時代の武具、江戸時代の浮世絵、明朝やシャム王朝の仏像、陶器、漆器、古楽器など内容が濃い。美術館の建つヴィレッタ・ディ・ネグロ公園は人工の滝や洞窟が設けられた市民の憩いの場。高台のテラスからはジェノヴァの街と海が一望できる。

Villetta di Negro, Piazzale Mazzini 1 ☎542285

開9:00〜13:00 休月・水曜 第2・4・5日曜 料Lit6000

イタリアのテレビ番組

国民性がうかがえる番組の数々

おもなテレビ局はRAI 1、RAI 2、RAI 3、Canale 5、Rete 4、Italia 1など。RAI 3局が国営放送で、ほかは民放だ。ただ国営放送といってもスポンサーが付き、CMもある。番組の内容も民放とさほど変わらない。どの局も、朝と昼、夕方か夜にニュースをやるのが一般的。なかにはRAI 1の朝のニュースバラエティ“Uno Mattina”（ウノ・マティーナ）のように、室内楽付きでニュースを報道するユニークな番組もある。ほかは、クイズ番組やトークショーなどのバラエティ、ドラマ、映画、スポーツなどが中心だ。クイズ番組は品物の値段当てなど、知識ではなく運を競う番組が主流。トークショーは政治や社会問題の話題が多い。

懐かしの日本のアニメも登場

ドラマはアメリカから購入したものが多い。根強い人気があるのはCanale 5で放送されている“Beautiful”（ビューティフル）。恋愛大河ドラマという趣でとくに主婦層にうけているが、男性の隠れファンもかなりいる。また日本のアニメも人気だ。『魔法使いサリー』『タイガーマスク』など懐かしのアニメから、『セーラームーン』まで幅広く紹介されている。時代劇では『子連れ狼』などが放映された。外国ものはイタリア語吹き替えになるで、おなじみのキャラクターがイタリア語を話すのを見るのも面白い。大きな街の4ツ星以上のホテルでは、衛星放送で日本の番組を提供するところが増えている。

ホテル HOTELS

✤施設充実 / ♜歴史と伝統あり / ✿清潔感あり / ♥カップルでぜひ / ♨バス付部屋あり / シャワーのみ

華々しい海運国時代をしのぶのなら、歴史と伝統を誇る高級ホテルがおすすめ。気軽なペンショーネに泊まれば、陽気で親切なジェノヴェーゼと触れ合える。港のそばに部屋をとり、汽笛を聞きながら過ごすのも趣がある。宿の数は豊富だ。目的に合わせて選びたい。

歴史に培われた気品、重厚で奥行きのある空間

サヴォイア・マジェスティック
Savoia Majestic ★★★★ 地図P.413 A

P.za Stazione Principe ☎261641 FAX261883
S Lit.22万～ T Lit.34万～ 120室
プリンチペ駅から徒歩1分

1900年建造の建物を戦後に大改装。伝統のなかにも利便さを兼ね備えており快適。採光が良く明るい客室は、二重窓のため静かでくつろげる。バスは大理石造り。

コルヴェット広場の大パノラマが楽しめる

ジョリー・ホテル・ピアッツァ
Jolly Hotel Piazza ★★★★ 地図P.413 B

Via Martin Piaggio 11 ☎8393641 FAX8391850
S Lit.24万5000～ T Lit.28万5000～ 147室
コルヴェット広場から徒歩1分

客室は広々としており、設備も充実。広場側の部屋からは街が一望できる。大通りに近く、交通の便は最高。

旧市街の近くにあるこぢんまりとしたホテル

メトロポリ
Metropoli ★★★ 地図P.413 B

P.za Fontane Marose ☎284141 FAX281816
S Lit.15万5000～ T Lit.21万～ 47室
コルヴェット広場から徒歩3分

1900年創業の老舗だが、建物は1992年に改装されてモダンでシンプルな造りになった。部屋数が少なく、大型ホテルは苦手という人に最適。ビュッフェ式朝食付。

船員さんの利用も多い、港町情緒溢れるホテル

エウローパ
Europa ★★★ 地図P.413 A

Via delle Monachetti 8 ☎256955 FAX261047
S Lit.9万8000～ T Lit.13万～ 38室
プリンチペ駅から徒歩2分

大通りの奥の静かな場所にある。礼儀正しい従業員が気持ちよく迎えてくれる。最上階の部屋はテラス付。

旧市街のはずれにある、小さなペンショーネ

カイローリ
Cairoli ★★ 地図P.413 A

Via Cairoli 14/4 ☎2461454 FAX2467512
S Lit.6万5000～ T Lit.9万5000～ 12室
ゼッカ広場から徒歩1分

カイローリ通りに面した建物の4、5階。客室はシンプルで飾り気はないが、掃除が行き届いており清潔。春夏にはテラスで食事が楽しめる。日本語衛星放送あり。

レストラン
RESTAURANTS

要予約　望予約　J 日本語メニュー　カップルでぜひ　M 英語メニュー　テラス席あり

港町ジェノヴァでは、なんといっても魚介類が見逃せない。メインディッシュには新鮮な魚を使った一品を選んでみたい。パスタならバジリコと松の実、チーズのソースをからめたジェノヴェーゼが有名だ。野菜をたっぷりと使った家庭的で素朴な料理も試してみたい。

各界名手を唸らせる、一流シェフの豪快な料理　M

ゼッフィリーノ
地図P.413 B

Zeffirino

Via XX Settembre 20 591990

営9:00～深夜2:00 休水曜 L Lit.8万～ D Lit.12万～ ダンテ広場から徒歩2分

名高い高級店だが気取りがなく入りやすい雰囲気。調理風景が眺められる。本物の味にはファンが多く、政治家なども訪れる。野菜のラヴィオリLit.3万他

アート・ショーや展覧会も開かれる　J

ダ・ジェニオ
地図P.413 B

Da Genio

Salita san Leonardo 61r 588463

営12:00～14:30 19:30～23:00 休日曜 L Lit.4万5000～ D Lit.5万～ ダンテ広場から徒歩3分

石畳の坂の上にある小粋なトラットリア。ジェノヴァ風家庭料理は地元でも評判。松の実トルテLit.6000他

家庭的な料理を温かいもてなしで楽しむ　M

サン・スィアー
地図P.413 B

Saint Cyr

P.za Marsala 8r 815039

営12:30～14:30 20:00～22:30 休土曜のランチ、日曜 L Lit.5万5000～ D Lit.6万5000～ コルヴェット広場から徒歩2分

厳選された材料で作られた地元料理。テーブルに花を欠かさない心配りがうれしい。珍しいチーズも揃っている。ブロッコリーとエビのスパゲティLit.2万他

日替わりのショーが人気、現代的な感覚が光る店

ラ・タベルナ・ディ・コロンボ
地図P.413 B

La Taverna di Colombo

Vico Scienza 8 202794

営11:00～深夜1:00 休月曜 L Lit.1万5000～ D Lit.3万～ ゼッカ広場から徒歩5分

手打ちのパスタほか、料理はすべてボリューム満点。壁の絵画はオーナー夫人の作。野菜の肉詰Lit.8000他

美しい夜景を見たあとにしっとりと飲める大人の店

ラ・バルカッチャ
地図P.413 B

La Barcaccia

Spianata Castelletto 6, 8r 296749

営12:00～15:30 18:30～深夜2:00 休日曜 L Lit.2万～ D Lit.3万5000～ ポルテッロ広場からエスカレーターで上り降りてすぐ

海好きのオーナーが始めたバール。カクテルなどお酒の種類が多い。料理メニューは少ないが、味は満足のいくもの。地中海風ラビオリLit.2万他

ショップ

SHOPS

♛高級店　‼流行の人気店
🎁みやげ小物あり　★オリジナルあり
✂オーダー可能　🏺歴史と伝統あり

ジェノヴァは香草の大産地だ。ハーブティーや料理用スパイスの専門店、自然派化粧品の店が揃っている。とくに女性へのみやげ物として最適だ。旧市街を中心に並んでいる、アンティーク・ショップや老舗のチョコレート屋など、歴史を感じる店にも立ち寄ってみたい。

650種類のハーブを扱う、老舗の薬草専門店

アンティカ・エルボリステリア"サン・ジョルジョ"

地図P.413 B

Antica Erboristeria "San Giorgio"

Via Luccoli 47r ✆206880

営9:00〜12:00 15:30〜19:30 休月曜の午前、日曜

コルヴェット広場から徒歩3分

創業は1885年。年代物の棚に数えきれないほどの自然素材が並んでいる。自家製基礎化粧品やハーブ・ミックスがとくに人気。全品、無香料、アルコールフリー。

アンティーク・アクセサリーのユニークな品揃え

スザンナ・マルテッリ

地図P.413 B

Susanna Martelli

Via del Fieno 02 ✆2770393

営9:30〜12:30 15:30〜19:00 休月・日曜

デ・フェラーリ広場から徒歩4分

本物のアンティークから、古いデザインをコピーしたものまでさまざま。手ごろな値段のものも揃っている。

歴史の深みを感じるチョコレート専門店　♛🎁★🏺

ピエトロ・ロマネンゴ・フ・ステファノ

地図P.413 B

Pietro Romanengo Fu Stefano

Via Soziglia 74r ✆297869

営9:30〜13:00 15:15〜19:15 休月・日曜

デ・フェラーリ広場から徒歩4分

壁一面、天井まで届く木棚は18世紀末に造られたもの。手作りチョコレートや特製ジャムが人気。とくにおすすめは、繊細な味のヴィオレッタ（すみれの砂糖漬け）。

みやげに最適な小物が並ぶ陶器専門店　🎁

バルバラ・ミラーニ

地図P.413 B

Barbara Milani

Via Macelli di Soziglia 38r ✆292957

営9:30〜12:30 16:00〜19:00 休月・日曜

デ・フェラーリ広場から徒歩5分

ジェノヴァの街をモチーフにしたプレートなど、メルヘンチックな品物が揃っている。奥にはアトリエがある。

露店の本屋が並ぶ界隈にある、古書を扱う有名店　🏺

リブレリア・アンティクアリア・ダッライ

地図P.413 A

Libreria Antiquaria Dallai

Piazza de Marini 11r ✆2472338

営9:30〜12:15 16:00〜19:15 休月曜

デ・フェラーリ広場から徒歩5分

ヨーロッパ中から集めたスタンプと古書が、狭い店内にぎっしりと並んでいる。古くは15世紀頃のものもある。じっくりと、掘り出し物を見つけるのも楽しい。

イタリアン・リヴィエラのその他の街

音楽祭で有名なサン・レモは花のリヴィエラの中心地。アルビゾラとアルベンガは、古い陶器や建築に興味のある人にとくにおすすめだ。ポルトフィーノとチンクエ・テッレは、入り江に広がる漁村が郷愁をそそる。断崖のポルトヴェーネレは詩人バイロンを感動させた。

サン・レモ

地図P.10 A-3

San Remo ★★★

鉄道 ジェノヴァから2時間30分

花と音楽祭とカジノが魅力

音楽祭でおなじみのサン・レモは、西リヴィエラ最大のリゾート。気候は年間を通じて温暖で、街なかに亜熱帯植物が生えている。港には豪華クルーザー船が停泊し、公営カジノの周りには高級ホテルがずらり。サン・レモは昔から社交界の華やかな舞台でもあった。有名な花市は毎年10～翌6月の朝6～10時に催される。花のリヴィエラの中心地だけに、品質は折り紙付きだ。街は、ラ・ピーニャと呼ばれる山の手の旧市街と海側の新市街に分かれている。細い路地が入り組んだ旧市街は、中世のおもかげたっぷり。高台へ続く坂道を上ると**カステッロ広場**に出る。頂上にはバロック様式の**マドンナ・デッラ・コスタ教会**が建ち、テラスからは街と港の絶景が望める。新市街の散策は、街のメインストリート、**マッテオッティ通り** から。143番地の **ボレア・ドルモ宮**には**考古学博物館**が入り、アルマ洞窟やサン・レモ周辺で発掘された出土品がずらりと並べられている。西側に続く**インペラトリーチェ通り**は、ヤシの並木が美しい繁華街。反対側の海岸沿いに延びる**トレント通り**と**トリエステ通り**は、夕方の散歩に最適のプロムナードだ。

音楽祭で有名なサン・レモは国際的なリゾート地

ユニークな陶器の道をのんびりと歩きたい

アルビゾラ

地図P.10 A-3

Albissola ★

鉄道 ジェノヴァから1時間

ユニークな陶器の街

13世紀以来、陶器の生産が盛んとなり、街の特産品となった。海沿いには“芸術家の海岸通り”と呼ばれるユニークな散歩道が延びている。これは1963年に現代アーティストたちが腕を競った陶器による舗装道路。砂岩の陶器を加工したモザイクが独特の味わいを出している。18世紀に建てられた**ファラッジャーナ荘**にはリグーリア陶器の**歴史資料館**が設けられ、17～19世紀のスタッコ装飾や陶器タイル装飾、アンティーク家具などが展示されている。

アルベンガ

地図P.10 A-3

Albenga ★★

鉄道 ジェノヴァから1時間10分

古代ローマの遠い記憶

ローマ時代に起源を持つ港町。現在は、チェンタ川の上流1kmほどのところにあるが、古くは海岸線に接していた。街の中心部に建つ**大聖堂**は、初期キリスト教時代に創建され、その後、各時代の様式美をいかしながら改築された。この大聖堂に中世の塔や鐘楼を加えた**カテドラル広場**全体の眺めは必見。**古代ローマ船博物館**には、海底から引き上げられた紀元前1世紀のローマ船の残骸や積荷が展示されている。

美しい入り江にひらけたミニ・リゾート

ポルトフィーノ

地図P.10 B-3

Portofino ★★

バス サンタ・マルゲリータ・リグレから20分

入り江の奥の静かなリゾート

ジェノヴァの東約25km、リグーリア海に突き出たポルトフィーノ半島の突端にあるミニ・リゾート。もともとは天然の入り江の奥にひっそりとたたずむ小さな漁村にすぎなかったが、近年、オリーヴや松の茂る丘の上に高級別荘が建ち、ヨット遊びの基地としてもてはやされるようになった。その美しい入り江には、まるでペーパークラフトのようなカラフルな家が並んでいる。岬の灯台へ続く散歩道を歩いていくと、松林のすき間から紺碧の海が顔をのぞかせる。夕暮れどきは海がオレンジ色に染まり、とてもロマンチック。丘の上に建つ**サン・ジョルジョ城**は、古い要塞を改築した19世紀の城。眼下にはポルトフィーノの入り江が広がっている。灯台のそばまで来るとさらに展望は開け、リヴィエラ海岸の彼方、チンクエ・テッレ近辺まで見渡すことができる。一方、ポルトフィーノから北へ延びる227号線からの眺めも魅力的。刻々と変化する海岸線を5kmほどさかのぼると、ビーチのある**サンタ・マルゲリータ・リグレ**にたどり着く。この街からはポルトフィーノ行の遊覧船(料往復Lit.7000 ☎0185-284670)も出ているので利用したい。

小さな漁村だったポルトフィーノには素朴さが残る

チンクエ・テッレ

地図P.10 B-3

Cinque Terre ★★

鉄道 ジェノヴァから1時間30～45分

魅惑的な峡谷の村

チンクエ・テッレとは〝5つの土地〟という意味。東リヴィエラの東部にある5つの村を総称してこう呼ぶ。村は断崖の上や峡谷の奥に築かれ、周囲には美しい自然が広がっている。村の起源は11世紀頃にさかのぼり、いまも中世の教会や鐘楼を見ることができる。西端に位置する**モンテロッソ・アル・マーレ**は砂浜の海岸を持ち、宿泊施設も充実。周辺の段々畑ではブドウやレモンが栽培されている。このあたりで採れるブドウはシャッケトラと呼ばれる甘口ワインに加工される。続く**ヴェルナッツァ**はチンクエ・テッレで最も美しいと評判。断崖の上には14世紀の教会が建ち、静かなたたずまいの村を見下ろしている。**コルニーリア**から**マナローラ**、**リオマッジョーレ**までは変化に富んだ地形が望める。ただし、全部を慌ただしくまわるより、気に入った場所でゆっくり過ごすほうがよいだろう。

自然の魅力が残る美しい街々

ポルトヴェーネレ

地図P.10 B-3

Portovènere ★★

バス ラ・スペツィアから40分

風光明媚な断崖の街

軍港の街**ラ・スペツィア**から530号線を南に約15km。切り立った断崖の上にこつ然とカラフルな街並が現れる。丘の上にはその昔ジェノヴァの人々が築いた砦が残り、12世紀に創建された**サン・ロレンツォ教会**と、16世紀に再建された古城がそびえている。海に面した**サン・ピエトロ教会**は13世紀のゴシック建築。ラ・スペツィア湾とチンクエ・テッレを望むテラスからの眺めが印象的だ。かつてポルトヴェーネレに滞在したイギリスの詩人バイロンは、この教会の崖下にあるアルパイア洞窟で思索に耽った。

ナポリと南部の街

太陽の街ナポリと遺跡の街ポンペイ。南に下がればソレント半島がある。快適なドライブが楽しめるアマルフィ海岸や"青の洞窟"で知られるカプリ島へも足を延ばしたい。南イタリアの乾燥した内陸部は不毛の土地と呼ばれ、産業に乏しいが、ユニークな景観を持つアルベロベッロや洞窟住居の街マテーラもあり興味深い。

イタリア南部
旅と滞在

真っ赤なトマトがたわわに実り、陽気な話し声が通りに響く。空には太陽がいつも顔を見せ、海はどこまでも青い。旅人がイタリアに持つイメージにいちばん近いのが、ナポリから南の地域だ。ローマ時代の広大な遺跡や、優雅なヴァカンスが過ごせる島や街もある。

アクセス

空路 ナポリ、バーリ、レッジョ・ディ・カラブリアなどに空港がある。ミラノからナポリへは約1時間30分。
鉄道 ローマからナポリまで特急で約2時間。ボローニャからバーリまで特急で約6時間30分、ギリシアへのフェリーが発着するブリンディシまで約7時間30分。

陽気な喧噪の港町、ナポリ

移動とプラン

ナポリ周辺は鉄道、船とも本数が多く、移動しやすい。カプリ島へはナポリとソレントから、イスキア島へはナポリから船が出ている。それぞれ高速船だと約30分、フェリーだと約1〜1時間30分。日帰りも可能だが、リゾート地なので2、3日ゆっくり滞在したい。ポンペイ、ソレントへは、ナポリから私鉄のチルクンヴェスヴィアーナ鉄道を使うと便利。ポンペイへ約30分、ソレントへ約1時間だ。ソレントからポジターノ、アマルフィへは鉄道が通っていないので、プルマンが足となる。プーリア州、バジリカータ州、カラブリア州では、海岸沿いの街以外は列車の本数が少なくなるので注意が必要。内陸部のアルベロベッロやマテーラへは、バーリから私鉄かプルマンで約1時間30分〜2時間。日帰りも無理ではないが、列車が1時間くらい遅れることもあるので余裕を持ったプランを組みたい。

太陽と海の恵みを受けるカンパーニア州

南部の中心となるのは、ティレニア海に面するカンパーニア州だ。州都**ナポリ**には、南イタリア独特の庶民の活気が息づく。新鮮な海の幸や野菜を使った料理は、北部の人も絶賛するほど。古代ギリシアやローマの美術品の所有数は、世界最高レベルだ。近郊には、ヴェスヴィオ山の大噴火で埋没した**ポンペイ**と**エルコラーノ**のローマ時代の遺跡がある。とくにポンペイの遺跡は公共広場、共同浴場、商店、民家などが並ぶ大規模なもの。石畳の道を歩いていると、古代人の鼓動が聞こえてくるかのようだ。その南のソレント半島一帯はリゾート地として人気が高い。カンツォーネ『帰れソレントへ』に歌われた**ソレント**、**ポジターノ**、**アマルフィ**が代表的な街だ。青の洞窟で有名な**カプリ島**はソレント沖に浮かぶ。燃え立つような緑の木々の間に白い壁の家々が点在し、まさに南国の楽園といった趣だ。夏季には、昼は海水浴や読書、夜は海を染める夕焼けを眺めつつ新鮮な魚介類を味わうヴァカンス客で賑わう。その北西に浮かぶ**イスキア島**も人気のリゾート地。良質の温泉が涌き、温泉療法や温泉エステの設備を持つホテルが多い。

独特の白壁の家トゥルッリを見る

アドリア海側、イタリア半島のかかとに位置するのはプーリア州だ。州都は、近年商工業で発展を遂げた海沿いの街**バーリ**。郊外にはトマト畑やオリーヴの林が広がる。東南の**ブリンディシ**は、ローマ時代に築かれたアッピア街道の終点だった街。ギリシアのパトラスへ向かうフェリーが出ており、一年中バックパッカーの姿が見られる。内陸部の**アルベロベッロ**は、円錐形の屋根と真っ白な壁の住居トゥルッリで有名。近郊の**カステッラーナ・グロッタ**には、1938年に発見された全長1km以上に及ぶカステッラーナ洞窟がある。そこから南下すると、海沿いの街**ターラント**だ。古代ギリシア時代に栄え、現在は鉄鋼業が盛んだ。軍港があるため、海軍服に身を包んだ若者の姿も多い。

ナポリ近郊のヴェスヴィオ山。かつてこの山の噴火でポンペイとエルコラーノは埋没した

北部との経済格差に悩む南イタリアの2州

イタリア半島のつま先にはカラブリア州が、その北にはバジリカータ州がある。カラブリアの州都は**カタンザーロ**、中心都市はメッシーナ海峡沿いの**レッジョ・ディ・カラブリア**だ。郊外にはオリーヴやオレンジの林が広がるが、主要な産業に乏しく、北部や中部に移り住む若者も多い。バジリカータ州の内陸部は乾燥した土地が続く。カラブリアと同じく産業が未発達のため、失業率が高い。生まれ故郷を離れる若者が多いのも同様だ。州都は**ポテンツァ**。その東の**マテーラ**には、洞窟住居〝サッシ〟が岩山に多数残っている。

輝く太陽と美しい海は、カンパーニア州の自慢

イタリア有数のリゾート地・カプリ島も南部にある。夏には多くの旅行者がヴァカンスに訪れる

個性溢れる南部の街々。北部との経済格差など悩みは多いが、いつでも陽気で人なつっこい笑顔が旅人を温かく迎えてくれる

イタリア南部の交通

海岸線の各都市へは国鉄の幹線が通じているので列車の利用が便利。ナポリやバーリなどの観光の拠点となる都市から近郊の観光ポイントへは私鉄やプルマンも多数運行されている。飛行機、レンタカーをうまく組み込めば、南部の都市はくまなくまわれる。

鉄道

西はナポリ、東はバーリを通り、海岸線の街を結んでレッジョ・ディ・カラブリアまで南下する2路線がある。地中海側を走る路線は、ナポリからサレルノまで所要30〜40分、1時間に2〜3本の運行。シチリア島へ渡る船に列車を積み込むヴィラ・サン・ジョヴァンニ駅まではICで所要4〜5時間だ。一方、アドリア海側のバーリからターラントまでは1日4本運行のICで所要約1時間20分、急行なども合わせると1時間に1〜2本が運行されている。カタンツァーロへはターラントで乗り換えて約4時間ほど。直行便は少なく、途中、乗り換えが必要な場合も多い。ターラントまでナポリからなら所要5時間〜5時間30分。バーリからイタリア半島のかかとへ、ブリンディシを経由してレッチェへと続く路線は、IC、急行など合わせて片道28本が運行されている。バーリからブリンディシまでは所要1時間20〜30分だ。

ナポリから近郊の都市へ

エルコラーノ、ポンペイ、ソレントといった街へは私鉄のチルクンヴェスヴィアーナ鉄道が便利だ。駅はナポリ中央駅の地下にある。ポンペイ遺跡へは、ソレント行ならポンペイ・スカーヴィ・ヴィラ・デ・ミステーリ駅、サレルノ行きならポンペイ駅で降りる。ナポリからソレントまでは所要約1時間、片道Lit.8400。1時間に2、3本の運行。切符はあらかじめ窓口で購入し、必ず所持しておくこと。また、プルマンは中央駅近くのG.フェラーリス通りからポンペイ、エルコラーノ、エボリ、サレルノ、アマルフィ海岸行きが出ている。

ナポリから周辺の島行きの船も多い

バーリから近郊の都市へ

バーリから内陸の街へは私鉄が通じている。アルベロベッロへはバーリ駅のいちばん奥のホームから私鉄FSE(Ferrovia del Sudest)線で所要約1時間45分。マテーラへはバーリ駅に隣接するバーリ・ノルド駅から私鉄Calabro Lucane線を利用して約1時間50分でアクセスできる。内陸方面へはプルマンもある。中央駅の南東約500mにあるバスターミナルからアルベロベッロ方面行き、中央駅西側広場からマテラ方面行きが出ている。

飛行機でイタリア南部を移動する
ナポリとバーリから、シチリア島のパレルモとカターニアにアリタリア航空の国内線が飛んでいる。ナポリから各都市へ1日3便、所要約55分、バーリから各都市へは1日1便、所要約1時間15分だ。

ナポリからプルマンで南部の街へ
ナポリ中央駅の前にあるガリバルディ広場からはバーリ、ターラント、レッチェ、ブリンディシ、フォッジアの各都市へ向けてプルマンが運行されている。おもなバス会社の問い合わせ先は下記の通り。
SITA社☎5522176
Marino社☎8712372
Miccolis社☎5212304
CLP社☎5311706

チケット売場

ソレント半島を自動車で旅する
ソレントからサレルノにかけて約30km、イタリアでも最も美しいといわれているアマルフィ海岸が続いている。潮の香りに包まれて、真っ青な地中海を眺めるこのラインは快適なドライブコース。途中、ポジターノからアマルフィまでは、運転好きを大いに楽しませてくれる断崖の上を走るつづら折りの道になっている。慎重にハンドルを切りたい。さらに海岸線を進むとサレルノの街へと続くが、手前に高速道路A3の入口があるので、ナポリ、ローマへ向かうなら、ここから高速に入ればよい。ソレントのレンタカー会社はCorso Italia 210 ☎8781386など。

NAPOLI ナポリ

人口約120万人の南イタリア最大の都市。紺碧のティレニア海に面し、東にはヴェスヴィオ山が雄大な姿を見せる。輝く太陽のもとで暮らすナポリっ子の快活さはイタリア随一。彼らが織りなす下町の喧騒もナポリ名物だ。カプリ島やポンペイへの観光拠点でもある。

ギリシアの植民都市がナポリの基礎になった

ナポリの歴史は異民族による支配の歴史といえる。温暖な気候、肥沃な農地、天然の良港に恵まれた自然条件は、つねに外国勢力の脅威にさらされた。最初この地を植民地にしたのは古代ギリシアだ。紀元前7世紀、植民都市〝ネアポリスNeapolis〟が建設され、この名がいまの地名となった。紀元前4世紀には、古代ローマの支配下に入る。この時代には避寒地として愛され、アウグストゥス帝や詩人ウェルギリウスらが訪れた。ローマ帝国の衰退後8世紀までは、ロンバルド族やビザンチン帝国の支配下に入った。

市外局番は081

異民族の統治は19世紀まで続く

美しい海と太陽に恵まれた街

8～11世紀はナポリ公国としてようやく自治の時代を迎えるが、これも長くは続かなかった。1139年にノルマン人に征服され、以後19世紀まで、フランスのアンジュー家、スペインのアラゴン家、ハプスブルク家、ブルボン家らが属国ナポリ王国の君主として街を支配した。イタリア人による自治を取り戻したのは、イタリア王国が統一された1861年のことだ。

外国勢による統治は、ナポリに多彩な文化をもたらした。紀元前以来のギリシア文化に加え、13～18世紀にはフランス、スペインの文化の洗礼を受けた。現在のおもな観光スポットはこの時代に建てられたものだ。なかでも華やかだったのは独創性に富む表現が生まれた17、18世紀のバロック期。プレビシート広場に建つ王宮がその代表建築で、音楽家サロンを中心に華麗な宮廷生活が繰り広げられた。

イタリア料理の源流はナポリにある

スパゲッティ、ピザ、ジェラート、イタリア料理の多くはナポリで誕生した。トマトソースもナポリ生まれだ。16世紀に南米から観賞用としてもたらされたトマトを、ナポリ近郊で食用に改良。それを煮詰めたソースが普及して、パスタを誕生させた。市場のトマトは味も抜群。〝スパゲティ・アル・ポモドーロ・フレスコ〟などのメニューで、その味が堪能できる。

カンツォーネの故郷ナポリ

『サンタ・ルチア』『オー・ソレ・ミオ』など有名なカンツォーネは、ほとんどナポリ民謡だ。地元だけでなく、オペラ歌手パヴァロッティがリサイタルで歌うなど広く愛されている。こういう名曲が生まれたのは、18世紀に始まったピエディグロッタ民謡祭。いまは〝フェスティバル・カンツォーネ・ナポレターナ〟と名を変え、毎年9月頃に行なわれる。

人生を謳歌するナポリっ子気質に触れる

統一後のナポリの歩みは順調とはいえない。失業率の高さ、北部に比べて格段に低い個人所得、シチリアのマフィアに相当する犯罪組織カモッラの存在など問題が山積している。だが、街を歩いて感じるのは、〝いまを楽しく生きる〟という人々の情熱だ。この気質は南欧の風土が養ったものだろうが、街の歴史とも無縁ではない。長い異民族支配のもと、人々は過ぎ行く時を楽しむ術を身に付けていった。こういうナポリっ子との出会いも、この街の大きな魅力だ。

プレビシート広場に面して建つ王宮

ナポリ
NAPOLI
1:25,000
0 300m
H ホテル
R レストラン
S ショップ
N ナイトスポット
N
コッリ・アミネイ通り
Viale d. Colli Aminei
ポリクリニコ駅
Staz. Policlinico
アントニオ・カルダレッリ病院
Ospedale Antonio Cardarelli
カポディモンテ
Capodimonte
Via Sergio Pansini
メトロポリターナ・コッリナーレ線
Via A.d'Antona
アレネッラ
Arenella
リオーネ・アルト駅
Staz. Rione Alto
ナポリ東西環状道路
Tangenziale Est Ovest di Napoli
カマルドリ
Camaldoli
モンテドンツェッリ駅
Staz. Montedonzelli
ピエトロ・カステッリーノ通り
Via Pietro Castellino
Metropolitana Collinale
アペネッラ
Apenella
M.R.インブリアーニ通り
Via M. R. Imbriani
ムッツィ広場
P.za F. Muzii
428
サルヴァトール・ローザ通り
Via Salvator Rosa
メダリエ・ドーロ駅
Staz. Medaglie d'Oro
メダリエ・ドーロ広場
P.za Medaglie d'Oro
アンティニャーノ
Antignano
Via M. Fiore
モンテサント
Montesanto
モンテサント駅
Satz. Montesanto
Via della Pigna
ルカ・ジョルダノ通り
Via Luca Giordano
(地下鉄建設中)
コッラーナ・スタディアム
Stadio Collana
ヴォメロ
Vomero
フニコラーレ・ディ・モンテサント
Funicolare di Montesanto
ピアッツァ・ヴァンヴィテッリ駅
Staz. Piazza Vanvitelli
チルクムフレグレア鉄道
Ferrovia Circumflegrea
ヴァンヴィテッリ広場
P.za Vanvitelli
Via Rafaele Morghen
サン・マルティーノ僧院
Certosa di San Martino
サンテルモ城
Castel Sant'Elmo
Corso Vittorio Emanuele
Via F.Cilea
チマローザ通り
Via Cimarosa
フニコラーレ・チェントラーレ
Funicolare Centrale
サント・ステファノ
S. Stefano
国立陶磁器博物館
Museo Nazionale d. Ceramica 'Duca di Martina'
メトロポリターナF.S.線
Metropolitana F. S.
ヴィットリオ・エマヌエーレ通り
ピアッツァ・アメデオ駅
Satz. Piazza Amedeo
アメデオ広場
P.za Amedeo
Via Tasso
ポッツオーリ
コルソ・ヴィットリオ・エマヌエーレ駅
Staz. Corso Vittorio Emanuele
ピニャテッリ博物館
Museo Principe Diego Aragona Pignatelli Cortes
Ferrovia Cumana
クマーナ鉄道
キアイア通り
Riviera di Chiaia
水族館
Acquario
カラッチョーロ通り
Via Caracciolo
ヴィラ・コムナーレ
Villa Comunale
ヴィットリア広場
P.za Vittoria
ピエーデグロッタ
Piedigrotta
メルジェリーナ駅
Staz. Mergellina
レプッブリカ広場
P.za d. Repubblica
メルジェリーナ通り
Via Mergellina
A.グラムシ通り
Via A. Gramsci
クワットロ・ジョルナーテ・トンネル
Galleria Quattro Giornate
サン・ナザロ広場
P.za S. Nazaro
ポジッリポ・トンネル
Galleria Posillipo
アウソニア P.436
Ausonia
メルジェリーナ港
Porticciolo di Mergellina
フニコラーレ・ディ・メルジェリーナ
Funicolare di Mergellina
メルジェリーナ
Mergellina
パラディーソ P.436
Paradiso
A
B
1
2
3
4

カポディモンテ公園
Parco di Capodimonte
カポディモンテ
Capodimonte
カポディモンテ美術館 P.434
Museo e Galleria di Capodimonte
カポディモンテ広場
Tond di Capodimonte
イル・モイアリエッロ
Il Moiariello
天文台
Osservatorio Astronomico
救貧院
Albergo dei Poveri
カルロ3世広場
P.za Carlo III
測量研究所
Ist. di Anatomia Topografica(Museo)
植物園
Orto Botanico
アメデオ・ディ・サヴォイア通り
Corso Amedeo di Savoia
サニタ広場
P.za d. Sanità
サニタ
Sanità
フォリア通り
Via Foria
ドン・ボスコ通り
Via Don Bosco
アレナッチャ通り
Via Arenaccia
ガリバルディ通り
Corso Garibaldi
マルタ通り
Corso Malta
ピアッツォラ
Piazzola
空港
ナポリ・エスト
Napoli Est
アルブリッチ自転車競技場
Velodromo Generale Albricci
L.ペデリコ広場
P.za L. Pederico
ポッジョレアレ拘置所
Carceri Giudiziarie di Poggioreale
ナツィオナーレ広場
P.za Nazionale
ヴォルトゥルノ広場
P.za Volturno
サレルノ広場
P.za Salerno
Via Casanova
ナザリオ・サウロ通り
Via Nazario Sauro
C.so Meridionale
テレーザ・デリ・スカルツィ通り
Via Teresa d. Scarpa
(地下鉄建設中)
ピアッツァ・カヴール駅
Staz. Piazza Cavour
カヴール広場
P.za Cavour
カルボナーラ通り
Via Carbonara
カプアーナ門
Porta Capuana
カプアーノ城
Castel Capuano
国立考古学博物館 P.434
Museo Archeologico Nazionale
ドゥオモ
Duomo
ガリバルディ広場
P.za Garibaldi
ピアッツァ・ガリバルディ駅
Staz. Piazza Garibaldi
ナポリ中央駅
Staz. Napoli Centrale F. S.
エンリコ・ペッシーナ通り
Via Enrico Pessina
美術アカデミー
Accademia di Belle Arti
トリブナーリ通り
Via dei Tribunali
サン・ロレンツォ
S. Lorenzo
ポンペイ
Corso Arnaldo Lucci
サン・ドメニコ・マッジョーレ教会
Chiesa di S. Domenico Maggiore
ダンテ広場
P.za Dante
サン・ドメニコの塔
Guglia d. S. Domenico
国立文書館
Archivio di Stato
チルクムヴェスヴィアーナ鉄道駅
Staz. Ferr. Circumvesuviana
ニコラ・アモーレ広場
P.za Nicola Amore
メルカート広場
P.za Mercato
ジェズ・ヌオーヴォ教会
Chiesa d. Gesù Nuovo
テサント駅
Cumana e Circumflegrea di Montesanto
ウンベルト1世通り
Corso Umberto I
サンタ・キアーラ教会
Basilica di Santa Chiara
大学
Università d. Studi 'Federico II'
メルカート
Mercato
Via Nuova Marina
証券取引所
Pal. d. Borsa
カリタ広場
P.za Carità
ジョヴァンニ・ボヴィオ広場
P.za Giovanni Bovio
サンタ・マリア・ラ・ノーヴァ教会
Chiesa di S. Maria la Nova
ヴェスヴィオ火山
トレド通り
Via Toledo
メディナ通り
Via Medina
デプレティス通り
Via A. Depretis
Via Cristoforo Colombo
市庁舎
Municipio
ムニチピオ広場
P.za Municipio
ウンベルト1世のガッレリア
Galleria Umberto I
マリッティマ駅
Staz. Marittima
王宮
Palazzo Reale
プレビシート広場
Piazza del Plebiscito
サン・フランチェスコ・ディ・パオラ教会
Chiesa di S. Francesco di Paola
カラッチョーロ提督外港
Avamporto Ammiraglio Francesco Caracciolo
ヴィットリア・トンネル
Galleria d. Vittoria
サンタ・ルチア
S. Lucia
ノヴァラ通り
Corso Novara
サンタ・ルチア港 P.434
Porto di Santa Lucia
卵城 P.434
Castel dell'Ovo
ナポリ湾
Golfo di Napoli
周辺図P.14
C
D
1
2
3
4

ナポリ中心部
1:13,000
0 200m
H ホテル
R レストラン
S ショップ
N ナイトスポット
国立考古学博物館 P.434
Museo Archeologico Nazionale
カポディモンテ
美術学校
Accademia di Belle Arti
サルヴァトール・ローザ通り
Via Salvator Rosa
メトロポリターナF.S.線
Metropolitana F.S.
Via Francesco Saverio Correra
エンリコ・ペッシーナ通り
Via Enrico Pessina
Via S. Maria di Costantinopoli
Via della Sapienza
病院
Policlinico
P.438 コロンネーゼ
Colonnese
寄宿学校
Convitto Nazionale
ダンテ広場
Emicicolo di P.za Dante
P.438 ルナ・ロッサ
Luna Rossa
ヴィットリオ・エマヌエーレ通り
Corso Vittorio Emanuele
モンテサント
Montesanto
モンテサント駅
Satz. Montesanto
モンテサント通り
Via Montesanto
ジェズ・ヌオーヴォ教会
Chiesa d. Gesù Nuovo
モンテサント駅(クマーナ鉄道、チルクムフレグレア鉄道)
Staz. Cumana e Circumflegrea di Montesanto
P.433 サンタ・キアーラ教会
Basilica di Santa Chiara
C.V.E.駅
Staz. C.V.E.
チルクムフレグレア鉄道
Ferrovia Circumflegrea
フニコラーレ・ディ・モンテサント
Funicolare di Montesanto
Via Pasquale Scura
ローマ通り
Via Roma
モンテオリヴェート通り
Via Monteoliveto
サン・ジュゼッペ
S. Giuseppe
レンツォ・エ・ルチア P.437
Renzo e Lucia
ベルヴェデーレ P.436
Belvedere
P.437 マトッツィ・ア・ピアッツァ・カリタ
Mattozzi a Piazza Carità
カリタ広場
P.za Carità
クマーナ鉄道
Ferrovia Cumana
サンテルモ城
Castel Sant'Elmo
サン・マルティーノ僧院 P.433
Certosa di San Martino
サンタ・マリア・ラ・ノーヴァ教会
Chiesa di S. Maria la Nova
G.マッテオッティ広場
P.za G. Matteotti
ペトライオ
Petraio
トレド通り
Via Toledo
Via A. Diaz
Via G. Sanfelice
モンテカルヴァリオ広場
Largo Montecalvario
オリエンテ P.435
Oriente
メディナ通り
Via Medina
ペトラーイオ駅
Satz. Petraio
カリアーティ
Cariati
フニコラーレ・チェントラーレ
Funicolare Centrale
P.437 セッテ・ソルディ
Sette Soldi
サン・ジャコモ宮(市庁舎)
Palazzo S. Giacomo(Municipio)
ムニチピオ広場
P.za Municipio
A.デプレティス通り
ヴィットリオ・エマヌエーレ通り
Corso Vittorio Emanuele
ウンベルト1世のガッレリア
Galleria Umberto I
P.433 ヌオーヴォ城
Castel Nuovo
P.438 ディスキ&ディスキ
Dischi & Dischi
サン・カルロ歌劇場 P.434
Teatro San Carlo
トリエステ・トレント広場
P.za Ttieste e Trento
ミッレ通り
Via dei Mille
キアイア通り
Via Chiaia
県庁
Prefettura
王宮 P.433
Palazzo Reale
フェルディナンド・アクトン通り
Via Ferdinando Acton
プレビシート広場 P.433
Piazza del Plebiscito
サンフランチェスコ・ディ・パオラ教会
Chiesa di S. Francesco di Paola
プッブリチ庭園
Giardini Pubblici
Via Monte di Dio
メルジェリーナ駅
観光案内所
マルティーリ広場
P.za d. Martiri
ヴィットリア・トンネル
Galleria d. Vittoria
キアイア通り
Riviera di Chiaia
サンタ・ルチア
S. Lucia
ヴィラ・コムナーレ
Villa Comunale
ヴィットリア広場
P.za Vittoria
サンタ・ルチア通り
Via Santa Lucia
ミラマーレ P.435
Miramare
ラ・カンティネッラ P.437
La Cantinella
フランチェスコ・カラッチョーロ通り
Via Francesco Caracciolo
ピッツォファルコーネ
Pizzofalcone
ナザリオ・サウロ通り
Via Nazario Sauro
パルテノーペ通り
Via Partenope
イル・ポスト・アッカント P.4
Il Posto Accanto
P.438 ラモア
Ramoa
レックス P.436
Rex
デル・ポルト P.438
Del Porto
P.435 ヴェスヴィオ
Vesuvio
エクセルシオール P.435
Excelsior
P.435 サンタ・ルチア

ナポリ中央駅
Staz. Centrale F. S.
観光案内所
ピアッツァ・ガリバルディ駅
Staz. Piazza Garibaldi
ガリバルディ広場
P.za Garibaldi
カプアーノ城
Castel Capuano
P.436 ヌオヴォ・レベッキーノ
Nuovo Rebecchino
P.436 グランド・ホテル・テルミヌス
Grand Hotel Terminus
ガリバルディ通り
Corso Garibaldi
ドゥオモ
Duomo
ドゥオモ通り
Via Duomo
サン・ロレンツォ
S. Lorenzo
ピエトロ・コッレッタ通り
Via Pietro Colletta
トリブナーリ通り
Via dei Tribunali
サン・ロレンツォ・マッジョーレ教会
S. Lorenzo Maggiore
サン・ビアージョ・デイ・リブライ通り
Via S. Biagio d. Librai
ウンベルト1世通り
Corso Umberto I
クオーモ宮
Palazzo Cuomo
サン・ドメニコ・マッジョーレ教会
Chiesa di S. Domenico Maggiore
国立文書館
Archivio di Stato
ペンディーノ
Pendino
チルクムヴェスヴィアーナ鉄道駅
Staz.Ferr.Circumvesuviana
メルカート
Mercato
ニコラ・アモーレ広場
P.za Nicola Amore
メルカート広場
P.za Mercato
G. ペーペ広場
P.za G. Pepe
Via Amerigo Vespucci
Via Nuova Marina
メッツォカンノーネ通り
Via Mezzocannone
大学
Università d. Studi 'Federico II'
ヌオーヴァ・マリーナ通り
Via d. Marinella
ヴェスヴィオ火山
(地下鉄建設中)
証券取引所
Pal. d. Borsa
G. ボヴィオ広場
P.za G. Bovio
港湾監督事務所
Capitaneria di Porto
Via A. de Gasperi
クリストフォロ・コロンボ通り Via Cristoforo Colombo
C. ピサカーネ埠頭
Molo C. Pisacane
マルテッロ埠頭
Molo Martello
マリッティマ駅
Staz. Marittima
アンジョイーノ埠頭
Molo Angioino
ベヴェレッロ埠頭
Calata Beverello
カラッチョーロ提督外港
Avamporto Ammiraglio Francesco Caracciolo
サン・ヴィンチェンツォ埠頭
Molo S. Vincenzo
C
D
1
2
3
4

周辺図 P.426

ナポリへのアクセス

ナポリは南イタリアの中心都市。イタリアで最も美しいといわれるアマルフィ海岸やカプリ島、イスキア島への拠点となる。北の中心ミラノからは飛行機が便利だが、ローマからなら鉄道で約２時間の距離だ。シチリア島やサルデーニャ島とはフェリーで結ばれている。

カポディキーノ空港 *Aeroporto di Capodichino*

国際線、国内線合わせて１日100便以上が発着する国際空港。南イタリアの玄関口として重要な役割を果たしている。ナポリ市街から北東約5kmに位置する。

パリからエールフランス国際航空が1日1便運航、所要約2時間20分、ロンドンからブリティッシュ航空が1日2便運航、所要約1時間50分など。国内線はすべてアリタリア航空。ミラノからの便が最も多く、直行便が1日6便乗り入れている。所要約1時間20分。ローマからは直行便だけでも1日4便、ローマ経由の便も含めると30便近い。所要約45分。

空港から市内へ
タクシーで約20分。市内の主要バス・ターミナルへ向けて路線バスも運行している。

空港にあるレンタカー営業所
エイビス✆5543020
ユーロダラー✆7802963
ユーロップカー✆7805643
ハーツ✆5990924

ナポリ中央駅 *Stazione Napoli Centrale*

ミラノ、ローマからのおもな列車はほとんどがこの中央駅に到着するが、市内にはほかにも、ガリバルディ広場駅、メルジェッリーナ駅、カンピ・フレグレイ駅がある。

ローマからはICで所要約2時間。1日21本と本数も多いので便利だ。快速や普通列車も頻繁に出ていて２時間30分〜３時間ほどで到着する。ミラノからはICで約7時間。列車によってはナポリ中央駅には行かずに、市内のその他３駅に乗り入れているものが日に数本ほどあるので注意が必要だ。

ナポリ中央駅にある観光案内所

ナポリ中央駅以外の駅
ガリバルディ広場駅はナポリ中央駅の地下にある。メルジェッリーナ駅は街の西側、カンピ・フレグレイ駅はさらに西にあるが、いずれも地下鉄で結ばれている。

ローマから車でナポリへ入る
高速道路A1に乗り、ナポリ・カポディキーノNapoli Capodichinoの出口で降りる。ローマから約219km。

ナポリから周辺の島へ

フェリー、水中翼船で島を巡る

カプリ島、イスキア島、プローチダ島などの島と、ナポリ湾沿いのリゾート地、ソレントへ向けて、ベヴェレッロ港からフェリーTraghettoと水中翼船Aliscafoが就航している。カプリ島までフェリーで所要約80分、片道Lit. 9000、水中翼船で所要約35分、片道Lit.1万5000だ。また、メルジェッリーナ港からもイスキア島、ソレント、カプリ島、プローチダ島、カサミッチオラ行水中翼船が、マリッティマ港からはシチリア、サルデーニャ島行フェリーが出ている。とくに冬場は運休する船会社もあるので、運航時間については観光局などで確認が必要だ。ナポリから周辺の島へ日帰りツアーもある。問い合わせは、ツアーカー（P.za Matteotti 1✆5523310）STS（P.za Medaglie d'Oro 41✆5789292）へ。

カプリ島行の水中翼船

市内の交通――街を歩く

坂の街ナポリにはケーブルカーがある。バス、市電、地下鉄と交通手段は豊富にあるが、交通渋滞が激しい街なので、バスやタクシーは時間通りに走らない可能性があることを覚悟したい。地下鉄、市電とタクシーを組み合わせて利用するのが無難だ。

地下鉄
Metropolitana

東のナポリ中央駅と西のメルジェリーナ駅を結んで東西に延びる国鉄運営のMetropolitana FSと、ケーブルカーとの乗り継ぎ駅ヴァンヴィテリ広場から北へ向けて走るMetropolitana Collinareの２路線がある。観光に便利なのはMetropolitana FS。ガリバルディ広場からカヴール広場、モンテサントなどを通っている。

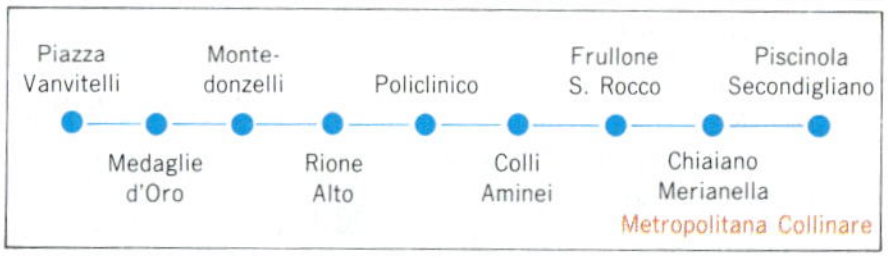

バス・市電
Autobus/Tram

中央駅前のガリバルディ広場、アモーレ広場、ムニチピオ広場がターミナルになっている。路線はかなり複雑なうえ、バスは激しい交通渋滞に巻き込まれて遅れることもしばしば。覚悟して利用したい。観光に便利な路線は、ガリバルディ広場を出発して、ウンベルトＩ世通りやトレド通りといった市街地の大通りを抜けるバスCA番。市電では、１番と１B番が中央駅を出発してガリバルディ広場を抜け、市の中心部を通って海岸沿いへと向かう。景色の美しい路線だ。

バス停

市内観光に便利なチケット

"ギラナポリ・チケット Biglietti Giranapoli" と呼ばれる、地下鉄、バス、市電、ケーブルカー共通で使用できる切符が２タイプある。90分間乗り換え自由の切符はLit.1200、1日乗り放題の切符がLit.4000だ。また、長期滞在者には、お得な1カ月有効のマンスリーチケットLit.3万5000もある。

バスに乗るのは難しい!?

路線図が用意されていないので、行きたい場所へ通じているバスを探しのはひと苦労。とくにバス停には名前が付いていないから、降りたい場所を運転手に伝えて降ろしてもらう必要がある。

ケーブルカー
Funicolare

全部で４路線あるが、うち３路線は旧市街とヴォーメロの丘を結んでいる。フニコラーレ・チェントラーレFunicolare centraleはトレド通りからフーガ広場まで、フニコラーレ・ディ・モンテサントFunicolare di Montesantoはモンテサント広場からモルゲン通りまで、フニコラーレ・ディ・キアイアFunicolare di Chiaiaはマルゲリータ公園通りからチマローザ通りまで。いずれも10〜15分。フニコラーレ・ディ・メルジェッリーナFunicolare di Mergellinaはメルジェリーナ通りとマンツォーニ通りを結んでいる。

ケーブルカーの駅入口

タクシー
Taxi

他都市と同様にタクシー乗場から乗るか、電話で呼ぶ。基本料金はLit.4000。その後100mごとにLit.100ずつ加算される。ただし、最低料金が設定されており、メーターが上がっていなくても必ず１回の乗車につき、Lit.6000を支払う。ほかにも深夜、休日料金などの特別料金が加算される。

無線タクシー会社

コタナCotana ✆5707070
ナポリNapoli ✆5564444
パルテノペPartenope ✆5560202

街の歩き方と観光スポット

紺碧の海にカンツォーネが響く。喧騒の港町

北と東と西の三方を小高い丘に囲まれたナポリは坂の街だ。見どころは広範囲に広がっているので、バスや地下鉄、ケーブルカーなどを上手に利用して観光するとよい。観光物件を巡るだけでなく、スパッカ・ナポリを歩き、ナポリ独特の喧騒にも触れたい。

アクセス

空路 ローマから約45分。市内から7kmに位置するカポディキーノ空港に到着する。ミラノ、ヴェニス、フィレンツェからも便がある。

鉄道 ローマ・テルミニ駅からIC特急で約2時間。1日21本運行。

観光案内所

王宮 P.za Plebiscito ☎418744
P.za del Gesù ☎5523328
卵城 All'ingresso del Borgo Marinari ☎7645688
P.za dei Martiri 58 ☎405311
Stazione Centrale ☎268779
Stazione di Mergellina ☎7612102
Aeroporto di Capodichino ☎7805761

ナポリの治安

かなり悪いといってよい。とくに、スリや置き引きの被害は多発しているので十分な注意が必要。スパッカ・ナポリを歩く際は、無防備に裏路地などに入ることは避けたい。また、中央駅など混雑した場所では、荷物から手を離さないこと。

旧市街の喧騒を抜け、港沿いのプロムナードへ

ナポリには2つの国鉄駅がある。**旧市街**寄りにあるのが**中央駅**、**新市街**寄りにあるのが**メルジェリーナ駅**だ。中央駅を起点とし、旧市街から**カポディモンテ**や**サン・マルティーノの丘**に登り、港沿いのスポットをまわるルートをとってみたい。中央駅の前に広がる**ガリバルディ広場**から**コルソ・ウンベルト1世通り**を進み、**ニコラ・アモーレ広場**に突きあたったら右折して**ドゥオモ通り**へ入る。この道を進むとサン・ビアジョ・デイ・リブライ通りにぶつかる。この通りはかつての幹線道路。旧市街を2つに割っているように見えることから、その周辺の地域が**スパッカ・ナポリ**(ナポリの裂け目)と呼ばれるようになった。

港から突き出しぽっかり浮かぶ卵城

狭い路地には食料品や日用雑貨を売る店が並び、窓には洗濯物がはためく。威勢のよいナポリ方言が飛び交い、賑やかだ。サン・ビアジョ・デイ・リブライ通りを南西に向かって進んで行くと、美しい回廊が自慢のゴシック教会、**サンタ・キアーラ教会**がある。

サンタ・キアーラ教会の前をさらに進むと、**ローマ通り**に出る。ローマ通りを北へ進むと**国立考古学博物館**、さらに先には**カポディモンテ美術館**がある。カポディモンテ美術館は収蔵品はもちろんのこと、眺めも素晴らしい。一方、南へ進むと**ウンベルト1世ガッレリア**がある。ウンベルト1世ガッレリアの東には**ケーブルカー駅**があり、**サン・マルティーノ僧院**の近くまで行ける。

下町らしい活気に溢れるスパッカ・ナポリ

ウンベルト1世ガッレリアを抜けると、イタリア3大歌劇場のひとつ**サン・カルロ歌劇場**がある。周辺の**ヌオーヴォ城**、**王宮**、**プレビシート広場**を見学したのち、港沿いの**N.サウロ通り**を進んで、カンツォーネにも歌われた**サンタ・ルチア港**と**卵城**へ向かう。卵城から見る**ナポリ湾**と**ヴェスヴィオ山**は絶景。サンタ・ルチア港から**メルジェリーナ港**までの道はプロムナードになっていて、左手に海、右手に**市立公園**の緑が広がっている。

半円形の広場が王宮の正面に接して広がっている

プレビシート広場

地図P.428 B-3

Piazza del Plebiscito ★★

M P.za Amedeoピアッツァ・アメデオから徒歩18分

ナポリ市街のほぼ中央にある半円形の広場

王宮とサン・フランチェスコ・ディ・パオラ教会の壮麗なファサードに囲まれている。19世紀初めに、かつてナポリを支配していたブルボン家のフェルディナンド1世が建設した。中央には、カノーヴァが制作したとされるフェルディナンドとシャルル3世の騎馬像が王宮のほうを向いて立っている。シャルル3世像を制作したのはカノーヴァ。また、一角には、ナポリを代表するカフェ〝ガンブリヌス〟がある。

ヌオーヴォ城

地図P.428 B-3

Castel Nuovo ★★

M P.za Amedeoピアッツァ・アメデオから徒歩20分

塔がそびえ立つフランス風の城

フランスのアンジュー家のシャルル1世が13世紀後半に建てた。城壁に威風堂々とした円筒状の塔を備えたフランス風の城だ。まわりは深い濠に囲まれている。正面に並ぶ3つの塔の右側2つの塔の間には、凱旋門が設けられている。15世紀にナポリ王となったスペイン・アラゴン家のアルフォンソ1世が大改築を行なう際に建てたもので、アラゴン家を讃える彫刻で飾られている。大理石に施されたルネッサンス様式のレリーフも見事だ。城の名前は〝新しい城〟という意味。別名をマスキオ・アンジョイーノMaschio Angioinoという。

重厚感のある3つの塔と凱旋門

8つの像を収めた建物正面は創建当時のままだ

王宮

地図P.428 B-3

Palazzo Reale ★★

M P.za Amedeoピアッツァ・アメデオから徒歩18分

ナポリのバロック建築を代表する宮殿

17世紀初頭に、当時のナポリ王、スペインのフェルナンド・ルイス・デ・カストロが着工し、1734年にブルボン王家が住むようになった。ファサードには、ノルマン王からヴィットリオ・エマヌエーレ2世までのナポリ王8人の像が飾られている。内部には、王宮博物館があり、18〜19世紀の家具や陶器、絵画などが展示されている。

P.za Plebiscito ☎413888 開9:00〜14:00（日曜は〜13:00） 休月曜 料Lit.6000

サンタ・キアーラ教会

地図P.428 B-2

Basilica di Santa Chiara ★★

M Montesantoモンテサント駅から徒歩15分

美しい回廊を持つスパッカ・ナポリの教会

路地が入り組むナポリの下町スパッカ・ナポリのほぼ中央にある。14世紀に建てられたゴシック様式の建物だ。第二次世界大戦時に爆撃により破壊されたが、のちに修復された。中にはナポリ王家や貴族の墓があり、裏にある修道院の回廊には、美しい陶器のタイルで覆われた八角形の列柱がある。

礼拝開7:15〜12:00 16:30〜19:45
回廊見学開8:30〜12:30 16:00〜18:30
休日曜

サン・マルティーノ僧院

地図P.428 A-2

Certosa di San Martino ★

ケーブルカー モンテサント線San Martinoサン・マルティーノ駅から徒歩10分

博物館もある見晴らしの良い丘の上の僧院

ナポリ湾を見下ろすヴォーメロの丘に建っている。シャルトル会の僧院で、内部は壮麗なバロック様式で装われている。中に、サン・マルティーノ国立博物館があり、ナポリの歴史と文化、風俗など80を超える展示室で知ることができる。

Largo San Martino 5 ☎5781769
開9:00〜14:00（日曜は〜13:00） 料Lit.6000

サン・カルロ歌劇場　地図P.428 B-3

Teatro San Carlo ★

M P.za Amedeoピアッツァ・アメデオから徒歩20分

カンツォーネの街ナポリの自慢の歌劇場

1737年に、ナポリ王のブルボン家シャルル3世が建てたもの。ミラノのスカラ座、ローマのオペラ座と並び、イタリアの3大歌劇場に数えられている。正面とロビー以外は当時のままで、豪奢な内装と音響効果の良さはさすが。シーズン中にはオペラは夜に上演されるので、場内見学は午前中に。

Via San Carlo ☎7972111 休 月曜

サンタ・ルチア港　地図P.427 C-4

Porto di Santa Lucia ★

M P.za Amedeoピアッツァ・アメデオから徒歩22分

ナポリ湾に沈む夕陽を眺めながら散歩

カンツォーネの名曲『サンタ・ルチア』で世界的に有名になった港。規模は小さいが、彼方にヴェスヴィオ山を望む景色の良さは格別だ。卵城が建つ防波堤の付近にはシーフード・レストランが建ち並び、海に沈む夕陽を眺めながら食事が楽しめる。この付近からメルジェッリーナ港へと西に延びる海岸通りでは、散歩を楽しんでいるカップルの姿をよく見かける。

カンツォーネで有名になった小さな港

卵城　地図P.427 C-4

Castel dell'Ovo ★

M P.za Amedeoピアッツァ・アメデオから徒歩25分

この城からナポリの絶景が楽しめる

サンタ・ルチア港の西側の埠頭の先端に建つ城。12世紀にノルマン王が建て、13世紀にアンジュー家が改築し、さらに1691年に大改築が行なわれ、現在の姿になった。城からは、東にヴェスヴィオ火山、ソレント半島、西にはポジリポの丘が見え、眺めが抜群に良い。名前の由来は、城の基礎に卵が埋め込んであり、それが壊れると城も街も滅ぶという伝説から。

博物館●美術館

国立考古学博物館

Museo Archeologico Nazionale ★★★

M P.za Cavourピアッツァ・カヴールから徒歩4分

ギリシア・ローマ美術の世界有数の所蔵品

展示品はブルボン家シャルル王の古代美術のコレクション(ファルネーゼ・コレクション)とポンペイ、エルコラーノからの出土品が中心。『アフロディーテ像』『ヴィーナス像』『ヘラクレス像』などのすぐれた彫刻や古代遺跡のフレスコ画が展示されている。

Via Museo 19 ☎440166

開 9:00〜19:00 (10〜3月は〜14:00 日曜〜13:00) 料 Lit.1万2000

ギリシア・ローマのコレクションでは世界有数

カポディモンテ美術館　地図P.427 C-1

Museoe Galleria di Capodimonte ★

バス 27番、110番

名画を多数所蔵するイタリア屈指の美術館

カポディモンテの丘に建つ宮殿の中にある美術館。1階には陶器美術館、2階には19世紀ナポリ派美術館、3階には絵画館などがある。絵画館には、シモーネ・マルティーニの『トローザの聖ロドヴィーゴ』を始め、ベッリーニやティツィアーノ、カラヴァッジョらの名画が多数、展示されている。

Parco di Capodimonte ☎7441307

開 9:00〜14:00(日曜〜13:00) 休 月曜 料 Lit.8000

美術館のある宮殿はカポディモンテの高台にある

ホテル

HOTELS

✽施設充実　眺望が良い
歴史と伝統あり　清潔感あり
♥カップルでぜひ　バス付部屋あり

サンタ・ルチア港のそばには大型の高級ホテルが多い。いずれも海に面したバルコニーやルーフ・レストランを持ち、素晴らしい眺望を自慢とする。経済的なホテルは中央駅周辺に集まるが、治安は概して良くないので十分に注意が必要だ。

文豪や芸術家に愛されたホテル

ヴェスヴィオ
Vesuvio

地図P.428 B-4
★★★★

Via Partenope 45 ✆7640044 FAX7640044
S Lit.24万～ T Lit.34万～ 171室
サンタ・ルチア港から徒歩2分

1882年創業の優雅なホテル。海沿いに建ち、眺望が素晴らしい。屋上のレストランも好評だ。オペラ歌手カルーゾが滞在していたスイートルームは人気がある。

ロイヤル・ファミリーが常宿にする

エクセルシオール
Excelsior

地図P.428 B-4
★★★★

Via Partenope 48 ✆7640111 FAX7649743
S Lit.26万5000～ T Lit.39万～ 136室
サンタ・ルチア港から徒歩2分

大理石の床やシャンデリアが美しい館内は美術館のよう。クラシックなインテリアは創業当時からのもの。

夏場は眺めの良いテラスで朝食を

ミラマーレ
Miramare

地図P.428 B-4
★★★★

Via N.Sauro 24 ✆7647589 FAX7640775
S Lit.19万5000～ T Lit.24万～ 19室
サンタ・ルチア港から徒歩6分

近代的な設備と温かいもてなしが好評のプチ・ホテル。かつて合衆国領事館として使われていた建物を改装した。オーナーはホテル学校で20年講師を務めたプロ。

スタッフの温かいサービスも印象的

サンタ・ルチア
Santa Lucia

地図P.428 B-4
★★★★

Via Partenope 46 ✆7640666 FAX7648580
S Lit.12万5000～ T Lit.18万～ 107室
サンタ・ルチア港から徒歩2分

卵城とサンタ・ルチア港を見渡す好立地。アンティークの調度品と淡いブルーの内装がとても上品だ。

衛生管理に力を入れる快適なホテル

オリエンテ
Oriente

地図P.428 B-2
★★★★

Via A.Diaz 44 ✆5512133 FAX5514915
S Lit.12万～ T Lit.17万～ 132室
M モンテ・サント駅から徒歩10分

街の中心部にあり、おもな観光地はすべて徒歩でまわれる。客室はカーテンとベッドカバーが花柄でロマンチックな雰囲気。バスルームは清潔感が溢れている。

中央駅前に建つ近代的な大型ホテル

グランド・ホテル・テルミヌス
地図P.429 D-1

Grand Hotel Terminus ★★★★

P.za Garibaldi 91 ☎7793111 FAX206689

S Lit.9万～ T Lit.12万～ 145室

中央駅から徒歩1分

ジムやサウナが完備された新しいホテル。日本語の話せるスタッフもいる。行き届いたサービスが好印象。

ヴェスヴィオ山とナポリ湾を一望できる

パラディーソ
地図P.426 A-4

Paradiso ★★★★

Via Catullo 11 ☎7614161 FAX7613449

S Lit.13万5000～ T Lit.20万～ 74室

メルジェリーナ駅から徒歩5分

丘の上にあり、見晴らしは最高。テラスのあるレストランもおすすめだ。市街中心部からはタクシーが便利。

居心地の良いこぢんまりとしたホテル

ベルヴェデーレ
地図P.428 A-2

Belvedere ★★★

Via Tito Angeleni 51/59 ☎5788169 FAX5788268

S Lit.9万～ T Lit.14万～ 27室

バス 中央駅からサン・マルティーノ行終点下車徒歩1分

サン・マルティーノ僧院の前、眺めの良い丘の上という好立地のわりには手ごろな料金。中庭には気持ちのいい散歩道がある。部屋数が少ないので予約は早めに。

家族経営なので安心して泊まれる

ヌオヴォ・レベッキーノ
地図P.429 D-1

Nuovo Rebecchino ★★★

Corso Garibaldi 356 ☎5535327 FAX268026

S Lit.8万～ T Lit.10万～ 58室

中央駅から徒歩5分

改装したばかりなので新しくてきれい。淡い色でまとめたインテリア、柔らかい間接照明が女性に人気だ。

治安の良い環境と手ごろな料金が魅力

レックス
地図P.428 B-4

Rex ★★★

Via Palepoli 12 ☎7649389 FAX7649227

S Lit.7万6000～ T Lit.9万～ 38室

サンタ・ルチア港から徒歩3分

客室は飾り気がなくシンプルだが、海沿いの一等地に建ち、超一流ホテルと同じ最高の眺めを満喫できる。

島観光の拠点にもなる清潔な宿

アウソニア
地図P.426 A-4

Ausonia ★★

Via Caracciolo 11 ☎682278 FAX682278

S Lit.6万～ T Lit.7万～ 20室

メルジェリーナ駅から徒歩3分

港が近いのでカプリ島やイスキア島に日帰りで行くときにも便利だ。朝食用のサロンはヨットの室内インテリアで飾られ、海の上にいるような気分が味わえる。

レストラン
RESTAURANTS

服装注意　要予約　眺望が良い　カップルでぜひ　M 英語メニュー　テラス席あり

高級店から庶民的な店まで、どこでなにを食べてもおいしい。料金も手ごろで、一流店でも比較的安く食べられる。眺望の良いテラス席がある店が多いのも特徴だ。新鮮なシーフードやトマトソースを使った料理は、ナポリならではの味。本場のピザも試したい。

郷土料理をおしゃれにアレンジ

イル・ポスト・アッカント
地図P.428 B-4

Il Posto Accanto

Via N.Sauro 2 7648600

営 12:30～14:30 19:00～22:30 休 不定休

L Lit.5万～ D Lit.5万～ サンタ・ルチア港から徒歩3分

港のすぐ前にあり、眺めの良さも自慢。手打ちパスタや魚介類、新鮮な素材を使った前菜など、どれもおいしい。日本語メニューがある。ロブスターのパスタ

独創性豊かなメニューが斬新

ラ・カンティネッラ
地図P.428 B-4

La Cantinella

Via Cuma 42 7648684

営 12:30～14:30 19:00～22:30 休 不定休

L Lit.5万～ D Lit.5万～ サンタ・ルチア港から徒歩6分

ヌーベルキュイジーヌ風のイタリア料理を得意とする。肉料理のメニューも充実。海の幸のワインソース

ヴェスヴィオ山とナポリ湾を一望

レンツォ・エ・ルチア
地図P.428 A-2

Renzo e Lucia

Via Tito Angelini 33 5565004

営 12:30～14:30 19:00～22:30 休 水曜

L Lit.5万～ D Lit.5万～ サン・マルティーノ僧院から徒歩3分

天気の良い日はテラス席に座りたい。漁師風スパゲティやムール貝のソテーなど新鮮な魚介類を使ったメニューがとくにおすすめ。ボンゴレ・スパゲティ

昼食時は大混雑。地元で人気のピッツェリア

マトッツィ・ア・ピアッツァ・カリタ
地図P.428 B-2

Mattozzi a Piazza Carità

Piazza Carita 2 5524322

営 12:30～14:30 19:00～22:30 休 不定休

L Lit.3万～ D Lit.3万～ M モンテ・サント駅から徒歩5分

かまどがあり本格的な炭火焼のピザが食べられる。生地の薄いナポリ風ピザがおいしい老舗。種類も豊富だ。

コロッケ、オムレツなど気取らないメニューが安い

セッテ・ソルディ
地図P.428 B-3

Sette Soldi

Vico Tre Re 6 418727

営 12:30～14:30 19:00～22:30 休 土曜 L Lit.1万5000～ D Lit.1万5000～ M モンテ・サント駅から徒歩5分

昼からピザを食べられる。肉料理のメニューが充実。自家製のワインもおいしい。カードは使えないので注意。ズッキーニとナスの前菜、チキンのグリル

ショップ SHOPS

♛高級店　‼流行の人気店
🎁みやげ小物あり　★オリジナルあり
✂オーダー可能　📜歴史と伝統あり

中央駅前から延びるウンベルト1世通りや、王宮を中心とした周辺の通りがおもなショッピング・エリア。みやげ物店のカメオには良質のものは少ないので、値段とのバランスを考えて買いたい。スパッカ・ナポリの市場を訪ねれば、ナポリっ子たちの生活が見える。

18世紀に迷い込んだような古本屋　‼🎁★📜

コロンネーゼ

地図P.428 B-1

Colonnese

Via S. Pietro a Majella 3233 ☎459858

営9:00〜13:30 16:00〜19:30 休土曜の午後、日曜、祝日

M ピアッツァ・カヴール駅から徒歩12分

18世紀ヨーロッパの古書が中心だが、20世紀初頭の絵はがきやオペラのプログラムも扱っている。中世の護符を再現したアクセサリーなどの小物も人気がある。

一点ものの作品ばかりを置くギャラリー　‼🎁★

ルナ・ロッサ

地図P.428 B-1

Luna Rossa

Via B.Corce 22 ☎5517005

営10:00〜20:00 休日曜、祝日

M ピアッツァ・カヴール駅から徒歩10分

ナポリの芸術家たちが作ったアクセサリーやインテリア小物、オブジェなどを扱う。シャツLit.2万など。

生活雑貨とオブジェがずらりと並ぶ　‼🎁★

ラモア

地図P.428 B-4

Ramoa

Via Palepoli 14 ☎7648585

営9:30〜18:00 休土曜の午後、日曜、祝日

車中央駅から10分

タオルハンガーやランプ、マスコット人形などがところ狭しと置かれる。一風変わったデザインのものが多く、見ているだけで楽しい。ナポリの工芸品も扱う。

1874年から続くジュエリーの老舗店　♛★

デル・ポルト

地図P.428 B-4

Del Porto

Via S. Lucia 165 ☎7640093

営10:00〜13:00 16:00〜19:30 休土曜の午後、日曜、祝日

車中央駅から10分

ナポリ名産のカメオと珊瑚やべっ甲を使ったアンティーク・ジュエリーを専門に扱う。繊細な細工が美しい。

サン・カルロ歌劇場の前にあるCDショップ　‼🎁

ディスキ & ディスキ

地図P.428 B-3

Dischi & Dischi

Galleria Umberto 88 ☎418436

営10:00〜13:00 16:30〜19:30 休土曜の午後、日曜、祝日

M ピアッツア・アメデオ駅から徒歩5分

ナポリ民謡カンツォーネのCDは、本場だけに種類も豊富。おみやげを探している人におすすめ。オペラやイタリアン・ポップスのCDやテープも充実している。

ヴェスヴィオ火山とポンペイ

紀元79年、大自然の気まぐれでひとつの都市が火山灰のなかに沈んだ。灰に残る人型から再現された抱き合ったままの母子像――真実はやがて封印を解かれた。

埋没した古代都市

ギリシアの植民都市ポンペイがローマの支配下に入ったのは紀元前80年。それから160年後、悲劇は起こった。突然のヴェスヴィオの大爆発、降りそそぐ灼熱の灰、流れ出す溶岩。街はあっという間に飲みつくされ、栄華の都はその歴史の幕を閉じた。そして、いつしかこの大災害の記憶も薄れ、ポンペイは伝説の街となった。分厚い灰の下から遺跡が偶然発見されたのは16世紀末のことだった。人々は伝説が真実であったことに驚き、発掘を続けた。そこに現れた光景は信じ難いものだった。街は1900年前の姿をあまりにもリアルにとどめていたのだ。

当時の生活をしのばせるポンペイの遺跡

ナポリ近郊にあるヴェスヴィオ山

1900年前の"現在"へタイムスリップ

では、伝説の都市への入口**マリーナ門**を抜け、古代ロマンの旅を始めよう。まずは**博物館**で悲しみの石膏像と対面、次に街の中心部にあった広場へ。ここには**裁判所バジリカ**と３つの**神殿**、**食品市場**などがある。ポンペイ随一の繁華街だった**アボンダンツァ通り**を進むと、左手に**浴場**と**酒屋**、右手に**オデオン座**と**大劇場**、**貴族屋敷**、**洗濯屋**、さらに先には**円形劇場**がある。一方、広場から北へ進むと、牧羊神の像で有名な**ファウノの家**や裕福な**ヴェッティ商人の家**、"犬に注意"と刻まれた**悲劇詩人の家**、墳墓が並ぶ**セポルクリ通り**を抜けると**巫女の館**、**秘儀荘**がある。

ISOLA DI CAPRI
カプリ島

ティレニア海に浮かぶカプリ島はイタリア有数の高級リゾート地。青い海と白い家々のコントラストが美しく、青の洞窟があることでも有名だ。温暖な気候と豊かな自然は古来より人々を魅了し、ローマ皇帝アウグストゥスやティベリウスもこの島を愛した。

市外局番は081

アクセス
船 ナポリ(メルジェリーナ港)からフェリーで80分、水中翼船で35分。往復チケットは販売されていない。

観光案内所
P.tta I Cerio 11 ✆8375308
Banchina del Porto ✆8370634
Via G. Orlandi 59 ✆8371524

青の洞窟へのボート
マリーナ・グランデから洞窟までのモーターボート代(往復)、洞窟へ入る小舟代、入場料などを含み、Lit.2万5000。ボートの船頭がカンツォーネを歌ってくれる場合があり、その際はLit.2000ほどのチップを渡す。所要約1時間。波がある日は運行中止となる。なお、船はかなり揺れるので、酔いやすい人はあらかじめ酔い止め薬を飲んでおいたほうがいい。

ケーブルカー
マリーナ・グランデからカプリへは片道Lit.1500。アナカプリもまわれる周遊券Lit.6000もある。

島に到着したら、まずは青の洞窟へ直行する

カプリ島は**カプリ**と**アナカプリ**の2地区に分かれている。カプリ地区にはナポリからの船が到着する**マリーナ・グランデ**をはじめ、高級ホテルやレストラン、ショップなどが集まっており、観光の起点となるエリアだ。一方、アナカプリ地区は住宅街となっており、ホテルやレストランなどは少ない。

自然に恵まれたのどかで美しい島

マリーナ・グランデに着いたら、まずはカプリ島随一の観光名所、**青の洞窟**へ行ってみたい。海路、陸路ともあるが、マリーナ・グランデから船を利用したほうがいい。洞窟の近くまでモーターボートで行き(所要約20分)、小舟に乗り替えて洞窟に入って行く。洞窟内の海は太陽光線の関係で神秘的なブルーに輝いており、"青の洞窟"のネーミングを実感できるはずだ。

マリーナ・グランデからケーブルカーでカプリ地区へ

船でマリーナ・グランデに戻ってきたら、目の前にあるケーブルカーに乗って、カプリ地区へ足を延ばしてみたい。ケーブルカーを降りると、目の前に**ウンベルト1世広場**がある。こぢんまりとした広場だが、カフェのテーブルとパラソルが並び、夕方ともなればアペリティーヴォを楽しむ人々で賑わう。まずは、広場の裏にある観光案内所で、地図やパンフレットを手に入れてから、歩き出したい。

ソラーロ山からの眺め

広場の前を東西に延びるのが、みやげ物店などが並ぶレ・ボッテーゲ通り。広場の西寄りからゆるやかなカーブを描きながら南へ延びるのが**マドレ・セラフィーナ通り**、東寄りから南へ延びるのが**ヴィットリオ・エマヌエーレ通り**だ。アーケードで覆われたマドレ・セラフィーナ通りを進んでいくと、素晴らしい眺望が楽しめる**カンノーネの見晴らし台**に至る。一方、ヴィットリオ・エマヌエーレ通りには高級ブティックが軒を連ね、華やかな雰囲気だ。突きあたりにはカプリで最高級のホテル、**クイシサーナ**がある。

夏にはリゾート客で賑わう

アウグストゥス庭園からマリーナ・ピッコラへ

クイシサーナからさらに南へ延びる**チェルトーザ通り**を進むと、段々畑の中に**サン・ジャコモ修道院**がひっそりと建っている。この修道院の西に隣接する**アウグストゥス庭園**からは、**トラガラ岬**や沖合に浮かぶ**ファラリオーニの奇岩**などが望め、絶景だ。アウグストゥス庭園から**クルップ通り**を下って行くと、**マリーナ・ピッコラ**に出る。周辺には小さなビーチがいくつかあり、海水浴が楽しめる。

ソラーロ山やヴィラ・サン・ミケーレで眺望を楽しむ

時間が許せば、アナカプリへも足を延ばしたい。カプリからはバスが運行しており、約10分の距離だ。アナカプリの中心は**ヴィットリオ広場**。広場から**オルランディ通り**を内陸側に入ると、19世紀末に建造された**カーザ・ロッサ**がある。カーザ・ロッサの先を右折し、**サン・ニコラ通り**に入ると、**サン・ミケーレ・アルカンジェロ教会**が見える。教会の近くからは、**ソラーロ山**へのリフト乗場がある。ソラーロ山からは**ナポリ湾**やカプリ島全体が見渡せ、素晴らしい眺めが広がる。

一方、ヴィットリオ広場の東側に位置する**カポディモンテ通り**を進むと、突きあたりに**ヴィラ・サン・ミケーレ**がある。ここはスウェーデン人作家で医師でもあったアクセル・ムントの別荘だったところで、現在はローマ時代の彫刻や17〜18世紀の家具を展示する博物館として公開されている。庭園からはカプリの街並や海が一望のもとだ。

島内の交通

カプリからアナカプリへのバスは片道Lit.1500。
ソラーロ山へのリフトは片道Lit.5000、往復Lit.7000。所要約15分。

レストラン

ラ・カパンニーナ
La Capannina
Via delle Botteghe 14
☎8370732
営12:30〜15:00 19:30〜0:00
休水曜(8月は営業)、11〜3月
L Lit.4万〜 D Lit.6万〜

レ・グロッテッレ
Le Grottelle
Via Arco Naturale 5 ☎8375719
営9:30〜20:30 6〜9月は9:00〜深夜1:00
休木曜(8月は営業)、12〜3月
L Lit.3万〜 D Lit.5万〜

アウローラ
Aurora
Via Furlovado 18 ☎8370181
営12:30〜15:00 19:00〜23:00
休11〜4月
L Lit.2万5000〜 D Lit.4万〜

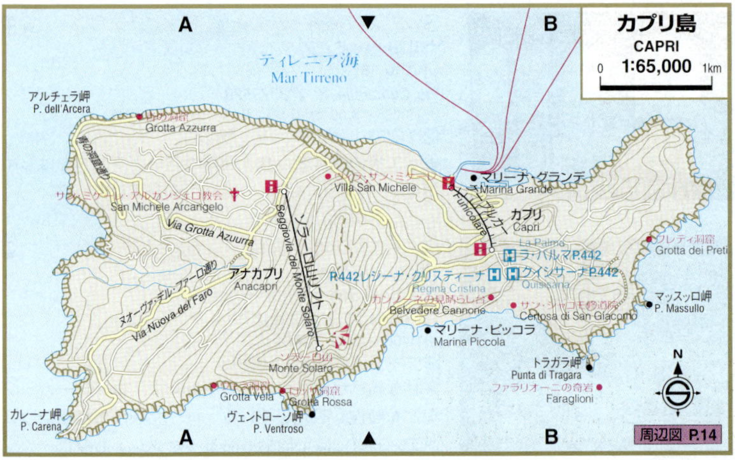

ホテル&ショップ
HOTELS & SHOPS

✽施設充実　眺望が良い
歴史と伝統あり　清潔感あり
高級店　みやげ小物あり

夏は観光客で満員になり、冬は休業するホテルが多いので、事前の予約は必要。南イタリアのリゾート地だけあって、高級なホテルが多い。ショップは、ブティックならヴィットリオ・エマヌエーレ通り、カプリ島オリジナルの香水の店はカメレレ通りに集まっている。

H海を眺める一等地に建った超高級ホテル

クイシサーナ
地図P.441 B

Quisisana ★★★★★L

Via Camerelle 2 8370788 FAX8376080

S Lit.33万～ T Lit.65万～ 150室

ウンベルト1世広場から徒歩3分

1845年にサナトリウムとして誕生、1868年よりホテル。クラシックな雰囲気を保ちながら、プールやジムなどの近代的な施設も充実。緑溢れる庭に囲まれている。

H南国の明るいムードが漂う老舗ホテル

ラ・パルマ
地図P.441 B

La Palma ★★★★

Via Vittorio Emanuele 39 8370133 FAX8376966

S Lit.25万～ T Lit.42万～ 74室

ウンベルト1世広場から徒歩1分

賑やかな界隈にあるが、ホテル内は静かでくつろげる。客室の床は南イタリア産タイルが張られていて美しい。

Hカプリ島の名所やショッピング街に近くて便利

レジーナ・クリスティーナ
地図P.441 B

Regina Cristina ★★★★

Via Serena 20 8370744 FAX8370550

S Lit.15万～ T Lit.25万～ 55室

ウンベルト1世広場から徒歩4分

機能性を重視したシンプルな客室。テラスからはカプリの街並が一望できる。エントランスや客室の床にはカプリ島独特の美しいタイルが敷きつめてある。

Sカプリ島の花を集めて作った香水でリラックス

カルトゥージア
Carthusia

Vis Camerelle 10 8370529

営10:00～18:00 休夏季は無休、冬季は不定休

ウンベルト1世広場から徒歩4分

香水工場の直営店。数十種類のフレグランスをはじめ、ボディケア、バス用品の品揃えも充実している。

Sアーティストが手描きで仕上げた陶器が並ぶ

ザ・シー・グル
The Sea Gull

Via Roma 25 8370852

営10:00～18:00 休不定休

ウンベルト1世広場から徒歩1分

素朴な絵柄が美しいワインデカンタ、コーヒーカップなどを製作、販売している。ローマ時代の趣を持つアンティークっぽい絵柄もある。オブジェも豊富。

南部のその他の街と主要スポット

南国の太陽が降り注ぐオリーヴ畑。イタリア南部で見慣れた光景も、ひとつ場所を変えればがらりと趣が変わる。断崖絶壁の続くアマルフィ海岸、温泉の湧き出るイスキア島。とんがり屋根の家並が続くアルベロベッロにはユニークな景観がある。

アマルフィ海岸

地図P.14 B-1

Costiera Amalfi ★★

ナポリから62km

波の侵食でできた奇観の連続

ナポリ湾に面した**ソレント**から半島を横切ると、そこには全長約30kmにもおよぶ断崖絶壁の海岸線が延びている。海洋都市**サレルノ**へ至る道路からは、ほぼ垂直に切り立った崖と、崖下に点在する白い別荘が見える。途中、**ポジターノ**の街では丘の斜面に広がるサラセン風の家並に見とれ、**フローレ**の入り江では砕け散る波しぶきに圧倒される。**エメラルド洞窟**は長年の浸食作用でできた大自然の彫刻。海底まで透きとおった海の色はまさに宝石の輝きを思わせる。

ソレント

地図P.13 D-3

Sorrento ★★

鉄道 ナポリから約1時間

ナポリ民謡に歌われた岬の街

ソレント半島先端に位置する、南イタリア有数のリゾート地。ナポリ民謡『帰れソレントへ』でもおなじみ。**タッソ広場**から**ルイジ・デ・マイオ通り**を下ると、紺碧のナポリ湾を背景に白い街並が見えてくる。街は切り立った断崖の上に築かれ、周辺にはオレンジやレモンの畑が広がっている。**ヴィラ・コムナーレ公園**から見下ろす海の眺めは格別。**コッレアーレ博物館**にはこの地で生まれた詩人タッソーゆかりの品がある。

ナポリ湾に面して広がるリゾート地

温泉につかってゆっくりと過ごしたい

イスキア島

地図P.14 B-1

Isola d' Ischia ★★

フェリー ナポリから1時間30分

火山活動が生んだ天然の療養地

オリーヴとブドウ畑の広がるナポリ湾最大の島。中央にそびえる**エポーメオ山**の噴火によって誕生し、島のあちらこちらに良質の温泉が湧き出ている。すでにアウグストゥス帝の時代から保養地として利用され、いまも体の治療やエステのために訪れる人が絶えない。山上から360°のパノラマを楽しんだら、イスキアの街に下りて、海に囲まれた美しい**イスキア城**を見学。食事の際は特産のエポーメオ・ワインをお忘れなく。

アルベロベッロ

地図P.15 D-1

Alberobello ★★

私鉄 バーリから1時間30分〜2時間

丘の上の不思議な風景

トゥルッリと呼ばれるとんがり屋根のかわいらしい家々が並び、童話の世界に迷い込んだような不思議な気分にさせられる。平らな石灰岩を積み上げた屋根には、魔除けの模様やラテン文字が描かれユーモラスな雰囲気。南側斜面の**モンティ地区**はみやげ物屋を営むトゥルッリが多く、家の中も見学できる。静かに散策にふけりたい人は、東の高台にある**アイア・ピッコラ地区**がおすすめ。こちらには普通の民家が集まり、15世紀のおもかげをいまに伝えている。

イタリアで語学学校に入る

イタリアが好きになったら、言葉を習うのはどうだろう。各地に語学学校があり、グループコースは2週間から、個人コースは1週間から受講できるところが多い。

短期でも留学気分は十分味わえる

おもな街をはじめ、北部や中部の小さな街にも語学学校がある。とくに多いのはフィレンツェとローマだ。趣味、仕事、大学入学準備のためなど、いろいろな目的を持った人が世界各国から集まっている。経済の中心地ミラノではビジネスマンや、モードやオペラの勉強をしている学生が中心となる。

語学学校のほとんどは私立校だ。月間学生数が100人以下のこぢんまりとした学校が多く、授業はレベル別に分かれた10人前後の少人数制クラスで行なわれる。最短の受講期間はグループコースで2週間、個人コースだと1週間から入学できるのが一般的だ。入学資格はなく初心者から受け付けている。3カ月以内の受講ならビザも不要だ。

グループコースのクラスは、さまざまな国籍の学生によって構成される。まったく話せない状態で入学する人もいるが、授業は最初からイタリア語で行なわれるので覚悟が必要。フランスやスペインなどラテン語圏の人はどんどん上達するが、言語圏が違う日本人はこうはいかない。あらかじめ日本で勉強していくと、成果が違う。講師がマンツーマンで付く個人コースは、かなり融通がきく。授業内容にもリクエストが出せ、英語で解説を加えてくれる講師もいる。また、同レベルの友人グループで受講する2、3人の少人数コースを設けている学校もある。

授業は少人数制のところが多い

イタリア人講師引率のイベントも豊富

どの語学学校も、多彩な課外活動を企画している。市内観光、美術館や博物館の見学、近郊の街への遠足、映画鑑賞会、夕食会などが一般的なもの。すべてイタリア人講師が引率し、美術館などでは作品の解説も聞ける。ほかに、トスカーナの学校では農場やワイン工場の見学、海の近くの学校では夏に海水浴、セイリングを企画するなど、地方色をいかしたイベントが多い。夏季には、ヴァカンス・コースを設ける学校もある。コモ湖やエルバ島などのリゾート地で開校し、午前中は授業、午後はマリンスポーツなどを楽しむ。

受講期間中の滞在先は、基本的に学校が手配してくれる。最も利用が多いのはホームステイと学生アパートだ。学生アパートは個室に、共有のキッチンや浴室が付いているタイプが多い。ほかには、アパート、レジデンスホテル、ペンショーネなどがある。アパート形式のものは家具付きで、通常、食器や調理道具も揃っている。

入学手続きは個人でも行なえる

3カ月以内の留学なら、現地の学校とのやりとりだけですむ。まず、カタログ請求のFAXか手紙を送る(学校によって国際返信切手の同封が必要)。カタログが送られてきたらコース内容・授業料などを検討、添付の入学願書に必要事項を記入し郵送かFAXで送り返す。後日、学校から連絡がくる。このときデポジットとして授業料の一部の前払いの請求があるので、国際郵便為替などで支払う。入金が確認されると、入学許可書が学校から届く。ここまでの手続きは英語でできる。

イタリアの語学学校に関する資料は、東京のイタリア文化会館(→P.16)で閲覧できる。また、日本にあるイタリア語学校でも随時、現地の学校案内や留学手配を行なっているところが多い。

シチリア

地中海で最も大きな島は、灼熱の太陽と潮の香りが訪れる人を出迎える。温暖な気候をいかし、オリーヴや果実の栽培が盛んで、新鮮な魚介類も豊富に捕れる。地中海の要衝として古くから異国の支配を受けてきたシチリアには、ギリシア、アラブ、スペインなど、さまざまな国の影響を受けた文化的遺産が溢れている。

シチリア
旅と滞在

イタリア半島の南端に浮かぶ地中海最大の島。紀元前からの長い異民族支配を経て、戦後シチリア自治州となった。総面積約２万5700km²、約500万人が暮らす。海沿いの街には古代ギリシアの遺跡、アラブやビザンチン風の建物が残り、本土と違う魅力を湛えている。

貴重な遺跡が残るシラクーザ

アクセス

空路　パレルモ、カターニアに空港がある。ローマやミラノから直行便があり、約1〜2時間。ともに毎日5〜9便。

鉄道　ナポリから特急で、島の東端のメッシーナまで約6時間30分、パレルモまで約9時間30分。メッシーナ海峡を渡るときは、列車ごとフェリーに積み込まれる。

異民族の文化が開花した“地中海文明の十字路”

シチリアのおもな街へはローマやミラノから空路１〜２時間。移動時間の短さに比べて、飛行機を降りたときの印象は鮮烈だ。乾いた大地に熱帯の花々や植物が生い茂り、街には異文化が混在した建築物が建ち並ぶ。郊外に出ると、紺碧の海を背景に古代ギリシアの神殿や劇場跡が建つ。空に輝くのは灼熱の太陽。風は海の匂いをのせて吹く。

地中海の要衝に位置するこの島では、古代から多くの民族の興亡が繰り返された。フェニキア、ギリシア、ビザンチン、アラブ、ノルマン、スペイン……。島を統治した民族の足跡は、いまも海岸線の街を中心に点在している。ティレニア海に面する州都**パレルモ**は、アラブとノルマンの支配下で栄えた街。おもな教会や館はこの時代に建てられ、シチリア独特のアラブ・ノルマン様式が誕生した。その偉容は、ドイツの文豪ゲーテに〝世界で最も美しいイスラムの街〟と讃えられた。パレルモ郊外の丘の街**モンレアーレ**は、荘厳な黄金のモザイクで名高い。その西には、ヘレニズム時代の野外劇場や神殿が建つ**セジェスタ**がある。さらに西に行った岬の街**トラパニ**では、カツオ漁が盛んだ。

数々の支配者による統治の歴史は、パレルモの街並にエキゾチックな雰囲気と混沌とした独特の美しさをつくり出した

映画の舞台ともなったタオルミーナは美しい海を望む、シチリア随一のリゾート地

古代のロマンへと誘うギリシア神殿の数々

本土から船で島に渡る場合は、海峡の街**メッシーナ**が玄関口となる。ギリシアの植民地として開け、現在は商工業が盛んだ。春から夏にはメカジキ漁で賑わう。南の**タオルミーナ**は島随一のリゾート地。活火山エトナ山を望む古代劇場では、毎年夏に音楽祭が催される。その南の**カターニア**は、パレルモに次ぐ第2の都市。近年は石油工業が盛んだ。さらに南下すると、広大な古代都市遺跡が残る**シラクーザ**がある。紀元前の数学者アルキメデスはここで生まれた。地中海側の**アグリジェント**には、ギリシア神殿が点在する〝神殿の谷〟がある。近郊の村ではノーベル文学賞を受けたピランデッロが生まれ、いまも生家が残っている。その北西の**セリヌンテ**も、ギリシア時代の神殿遺跡で名高い。一方、海沿いの街と比べると内陸部は影のような存在だ。標高1000m級の山が連なり、やせた土地が続く。主要な産業がないため失業率が高く、村々は総じて貧しい。イタリアのなかでも最も、〝明と暗〟〝富と貧〟が共存する土地だといわれる理由はここにある。だが、島のどこを訪れても人々の素朴な笑顔ともてなしに出会う。ベストシーズンは花々が咲き競う春と夏。冬には避寒で訪れる人もいる。

移動とプラン

島内のおもな街は列車やプルマンが結んでいる。列車は本数が少なく、各駅停車が多い。プルマンは比較的本数があり、鉄道が通らない小さな街や内陸部の街をダイレクトに結ぶ。列車、プルマンともに日曜、祝日は本数が減るので注意が必要だ。海岸沿いのおもな街をすべてまわるなら最低10日、セリヌンテなど小さな街を加える場合は最低2週間はみておきたい。また、列車で2時間以上かかる街への日帰りは難しい。おもな街の移動時間は、パレルモーアグリジェント間、カターニアーシラクーザ間、カターニアータオルミーナ間ともに列車かプルマンで約1時間30分〜2時間30分。アグリジェントーカターニア間はエンナ経由で、列車で約3時間30分、プルマンで3時間弱だ。日程上滞在が3、4日になる場合は欲張らないプラン作りが大切。島内の移動は予想以上に体力を消耗する。パレルモ、モンレアーレ、アグリジェントをまわるルート、タオルミーナとシラクーザをまわるルートなど訪れる街を絞り込むとよい。また、本土から島へ空路をとる場合、パレルモから入りカターニアから出る、あるいはこの逆の設定にすると復路の時間が節約できる。

映画に描かれたシチリア

島の人々の声がスクリーンに響く

シチリア島を舞台にした名画は多い。ヴィスコンティは『揺れる大地』で島に生きる漁師を、『山猫』で貴族階級の黄昏を描いた。ロージの『シシリーの黒い霧』は、マフィア問題に正面から取り組んだ傑作だ。タヴィアーニ兄弟の『カオス・シチリア物語』は島の伝説をもとにした4話からなるオムニバス。満月の夜、狼に変貌する男の話など土着的な題材が興味深い。鳥が谷を舞う冒頭シーンは、アグリジェントで撮影された。パレルモ近郊の街バゲリアに生まれたトルナトーレは、『ニュー・シネマ・パラダイス』で牧歌的な風景と人々の素朴な生活を物語った。マストロヤンニ主演の次作『みんな元気』は、シチリアでひとり暮らす初老の父親が本土の子供たちを訪ねるロードムービー。本土との経済格差など島が抱える問題を浮かび上がらせた。次の『明日を夢見て』ではプロの俳優ではなく実際の島民を登場させ、シチリアの民衆の声を世界に伝えた。

シチリアを題材にしたイタリア映画は多い

PALERMO パレルモ

シチリア島最大、南イタリアではナポリに次いで第2の都市。アラブ、ノルマン、スペインなどの支配が長く、各国の様式が混じり合った教会や宮殿がエキゾチックな雰囲気を漂わせている。北アフリカに近いため自然も独特。夏季には熱帯の花々や植物が街を彩る。

市外局番は091

パレルモのモザイクを巡る

〝モザイク〟というと中部の街ラヴェンナが有名だが、パレルモもひけをとらない。ノルマン朝時代の建物のほとんどに、見事な黄金のモザイクが施されている。なかでも圧巻なのはノルマン宮内のパラティーナ礼拝堂。精緻なモザイクが天井、壁、床を飾り、荘厳な雰囲気に満ちている。ほかにはラ・マルトラーナ、サン・カタルド教会のモザイクが必見だ。街の南西約10kmのモンレアーレに建つ、ドゥオモのモザイクも素晴らしい。

異文化の融合がパレルモに独自の文化を誕生させた

パレルモは、ティレニア海沿いの〝コンカ・ドーロ(黄金の盆地)〟と呼ばれる肥えた土地に位置している。地中海の交易の要衝でもあったため、古代から異民族の侵略がおびただしく、19世紀まで外国の支配が続いた。古代にはカルタゴ、ローマの占領を受け、6～9世紀にはビザンチン帝国に併合された。831～1072年はアラブの支配下に入る。この時期に街の規模が飛躍的に拡大し、シチリアの中心都市としての地位を固めた。11世紀末からはノルマンによる占領が始まる。パレルモが最も栄えるのがこの時期だ。初代シチリア王となったルッジェーロ2世の治世に街は貿易港として繁栄を極め、ノルマン様式の教会や宮殿が建てられた。ラ・マルトラーナ、サン・ジョヴァンニ・デリ・エレミティ教会、カテドラルなどこの時代の代表建築が、現在のパレルモのおもな見どころだ。前代の建築物の改築も進み、異文化を許容するルッジェーロ2世の方針でアラブ様式を残す改修が施され、シチリア独特のアラブ・ノルマン様式を誕生させた。その代表がノルマン宮だ。

さまざまな様式が混在する

考古学博物館の中庭

ガリバルディ将軍の上陸が外国支配に終止符を打った

12世紀末には、フリードリッヒ2世がシチリア王となる。学芸を好んだ王は芸術家たちを招き、13世紀半ばまでパレルモは地中海文化圏の中心となった。その後アンジュー家が台頭したが、1282年の民衆の蜂起により衰退。以後、アラゴン家、スペインを経て、19世紀前半にはブルボン家の支配下に入った。この治世の1860年、ガリバルディ将軍が義勇軍を率いてパレルモに上陸。農民の協力を得て、ブルボン家を追放しシチリア島全土をイタリア王国に併合した。搾取に苦しんでいた農民たちは新国家の誕生に希望を託したが、大土地所有制は改善されなかった。この社会の歪みがマフィアを強大化させ、現在も深刻な問題となっている。

エキゾチックな雰囲気が溢れる

パレルモへのアクセスと市内交通

各都市からパレルモへのアクセスには飛行機が便利だ。南部の街からは列車の運行数も多いので、時間と体力に余裕があれば、試してみるのもいい。市内観光は、徒歩中心にバスやタクシーを組み合わせる。近郊の街へ足を延ばすなら列車よりプルマンが利用しやすい。

パレルモへのアクセス

プンタ・ライジ空港 Aeroporto Punta Raisi
市の西32kmにある。イタリア国内各都市からの国内便のほか、アムステルダムなどからの国際便も発着する国際空港。ローマからは1日9便、所要約1時間10分。ミラノからは1日5便、所要約1時間30分。シチリア島内には、ほかに島東海岸のカターニアにも空港がある。

パレルモ中央駅Stazione Palermo Centrale
本土からの特急や急行、シチリア島の各街へ向かう急行、各駅停車などが発着する。ローマからは、ICや急行で11時間30分〜14時間の距離。切符売場は正面入口の左手。構内にはバールなどもあるが、治安の悪い場所なので長居を避けるのが無難。駅前広場はバス・ターミナルになっている。

市内の交通——街を歩く

プルマン
中央駅の東側にあるパオロ・バルサモ通りに発着する。ローマ便はSAIS社が1日2本、カターニアで乗り換えて所要約13時間。料金は片道Lit.7万、往復Lit.11万。Segesta社は週に3〜4本、ローマ直行便を運行している。

市内路線バス
旧市街、新市街、それぞれの観光は徒歩で十分だが、中央駅から新市街までは約2kmあるのでバスが便利だ。中央駅から101、102、107番のバスが新市街へと通じている。料金は1回Lit.1300、1日券Lit.4000。

空港から市内へ
パレルモ空港からパレルモ中央駅まではシャトルバスが通っている。所要約40分、料金はLit.4500。

フェリーでパレルモへ
ナポリから10時間30分、ジェノヴァから22時間。主要ルートはティレニア海運(Via Molo 27 ☎602111)が運航している。

鉄道ファン必見!海峡を渡る列車
イタリア本土から来る列車はメッシーナ海峡を渡るため、ヴィラ・サン・ジョヴァンニ駅で2〜3両ずつに切り放され、連絡船に積み込まれる。メッシーナ港駅に到着すると、今度は連結作業が行なわれ、メッシーナ中央駅へと向かい、そこから島内の各都市へ出発する。

プルマンの案内所

シチリア島内を効率良くまわる

快適な高速道路を利用する
鉄道の幹線はメッシーナ-パレルモ間とメッシーナ-シラクーザ間。1時間に1本程度運行している。この路線以外の街へ行くには、鉄道よりも時間が正確で、便数が多いプルマンのほうが便利。パレルモ中央駅右手のパオロ・バルサモ通りに発着している。パレルモからトラーパニ、アグリジェントへは約2時間、エンナへ約1時間、カターニアへ約3時間、シラクーザへ4〜5時間だ。ただし、日曜、祝日は本数がかなり少なくなるので要注意。島内を一周するバスツアーに参加するのも一案。鉄道が通っていない街へも行くことができる。運行スケジュールは観光案内所で事前に確認を。島内の各都市を自由にまわりたいのなら、レンタカーがいちばん。おもなレンタカー会社のオフィスが市内に揃っている。

Europcar ユーロップカー
Via Cavour 77A☎321949
Avis エイビス ☎333806/586940
Hertz ハーツ ☎591682

街の歩き方と観光スポット

光と影の歴史が作り上げたエキゾチックな混沌

街は旧市街と新市街に分かれている。観光物件は旧市街に集中しており、徒歩でも十分まわれる。街にはシチリア・ノルマン様式、ゴシック様式、バロック様式の建物が残り、数々の民族の支配を受けてきたパレルモの歴史を反映している。

アクセス

空路 ローマから約1時間。
鉄道 ローマから約11時間、ナポリから約9時間。ほかに、トリノ、ミラノ、ヴェネツィアからの便もある。
バス アグリジェントから約2時間、エンナからは約2時間、トラパニから約2時間、カターニアから約3時間、シラクーザから約4時間〜4時間45分。
船 ナポリ、ジェノヴァなどからティレニア海運の船が運航する。

観光案内所

Via Belmonte 43 ✆540122

市内の交通

路線バスが運行。ただし、行き先の表示がなく、利用しにくい。乗車した際に、運転手に目的の観光物件を告げると、最寄りの停留所で降ろしてくれる。

パレルモの治安

たいへん悪い。とくに、旧市街の裏通りはスラム化しているところが多く、夜の一人歩きは厳禁。物乞いやジャンキー(薬物中毒者)も多く、昼間の街歩きの際も、周囲に気を配りながら行動すること。また、まれにだが、マフィアの抗争に市民が巻き込まれることもあるので、十分に注意したい。

クアットロ・カンティを起点に旧市街を歩く

中央駅から北西に向かって延びる**ローマ通り**、その西側を並行して走る**マクエダ通り**、**旧市街**のほぼ真ん中を東西に走る**ヴィットリオ・エマヌエーレ通り**の3本がパレルモのメインストリートだ。観光は、マクエダ通りとヴィットリオ・エマヌエーレ通りの交差点に位置する**クアットロ・カンティ**から始めたい。クアットロ・カンティとは4つの隅という意味。角にはバロックの装飾が施されている。

クアットロ・カンティの南東角にあるのが**プレトーリア広場**。彫像で飾られた華やかな噴水を見たら、ヴィットリオ・エマヌエーレ通りを港へ向かって進んで行く。**パレルモ港**の手前、右手にあるゴシック宮殿が**キアラモンテ宮**だ。キアラモンテ宮の南にはシチリア美術館として公開されている**アバテッリス宮**もある。

市場でカタツムリが売られる

一方、クアットロ・カンティからヴィットリオ・エマヌエーレ通りを南西に向かって進んで行くと、右手にシチリア・ノルマン様式の**カテドラル**がある。カテドラルのもう少し先、左手に見えるのが**ノルマン宮**だ。ノルマン宮のわきから延びる**ベネデッティーニ通り**を進むと、5つの赤いドームが印象的な**サン・ジョヴァンニ・デリ・エレミティ教会**が姿を現す。この教会からマクエダ通りにかけての**バッラロー地区**は、朝市などが開催される庶民の活気溢れるエリア。ただし、スラム化が進んでいるので、歩く際には身の回り品に気をつけたい。

シチリア・ノルマン様式のカテドラル

活気溢れるバッラロー地区の市場

さまざまな様式の建造物が街にエキゾチックな趣を与える

整然とした街並が続く新市街

旧市街をひととおり見てまわったら、**新市街**へも足を延ばしたい。クアットロ・カンティからマクエダ通りを北西に向かって進んで行くと、左手に**マッシモ劇場**が見えてくる。マッシモ劇場の手前、港側の裏道を入ったところに**考古学博物館**がある。

マッシモ劇場から北は新市街となり、マクエダ通りは**ルッジェーロ・セッティモ通り**と名前を変える。さらに進むと左手に**カステル・ヌオーヴォ広場**、右手に**ルッジェーロ・セッティモ広場**がある交差点に出る。ここから先、ルッジェーロ・セッティモ通りは**リベルタ通り**となる。通り沿いにはカフェやブティックが軒を連ね、洗練された雰囲気。カフェでひと息ついて、パレルモの街歩きを締めくくりたい。

交通渋滞

パレルモの交通渋滞はひどい。幹線道路は一日中車とバイクで埋まる。騒音と排気ガスがすさまじく、のんびり散策という雰囲気ではない。渋滞は夜になるとさらにひどくなる。

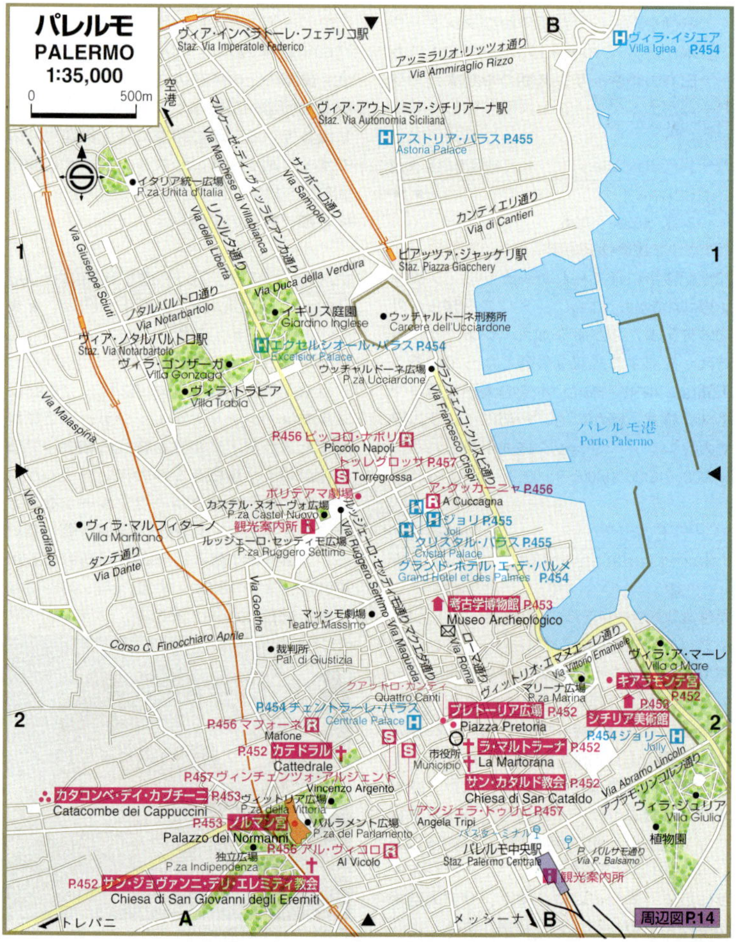

いくつもの彫像が配された噴水が華やか

プレトーリア広場　地図P.451 B-2

Piazza Pretoria ★

バス 101番、104番、105番

華やかな噴水のあるパレルモの中心地

ヴィットリオ・エマヌエーレ通りとマクエダ通りが交わる交差点クアットロ・カンティのすぐ南にある。市役所があり、パレルモの中心ともいえる広場だ。中央には、多くの彫像をあしらった華やかなプレトーリア噴水がある。この噴水は、1555年にトスカーナ出身のルネッサンス期の彫刻家カミリアーニがナッケリーノと共同制作したもの。

カテドラル　地図P.451 A-2

Cattedrale ★★

バス 104番、105番、108番

さまざまな建築様式が混じり合った教会

12世紀後半に建てられたシチリア・ノルマン様式の教会。のちにシチリアを襲った外国の支配者たちが手を加え、いまでは、各時代が交錯する複雑な外観となっている。正面はノルマン様式、本堂の大円蓋はロマネスク様式、ほかにも、一部にイスラム風やカタロニア・ゴシック様式が見られる。

開 7:00～12:00　16:00～19:00(3～9月は～18:00)

キアラモンテ宮　地図P.451 B-2

Palazzo Chiaramonte ★

バス 105番

見事なファサードを持つ中世の館

キアラモンテ家のマンフレディ1世により建てられたゴシック様式の優美な宮殿。シチリアの中世の館の代表的な存在だ。1307年に着工し、1380年に完成した。1726年には大地震により内部が一部壊れたため、それを機に大規模な修復が行なわれた。威風堂々としたファサードを持ち、ゴシック様式の2連窓や3連窓が美しい。以前はここに地方裁判所が設置されていた。パレルモ港に近く、向かいには、マグノリアの巨木がそびえるガリバルディ庭園がある。

ラ・マルトラーナ　地図P.451 B-2

La Martorana ★★

バス 101番、104番、105番

12世紀に描かれたモザイク画が素晴らしい

正式名称はサンタ・マリア・デッラミラリオ教会。12世紀にルッジェーロ2世の艦隊の提督ジョルジョ・ダンティオキアが建てた。ルッジェーロ2世がキリストから王冠を授かるシーンが描かれたものなど、創建時に描かれたモザイク画が素晴らしい。

開 8:30～13:00　15:30～19:00(冬季は～17:30)

休 日曜、祝日の午後

サン・カタルド教会　地図P.451 B-2

Chiesa di San Cataldo ★

バス 101番、104番、105番

朱色のドームがエキゾティック

1160年創建のノルマン・アラブ様式の教会。屋根の上の朱色の丸いドームや、窓を飾る幾何学的な模様がアラブの雰囲気を醸し出している。床と祭壇には、創建当時のモザイク画が残る。ラ・マルトラーナに隣接。

開 8:30～13:00　15:30～19:00(冬季は～17:30)

休 日曜、祝日の午後

サン・ジョヴァンニ・デリ・エレミティ教会　地図P.451 A-2

Chiesa di San Giovanni degli Eremiti ★★

バス 104番、105番、108番

屋根を飾る5つの赤いドームがシンボル

サラセン時代のモスクの遺構に、12世紀、ノルマンのシチリア王ルッジェーロ2世が建てたアラブ・ノルマン様式の教会。アラブ色が強く、屋根を5つの赤いドームが飾り、庭にバナナやグレープフルーツなどアラブ人が持ち込んだ南国の果樹が繁っている。1300年頃に造られた庭の回廊も美しい。

開 9:00～13:00　15:00～18:30(土曜9:00～13:00、日曜、祝日9:00～12:30のみ)

赤いドーム型の屋根が目印

現在はここでシチリア特別州議会が開かれる

ノルマン宮
地図P.451 A-2
Palazzo dei Normanni ★★
バス 104番、105番、108番

アラブ・ノルマン様式建築の代表的存在

ノルマンのシチリア王ルッジェーロ２世が王宮とした建物。もとは、９世紀にサラセン人が首長の住まいとして造られたものだったが、それをルッジェーロ２世が12世紀に改修、増築した。のちに、神聖ローマ皇帝でシチリア王のフリードリッヒ２世も居城とし、華やかな宮廷文化の花を咲かせた。16〜18世紀にかけて拡張工事が行なわれ、いまでは、シチリア特別州議会の議事堂として使われている。宮殿内にはルッジェーロ２世の部屋や武器の倉庫、政治犯の牢獄などがある。また、ルッジェーロ２世が1132年に宮殿内に建てたパラティーナ礼拝堂はアラブ・ノルマン様式の傑作で、大理石のアーチを飾る金銀を使ったモザイク画が見事だ。新約聖書から題材をとったイエスの生涯が描かれている。

開 9:00〜12:00　15:00〜17:00

パラティーナ礼拝堂 開 9:00〜12:00　15:00〜17:00　休 土曜の午後、火・水・木・日曜

カタコンベ・デイ・カプチーニ
地図P.451 A-2
Catacombe dei Cappuccini ★
バス 104番、105番、108番、109番

ミイラ8000体が眠る地下墓所

市西部のカプチーノ広場に面するカプチーニ修道院にある地下墓所。17世紀から19世紀末までの間に運ばれてきた遺骸8000体が壁に沿って並べられている。この地下墓所は乾燥しているので、遺骸はミイラ化している。その昔、シチリアの人々は、死後に人々から忘れ去られることを非常に恐れた。そのため、遺体をミイラ化することを強く望んだのだという。入園は無料だがいくらかの寄付が必要。

開 9:00〜12:00　15:00〜17:00

博物館●美術館

シチリア美術館
地図P.451 B-2
Galleria Regionale della Sicilia ★★
バス 105番

シチリアがはぐくんだ美術作品の殿堂

15世紀に建てられたカタロニア・ゴシック様式の壮麗なアバテッリス宮Palazzo Abbatellisの中にある。宮殿のゴシック風の小ぶりな窓などに凝らされた優美な装飾も見ものだ。玄関も美しい。美術館には、名作が展示されており、なかでも、ドラマチックな迫力を感じさせる15世紀のフレスコ画『死の凱旋』(作者不詳)が有名だ。淡い色彩が特徴的で、ルネッサンス期のパレルモを代表する傑作といわれている。ほかには、シチリアの画家、アントネッロ・ダ・メッシーナ作の『受胎告知』や、ラウラーナ作の『エレオノーラ・ダラゴナの胸像』(15世紀)、有名な作品だ。美しい中庭があるので、美術鑑賞に疲れたら、ここで、ひと休みするのもいいだろう。

Via Aloro 4　☎6164317　開 9:00〜13:30(日曜、祝日は〜12:30)　火・木・金曜15:00〜19:30　料 Lit.2000

外観の装飾や中庭も美しい

考古学博物館
地図P.451 B-2
Museo Archeologico ★★
バス 107番

島の古代遺跡からの出土品を展示

17世紀に建てられた修道院を改造し、シチリア島の古代遺跡から出土した遺物が展示してある。『セリネンテ神殿の彫刻』やエジプトの碑文『パレルモ・ストーン』やヘレニズム時代の青銅製『羊像』などが有名。

P.za　Olivella　☎6620220　開 9:00〜13:30　15:00〜18:00（月・水・金・土 曜9:00〜13:30のみ、日曜9:00〜13:00のみ）　料 Lit.2000

ホテル

HOTELS

✽施設充実　眺望が良い
歴史と伝統あり　清潔感あり
バス付部屋あり　シャワーのみ

ホテルの数は多く、料金も他都市と比べて高くはないが、治安が良いとはいえない街なので選択は慎重に。経済的なホテルは中央駅前から延びるローマ通り周辺に多い。貴族の館を改装した高級ホテルは市街に点在し、パレルモ華やかりし頃の雰囲気をいまに伝える。

名門フローリオ家の格調高いホテル

ヴィラ・イジエア

Villa Igiea　★★★★★

地図P.451 B-1

Salita Belmonte 43 ☎543744 FAX547654

S Lit.23万〜 T Lit.29万〜 116室

車 中央駅から10分

1400年代の建物を1908年にホテルに改装。貴族の邸宅だった頃の華やかで贅沢な雰囲気はそのままだ。建築家バジーレによるリバティ様式のサロンも美しい。

華麗で重厚な雰囲気と温かいサービス

グランド・ホテル・エ・デ・パルメ

Grand Hotel et des Palmes　★★★★

地図P.451 B-2

Via Roma 398 ☎583933 FAX331545

S Lit.18万〜 T Lit.24万〜 187室

ポリテアマ劇場から徒歩3分

観光やショッピングに便利な立地。1874年の創業以来ワーグナーら芸術家が滞在し、多くの逸話を残す。

客室の窓から見える庭園の緑が美しい

エクセルシオール・パラス

Excelsior Palace　★★★★

地図P.451 A-1

Via Marchese Ugo 3 ☎6256176 FAX342139

S Lit15万〜 T Lit.20万〜 105室

ポリテアマ劇場から徒歩6分

館内にはアンティークのヴェネツィアングラスをはじめ年代物の調度が置かれる。落ち着いた色調のインテリアがシックで上品だ。ツタのからまる外観も素敵。

近代的な設備、サービスともに質が高い

ジョリー

Jolly　★★★★

地図P.451 B-2

Foro Italico ☎6165090 FAX6161441

S Lit.15万7000〜 T Lit.19万5000〜 200室

中央駅から徒歩7分

前は海、隣は植物園という好立地。有名シェフが腕をふるう1階レストランも評判だ。バス付の部屋が多い。

1992年に新装オープンの清潔なホテル

チェントラーレ・パラス

Centrale Palace　★★

地図P.451 B-2

Corso Vittorio Emanuele 327 ☎336666 FAX334881

S Lit.15万〜 T Lit.22万〜 100室

カテドラルから徒歩2分

客室はピンクやミントグリーンが基調でかわいらしい。骨董絵画や大理石を配した内装だが、明るく爽やかな雰囲気だ。朝食は見晴らしの良い屋上のテラスで。

広い客室でゆっくりくつろげる

アストリア・パラス

地図P.451 B-1

Astoria Palace ★★★★

Via Montepellegrino 62 ☎6371820 FAX6372178

S Lit.18万2000〜 T Lit.25万6000〜 310室

車 中央駅から15分

まだ新しく、清潔、安全で快適に過ごせる近代的ホテル。街の中心からは外れるが、送迎バスがあり便利だ。

どこに行くにも便利なロケーション

クリスタル・パラス

地図P.451 B-2

Cristal Palace ★★★

Via Roma 477 ☎6112580 FAX6112589

S Lit.13万〜 T Lit.18万〜 90室

ポリテアマ劇場から徒歩2分

赤や黄色のカラフルでモダンな家具を配したインテリアが明るい雰囲気でくつろげる。1階にはバーもある。

清潔で安全、若い旅行者に人気のホテル

ジョリ

地図P.451 B-2

Joli ★★

Via Michele Amari 11 ☎6111765 FAX6111765

S Lit.7万〜 T Lit.8万5000〜 45室

ポリテアマ劇場から徒歩3分

家族経営なので女性の一人旅でも安心。料金は手ごろだがサービスは行き届いている。小さなサロンで賑やかにとる朝食も楽しい。人気があるので予約は早めに。

イタリア人のジェスチャー2

ジェスチャーのなかにはあまり行儀が良くないものもある。否定的な表現はやりすぎると眉をしかめられるので注意。ただ意味を知っておくにこしたことはない。

興味ないね

「私の好みではない、関心がない」の意味。手の甲側の指先で、顎の下を手前に向かってこする。物事、人の両方に使われる。

バッカみた〜い

手の甲を上にして指を下に向け、額を軽くたたく。「気が狂ったんじゃない」に加え、「なめんなよ〜」の意味も含む。

気をつけろ

人差し指を立て、指先で小鼻の上あたりを押さえる。「危ない、注意しろ」の意味。この状態で上から下へ動かすと、「了解した」という意味になる。

うんざりだよ

「飽き飽きする、うっとうしい」という感情の表現。手の甲を外側にして顎を軽くつまみ、下に動かす。

角が生えてるよ

相手を侮辱するときに使う。もとの意味は「おたくの奥さん浮気してるよ」。人差し指と小指を立てた手のひらを相手に向ける。

レストラン
RESTAURANTS

要予約　望予約
眺望が良い　日本語メニュー
英語メニュー　テラス席あり

シチリア料理はもともと農民が領主の料理を真似て生まれたアイデア料理だ。街には、庶民的だが味は抜群のレストランやカフェが点在している。海を眺めるテラス席で料理を楽しめば、よりいっそう思い出深いものになるはずだ。

数々のコンクールで賞をとったシェフの有名店

ア・クッカーニャ
地図P.451　B-2

A Cuccagna

Via Principe di Granatelli 21/A 587267
営12:30～15:00　19:30～22:30　休不定休
L Lit.5万～　D Lit.5万～　ポリテアマ劇場から徒歩3分

シンプルな内装で気軽に入れる雰囲気だが、料理は絶品。テレビ番組や雑誌で人気のオーナーシェフが目の前で調理をする。リゾット・アッラ・ファンタジア

シチリア料理の有名シェフが経営する

アンティカ・トラットリア・デッラルコ・ディ・フランクー・ピスカトゥーリ

Antica Trattoria dell'Arco di Francu u'Piscaturi

Largo Pescheria 16 957758
営12:30～15:00　19:30～22:30　休冬季の月曜
L Lit.4万～　D Lit.4万～　車中心駅から20分

新鮮な食材を求めて港のそばに店を構えたという。シェフは大の親日家だ。カラスミのスパゲティ

サッカー選手、スキラッチも常連だった定食屋

ピッコロ・ナポリ
地図P.451　B-1

Piccolo Napoli

Piazzetta Mullino al Vento 5 320431
営13:00～15:00　休日曜
L Lit.3万5000～　ポリテアマ劇場から徒歩3分

原則として昼のみの営業。新鮮な魚介類をシンプルに調理した料理は、日本人にも好評。捕りたてのタコは、茹でただけでおいしい。イカ墨のスパゲティ

パレルモっ子と味わう庶民の料理

アル・ヴィコロ
地図P.451　B-2

Al Vicolo

Cortile Scimeca 2(Piazza S.Francesco Saverio) 6512464
営13:00～15:00　20:00～22:30　休日曜
L Lit.3万～　D Lit.3万～　中央駅から徒歩5分

地元で人気のトラットリア。シチリア産チーズを使ったパスタや野菜の前菜が得意。ナスのトマトソース

極上のシチリア風パスタを提供する

マフォーネ
地図P.451　A-2

Mafone

P.za Papireto 15 329696
営13:00～15:00　20:00～22:30　休無休
L 2万～　D 2万～　カテドラルから徒歩2分

観光途中の昼食に便利な場所。手ごろな料金でおいしい家庭料理が食べられる。夏には下町情緒たっぷりの通りにテーブルが並ぶ。カジキマグロのパスタ

ショップ

SHOPS

♛高級店	‼流行の人気店
🎁みやげ小物あり	★オリジナルあり
✈日本へ発送可	歴史と伝統あり

パレルモはシチリア島でいちばんの都会。ブティックや伝統工芸品店などのショッピング・スポットにもこと欠かない。街の観光を終えたらプリンチペ通りを中心とするショッピング街に繰り出したい。休日にはのみの市が立つアンティーク街も見逃せない。

マリオネット人形作りが見られる職人の工房

ヴィンチェンツォ・アルジェント

地図P.451 B-2

Vincenzo Argento

Via Vittorio Emanuele 445 ☎6113680

営10:00〜19:30 休日曜、祝日

カテドラルから徒歩1分

マリオネットはシチリアの伝統芸能のひとつ。銅や銀で作られた人形は見事だ。職人の数が減った現在では、人形作りが見られて購入もできる工房は貴重な存在。

表情豊かな粘土細工の人形たちが並ぶ

アンジェラ・トゥリピ

地図P.451 B-2

Angela Tripi

Via Vittorio Emanuele 450/452 ☎6512787

営10:00〜19:30 休日曜、祝日

カテドラルから徒歩1分

キリスト誕生の情景を再現した粘土人形を製作、販売。イタリアではクリスマス前に必ず飾られる人形だ。

シャネルもプラダもこの店で手に入る

トッレグロッサ

地図P.451 A-2

Torregrossa

Via Libertà 5 ☎580925

営9:00〜13:00 16:15〜20:00(冬季は16:45〜19:30) 休月曜の午前、日曜、祝日 ポリテアマ劇場から徒歩1分

パレルモのモード発信源。センスの良い、シックな装いのファッション・アイテムを揃えている。南イタリアの女性は小柄なので、小さいサイズも豊富。

パレルモの暗い影

シチリア・マフィアの存在

人気映画監督ロベルト・ベニーニの『ジョニーの事情』の冒頭にこんなシーンがある。「パレルモは深刻な問題をかかえているんだ」「それは何かね?」「交通渋滞だ」ここで観客はどっとうける。交通渋滞はパレルモを悩ます問題のひとつだが、最も深刻なのはマフィアの存在だ。もとは農民を搾取から守る組織であったマフィアは、戦後、麻薬の売買、公共建設に絡む賄賂などで利益を得る犯罪集団となった。同様の集団であるナポリのカモッラなどを加えた年間利益は、100兆リラを超える。

マフィアが力を持つようになったのは、長く政権を握ったキリスト教民主党との癒着に一因がある。反マフィア対策が本格化したのは、同党が政権から退いた'90年代から。大物を含む多くが逮捕され有罪となった。だが、マフィアの報復も激しい。1992年5月には特捜班のファルコーネ判事がパレルモの空港近くで道路に仕掛けられた爆弾により死亡。同年7月には後任のボルッセリーノ判事がパレルモ郊外で爆殺され、イタリア中が悲しみに沈んだ。

TAORMINA

タオルミーナ

海抜250mに位置するこぢんまりとした高級リゾート地。"地中海の女王"と呼ばれる美しい景観で知られ、エトナ山とイオニア海を望むギリシア劇場はとくに有名。街の東、入り江に浮かぶ小島イゾラ・ベッラは映画『グラン・ブルー』のロケに使われた場所だ。

市外局番は0942

アクセス

鉄道 メッシーナから約40分、カターニアから約40分。
バス メッシーナから約1時間30分、カターニアから約1時間30分。

観光案内所

Palazzo Corvaja ☎23243

市内の交通

タオルミーナからマッツァロへのケーブルカーは片道Lit.2000。

ギリシア劇場からエトナ火山と海の絶景を楽しむ

国鉄の**中央駅**は街の南西にあり、中心地まではバスで向かう。バスは**ピランデッロ通り**に到着するので、通りを歩いて**メッシーナ門**まで行く。メッシーナ門からゆるいカーブを描いて西へ延びる**ウンベルト通り**がメインストリートだ。高級ブランド店が並び、賑わっている。

メッシーナ門からウンベルト通りを少し行くと**エマヌエーレ広場**に出る。ここから左へ延びるその名も**ギリシア劇場通り**を進むと、**ギリシア劇場**に至る。ギリシア劇場は紀元前3世紀の建造。すり鉢状の造りで、客席からは**エトナ火山**や海が見渡せる。夏には野外オペラも上演される。ウンベルト通りに戻り、西へ向かって進んで行くと**4月9日広場**がある。広場のテラスからは**タオルミーナ湾**が一望のもとだ。さらに進むと、ゴシック様式の**ドゥオモ**がそびえる**ドゥオモ広場**がある。広場を抜けると**カターニア門**があり、ここでウンベルト通りは終わる。また、タオルミーナの東には、**マッツァロ**というビーチリゾートがある。ここへはピランデッロ通りからケーブルカーに乗って行く。

4月9日広場よりタオルミーナ湾を望む

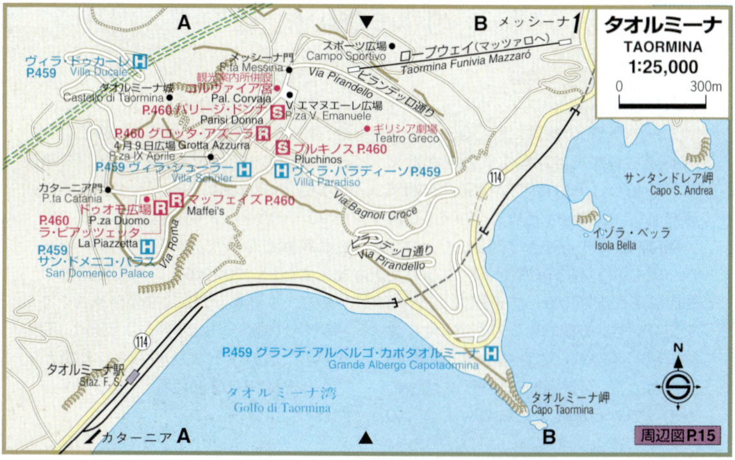

ホテル

HOTELS

✽施設充実　眺望が良い
歴史と伝統あり　♥カップルでぜひ
バス付部屋あり　シャワーのみ

シチリア島最大のリゾート地タオルミーナには、高級リゾート・ホテルから、家庭的な雰囲気のプチ・ホテルまで揃っている。古い建物を利用していたり、海岸沿いや山の中腹にあったり、どのホテルも個性的だ。好みの滞在スタイルを自由に選びたい。

アンティークな趣が楽しめる最高級ホテル

サン・ドメニコ・パラス

地図P.458 A

San Domenico Palace ★★★★★L

P.za S. Domenico 5 ☎*23701 FAX625506*

S Lit.30万～ T Lit.52万～ 111室

ドゥオモ広場から徒歩2分

1430年に設立された僧院をそのまま利用したホテル。客室は重厚な雰囲気。建物内には中世の美術品が残されている。中庭からの山と海の眺めも美しい。

海を望む岸壁に建つ大型高級ホテル

グランデ・アルベルゴ・カポタオルミーナ

地図P.458 B

Grande Albergo Capotaormina ★★★★

Via Nazionale 105 ☎*24000 FAX625467*

S Lit.24万～ T Lit.32万～ 208室

車 タオルミーナ駅から5分

地下6階にある天然の洞窟を抜けると断崖の上にレストランがある。ロビー、客室は広々としている。

山の中腹にあるロマンチックなプチ・ホテル

ヴィラ・ドゥカーレ

地図P.458 A

Villa Ducale ★★

Via Leonardo Da Vinci 60 ☎*28153 FAX28710*

S Lit.14万～ T Lit.24万～ 12室

車 中心街から5分

家具、ファブリックなどすべてアンティークで揃えられた部屋が素敵。朝食に自家製タルトが出されるなど、オーナー夫妻の細やかな配慮がうれしい。

眺めの良い"ジュニア・スイート"がおすすめ

ヴィラ・パラディーソ

地図P.458 A

Villa Paradiso ★★★★

Via Roma 2 ☎*23921 FAX625800*

S Lit.8万5000～ T Lit.15万～ 38室

コルヴァイア宮から徒歩5分

ジュニア・スイートとはいっても料金は手ごろ。テニスコートなどの設備が整い、冬専用の中庭もある。

園芸家のオーナー夫人が造った中庭が素敵

ヴィラ・シューラー

地図P.458 A

Villa Schüler ★★

Piazzetta Bastione 16 ☎*23481 FAX23522*

S Lit.9万3000～ T Lit.13万7000～ 22室

ドゥオモ広場から徒歩7分

19世紀の貴族の館を利用したホテル。庭には南洋から持ち帰った植物が繁り、エキゾチックな雰囲気を醸し出している。有料のプライベート・ビーチがある。

レストラン&ショップ
RESTAURANTS & SHOPS

服装注意　カップルでぜひ
M英語メニュー　高級店
!!流行の人気店　みやげ小物あり

タオルミーナは海と山の幸に恵まれた街。新鮮な魚介類を使った本場シチリア料理を味わいたい。夏はテラス席を確保するのがおすすめ。なるべく予約をしてから出かけたい。街でいちばん賑やかなウンベルト通りには、ブランド品や伝統工芸の店が集まっている。

R最高級料理をカジュアルな雰囲気で楽しむ

グロッタ・アズーラ
地図P.458 A

Grotta Azzurra

Via Bagnoli Croci 2 ☎24163
営12:30〜14:30 19:00〜22:30 休不定休、夏季無休
L Lit.3万5000〜 D Lit.5万〜 コルヴァイア宮から徒歩4分

ビュッフェ形式で自由に好きな料理を皿に盛る。新鮮な魚介類を素材にした料理の種類の多さにびっくり。味は極上、ウエイターの応対も気持ちよい。

R毎日替わるオリジナル・メニューが評判

マッフェイズ
地図P.458 A

Maffei's

Via S. Domenico de Guzman 1 ☎24055
営12:00〜15:00 19:00〜深夜1:00 休夏季無休、冬季不定休
L Lit.5万〜 D Lit.5万〜 ドゥオモ広場から徒歩1分

イタリア全土から調達した贅沢な材料で料理する本格的なイタリア料理。黒を基調にしたシックな内装の店。

R新鮮な魚介類を、毎朝漁師から仕入れる

ラ・ピアッツェッタ
地図P.458 A

La Piazzetta

Via Paladini 5 ☎626317
営12:30〜14:30 19:00〜22:30 休月曜
L Lit.4万〜 D Lit.4万〜 ドゥオモ広場から徒歩1分

オーナー夫妻が心からもてなしてくれる家庭的な店。店内は明るいパステルカラーでまとめたロマンチックな雰囲気。滞在中は必ず通うという常連客も多い。

Sミラノの新鋭デザイナーのブランドが揃う !!

パリージ・ドンナ
地図P.458 A

Parisi Donna

Corso Umberto 46 ☎23151
営9:30〜13:00 16:00〜20:30 休火曜の午前、日曜、祝日
コルヴァイア宮から徒歩1分

ドルチェ&ガッバーナ、ビブロス、ヴェルサスなど流行のブランドが豊富。靴やバッグもある。

S手描きの陶器皿や壁掛けを作る工房 !!

プルキノス
地図P.458 A

Pluchinos

Via Bagnoli Croci 28 ☎625892
営10:00〜13:00 16:00〜21:00 休日曜、祝日
コルヴァイア宮から徒歩5分

明るい色彩の絵皿は手描きなのですべて柄が異なる。店内の壁には、商品が飾られ、楽しい雰囲気だ。女性のヌードをモチーフにした陶器ペンダントが人気。

アグリジェント

“神殿の谷” に広がる20あまりの古代遺跡は、2500年の時を超えて感動を与える。春はアーモンドの花が咲き、夜は照明に浮かぶ神殿が満天の星空に映える。

地中海世界のロマン溢れる街

シチリア南部の沿岸、地中海に臨む丘の中腹にアグリジェントの街はある。高層アパートの林立するその光景は、丘のふもとに広がる古代遺跡と奇妙な対照をなしている。この街は、紀元前580年頃、ロードス島からの入植者により建設され、アクラガスと呼ばれた。

古代ギリシアの詩人ピンダロスは、『人の造りし最も美しき都市』とこの街を讃えた。その後、ローマ時代にアグリゲントゥムと改名され、9世紀にイスラム教徒が侵入。今日の街の基礎を造った。ゲーテが『イタリア紀行』のなかでジルジェンティと呼んだ街だ。

タヴィアーニ兄弟の映画『カオス・シチリア物語』に登場した詩情溢れる風景は、そのまま残っているが、一方で、現在の新市街は驚くべき速さで変わりつつある。

考古学博物館で遺跡巡りの予習

新市街の駅前からバスに揺られること約7分。“考古学の散歩道” と名付けられた道路の左手にヘレニズム・ローマ時代の住居跡が見えてくる。**国立考古学博物館**前でバスを降りたら、いよいよ神殿の谷歩きの始まりだ。

その前に、まず博物館(開9:30～13:30 15:00～17:00 休月曜 料無料)を見学しておく。ここには遺跡の出土品や復元図などが展示されていて、実際に遺跡を歩くときの参考になる(ただし、パネルの解説はイタリア語のみ)。

丘の上に建つジュノーネ神殿

“神殿の谷” を歩く

博物館を出たら、近くのファラリスの**礼拝堂**とサン・ニコラ教会を見学。ここから神殿広場まで約1km。広場から東に延びるヴィア・サクラ(聖なる道の意。古代のメインストリート)沿いに、おもな神殿が集中している。

エルコレ(ヘラクレス)神殿は紀元前6世紀、アグリジェント最古の神殿。**コンコルディア神殿**はドーリア式神殿の傑作で、最も保存状態が良い。東端の丘の上に建つ**ジュノーネ(ヘラ)神殿**からは地中海と新市街が一望できる。

広場に戻り西へ。**ジョーヴェ・オリンピコ(ジュピター)神殿**は、高さ20mの列柱と8m近くの男像柱テラモーネが横たわるのみだが(オリジナルは考古学博物館内)、スケールの大きさは実感できる。**カストーレとポルーチェ神殿**は、4本の列柱に梁が乗り、ロードス島のバラの紋章が刻まれている。

この先約5kmの1本松の下には、世界的劇作家ピランデッロ(前述の映画の原作者でもある)の生家と墓がある。

横たわる男像柱テラモーネ

カストーレとポルーチェ神殿

SIRACUSA シラクーザ

紀元前8世紀にギリシア植民都市として建設され、前5～4世紀には30万の人口を有するまでに発展した。前212年の第二次ポエニ戦争によって没落するが、街には多くのギリシア遺跡が残されており、見どころ満載だ。数学者アルキメデスの出身地でもある。

市外局番は0931

アクセス

鉄道 カターニアから1時間～1時間30分、メッシーナからICで2時間30分、急行で約3時間。

バス パレルモから約2時間30分、アグリジェントから約4時間15分。

観光案内所

Via Maestranza 33 ✆66932

Largo Anfiteatro ✆61510

旧市街の街並を歩き、新市街の古代遺跡地区を見学

街は**旧市街(オルティージャ島)**と**新市街**と分かれ、どちらにも観光スポットがある。**中央駅**に到着したら、まずは旧市街へ行きたい。駅前から**クリスピ通り**を北東へ進むと**マルコーニ広場**に出る。ここから4、5、15番の路線バスに乗ってオルティージャ島へ。下車したら**パンカーリ広場**へと向かう。

神話にまつわるアレトゥーザの泉

パンカーリ広場の一角には**アポロ神殿**がそびえる。広場から**マッテオッティ通り**を進むと、**アルキメデ広場**に出る。ここから東へ向かって延びる**マエストランツァ通り**沿いにはバロック様式の館が点在し、散策には格好だ。アルキメデ広場の南西角から延びる小道を進むと**ドゥオモ**があり、その先をさらに進んだ右折したところに**ベローモ宮**がある。現在は州立美術館として公開されており、メッシーナの『受胎告知』をはじめ、絵画や彫刻などのコレクションが展示されている。ベローモ宮から**カポディエチ通り**を海へ向かって歩いて行くと**アレトゥーザの泉**に至る。アレトゥーザの泉を見学したら、**ヴィットリオ・エマヌエーレ2世広場**へ。**シラクーザ湾**を眺めながらの散策が楽しめる。

旧市街の観光を終えたら、ふたたびバスに乗って、新市街へ戻る。マルコーニ広場から**カターニア通り**を抜けて**ジェローネ通り**へ。この通りを北西に向かって進んでいくと**古代遺跡地区**に出る。

ギリシア劇場や**天国の石切り場**などの見どころを見学したら、東にある**パオロ・オルシ考古学博物館**にも足を運びたい。考古学博物館の北西にある**サン・ジョヴァンニ教会**は、巨大なカタコンベ（地下墓地）で有名だ。

5世紀に造られた半円形の劇場は、いまも現役

ギリシア劇場　地図P.462

Teatro Greco ★★

中央駅から徒歩15分

世界最大クラスの古代劇場

紀元前5世紀に建造され、ローマ時代に改築された半円形の劇場。すり鉢状の客席は岩山を直接削りとって造られ、上段席からはシラクーザの街並とイオニア海の碧く光る水面を見渡すことができる。直径は138mもあり、1万5000人を収容できたという。いまも5～6月にギリシア古典劇が上演される現役の劇場でもある。ギリシア3大悲劇詩人のひとり、アイスキュロスの『ペルシア人たち』が初演された(紀元前470年頃)のもこの劇場だった。

天国の石切り場　地図P.462

Latomia del Paradiso ★★

中央駅から徒歩15分

ディオニソスが盗聴した洞窟

ギリシア神殿用の石材を切り出した採石場の跡。17世紀に起きた地震で天井が崩れ、そのとき偶然できた岩の天蓋が神の仕業にも似て素晴らしかったことから、天国の石切り場と名付けられた。高さ23m、奥行65mの洞窟は、〝ディオニソスの耳〟(名付け親は画家のカラヴァッジョという説もある)と呼ばれ、紀元前4世紀頃には捕虜収容所としての役割も果たした。シラクーザの僭主ディオニソスは、音の響きやすいこの洞窟に身を潜め、囚人のひそひそ話しを盗み聞きするのが趣味だったという。

ここで切り出した石は神殿を建てるために使われた

アレトゥーザの泉　地図P.462

Fonte Aretusa ★★

ドゥオモから徒歩3分

ギリシア神話の妖精の泉

オルティージャ島旧市街の湾岸にある小さな泉。アレトゥーザはギリシア神話に登場するニンフの名。伝説によると、川神アルフェオに横恋慕されたアレトゥーザは、女神アルテミスの力で泉に変身し、地下水となってこの島に逃げ込んだ。海のそばにありながら、真水が湧き出るこの泉には確かに不思議な魅力がある。泉の周辺は市民の憩いの場でもある。湾内の景色を眺めながら、しばし神話の世界へ想いを馳せたい。

ドゥオモ　地図P.462

Duomo ★★

パンカーリ広場から徒歩7分

古代ギリシア神殿を改装した教会

ギリシア時代のアテナ神殿を土台に、7世紀頃に建て替えられた。古代神殿の名残はいまも聖堂内に並ぶドーリア式円柱に見ることができる。また、堂内はすぐれた彫刻作品の宝庫でもあり、16世紀にシチリアで活躍したガジーニ派の秀作が目につく。なかでも『雪の聖母』と題された一品は見逃せない。一方、バロック様式のファサードは堂々としたもので、太い円柱が天に向かって屹立している。玄関を飾る聖ペトロや聖パウロの彫刻も見応えがある。

博物館●美術館

パオロ・オルシ考古学博物館　地図P.462

Museo Archeologico Regionale P. Orsi ★★

中央駅から徒歩15分

古代シチリア島の姿が見えてくる

先史時代から紀元前7世紀までのシチリアの歴史を、遺跡から発掘された出土品で知ることができる。展示物は年代ごとにまとめられ、第1セクションではシチリア島に太古棲息していたゾウの化石や旧石器時代の遺物、第2セクションではギリシア植民地時代の石像や陶器、古代神殿の模型などを展示。第3セクションではシラクーザに栄えた植民都市の様子が明らかにされる。

開8:00～13:00 休月曜、第2・第4日曜

料Lit.2000

シチリアのその他の街と主要スポット

ギリシアやカルタゴ、ローマ、イスラム、ノルマンとさまざまな文明を受け入れてきたシチリア島には、建築や美術、工芸など各分野にすぐれた文化遺産が残っている。紺碧の海とオレンジやブドウの実る大地、それにエトナ山の自然もまたこの島の魅力だ。

セジェスタ遺跡

地図P.14 B-3

Rovine di Segesta ★★

パレルモの南西67km

丘の上のドーリア式神殿

シチリア島北西部の丘の上にある古代遺跡。紀元前5世紀頃に栄えたギリシア人の都市の名残だ。この島は幾度となく征服者が変わり、そのたびに街も破壊の憂き目にあったが、セジェスタに残る神殿と劇場はとても保存状態が良い。小高い丘の上に建つドーリア式神殿は、36本の列柱が並ぶ回廊が印象的。バルバロ山の上には古代劇場があり、直径63mの客席からは素晴らしいパノラマが楽しめる。トラパニから列車で約30分、パレルモからは約2時間。

モンレアーレ

地図P.14 B-3

Monreale ★★

パレルモの南西8km

黄金の大地に祝福された街

12世紀にベネディクト派修道院の門前町として成立した山上の街。周辺にはコンカ・ドーロ（黄金の盆地）と呼ばれている地帯が広がり、眼下にパレルモの港町とティレニア海を見渡すことができる。絢爛豪華なドゥオモはノルマン朝時代（11〜12世紀）の傑作。聖堂の入口はボナンノ・ピサーノ作のブロンズ扉が飾り、堂内には旧・新約聖書の物語を連続画面で描いた素晴らしいモザイクがある。聖堂の右手に隣接する修道院の列柱回廊も見逃さないように。

内部のモザイクが素晴らしいドゥオモ

作曲家ベッリーニを生んだ街でもある

カターニア

地図P.15 C-4

Catania ★

鉄道 パレルモから3時間30分

エトナ山の爆発が生んだ溶岩建築

島の東部沿岸にあるシチリア第2の都市。1669年のエトナ山の噴火と1693年の大地震で街は壊滅。その後、バロック様式で再建され、溶岩と大理石をミックスした珍しい建築（ドゥオモやカターニア大学本部の中庭など）が生まれた。バロック教会が建ち並ぶクローチフェリ通りは散策におすすめ。エトナ通りにはカターニア生まれの作曲家ベッリーニの博物館がある。市立博物館の入ったウルシーノ城は虚飾を排した要塞建築。エトナ登山の基地としても利用したい街だ。

エトナ山

地図P.15 C-3

Monte Etna ★★

カターニアの北約30km

ヨーロッパ最大規模の活火山

シチリア島最高峰（標高3340m）の火山。有史以前より噴火をくり返し、周辺の街に被害を与えてきた。しかし、火山性の土壌は柑橘類やオリーヴなどの豊かな恵みをもたらし、良質のブドウから特産のエトナ・ワインが作られる。カターニアやタオルミーナの街からは登山ツアーが出ており、2900m付近まではバスやケーブルカーで一気に登れる。カターニア始発のエトナ周遊鉄道は、いろいろな角度からエトナ山を眺められるのでおすすめ。冬はスキーも可。

サルデーニャ島

イタリア随一の美しい海とチーズとワイン。さまざまな民族が土地を奪い合
もいまは昔の話。島特有の気候風土がはぐくんだ美味と風景を存分に楽しみ

地中海の"足跡"をたどる

イタリア半島の西、約200kmの洋上に浮かぶ島。地中海ではシチリア島に次ぐ大きさで、形が足跡に似ているところからサンダルなどと呼ばれた。この島の魅力はなんといってもエメラルド色に輝く珊瑚礁の海と、ヌラーゲと呼ばれる風変わりな古代遺跡だろう。そして、地中海の新鮮な魚介と内陸の羊や仔豚、特産のペコリーノ・チーズを使った郷土料理が、この島での体験をいっそう忘れ難いものにしてくれる。

古代遺跡と異民族間戦争

島の歴史は極めて古く、はるか紀元前2000年代までさかのぼることができる。島内に散在する7000あまりのヌラーゲの遺跡はまさにこの時代の象徴的建造物だ。それは、一見すると巨大なカマドのようにも見える。石の塊が円筒形に積み上げられ、いかにも頑丈そうだ。それもそのはず、この石積みは敵の攻撃を防ぐためのシェルター兼住居なのだ。四方を海に囲まれたサルデーニャ島は外敵の侵入を受けやすく、カルタゴ人、フェニキア人、ローマ人などが次々と押し寄せてきた。だが、侵略はすでに4000年も前に始まっていたのだ。いまでも内陸の山岳地帯には、本土のイタリア人とは明らかに異なる民族の末裔たちが暮らしている。独特の風俗習慣を持つ彼らの村を訪ねるのもこの旅の醍醐味のひとつだ。

エメラルド色の輝く海が美しい

独特の習慣や祭りを持つサルデーニャの人々

エメラルド海岸

島の北東、**オルビア**の街から**アルザケーナ**まで続く約80kmの海岸を**コスタ・ズメラルダ**、エメラルド海岸と呼ぶ。白い砂浜と珊瑚礁が織りなす世界はまさに宝石の輝き。港町**ポルト・チェルヴォ**にはため息の出るような高級別荘が建ち並び、あらゆるリゾート施設が整っている。**パラウ**の港からフェリーで渡る**マッダレーナ諸島**は大自然の景観がなによりの魅力である。

カリアリとヌオーロ

サルデーニャの州都**カリアリ**は、島内随一の港町。旧市街には13世紀にピサ人が建造した城壁が残り、その外側にはローマの円形劇場が3世紀の姿をとどめている。5月1日の聖エフィジオ祭には華やかな民族衣装を着た人々が集い、街は大いに盛り上がる。一方、島の中央に広がるジェルナルジェンド山塊の村々では古い民族習慣が保たれ、**ヌオーロ**の**衣装博物館**には昔ながらの婚礼衣装などが展示されている。

サッサリとアルゲーロ、バルミニ

島の西海岸にある**サッサリ**と**アルゲーロ**はスペイン色の濃い街だ。サッサリはスペイン・ゴシック風の街並が残る商業都市。アルゲーロ近郊には**ネプチューンの洞窟**と**緑の洞窟**があり、波の侵食でできた幻想空間に見とれてしまう。カンピダノ平野の**バルミニ**には**ヌラーゲ・ス・ヌラクシ**という巨大遺跡がある。武器庫や中庭、井戸まで設置された、この島最大のヌラーゲだ。

本イタリア語会話

ほとんどがローマ字読みそのままなので日本人にもなじみ
プなどでは英語が通じる場合もあるが、あいさつなどはイ
カタカナ読みの太字は強調音を示す。

基本イタリア語・日常よく使うフレーズ

■あいさつ

こんにちは	Buon giorno./Ciao. ブォン・ジョルノ/チャオ
おはようございます	Buon giorno. ブォン・ジョルノ
今晩は	Buona sera. ブォナ・セーラ
おやすみなさい	Buona notte. ブォナ・ノッテ
さようなら	Arrivederci./Ciao. アリヴェデルチ/チャオ
また明日	A domani. ア・ドマーニ
ごきげんいかが？	Come sta？ コメ・スタ
元気です。あなたは？	Sto bene grazie. E Lei? スト・ベーネ・グラツィエ・エ・レイ

■お礼と感謝

ありがとう	Grazie. グラツィエ
どういたしまして	Prego. プレーゴ
ごちそうさま	Ho mangiato bene. オ・マンジャート・ベーネ

基本単語【季節】

春	primavera プリマヴェーラ	秋	autunno アウトゥンノ
夏	estate エスターテ	冬	inverno インヴェルノ

基本単語【月】

1月	gennaio ジェンナイオ	7月	luglio ルリオ
2月	febbraio フェッブライオ	8月	agosto アゴスト
3月	marzo マルツォ	9月	settembre セッテンブレ
4月	aprile アプリーレ	10月	ottobre オットーブレ
5月	maggio マッジョ	11月	novembre ノヴェンブレ
6月	giugno ジューニョ	12月	dicembre ディチェンブレ

■簡単な応答の会話

はい/いいえ	Si/No スィ/ノ
いえ、けっこうです	No, grazie. ノ・グラツィエ
はい、お願いします	Si, prego./Si, per favore. スィ・プレーゴ/スィ・ペルファヴォーレ
はい、わかりました	Si, ho capito. スィ・オ・カピート
同感です	Sono d'accordo. ソノ・ダッコルド
わかりません	Non posso capire. ノン・ポッソ・カピーレ
もう一度言ってください	Può ripetere, per favore？ プオ・リペーテレ・ペルファヴォーレ
もう少しゆっくり話してください	Può parlare più lentamente, per favore? プォ・パルラーレ・ピュ・レンタメンテ・ペルファヴォーレ
英語は話せますか	Parla l'inglese. パルラ・リングレーゼ
書いて下さい	Mi può scrivere qui? ミ・プォ・スクリーヴェレ・クイ
ちょっと待って下さい	Un momento, per favore. ウン・モメント・ペルファヴォーレ
それで結構です	Va bene. ヴァ・ベーネ
もちろん	Certo/Certamente チェルト／チェルタメンテ
	Sicuramente スィクラメンテ
ちょっと失礼／すみません	Scusi. スクージ
(通路などをあけてほしいときの)失礼	Permesso. ペルメッソ
ごめんなさい	Mi scusi. ミ・スクージ
トイレ	servizi/bagno セルヴィーツィ/バーニョ
	gabinetto/toilette ガビネット/トイレッテ

応用で使える基本表現パターン

どこ？ Dove？ ドーヴェ

■～はどこにある？
Dov'è ～？ ドーヴェ

入口はどこですか?
Dov'è l'ingresso?
ドーヴェ・リングレッソ

中央駅はどこですか?
Dov'è la stazione centrale?
ドーヴェ・ラ・スタツィオーネ・チェントラーレ

■～はどこで買える？
Dove posso comprare ～?
ドーヴェ・ポッソ・コンプラーレ

ミネラル・ウォーターはどこで買えますか
Dove posso comprare l'acqua minerale?
ドーヴェ・ポッソ・コンプラーレ・ラックア・ミネラーレ

フィレンツェ行の切符はどこで買えますか
Dove posso comprare un biglietto per Firenze?
ドーヴェ・ポッソ・コンプラーレ・ウン・ビリエット・ペル・フィレンツェ

■どこから Da dove ～？ ダ・ドーヴェ

ヴァチカン行のバスはどこから出ますか?
Da dove parte l'autobus per il Vaticano?
ダ・ドーヴェ・パルテ・ラウトブス・ペル・イル・ヴァティカーノ

■どこ？

このバスはどこへ行きますか
Dove va questo autobus?
ドーヴェ・ヴァ・クエスト・アウトブス

これはどこで作られたのですか
Dov'è stato prodotto?
ドーヴェ・スタート・プロドット

基本単語【曜日】

日曜 domenica ドメニカ	木曜 giovedì ジョヴェディ
月曜 lunedì ルネディ	金曜 venerdì ヴェネルディ
火曜 martedì マルテディ	土曜 sabato サバト
水曜 mercoledì メルコレディ	

基本単語【味】

おいしい buono ブオノ	まずい no buono ノン・ブオノ
甘い dolce ドルチェ	辛い piccante ピッカンテ
塩辛い salato サラート	酸っぱい acido/agro アチド/アグロ
苦い amaro アマーロ	油っこい grasso グラッソ

どのくらい？
Quanto ～?/Come ～? クアント/コメ

■どのくらい（距離）？
Quanto dista ～?
クアント・ディスタ

スカラ座はここからどのくらいですか?
Quanto dista la Scala da qui?
クアント・ディスタ・ラ・スカラ・ダ・クイ

そのホテルは駅からどのくらいですか
Quanto dista quell'hotel dalla stazione?
クアント・ディスタ・クエッロテル・ダッラ・スタツィオーネ

■いくら（値段）？
Quanto costa～? クアント・コスタ

入場料はいくらですか
Quanto costa l'ingresso?
クアント・コスタ・リングレッソ

あれはいくらですか
Quanto costa quello?
クアント・コスタ・クエッロ

■どのくらい（時間）？
Quanto? クアント

席に着くのにどのくらい待ちますか
Quanto devo aspettare per un tavolo?
クアント・デヴォ・アスペッターレ・ペル・ウン・ターヴォロ

日本までの小包（手紙）は航空便で何日かかりますか
Quanti giorni ci vogliono per ricevere via aerea un pacco (una lettera)?
クアンティ・ジョルニ・チヴォーリオノ・ペル・リチェーヴェレ・ヴィア・アエーレア・ウン・パッコ（ウナ・レッテラ）

そのレストランは地下鉄駅から徒歩何分ですか
Quanti minuti ci vogliono a piedi dalla stazione della metropolitana a quel ristorante?
クアンティ・ミヌーティ・チヴォーリオノ・ア・ピエディ・ダッラ・スタツィオーネ・デッラ・メトロポリターナ・ア・クエル・リストランテ

■どのように？ Come～? コメ

どのように行けばよいのですか?
Come posso arrivare?
コメ・ポッソ・アッリヴァーレ

どうやって使うのですか?
Come si usa?
コメ・スィ・ウーザ

このドアはどのように開けるのですか?
（どうやったら開きますか?）
Come si apre questa porta?
コメ・スィ・アプレ・クエスタ・ポルタ

これは英語ではどのように言うのですか?
Come si dice questo in inglese?
コメ・スィ・ディーチェ・クエスト・インニングレーゼ

■いくつ(数)?
Quanto ～?　クアント

終点までバス停はいくつありますか
Quante fermate mancano al capolinea?
クアンテ・フェルマーテ・マンカノ・アル・カポリネア

1箱にいくつ入っていますか?
Quanti ci sono in una scatola?
クアンティ・チ・ソノ・イン・ウナ・スカートラ

■いつ?　Quando～?　クアンド

レストラン(ショップ)はいつオープンするのですか?
Quando apre il ristorante (il negozio)?
クアンド・アプレ・イル・リストランテ(イル・ネゴツィオ)

いつできあがりますか?
Quando sarà pronto?
クアンド・サラ・プロント

いつ行けばよいのですか??
Quando posso venire?
クアンド・ポッソ・ヴェニーレ

■だれ?　Chi～?　キ

このテーブルの担当はだれですか?
Chi si occupa di questo tavolo?
キ・スィ・オックパ・ディ・クエスト・ターヴォロ

だれに聞けばよいのですか?
A chi posso chiedere?
ア・キ・ポッソ・キエーデレ

■何?　Che cosa～?　ケ・コーザ

これは何ですか?
Che cos'è questo?
ケ・コーゼ・クエスト

おすすめ料理は何ですか?
Che cosa mi consiglia?
ケ・コーザ・ミ・コンスィリア

■どちら?　Quale～?　クアレ

どちらが安いですか?
Qual'è più economico?
クアレ・ピュ・エコノミコ

急行、各駅、どちらに乗ればよいですか?
Quale treno devo prendere, l'espresso o il locale?
クアレ・トレーノ・デヴォ・プレンデレ・レスプレッソ・オ・イル・ロカーレ

■どんな種類? Che tipo di?　ケ・ティポ・ディ

飲物はどんな種類があるのですか
Che tipo di bevande avete?
ケ・ティポ・ディ・ベヴァンデ・アヴェーテ

どんな素材があるのですか
Che tipo di materiale avete?
ケ・ティポ・ディ・マテリアーレ・アヴェーテ

どんな料理なのですか
Che tipo di cucina è questa?
ケ・ティポ・ディ・クチーナ・エ・クエスタ

■何時? (A) che ora ～? (ア)ケ・オーラ

銀行は何時まで営業していますか
Fino a che ora è aperta la banca?
フィーノ・ア・ケ・オーラ・エ・アペルタ・ラ・バンカ

バスの始発は何時ですか
A che ora parte il primo autobus?
ア・ケ・オーラ・パルテ・イル・プリモ・アウトブス

■～がしたい　Vorrei～　ヴォレイ

カードで支払いたいのですが
Vorrei pagare con la carta di credito.
ヴォレイ・パガーレ・コン・ラ・カルタ・ディ・クレディト

ホテルに戻りたいのですが
Vorrei ritornare al mio albergo.
ヴォレイ・リトルナーレ・アル・ミオ・アルベルゴ

■～はありますか?
Avete～?/C'è～?　アヴェーテ/チェ

近くに公衆電話はありますか
C'è un telefono pubblico qui vicino?
チェ・ウン・テレーフォノ・プッブリコ・クイ・ヴィチーノ

空席はありますか
C'è un posto libero?
チェ・ウン・ポスト・リーベロ

果物はありますか
Avete della frutta fresca?
アヴェーテ・デッラ・フルッタ・フレスカ

■～してください
Per favore～/Può～?　ペルファヴォーレ/プオ

それを見せてください
Mi può fare vedere quello, per favore.
ミ・プオ・ファーレ・ヴェデーレ・クエッロ・ペルファヴォーレ

コーヒーをください
Un caffè, per favore.
ウン・カッフェ・ペルファヴォーレ

タクシーを呼んでください
Mi può chiamare un taxi, per favore.
ミ・プオ・キアマーレ・ウン・タックシ・ペルファヴォーレ

駅への行き方を教えてください
Mi può indicare la strada che va alla stazione?
ミ・プオ・インディカーレ・ラ・ストゥラーダ・ケ・ヴァ・アッラ・スタッツィオーネ

■～してもいいですか?/
～をいただけますか? Posso～?　ポッソ

ここに座ってもいいですか
Posso sedermi qui?
ポッソ・セデルミ・クイ

この料理をいただけますか
Posso prendere questo piatto?
ポッソ・プレンデレ・クエスト・ピアット

トイレをお借りできますか
Posso usare i sevizi?
ポッソ・ウザーレ・イ・セルヴィツィ

基本単語【数】

0 zero ゼーロ	1 uno ウーノ	2 due ドゥエ	3 tre トゥレ	4 quattro クアットロ	5 cinque チンクエ
6 sei セイ	7 sette セッテ	8 otto オット	9 nove ノーヴェ	10 dieci ディエチ	11 undici ウンディチ
12 dodici ドディチ	13 tredici トゥレディチ	14 quattordici クアットルディチ	15 quindici クインディチ	16 sedici セディチ	17 diciasette ディチャセッテ
18 diciotto ディチョット	19 diciannove ディチャンノーヴェ	20 venti ヴェンティ	21 ventuno ヴェントゥーノ	30 trenta トゥレンタ	40 quaranta クアランタ
50 cinquanta チンクァンタ	60 sessanta セッサンタ	70 settanta セッタンタ	80 ottanta オッタンタ	90 novanta ノヴァンタ	100 cento チェント
1000 mille ミッレ	2000 due mila ドゥエ・ミラ	1万 dieci mila ディエチ・ミラ	10万 cento mila チェント・ミラ	100万 un milione ウン・ミリオーネ	

基本単語【大きさ、その他の表現とその比較級】

大きい/小さい	grande/piccolo グランデ/ピッコロ	新しい／古い	nuovo/vecchio ヌオヴォ/ヴェッキオ
高い/低い	alto/basso アルト/バッソ	良い／悪い	buono/cattivo ブオノ/カッティーヴォ
長い/短い	lungo/corto ルンゴ/コルト	最初／最後	primo/ultimo プリモ/ウルティモ
高い/安い	caro/economico カーロ/エコノミコ	少し/たくさん(量)	poco/tanto(molto) ポーコ/タント(モルト)
重い/軽い	pesante/leggero ペザンテ/レッジェーロ	少し/たくさん(数)	pochi/tanti(molti) ポーキ/タンティ(モルティ)
早い/遅い	presto/tardi プレスト/タルディ	明るい/暗い	chiaro/sucuro キアーロ/スクーロ

基本単語【日にち・時間】

朝/午前	mattina/mattino マッティーナ/マッティーノ	今週	questa settimana クエスタ・セッティマーナ
昼/午後	pomeriggio ポメリッジョ	来週	la prossima settimana ラ・プロッスィマ・セッティマーナ
夕方/夜	sera/notte セーラ/ノッテ	先週	la settimana scorsa ラ・セッティマーナ・スコルサ
昨日/今日/明日	ieri/oggi/domani イエーリ/オッジ/ドマーニ		

基本単語【色】

赤 rosso ロッソ	白 bianco ビアンコ	黒 nero ネーロ	青 blu ブル	紺 blu scuro ブル・スクーロ
空色 azzurro アッズーロ	黄 giallo ジャッロ	クリーム crema クレマ	茶 marrone マッローネ	ベージュ beige ベイジェ
緑 verde ヴェルデ	オリーブ oliva オリーヴァ	ピンク rosa ローザ	紫 viola/porpora ヴィオラ/ポルポラ	
金 oro オーロ	銀 argento アルジェント	オレンジ arancio アランチョ	グレイ grigio グリージョ	焦茶 marrone scuro マッローネ・スクーロ

基本単語【天候・気候】

寒い／暑い	freddo/caldo フレッド／カルド	曇っている	nuvoloso ヌヴォローゾ
暖かい／涼しい	freddo/caldo フレッド／カルド	雨降り	piove ピオーヴェ
良い天気／悪い天気	bel tempo/brutto tempo ベル・テンポ/ブルット・テンポ	雪が降っている	nevica ネーヴィカ
晴れている	sereno セレーノ	霧の	nebbioso ネッビオーゾ

シチュエーション別基本会話

■レストランで

2名(4名)の席はありますか?
C'è un tavolo per due (quattro)?
チェ・ウン・ターヴォロ・ペル・ドゥエ(クアットロ)

メニューを見せてください
Mi può fare vedere il menu
ミ・プオ・ファーレ・ヴェデーレ・イル・メヌ

英語(日本語)のメニューはありますか?
Avete un menu in inglese (in giapponese)?
アヴェーテ・ウン・メヌ・インニングレーゼ)イン・ジャッポネーゼ)

わたしはこれにします/これをいただけますか
Prendo questo./Posso avere questo?
プレンド・クエスト/ポッソ・アヴェーレ・クエスト

魚(肉)料理が食べたいのですが
Vorrei mangiare del pesce (della carne).
ヴォレイ・マンジャーレ・デル・ペッシェ(デッラ・カルネ)

会計をお願いします
Il conto, per favore.
イル・コント・ペルファヴォーレ

おつりはチップとしてとっておいて下さい
Tenga il resto.
テンガ　イル・レスト

■ショップで

あれを見せてください
Mi può fare vedere quello?
ミ・プオ・ファーレ・ヴェデーレ・クエッロ

見ているだけです
Sto solo guardando.
スト・ソーロ・グァルダンド

手にとってもいいですか?
Posso toccare?
ポッソ・トッカーレ

試着してもいいですか?
Posso provarlo (provarla)?
ポッソ・プロヴァルロ (プロヴァルラ)

もう少し小さい(大きい)サイズはありますか?
Avete una taglia più piccola (grande)?
アヴェーテ・ウナ・タリア・ピュ・ピッコラ (グランデ)

他の色はありますか
Avete altri colori?
アヴェーテ・アルトリ・コローリ

少し割引していただけませんか
Potete farmi un po' di sconto?
ポテーテ・ファルミ・ウンポ・ディ・スコント

これをください
Prendo questo.
プレンド・クエスト

IVA 払戻し用請求書をお願いします
Mi può fare la fattura per l'esenzione dalle tasse?
ミ・プオ・ファーレ・ラ・ファットゥーラ・ペル・レゼンツィオーネ・ダッレ・タッセ

■劇場などで

演目を教えてください
Quale spettacolo danno oggi?
クアーレ・スペッターコロ・ダンノ・オッジ

何時に始まり(終わり)ますか
A che ora comincerà (finirà)?
ア・ケ・オーラ・コミンチェラ(フィニラ)

当日券はありますか
C'è un biglietto per oggi?
チェ・ウン・ビリエット・ペル・オッジ

一番安い(高い)席を1枚ください
Un biglietto più economico (caro), per favore.
ウン・ビリエット・ピュ・エコノミコ(カーロ)・ペルファヴォーレ

プログラムがほしいのですが
Vorrei il programma di oggi.
ヴォレイ・イル・プログランマ・ディ・オッジ

■病気とケガ

気分がわるいのですが
Mi sento male.
ミ・セント・マーレ

頭痛 (腹痛/歯痛) がします
Ho mal di testa(stomaco/denti).
オ・マル・ディ・テスタ (ストマコ/デンティ)

吐き気がします
Ho la nausea.
オ・ラ・ナウゼア

熱があります
Ho la febbre.
オ・ラ・フェッブレ

医者を呼んでいただけませんか?
Mi può chiamare un medico?
ミ・プオ・キアマーレ・ウン・メディコ

救急車を呼んでいただけませんか?
Mi può chiamare un'ambulanza.
ミ・プオ・キアマーレ・ウナンブランツァ

警察はどこですか?
Dov'è la polizia?
ドーヴェ・ラ・ポリツィア

パスポートをなくしました
Ho perso il mio passaporto.
オ・ペルソ・イル・ミオ・パッサポルト

財布を盗まれました
Mi è stato rubato il portafoglio.
ミ・エ・スタート・ルバート・イル・ポルタフォリオ

盗難証明書を作成してください
Mi può fare un certificato di furto?
ミ・プオ・ファーレ・ウン・チェルティフィカート・ディ・フルト

やめろ!/泥棒!/助けて!
Smettila! / Al ladro! / Aiuto!
ズメッティラ!/アル・ラードロ!/アイウート!

出発の準備と日本の出入国

旅行のプランが整ったら、ホテルと航空チケットを予約し、パスポートも取得。取得済みの場合は有効期限を確認。国際運転免許証、国際学生証など各種証明書の手配も忘れずに。

パスポート(旅券)

パスポートは、国外で唯一自分の身分を証明してくれる公の書類だ。申請は住民登録をしてある各都道府県の旅券課で行なう。申請書に記入して、必要なものといっしょに提出すれば、旅券引換書を発行してくれる。有効期限が10年のものと5年のものがあるが、満20歳未満なら5年のものしか申請できない。申請は本人でなくても、配偶者、二親等内の親族または申請者が指定した人なら代理申請ができる。その場合は、申請書の裏に本人のサインが必要だ。申請後1～2週間で発給日が記されたはがきが郵送されてくる。旅券受領に必要なものをもって、指定日以降、申請日から6カ月以内に本人が受け取りに行く。

旅券申請に必要なもの

①一般旅券発給申請書(2通)
　旅券課で手に入る
②戸籍抄(謄)本(1通)
　本籍地の市区町村の役所で発行。発行後6カ月以内のもの
③住民票(1通)
　住民登録をしてある市区町村の役所で発行。発行後6カ月以内で本籍地が入っているもの
④写真(1枚)
　縦45×横35mm。ただし、縁なし、正面、無帽、無背景ほか、顔の長さ27mm、顔の位置は上から7mmなど細かい指定がある
⑤官製はがき(1枚)
　表に申請者の住所、氏名を記入。裏は白紙
⑥申請者の身元を確認するための書類
　運転免許証、健康保険証、年金手帳など。写真付のものは1通、ないものは2通必要
⑦印鑑

旅券受領に必要なもの

①旅券引換書(一般旅券受領証)
②発券手数料　10年旅券1万5000円
　5年旅券1万円(12歳未満5000円)
③旅券課から郵送されてきたはがき
④印鑑

国際運転免許証

旅行中にレンタカーを借りる予定がある人は国際運転免許証を取得していこう。申請は住民登録をしてある地区の運転免許試験場の国際運転免許窓口で受け付けている。日本の運転免許証、パスポート、写真1枚(縦5×横4cm、申請料2600円を持参し、窓口に置いてある申請書に必要事項を記入して提出すれば、すぐに作成、発給してくれる。国際運転免許証の有効期限は1年なので、日本の運転免許証の期限が残り1年を切っている場合は、期限前更新の手続きが必要だ。窓口の受付時間は申請場所によって異なるので事前に確認をすること。

国際学生証(ISIC)

学生なら、国際学生証を取得していくと、美術館・博物館の入場料や交通機関の運賃が割引きになる。申請には学生証のコピーか在学証明書、写真1枚(縦3.6×横3cm、6カ月以内に撮影したもの)、申込書、手数料1400円が必要。各大学の生協、大学生協事業センターやユースホステル協会で発行してくれるほか、郵送でも受け付けている(送料込みで1670円)。有効期限は大学、短大、大学院や専門、専修学校高等過程の生徒なら翌年の3月31日まで。中学、高校、専門、専修学校一般過程の生徒はその年の12月31日。ただし、取得日が9月1日以降の場合は翌年の12月31日まで。

大学生協事業センター☎03-5307-1156
日本ユースホステル協会☎03-3288-0260

おもな空港へのアクセス

空港到着時間は出発２時間前を目安に、お盆や年末年始のピーク時はさらに時間に余裕をもって出かけたい。とくにバスや車の場合は渋滞に巻き込まれることもあるので注意しよう。

新東京国際空港(成田)

成田空港は航空会社によって利用するターミナルが違う。国内線からの乗り継ぎを間違えて別のターミナルへ行ってしまったときには、ターミナル間を結んで運行されている無料シャトルバスが利用できる。

新東京国際空港（成田）

JR東日本　成田エクスプレス
- 池袋駅　約90分3050円
- 新宿駅　約80分3050円
- 横浜駅　約90分4100円
- 品川駅　約70分3050円
- 東京駅　約60分2890円

京成スカイライナー
- 京成上野駅　約60分1880円
- 京成日暮里駅　約55分1880円

リムジンバス
- 東京駅八重洲南口　約80分2800円
- 新宿駅西口　約85分2900円
- 都心各ホテル
  - 銀座周辺　約85分2800円
  - 赤坂・芝周辺　約85分2900円
  - 九段周辺　約90分2900円
  - 品川周辺　約100分2900円
  - 池袋周辺　約85分2900円
  - 新宿周辺　約85分2900円
  - 浅草周辺　約80分2600円
- 羽田空港　約75分2900円
- TCAT　約55分2700円
- YCAT　約90分3300円
- TDL　約60分2200円
- 立川駅北口　約170分3500円
- 千葉中央駅　約70分1200円
- 松戸駅西口　約85分2000円
- 大宮駅西口 ONライナー　約120分2700円
- 宇都宮駅西口　マロニエ　約170分4000円
- 土浦駅・つくばセンター　エアポートライナーNATT'S　約120分2500円

マイカー

都内から空港までの高速料金は2350円(首都高速、東関東自動車道を経由)。駐車場は空港に公団駐車場があるが１日6240円(第２ターミナル)、３日目以上は１日2600円となる。空港周辺の民間駐車サービスなら１日2000円、４日目以降は１日1000円ほどだ。空港まで少し離れているが、送迎サービスがあるので大丈夫。帰国便に合わせて車を空港まで届けてくれたり、洗車サービスがつくところもある。長期旅行者なら箱崎にある東京シティ・エア・ターミナルTCATのカーポート20がお得。20日間の駐車料金が9500円と安い。10日間利用できるカーポート10(8500円)もある。

レンタカー

自宅の近くでレンタカーを借りて、空港に乗り捨てができるレンタカー・パックがある。トヨタレンタカーの空港直行便なら東京23区内の営業所で借りると１万1600円、大宮、川崎、横浜は１万4200円、熊谷、相模原からなら１万6900円だ。6時間走行と乗捨料、保険料、免責補償料がすべて含まれているのでかなりお得。空港に営業所があるレンタカー会社なら同じような空港乗り捨てのパック料金がある。

関西国際空港

鉄道、リムジンバスでのアクセスのほかに、海上からのアクセスも選べる。神戸方面からなら電車やバスを利用するより断然早い。鉄道の駅は空港２階にある。国際線の出発ロビーへは連絡通路を渡って４階へ。

関西国際空港

JR関西国際空港線　特急はるか
- 京都駅　75〜95分3430円
- 新大阪駅　45〜65分2930円
- 天王寺駅　30〜45分2230円

南海電鉄ラピートα/β
- 難波駅　約30分1370円

リムジンバス
- 大阪駅前　約60分1300円
- 近鉄上本町(湊町)　約55分1300円
- 伊丹空港　約80分1700円
- 京阪守口市駅　約80分1600円
- 神戸三宮　約80分1800円
- JR奈良駅　約95分1800円
- 和歌浦口　約65分1100円
- JR尼崎駅　約65分1300円
- 京阪宇治駅　約135分2200円
- 彦根プリンスホテル　約210分3800円

高速船
- K-CAT　約32分2200円
  - 新神戸からKCATまでバスで約40分400円
  - 三宮からKCATまでバスで約30分320円
- 洲本港　約40分1850円
- 津名港　約36分1750円
- 大阪港　約38分1650円
- 徳島港　約82分4000円

マイカー、レンタカー

高速を使ってマイカーで関西国際空港へ行くには、大阪市内からなら約60分。吹田からなら高速料金片道1550円と、連絡橋往復1700円がかかる。空港内にある駐車場は１日8000円、２日目以降4800円と高い。民間駐車サービスなら１日1800円程度、長期の場合は割引きがある。駐車場から空港までは送迎してくれるが、なかには「空港預かり、空港引き渡し」のところもある。また、レンタカー利用による空港までのアクセスは、通常の時間料金に乗り捨て料金が加算されるのでけっこう高い。大阪市内でレンタカーを借りて、空港近くのりんくうタウンで乗り捨てた場合、１万5000円〜２万円ほどかかる。

出国手続き

出国までにはいろいろな手続きが必要だ。手続きの順序と場所を頭に入れて、手ぎわよく行動したい。まずはチェックインを済ませて、両替や海外旅行傷害保険への加入、買物などはそのあとに。出国審査は混むことがあるので、時間に余裕をもって早めにゲートへ向かいたい。空港内は広い。迷ったらすぐにインフォメーションなどでたずねたほうがいい。

荷物検査

機内に預ける手荷物のX線検査を受ける。カメラなど壊れやすいものは機内に持ち込んだほうがいい。貴重品は携帯すること。

チェックイン

利用航空会社のカウンターにパスポート、航空チケットを提示して、搭乗券とバゲージ・クレームタグを受け取る。禁煙席、喫煙席など座席の希望は、可能な限り聞いてくれる。

空港施設使用料

新東京国際空港の場合、大人2000円、子供（2歳以上12歳未満）1000円。関西国際空港は大人2600円、子供1300円。出国ゲート前の自動販売機で購入する。

外国製品の持出し届

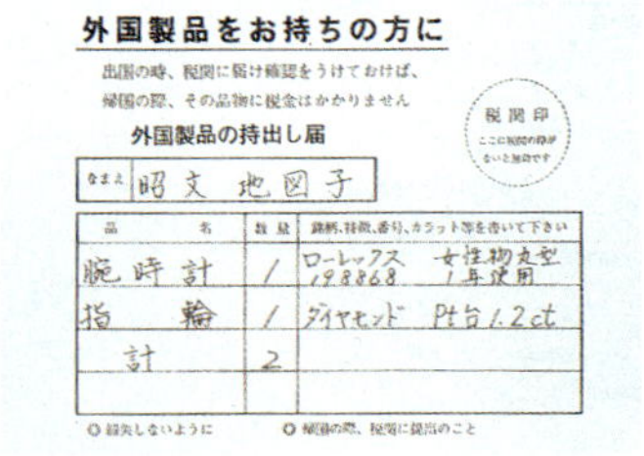

外国製品の持ち出し申告

海外に外国製の品物を持ち出す場合、帰国時にこれらのものが今回の旅行で購入したものではないことを証明するために、「外国製品の持出し届」に承認印をもらっておく。用紙に必要事項を書き込み、現物を添えて提出すればよい。帰国時までなくさないように保管しておくこと。申告のない人はそのまま出国審査へ向かう。

セキュリティ・チェック

機内に持ち込む手荷物を係員に渡し、自分はわきにあるゲートを通る。貴金属などは金属探知器やX線探知機にかかるので、荷物チェックやボディ・チェックを受ける可能性もある。刃物類は機内持ち込み禁止なので、託送荷物のなかに入れておくこと。

出国審査

出入国カードに必要事項を記入。パスポート、搭乗券、出入国カードを審査官に提出すると、パスポートに出国スタンプを押し、出入国カードの入国部分（日本入国時に必要）を付けて返してくれる。

搭乗

搭乗券に書いてある搭乗ゲート前の待合室で搭乗案内のアナウンスを待つ。搭乗は出発の30分ほど前から始まることが多い。

出入国カード　▼入国用　▼出国用

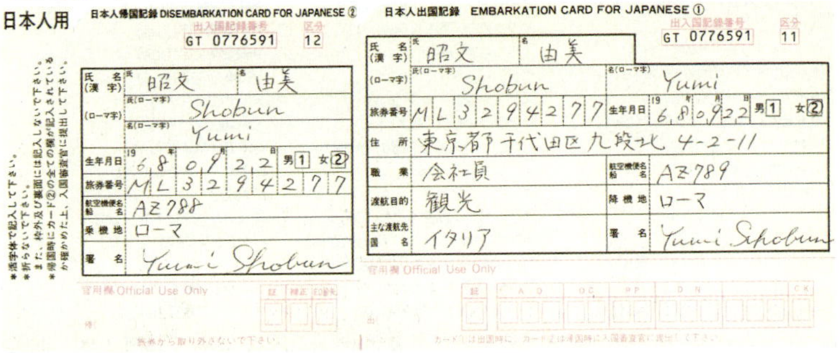

新東京国際空港第1ターミナル

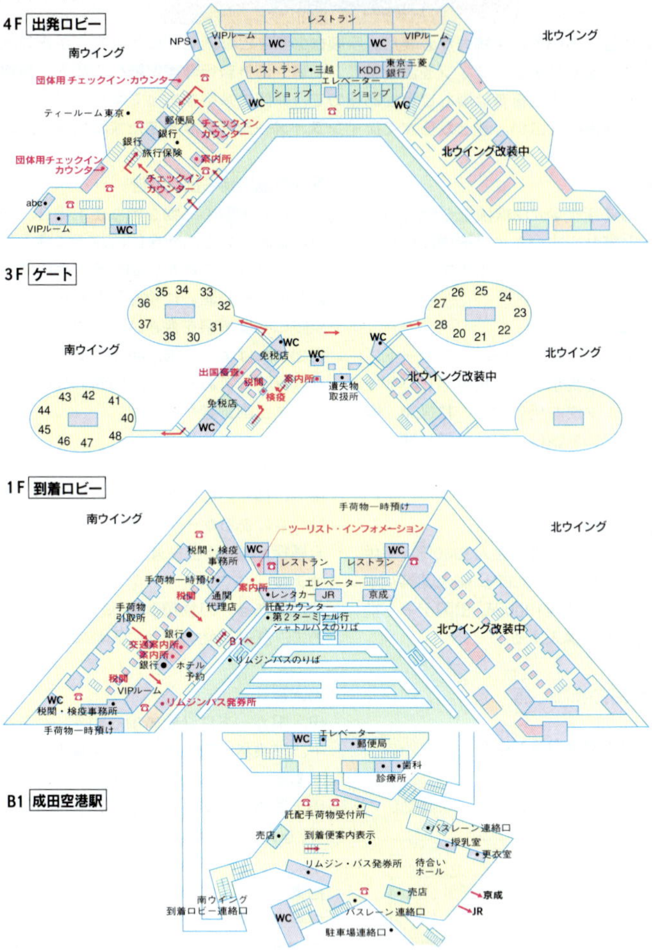

第1ターミナル利用航空会社

アメリカン航空(AAL)
アリタリア航空(AZA)
ヴァージン・アトランティック航空(VIR)
ヴァリグ・ブラジル航空(VRG)
エールフランス国営航空(AFR)
カナディアン航空(CDN)
キャセイ・パシフィック航空(CPX)
KLMオランダ航空(KLM)
シンガポール航空(SIA)
大韓航空(KAL)
ノースウエスト航空(NWA)
フィンランド航空(FIN)
ブリティッシュ・エアウェイズ(BAW)
ユナイテッド航空(UAL)
ルフトハンザ・ドイツ航空(DLH)

第2ターミナル利用航空会社

アエロフロート・ロシア国際航空(AFL)
アシアナ航空(AAR)
イベリア・スペイン航空(IBE)
イラク航空(運休)(IAW)
イラン航空(IRA)
エア・インディア(AIC)
エア・パシフィック(FJI)
エアランカ航空(ALK)
AOMフランス航空(運休)(AOM)
エジプト航空(MSR)
オーストリア航空(AUA)
オリンピック航空(運休)(OAL)
カンタス・オーストラリア航空(QFA)
ガルーダ・インドネシア航空(GIA)
コンチネンタル・ミクロネシア航空(CMI)
サベナ・ベルギー航空(SAB)
スイス航空(SWR)
スカンジナビア航空(SAS)
全日本空輸(ANA)
タイ国際航空(THA)
中国国際航空(CCA)
中国東方航空(CES)
デルタ航空(DAL)
トルコ航空(THY)
日本アジア航空(JAA)
日本エアシステム(JAS)
日本航空(JAL)
ニュージーランド航空(ANZ)
パキスタン国際航空(PIA)
ビーマン・バングラデシュ航空(BBC)
フィリピン航空(PAL)
マレーシア航空(MAS)

新東京国際空港第2ターミナル

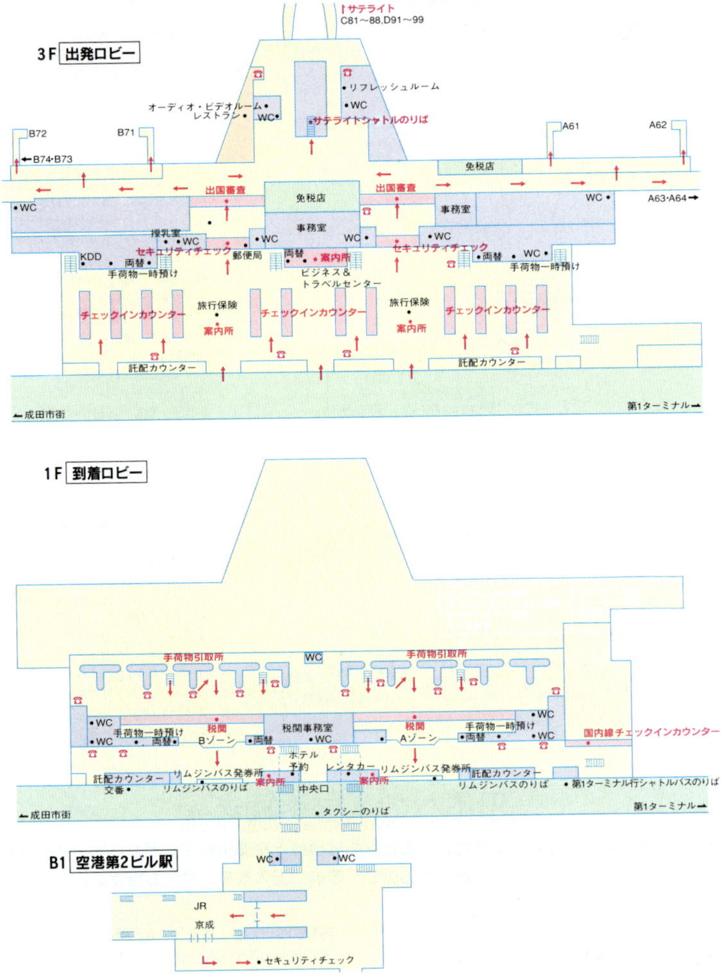

出国までにできること・しておきたいこと

チェックインを済ませたら、次に出国手続きに向かうが、その前にしておきたいことがある。時間がなくて海外旅行傷害保険にまだ入っていない人は、空港内で手続きができる。保険会社の受付カウンターがあるので出発までに手続きを済ませよう。現金はなるべく持ち歩かずにトラベラーズ・チェックとクレジットカードで買い物をする予定の人も、目的地に入国してから、ホテルまでの交通費や機内、空港でのちょっとした買い物のために小銭に両替しておく必要がある。用意ができていない人は空港の両替所を利用しよう。これらの施設はたいてい出発ロビーのチェックイン・カウンター近くに揃っている。出国審査が終わるともうそこは海外と同じだ。空港の免税店で出発まで免税ショッピングを楽しむのもいい。ただし、国によって免税品を持ち込める額が決まっているので、買いすぎないように注意したい。なお、成田には出発ロビーにも免税店がある。ここで買い物をした場合は、商品は出国審査を終えてから、なかの受け渡し所で受け取ることになる。

関西国際空港

関西国際空港

4F 出発ロビー

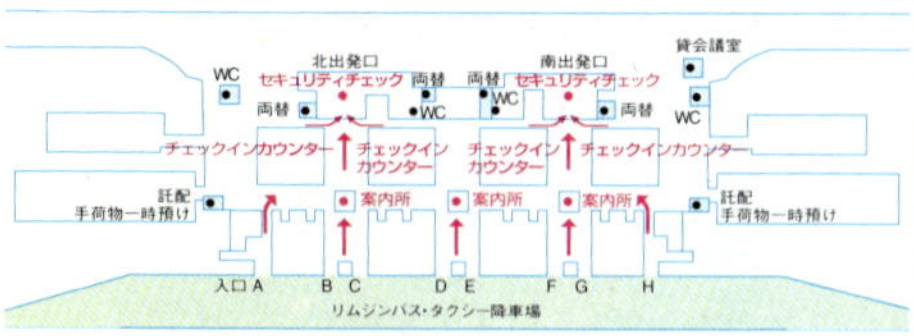

2F 入国審査・国内線ロビー

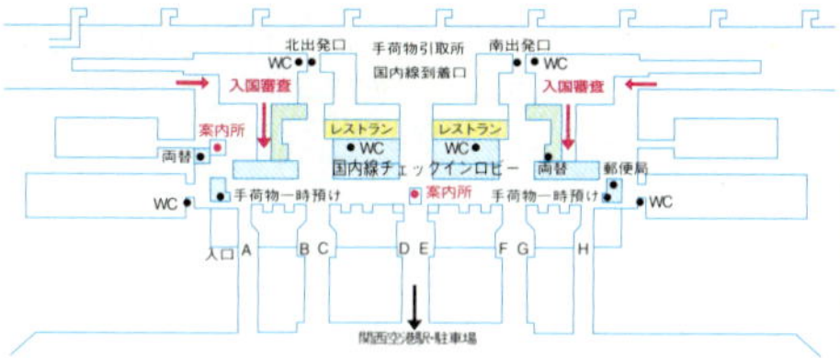

1F 到着ロビー

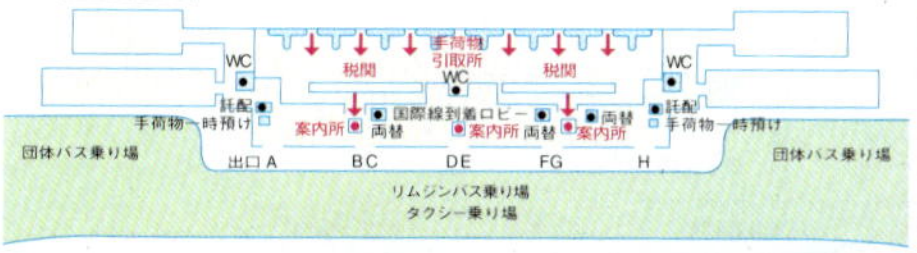

乗り入れ航空会社

アエロフロート・ロシア国際航空(AFL)
アシアナ航空(AAR)
アリタリア航空(AZA)
アンセット・オーストラリア航空(AAA)
エア・インディア(AIC)
エア・カナダ(ACA)
エア・パシフィック(FJI)
エジプト航空(MSR)
エールフランス国営航空(AFR)
オーストラリア航空(MSR)
ガルーダ・インドネシア航空(GIA)
カンタス・オーストラリア航空(QFA)
キャセイ・パシフィック航空(CPX)
KLMオランダ航空(KLM)
コンチネンタル・ミクロネシア航空(CMI)
シンガポール航空(SIA)
スイス航空(SWR)
スカンジナビア航空(SAS)
全日本空輸(ANA)
大韓航空(KAL)
タイ国際航空(THA)
中国国際航空(CCA)
中国東方航空(CES)
中国南方航空(CSN)
トルコ航空(THY)
日本アジア航空(JAA)
日本エアシステム(JAS)
日本航空(JAL)
ニュージーランド航空(ANZ)
ノースウエスト航空(NWA)
フィリピン航空(PAL)
フィンランド航空(FIN)
ブリティッシュ・エアウェイズ(BAW)
ベトナム国営航空(HVN)
マレーシア航空(MAS)
ミアットモンゴル航空
ユナイテッド航空(UAL)
ルフトハンザ・ドイツ航空(DLH)
ロイヤル・ネパール航空(RNA)
ロイヤル・ブルネイ航空(RBA)

日本への入国手続き

入国の手続きは出国ほど多くはない。重要なのは検疫と税関申告だ。どちらも、必要事項を書き込む用紙が帰りの機内で配られるので、事前に記入を済ませておきたい。

検疫　機内で配付される検疫質問票に必要事項を記入する。旅行中に身体の不調を覚えた人は申し出て係員の指示に従う。動植物、加工肉、生花などの持ち込みにも検疫をパスしなければならない。

入国審査　日本出国時にパスポートに留められた入国カードに帰国便名を記入し、サインをしておく。入国カウンターでパスポートを提示し、帰国のスタンプを押してもらう。

荷物の受け取り　搭乗してきた便のターン・テーブルで自分の荷物をピックアップする。万一、荷物が出てこない場合は、バゲージ・クレーム　タグを航空会社のスタッフに提示して調べてもらう。

税関　免税範囲外の買い物をした人は、機内でスチュワーデスに税関申告書をもらって記入しておく。免税範囲内の人は検査所に入ると緑のランプの付いた台へ、範囲を超えている人は赤のランプの台に並ぶ。

持ち込み制限品目

＊ワシントン条約で規制の対象になっている動植物およびそれらの加工品は、定められた輸入許可証がなければ国内に持ち込めない。(例:象牙、ワニ・トカゲ・ヘビ皮製品、毛皮・敷物の一部、蘭、サボテンなど)
＊麻薬類、通貨・証券の偽造品、わいせつ物、家畜伝染病予防法／植物防疫法で定められている動植物
＊にせブランド品

免税範囲

酒類	3本(1本760cc程度のもの)
たばこ	外国製、日本製ともに紙巻200本または葉巻50本またはその他の種類250g。2種類以上を持ち込む場合は総重量が250g以内
香水	2オンス
同一品目	同一品目の合計が海外市価で1万円以下のもの(例:5000円のものを2点)
その他	上記以外の合計、海外市価20万円以内

※海外市価＝外国における小売購入価格
※未成年者の酒類、たばこの持ち込みは範囲内であっても免税にならない

ア		地図
アウグストゥス帝廟	128	95 C-2
アカデミア・カッラーラ美術館	347	346-1
アカデミア美術館(フィレンツェ)	213	199 C-1
アカデミア美術館(ヴェネツィア)	377	362 B-3
赤の宮殿	414	413 B
アラ・パチス・アウグステ	128	95 C-2
アレーナ	404	403 B-2
アレトゥーザの泉	463	462
アンドレア・パッラーディオ通り	402	401-1
アンブロジアーナ絵画館	291	276 B-4
イタリア統一広場	407	406 A
ウフィッツィ美術館	210	201 C-3
ヴァチカン美術館	140	93 C-2
ヴァレンティノ公園	358	357-2
ヴィットリオ・エマヌエーレ2世記念堂	131	99 D-1
ヴィットリオ・エマヌエーレ2世のガッレリア	289	276 B-3
ヴィラ・ヴァルマラーナ	402	401-2
ヴィラ・ジュリア・エトルリア博物館	123	90 B-2
ヴィラ・ファルネジーナ	136	98 A-1
ヴィラ・ラ・ロトンダ	402	401-2
ヴェッキア広場	347	346-1
ヴェッキオ宮	207	201 D-3
ヴェネツィア宮	131	99 D-1
ヴェネツィア広場	131	99 D-1
エステンセ城	263	262 B-1
エトナ山	464	15 C-3
エトルリア門	253	251
エルベ広場(マントヴァ)	351	350
エルベ広場(ヴェローナ)	404	403 B-1
エレミターニ教会	400	399-1
王宮(ジェノヴァ)	414	413 A
王宮(トリノ)	358	357-1
王宮(ナポリ)	433	428 B-3
王宮(ミラノ)	288	277 C-3
オペラ座	121	96 B-3
オリンピコ劇場	402	401-1
オルサンミケーレ教会	208	201 C-2
カ		
カ・ドーロ	376	362 B-1
カ・ペーザロ	376	362 B-1
カ・レッツォーニコ	377	362 B-3
科学アカデミア宮殿	359	357-1
カステルヴェッキオ	404	403 A-2
カターニア	464	15 C-4
カタコンベ・ディ・カプチーニ	453	451 A-2
カテドラル(フェラーラ)	263	262 B-1
カテドラル	452	451 A-2
カテドラル(ペルージア)	252	251
カピトリーノ美術館	134	99 D-1
カポディモンテ美術館	434	427 C-1
カラカラ浴場	143	102 B-2
カンピドリオ広場	131	99 D-2
カンポ・デ・フィオーリ	136	98 B-1
カンポサント	245	243
カンポ広場	249	248-2
ガッタメラータ騎馬像	400	399-2
ガッラ・プラチーディアの廟	257	256
キアラモンテ宮	452	451 B-2
キエリカーティ宮(市立博物館)	402	401-1
キオッソーネ東洋美術館	415	413 B
旧ボローニャ大学	260	259 A-2
旧マッジョーレ病院	288	277 C-4
共和国広場	120	97 C-3
近代美術館(フィレンツェ)	215	200 B-4
行政長官府(ヴェネツィア)	374	365 C-4
ギリシア劇場(シラクーザ)	463	462
銀器博物館	215	200 B-4
クイリナーレ宮	126	96 A-3
クイリナーレの丘	126	96 A-3
考古学博物館(パレルモ)	453	451 B-2
考古学博物館(フィレンツェ)	212	199 C-1
国立近代美術館(ローマ)	123	91 C-3
国立ウンブリア考古学博物館	253	251
国立ウンブリア美術館	253	
国立絵画館(シエナ)	249	248-2
国立絵画館(ボローニャ)	261	259 B-1
国立考古学博物館(ナポリ)	434	428 B-1
国立バルジェッロ美術館	212	201 D-2
国立博物館(ラヴェンナ)	258	256
孤児養育院	207	199 C-1
コッレール博物館	377	365 C-4
コッレオーニ礼拝堂	347	346-1
コッレッジョ・デル・カンビオ	252	251
コレッジョの部屋	265	264
コムーネ宮(クレモーナ)	349	348
コムーネ広場(アッシジ)	255	254 B
コムーネ広場(クレモーナ)	349	348
コルシーニ宮	136	98 A-2
コルプス・ドミニ修道院	263	262 B-2
コロッセオ	132	100 B-3
コロンブスの家	415	413 B
コンスタンティヌス帝の凱旋門	132	100 A-3
コンセルヴァトーリ美術館	134	99 D-2
サ		
サローネ(ラジョーネ宮)	400	399-2
サン・カタルド教会	452	451 B-2
サン・カッリストのカタコンベ	143	142
サン・カルロ歌劇場	434	428 B-3
サン・カルロ広場	358	357-1

サン・サティーロ教会 ……288 276 B-4
サン・ザッカリーア教会 ……375 365 D-3
サン・ジュスト教会 ……407 406 A
サン・ジョルジョ・マッジョーレ教会 ……376 363 C-3
サン・ジョヴァンニ・イン・ラテラーノ教会 ……121 101 D-4
サン・ジョヴァンニ・エヴァンジェリスタ教会 …265 264
サン・ジョヴァンニ洗礼堂 ……206 201 C-1
サン・ジョヴァンニ・デリ・エレミティ教会 ……452 451 A-2
サン・セバスティアーノ教会 ……143 142
サン・ゼーノ・マッジョーレ教会 ……405 403 A-1
サン・ダミアーノ修道院 ……255
サン・パオロ・フォーリ・レ・ムーラ教会 ……143 89 C-4
サン・ピエトロ・イン・ヴィンコリ教会 ……132 100 B-1
サン・ピエトロ教会 ……252
サン・ピエトロ広場 ……138 93 C-3
サン・ピエトロ寺院 ……139 93 C-3
サン・フランチェスコ大聖堂 ……255 254 A
サン・ペトロニオ聖堂 ……260 259 A-2
サン・マッテオ博物館 ……245 243
サン・マッテオ広場 ……414 413 B
サン・マルコ広場 ……374 365 C-3
サン・マルコ寺院 ……374 365 C-3
サン・マルコ美術館 ……213 199 C-1
サン・マルティーノ僧院 ……433 428 A-2
サン・ミニアート・アル・モンテ教会 ……209 199 C-4
サン・ルイジ・デイ・フランチェージ教会 ……128 95 C-4
サン・ルフィーノ大聖堂 ……255 254 B
サン・ロレンツォ・マッジョーレ教会 ……289 276 A-4
サン・ロレンツォ教会 ……206 201 C-1
サン・ヴィターレ教会 ……257 256
参事会教会 ……247 246-2
サンタ・キアーラ教会(ナポリ) …433 428 B-2
サンタ・キアーラ教会(アッシジ) ……255 254 B
サンタ・クローチェ教会 ……208 199 C-2
サンタ・チェチリア・イン・トラステヴェレ教会 ……137 99 C-3
サンタ・マリア・デッラ・
　コンチェツィオーネ教会 ……125 96 A-2
サンタ・マリア・デッレ・
　グラツィエ教会 ……290 274 B-3
サンタ・マリア・イン・コスメディン教会 ……134 99 D-3
サンタ・マリア・イン・トラステヴェレ教会 ……137 98 A-3
サンタ・マリア・グロリオーザ・
　デイ・フラーリ教会 ……375 362 B-2
サンタ・マリア・ソプラ・ミネルヴァ教会 ……129 95 C-4
サンタ・マリア・ダラコエリ教会 …131 99 D-1
サンタ・マリア・デイ・ミラーコリ教会 ……375 365 C-1
サンタ・マリア・デッラ・サルーテ教会 ……376 362 B-3
サンタ・マリア・デッラ・スピーナ教会 ……245 243
サンタ・マリア・デッラ・ヴィットリア教会 ……126 96 B-2
サンタ・マリア・デリ・アンジェリ教会 ……121 97 C-3
サンタ・マリア・デル・カルミネ教会 ……209 198 B-3
サンタ・マリア・デル・ジリオ教会 ……375 364 B-4
サンタ・マリア・デル・ポポロ教会 ……123 90 A-4
サンタ・マリア・ノヴェッラ教会 ……207 200 B-1
サンタ・マリア・マッジョーレ教会(ローマ) ……121 97 C-4
サンタ・マリア・マッジョーレ教会(ベルガモ) ……347 346-1
サンタ・ルチア港 ……434 427 C-4
サンタゴスティーノ教会 ……247 246-1
サンタッポリナーレ・
　イン・クラッセ教会 ……257
サンタッポリナーレ・ヌオーヴォ教会 ……257 256
サンタナスタシア教会 ……405 403 B-1
サンタンジェロ城 ……128 94 A-2
サンタントニオ教会 ……400 399-2
サンタンドレア教会 ……351 350
サンタンブロージョ教会 ……289 276 A-4
サンティッシマ・ジョヴァンニ・
　エ・パオロ教会 ……375 365 D-1
サンテウストルジョ教会 ……289 274 B-3
サント・ステファノ教会群 ……260 259 B-2
市立近代美術館(ミラノ) ……291 277 C-2
市庁舎 ……260 259 A-2
シチリア美術館 ……453 451 B-2
シニョーリ広場 ……404 403 B-1
シニョリーア広場 ……207 201 C-2
シノーピエ美術館 ……245 243
斜塔(ピサ) ……244 243
斜塔(ボローニャ) ……260 259 B-2
鐘楼(ヴェネツィア) ……374 365 C-3
市立現代美術館(ミラノ) ……291 277 C-4
市立考古学博物館(ボローニャ) ……261 259 A-2
市立自然史博物館(ミラノ) ……291 277 D-2
市立博物館(パドヴァ) ……400 399-1
市立美術館(クレモーナ) ……349 348
新市場のロッジア ……208 201 C-2
真実の口広場 ……134 99 D-3
ジェズ教会 ……131 99 C-1
ジオットの鐘楼 ……206 201 C-1
自動車博物館(トリノ) ……359 357-2
11月4日広場(ペルージア) ……252 251
ジュリエッタの家 ……405 403 B-1
白の宮殿 ……414 413 B
スカラ座 ……289 276 B-3
スカリジェレ家の廟 ……404 403 B-1
スキファノイア宮 ……263 262 B-2
スクオーラ・ディ・サン・ロッコ …375 362 A-2
スクロヴェーニ礼拝堂 ……400 399-1
ストラディヴァリ博物館 ……349 348
ストロッツィ宮 ……208 200 B-2
スパーダ宮 ……136 98 B-1
スピノーラ宮国立絵画館 ……415 413 A
スフォルツェスコ城 ……290 276 A-2
スフォルツェスコ城博物館 ……293 276 A-2
スペイン広場 ……125 95 D-2

セジェスタ遺跡 ……464 14 B-3
船舶史博物館 ……377 363 D-3
洗礼堂(ピサ) ……244 243
洗礼堂(パルマ) ……265 264
ソルデッロ広場 ……351 350

タ

卵城 ……434 427 C-4
大司教博物館 ……258 256
タペストリー博物館(ボローニャ)……261
ダンテの墓 ……258 256
チェチリア・メテッラの墓 ……143 142
チステルナ広場 ……247 246-2
チルコ・マッシモ ……134 100 A-4
ティベリーナ島 ……137 99 C-2
テオドリック王の廟 ……258 256
テルミニ中央駅 ……120 97 D-3
天国の石切り場 ……463 462
テ離宮 ……351 350
ディアマンティ宮 ……263 262 B-1
ディオクレティアヌス帝の浴場跡……121 97 C-3
時計塔(ヴェネツィア) ……374 365 C-3
トラッツォ ……349 348
トリニタ・デイ・モンティ教会 …125 95 D-2
トレヴィの泉 ……126 95 D-3
ドーリア・トゥルシ宮 ……414 413 B
ドーリア・パンフィーリ美術館 …134 95 D-4
ドゥオモ(クレモーナ) ……349 348
ドゥオモ(シエナ) ……249 248-2
ドゥオモ(シラクーザ) ……463 462
ドゥオモ(トリノ) ……358 357-1
ドゥオモ(パルマ) ……265 264
ドゥオモ(ピサ) ……244 243
ドゥオモ(フィレンツェ) ……206 201 D-1
ドゥオモ(マントヴァ) ……351 350
ドゥオモ(ミラノ) ……288 276 B-3
ドゥオモ(ヴェローナ) ……404 403 B-1
ドゥオモ広場(サン・ジミニャーノ) ……247 246-1
ドゥオモ博物館(ミラノ) ……291 277 C-4
ドゥオモ美術館(シエナ) ……249 248-2
ドゥオモ美術館(フィレンツェ) ……212 201 D-1
ドゥカーレ宮(マントヴァ) ……351 350
ドゥカーレ宮殿(ヴェネツィア)…374 365 C-4
ドミネ・クォ・ヴァディス教会 …143 142

ナ

嘆きの橋 ……374 365 D-3
ナヴォーナ広場 ……129 94 B-4
ヌオーヴォ城 ……433 428 B-3
ノルマン宮 ……453 451 A-2
ネオニアーノ洗礼堂 ……257 256
ネプチューンの噴水 ……260 259 A-2

ハ

蜂の噴水 ……125 96 A-2
バジリカ(ヴィチェンツア) ……402 401-1
バルベリーニ宮（国立絵画館）…126 96 A-3
バルベリーニ広場 ……125 96 A-3
パオロ・オルシ考古学博物館 ……463 462
パッツィ家礼拝堂 ……208 199 C-3
パドヴァ大学 ……400 399-2
パラティーナ美術館 ……214 200 B-4
パラティーノの丘 ……132 100 A-3
パンテオン ……128 95 C-4
ピッティ宮 ……209 200 B-4
ピロッタ宮 ……265 264
ファルネーゼ宮 ……136 98 B-1
フィレンツェ邸宅博物館 ……212 201 C-2
フォロ・ロマーノ ……133 100 A-2
フォンターナ・マッジョーレ ……253
プレトーリア広場 ……452 451 B-2
ブレラ美術館 ……292 276 B-2
プッブリコ宮（市立美術館）……249 248-2
プリオーリ宮 ……252 251
プレビシート広場 ……433 428 B-3
平和の門 ……290 274 B-2
ペギー・グッゲンハイム・コレクション ……377 362 B-3
ボーボリ庭園 ……209 201 C-4
ボルゲーゼ公園 ……123 91 C-4
ボルゲーゼ美術館 ……123 91 D-3
ポデスタ宮 ……260 259 A-2
ポポロ宮（市立博物館）……247 246-2
ポポロ門とポポロ広場 ……123 90 A-4
ポルディ・ペッツォーリ美術館 …292 277 C-3
ポンテ・ヴェッキオ ……207 201 C-3

マ

マダーマ宮 ……359 357-1
マルチェッロ劇場 ……137 99 C-2
ミケランジェロ広場 ……209 199 C-3
ミラマーレ城 ……407
メディチ・リッカルディ宮 ……207 199 C-1
メディチ家礼拝堂 ……206 198 B-2
メルカンティ広場 ……288 276 B-3
モーレ・アントネッリアーナ ……358 357-1
モンレアーレ ……464 14 B-3

ラ

ラ・マルトラーナ ……452 451 B-2
リアルト橋 ……376 364 B-2
ルドヴィコ・イル・モーロ宮 ……263 262 B-2
レオナルド・ダ・ヴィンチ記念国立科学技術博物館 ……293 274 B-3
歴史美術博物館 ……407 406 A
ローマ劇場 ……405 403 B-1
ローマ国立博物館……121 97 C-2
ロッジア・デッラ・シニョリーア 207 201 C-3
ロメイの家 ……263 262 B-2

個人旅行㉒
イタリア
ITALIA

1997年4月初版発行

編集Edited by	K&Bパブリッシャーズ K&B Publishers
取材・撮影・執筆 Writers & Photographers	重松久美子 Kumiko Shigematsu 熊野裕子 Yuko Kumano 木村晃子 Akiko Kimura ニコラ・フェラーリ Nicola Ferrari 成瀬晶子 Akiko Naruse 横田幸典 Yukinori Yokota 高坂ちはる Chiharu Takasaka 花園理恵 Rie Hanazono パオロ・ネーグリ Paolo Negri カルメロ・サンマルコ Carmelo Sammarco 吉田英正 Hidemasa Yoshida 諏訪園隆夫 Takao Suwazono 粂 美奈子 Minako Kume 坂田和代 Kazuyo Sakata
本文デザイン協力 Editorial Design	釜石征弘 Yukihiro Kamaishi
イラスト・マップ Map Illustration	山本眞奈美 Manami Yamamoto
表紙デザイン Cover Design	アトリエ デスカ Atelier Deska
表紙イラスト Cover Illustration	荒木英昌 Hidemasa Araki
取材・写真協力 Special Thanks to	イタリア政府観光局 ENIT 桑名睦 Mutsumi Kuwana
ディレクター Director	河村季里 Kiri Kawamura

発行人　黒田敏夫
発行所　株式会社昭文社
本社　〒102 東京都千代田区九段北4-2-11
電話　03-3262-2141(代)
支社　〒532 大阪市淀川区西中島6-11-23
電話　06-303-5721(代)

ISBN4-398-11422-X

●定価は表紙に表示してあります。